山右叢書·三編

山右歷史文化研究院　編

上海古籍出版社

五

目　録

王明甫先生桂子園集

〔明〕王道行　撰

韩兵强　白　平　點校

王明甫先生桂子園集近稿

〔明〕王道行 撰

韓兵强 白平 點校

督撫奏議

〔明〕李尚思　撰

趙俊明　點校

王明甫先生桂子園集

〔明〕王道行　撰

韩兵强　白　平　點校

點校説明

《王明甫先生桂子園集》，明王道行撰。

王道行（1531—?），字明甫，號龍池，明山西太原陽曲人。其生年，據《嘉靖二十九年進士登科録》"年二十，五月初七日生"，可知爲嘉靖十年（1531）。本書卷一《庚辰元日》詩中有"潦倒空憐五十年"之句，庚辰爲萬曆八年（1580），亦可作爲佐證。其卒年不詳。徐顯卿作有《祭王明輔老師》（《天遠樓集》卷二十三），他去世於萬曆三十年（1602），而本書《封文林郎南陽府推官沂泉李公暨配孺人余氏繼劉氏合葬墓志銘》作於萬曆二十三年（1595）冬十一月，是王道行著作顯示年月最晚的一篇，據此可推斷王道行大概去世於萬曆二十三年至萬曆三十年之間。

嘉靖二十八年，王道行舉於鄉。次年，進士及第。三十年，出知鄧州。任内多有政績。三十三年，任直隸大名府同知（另據清咸豐《大名府志》卷五"職官"，王道行任大名府同知爲嘉靖三十五年，待考）。三十七年，任陝西鳳翔府知府。三十八年，改任蘇州知府。任内"正直廉介，所至吏畏民懷"。四十一年，任整飭蘇松常鎮兵備道副使。四十五年，任陝西布政司右參政，升左參政。隆慶元年（1567）三月，升湖廣按察使。六月，被追論蘇州知府任内"貪濫不職狀"，奉旨"回籍聽勘"。事既白，次年，復起用爲山東布政司右參政。三年，升河南按察司按察使。四年，升四川布政使司右布政使。五年，被彈劾罷黜（李維楨序稱其"坐忤當路歸"，清光緒《山西通志》稱其"以耿介忤當路，歸"）。

王道行被罷官時年方四十，此後再未被起用，一說是因其妻舅是宗室晉藩榮懿王，"夫王之大父是爲王生之妻之舅也"（《河東王繼泉五十壽叙》）。傅夏器也曾提及："而格於王府已絶之親，以知鄧州出。"（《贈王龍池守鄧州序》）歸鄉後，王道行一直過着"捐俸買山，著書逃禪"（王兆雲《詞林人物考》）的生活，築别業，名"桂子山莊"，日與騷雅之士觴咏其中，直至去世。

王道行當時詩名極盛，交游極廣，與當時文壇中堅如李攀龍、王世貞、張佳胤、吴國倫、歸有光、謝榛、孔天胤、薛應旂、張鳳翼等人均有密切的交游。王世貞十分推許王道行，文集中多有與王道行往來酬唱的詩文。王道行又與石星、黎民表、朱多煃、趙用賢被合稱爲"續五子"。李維楨曾評價王道行之詩才云："不雕刻以傷氣，不敷衍以傷骨，捃拾博而師匠高。合而爲篇，離而爲句，摘而爲字，莫不有法度，致味存焉。"除《桂子園集》外，王道行還撰有《三吴水利考》三卷，又曾刊行薛蕙《薛考功集》，校刻魏校《莊渠先生遺書》，校正薛應旂《宋元通鑒》。因而，對王道行進行深入研究，不但有助於了解當時政壇的風貌，同樣有助於了解當時文壇的情況。

王道行退歸後，雖然遠離政治中心，但也并未完全忘懷世事、脱離政治。綜觀其詩文集，會發現其中雖然有不少應酬文字，却也不乏對時政、邊防的關切。他"陳民間利病，如議開三門，復書院，革説貼之誣，雪青衿之冤，罷一切諸行庫役、斗級、里長之苦"（清康熙《陽曲縣志》），得到當時主政官員的重視。他與當時政壇要臣王家屏、楊博、楊巍、張佳胤、梁夢龍、張四維、王崇古、吕坤、魏允貞多詩文酬唱和書信往來，對時政也多有建議。

王道行集中多有關於地方營建的詩文，具有重要的史料價值。如太原雙塔寺的營建者爲誰，歷來多有争議，據王道行《請傅應期主建塔事》，可知是萬曆二十七年由傅山祖父傅霖主持營建，這段記載對於澄清雙塔寺的歷史可以説是極可珍視的史料。集中又有《重修崇善寺募緣疏》一文，與今崇善寺内所存的立于嘉靖四十二年的孔天胤《重修崇善禪寺記》碑形成了互證，可知此寺在嘉靖四十一年重修的情況。關於奉聖寺、城隍廟、三立祠等的詩文，對於太原地域文化歷史的研究也大有裨益。王道行寫作了大量記述三晉山水的詩文佳篇。如萬曆十三年，他曾與友朋同游五臺山，除詩作外，還寫有長篇游記，詳細記述了游覽路綫以及沿途涉及的寺廟，有助於今人了解五臺山佛寺之沿革。王道行對地方史志的修纂也非常在意。他曾爲宋沛修、延論纂的明萬曆版《平定州志》作序，并爲其中“人物”等章節做了補充。此外，王道行與傅山祖輩傅霖、傅霈等均有交往，可爲傅山研究提供新的資料。

王道行著作現存有《王明甫先生桂子園集》二十三卷。據王兆雲所言，《桂子園集》爲王道行“所自爲詩文”。又有《桂子園别集》，“乃王元美、皇甫百泉、陸五湖、張崐峽、蹇理庵、張周田諸名公所贈遺者也”，今不存。另有《桂子園集近稿》不分卷，今存。《桂子園集》由其子王育才在萬曆二十三年刊行。全書卷一至卷三爲詩，卷四至卷十三爲序，卷十四至卷十五爲記，卷十六爲傳，卷十七至卷十八爲墓志銘，卷十九至二十爲祭文，卷二十一至二十二爲書啓，卷二十三爲雜文。《近稿》也刻於萬曆二十三年，有賦、樂府和近體詩。

本次點校《王明甫先生桂子園集》，以美國國會圖書館藏本爲底本，以中國國家圖書館藏本爲參校本。各卷卷首原有“明進士晉陽王道行明甫著，男王育才校”字樣，今删去。

王道行作爲嘉、隆、萬之際有一定影響的作家，交游甚廣，但其著作流傳不廣，《四庫全書總目提要》未見著録。郭子章序中云"摘稿不能存十之三"，可見其詩文當時已散佚甚多。本書收集王道行佚文、佚詩數篇，作爲附録附於書後。

刻王明甫先生《桂子園集》叙

材獨豐于天，輔之以學，而各就其所近，則學博而材無所不達。或爲當于詩弗即當于文，當于文弗即當于詩，當于詩文則舉無所當。姑論當于詩文，則以格勝，以理勝，以氣勝，以詞勝，兼之誠難。此固自其限于天者言之。天生人，間有所縱而不盡限者。無限于天，則種具而機必萌。機萌而終之以學，竟其所學而材益不可限。余讀《桂子園集》，而知王先生之不限于天，而其學亦博矣。先生之詩，抑情而不破其格，附景而不離其情，裁句而不違其景，詩無弗當也。先生之文，記事則事簡而核，論理則理辯而析，談玄則玄脫而解，文無弗當也。大端，文取則于漢，詩取則于盛唐之間。漢也，唐也，詩文之模楷也。模楷者，其粗迹也，要必貫之以吾之神情。神情不貫而祖述其粗迹，是澤中之麋而蒙以虎皮也。先生襲迹于漢唐，而融其神情于矩度之外，故其詩文俱無弗當也。信天之生才，其何所限？而先生之學，其何所不極？要之，先生之神情顧盡于此乎！

余齠齔[一]時侍予伯氏故淮陽守，則道其政事。弱冠與北司寇楚侗耿公處，則高其心品。應舉而游南司寇鳳洲王先生之門，則誦其文章。舟車走徐、鄧、蘇、吳之間，則黃童白叟稱其遺愛而庶幾于子產。兹者臨太原之墟，草莽之士與夫閭閻之匹夫、匹婦咸樂其表正而庶幾于陳君。且烟霞有侶，黃冠、淄衣有徒，而方外之士又談其玄趣道會，而河上公、廣成子相後先也，則益信天之生才，其何所限？而先生之學，其何所不極？而先生則曰："幼有雄心，廣求博采，設屏志凝慮，而姑從其一，豈其無所偏至？而今老矣！"夫韓淮陰多多益善，李北平好以數百騎奇舉而收深入之功。李北平材其有所限乎？淮陰者，則天縱之矣。予常爲韓退之、蘇子瞻二氏累技而曲中，富蓄而兼施。淮陰之兵也，其得於天者豐矣，而其學亦博有所就，先生近之矣。設先生剪其所衆長而趨其所偏至，則機萌而勢不能以自制，曷若盡用其長，以消其英氣雄心，然後徐酌所重輕，而意有獨主而精必完？予默觀先生而揣其所獨主，則文章者行且努狗視之。彼子瞻氏晚有所逃，而拘儒病其溺也。清虛之境，何可不溺？日者王鳳洲先生繼子瞻而逃之禪也，聞先生守婁江時實種之，此則兩先生之所獨主也，蓋技藝畢而道心存矣。

萬曆乙酉秋日，西陵周弘禴書

校勘記

〔一〕"齔"，據文意疑當作"齔"。

《桂子園摘稿》序

往嘉靖庚戌，予邑歐陽文莊公主南宮試，是年得人爲盛。其以文名者，吳則宗子相，楚則吳明卿，蜀則張肖甫，晉則王明甫，而明甫先生最少。予入晉，嚴事先生，先生觴予桂子園，盡出生平所爲詩文若干卷視予。予卒業之，若奏管弦而調溪谷，若口碧雞、握靈蛇而逸宇宙也。先生曰："不腆蕪詞，業已菑木。顧寸轄制輪，尺樞運關，《易》卦不盈十，《道德》言不滿萬，惡用是渺泛爲也？君其爲予刪之，冀可久耳。"予謝不敏，先生強之再。乃爲抉擇品第，推高盛美。詩選其抒自性情、合於宮商者若干首，文選其契於理道、關於風教者若干首，題曰《桂子園摘稿》。先生復強予序。

予惟晉之爲文，莫大於二《典》、三《謨》與司馬氏《史記》。冀州之墟，唐、虞、夏更都焉，而河津龍門實生子長。子長年十三，乘傳行天下。弱冠，游江淮，浮沅湘，涉汶泗，過梁楚以歸，而作《史記》，續《春秋》，故其詞繁富而鬱邑。孔子老而退處洙泗之濆，稽古帝王，序《尚書》，故其詞謹嚴而簡古。總之皆晉故也，而博約異涂。揚子曰："仲尼多愛，愛義也。子長多愛，愛奇也。"愛奇故博，愛義故約。

先生弱冠成進士，歊歷中外，丁子長乘傳周游之年，故前稿之富縟，曠而不溢，奢而無玷，愛而不能忘奇。自關中歸，徜徉汾水之涯，迹似孔子反魯，故《摘稿》不能存之十三。詞約而至，語簡而達，則所愛者義也，不盡在奇也。辟之水焉，前稿如晉諸水會而入于黃河，三門、底柱浮激渺溟，嵬然靈鉅也，而未免於泥潢之滓。《摘稿》如汾如沁，如涑如澮，如潾如濔，勢謝浩汗而流鑒鬚眉，可掬可浴，可飲可灌，智者樂之矣。故曰"樹骨於訓典之區，選言於宏富之路"，則"義吐光芒，詞成廉鍔"，豈不信與？夫桂，南方之植也。八桂種五嶺，趙佗以蠡遺漢，而小山叢桂紀于壽春。桂子圍菫菫二三株，而芬郁可對。先生以是名集，儻亦貴約之意乎？

　　萬曆甲午九月九日，泰和郭子章謹撰

《桂子園集》叙

雲杜年家子李維楨撰

太原方伯龍池王先生者，舉嘉靖庚戌進士，於時同舉三百二十人，而先生最少。甫勝冠，已知鄧州。佐大名，知蘇州，爲吳四郡治兵使者。參知陝西，觀察中州，稍遷蜀方伯。坐忤當路歸，蓋年猶强仕也。而先生爲大名、蘇州時，善歷下李于鱗、太倉王元美兩先生。兩先生方少年，以文章自命，鮮所許可，而獨推轂先生。先生奏其詩若文，兩先生讀之，灑然色喜也。然先生文章稱稍以政事掩，而晚好談名理，則歷下已謝人間，獨太倉在，其推轂先生益甚。而先生方與里中耆德爲洛下香山社，無復宦情矣。

先生治園城中，有桂數株〔一〕，日婆娑觴咏其下。四方韋布騷雅之士若薦紳冠蓋能言者數過從先生游，所爲詩若文日益富，而郎君商丘令袞之，凡若干卷，先生自名之曰《桂子園集》。而楨先大夫故同先生舉，稱年家子，又與商丘共事茲土也，則委之序。夫楨惡能序先生集哉？

昔者太倉誦先生治吳之政矣，其言曰："外理而求事，爲事役而不得其要領。外事而求理，則於事生厭薄而中竟累知。求事於理而理障，求理於事而事障，而亦卒不得其妙。先生虛心澄慮而順待之，不在事先，不在事後，觸境生感，天則自見，融迹爲道，與道兩忘。"先生之所以爲政，即其所以爲是集者也。意授於思，言授於意，言妙而自工，意盡而遂止。不雕刻以傷氣，不敷衍以傷骨，掊拾博而師匠高。合而爲篇，離而爲句，摘而爲字，莫不有法度，致味存焉〔二〕。而先生則神與境會，倏然來，渾然就矣。先生以文章爲政事，以政事爲文章，文章、政事各臻其造、斂其華，而噉名之士自失焉，其取重於兩先生也，有以哉！先生集成，而太倉已修文地下，世誰相知定斯文者？楨重違商丘之指，而序其大凡如此，此非楨之言，而太倉先生之言也。

　萬曆辛卯秋九月吉旦

校勘記

　〔一〕“有”，明李維楨《大泌山房集》作“栽”。

　〔二〕“致”，《山西通志》作“至”。

《桂子園集》序

江夏丁應泰元父撰

不佞泰以瑣垣逐臣起自田間，捧檄而走太原，不謂躐五臺、登太行，大搜雲物之爲奇也，惟喜得明甫王先生《桂子園集》詩若文，讀之欣然，有當於心，雖雨雪嚴程，輒讀輒不倦，擷菁華而漱芳潤，藉此爲汗漫游，乃稱奇邁哉！

夫海内文章家推轂歷下李于鱗先生，以彼執牛耳、主中原，而江以左則王元美先生翩翩鳳舉。兩人最先唱和，今其所著書具在也。以先生集論次之，豈肯讓耶？聞兩人知名時，其推轂先生爲三晉典刑，庶幾游先生之藩矣。不學如泰，烏能置一詞？顧緣表以測衷，知先生之所蘊負不盡於文也。先生實名世奇才，且弱冠登第，宜置之石渠、虎觀間，鐘鼎當世。亡何一行作吏，意且蕭騷，雖由刺史遞至方岳，非其好也。今觀詩若文，率以心辨，不以言辨，境會則機流，心㟼則詞住。要之，鼓吹休明，同聲大雅，即筆瀧漉而雨集，言溶瀉而泉湧，豈其有技癢乎哉？故其陳詞僚友也，行欣宦侶，坐悟圓機，多穆然之風，而不乏忠告。逮夫對境抽情，一歌一咏，居然愛國憂民，溢之毫楮，精神直逼少陵，高、岑、韋、孟未易埒也。銘、記、奏、移諸篇，落筆數萬言，驪跨史漢，采骨雙饒，絕無隼雉之偏殆滿志焉。至晚年解組，鍊丹地肺，則又玄牝凝神，虛舟應物，隨其所適而以我注我，故談名理且忘名理，談經濟且忘經濟，談禪宗且忘禪宗。先生之文力，寧在多乎？

夫士非才難，以誠合才難。先生政事、文章幾滿宇内，讀先生文如見其人，匪直見其人，如見其心。所謂才可合誠，不獨以詞翰爲行己之外篇矣。泰即陸落附此鴻文，揭兩曜而天行，是玩子雲之賦，樂於居千石之官；挾桓君山之書，富於積綺頓之貲。其所得於太原者，果且在五臺、太行之奇已哉！

萬曆乙未長至日吉

詩　一

游晉祠張氏園亭[一]

乾坤浪迹任虛舟，杖策行吟晉水秋。老我還山常臥病，憐君卜地有林丘。池頭花競千峰秀[二]，石裏泉分萬玉流。□[三]倚流光弄明月，會心何似采真游[四]？

和東岩先生咏竹

仙人安可招？鳳鳥久不至。獨在萬竿中，陶然一壺醉。

九月朔夜與友人飲南城樓

玉棟飛雲蟲太空，銀河咫尺若爲通。數聲環珮天風外，萬疊林巒烟雨中。叢菊喜逢佳節近，芳尊先與故人同。祇今青海無傳箭，一飲深知鎖鑰功。

游靈岩

雨洗秋山喜乍晴，招提天外早鐘鳴。丹楓浥露珠千樹，碧澗飛泉玉一泓。劍劃鴻濛寒北斗，屏開岩岫晃東瀛。探奇吾欲逃名久，萬慮翛然太古情。

賀鑒川督府和戎五首

文祖龍旂拂海雲，南瞻北斗駐親軍。太平將相同心日，垂拱重來九譯文。

和戎異議日紛紜，獨秉忠猷天下聞。方略自隨充國便，金城散盡犬羊群。

幽并苦戰廢屯田，萬姓嗷嗷爲助邊。幕府自來王相國，征夫始解抱鋤眠。

將軍萬里氣鷹揚，獵獵秋原塞草長。一自呼韓稽顙後，漢人從此罷燒荒。

宛馬新從使者來，玉關金鎖一時開。都亭八月胡笳動，又是單于侍宴回。

杪秋飲桑氏山莊

蕭蕭風雨洞庭秋，四壁嵐光翠欲流。負郭田成堪釀黍，環山地勝亦營丘。群芳委露何嗟及？一曲停雲且自留。白眼吾從渾漫興，五陵豪俠任雲浮。

送呂山人歸越

客星秋夜燦當空，匹馬千山氣爾雄。南國推君操郢曲，西河老我樂唐風。名題五岳行應遍，賦就《三都》思不窮。月上大梅歸隱處，清光遙憶故人同。

李待庵蓮池泛舟

小鑿方池硼水傍，蘭舟桂醑日相羊。誰將天上金莖露，散作君家菡萏香？珠實垂垂供晚摘，紅蕖灼灼出新妝。錦雲縹緲吳歌動，記得江南被酒狂。

季郡丞貤封

聖主垂衣治，賢臣側席求。大邦需季友，達節見延州。雅負經綸志，期分社稷憂。民心歸尹鐸，天寵錫文侯。上功騰竹剡，異數拜珠旒。總抱存亡念，寧無菽水謀。諸艱因歷試，吾道足前修。三釜心何嗛，孤髦恨稍酬。嚴堂歡不逮，慈母養還周。召德歌棠樹，唐風化柏舟。遺書名世在，斷杼昔賢侔。去住常留犢，懷來并狎鷗。夢栖烏鵲舍，詔下鳳凰樓。翟服逾千里，龍章燭九幽。庭前看舞鶴，天外聽鳴騶。南極黃星見，西山紫氣浮。帷堂聞異政，牢饋美兼羞。聲價風謠遠，循良汗簡收。此時應借寇，他日定安劉。壽域高山仰，恩波太壑流。春光回晉草，夜色上吳鈎。數進黃堂酒，重添北海籌。音和騑五馬，神遇耄千牛。日月人難老，風雲會正投。雕龍紛上客，振鷺頌嘉猷。鐘鼎無窮事，并汾幾勝游。年年常燕喜，阿閣隱丹丘。

送季郡丞錦東擢憲使兵備密雲

三輔驅車統銳師，薊門分戍羽林兒。遙憐細柳營邊草，無限甘棠樹下思。幕府論兵天尺五，離筵對酒夜何其！九重宵旰求賢意，最是并州竹馬知。

送宋大中罷官歸麻合

春雨霏霏蕙草滋，騷人何事怨江蘺？彈冠彩筆高三史，落魄空囊下九夷。歸夢驚飛丹鳳闕，幽懷愁鎖白雲司。憐君盛負排天力，奮翮扶搖未可知。

游崛嵲

一上招提境，無生悟亦無。林寒衣欲襲，月近酒堪呼。十地開真想，三空啓大途。結茅吾得此，彈指越昆盧。

喜裴山人至裴嘗從肖甫游

憶昔東從張翰游，高譚夜月上吳鈎。風塵十載雙蓬鬢，春色他鄉一敝裘。騎馬遠能尋故舊，著書堅不見王侯。因憐好鳥嚶鳴處，欲傍胡姬醉酒樓。

社中七子歌〔五〕

楊公齒尊將八旬，日炷名香朝上真。婆娑取醉面常春，圍棋賭墅輸不嗔。揮塵譚玄口津津，自言呂祖常相親。傲骨猶龍不可馴，高賢眼底空無人。昔宰花封意未申，至今遺愛歌如新。

王公宛洛稱賢佐，催科不擾民相賀。解綬且甘林壑臥，遺書親與兒孫課。年逾古稀誠老大，不愛傍人扶起坐。山中問友逍遙過，微醺竟日能無惰。

臨洮太守清且賢，浮雲富貴歸故園。自笑囊中無一錢，興至操觚若湧泉。七日清齋北斗前，三時禮佛愛逃禪。四十辭官三十年，挑燈能作蠅頭箋。佳辰坐上來嬋娟，不飲偏能醉十千。

高帝子孫盡隆準，三俊英英望僉允。我愛梅亭髮猶鬒，手拂朱弦調玉軫。蚤馳芳譽稱膚敏，語語烟霞鬱芝菌。不惜餘金留客盡，坐上公卿嘗滿引。博得詩篇被欄楯，蕭然一任諸邱哂。

北門宗尉推正莊，曾騎白馬獵長楊。好施屢擲千金裝，選勝爲園如辟疆。園中花鳥雜笙簧，傳呼大吏開壺觴。夜深顛倒著衣裳，晚年好靜龍德藏。優游吾黨殊清狂，細與論文不可當。

菊溪公子滿溪菊，至性渾如未雕樸。將得初英釀酒熟，興至葛巾常自漉。寶馬金鞭何逐逐，青樓醉擁胡姬宿。白眼時人太反覆，心事青天有電目。得爾跫然在窮谷，相歡歲致千秋祝。

王生蚤放南山耕，學書學劍俱無成。三乘九轉紛相爭，仙源祖意那能明？仕宦無論公與卿，文章何用身後名？歌舞沉湎非我情，獨坐空林絕履聲。杯中有酒且須傾，鏡裏隨他白髮生。叨從七子金蘭約，搔首狂吟指太清。

贈王教授樂野罷官歸臨晉

嬰王未解禮長裾，掉臂春山好自如。桃李公門稱盛矣，章縫吾黨望歸與。諸生卒業青氈後，一榻冥心太古初。家近首陽薇蕨美，端居知不嘆無魚。

聞裴巢雲將游太華賦此寄贈

極目崤函紫翠重，振衣有客踏層空。天門日射黃河水，仙袂雲生白帝宮。朗朗疏星窮罔象，茫茫大陸下孤鴻。饒君枝杖矜奇險，我已神游太乙中。

暖泉楊先生初度

端居遐想挾飛仙，戲作丹砂駐大年。老去終難摧傲骨，興來真欲拍洪肩。貧知五柳先生樂，方有三茅道士傳。七十五齡萸菊酒，吾徒何謝竹林賢？

唐東岩先生七十初度

金章紫綬不爲貧，自免還尋帶索人。清興遍題汾上竹，壯游寧憶隴頭春？登臺一瞬空千里，把酒高天共七旬。誰笑餘年生計拙，蓬萊佳氣晃金銀。

謝菊溪送雨傘

憐君取贈碧油幢，過雨看花蠟屐雙。斜障角巾同細細，低分瀑布水淙淙。何須大笠垂牛背，宜用輕蓑釣錦江。離畢從今寬假蓋，月扶華景在南窗。

送閫帥張心葵開府清浪

代馬秋間雁影回，牂牁萬里重須材。旌旗天入西南盡，劍舄霜飛瘴癘開。蠻俗五溪迎擊鼓，并風九日送登臺。懸知緩帶行吟後，碑字遙從峴首來。

懷劉念庵

支離天地一閒身，鬢髮于今總似銀。河洛少年驅傳日，長安同是看花人。車中執轡憐公子，幕府籌邊借隱淪。不有班生能作頌，誰從絕域紀貞珉？

賀正莊生孫

邸第雙銜白雪高，君家匹練燭寒皋。齊名昆玉駒千里，纘長孫枝鳳一毛。骨相原從隆準異，啼聲應識亢宗豪。貽謀他日三冬足，藜火傳經丙夜勞。

庚辰元日

潦倒空憐五十年，夢中蘭玉總茫然。分形宇宙如傳火，獨坐窮愁欲問天。馬齒何知孤竹道？花枝又重錦城烟。慈親此日差能飯，且理潘輿慰目前。

贈蹇平陽入覲詩二首有序

理庵使君，余東省舊僚，以世誼相好也。庚午上計，同被流言，余罷歸太原，而君左遷守平定。平定，太原支郡，每謁臺使者，必過語移日。茲稍遷河東太守，又三年所，嘗訪余桂子山莊，賦五言近體六章，隱然長城也。士民以君治行第一，慮當遷去，謁臺使者疏留。擬進參知，領郡如故。

君歷試皆單車，適有鼓盆之報，欲假沐歸蜀，存其尊人，乃奏記政府，事當得寢。入覲，過太原，又以七言律四章爲別，且索余和。余惟使君才情爲一時風雅之冠，余淪落已久，并捐筆研，終無以當使君者。然緆袍縹緇之私不能已已，爰效顰如左，雖自誚，其固亦君橐中清物也，歸以呈尊人，當捧腹而譚王生哉！

分符使者出重關，將得黃金厩馬還。剝琢鄉音疑稺子，起居春色慰衰顏。孤鸞不入彈中操，片石空留望後山。莊叟鼓盆垂至理，何須惆悵大刀環？

共指青天起片陰，君曾左次我抽簪。十年杯酒論交地，千古文章跋扈心。話到風塵皆夢幻，看來人世總浮沉。憐君厚禄能相念，題遍孤園若布金。

又贈蹇理庵蹇常寄余《桂子園詩》

聊向城隅別起臺，夕陽把酒四山回。高秋桂子當軒落，南國諸侯擁傳來。壁上已鑱行卷墨，人間知是謫仙才。登臨此日逢多暇，定有凌雲賦可裁。

賀寧河王居攝晉國

天書朝下鞀鞺宮[六]，王孫千騎迎春風。路旁觀者多如堵，爭言居攝宜周公。桐封九葉山河壯，參井高橫銀漢上。俄驚彗孛起長空，三度國憂垂緯象。太母親提一尺孤，欲叩天公不可呼。先王素炳知人哲，賴有親賢眷渥殊。憑几遺文奏天子，國事寧河堪毗倚。西馳玉璽如王言，殿上委裘真不死。攝君妙譽何英英，清明如鑒平如衡。宮中府中盡一體，準人巷伯無乖争。有時呵隊來蓬篳，喜聽微言忘促膝。民間子子指干旄，云就楊雄草玄室。袞衣赤舄日視朝，問豎三宮嚴廟祧。大官之膳不時御，自公退食常蕭蕭。約法數章見者喜，王綱解紐今重起。誕保圖貽孺子寧，明辟宗功堪媲美。監門之養恃舊恩，掃除不虔忘守閽。伏蒲旅拜不爲禮，一旦能令王室尊。文史游心稱大雅，位高履盛心能下。白屋寬袍長揖來，折節尤先於賢者。喜令朦瞽進規箴，直諫隨頒湯沐金。虛懷事事常如此，感激誰無補袞心？古謂立孤良不易，死者復生生不愧。心如白日麗青天，畫圖留向人間世。篤棐之忠天下才，五雲目斷黃金臺。若教夾輔容同姓，保我黎民亦利哉。

吕二山人自上黨以詩問余賦此却寄

山陰夜雪興何如？客去遥天斷雁書。曾許王生重結轍，未應梁苑倦驅車。林開叢桂花飛坐，臺倚千峰草結廬。遲爾憑高一杯酒，謾從張翰問鱸魚。

微　雨

夏月苦旱禾黍黄，西風若爲扶驕陽。忽有流雲生滃鬱，即來細雨徐飛揚。鸛鶴鳴陰不終日，蛟龍失勢將深藏。老夫坐此意耿耿，欲以解憂從杜康。

戲　題時蔡使君見庵奉例權妓

百隊娥眉笑頰紅，桃源深處醉春風。忽傳封事從天下，坐惜芳心向鏡中。綽約行雲憐顧盼，飄零流水任西東。誰知子夜長門怨，散作弦歌説令公？

飲常承奉園

帝子蓬瀛醉碧桃，侍臣罷宴集時髦，鄒枚有興過梁苑，屈宋無端托楚騷。露下九天花作疊，風回萬壑竹爲濤。吾徒石飲渾閒事，白眼看人亦大豪。

天龍寺訪禪師不遇

物外尋真汗漫游，遠公蓮社暫相投。三時空鉢循城乞，一片寒燈共佛幽。陽鳥聲中秋浦隔，毒龍潛處暗泉流。尋師擬叩西來意，風掃行踪未可求。

山中逢練士

影踏秋空破沉寥，翩翩羽士話清宵。前期似有丹霞約，此地將從碧落招。獨鶴排雲時上下，雙鳧謁帝任逍遙。遲君未授長生訣，分我青精飯一瓢。

題龍洞

蟠窟疑無地，鞭霆可撼天。老龍慵作雨，獨抱一珠眠〔七〕。

聞拾遺報

谷口幽尋木石居，全生那復笑支離？懸車無用驅危坂，結綬空勞賦素絲。傲吏門前《五柳傳》，歸人天外《四愁詩》。春來農圃應相問，策杖行吟歲月遲。

登太山

青帝高臨絳節留，千峰筍立比公候。由來玉帛先群望，信若毫芒辨九州。秀結靈區神鬼宅，光搖曉日海天浮。何時蠻貊歸王化，金檢東封仰聖猷。

觀　海

北海開尊興轉豪，天風面面瀉寒濤。樓臺出水凝千蜃，島嶼浮空抃六鰲。何處神山饒大藥？吾將此地放輕舠。祖龍馳道餘黃土，秋色侵人上二毛。

上元夜梅亭席上口占次岩翁韻

暫促紅妝醉錦燈，曉春寒漏任相乘。銀河試問支機石，争得天孫五色綾。

飲唐丈宅

松筠翠色滿秋山，共結幽盟笑閉關。地到中林多勝事，人疑絕代有紅顏。銜杯醉倚三琪樹，解珮欣留雙玉環。長願歲寒同此樂，不知塵海更誰間。

愚公陂同汝清楊丈呂二山人陳二十八伯梓了清和尚泛舟

碧海虛疑蜃結樓，何如百雉俯清流？到來直擬灧爲酒，取適渾同芥作舟。蓮社人誰當惠遠？濠梁吾自愛莊周。此中真趣忘言外，夾岸人徒羨勝游。

寄周吳峰太守

昔日探奇凌紫烟，與君常醉鳳凰泉。歸來薄宦已陳迹，病起無營是葛天。春雪忽傳金谷信，高歌疑對玉峰蓮。三朝文物如棋局，笑拊松筠問歲年。

贈方仰谷陶真人客

弘景門人亦太奇，曾於海上訪安期。當時幾至三山者，獨爾猶餐五岳芝。自有丹砂供汗漫，何妨歌舞混希夷。鼎湖借問升遐日，多少仙人駕鶴隨。

贈東岩先生雪水一罌見謝以詩賦此廣和

剩有天漿貯草盧，品泉寧羨昔人書。清如七碗供盧後，興比扁舟訪戴初。郢曲陽春傳下里，冰壺夜月上齋居。茂陵消渴知全愈，嚼罷寒光賦子虛。

送友人劉二君聘東歸<small>名佳賓，號東瀾</small>

王子甘雲臥，何方至友生？故人開徑得，空谷倒衣迎。白首嗟容易，青編滯老成。爲憐貧到骨，相憶迹如萍。携手從啼笑，交親若弟兄。共君負奇氣，而我愧浮名。北極心殊遠，西河志未平。群萌欣拆甲，吾道感由庚。經術知非淺，天衢會欲亨。萬言當獨對，一劍可橫行。琬琰他年事<small>君有佳兒，曰琬，曰琰</small>，金蘭此日晴。離亭莫辭醉，洗耳上林鶯。

飲張槐庵池亭<small>出二妓，一劉一石</small>

方塘如鑒草亭幽，隨意移尊醉碧流。我愛嘉魚環綺席，誰抛紅袖動吟眸？夜弦飲羽終迷石，左袒同心總爲劉。獨有維摩常不二，拈花微笑義難酬。

題李環洲恩褒册

聖人御宸極，宵旰憂蒼生。西顧晉陽地，雄藩翼上京。朔風吹胡沙，戰馬時縱橫。廟略有方召，和戎乃寢兵。豈無龔黃輩，可以安疲萌？李侯金閨彥，副車佐專城。叱馭揚清鑣，坐蜚千里名。咄彼鷹準擊，因騰鸞鳳聲。抗顏節相箭，身以去就爭。砥柱回衝流，聞望交持衡。課政在高第，允哉臺史評。皇覽式嘉止，疇咨顧天卿。且從寇公借，其下璽書旌。龍章照華屋，存殁沾光榮。拜命先慈母，承歡托阿兄。操履真雙璧，源流本一經。殷勤終養意，慷慨遠游情。家庭欣老健，郡國頌神明。忠孝既兩得，友敬復相成。名已御屏列，行看典册迎。

孤鶴篇爲鴻臚任君賦君嘗貽余一鶴今有三榮之慶爰賦歸之

客從天上來，貽我一隻鶴。霜毛擢長脛，真想在寥廓。余亦滄蕩人，日卧青藜閣。對之會遠心，悠然成獨酌。客本乘軒者，肯被樊籠縛？緱嶺忽歸飛，德音何静莫。高唳滿雲霄，銜書貫幽壑。墓木拱嚴慈，九原如可作。何必逮三釜，而慰孺慕樂？憶昔北堂花，古稀欣所托。燁燁承拊心，念開無算爵。珠履遲繽紛，聲歌間管籥。俛愾綏思成，音容儼猶昨。我欲報瓊瑶，河梁慚攜屬。翟公嘆古交，久矣門羅雀。獨有鴻臚君，兹義齊盈約。爲咏《孤鶴篇》，侑此三榮釀。

贈仲川宗將文谷先生社友

車騎翩翩叩薜蘿，喜逢清客到岩阿。義懸寶劍千金重，人服才名八斗多。經術如雲從北海，文星此日聚西河。孔庭靈檜高如許，便欲因君借一柯。

心葵歌爲闉帥張公賦

君不見葵花五色莫如黄，異蕊同心共向陽。天葩采采有至性，耻與萬卉争春芳。將軍對此欣會意，許身自比惟忠良。又不見蘇武牧羝北海岸，節旄落盡方歸漢。豫讓橋驚襄子馬，堪愧人臣二心者。羈旅雲長擁敝袍，秉燭達旦終辭曹。長江擊楫祖生苦，誓清中原力如虎。古來烈士多剛腸，此中皎皎如日光。風塵澒洞暗天地，肯隨蓬纍悲亡羊。將軍幸際時隆昌，折衝尊俎有令望。手植此花堂之皇，寄寫形容開素緗。壯心耿耿亦何長，北有引弓南越裳，聖人垂拱皆來王。天下雖安不忘戰，手提戎印恒嚴裝，昔何人斯可同傳，功名擬畫麒麟殿。莫謂封侯自一時，浮雲世事常多變。域外須消罔兩魂，匣中好在芙蓉劍，葵兮葵兮心乃見。

與歌者朱文

當年燕市遇秦青，偶語何來似有靈。明主自捐千里骨，古人甘臥九秋星。停雲度曲浮銀箭，飛瀨傳花倒玉瓶。爲愛郢歌忘却醉，吾從久矣托沉冥。

懷仲川

年少名高王子侯，朝宗瑞節御風游。誰當大國青雲士？笑贈連城白玉鈎。騎鶴寥天遺勝迹，吹簫明月墮高樓。何時重訪楊雄宅？天禄奇書借一讐。

贈馬郡博 余嘗識蔡蘇州于諸生，時蔡與馬俱同舍生

曾隨使者下洺州，推轂如雲壯昔游。孔壁科書難盡識，燕臺駿骨未全收。無論蔡澤逢唐舉，却憶常何薦馬周。絳帳春風家世遠，譚經懸解若屠牛。

送張助甫中丞開府寧夏六首末首兼索胡馬

牙章鉄駟指金天，正是單于錫貢年。百二山河分陝重，五千文字度關傳。請纓原抱金城略，飲馬仍題鉄柱泉。自愛西京才不淺，可無斑管勒燕然？

楊花如雪點征袍，携得春風過虎牢。圮上親傳黃石秘，河源爭識使星高。登樓對月唯長嘯，橫槊吟詩亦太豪。北地材官求自試，翻嫌胡馬入垂橐。

鉦鼓喧闐曉渡河，民夷遮道聽鐃歌。冰開漢壩胡塵遠，地出蕭關戰壘多。記室何人能草檄？羽林諸將罷橫戈。陽春一借中原色，萬井青分瀚海波。

朔方戰士貫橫行，上將臨戎大漠清。設難君曾開五郡，受降人待築三城。龍樓朝下封侯印，雁陣秋聞出塞兵。萬里功名誰可似？積薪何羨漢公卿？

明月寒光上惠文，一尊遙夜慰離群。花枝照酒春前賞，玉笛凌風醉後聞。天子青陽開左個，使君朱芾去橫汾。主恩珍重三推轂，龍虎旗翻出塞雲。

盡斂乘軒不問年，姕姕步屧老堪憐。曾無神駿驕相顧，却笑幨帷敝可捐。塞草揫肥春苜蓿，名駒偏愛鐵連錢。帳前如遣漁陽戍，秦策無忘士會賢。

送朱秉器總憲蜀中四首

三年作賦共馲臺，忽向岷峨首重回。坐惜楚工留壁去，行瞻蜀道矗雲開。攀轅淚合橫汾雨，負弩聲喧下峽雷。君到西川應虎視，文章佐命是奇才。

桂子幽莊倚碧空，幾回呵隊醉芳叢。鳳鳴已播中和頌，蛙迹終存保障功。自喜埋輪恢漢法，可無草檄諭唐蒙。行行蜀道青天外，詩入娥媚步轉工。

璽書光動紫宸朝，風雨延津劍珮遙。莫倚青笻通大宛，常令白雉入天朝。嵐光遠控三巴水，石勢橫拖萬里橋。坐對冰壺無一事，采風深計到漁樵。

棠陰行處草姕姕，紫氣重關路不迷。鳥道盤空高躍馬，牛磯入夜下燃犀。巴人風俗乘軺問，蜀相威名攬轡齊。岩穴青雲多自附，到時先造子雲栖。

懷秉器八首

秋盡鴻書萬里來，楚江明月到人懷。堪憐二妙題詩處，冷落丹楓掃不開。

長風吹浪遠連天，八月乘槎去似仙。回首故人清夢杳，山園高枕石頭眠。

使者星軺指益州，芙蓉露重錦城秋。到時詞客相賡和，應憶山陰王子猷。

昔日文翁化俗新，重來父老拜車塵。停車借問成都市，可有詞人困酒人（秉器先守重慶）？

繡斧西巡棧閣長，行行叱馭笑王楊。鹽叢乍入冰霜氣，玉壘重添日月光。

伏檻寒江草樹迷，故人疑在浣花溪。有時對酒還相憶，好把新詩醉後題。

娥眉山月白如銀，絕頂天都是比鄰。莫以探奇喧負笈，恐驚千歲閉關人。

平生高調掩橫汾，滿路棠陰挂夕曛。未擬出師諸葛表，先傳喻蜀長卿文。

贈牛山人山人名尚忠，號蘭石，武陟人。以鼓瑟于晉邸。善行草書。旅于處，不蹈狹邪，故其行贈以詩如此

翩翩年少美清揚，善鼓瑤琴侍孝王。聞道梁園游客貴，故來燕市酒人傍。紙間得意唯張草，方外論交是古狂。何處月明蕭史駐？雀橋偏不度牛郎。

秋日與助甫秉器賦桂子山園四首

幽窗高枕白雲隈，野樹秋沉畫角哀。瓠飲江湖甘濩落，樓居

參井接昭回。雙林鐘傍清齋動，五柳門迎上客開。吟興無勞催刻燭，陽春儷曲思難載[八]。

把菊東籬二妙過，移尊隨意坐岩阿。病餘無復親倉史，醉後那能和郢歌？落木蕭疏秋興迥，登臺憭慄暮愁多。對君如坐冰壺月，永夜寒光上薜蘿。

寂寞何人問草玄？柴門深鎖日高眠。驚傳楚國來雙玉，試倚秋風叩五弦。把筆漫裁《鸚鵡賦》，登臺同醉菊花天。相看意氣俱青眼，坐久寒林入暝烟。

十載優游賦《考槃》，故人相見問加餐。東陵瓜熟堪時薦，彭澤花香好共看。荒徑乍逢行省使，清霜纔識惠文冠。并縣詞賦千金賞，把酒高歌向夜闌。

題范使君林泉晚適卷

歸興翩翩寄一丘，會心縑素付滄洲。山中歲月疲真想，畫裏林泉作卧游。似載西施同去越，焉知張禄未封侯。花枝帶笑春風裏，何處烟波宿釣舟？

登通明閣

我愛天仙駕玉龍，琳宮千尺俯堯封。中天烟裊飛丹鼎，北阪晴連偃蓋松。千里并汾卑下界，九秋風露躡高踪。凭欄無限幽栖興，暝色侵人失遠峰。

同蔡使君飲黄承奉園

名花昨日笑紅雨，凍柳今朝愁淡烟。寒暑閱人每如此，梟盧賭酒誰當先？侍中傾倒便投轄，刺史風流真謫仙。我醉出門已達曙，扶歸假寐錦鞍韉。

黃中侍園同助甫羽行觀紅白梅時玄甫陪賞

同醉黃公舊酒壚，羅浮吟興未全孤。銀花亂撲宜春苑，火樹高銜不夜珠。灼灼霞光去自暄，娟娟月色杳相扶。論文小阮虛前席，益信賢哉二大夫。

咏物四首與助甫秉器同賦

碧桃

一片紅光照水開，錦城春色自天來，何須着子三千歲？已挾飛仙醉玉臺。

櫻桃

春入含桃綠尚稀，繁華如簇錦城圍。即看朱實垂垂發，未許黃鶯故故飛。

新松

負郭誅茅着小山，青松一片結爲關。春來漸喜陰成幄，莫遣交枝礙往還。

垂柳

風嫋青絲壓短檐，分明吹作水晶簾。一枝長繫山公馬，醉裏村譚也不嫌。

和助甫冬日見訪

握手三朝後，憐君絶塞過。故人皆落落，青髩已皤皤。沮洳吾廬在，綈袍爾意多。歡情譚轉劇，不問夜如何。

又

風物何凄緊，松筠入暮天。探奇連子夜，抱璞想丁年。劍氣雲堪抉，詩名斗并懸。吳公稱最日，因薦洛陽賢。

飲高柏軒園亭

爲愛藍田種玉郎，園開金谷縱吾狂。軒楹隨興題湘竹，風雨無端妬海棠。把酒閒論今昔事，扶筇散步水雲鄉。知君意在青霄外，晝永花深且豹藏。

鑿　井

智井虛煩抱甕前，園花爲爾鎖嬋娟。靈源近出東籬下，報是中泠第一泉。

芙蓉小苑入春愁，幾處寒泉咽未流。今日波連江漢水，落花片片逐輕鷗。

東皋勝事屬山家，素綆銀瓶挽碧霞。手自揮鋤分地脉，一畦流水一畦花。

樹杪旗亭倚碧空，轆轤聲在小墻東。文君慣解相如渴，四壁蕭然酒肆中。

劃爾虹飛十丈開，一泓隱隱沸輕雷。垂綸不淺浮花興，投轄還須好客來。

和助甫寒食詩

并州三月柳初黄，一片飛鳶故故颺。不是桃花不解放，也須回避柏臺霜。

歌罷龍蛇倍黯然，榆灰吹冷介山田。九原落日多新鬼，千里悲風逐斷烟。

再咏物四首同助甫

編鐘

半堵遥分魏絳家，宮縣寧解伴鶯花。一聲驚起南窗夢，縹井親烹穀雨茶。

石磬

泗水音從禹貢傳，清風掠入雨花天。何須洗耳臨箕潁？空谷逃名已十年。

瘦瓢

截木分匏事不群，運奇聊借郢人斤。山中乞得青精飯，飯罷悠然臥白雲。

藜杖

太乙仙人下王屋，手拄蒼龍色如玉。夜采叩閣吐紅烟，照破靈文向人讀。

題李使君三世恩褒册

綸綍恩從上國來，光承祖禰亦賢哉。生憐漢殿批鱗者，不枉秦庭抱璧才。三錫璽書推駿發，高瞻象緯動昭回。熒熒瑞色封終起，散作龍文繞吹臺。

示歌者賈策

賈泠妻，故倡也。賣于良家，以訟至郡庭，奪而妻之。其夫有違言，坐摘。

轉幘曾驕顧影心，新聲此日動郊林。紅漂楓葉緣非偶，春閉桃源路轉深。小飲常依青玉案，高歌時作彩鸞音。夜郎一片刀頭月，吹盡東風思不禁。

早春承助甫羽行二使君攜酒過園亭觀梅得長字

漸回遲日斂餘霜，隴樹風添五夜香。心賞共拼千日醉，林幽恰放幾枝長。肯容桃李春先占？謾着胭脂色自芳。向夕龍光寒照酒，無勞明月在高梁。

壬午仲春值雪園景甚佳助甫羽行約相過賞以公事不果次早至雪色盡融登臺把酒爲之悵然

雪作樓臺玉作山，賞心何處邈難攀？虛傳司馬文驚座，空憶袁安臥閉關。姑射神人終自至，剡溪詞客豈徒還？城陰尚擁娥媚態，莫笑東風鎖醉顏。

周畫士南歸周善翎毛，常爲余作鷹、鶴二圖

意匠翩翩物態新，周郎墨妙出風塵。窺堂舞鶴呼群亟，避獵啼鳥畏影頻。一片歸心縈汗漫，九原秋色送逡巡。紙間神采關飛動，何處題封問故人？

吕山人爲相國余公客晉陽多故人別我數歲相見長揖而已詩以嘲之

十年詞賦滿并汾，竹馬兒童慣識君。東閣賢人憐爾老，北山猿鶴竟誰群？園開叢桂花無恙，目送歸鴻手重分。風木蕭蕭逢揖客，底須增重大將軍。

鐘樓聯句偕吕二山人中甫

商飆颯颯雨初收中甫，萬木蕭森抱一丘。大吕元英非昔日明

甫，故人河朔是名流。層雲倚仗衣裳冷中甫，片月當尊笑語幽。北斗清齋君自苦明甫。時山人斗齋杜門，余强之出，相携且縱大觀游中甫。

題新作鐘樓

驅石秦鞭未足猜，銅山驀爾起崔巍。九原霜壓將軍樹，萬壑風清御史臺。遂有鯨音揺海岳，似看蜃氣接蓬萊。何人未熟黄粱夢？玉漏金鳧且莫催時臺使者不良于寢。

承子觀先生携酒過桂子園陪吕二山人中甫薛文學鳳儀聯句效柏梁體薛姑蘇人

從吾所好富詩篇吕。擔簦下帷講《周南》薛。辭二千石貧而安唐。婆娑桂樹開小山王。感君厚意何纏綿吕，吴中美政父老傳薛。脱粟之飯愧瓊筵唐。荒徑何以來諸賢王。細雨涼風覺背寒吕。白蘋紅蓼猶江南薛。勸君斗酒能負暄唐，莫聽林中噪新蟬王。且共停杯憑雕欄吕。奈此明月隱嬋娟薛。老爲兒孫憂思煎唐。我當留客君姑還王。夜色凄清衣裳單吕。跨蹇冲泥卧青氈薛。遞催彩筆皆如椽唐。聚星此夕怡心顏王。

和吕山人游塞上詩二首

薊門纔罷又居庸，堪笑馮諼老未逢。俠氣遠携金匕首，寒光高映玉芙蓉。黑山青海吟謳興，谷蠡閼氏語笑容君嘗見俺答三娘子像，爲余言之。得意片言來白璧，從軍原爲酒泉封。

側身天地一青萍，白首能爲出塞行。緩頰干時淹上國，五言到處起長城。安車紫氣祥烏引，開府清霜列柏迎。不鎖玉關垂十載，書生何以頌升平？

彭安所移官通州

先朝丞相名家子，西省官僚白面郎。不愛繭絲安趙孟，善操彤管逼鍾王。遷喬調鶴庭無事，臥閣吟梅醉不妨。河上并民揮泪送，南飛彩鷁有輝光。

故人騎鶴上揚州，一片雲衣點素秋。除目豈應纔半刺，佩刀那復有全牛？廣陵濤挾風雷壯，勾注人依桂樹幽。勝侶東南尊酒外，能無回首仲宣樓？

別業悠然似輞川，松風蘿月送殘年。寧知執法臺中吏，亦有逃名世外緣。賭酒圍棋輸謝傅，談經入室共彭宣。郵筒忽報移官信，惆悵離鴻控紫烟。

書卷庵和尚卷

柏谷山中老比丘，辯才無礙揖王侯。翻經自信蓮生舌，説法能令石點頭。飛錫健于支遁馬，上堂拈出大安牛。會逢長者金鋪地，一榻冥心罷遠游。

贈水齋和尚

上人舍身纔四歲，持戒精進，頂門肉珠纍起，類阿羅漢。辟穀凡三度，皆百日，飲水而已。憶前身爲王者妃，乘願力入空門，如曹溪槃特，無多聞性。然貌甚色澤，殆七竅未鑿，六用不行者乎？余心異之，贈詩一章。

休餐無奈苦修何，一勺清冷走六魔。甲子不知秦歲月，貝文惟念佛彌陀。全憑混沌超初地，尚憶因緣涉愛河。試問真詮無可説，頂珠光相吐青螺。

送裴巢雲自潞子諸邸赴雲中薊門兩開府

并州草樹凍淒淒，雪雍山城送馬蹄。携得雀橋諸子賦，來游龍塞五雲西。神京左右開都護，大雅春容散鼓聲。賓從幕中紛授簡，知君才行幾人齊。

潘府保定王贈余《海鶴謠》賦此却寄

余本乘軒者，不受稻粱羈。凌空向滇渤，刷羽浮天池。扶桑挂曉日，九州號晨雞。紅塵暗天地，萬類競所馳。一聲長唳滄海闊，仙人會下蓬萊閣。劍珮扶搖朝玉京，剛風送我超滇漠。子晉吹笙徒爾爲，千載須臾緱嶺歸。與君相見赤霄上，手弄雙丸笑令威。

曹如川開府燉煌

建節安邊仗老成，龍荒萬里事橫行，彫戈早斷匈奴臂，金印先收哈蜜城。一自秦鞭揮翰海，長令天馬步西京。歸來麟閣圖形在，詔遣宮官幾輩迎。

笳鼓聲中雉子斑，征西都護杳難攀。三推華轂從雲陛，諸部降旗滿雪山。別酒魂銷薇省宴，春星色動玉門關。祇今青海波光静，泛斗安流任往還。

開府軍容滿路傍，流澌臘月去汾陽。誰知鄴下辭人首，能斷蘇州刺史腸？天爲禁中收頗牧，君從河外定氐羌。參差棠樹行當見，竹馬兒童是故鄉。

劍珮扶搖下玉都，數從岩穴問樵夫。蓬門向我貧交盡，藥裹因君病骨蘇。得意池塘留片草，放形天地據高梧。却愁姑射真人去，芳樹冬榮也會枯。

茗山王丈有孫而殤至七十四又舉子喜而賦之

夢蘭消息幾曾真？垂老空憐吊影身。忽有玄珠生赤水，遂令一髮引千鈞。合歡樹下宜男草，弄玉樓前跨鳳人。湯餅客來吾上座，爲君特筆紀祥麟。

敕封靖安長子詩爲胤龍大王賦賀兼壽太妃

十歲封章下赤墀，維城光荷萬年基。圭璋繼體昭王度，詩禮趨庭謹少儀。珮玉鏘鏘隨輦出，蕳桐宛宛在宮嬉。西池王母瑶爲席，手弄天孫醉玉卮。

王實之使君奉召北上

雲間采鳳九苞成，未許蒼鷹浪得名。大令門高容馴馬，長安日近望雙旌。民喦不少溝中瘠，廟議徒繁稷下生。抗疏自能關至計，野人何以贈君行？

馴牡山程頂領勞，陡驚仙珮上鴻毛。盈城竹馬遮芳草，千里楊花撲錦袍。衣染五雲青鎖合，漏傳三殿碧梧高。甘棠回首行春地，無那烝黎望珮刀。

吉人藹藹鳳麟祥，使者徵書出未央。曾説捐金燕士重，誰當相璞楚工良？承家學術文無害，許國忠猷道有光。知爾題封常近御，爐烟五色染衣裳。

薰風縹緲拂干旄，馬首嵐光四望清。北上星槎通斗極，西來日御正朱明。秦庭白璧總歸趙，燕市金丸早避荆。騎竹兒童休苦戀，衹今鳳閣待先鳴。

吾宗瑚璉器，設誠非外獎。五世起經術，三輔推雄長。英年釋褐游，妙譽連城賞。直指肆巡行，虛懷資采訪。清散九秋霜，惠開三面網。釣隱及同心，論文共抵掌。政平循吏風，詞寡吉人養。頌聲遂洋溢，令德終高朗。思留棠樹間，名在楓宸上。臺省須才賢，朝廷愛忠讜。徵書十道出，策馬連鑣往。敷奏誰當先，耳目從茲廣。皇風還穆如，早慰并民仰。

送君携手河橋，班馬春風意驕。行色垂楊難縮，離魂對酒先銷。

君王納諫虛懷，濟濟師師衆才。青瑣五雲深處，黃金百尺高臺。

九日與周元孚登西山爲馬侍御物土

從君九日訪岩阿，把酒高天逸興多。吹黍曾回燕氣色，揮鞭却指晉山河。龍樓朝抗批鱗疏，牛背宵傳扣角歌。探得錦囊留片語，飛騰無奈馬周何。

病　僧

背城雙樹迴，深院一僧眠。疲骨難揢地，清魂欲上天。到床惟有月，問鼎更無烟。懶乞醫王藥，虛心委自然。

恭咏慈聖瑞蓮

長樂宮中十丈蓮，香風吹露蘂珠圓。花心似識雲仍禮，笑擁孫枝御座前。

混沌纔分出九頭，吾皇有道與同流。花神思媚明明后，異蘂同心捧玉樓。

紺殿珠宮七寶盆，芙蓉出水散朝曛。虛傳玄圃三千歲，獨有蟠桃啖至尊。

爛熳紅霞繞殿廊，九苞彩彩刺衣裳。香風拂座吹金母，紫氣迎車引玉皇。

映水丹葩出禁林，太和元氣釀來深。君王幽贊生神草，一本能維九有心。

水殿批香玉影斜，宮妝休向鏡中誇。還疑天上忘憂草，不愛人間解語花。

喜寇山人至

匹馬驕嘶入晉陽，風流千古一奚囊。不緣閒圃求衰鳳，安得清歌共楚狂？臺俯四山烟正紫，門栽五柳色初黃。多君耳目縱橫甚，把酒論文夜未央。

寄雲衢王大司馬

革履晨趨帝座旁，尚書北斗倍生光。疇咨岳牧虛三月，誓指山河有四王（謂靖遠、威寧、新建）。赤烏西周回几几，大風東海表泱泱。正當胡越爲家日，萬里皇靈慎普將。

周官司馬漢三公，政府新兼特進崇。物望分明頻舉首，皇情密勿重居中。龍樓偏入風雲氣，麟閣先圖社稷功。朝罷省堂無一事，故人回首問秋鴻。

江海分符憶昔年，紅顔如玉兩翩翩。垂天鵬翼扶搖上，爲社櫟材棄置還。袞烏惟應趨玉陛，龍蛇只合隱綿田。遥傳尺素來雙鯉，短髪窮愁對黯然。

神京左腋枕龍堆，上相臨戎迅若雷。遼海捷書如月白，漁陽鈴閣蠢雲開。牙兵俱中封侯相。慕客紛誇草檄才。日出扶桑弓影大，天狼應比猿夜哀。

丁亥首春大雪馬鳳鳴侍御黃玄甫孝廉同
過桂子園賞眺時大旱

歲餘三白兆豐年，瑞色乘春亦可憐。滿路流移空竭澤，片時霑灑即回天。來牟吐秀風翻浪，原隰晞晴玉起烟。林徑無人惟鳥迹，一尊清賞共鳶肩。

客有贈兩冰燈者形如臼夜灼之如玻璃瓶貯美珠芒景四射真奇觀也爲賦一律

春雪凝寒結凍高，凌人巧鑿不辭勞。雙星色動鮫綃帳，午夜寒侵翠羽袍。浮海木難堪自媚，懷仙玉杵擬親操。一尊對此清人意，何必千燈駕巨鰲。

賦得老蚌生珠友人有五十舉子者，賦此爲賀

南海有明珠，價重連城賞。自沉驪龍淵，難挂珊瑚網。久無照乘光，徒有媚川想。日出泛層波，望之殊曠朗。盈虛感至精，吐吸呈殊象。委羽非稊質，結胎自深養。遂得徑寸珍，乃在三幣上。珮因交甫捐，名與隋侯仿。剖腹何其愚？彈雀亦以罔。宜登白玉堂，重襲青絲繈。精英出有時，璀璨看無兩。似投龍女懷，把玩金仙掌。商瞿終有後，聖言良不爽。纍纍如貫星，當復矜吾黨。

寶劍篇爲劉別駕賦

君家有寶劍，傳自隆準翁。赤龍飛起沛之澤，白帝何敢攖其鋒？揮霍數遭神鬼泣，精靈闇與風雷通。此物飛揚杳何許？匣中鎖定愁無語。夜色虹光燭斗間，不遇張華誰識取？揭來瀛海蛟龍鬥，君乘霹靂從其後。白浪連天蹴不開，望之一麾解而走。并州之北多犬羊，烽火夜照甘泉宮。治中別駕誰堪領？鉅鹿之思在我公。君不見蓮花吐鍔凌寒空。大兒小兒皆英雄。辟易萬人何足數？俠客千金莫輕與。吾將持之獻明主，歲方大旱作霖雨。

挽裴徵君<small>裴赴胡中丞之招，有愛姬爲内子所賣，歸竟怫鬱而卒</small>

俠氣翩翩健若龍，黄金賣賦出居庸。大江桃葉流何處？明月刀環竟不逢。摩詰鄉中成寡和，阿蒙地下或相從<small>吕中舍陽，其文友也，先卒。</small>白頭空有文姬在，禪草誰當奏九重？

送寇山人

半生踪迹走江湖，任誕難將禮法拘。家散千金如敝帚，名題五岳見真圖。公庭步馬先陵守，高會參摳反辱孤。謾以新詩矜俗眼，徒令按劍視明珠。

北風行贈曹壽甫

臘月苦寒地龜裂，朔風吹度天門雪。雞鳴開關人不行，馬上日高看似鐵。村村冷落家中烟，處處縱横溝裏骨。天子聞之不忍聞，發廪捐金來使節。冠蓋交輪溢路衢，豺狼接踵滋顛越。曹生不苦行路難，爲訪王郎甘遠涉。似懷白璧秦王庭，欲問玄經楊子宅。曹生曹生才太奇，白首落魄無人知。少從嚴君西宦蜀，楊慎之門番下帷。窮探二酉猶不足，學成十年方始歸。馬兩角，烏三足。爲鬱栖，爲陵烏。商羊起舞，貳負反縛。或拊龍劍，或聽牛鐸。黄熊入羽淵，白魚來几席。博物之人盡所疑，就君叩之無不知。糞壤充幃但默默，蓬蒿滿目常怡怡。縱觀于海若，精論入毫釐。興來濁酒陶然醉，白眼青天空所視。拍手狂歌入里門，傍若無人見者避。悠悠世事何足陳？獨有王郎差可意。雪夜常操訪戴船，花朝共席班荆地。有時根本于六經，有時泛濫于傳記，有時注五千之奥文，有時衍一乘之妙義。文章何以遡周秦？騷雅何以凌漢魏？牛飲鯨吞不復辭，白馬輕袍空自貴。酒酣耳熱拔劍舞，王郎坎坎爲擊鼓。五陵年少莫相輕，吾徒如此宜貧苦。

贈祝李山捧檄入楚

憶昔丱角時，解頤慕匡鼎。擔簦趨絳帳，挾策礪囊穎。雍容偕友生，黽勉志交警。學成子先歸，道妙余未領。繆通金閨籍，愧比驊騮騁。倦游意不愜，歸臥髮猶鬒。余歸子入官。子來余致飲。繾綣話疇昔，老大真俄頃。青矜負隽才，黃綬回末景。屈産有超乘，鹽車悲項領。人生空碌碌，吾意常耿耿。干羽柔北狄，皮幣發南郢。還操宗愨風，休瞰左慈井。糟糠已去帷，穉子方延頸。攬衣共徘徊，奉雉殊秀整。達生歌鼓盆，深計體藩屏。旅食慎加餐，王程貪進艇。眷念我同袍，離合如漂梗。夙夜行多露，令聞貴有永。

校勘記

〔一〕今存天龍山碑廊，題作"晉祠偕游上林"。

〔二〕"池頭"，天龍山碑作"池邊"。

〔三〕"□"，據文意疑爲"同"。

〔四〕"□倚流光"句，天龍山碑作"呼酒踏波明月上，却疑神女弄珠游"。

〔五〕本詩又見於康熙《陽曲縣志》卷十四"詩歌上"、道光《陽曲縣志》卷十五"文徵"下。分別咏楊暖泉、河南府通判王世武、臨洮太守唐頤、宗室梅亭、正莊、菊溪及王道行。

〔六〕"鞙鞁"，後文中多處寫作"銅鞁"。

〔七〕據李鋼主編，太原晉祠博物館編注《晉祠碑碣》（山西人民出版社 2001 年），下有"滄然居士王道行書，時隆慶二年八月也"十六字。

〔八〕"載"出韻，疑當作"裁"。

詩　二

游西山絶句九首

飛瀑

搖空珠瀑瀉銀河，客倚絲桐發浩歌。流水聲中意無限，落花千片奈愁何。

懸崖

飛閣千尋嵌碧空，翠微窮處乍聞鐘。白雲仙犬迎人吠，幻作龍吟在水中（群犬渡河大吠）。

觀濤

峽束奔流勢轉高，渦盤碨石小秋毫。淹留不盡憑闌興，遲爾仍觀八月濤。

入峽

遍插芙蓉亦太奇，極天鳥道水之湄。清齋野衲能相餉，步屧姕姕不厭遲。

石家峁

風磴霾雲猿度愁，行行中道幾人留？平田忽出藤蘿外，水湧蓮峰九派浮。

宿龍鳳寺

百尺垂虹控紫烟，逶迤閣道邈難攀。我來亦是巢居子，夜半濤聲枕上懸。

玄泉寺

山腰解束見平阡，海會同歸極樂天。方外吾非一宿覺，堂中人是五燈傳。

七佛標靈山上山，天門陡絕水潺湲。相傳心印無些子，只在堂頭麈尾間。

胭脂坡

落花流水帶胭脂，窈窕春山看作眉。直北胡姬羞奪色，降王何處正愁思。

和助甫臥病值雪憶桂子山園

梅花零落雪銷天，浹日空庭臥紫烟。爲賦《子虛》耽閉閣，非關吏隱愛逃禪。時時彩筆人間購，字字明珠象外懸。稍待柳絲縈社燕，細開春瓮博高篇。

夏日丹臺送胡山人荆父

面面芙蓉亦太奇，天風吹上碧琉璃。鄰家槐影侵衣袂，夜半鐘聲落酒卮。羊仲來時三徑合，虎溪笑處萬花迷。縱橫支遁難酬語，別去高臺繫遠思。

書東皋寺孔子廟壁

數仞宮墻奉聖顏，誰移半席肖空山？祇桓〔一〕有地金蓮湧，弦誦無聲石鼎間。

夏日飲正莊宗尉園亭四律

芙蓉小苑夾城幽，日日金鞭過五侯。老我還山甘豹隱，多君結社有羊求。翻風紫燕花間語，撥浪銀麟鏡裏浮。不是重門催擊柝，能無秉燭夜深游？

洞壑深沉鎖碧霞，戍樓殘照隱悲笳。璇題光瀉青天色，銀甕香批玉井花。坐上薰風邀翰墨，壁間神物走龍蛇。地偏清思輸公子，支枕閒聽雨後蛙。

君能遺世葆天真，選勝新從靜者論。峭壁流雲穿户牖，清池倒影濯星辰。閒情且付三杯酒，浮世從飛十丈塵。便擬焚香坐終日，避人何必武陵春？

高閣凌風迥十尋，微涼淅淅灑衣襟。園開金谷消長日，手拂朱弦變徵音。芝美堪招黃綺住，檐虛不繫白雲心。人生有酒能相醉，肯負花枝一寸陰？

閒中遣興

來當曉日紅，歸見暮山紫。瓦枕竹匡床，高臥白雲裹。

送許參將移鎮花馬池三首代作

主恩推轂去西河，落日長楸鐵騧過。大入崤陵橫鳥陣，帳開汾水促驪歌。金城籌策須時定，翰海功名向後多。握手相看意無限，趙人思欲用廉頗。

開府鷹揚萬里威，曾提一劍解重圍。旌旗頓改汾陽色，羽檄從教隴上飛。秋據胡床風引嘯，夜吹羌笛月生輝。名王移牧青山外，謾逐胡天射獵歸。

赫赫皇靈萬國賓，名城梟將久逡巡。飛狐塞外旄頭落，花馬池邊練影新。壁界黃雲橫絕漠，旗翻青海護全秦。并民遮道軍容外，惆悵無能借寇恂。

題桂子園龍槐

九夏微風入，孤蓬一柱懸。抱珠能墮水，噓氣欲垂天。清夢南柯杳，遺經丙舍偏。豫愁飛挾雨，深鎖滿林烟。

又

婆娑拊芳樹，冉冉遂成圍。扶日陰常滿，停雲静不飛。層霄妨直上，幽壑幸全歸。夙夜行多露，黃花醉染衣。

贈澤州鍾氏兄弟兼輓子一年友

文星光滿晉陽臺，銀榜璇題拂曙開。丹水標靈雙鳳起，明堂稽古兩生來。鸞鏕肅肅揚周道，玉樹翩翩挺晉材。惆悵中郎抔土在，遺書不掩仲宣哀。

送杜與齋轉太僕卿二律

公參知山西行省，開塞下荒田十萬餘畝。六察使者上其績，天子嘉之，召拜太僕少卿，蓋特簡也。并人望開府甚切。不佞素沐深愛，尤先四民，爰賦詩二章，以壯其行。他日竹馬逢迎，其尚憑軾而慰問之哉。

勸農使者出邊庭，千耦揮雲四望青。自愛《豳風》陳后稷，非關漢策困先零。車中數馬天爲笑，塞外無烟户不扃。雲錦幸逢全盛日，龍媒端喜奉皇靈。

寥天鳴雁不堪聞，馬首征袍曳塞雲。水鏡名高前吏部，金城算勝後將軍。三千戍仰京坻積，十二閑分錦繡群。都護樓煩須使者，暫時簫鼓去橫汾。

飲四泉宗侯園

名園高枕上東門，結客平原倒玉尊。綺席偏宜人巧笑，嚴城遮莫月黃昏。千花如綉迎仙侶，六逸同游盡帝孫。歸卧北窗醒不解，羅裳留得醉時痕。

設醴殷勤自楚宮，披襟聊賦大王風。春申珠履雖云貴，黃綺羕冠自不同。金井轆轤浮酒碧，朱顔窈窕比花紅。歡呼大白真豪舉，阮籍能堪禮法中？

夭矯春畦走碧波，持觴無奈漢陰何。中流笑謂佳公子，上已真成晉永和。枚叟才名門下避，更生鴻寶枕中多。歡娛不覺城烏起，尚擁娥眉趣艷歌。

送馬廣文擢慶雲學諭

伊余方弱冠，官比二千石。驅車趙王臺，觀者皆辟易。每從驄馬使，露冕行郡邑。青衿挾策來，經義就評騭。何物價連城？邯鄲有雙玉。燁燁三輔名，維君與蔡國。蔡子既天飛，君胡淹家食？稍起薦明經，入晉擁師席。余歸蓬門卧，故人皆掃迹。意氣重古交，造我生顔色。絳帳被春風，朱弦發清瑟。講授解人頤，往往有心得。諸生爭自奮，群賢多輩出。方下董子帷，忽捧毛公檄。并州成故鄉，瀛海近天室。空有楊雄書，無復侯芭質。臨歧少歡悰，牽裾到日入。念我平生友，中郎草已宿。寄語問孤童，遺書可曾讀？逝者如斯夫，明德以相勖。

浴　佛

寶閣千年教像新，諸方海會集靈辰。猶看冷暖池邊水，流向蓮花世外身。滿地松陰堪卧酒，如雷法鼓欲空塵。相携貪説無生理，月閃金光已刺人。

老　僧

風捲禪扉半夕陽，老僧兀兀坐繩床。西來衣鉢付誰去？庭草當門一丈長。

轉輪藏

金輪持世昔曾聞，一柱孤擎大藏文。我亦靈山聽法者，玄機入手走魔軍。

諸友携榼見過坐龍槐命飲酒甚樂主者凡七人

醉宜清蔭裊柔條，仿佛龍髯下碧霄。我欲驅之作霖雨，拋留名飲盡花朝。

苦旱答薛鳳儀文學薛吳人也，以余嘗守吳，來詩有

"昔年霖澤霈姑蘇" 之句

山中高卧萬緣輕，最喜茅檐滴雨聲。回旱自傷農圃計，爲霖空憶闔閭城。

微　雨

欲挽天河作旱霖，寧堪數滴咽輕陰。歡情正擬挑燈坐，愁緒還成擁被吟。那有來牟揮陸海？分明霖霡比南金。漏聲帶月傳清響，耿耿憂思故不禁。

題賈伶《竹間鸜鵒圖》

誰圖湘玉伴湘仙，坐個靈禽解語言。聽取琵琶無限意，那愁消息漏人前？

贈王南溪先生自太原衛幕遷葭州判官詩并序

　　君昔爲臬司照磨，三遷皆不出晉陽，政績甚著。和戎之役，主幣明允，臺使者交章薦之。今轉葭州，念母老，欲解官，當道惜其才，不聽。余自右省罷歸，君時時過訪，今兹言別，爰賦二詩。

　　并州十載事和戎，半刺秦川飲劍虹。素業蕭蕭林廬外，白雲渺渺太行東。浮槎夢繞支機石，匹馬魂銷度幕風。九十慈親今尚健，猶堪萬里逐飛鴻。

　　畫諾參軍掀美髯，尚書奏記獨稱廉。功收三表心良苦，幣輓千璣歲已淹。別駕更煩帷幄計，王程莫憚簡書嚴。翩翩玉樹雙銜照君有二兒，甚佳，春入門闌麗景添。

吕山人送吴茶

　　昔總三泉使，因知陸羽名。奇葩聯石鼎，高樹咽蟬聲。慣解文園渴，堪酬玉麈清。雨前來貴品，牽動舊游情。

賀張初翁八十翁杜門二十年，太守吴公强出之，宴郡齋，遂入崇真會

　　解組歸來避世喧，蓬蒿没屋席爲門。十人晚結香山社，五馬先開北海尊。身若在朝應賜杖，君如問政定臨軒。鶯花歲歲逢初度，戲彩稱觴盛子孫。

游五臺詩

東臺

　　臺引吴閶練影同，雞鳴曉日已瞳曨。身名都付浮雲外，眼界直窮滄海東。一氣混茫何所有？九霄縹緲若爲通。年年草色春先

吐，知是山靈長育功。

南臺 經宰殺溝遇雪

伐木丁丁日影疏，猿吟虎嘯傍僧居。雲穿兩袂行相失，雪散諸天畫不如。南極老人迎杖屨，西方大士借蓬廬。疑情莫問抛刀事，直往誰當廣額屠？

中臺 有文殊浴池，腳印宛然

芒屩麻衣冷不禁，玉臺縹緲梵宮臨。交參賓主知中位，不辯龍蛇證佛心。二室區分名并遠，雙林地勝興堪深。泠然止水清人意，常湧文殊腳下金。

西臺

平原萬木吐芳叢，臺上餘寒迥不同。落落龍翻尋母石，翩翩鶴御上仙風。近天白馬山程苦，反照青林色界空。欲典春衣尋酒肆，杜康曾不近齋宮〔二〕。

北臺 北四臺最高，至者多阻風，是日獨和

風伯常驅萬壑松，濤聲爲我故從容。宵中斗色侵孤劍，雲外天光失四峰。暖日花飛常是雪，寒潭龍臥畏聞鐘。食時典坐還相餉，且向堂頭問性宗。

又

日御熙熙步曉晴，蒼山一片杖頭橫。天從北斗樞中轉，人在毗廬頂上行。風伯霽威如好客，臺卿拱手似從兄。不緣健鶻飛難到，積雪何由與寺平？

入 山

七寶遥瞻五色蓮，一笻挑破上方烟。懸崖徑仄危難度，出谷峰回缺又圓。虎豹狺狺驕白日，芙蓉面面插青天。衝飈失却投林鳥，路滑須妨遇石遷。

金閣寺有佛像二，一立一卧，長五尺有奇，然寺頗頹敝

架壑朱甍乍有無，林開福地忽平鋪。蓮花十丈承神足，貝葉千函鎖佛圖。香積厨中松火冷，涅般會上石床孤。大身自有非身智，具眼人間幾丈夫？

塔院寺

宣文皇太后重修。

千花成塔自何時？七寶新瞻結構奇。曾是神僧飛錫去，俄傳文母下檀施。空中鐸引鈞天樂，庭際龍蟠護法碑。怪底曇花常一現，太平天子本無爲。

八功德水

繞出西臺後，高蟠白玉梯。刻檀千佛出，架壑數僧栖。不見雞啼棧，時妨虎過溪。誰將甘露水，一滴灑群迷？

贈大方院主

中天紺宇開，臺勢抱崔嵬。文母宮金出，中涓厩馬來。雲烝九牛鼎，海赴萬人齋。苦行滋多福，紅樓院主哉。

贈月川和尚時在塔院修《臺志》

毫端藏寶刹，萬法一時收。墨已名山副，行緣大士留。調高

詩寡和，語峻義難酬。共爾聯床夜，相期到十洲。

金鴿嶺

行過金鴿嶺，非復人間世。不見吏催租，但聞僧説偈。逃名學閉關，聽法留終歲。了却區中緣，願言從此逝。

鐵　橋蜀僧爲之求余記，未許

懸棧渡常怯，鈎金勢易搖。六龍齊卧水橋下鐵絚六條，萬馬各矜鑣。巧籍稽康煅，平分豫讓橋。吾非題柱者，一鉢費相招。

清涼石

臺東一片清涼石，多少游人説靈迹。不辯龍蛇繞策行，金蓮隱隱扶雙屐。

净土庵

入山皆是石，獨此一抔土。賴有庵中人，貫儷靈苗雨。

拜二虎和尚墓

短幹長髯老比丘，多年説法野干愁。懶朝金闕隨中使，飛錫騰空隻履留。

留謝定襄白尹

豫讓橋邊匹馬過，喜聞襄野有弦歌。城頭一片干旄出，亂颭春風灑薜蘿。

福勝村贈王金光

山家剥琢不相容，杖者歸來意轉濃。操作孟光炊黍入，引泉阿段出茶供。一筇高指諸天路，十日淹留萬石農。意氣如君誰可似？著書擬報渭川封。

留謝福勝齊氏

逆旅愁難破，山家意自真。投林如倦鳥，下榻愧佳賓。野蕨當春薦，文褥向晚陳。相携勞跋涉，十日飽嶙峋。

拜喬給事墳

點綴春山畫不如，平蕪入水抱幽居。摩碑細讀中郎字墓表唐先生作，留劍重停季子車。瑣闥錚錚傳諫草，孫支挺挺讀遺書。長安携手看花日，都是黄粱一夢餘。

七岩廟云是磨笄夫人

七岩祠廟枕山隈，話説磨笄事可哀。爲覓寶符墟代社，却傳弓韣禮高禖。幽泉尚咽生前泪，化楮猶飛亂後灰。天爲孤貞延血食，故教人乞子孫來。

觀鞦韆

倦鳥投林日暮時，村家游女如花枝。短墻不隔春風面，看打鞦韆歸去遲。

胡　韆

誰作胡韆亦太奇，聯翩紅袖挽朱絲。細腰偏稱回風舞，笑殺并州游俠兒。

貞節篇追挽陵川縣君

跨鳳吹簫事有無？愁雲直欲鎖蒼梧。貞心不忝女公子，完節何如烈丈夫？鸞影一朝沉破鏡，龍光五色照雙珠。紅顏盡逐東流水，獨有芳名入畫圖。

曹嗣山守鳳陽

驛使梅花憶隴頭，黃堂五馬去并州。徒勞徙木鉗公子，自有徵書爵故侯公故臨洮守，當楚相時，以擁傳削籍。彩鷁飛從官渡遠，白雲乘傍帝鄉游。一尊向夕分携後，愁鎖秋烟滿戍樓。

又

誰能千里困羊腸？龍劍曾聞出上方。天子故鄉思猛士，莊生樂地在濠梁。白雲尚作飛揚色，華渚偏依日月光。遲爾政成鳴鳳下，濃蔭交遍九原棠。

題秦西溪三壽圖有叙

西溪秦翁年八十，余出《三壽作朋圖》贈之，翁求題，因憶家大人游諸翁間，今在者三人爾，撫今懷昔，情見乎詞。

偉貌衣冠上古同，倒垂素髮方青瞳。三人持練書錦字，銀鈎鐵畫何其工！似是爲君祝眉壽，笑指日出扶桑東。文鹿呦呦銜瑞草，蒼松宛宛蟠游龍。馴鶴依稀傍人舞，雲芝仿佛垂雲紅。誰開生面掃烟霧？精神闇與蓬瀛通。君家喜氣何沖瀜！年逾八袠顏如童。常開北海孔融酒，并招商山園綺公。柱下之史纔過七謂蘭谷李翁，時八十有七，張老古稀稱少翁浮山也。張老，古仙人名。三壽作朋固如此，歲時行樂何終窮？賣漿攘攘爭席坐，薦脯翩翩連騎從。家有韓盧搏狡兔，飛身獨控胡青驄。城南別業五十畝，數椽茅屋在其中。懶筑短墻礙蓬藋，但聞黃耳吠寒空。野老忘機有真意，行人何敢求遺弓？撥醅便欲呼鄰叟，一飲常傾三百鐘。不畏追胥如猛虎，況有萬石之侯封？憶昔家君相聚首，笑擁胡姬稱祭酒。九原之上草芊芊，君獨歸然咏黃耇。龍馬精神海鶴姿，看長孫曾逾九九。太平逸老幾何人？夢入華胥還似否？我題此圖神愴然，白雲飛盡空回首。

送吳中淮郡伯入覲二首

獵獵清霜在珮刀，曉隨天仗不知勞。九重端扆皇圖遠，六服盈廷岳薦高。紫氣關門遲候吏，白雲親舍莫休曹。故人會問西河士，結襪王生尚爾豪。

太守西曹執法中，文章政術舊稱雄。還因對簿尚書省，又得談天碣石宮。燕市酒人期累日，并州竹馬愛趨風。天門春下黃河水，斗轉依然識令公。

送高乾所邑侯入覲二首

三載弦歌似武城，公車對簿動遙旌。堂中讀法聽宵柝，門下傳餐謁上卿。花縣自關天子意，御屏先得使君名。漢官司隸如相借，輦過扶風負弩[三]迎。

剛風獵獵敞離筵，遮莫并民對黯然。匹馬寒嘶王會草，雙鳧高掠禁城煙。諸侯北岳爭鳴玉，六省宸朝讓揖鞭。君去明堂如召問，願言邊地苦無年。

贈陳義齋七十

人爵爭如好爵榮？春風絳帳老談經。西山不作襄王雨，南極長依處士星。每向花時來白社，常于子夜誦黃庭。七旬顏色如童子，知己心齋合窈冥。

贈李繼平使君入覲

屬天真氣滿關西，茂宰功名孰與齊？補衮良工方製錦，屠牛妙手且刲雞。春風比屋聞弦誦，落日高樓絕鼓鼙。計吏于今誰第一？知君先拜紫金泥。

送李震寰歸廣陵

上書無路意煩冤，講授河汾道亦尊。牢落異鄉貂已敝，縱橫他日舌猶存。萬言堪對公車府，駟馬終高市隱門。莫謂錦衣歸始得，春暉且媚北堂萱。

洛陽劉子禮六十初度園在澗西值牡丹盛開有一本雙萼者洛中諸君子咏歌其事貽書索余詩因成四首

影搖紅玉妒群娃，贏得春歸給事家。西澗喜儐偕老宴，東風催放并頭花。昭陽殿裏羞同產，金谷園中讓異葩。傾盡步兵千斛酒，滿城珠履臥烟霞。

洛陽才子禁闈臣，寄我新詩盡故人。勝日相逢河朔飲，花時不減武陵春。西園載酒能投轄，中岳逃名豈濫巾？并蒂芙蓉含露冷，何如國色媚芳辰？

洛中花圃世稱奇，爭似君家連理枝？客到林中歌五福，風來月下舞雙姬。光分太乙藜頭火，繡吐天孫錦上絲。我欲乘鸞參勝侶，相聞叵耐後花時！

園開桂子棘爲門，愛飲村醪但瓦盆。忽有鴻書遺錦字，遂令烏几具金尊_{公貽我鎏金杯二}。花經愛惜全無恙，酒被淋漓定有痕。淡抹濃妝遥憶汝，何由伏檻與君論？

贈周二魯南歸

懷沙有賦調堪同，烈烈排閶一疏中。本爲乾坤扶正氣，祇將生死見孤忠。儷皮收盡千胡馬，單舸操還萬里風。宣室受釐應計日，朔雲何處問飛鴻？

漢吏名因折檻尊，何須湘水賦招魂？自知發難來劻敵，轉覺投荒是主恩。稷下無人伸大義，雲中有鳥失孤鶱。彈冠兄弟容相坐，鐘鼎天教萃一門。

贈汝清楊丈

先生自言得玉帝真誥，有三星官、五玉女持之，因調以詩。扶鸞者，色目人也。

葭灰初動草玄亭，望帝祈年事爾靈。玉女雲衣分五色，仙官鶴駕駐三星。持來南極長生籙，倒盡田家老瓦瓶。無上宮人應顧笑，回回酤酒似劉伶。

謝吳使君約用單帖

欲反唐風治古初，先收謁者赫蹄書。無勞赤牘修苛禮，獨愛玄暉共索居。淇上已看千畝盡，案頭那用半行餘？洛陽紙價今應減，纚纚新篇付小胥。

贈邢郡丞調官北上

世路江河阻且深，結交往往重黃金。風塵易失空群眼，水月方知不染心。何待負薪思楚相？且看留犢去汾陰。上林春色原無恙，肯向燕臺嘆陸沉？

雄風樓詩爲寧河王賦

春

高樓春壓錦城花，遠渚平蕪入望賒。排闥青山容突兀，入簾
芳草鬥橫斜。人間夢想鈞天樂，河上星回博望槎。奕奕英僚誇授
簡，蓬壺原是帝王家。

夏

十二層樓挂玉虹，振衣朔雨走寒空。生憐夸父龍爲杖，底事
齊宣雪作宮？設醴堪銷長夏醉，操弦好奏大王風。輕裕淅淅清人
意，不數高歡避暑雄。

秋

斧鑿神功傑閣開，倚空銀漢接昭回。馬牛不辨憐秋水，日月
難停付酒杯。東海定來天下士，西園宜有鄴中材。楓林謾自驚搖
落，帶礪山河亦壯哉！

冬

縹緲雲飛百尺樓，到來吟望迥添愁。烟生藜杖光常滿，雪漲
銀河靜不流。落日寒原迷七聖，黑衣玄玉會諸侯。退朝齊下蕨蕤
鎖，天禄奇書夜自紬。

瑞芝爲寧河王賦

陸離神草寢園生，一片紅雲仙掌明。龍虎千年盤王氣，宗祧
九葉倚維城。

謾説青鳥卜地奇，呦呦文鹿跪銜芝。地靈不愛銅池秀，兩度
都來獻壽時。

五岳祠宫特地求，鼎湖龍馭去悠悠。淮南自有金光草，紫氣分明燭斗牛。

朱英紫蓋吐葳蕤，鳳翥龍興正爾時。欲向齋宫歌盛德，愧無斑管製新詞。

三伏炎蒸列廣筵，冰桃雪藕奏鈞天。芝如蕢草旋生英，笑看雲英滿十千。

商山隱士紫芝歌，鴻鵠高飛奈若何？今日安儲正相似，芝原五色慶雲多。

纔憐神草搴初英，又喜亭亭擢兩莖。寶氣屬天龍脉厚，丹葩耀日蕊珠明。

昔年五馬守三吳，神草煌煌入畫圖_{余故吳守，時世廟訪芝吳郡，得數十本。}今日三花呈五色，王靈鬱鬱啓禎符。

贈李士元南還詩_{謝樗仙甥。謝嘗許爲余作畫，竟客死淮上}

雅好滄洲趣，空餘白板居。長康原有約，淮海竟無書。神品賢甥似，人情故吏疏。多君揮彩筆，岩壑滿吾廬。

又

短日縈歸思，嚴霜送馬蹄。孤吟山店月，清夢客窗雞。梁苑游應倦，吳洲望欲迷。入門憐少婦，帶笑括清賚。

又

歸卧吾身老，來游爾興豪。相留餘薏苡，有贈是綈袍。歲暮若爲別，年飢慎所操。吳門知己在，心事問蓬蒿。

又

南國有奇士，東陵逢故侯。言尋河朔飲，爲解鷫鸘裘。賭酒輸蛇足，傳神羨虎頭。分攜當此日，把袂夕陽愁。

寄石大司空二十四韻

位登八座髮纔黃，文學當年憶補郎。經術遂爲天下最，甲科初發大河荒。《緇衣》永好竟誰是？郢璞初裁敢自良。筮仕皇華稱使者，稍遷青瑣有封章。《三都》詞賦懸霄漢，五色絲綸起廟堂。欲挽頹波扶正氣，寧辭破檻見剛腸？此時天地容高枕，會有風雲趣上襄。三折遂成醫國手，九州今得濟川航。賜環幾歲因撓楚，結轍當庭頗重王。自以忠勤同補袞，要將恭儉佐垂裳。囧司息馬開雲錦，樞府籌兵盛蹶張。河朔名流誰晚達？平成大業在今皇。霸陵瓦器宜抔土，堯宇茅茨不隱墻。就國東平仍舊貫，指天北斗有餘光。共垂作法奇淫絕，河海安流象罔藏。革履趨朝天子識，危言動主史官揚。交情今古看空市，物論鄉閭笑破囊。白首蕭蕭鳩計拙，奇毛采采鳳文祥。著書老我耽幽寂，得問因君慰瘯癀。棄置已爲溝裏斷，高花猶借海東桑。坐而論道身常健，乃見交情貴不忘。但願普天爲樂土，正宜冬令散清霜。平生懷抱向君盡，聊把新詩與雁翔。

瀟湘八咏

瀟湘夜雨

蕭蕭風雨聲，一夜入修竹。仿佛湘靈來，珊然破幽獨。

山市晴嵐

江山何晻映，村市饒魚米。人作畫圖看，雨過新於洗。

洞庭秋月

秋空月正好，光怪時出没。萬念轉悽清，一尊坐超忽。

遠浦歸帆

積水渺無際，片帆何處歸？客星如可見，吾欲問支磯。

平沙落雁

秋深朔氣寒，歸雁逗南浦。摇曳向江干，忘却關山苦。

烟寺曉鐘

湖水打山根，白雲任舒卷。鐘聲杳藹間，不知寺近遠。

魚村落照

返照射湖水，雲霞成五色。中有叩舷人，沉溟不可則。

江天慕雪

流雲沉野樹，飛雪漲平湖。輸却滄波叟，推篷醉酒壚。

贈于叙吾宅憂東歸

　　體仁足長人，周道蕩如砥。靈根苟不固，歧路從兹始。矯矯貞士心，黽勉求至理。蕙風東南來，草木盡霹靂。松柏何丸丸，群芳非所儗。惟有瑯琊公謂王左丞中宇，千載爲知己。

又

　　挾策游帝庭，分符宰邊縣。耿耿多憂端，日昃不遑宴。形容損皙姿，治理登上善。闇昧朝陽暾，凋枯霖雨遍。改服命徒旅，并民多苦戀。柴車泥不行，相看泪如霰。

又

翳余年少時，素心秉微尚。覽古挹清芬，入官矜骯髒。自歸南山耕，此意頗彫喪。忍見倒懸苦，安得救時相。遲暮逢夫君，神情殊悅暢。飄風匿景光，噯噯增惆悵。

又

古人重明德，今人重高官。官高德不崇，將無歌《伐檀》？所以曠士懷，獨立青雲端。令名以為寶，陋巷心所安。咄彼蜉蝣羽，焉知天地寬？無俾蕭與艾，能移椒與蘭。願君保至性，從今至歲寒。

送袁太室擢判南寧

郡國誰當治行高？除書得爾最賢豪。將從百粵流王化，遂有三遷出散曹。推擇已題陳仲坐，贈行應珮呂虔刀。天南銅柱高如許，吊古雄心倚濁醪。

又

憐君摘宦此逡巡，久別依然見故人。此日懸魚名自遠保德出嘉魚，為民累。君攝篆，革之，當年射雉譽猶新。朝堂原識神仙吏，省闥兼多肺腑親。萬里秋風回瘴海，浮槎吹上斗邊津。

送王環伊督學移官東歸

西山隱士似知音，出處同然柳惠心。忽有龍蛇平起陸，且看桃李鬱成林。榆材不負明堂棟，躍冶虛猜大鹵金。君在朝廷增氣象，殿中何意語相侵？

又

諸生挾策珮繽紛，疑義都從大竅分。自愛芙蓉開夜色，却愁風雨暗星文。君行莫問逃綿火，吾老終迷出洛雲。夾轂喧闐揮泪者，頌聲蚤已廟堂聞。

寄題周晴川江上草堂

君家別業枕中江，十載風塵去故鄉。仕路淹如三折臂，江流曲似九回腸。賦游狼望收彤管，選勝蠶叢説草堂。春到柴門關亦好，可知松菊未全荒。

千里蘼蕪入苑斜，烟波籠日閃餘霞。穿將濯錦江邊水，散入峨眉雪後花。玄草一時書稍出，郵筒何處酒堪賒？逃名更被時名累，每遇探奇苦憶家。

賦靖安王初日王世子時常過桂子園講誦

戲馬臺邊宿酒醒，弧南朗朗出黃星。千秋自喜孤芳秀，百禄兼迶壽母寧。敢向西園稱作者，謾從中壘問讐經。十年挾册從游地，冷落乾坤一草亭。

營桂子山房寧河邸見借巧匠賦謝

調鶴山翁木石居，北窗林影坐來虛。揮毫愛賦梁王雪，種樹閒披郭橐書。吟傍藥欄搔短髮，臥便陶復夢華胥。城隅小築堪投老，敢向銅宫乞郢堊。

送周晴川使君有事江南兼歸省覲

萬里橋邊一草盧，錦江春色到何如？游燕未珮黃金印，還蜀先乘駟馬車。江上魚龍邀翰墨，幕南君長仰儲胥。倚門心寄桑榆外，只恐休曹又簡書。

太行山色爲誰高？突兀能堪磬折勞？臥閣自耽千古調，避人慵見五陵豪。已知去住同雞肋，肯爲飛騰損鳳毛？天上歲星人不識，泠然風馭控寒皋。

寄答保定王德軒王嘗手寫《老子》見贈來書以號行

汾河水繞晉陽城，忽有雙魚問老生。團扇新詩珠字字，縹緗別録玉玲玲。神交幾歲空聞雁，文采同時未識荆。親寫道經嘗口誦，知君玄解在無名。

知君玄解在無名，混俗和光近物情。不見朝歌嬌子擊，肯從高會贊侯嬴？西藩世世天爲黨，北斗人人玉指衡。可惜淮南招隱士，移書題識欠分明。

送郡博李在吾賜老歸鄲中是馬融故里

十年掌故一青氈，不使妻孥損俸錢。遲日正牽春草夢，扁舟忽破洞庭烟。歸鴻別業還融帳，哀鳳狂歌惜楚賢。却憶濟南稱博士，九旬猶得漢文憐。

郭舜舉雪中枉訪奉答未面舜舉嘗語余羅浮，不稱其名

臥雪袁安一敝裘，敢云名行動諸侯？顧廬如問興劉策，報刺真同訪戴舟。我以瑤華占歲氣，君無白眼視羅浮。園林物色堪吟賞，銀作長城玉作樓。

寧河邸春宴出二女豎新舞

紅光繚繞萬燈圍，掌上妖姬怯舞衣。花萼方苞難解甲，朱門

深鎖未能歸。嬌歌急管中天沸，火樹星文徹夜飛。客有相如欣授簡，梁園草木盡生輝。

寧河王繼齋六月七日初度

炎填樓閣玉生寒，羅祝岡陵伏檻看。七十士來勞捉髮，百篇書罷問加餐。受遺偏荷絲綸寵，當國方知拮据難。莫學長生探秘籙，寸心原是九還丹。

賀王郡博擢諭臨縣 戊子秋賦門下士，傅生舉首

廣文官冷又無年，門下時時乞俸錢。遂有先登搴赤幟，即看高第起青氈。講堂近繞黃河水，文印遙清古戍烟，此際橫經纔一笑，雍容不受長官憐。

挽光徵仕先生 代作

光仲子，孝廉，能爲古文詞，與玄甫友善。

結交何處問行藏？拭淚題封到晉陽。南極一星回黯淡，東封五玉失精光 公五子。孤猨號木腸應斷，老驥悲風意正長。千里生芻餘宿草，傷心明月在高梁 光仲子嘗有詩挽黃翁。

靖安王春宴

雪宮春雪未堪凝，勝侶如雲納陛升。寧有憲言稱國老，空煩禮樂引房烝。拈花難避元王醴 時催花送酒，便坐都燃太乙燈。華髮星星成底事？共君常願酒如澠。

贈馮經歷還松潘

幾年分陝氣空豪，書記翩翩爾獨勞。午夢乍回車馬客，餘寒留贈鸐鷞袍。曾於幕下酬三語，不覺塵中長二毛。西海遙臨都護

府，參帷宜似漢功曹。

答順吾文學

淄川王生巽，韓約菴郡侯婿也，投余二詩索和，其尊人侍御公嘉靖末年嘗按鹺河東。

奇毛采采氣凌空，丹穴翔輝信已通。試叩鷇音成律吕，堪圖瑞色贊昭融。五原飛下吹簫客，一札言尋帶索翁。欲寄琅玕報雙玉，碧雲深鎖丈人峰。

先朝柱史惠文冠，白簡霜飛海岳寒。厩下麒麟原貴種，匣中星斗莫輕彈。春雷欲濺桃花水，秋雨能肥苜蓿盤。此日郡齋常坦腹，老農無地罄交歡。

寧河王四十九初度

南弧佳氣繞朱門，伯玉行年可共論。仙姥定頒千歲藥，高皇偏佑九傳孫。璽書珍重來天獎，風雨飄搖識舊恩。此際一尊長壽酒，扶桑遙爲駐朝暾。

書任士卷任爲余作桂子園圖小景二十

吾家右丞稱絕代，詩畫入神世所愛。當時留得《輞川圖》，摹者索然無意態。老夫四十挂冠歸，小築城隅甘昧退。中丘宛宛勢最高，俯視郊廛領其概。叢桂冬榮冒小山，錦鱗春暖翻清匯。松柏交加甕牖深，桑麻長大藜芒礙。風雨寧堪車馬過？笑譚頗有漁樵輩。土階數尺存堯風，茅竹幾竿響湘珮。曾無俗子叩柴荊，獨許高人遺聲欬。一片清芬天下知，千里神交書記在。任生昔醉孔融尊文谷先生客，能以毫端收華岱。擔簦六月晉陽城，痛飲狂歌飽生菜。倐忽烟雲筆下生，依稀樊圃囊中載。遠水遙岑四望開，古洞新亭三徑對。意匠翩翩位置前，神情灑灑筌蹄内。

長康謾解吐春蠶，張藻徒勞驅冷齏。虛實相生有異姿，縱橫信手無疵纇。霜天花鳥亂吟眸，錦里山川入闤闠。詎意題封忽有無？一紈幾被癡兒癈。黯黔精靈去不還，浮游名迹何由再余有《輞川圖》送張助甫？尺素盈盈得爾奇，依稀神品猶堪配。山鬼須煩謹護藏，吾園庬也無勞吠。

送徐周南歸豫章

秋風彈鋏嘆無家，客舍傳經髩已華。絳帳難騫門外草，銀河虛泛斗邊槎。終憐舌在酬亡璧，莫爲途窮式怒蛙。慈母倚門相望久，承歡那厭菜羹瓜？

題祝畫史行卷祝爲余作桂子園小景

竹樹蕭蕭一徑孤，十年名勝滿江湖。浮沉世態誰知己？偃蹇山姿是故吾。憐爾解衣盤礴贏，爲余作繪《輞川圖》。千峰秀色收彤管，不問園林事有無。

贈黃汝文棋士黃奕品第一，兼能詩

長日楸枰讓爾雄，關門擁傳似終童。即看因壘無堅敵，到處分庭有鉅公。六國盡回函谷馬，孤軍深陷黑山戎。依稀龍戰秋鴻外，能使高歌兢北風。

賦得朝朝染翰侍君王贈李中書

天上宸居隔九關，獨將彤管近龍顏。制詞朝下絲綸閣，書法先傳玉筝班。筆染五雲常是潤，仗移三殿未云還。宮中宣賜黃封酒，常醉金鼇玉楝間。

喜胡楚鶴至

五年相憶雁書頻，此日清齋見故人。林下生涯吾已老，壁間詩句爾偏新。譚空原是廣長舌，爲客纔知清净身。何事津梁疲遠涉？嵩陽芋栗未全貧。

寄劉子禮

彈冠當日珮繽紛，無那風霜斷雁群。直道難容君去洛，樗材莫用我歸汾。觸隅番笑牢籠鳥，排牖閒看出岫雲。誰傳逸民堪自附？栽花種竹送餘曛。

太原令陳養素八月十四生日

晉陽令尹好神仙，鳧舄雙飛下紫烟。大藥曾傳勾漏訣，清心堪試石門泉。民間擊壤逢初日，堂上彈琴類昔賢。南極一星相映蔽，秋光常與月爭圓。

送譚洞沂罷歸兼訊克庵符卿

洛陽年少髮垂肩，籍上公車憶爾賢。忽有山河生几席，幾從尊酒共林泉。鄉心影斷歸鴻外，客思魂消列宿前。可惜虞卿捐印後，著書猶使萬人傳。

六月孤臣馬首東，歸時飛雪舞天風。真踪且逐青牛隱，舊業猶存《白虎通》。須信石工能毀玉，不圖漁網却羅鴻。當年御李名相亞，用舍同時嘆屢空。

無盡上人屢請應供不至上人自南陽來

西天壯爾至殊庭，手蘸楊枝一净瓶。隻履何期還故國？慈航先已泛重溟。千年白水真人氣，四壁青山土木形。數爲中涓談祖意，微言不使外人聽。

聞鄧州故人以余入名宦祠有賦

五馬駸驔洛下傳，爭看弱冠大夫賢。浮名誤入循良傳，閒圃虛庸六十年。父老無煩分社肉，諸生枉費殺青編。逢僧來自香嚴寺，言説甘棠已蔽天。

贈祁縣李廣文伯實扶溝人，能詩，有子孝廉，卒

健筆猶龍躍洧淵，詩名爗爗兩河懸。清宵不下傷明泪，白首空餘掌故氊。春入講堂飛杏雨，夜深書閣起藜烟。一官牢落祁奚邑，外舉無如爾最賢。

書翁朔宗侯《游五臺行卷》翁朔得余《游臺記》，循爲途轍，故頸聯及之

憐君才興似劉安，寰宇名山取次看。扶策欲窮鳴鷲嶺，聽經先繞雨花壇。因從摩詰知歸路，擬見文殊定不難。法界縈紆五百里，直須收入一毫端。

翁朔歸自臺山寓桂子園有贈

海外曾聞更九州，王孫偏愛御風游。行來慈氏三千界，踏遍仙人十二樓。中壘讎經原父子，西園作賦又曹劉。相過桂樹淹留處，只在汾河水上頭。

八景詩橋李郭使君舜舉家有八景，索賦

紅杏春風

滿溪紅杏若爲栽，引得三山使者來。春色杳扶千日醉，花間人是謫仙才。

新橋夜月

翩翩羽士似茅君，煉藥樓居送夕曛。飛去藍橋明月夜，青天吹笛昨宵聞。

大樹團陰

喬木婆娑不計年，亭亭如蓋狀垂天。披襟獨往緣何事，愛此清陰倚醉眠。

楊灣漾碧

謾將五柳讓陶家，縹緲春烟帶遠沙。隨意放船歌自好，妖童齊唱白楊花。

語水漁舟

越國當年戰水西，吳宮宿鳥啞啞啼。江湖此日無兵氣，自抱漁竿釣語溪。

斜林牧笛

一片青林抱郭斜，牛眠隱隱起龍沙。牧童祇解吹蘆管，那識前朝將相家。

淨寺曉鐘

蒼藤古木前朝寺，住院殘僧無一事。惟有鐘聲似舊時，白椎會得西來意。

鄔涇春雪

雪月爭妍皎夜光，美人宛在水中央。乾坤都作玻瓈色，把酒高歌似楚狂。

贈侯太和

有美朔方士，名殷大壑雷。讀書窮萬卷，落筆動三臺。世擬文章伯，人誇梁棟材。移蕭臨大鹵，借寇自印徠。益部中和洽，汾陽保障開。清風回劍閣，明月下琴臺。濟險期爲楫，調羹想作梅。屠牛經屢試，製錦讓專裁。列宿依宸極，清風絕點埃。冰壺夜皎皎，天網日恢恢。擊壤還堯理，揮弦卓舜財。能安千乘趙，載見五原崔。澤散餘祁藪，聲喧灔澦堆。論文思浩蕩，把酒興徘徊，紙貴傳三賦，詞妍駕《七哀》。雄心規北地，雅化嗣《南陔》。錦奪三千客，箋窮九萬枚。魯恭馴乳雉，卓茂上雲臺。列柏行將近，看花未徯回。不辭林下飲，同覆掌中杯。車馬搴藜藿，盤湌薦芋魁。殘年空矍鑠，別業任污萊。忽奉登山屐，深妨没徑苔。地偏欣命酒，瓶罄恥爲罍。睥睨千峰秀，虛徐二仲來。分題盈素竹，久語落青煤。方奏三年績，寧淹百里才。祖鞭高自健，鄭轂雅相推。騰踏終超乘，飛颺肯曝腮。要津歌策足，小築美于罍。袞職他年補，邦基此日培。會須陳九德，吁咈贊康哉。

送郭舜舉使君自晉藩觀察閩中

纔移炎嶺節西裁，又復車前置指南。宦轍將窮章亥步，文機何似善財參？乍回陸海雙岐雨，忽起長城五色嵐。收得驪珠常照夜，毒龍空復鎖深潭。

艅艎十丈壓鮫宮，六月南巡海怪空。昔日紅顏趨子舍_{舜舉童時嘗隨侍其先大夫副運閩中}，重來玉節遡流風。石烏翔踴雙旌外，竹馬喧闐七萃中。王績可堪垂老別？醉鄉何處問飛鴻？

老圃殘年擅一丘，干旄孑孑遠相求。中原牛耳推文伯，北紀羊腸藉勝游。保塞盡驅回紇馬，渡江先上李膺舟。文茵暢轂脩然去，暮柳新蟬總是愁。

中朝争説使君賢，行省群黎似附羶。税駕未黔汾上突，揚舠忽破水中天。丹楓超乘推高第，紫氣臨封揖九仙。不信歲星寬詰屈，那能調笑至尊前_{舜舉在禮部，以爆竹聲聞大內，外謫？}

贈吳山人汝震_{山人游梁久，年七十一矣，善畫翎毛，猶長于詩、字}

老境從心心事違，客窗秋興入斜暉。臨池便起飛騰想，跨馬終存顧盼威。公子夷門虛左席，名流河朔典朝衣。挂冠生計吾從儉，不惜吳鈎贈爾歸。

短髮長髯折角巾，醉中詩畫轉精神。自多湖海風雲氣，不枉東西南北人。匹馬羊腸誇钁鑠，幾家雞肋愧逡巡。山中芳樹多幽意，長日淹留屬和新。

壽趙孟敏七十故保寧守長余十歲

驂驒五馬建朱幡，投劾空囊返故園。有酒能消三萬日，無人不誦五千言。笑予澠淄狂稱弟，愛爾伊吾老閉門。遙共懸弧分大斗，十年自岳遜高尊。

校勘記

〔一〕"衹桓"，據文意疑當作"衹洹"。

〔二〕"欲典春衣"句，《清涼山志》卷八作"到此自無諸嗜好，歸心極樂梵王宫"。

〔三〕"努"，據文意疑當作"弩"。

詩　三

寄題周貞女守節

貞女，徐子與外孫，口受《列女傳》諸書，聘姚氏，未歸而寡，徑詣姑家。服喪三年，長齋禮佛，重門外扃，絕不歸寧母家。其父文政爲山西布政司經歷，向余言其事，賦二詩歸之。

英英女士歲寒姿，許嫁姚郎未結褵。明月藥砧歸夢斷，青天心事采風知。千聲號佛非求度，一日從姑不怨嫠。吾友中郎遺恨在，外孫齎臼語堪悲。

冰泮懷歸不見春，登車空憶授綏人。因翻貝葉無生語，自度蓮華清淨身。得一有心參俯仰，成言無物受緇磷。須知生死從夫意，力任綱常萬古新貞女祭夫文有"天得一以清"諸語。

同柳陳甫登夕佳亭望太行晴雪分賦得金字

臺枕嚴城迥十尋，千峰霽色散蕭森。靡微麗景晴川繞，綽約妍姿夜月臨。三白浮浮揮陸海，六花采采綴珠林。憑君醉寫《菟園賦》，肯負當壚貰酒金？

雪後陳甫過桂子園同賦用前韻

山疑太白鬥崛嶔，日引瑤光發浩吟。不惜連城來楚璧，豈無千里下燕金？推蓬訪戴舟虛往，掃徑求袁臥已深。相視莞然成一笑，知君同有歲寒心。

送秉器請告南還

相思相見兩依依，賦別同聲意轉違。我在山中榮晚照，君從江上共春暉。青天不盡冥鴻影，紫塞猶將大樹威。知乏酒錢供漫興，招歡且莫典朝衣。

威名萬里正鷹揚，歸興幡然憶故鄉。今日名卿嚴直筆，古來烈士有剛腸。春滋蘭珮西江外，夜覓龍精北斗傍。天語丁寧君自見，無忘喜起贊幾康。

和李修吾學使枉訪桂子園有作

直似朱弦玉比清，山人因此愛逢迎。燃犀水觀無遺照，倚馬騷壇有大名。本爲逃堯耽闃寂，稍當御李露峥嵘。知君未倦登臨興，徙倚昏鴉過赤城。

東山別業俯巑岏，仿佛峨眉雪後看。忽有傳呼來小隊，可無雞黍罄交歡？乾坤出處同心少，今古文章得意難。獨往獨來真不偶，故留雙璧照人寒。

贈柳陳甫

有美于髟客，新詩到處傳。數回嚴武駕，獨上李膺船。《晉問》《離騷》後，《唐風》治古前。來游逢子晉，携手弄春烟。

送爾金陵去，離愁可奈何？雄心添鬢雪，清夢逐江波。好在芙蓉劍，遙傳桂樹歌。鴻來如有意，錦字莫蹉跎。

葉茂叢號雲鵠余爲《雲中鵠行》以壯之同賦者扶溝李伯實也

雲中有一鳥，嗷嗷如道饑。耻逐鳶鳥食，寧栖惡木枝？鳳凰臺畔琅玕實，招爾同餐遠羅畢。鷟鷟鴛鴦結好鄰，鷺鵠燕雀羞卑質。六翮飛飛薄九天，下看人世都茫然。子晉吹笙去緱嶺，琴高乘鯉過榆田。一聲高唳搏羊角，縹緲因風下天樂。枝頭草際語啾啾，但覺其委瑣而齷齪。

爲無盡和尚寄題鄧州大慈菴兼懷子田襲美二公

少年爲郡美紅顏，漢水方成跋履間。秦楚霸圖終在眼，嘉隆遺老故相攀。澗南地勝開雙樹，塞北僧歸杖九鐶。常説李家兄弟好，每携試卷叩禪關。

和朱開府再游桂子園四首

朱公秉器昔與張助甫過桂子園，賦詩命酒，篇什傳于人間，爲一時盛事。今逾十年，來撫全晉，而助甫聞問遠在千里。秋日枉訪，遂成四詩，倚韻奉答如左。雖蟋蟀之音爲細已甚，亦大風之一籟也。

元戎十乘入并州，彭澤東籬是舊游。問柳已成《枯樹賦》，懷人如泛剡溪舟。丹楓妙簡推三絕，青玉高歌倚《四愁》。此日搴蓬尋往事，彩雲若爲故人留。

節鉞重來撫晉封，皇皇列辟奉《車攻》。不矜開府鈞衡重，特訪逃虞石户農。老我西山窺隱豹，看君北斗翊飛龍。袛緣同調心相許，雞黍衡門也易供。

釣隱當年破綠苔，相携俱是郢中才。乘槎使者雙星隔爲助甫，把鉞師臣四履來。十載行藏凋白髮，幾人尊俎净黄埃？風流此日還吾黨，絕代文章一酒杯。

銀潢清影鳳城遥，星渚經年別恨銷。廓落剛腸河朔飲，侵淫大宅廣陵潮。青山入夜如逃酒，芳樹臨風肯棄瓢余有瘦瓢，公銘之，與助甫攝飲及茲，後晤出視，欣然？非愛習家池上酌，采風深計到漁樵。

擬送秉器詩有叙

> 偶聞青瑣有封事，欲公與湖廣李開府相易，甚患之，遂成三詩。已聞各還故鎮，復賦後一首。

虎符纔下晉山迎，又逐東風問楚程。縮酒苞茅原入貢，款關君長正渝平。心緣《哀郢》催行色，文爲浮湘益大名。以雅以南千古事，滔滔江漢不勝情。

簫鼓橫汾秋氣深，參差羽騎去駸駸。寒燈短髮論文地，落日長楸繫馬心。夢裹猶疑迷漢沔，書來只恐任浮沉。願君努力加餐飯，報國宜如百煉金。

別酒離亭駐錦鞍，晉人哀怨楚人歡。洞庭秋水揚舲渡，恒岳孤峰把袂看。行後謳歌傳下里，到時容珮盛芳蘭。可憐桂樹叢生處，無復題詩向夜闌。

似聞嚴駕背汾陽，誰爲留行又解裝？實有黔黎同借寇，虛煩青瑣欲移棠。女娟停棹歌空切，方叔鳴鸞意正長。野老乍聞喧笑語，行看朱芾奏于襄。

和林皋詩

> 林皋，蒲坂宗彥也，寄詩相訊，兼及吾兒，中有“嗜酒偏持畢卓螯”語，不知余不能飲，因倚韻答之。

壯心回首氣空豪，文債支吾已倦勞。詞客有心貪逐鹿，酒徒無分避持螯。握中明月寒相照，夢裹蓮華迥自高。莫問榆枋近來信，垂天翰却大鵬毛。

送李伯實擢崇府教授

博學名家貫九流，著書滿案動王侯，蛾眉偏得無鹽妬，俗眼翻增抱璞愁。傾坐高譚非白馬，還山真氣引青牛。汝南自昔多奇士，依隱王門亦勝游。

送李道夫歸養詩有叙

李道夫先生，端亮君子也，秉文晉陽，顧王生有合志焉。屬當轉官，忽動北堂之思，移書自免。六察留之再三，無奈其堅決何，兹不待報行。不佞高其義，爰賦四詩贈之。病餘思塞，視公詩無能爲役，歸而倚和，寄我山中，庶幾以瓦博金，常如聆罄欵乎？

褰惟方潞子，掉鞅忽幽燕。心憶靈椿老，幾存介石先。三公辭不易，一日養堪憐。立馬瞻雲者，因君倍黯然。宦情人自愛，兒女態難持。縱有承顏樂，將無失路悲？剛腸知烈士，青鬢反茅茨。社稷安危理，無忘獻納時。鳳鳥明庭瑞，飄風睨破巢。會須違綱罟，何用索瓊茅。采采九苞羽，瑲瑲七聖郊。德輝如可覽，占在泰初爻。吾衰今已甚，之子遺何遲？語底烟霞氣，尊前汗漫期。談天還碣石，避世去虎祁。白眼看時事，能無賦《五噫》？

送島伯瞻入貢詩

先生父琢菴大夫嘗令宛平，有惠政。時嘉靖元祀，生先生第中。

明經偕吏入燕都，歷盡羊腸是坦途。易學精微窮象數，禮容盤辟中規模。得蒙天子臨軒未？能記家君作宰無？聖世右文師道重，不知何處授生徒。

朔方行賀侯長德明府奉召北上

朔方城中多降虜，驅之殺胡如風雨。九邊知有哱家軍，出塞横行猛于虎。一自和戎二十年，雄心不受文官侮。幕府秋閒白羽聲，市場遠逐黃毛賈。解讐結好人不知，節使空將漢法施。鞭箠任意情偏苦，珠玉焚身禍可追。倒戟群呼那得制？縱兵大掠城門閉。白龍魚服親王走，緑林蝟張命官繫。六察連章遹亂原，九重按劍求長計。魏公聞變怒衝冠，李郭連營勇投袂。西人盛説蕭如薰，擔提孤旅清妖氛。賊騎憑陵外援絶，寶劍一揮當九軍。王師問罪勢欲破，胡塵入犯力全分。十七指揮同日死，數萬材官空復聞。一旦衣冠淪左衽，中原羆虎成羊群。不見金城充國略，誰收靈武子儀勳？君侯英爽世無比，尊俎折衝有妙理。未成進士已知名，獨步循良超越嶲。量移來宰晉陽城，保障真齊尹鐸美。胸中數萬羅甲兵，筆下五車富文史。治行當今稱第一，徵書連茹騰高軌。詎意彎弓仰射天，乃在君家之故里？轍下螳螂釜底魚，目中狂賊何爲爾？國憂家難兩關心，恨不伏之鹽其髓。憶向中丞府内言，勸收兵柄曾虞此。先見當年忽衍齡，屬階何日收安史？祇今殿陛隔重閽，耿耿憂勞煩至尊。廟堂博采安邊策，議論何裨出政門？自古百聞輸一見，莫輕假息與游魂。君今策足登天路，肯惜披肝報主恩。若論相道舞干羽，須格君心是本原。奠安神器在當軸，呼吸軍機戒憤轅。世事舉如翻掌易，人心可使望風奔。不負高材允文武，試看大手整乾坤。

寄題劉子履澹然庵五首

悟後隨緣萬慮輕，拋離火宅學無生。漁樵雖有何曾到？未許時人識化城。

夾水桃花似武陵，卓菴投老問三乘。從教白雪巾中滿，要使青蓮足下生。

澹然菴主禮金仙，坐斷團蕉夜不眠。因地修成無漏業，逢人勘破野狐禪。

聞君回向玉溝栖，翠竹黃花滿路蹊。祖意分明君自會，可無方便指吾迷？

嵩陽居士似維摩，打坐參禪七十過。天女同居方丈室，芙蓉初日媚秋波子履七十娶婦。

寄王胤昌太史

龍華高臥道心清，日月長懸太史名。誰似玉堂真學士？儼然天竺古先生。遺榮暫作山中相，望治其如海內情。隴首軍書連日夜，急陳干羽贊皇明。

胤昌爲余作六十壽叙引《金剛經》無壽者相語發其指歸兼貽著書數種賦此以謝

秋晚芙蓉傍水殘，蕭蕭短髮不勝冠。乍來明月寒相照，高倚青雲老自看。道啓真詮空壽相，書傳洛誦掩騷壇。遙瞻自岳生申處，人在天中把臂難。

挽灌甫宗侯

皇家玉樹十千年，枝葉扶疏欲蔽天。充棟不從斤斧得，干霄空被匠師憐。列侯疑義三隅反，中壘奇書二酉傳。回首河橋相送處，思君終古淚潸然。

十年文教起河梁，此日諸生去講堂。裘馬不矜同姓貴，詩書能使九宗良。枕中鴻寶方難試，天下奇編校已詳。一自微言隨逝水，門人誰尚獨居場？

蕭蕭鳴雁大河濱，掩袂臨風哭故人。萬卷吾從探武庫，六經誰爲指迷津？支流欲破天潢水，圭璧都來席上珍，更有趨庭才子異，屠龍妙技負前薪。

寄明卿

本爲兄弟調堪同，羨爾中原戰七雄。雲散各天驅別鶴，詩來遠塞引雙鴻。甂甄洞裏栖真士，叢桂山中采藥翁。塞北湖南千萬里，扁舟夢阻石尤風。

當年并馬曲江游，君意憐風控紫騮。衡岳大觀回泰岱謂于鱗，漢南餘響動吳洲謂元美。彈冠事往空相憶，伐木山深不可求。晉楚爭衡已塵迹，何如同拜醉鄉侯？

寄梁立夫兼訊乃兄理夫同年

良德夷門攬轡餘，平原詞藻右軍書。歸來棄我如遺迹，猶欲從君卜隱居。玉樹庭前今許大？鵾鴿原上近何如？親題紈扇人間滿，何惜新詩不起予？

寄謝李翼軒太史

欲附青雲記鼎鍾，片言遙爲寫孤踪。無論懸市增高價，曾是觀濤失病容余病中得本寧書，遂有起色。岩穴稍窺朱斗入，蓬窗一任白雲封。千秋太史名山在，天地應知萬石農。

當年束髮侍皇扃，貫草黃麻似六經。出建朱旛參省使，高瞻象緯一文星。旬宣屢試經綸手，供奉終還著作庭。海內風流垂老盡，雙眸能得幾回青？

聞喜王耕山參伯與余中州同僚相別二十年闊不聞問茲有便信貽詩數帙寄興清古才情斐然輒依事答之

其一古銅爐

君珮芳蘭紆末景，香風颯颯衣裳冷。茅茨不用篆爐凝，頗笑癡兒尋古鼎。

其二木墩

伐木丁丁已十年，山姿擁腫自堪憐。高陽酒徒倦應去，隱居酕醄時兀然。

其三黃壚

爲訪黃公舊酒壚，風流嵇阮日相呼。豐年種黍添十斛，不問俸錢今有無。

其四平地江湖 家有鐵甕，貯水，以芥舟浮之，作漁子狀，對酌其上

憑几江湖看渺渺，扁舟蓑笠漁翁小。岸幘婆娑醉碧筒，南人見之真絕倒。

九日桂子園集四明吳汝震吳郡周公化登臺晚眺分賦得亭字

別業柴門晝不扃，雨花臺上對秋星。赤城繞屋松筠冷，白帝司天日月停。漫以片言輕趙璧，聊將小草頌堯蓂。憑高共把茱萸酒，吳越風流醉一亭。

贈周公化奉使東歸

三十才名草檄新，夷情邊計幄中陳。王庭妙簡成均秀，伯國高臨天子人。濁酒扶余支老病，狂歌得爾和陽春。吳門故吏勞相念，肯厭山家芋栗貧？

炎天驅傳忽重陽，久客登高憶故鄉。韋白風流憐好在，金閶練影鬱相望。籬邊寒菊供秋興，壁上霜毫吐夜光。定有千言酬晉問，勝游先記輞川莊。

挽曹壽甫

榆關有奇士，博古稱曹生，數月不聞問，淹忽隔幽冥。客來領其故，淚下霑朱纓。桐棺僅三寸，短衣不掩形。吊者入門哭，索酒浮巨觥。家無擔石儲，何以惠良朋？載之廣柳車，晨起從九京。鄰里不及送，豈能待同盟？談諧猶昨日，讀誦無餘聲。空懷《左氏》癖，祇有步兵名。蓬蒿未委翳，狐兔紛縱橫。鼎鼎百年心，悠悠無一成。床頭《周易注》，袖裏《黃庭經》。幾家收絕筆，八口失懸旌。浮生等朝露，大醉無時醒。我在雁行間，雲路愧先鳴。歸飛戢其翼，及爾歡合并。秋風倚桂樹，春日款柴荆，數舍哦驢背，連霄倒瓦瓶。方偕得朋慶，遽深嘆逝情。以爾未始杖，況余尤暮齡。日薄西山屺，憂端坐自盈。

書路使君《烟霞寄興冊》路通判太原，治餉寧武，與兵
使者申公相善，擢守海州，行，留冊索題。如左

代馬嘶北風，海鳥遵南渚。相去萬里餘，攬之如環堵。君負請纓才，儷皮柔索虜。泛駕控長淮，五馬車中儋。幾年主畫諾，一旦違軍府。使者按金穴，居然失廉賈。悠悠大海濱，健兒逐私鹽。守長非其人，化爲豺與虎。願君崇令德，遠與龔黃伍。他日

會倦游，歸臥恒陽墅。稍出買山錢，長作烟霞主。

賀蘭軒生子

蘭軒宗侯，斐然文質君子也。年四十五，始有主器，今十齡矣，而介子生，儲精發祥，上娛壽母，其德福足徵焉。友人劉元善索詩投賀，因賦此歸之。

君今五十五，再舉麒麟兒。所喜北堂親，復茲慰含飴。十年守圭卣，七葉蕃縹緌。瓜瓞益綿綿，珠光何纍纍！惟天眷明德，食報良在斯。湯餅啓高會，王公來履綦。我欲往從之，清汾正流澌。徒懷陽春咏，爲和弄璋詩。

贈沈居士

晉國稱雄鎮，名藍抱一丘。開山歷唐宋，故氣入休囚。龍蛇時不辨，麋鹿晝常游。焚香餘老衲，懸磬委群偷。嗣興資佛力，二梵匪人謀。遂有高僧集，能無絕學憂。聽經人似市，持鉢食如流。長者諸梁後，中人天女儔。皈依秉至願，福慧解雙修。千金輕自擲，五體倦還投。威儀嚴法服，饘橐進乾餱。簾下驅寒纊，燈添續命油。天花垂冉冉，香米釋浮浮。佛供滿金座，風旛注彩斿。布施無住相，法喜更何求？無言走良馬，有示省心猴。唱隨來四衆，版築感千夫。解講迫春日，鳩工覆殿茅。前抗昆盧閣，東瞻彌勒樓。功寧虧一簣？力欲濟同舟。毋負韋馱願，終供汗漫游。以茲成白業，吾黨有龐州。

題竹庵像

浩浩任扁舟，浮游資七策。欲博鄧通錢，因操倚頓畫。客舍拊瑤琴，三弄梅花雪。析新付子孫，抱布終吳越。匪以食言肥，豈是無家別？《麟趾》遺一經，虎頭羨三絕。旁求屬涼闉，追寫儼眉睫。豐下後將興，來章賁幽穴。

書無盡上人卷

祝髮恒岳下，結茅南陽壄。無字衍曹溪，有言震六種。眼底白毫光，舌上青蓮涌。完璧[一]義已高，鋪金報亦重。以兹中貴緣，常得君王寵。種樹老成圍，一一蒼鱗擁。振錫忽來歸，朱門迎曳踵。自愛青囊術，大地收眼孔。吾欲滅空花，爾宜椎漆桶。回向在須臾，善衆益星拱。

贈法界和尚

京國富招提，香山稱盛概。金穴出大璘，上腴供海會。爾與白雲期，獨在青山外。振錫遠游行，南征復西邁。衣冷不禁綿，貌癯常是菜。偶語會予心，發函檢經貝。性大出無垠，塵迷成芥蒂。惟有過量人，靈宇常清泰。不見善財參，重重周法界。爾願倘不違，先宜去纏蓋。

贈其拙和尚

避世臥山園，久矣耽禪悅。邂逅逢僧語，知是南宗哲。早歲慕玄同，中年游寂滅。自識牟尼珠，遂棄丹砂訣。浪迹任風湮[二]，皙姿標玉雪。就之叩微言，了了都無説。借爾甘露漿，灑我五蘊熱。小道奚足爲？性天貴朗徹。慧能無伎倆，兹言匪虛設。欲報混沌德，無如守其拙。多材信爲障，冷面宜如鐵。我法本無奇，證者居然別。須信萬山西，王倪逢齧缺。

賦得破鏡重圓

妾有青銅鏡，傳自秦王宮。與君結綢繆，相持理顏容。譬彼芙蓉花，并蒂秋江中。君心與妾意，兩兩俱分明。何意中道乖？

委身隨飄風。裁以金錯刀，判作牝牡銅。却月入懷袖，清影隨西東。照君君不見，照妾誰爲容？自謂無前期，詎知歡再逢？何用求鸞膠？精靈闇自通。所懼榮華改，非復三春紅。君心倘移易，以我終禦窮。皎皎當窗者，新人居我處。新人掌上珠，故人草頭露。惟有一寸心，新人不如故。

贈薛鳳儀南歸營葬

子從東方來，橫經開講席。念余爲故守，過語欣忘夕。一別幾十年，素書每盈尺。知下董生帷，不忝邢侯客。邢侯跌宕人，高邁濟南迹。立言書滿家，價比連城璧。彈鋏非無魚，用修聊自藉。奈此明發懷，相從掩幽宅。泣血枉摧殘，拊膺空踽踽。賴有載德銘，可以慰離逖。遠逾太行西，屬我彤管役。遺恨失居諸，標靈宜烏奕。重繭感深情，揮毫羞短翮。豈不美遨游？所念在窀穸。此日反金閶，何時向鼇嶧？千里逐飛蓬，百年如過隙。親願倘不違，君才宜自策。會見秋風高，早控扶搖積。

題呂新吾《中流砥柱卷》爲文學王君念賦

世變如江河，滔滔日每下。何以回狂瀾？障之在賢者。卓哉經世人，崛起寧陵野。討古析微言，潛心成大雅。如懸萬石鐘，真作千間厦。覃威盡豪强，施德先矜寡。違晉適三秦，何由尼駟馬？囂然卧轍民，相看泪盈把。

余去守鄧四十年以右丞罷歸且二十年矣鄧中父老舉余入名宦祠學使者可之生而俎豆學宮此絕無之事諸故人書來附此却謝

丁憲幕銑

南陽多近親，君家已三世。白馬黄金羈，翩翩饒意氣。自爾爲經生，抗心遠榮利。一朝歸賜田，千里誦其義。祇役吏唐封，慶門方鼎貴。開館召諸生，爾領髮初被。橫經未幾時，甘棠留蔽芾。憲節麗中州，而翁勞遠屆。無何即終古，特爲表幽隧。嗣聞效一官，急流甘勇退。教子課桑麻，家聲賴勿墜。念我結綢繆，采茸當年事。碑板永不刊，循省動深愧。

郭廣文繼魯

郭子青雲士，一試爲舉首。胡抱連城珍，良工終不剖？青氈爲廣文，薄禄纔升斗。分俸遠問貽，珮之若瓊玖。何日賦歸來？妻孥足飯否？

姚廣文揆

藍仲成名後，得爾最爲奇。云胡終不售，明經爲士師？何方分教授？幾歲反茅茨？目斷三春雁，人懷往日私。來書見名姓，如把玉山芝。

李千户鶴翔

余昔領專城，得爾爲州將。相須如輔車，人情懷異向。囂訟日囂囂，況能敦禮讓？吾志在平明，君亦勒保障。藩籬永不存，治理亦交暢。十年握虎符，一日起官謗。賴我知平生，終然洗辜狀。豈爲故人私？權衡有至當。尸祝見深情，參井遥相望。

諸士夫

弱冠典名州，政術非所諳。悠悠四十年，拊己常懷慚。西山臥已久，好古情耽耽。忽枉故人書，思余如《召南》。生前已尸祝，營魂詎能安？手循遺愛編，無乃來譏彈？願言俟他日，論定于蓋棺。

諸文學

古穰本望郡，素稱賢豪藪。越在正嘉間，精英出藍叟。挾策
何翩翩！公車多不偶。伊余開講堂，纓冕時時有。緬懷發硎人，
愛而忘其醜。祀我于孔宮，何以當不朽？

諸父老

少小剖郡符，爲政尚嚴檢。稍遷登貳車，鋒芒頗自斂。不待
知非年，已悟昔時舛。父老何見懷？浮名當盛典。無乃難其人，
隱然寓勸勉。德薄而報隆，余心終懼選。

和何中寰使君留別

太行高枕白雲鄉，馬首春風散渺茫。危論不將生死破，大名
那得古今長？竭來晉竈竈猶在，歸到梁園燕已忙。萬里飛騰還此
日，仰天大笑出羊腸。

寄李伯實

伯實先生何所爲？春風送客使人悲。論文他日爭衡地，遠迹
空懷汗漫期。匣捲清霜龍去後，花飛紅雨雁來時。才情不減張平
子，怪爾曾無北望詩。

賀王小山五十 初日值長至

君家素業比侯封，日擁妖姬翠黛濃。易數生生歸大衍，葭灰
隱隱動黃鐘。風流裘馬千金子，雪映蓬桑五袞冬。膝下阿郎盛文
學，持觴獻壽樂雕雕。

送趙節山轉京營參將

十二團營擁漢京，天遣飛將總佳兵。降胡遠傍陰山牧，靈武原從帝里生。推轂轅門高殺氣，入朝箛鼓競詩名。從教氛祲連滄海，肯使鯨波混太清？

靖安王宅憂苫塊中逢五十初度

君王五十獨思親，舜慕于今可并論。九日層臺經戲馬，三年別苑不留賓。眼看萸菊情偏苦，手弄杯棬澤尚新。瑞合陵園方有事，乾坤毋毀受遺身。

送徐太卿念吾先生北上代

旌旗搖曳望中分，駟牡騑騑入五雲。下榻初逢徐孺子，留詩偏憶鮑參軍。車中數馬天爲笑，門下登龍世所聞。入夜臺躔倍光曜，春星萬點獨思君。

離亭把袂意難分，新柳如絲縮斷雲。懸榻空尋高士傳，振衣常帶楚江芬。宮車奉引清天步，斑馬長驅散錦文。此日東征關至計，波臣輸盡願相聞。

河東王世子洪源孝行

父王遘疾，不良于言事，須筆授。世子拜至城隍廟，禱焉，即愈。孝繼母閭不異本生。宗族諸公子謁余，表其行，因贈是詩。

王家主鬯孝烝烝，不獨和顏問寢興。親欲無言關藥裹，身如可代禱金縢。寶龜先示從心墨，神鯉雙開入饌冰。公族同聲傳妙譽，懸知天意篤靈承。

晉王殿下書韓郡侯遺愛册命賦

其一

韓侯控大邦，治行登上理。出牧曾幾時，吾民正流徙。聿廣招徠術，食色從茲起。簡易布科條，膏霖被郊畤。列邑遠承風，諸曹近遵軌。既騰鳴鳥聲，遂有遷鶯喜。卜日動遙旌，飲御臨河沚。送者萬千人，攀轅不可止。

其二

天子念元元，重在二千石。况兹股肱郡，北顧臨胡貉。所守或匪人，何以收上策？奕奕我韓侯，千里布風澤。田多共穎禾，歲見雙岐麥。百物盡豐賤，四壘皆堅壁。既殫憂世情，宜有冲天翮。功名如次公，端揆行見宅。

其三

并州古名郡，西顧臨大河。方望一千里，磽瘠仍陂陀。有年僅自給，飢歲常苦多。賴有名使君，政平時亦和。春風回草木，四野騰謳歌。鬱鬱山含輝，悠悠水增波。桑麻蔽白日，我樂將如何？

其四

使君坐虛堂，清輝遍四境。冰壺貯秋月，皎皎寒相映。雲物杳四除，風林颯清聽。惟有《擊壤》歌，無復盈庭訟。長吏嚴約束，農氓自交慶。緬懷清净心，不下苛煩令。使節未云南，甘棠已播咏。送者且莫喧，開府須後命。

送韓約庵觀察浙中 公常州推官，有惠政。
弟省庵，今爲陽河兵使

驂驔五馬去汾陽，推轂威名控水鄉。檇李三秋迎使節，戈船千片擁艅艎。鴻遵泒水寒成陣，帆過毗陵笑指棠。莫以承歡忘夙夜，急須弓影鎮扶桑。

雁門太守清且賢，兩岐五袴謠平阡。一日除書渺然去，千人軨車不可前。以我斗酒御張仲，願君壽母如彭籛。鶺鴒原上日云暮，回首滿目空寒烟。

《嶧山人歌》爲韓郡公代作贈友

嶧山有人天下奇，眼空白日游黃羲。筆底常懸呂梁水，手中愛把珊瑚枝。仗策儋簦見天子，文學翩翩咨治理。頃刻千言蘊藉深，驊騮獨步聲名起。分符出宰三輔中，彈琴坐上來清風。主家平奴畏強頃，長楸走馬無遺弓。忽有白雲飛一片，親舍依依獨不見。鐘鳴鼎食欲何爲？西山晴日真堪戀。一朝掉臂挂冠歸，笑向雙親戲彩衣。俸錢盡把酒家去，日御潘輿醉落暉。有時對啓南山宴，樂事駢蕃人所羨。多少王臣畏簡書，遙心空憶堂中膳。

《坐聽風松歌》壽秉器中丞

雁門之山天下奇，危峰巇嶪限華夷。矯矯孤松冒其上，宛若獸蹲鳥攫蒼虬垂。有時剛風來大漠，怒濤潰薄相離披。百尺虹梁拖石幹，千年琥珀沉凝脂。玉帶裋袍誰坐者？側耳松風甚瀟洒。山童肅捧五弦琴，營士閒調百戰馬。太白旗翻出塞雲，殷紅節鎮平胡野。單于近日憚威名，不敢彎弓射渭城。牧羝北海猶疑近，勒石燕然未是名。牙將標兵猛于虎，欲捉名王獻明主。無耐鷗鵐懷好音，正思鸞鳳儀文武。橫槊吟詩文武材，陳阮雖多詎能伍？

綺靡終卑沈光禄，清新不數庾開府。吹笛關山夜月明，絶幕深秋萬里空。書記翩翩但杯酒，咏歌穆穆來清風。灰飛葭琯陽初起，岳降蓬弧開宴喜。和氣歸從北海岸，同雲起自南山趾。如銀雪片亂霏霏，一曲陽春和者稀。如意排成六花陣，輕寒不上復陶衣。穰穰豐年回遠徼，折衝尊俎何其妙。參佐爭爲祖逖舞，材官静聽劉琨嘯。願君壽算如喬松，長調玉燭居廊廟。

書《梁孟齊眉卷》爲稷山梁理夫賦理

夫以親老不仕

西方有一士，奇服被芳荃。言念我好述，雄步當盛年。所儀在明德，綺縞何足妍？既申嬿婉情，長共丘中緣。富貴豈不願？違親詎能安？求仁而得仁，與子終歲寒。棠棣況煒煒，桂樹復翩翩。人生貴適意，俯仰幸天全。悲彼絳縣老，儀此扶風賢。

贈王生胤泉

余家桂子園，小山標遠勢。向來塗四壁，翩翩多逸氣，常恐龍蛇飛，不禁風雨至。秋賦忽來茲，書法益遒媚。斗酒醉張顛，狂呼不停綴。汝本雲霄人，草書得三昧。

贈温生鎮源，三山中丞子

今日良宴會，三載若須臾。予形既老醜，子貌何清癯！矯矯中丞門，歸宜駟馬車。趁此秋風高，亶勉登天衢。無爲樂所樂，輕擲千金軀。

寄理夫

四十年前同坐主，一千里外共西山。日月催人容易老，黄河東去不知還。

支離天地此身難，畏路緇塵白眼看。兄弟山中兩高臥，時時自愛觸邪冠。

陽曲侯明府介休王明府集桂子園有作
二君皆關中人

分陝當年首重回，至今猶憶舊京才。杯前忽墮三峰色，花外驚傳二妙來。屬耳弦歌應笑偓，逃名綿火并憐推。秋深不挂銀河影，祇有金聲滿露臺。

寄立夫<small>立夫，汴臺舊僚</small>

冰壺交映惠文冠，別後相思把臂難。綠野甘從中憲老，黑衣真作左師看<small>立夫六十外始舉子</small>。橫汾錦字來雙鯉，渡洛奇文壓五官。莫道餘年無復事，風雲終起釣魚灘。

晴石年兄以詩見懷賦此却寄時公子偕計至晉陽

從君少小赴南宮，雁叙蕭蕭我亦翁。冲舉未能如子晉，旁求那復遇梁鴻。青緗掩映駒千里，彩筆縱橫玉一筒。西海自來多隱士，望而不見意無窮。

追和理夫見懷<small>余參知陝西時，理夫嘗見夢，有作</small>

曾因分陝入咸秦，幾度褰帷岳色新。真氣幻成陽裏焰，豪吟賦得夢中人。乾坤有意容吾黨，今古齊名賴此身。短髮狂搔歌正放，不堪清怨滿秋旻。

賦得亞父得劇孟贈中淮吳使君平礦盜

漢室方全盛，文景最稱賢。建藩頗逾制，驕奢理固然。稍用謀臣畫，分披削其權。吳王筭山海，修隙自當年。馳書說六國，連兵窺三川。將欲搖神器，問鼎招八斑〔三〕。天子赫然怒，出師何桓桓！條侯聽涉計，驅傳陀陜間。搜伏中奇算，堅壁收萬全。劇孟本博徒，一旦歸軍門。得之若敵國，他人安足論？吳王遂授首，餘黨悉奔還。獻俘開廟祐，奏凱入長安。從此天步夷，無復妖氛纏。元功翊赤運，高名垂青編。

送李彦平歸吳

懸車高臥掩山扉，歲月將淹故舊稀。忽有吳歌酬晉問，不辭村酒換朝衣。黃金浮世干人薄，白髮傷秋送爾歸。遺老到時應念我，寄言能飯首陽薇。

校勘記

〔一〕"壁"，據文意當作"璧"。

〔二〕"湮"，據文意疑當作"烟（煙）"。

〔三〕"斑"，據文意當作"斑"。

卷　四

序　一

贈孫使君入覲序

晉陽依山阻河，岩險深固。北起樓煩，屬之雲中，三面當匈奴。内則親藩貴吏，控居重馭輕之勢。外則大將重兵，屬柔遠遏亂之威。太守居中而治，雖民事是常，乃宗禄軍興、守經應卒，一或無當，譙讓立至。和戎以來，我起版築自衛，壯士嘆息愁苦，日就耗磨。屬夷方挾賞内聚，無復出入之防，使有修子木之謀者衷甲而逞，劍銛不得施，羽捷不得插，朝告變而夕傳晉陽之城下矣。爲之守者，其至重與至難，不但百倍他郡已也。

公來守，屬歲疵癘，子遺之民不厭糠核。公薄斂省刑，以寬静率先諸屬，見以爲愆陽伏陰，則實沈駘臺爲祟，而汾、澮、阪泉流其惡也。于是曳革履而遍索之，北走裂石，南走晉祠，東禜黄帝龍戰之野，皆眎答響應，苗浡然興之矣。

往列邑上爰書，視其人當右試，雖于法無取，亦嫌于自異，鮮所平反。公直道而行，不觀望忌諱，苟爲雷同，歸于使民不冤。諸侯王訟湯沐之邑，宗國者持之，公爲士視義弗勝也，貽書王，勸篤親親之義，使食舊德，片言解紛，國中大悦。盂有妄男子，假尫巫爲奸利，號于衆曰：“我碧霞元君也，不樂岱而食此，禱祠者戒之。”期先之于其所往，得其遺行，則使巫數切之，至愧汗不敢仰視。歸者如鶩，委金錢宇下，多于守藏之府。公知狀，故使巫曰：“趣爲我問雨期，期終不雨，則鞭背而納諸圜土。"智窮詐見，當左道法。嘗謂不佞曰："吾聞唐風儉而用禮，憂深思遠，今何靡靡也？"將以易之，顧不暇及爾。余惟承平久則民逸樂而侈，心生侈則貧[一]，貧[二]則多爭，訟獄滋起，不厭于人，將聽于神。故凡祀淫者，政驅之也。歲惡者，人召之也。民貧[三]者，俗靡之也。公自起家進士，爲吾郡理官，則已心識其故。歷踐南服，皆以廉平稱，用高第守晉陽，舉千有餘里而袵席之。上交不諂，下交不瀆，民是用和。奢示之儉，黷示之禮，政是用成。民和政成，神是用歆，雖有疵癘饑饉之灾，而無顛越流亡之患，率是道也。昔趙孟使尹鐸爲晉陽，以保障易繭絲。智氏之難，民死守無叛志，彼一城之任爾。公所治支邑二十有八，三關之戍仰爲司命，又千里而遠，惠和之所覃及，如嬰兒之慕慈母。風望之所表樹，如幼學之就嚴師。衆志翕然，何爲弗得？吾聞以力用者制于有形，以德綏者消于未兆。民心悦而天道得，内治固而外禦威。萬一虜潰盟，傅城下，尹鐸之功將復見于今日。使得處保釐開府之任，爲國家培養元氣，斯社稷靈長之衛乎！

諸博士率弟子員以公入計，圖所以贈之，而不佞爲具論若此，公可藉以報天子矣。

刻《巡蜀疏稿》序_{代高中丞爲鄭范溪尚書作}

蜀去京師萬里，南控嶲冉，徙邛僰諸蠻夷。高山深溪，是生千尋之材，絜之十圍，狀若垂天之雲，斧斤以時入，不見其際。諸蠻夷酋長阻其中，習攻剽讐殺爲常。使者奉漢法，貴在信義修明，寬簡不擾，動中機會，數就敉寧，則沃野千里之饒，凝脂戞石之産，永爲國家外府，而取之若上林矣。故建藩陳臬，諸大使與郡邑之長若貳，熙熙然賴天子神靈，拱手稱治，至愉快也。

肅皇帝作新明堂，求杉、柟、豫章，千尋十圍之材發巴蜀。民浮致闕下，制使臨飭，冠蓋相望。大中丞拜赫然明命，蒿目而憂其患。徙木立信，不愛千金，而人人自致矣。已有貪賈闌出，見謂無當，稍事操切，文法之吏遂求之無已。民失利，且虞後艱，無以復應縣官者。于是按籍發中產以上抑配采買，上功而讐之值，民受役若赴市。然巇山堙谷，出入瘴癘毒淫之區，一或蹉跌，千夫俱廢，遂至以谷量人。當其始發，多懼而自殊。如此又數年，然後蔽江東下，操墨共垂之手流咏《斯干》，不日成之。大中丞高枕而無患矣。文法之吏受會考成，又用一切銷算法，吾民坐贓抵罪，所在囹圄為滿。是瘴癘毒淫之區，死者未收，傷者未起，而追繫鉗鈦以盡之，非所以奉主恩、布信義、示蠻夷以廣大也。公以臺使者按部至，深知其狀，悉奏聞縱舍，使闇昧耀于光明，勾萌解以雷雨，蜀之父老子弟復遂更生。今疏中所上封事凡十有七章，無慮數萬言，固皆安攘至計，動中機宜。至于養元氣，持大體，雪枉濫，使人樂更生，惟此為最鉅，而蜀父老子弟之德公，亦惟此為最深云。及公之還蜀，屢發軍興，賴公宣布激揚，將吏得而民心悅，坐致妖逆授首，有苗來格，密須之鼓入陳內庭。政府謂公曲突徙薪，宜受上賞，而功載未之及也。從藩臬六命而用為大司馬，都督雲、谷諸鎮，公之子又以明經甲科接迹起矣，天之報施善人，與天子之所以尊寵元德者，豈不響應券合矣哉！

參議鄧君刻公疏，不佞為叙之。皆蜀人也，誠德公無已，故欲傳諸其人。嗚呼！朝廷有忠藎之臣長慮卻顧，則遐方異域如在目前，不然密網深文，民何所措手足哉！鄧君名某，某科進士，以侍御拜今官，公門人也，謂不佞方稟畫受成，填撫全晉，雅知公而能言之也，請為叙首簡。因不辭而具論如此，汚不至阿所好云。

贈友人杜公甫序

公甫少負雋才，垂髫時，胡莊蕭公爲視學使者，試補弟子員，得其文，異之，進至帷下，誨曰："小子毋速成，期十年學，當成名儒。"出書十數種予之。公甫受讀，守膏火不少怠，名英英動諸生間。無何，遭贏疾，遍謁國工無所遇。而其先大人長春先生故好方，嘗蓄禁方，試已人病有驗，則公甫私識之。以爲未足，益治岐黃家言，通其大義，以意自藥，凡八年所而病愈。蓋是時長春殁已久矣，而公甫之爲方顧出長春上。然不以病廢學，試輒高等。又推其餘已人病，他工謝窮伎，而公甫以奇收之甚多。于是臺省大使若視學使者考覽其文以爲奇，委之治方則又奇。召致館下，門外侯騎常滿，然均雅不欲以醫見，無如貴公何。

余束髮與同舍，體弱多病，學醫不能。後守吳郡，及爲治兵使者，在江以南五年所，中濕，時苦迴風，公甫三視三已之。最後病益危，功益奇。蓋余嘗大暑竭作，濕熱内淫，值公甫在代，他工以參投之，不及字便懣滿失寢。公甫至，曰："初中于邪，補之太蚤，非是也。"爲飲劑十餘服而起。公甫曰："未也，宜伏枕自將，非藥石所及。"余不謂然，日飯後强行百步許。兼有所怒，忽嘔痰數升，營脱脉代太溪絶指下。公甫驚曰："危甚！危甚！"即戒勿食飲，日夜進附子獨參湯，至九劑。余自謂不救，笑曰："君信妙于醫，能陶鑄我乎？"公甫持益堅，曰："代脉有暴損者可治，于法衝任用事，則六脉不朝于寸口。吾以參補虛，以附子行之。道家有辟穀導引之術，欲藥力滲漉五臟，充膚澤毛，故且奪食爾。子姑待焉。"又數日，爲灸天樞、氣海、關元諸穴，百餘壯脉始得還。公甫又謂余曰："勿喜也，吾取諸縣絲而子累于眇忽，少不慎必貽大憂。"教之起居食飲之節，謹戒家人勿使白事，捐慮靜觀百餘日，果大愈。凡服參盡十斛，附子亦八兩有奇，竟不雜他藥一銖，古方未有也。蓋聞者莫不縮頸吐舌，以為必死。而所厚或造榻，勸更他醫，雖太宜人亦以為言。然余信公甫甚，終不為動。初患咳嗽，多痰飲，怔忡不成昧，表虛自汗，臂痛，足不任身，皆以參附消息除之。或有曰："大豆煮辰砂，可備解附子毒者。"公甫笑曰："附纔二十分之一，而以參制之，毒將焉施？然必用附，以其直達湧泉，健參力下行，譬如命大夫顧指賊曹捕誅不道，若嫌其猛利，是偵卒、游徼無所復用，而爪牙可廢也。"聞者皆服。余嘗謂公甫，持脉不假上池之水而見物，治方不膠故常而合法。其已人病也，雖無渝腸滌臟之神而中窾。

今起明經，補國子上舍，守選天官，業已為執政者所知。他日服乃在位，推其高識，必能培養元氣，收裁亂定傾之功。獨惜其致身不蚤，澤物未弘，晚得子，岐嶷若成人，此其食報也哉！余感公甫之造我，與其治法甚奇，不可無紀，因托于言以謝，而傳諸其人，有同余病者，取裁焉可也。雖然，非余不能盡公甫醫若病，若病者尤貴參相得哉。

賀杜太僕序

往歲匈奴擾北邊，邊民失業，仰縣官衣食，穀價騰踴。然我奉戰士厚，伺惰擣虛，多所鹵獲，名馬自虜中出，亦賴其用。自和議成，說者謂："我重民，虜重馬。我出金帛與虜市，久之，虜馬益稀，不得長驅軼我郊保，是虜失其重，而我操之也。"然虜之計顧益狡，出老羸，取金帛以去，不足則轉而市之。康居、鄯善、大宛中益留其良，出其駑，循環無端，是我委重幣而取駕鹽車，倒持五餌之術，虜馬益精簡而中國疲矣。駿骨不上黃金之臺十年已久，蓋明主宵旰憂焉。

參知杜公在山西，稱治粟使者，周覽塞上，喟然嘆曰：“吾薄戰士，厚虜，遠空塞下地，非策也。及是時興屯田，耕者衆則粟多，多則士飽馬騰，然後匈奴可鞭箠使也。”請于開府高公以聞。上覽奏大悦，顧謂主爵者曰：“是非吏部郎杜某耶？議甚善，俟報成事，其進列卿，無外徙。”公于是起樓煩以北并塞至雲中，盡懇山林之利，教民爲剛田。或少牛，以人挽犁。募内地工巧與從事，爲作田器，分發三老善田者督之。損有餘，補不足。書原陵淳鹵、肥磽、多寡之數，以庀賦三年，復無所予。民勸于耕，畝獲一鍾，穀價比于内地。飛伏蹶張之卒投石超距，思欲奮擊胡不可得，因用之操作，築長城，繕亭障，增坍浚隍，飭干揚組練之屬甚。其募府上功，天子愈益喜，與執政籌曰：“邊地賴杜某有餘粟。今内郡之馬尚耗，夫粟，馬之本也。太僕，掌馬者也。杜某治粟有功，熟于邊事，其召以來，爲朕司僕，馬不憂耗矣。”蓋不待疇咨而外庭翕然，以爲得人云。

公奉璽書北發，父老率子弟枳車足，至不得行，慰遣再三然後去。晉陽令某暨旁邑諸長吏嘗從事庀賦之役者，重違師帥，若不能一朝釋也，授簡王子以繫永思。王子昔倅畿郡，屬太僕治中，見三輔民配牧種馬，皁佚騰縶之，不時則驅以佐傳，符使繁多，疲于奔命。縣官發軍興，不中選則轉而市之。冀北之野，大駔乘時取殖，破中人之産纔得一馬。以授圉人，不復問其駑駪，食之常不足，用之常有餘。一旦免胄而趨風，其能與虜争利乎？太僕固掌馬，然卿以高資亟遷丞，卑卑株守爾。民雖厚費，國家竟無富强之實，則任法任人，均之有遺論也。公挺斤斫不群之材，秉心塞淵，爲國家開利源甚鉅，簡在帝心，誠千載一時之遇。又胡馬既多，民免重市，而郵政蕭然，非復借乘之擾。然一馬纔易一縑，異材不至而取給外夷，安可恃以爲久？公宜遡登耗之原，考菱牧之迹，指其病馬者與病民者，與養馬市馬之無裨軍國者，某事舉策而酬清問，下之郡國，以次罷行，使閭閻厭粱肉，阡陌之馬成群，又何難焉？

昔魯僖公遵伯禽之法，務農重穀，牧于駉野，而史克作頌曰：「以車彭彭。」公治粟善，于馬乎何有？譬之人身，腸胃充則四肢爲用，元氣盛則神氣日揚。虜奉約，不得以其計籠我。即渝盟，不得以其技驕我。畿輔民日欣欣色喜，然後八郡良家子可得而用也。或曰：「公資高，當亟遷，遷則必開府并、代，以底厥功，恐無如太僕何。」余應之曰：「智者作法，賢者守焉。獨不聞蕭之規、曹之隨乎？」以公高識深計，一舉廢而補偏，足以遺來者矣。他日還塞上，因屯田餘粟鞭箠諸屬國，緤乘黃于萬里，起負圖于大河，天子方倚之御八方，來九譯，豈必留禁中而陪輦下，斤斤效一官之智哉？

贈苑明府入覲序

夫士起明經，成進士，試補劇邑，則偲偲然懼也。及服官行政，擅一邑名寵，左提右絜，無不滿志，視一邑之人盡出己下，即豪賢長者逡巡而白事，一馭于嫌疑，赧焉自沮，則矜矜然色喜，而忘其向之懼矣。然有異焉，此旁邑長吏則然爾，其在王國封內，六察大小使若三事大夫儼然臨之，自朝朔望外，手板受署，日不暇給。方欲退食自公，而盈庭之訟引裾待決。一或無當，自詣臺對，貴大夫得而劘切之，孑然之身交于上下之間，常懼多而喜少。夫人之情，懼則思，思則偘得之矣。喜則居，居則偘失之矣。此治忽之機，不可以不謹也。

侯崛起明經，成進士，補晉陽令，屬王國封內，臺使者之所治也。雖未嘗習爲吏，然天性明敏，事無大小，以義裁之。亭平疑法，中夜常數十牘傅上爰書，臺使者無不稱善。久之，雖旁邑滯案，公族衛尉咸質厥成。即有詣臺對者，亦推案謝却之，曰：

"而有賢令，無久淈我爲。"蓋于是上觀下獲，如一人之身。十二經貫注其中，起頹放踵，無壅閼不通之處，夫然後喜可知也。天子明聖，嘉惠元元，度民田庇賦，抑并兼之家，恩澤甚渥。侯受事，人或勞苦之，則笑謂曰："小辦治耳。"檄民自列如公令，不以實者，恥之嘉石以狥，而奪之田予告者，雖尺布斗粟不相爲賜。民惴惴畏及，石耕水耨咸入版籍矣。已，又別使丘井簡乎，參伍相得，審異致同，上比維允，得羨田八千有奇。爲折算法上之，抑高舉下，衷嬴益虛，已于事而竣，咸聽無譁。考上上，臺使者以聞，璽書褒美，且需次召用矣。

　　兹天子坐明堂，大比群吏，而侯以輯瑞行。邑之倅某某以王子鄉大夫得謝而坐塾者，問言焉，以重其行。夫王子何知哉？竊聞之故老，高皇帝起布衣，定宇內，一德格天，比隆堯舜。好善如飢渴，去惡如去毒。喜則九有崩角，怒則群醜流血。然猶白龍魚服，終夜十起，以察人情而審事變，保天下若斯之難也。是以不拔之基安如太山，順治之明柔于繞指。自黃綬以上秉三尺，雖同姓諸侯王南面而稱尊，亦俯首聽之。四履所屆，窮日之出入，又何易也？重熙累洽，垂二百餘祀，當《易》泰之臨，其繇曰："無平不陂，無往不復。艱貞無咎。"則此其時乎？政府見以爲人情散緩，日趨于敝，頗修管、商之術，振之以明作，十餘年于今，文法刻深，遠近風靡，使獸駭于機，鳥亂于畢。涸澤之鱗，濡呴相德，不勝其求。或負嵎而走險，東越西秦之已事，可不爲寒心哉？《五子之歌》有之："予臨兆民，凛乎若朽索之御六馬。"侯撫有一邑，爲天子命吏，分猷展采，平陂往復之際，與有責焉。譬如御，莫仁于羊腸，莫不仁于康莊。又譬若水，順其往則沛，當其衝則潰。又譬如醫，以元氣爲寶，以攻邪爲道。使堂皇之上望之如神明，岩谷之下就之如父母。雖時政嚴檢，務爲寬大。不以管、商之法易周、召之功。持平邁往，保泰德于艱貞，庶幾乎社稷臣哉！昔庖丁解牛，游刃有餘地，然每至其族，必怵然爲戒，視爲止，行爲遲，謋然已解。善刃而藏之，十二年若新發于硎。試操其術，雖宰天下可也。

刻《楊氏家乘傳集》序

汝清楊先生之族甲晉昌，在前元有爲金牌萬户者，諸弟皆起文學倅郡。三傳某，以蔡沈《尚書》成進士，英廟時官大司農郎。又傳某，拜直指使者，益貴倨矣。晉邸慕之，兩世造舟，用親藩外家，甚見尊寵，子弟擊鐘鼎食垂數十年。而先生之父某獨能世其家學，與伯氏異財，絶甘分少，受直指公遺書以教先生，舉孝廉，有名。其後恩益疏，耕讀廢于紈綺，子孫鮮克自振。而先生歸自寧晉令，方以大瓢命酒，酒酣耳熱，手一編，顧兒曰："遺汝腆矣。"蓋其舉子晚，一五斗吏，不耐折腰，常無歲憂饘粥，故語如此。一日，謀諸王生，謂："兒未有知，先世之行履遺烈竟泯泯無稱，余之責也。"于是始爲譜，斷自萬户君二世，而上下逮子姓若干人，其爲大宗、小宗，相與服衰若總若免者，離然具也。紀、誥、敕若干卷，志、傳、贈處之文若干首，先世遺詩文若干首，與先生所自爲者，旁及諸生時對博士語，而宴閒度曲抵掌一時，亦并刻之，曰："是不文，迹吾家所從起，與吾才情所鍾，用以馨欬後人，不亦可乎？子爲我叙之。"道行請卒業以復，曰：夫譜，家史也。以叙族明倫、反本道睦者也，是故君子重焉。然譜者好侈遠家世，其失近誣。先生推及勝國，信而有徵，不敢自附關西之後，蓋其慎也。今觀譜所載，雖不及人爲之傳，其賢者自司農、直指外若而人皆有誥、敕、志、狀、遺詩文可表見，餘或名實無施，勿論可也。先生爲循吏，與世枘鑿，家食三十年，徜徉自得。所與游，賤而少我者，不喜見新貴人。與人譚節義事，氣勃勃賁張，直欲起九原而揖讓之。平生遇合，終身不能忘。余嘗傳過寧晉遺黎，尚就問無恙。或負擔而鬻晉中，多致其長老饋遺，久之不衰，足以閒執讒慝之口。譜固不載，乃集傳、餘編頗雜諸體。譬如《書》稱經世大法，至《三百篇》，雖昆蟲草木、里巷歌謠皆被之金石，故曰"可以群，可以怨"。紀事紀言，其楊氏左右史乎！先生之德宜有後，晉昌撫式微之運。若顛木之有由蘖[四]，來彥嗣興，遞加斧藻，是猶及史之闕文可矣。

題董大夫《王母蟠桃圖》詩有序

董大夫之治岢嵐也，直單于内款，知邊郡有良牧，戒其名王以下無敢叩樓煩塞者，蓋別駕王君佐之，相得而益章，其效若此。不佞習別駕君，因習大夫也。則別駕爲余言，大夫有母孟，年七十有五矣，就養邸中，聰明色澤若四五十人，謀率其幕史暨民獻四夫介母壽，而繪《王母蟠桃之圖》，問言焉。乃不佞之尊人，年視董母而近，常以得名家言托諸不朽，不啻若周鼎趙璧，大夫無亦同此好乎？則不佞有餘愧焉爾。

考《十洲記》，東海庱[五]索山有桃樹，盤屈三千里，三千年一着子。而西王母者，飛天仙人，時游下界，嘗與穆天子觴瑤池之上，手出此桃，與碧藕錯陳，樂而忘歸。至漢武，慕蓬壺之勝，構迎風通神觀以接天神。王母下焉，出桃七枚與帝，又雜以庚律、赤符、岳文、靈篆，厥睹甚奇。于是世之以耳食者曰"王母有蟠桃之會"云。每着子時，列仙八人，順風而稱，劍負磬折，若偏若僂，或蹈或舞，各執其物，貌殊詭而合敬同愛，蹌蹌如也。雖事不經見，然圖寫相沿，其來已久，搢紳先生往往用之以祝願所尊。在《天保》之詩曰："如山如阜，如岡如陵。""如月之恒，如日之升。"語若誇誕，其篤至之心可想也。然則托事于烏有，寄情于荒忽，所以抒發性靈而愉快耳目，夫豈無謂而君子爲之？

大夫治岢嵐幾年矣，不佞從田父數輩問旁郡治狀，必嘖嘖稱大夫。至所用爲治，曰："不以鞭箠爲威，從室視堂，從堂視四境，若設準衡于此，而方圓平直，取中于彼。委蛇自公，爲母夫人上食，不過二簋。問日所讞幾何，所暴雪幾何，所拼除而布濩幾何，苟當于心，匕箸欣然加進。大夫出修其政，入則承歡以爲常，是不下堂而閬風玄圃，日與神遇也。夫周穆、漢武躬萬乘之尊，釋生民之務，遠慕神仙，縱使真有其事，皆荒淫之樂爾。如冰桃雪藕、庚律赤符，曾何益于四海之風澤？大夫試守一郡，大得民和，母夫人就養，聚百順以事之。自僚佐以下若干人章縫冔甫，鏘鏘珮玉，至止燕喜之庭，稱觴而祝，無不欲等算于岡陵、齊光于日月也。下逮編户之萌，欣欣然色喜，相告曰："使君有壽母，吾與若太母也。使君之庭不可得至，則舉首祝額，願君子萬年，永錫爾類。"四境之内，又無異尊於堂、席於室也。彼八仙人侍王母蟠桃之晏，直淺鮮劇戲耳，孰與群黎百姓遍爲爾德者乎？

大夫聲實日茂，數察廉爲舉首，行且入旅天朝，出當一面，建樹炳赫，以彰太夫人之教。于于怡怡，躋九望百，爲聖朝人瑞，赤紱方來，可容量耶？別駕君以治行高第徙倅大府，行之日，復申前請，不可以虛也。而母與大夫仁孝相成，尤不佞所喜譚者，爰序所以繪圖之意，繫詩一章以歸之：

崑崙三萬里，高盤弱水西。朝暾射其脚，錯落堆玻璨。王母仙中尊，乘鸞狎㺇猊。俯身拾瑶草，放迹任天倪。手植萬年桃，青雲爲之低。盤屈三千里，美實如懸璨。顧使鳳鳥來，相兹下女貽。醴洽三神歡，途無七聖迷。賢哉董公母，德比梁鴻妻。敕游示斷杼，坐閣戒鳴雞。貞心皎冰雪，寵命來金泥。元君鑒至義，降庭從青霓。笑傾如斛桃，借取并刀剖。持以唊阿母，注算崧高齊。兒子今名牧，仁聲騰放麑。虛堂下烏雀，遠塞無鼓鼙。春時開宴喜，緌弁紛追躋。況來天上人，永介斑衣啼。笙鏞間芝宇，駿奔疲酒奚。黃星耀南弧，炯炯如燃犀。對此河圖勝，吾意凌丹梯。

刻《撫馭貢夷紀略》叙代作

始鄭大司馬與蒲坂王公合策和戎，不佞方備侍從，廷議以爲不便，賴天子明聖，下詔難極，王公具對如指，其詳在《督撫疏》中，海內士大夫人人能道之也。不佞私偉鄭公之爲人，以爲王公創議，非有同德一心之助，且將孤立而無與底厥功。語云"英雄所見略同"，雖千人咻之不爲多，一人傅之不爲少矣。然猶以是策也，可爲邊民數歲之利，而非所恃以久也，雖王公亦謂然。今既十有數年矣。西起燉皇[六]，東迄上谷，萬餘里無一矢相加遺。而遼左之役，我遂得志于土蠻，大將以鹵殺過當封爲列侯。蓋我羈縻西單于，使東虜失大援，不能一逞，肅皇帝所宵旰而責邊臣，拊髀而思鉅鹿者也。即王公亦不謂遂至此，則以繼王公者，有鄭公也。然人皆服王公而危其計，而不知鄭公持之久遠。使虜益堅約束，中國無忘矢遺鏃之費、飛芻輓粟之勞、焚掠虔劉之慘，而并邊諸郡高城深池，生聚教訓，所以爲撻伐、膺懲之具甚備，則鄭公之苦心，人不得而悉知也。

不佞比持中丞節來撫晉陽，適黃酋初立，公爲定其位，天子嘉之，晉大司馬，賜詔褒美。而不佞稟畫受成，日輕裘緩帶，宴如也。因叩公所，以策虜狀，公手一編示曰："策具是矣。"不佞受而讀之，曰：留質子在方公鎮，而排不一之庭議，攖不測之主威，以就非常之功，則王公實尸之，是可以觀讓。長城之役，恐啓戎心，曠日持久，未有肩之者，公獨毅然任之，千里巨防忽爲我有，可以觀勇。莫難處者，板升之遺孽，公奚壞其謀，初欲構虜于我，而卒構于我，遂至敗衂解散，銷善亡者不逞之心，可以觀智。莫難撫者，黃酋始以橫索嘗我，繼以危言動我，又繼以嫚言激我，變告宵馳，而介胄之士擐甲以待，公方玩之如嬰兒，卒俯首就市，可以觀度。自其閼氏、谷蠡、左右貴人以下日獻名馬、橐駝，請乞無厭，公揮麈謝却之，細者海畜，大者斧斷，拊背搤吭，足以開其志而奪其氣。其機圓而神，其事方以知，可以觀材。昔子產相鄭，交贄晉、楚之間，善其辭命，鄰國敬之。然趙孟、叔向、蘧罷、伍舉之屬，皆民譽也，故能悅其言，輕其弊而舍玉焉。夷狄犬羊耳，嗜欲不同，言語不通，公日将茶拮据，傳譯與語，變化俄頃之間，非可以懸解預造，集眾思而後應之也。刻中所載，存十一于千百，其遠攬獨運，公豈能盡言？而人亦豈能盡窺之耶？然亹亹之致令人解頤，假使蘇、張復生，爲公掌記，亦不能贊一辭矣。《詩》曰："辭之繹矣，民之莫矣。"又曰："嘽嘽燉燉，如霆如雷。"公誠文武命世者哉！

校勘記

〔一〕"貧"，據文意當作"貪"。

〔二〕"貧"，同上。

〔三〕"貧"，同上。

〔四〕"蘗"，據《尚書·盤庚》當作"蘖"。

〔五〕"庋"，據文意當作"度"。

〔六〕"皇"，據文意疑當作"煌"。

序　二

賀吕右丞序

括蒼吕公之爲晉憲伯也，屬行省闕右使，天子用廷推，即拜焉。于時僉枲錦東季公履而受署，則造王子而謂曰："吕公，都人士之彦聖也，子知之乎?"王子謝曰："嘗從縉紳先生譚公義至高，進于是矣。"則又謂曰："昔守河東，不榖在下走，見公之爲政，屹然岳立，沛然川流。精于理，細入秋毫。軌於法，嚴如處子。治行天下第一，子知之乎?"王子曰："公報政，僕適在下里，順風而稱者，信如斯言。"曰："今用憲伯高第，遷右丞，子所習也，宜知狀，請圖所以贈公者。"某辭不獲，則以復于季公曰：

國朝藩枲之長，秩視三公，然治教殊典，施斂異用，斟酌元氣而布之斯民，非通材大度之士，鮮不尚瑣瑣而捐夫赫赫者也。公於晉凡三仕矣，以守河東則賢，以總臺司又賢，譬之王良、造父之御于康莊、午達，皆熟境也。今天下一家，羌夷仰化，外無屬兵秣馬之費，内無抗威逆節之萌，雍雍表儀，坐襄鴻業，誠千載一時也已。然僕常讀漢史，文、景用黄老言，以清静無爲臻刑措之效。逮孝、宣，綜核名實，政貴嚴檢，一時吏治彬彬，蠻夷君長争先内屬，豈非漢世極盛之會哉?然上遜文、景，下啓元、成，何也?語曰："虧之若月，劚之若缺。"宇宙之完氣，難積而易虧者也，日雕其璞而發其藏，外有餘而内益不足矣。今時政大類孝、宣，上以綜核爲務，下以嚴檢爲功，非不煥然明作也，第求之不已，如東野畢之馬，力彈〔一〕無繼，將裂轡而佚，可無念乎？公與左使張公并明德重臣，交臂相得，都俞一堂，坐而論道。向也所欲爲于一郡若一路者，或格焉未遂，今據要總成，何德弗建？或朝廷有一令不便，公持不可，亟聽之。郡縣有一政不善，公見不可，亟更之。樹之風聲，彰之軌物，明示好惡以爲民，則其誰不望風草偃者哉？而尚何有雕璞發藏、虧劕元氣之慮也？且也公之爲郡守若臺司，詳内而略外，嚴于吏而簡于民，罪宜惟輕，宥過無大，不虐煢獨，而畏高明。已事之徵，皆可爲訓。今旬宣全省，必將致中和以刑百辟，解疏束之拘而衽席之矣。

季公曰："子言固善，第行省蘧廬耳，公簡在帝心，如趣裝而就駕者，中和之德當自廟堂下之，薄海内外舉拜公賜，還敦龐淳厚之氣，以濟綜核嚴檢之功，則不穀與子皆膏沐所及也，子姑俟矣。"王子唯唯，遂叙其言以爲贈。

賀李翁八十壽序

李九翁者，關尹李翁季子也，有兄八人，故人稱爲九翁云。九翁遜家大人一歲，少時以掾給事王恭襄太宰府，相與莫逆。選京衛，參幕，同知揚之通州，皆著政績。屬有所不可，遂掛冠歸。歸而余大人亦罷自抱關也，約二三長者爲社飲，歡甚具。凡二十年所，家大夫卒，而社中諸老從化者居半矣，乃九翁益伉爽如他日，今八十，尚能作蠅頭書耳。蹞足從諸少年飲，雖數十百武，不曳杖至焉。修無算爵，客或不卒于度，翁在祭酒，揖遜甚。都人或疑有仙術，謝不知也，曰："吾少時嘗從劉仙人偉相，謂余有大年。"蓋劉仙人者，故兗郡守也，一夕蟬蜕而隱平定山中，相人皆奇中云。又關尹公生九子，唯二子不年，合其餘得六百六十有四歲。參數之，八十有五六者三，却二齡者一，望八者一，而再却一齡又一，其一如翁之年，斯真希有哉！翁在諸李間尤爲穎出，明習國典，嫻于當世之務，嘗謂余曰：「孝廟躬堯舜之理，文恬武熙，時爲童子歌，《擊壤》遺風不可尚已。正德中，政在大璫，爲士人一厄，然有位諸君子衣布袍，飯脱粟，兢兢然奉尺一，海内宴如也。蕭皇帝龍飛，興于禮樂，承閹沕之後，無所不劇濯。得意者雲翔，不得意泥蟠，何多變也？今吏治卑卑，民生稍益困悴矣。」余槪以平日所聞於縉紳先生，斯言良信。蓋江河之趨，始也濫爾。挽其末失，而還諸六七十載之前，如起申公與楚丘先生者，與之坐而理也，舍翁將誰與歸？嘗又聞爲小吏時，所從侍者御史幾人，中丞幾人，及上計，大冢宰府皆以文無害，甚見任用。倅通州，自臺使者以下有疑讞不能決，輒移決之。苟得其情，雖周内已成，卒然解散也。他郡旁邑有神明稱。某公察讞政，微[二]諸煮海細民，盡罹文網，破滅數十百家。會讞獄使者至，公白其冤，出之。讞使憾甚，而詳爲不省也。則以甘言啖翁，微露隙端，用武人數輩爲爪牙腹心之使，購之，屹不爲動，然後怒而署下考。又嗾郡守與監司諸使君，盡使同己考，相持至十往。公聞曰：「是尚可以仕乎？」投牒徑去。去而至里中，諸丈人喜迎勞曰：「李季公來，吾屬無患矣。」蓋翁忠信，善爲人居間，聽公間，即不染于詞，故諸丈人喜而謂之。余嘗謂翁生不逢時爾，昔漢世，經術與法家并進，如蕭、曹、丙、魏皆起自掾史，鬱爲宗臣。我朝大司馬暐、太守鍾并功著社稷，澤流生民，抑亦可以爲次矣。數十年以來，律博士廢在卑冗，鮮能自見。邇用御史察廉，或擢至令長、郡倅，與士人雜進，爭相刮磨，庶幾千載一時之遇。使及翁之壯而仕也，則樹烈揚芬，雖不能紹隆漢史，視徐、況二君，豈足多讓乎？用之不盡其才，君子惜之。然生有道之世，凡閲五朝，紆龜組，綴鵷鴻，一命寵章，榮及父母，進不爲苟祿，退而鄉里薰德服義，八十年視聽不少衰，可謂至足矣。夫豐積嗇施，知白守黑，正合老子長生久視之指。從茲以往，躋九逾百，衍關尹公靈長之統，符劉仙人授記之言，期頤不足言也。余通家子，職在外史，敬簪筆下風，每十年輒紀其盛。

賀李郡丞擢陝西按察司僉事兵備肅州序

公既有肅州之命，而其所善王子欲修詞以賀，于是郡伯梁公約其上佐費公、宋公駕而造王子曰："不穀之有李公，其歡魚水也。論交叙別，識久要而抒離思，宜有言焉。敢圖之吾子。"余惟公固所欲效也，而重以梁公之請，其何能辭！因問曰："公丞晉陽六年，久乎？"曰："久矣。""肅州遠乎？"“遠矣。"“釋褐十有八年，官不逾五品，淹乎？"曰："淹矣。"曰："以公治行高等，積功累勞，雖九卿非進越也，乃僅僉外臺，常調乎？"曰："常調矣。"王子曰："請即賀公以此四者。"梁公笑而謂何，曰："公獨不見逆旅之主人乎？客去而忘之也。夫官亟遷若傳舍，民之視之，無以異逆旅之主人矣。公六年吾郡，或懊咻之而惠，則旁流也。或震疊之而威，則遏屬也。密謀顯斷，惟懷永圖，是召伯《甘棠》之愛也已。《傳》曰：‘久則徵，徵則悠遠。’不亦可賀乎？《禮》：‘男子生，桑弧蓬矢以射四方。’語有事也。大丈夫策名委質，宜標功銅柱之南，勒銘燕然之北，始爲快爾。公之壯心飛揚萬里，往逾燉煌，褰帷乘障，慨然思營平、定遠之勳，當爲國家鞭撻四夷，建萬世長策，豈其重越鄉之感而有離別可憐之色？必不然矣。場師有種樹者，課榆、柳、桑、柘，數年而拱。課松、柏、杞、梓，數十年而拱。一旦匠石至，求清廟明堂之材，則舍其易拱者，取其不易拱者，謂其足任也。君秉難進之節，多與世齟齬，久然後合，故德性堅定而智慮詳明，卒之，天下之事無不可爲者。如松、柏、杞、梓，挺凌霜之幹，鬱然雲表，非凡木所能覷也，故又賀公之淹。明王慎德，守在四夷，開幕分符，必極一時之選。假之便宜，鮮從中御，視其建樹煊爀，往往進總大鎮，入掌要樞，是雖稍遷，固文武之資而將相之地也已。且材薄而享豐者人損之，德隆而位卑者天益之。功浮于賞，非君子之所樂處乎？故又賀公之常調。”于是費公、宋公曰：“王子善頌，謂公已久而羨其治，期公以遠而發其志，感公之淹而喻諸材，喜功之遷而知其爲妙簡，言皆當物，非諂説也。然公治肅州，狀宜如何？”王子曰：“爲治貴識體，體具而後用可利也。昔孔子稱季路果，子貢達，冉有藝，謂皆優于從政。夫魯，弱國也，逼于齊、晉，非三子之材莫可使者。今張掖、酒泉孤懸河外，内控諸胡，外隔羌虜。國朝以茶馬制番，而斷匈奴右臂，在絶其與羌通之路。比歲虜數假道而索茶，欲勿許，是失虜和也。許之，是失羌資也。此勇者所不能斷而智者不能謀。朝廷以爲難而任公，計安所出矣？固知公善決大事，有由之果。曉暢軍旅，有賜之達。技能畢給，有求之藝。體備三子之長而慎用之，吾見馳至金城，圖上方略，必如趙營平之萬全。入探虎穴，威震群胡，必如班定遠之奇中。朝廷庶幾無西顧之憂哉！雖然，營平不兢小利，反覆明主之前，漢宣始疑而終信之。定遠被徵，臨發語其代，平平爾，固無奇也，而高識懸中，信若蓍龜。公鏡于往牒，得二侯之微，内秉圓機，外示簡易，則葱嶺以西不難操箠使也。”

《袞衣戲彩圖》序

《袞衣戲彩圖》者，爲少宰夢山楊公作也。公在隆慶間起家御史中丞，開府晉陽，時太夫人已九十有二。王子爲郡大夫修嘏詞，介萬年之祝，于今歲周一紀矣。太夫人百又幾歲，聞其矯健色澤不減在晉陽。蓋公嘗語余："吾千里越鄉，奉壽母度羊腸之坂，非禮也。"因力疏請告。帝嘉之，則予告。無何，詔還禁近。辭，不可，則奉太夫人如京師，然後得請而歸。在廷公卿與臺瑣諸郎猶謂當及公盛年參柄大政，前後疏數十上，敦迫之，公固辭不拜，蓋至是六七載矣。然晉陽開府者與藩臬大僚暨牧伯、令長咸以公爲師，考按成事遵用之，有大政大疑，常馳置問焉。公得西信，輒問王生作何狀，公之不能忘王生，猶王生之不能忘公也。

昔者老萊子年七十，父母尚存，嘗衣五彩衣弄雛親側，取漿臥地，爲兒啼以悦焉。好事者繪圖播咏，風勸來世甚具。此特布衣之事，未足多也。公功業滿三垂，聞望流四海，端揆是宅，實自廟簡。而太夫人逾百歲，尚鬒髮齯齒，洩洩融融，聞公日偕其七十寡姊婆娑造膝爲歡。歲時伏臘，孫曾滿前，舉觴遞進，振袂起舞，掀髯拊掌，自度新聲佐酒。齊魯之人家譚而道説之，真若景星慶雲之麗天，鸞鳳麒麟之在藪，不常覯也。夫少宰之職，尊視亞相，調和鼎鼐，進退百官，士人想望風采，欲公坐廟堂之上，佐天子出治，庶幾顯忠遂良，庶府交正，奈何效匹夫孺慕而聽之爲？愚謂非通論也。《傳》不云乎："是亦爲政，奚其爲爲政？"昔舜貴爲天子，富有四海之內，克諧以孝，視天下若敝屣。今太夫人年逾期頤，健爽自若，公之事之，以仁義爲芻豢，以譽聞爲文繡，極玄黄黼黻之觀，榮絲綸揄翟之寵。兄弟既翕，婚姻孔云，日酌元氣而滑以太和，將引母年於數千百歲未艾也。夫賢臣遇主，代不乏人，顧依百歲慈親，兢兢然日致其孝，二百年來獨翁一人。在《易》漸之塞，其繇曰："鴻漸于陸，其羽可用爲儀，吉。"公高處表著之外，冠冕人倫，優游福履，隆名茂實，因事母益顯，使天下人士引爲楷模。處無爲之地，行不言之教，他日朝廷求忠臣于孝子之門，將不可勝用焉。此其功業視在政府，當益弘遠爾。某不佞，敬爲是圖，方諸老萊子景福大年，榮名達孝，皆謂過之，他日必傳無疑也。帝賚旁求，厥形惟肖，其如示諸斯乎！

郭總兵移鎮雲中序代作

今天子生而神聖，嗣大歷，服日月，所照莫不尊親。雖索虜難馴，亦款關請吏，比於五等，皇皇如也。天子坐明堂，召執政，造膝而咨曰："往歲九邊俶擾，坐疲中國，雖宵旰靡遑，而功罪可睹。茲賴上帝綏佑，列聖式靈，得上策矣。然久則忘戰，將啓戎心。予一人夙夜祗懼，其爲朕慎簡廷臣，持節往視之，無俾衆急。"於是吳少司馬實蒞西師，至關南，見大帥巽峰郭公部曲甚整，城守甚修，儼若嚴敵在前，不敢寧處。徐察其行事，與士卒最下者同甘苦，謹重多大略，有名將風，於是上奏記，移之雲中，謂守在外邊則内地益固，拊背搤吭，非公不可也。天子曰："微司馬言，朕固聞將軍，其改珮虎符，往總朕師。"于是受命即行，裨將劉君以下咸不懌其去，以余雅知公，問贈言焉。余唯三鎮居京師右臂，厥重維均，然上谷險固，關南深阻，獨雲中衝虜，易犯而難守，苟得其人，則兩鎮有輔車之恃矣。爲之將者，以懾敵貴勇，以制勝貴智，以附衆貴廉，而忠其本也。公三爲大帥，虜憚其威名，有"黑太師"之號，不亦勇乎？老營堡之役，蓋岌岌矣，公輕騎宵馳，罪人斯得，收徙薪之功，不亦智乎？邊帥養士，多挂虛籍，責偏裨餽貽，更相魚肉，公無毫髮私，周尚文之後一人而已，不亦廉乎？至于精忠自許，人皆信之。束髮事胡，白首如一日，無遺憾矣。而余猶欲效于公者，蓋寵遇日深，則責報益重，而盡忠之道未易言也。丈夫赴公家之急，既乃心力易耳。唯牽以文法，鮮不爲毁譽所動而乖其所之。昔李牧擊牛享士，收保而不出戰，趙王疑之。充國罷兵屯田，爲持久計，漢廷議之，紛如也。然二君終不以衆口而壞其成算，是以卒定大功，聲施後世。今和戎以來，朝廷每以弛備爲憂，使者冠蓋相望，於是繕甲勵兵，塹山堙谷，築亭障，開屯田，峙餱糧，教技擊，戰守之略具是矣。第操切太嚴，反傷樂用之氣，故勇者喜生事，智者樂更變，廉者務克核。求當上意，寧忽遠圖，謂之曰忠，未也。吾願公爲國家長慮却顧，無以人言自擾如上數者。《傳》不云乎：老臣作事當爲後法。大弦急則小弦絶。豈拘攣狗俗之見可同日而語哉？東郭畢之御，國人稱善，唯顏子知其將佚。王良、造父之于馬，豐其芻秣而節宣其力，雖走千里，無銜橜之變。公慎斯術也以往，則今之李牧、趙充國也。

《山西癸酉同年録》後序 代作

萬曆癸酉秋，晉賓賢竣事，有司歌《鹿鳴》饗之。於時魁解額者，司馬生晰，蓋君實之後也，與仲父祉同舉而席其上，辟立固辭。擯者以君命安之，乃升就席。挾日，舉同年會於河汾書院，長少始秩，儀度益都。余揖諸士爾侍御席再拜，聽訓辭已，復爾余席如初。余旨侍御言，因推其意，伸告之曰：若輩攻鉛槧之業，散處于通邑大都與夫遐陬荒徼者，孔子所謂東西南北人也。射策而來，糊名易書，徒以文詞爲軒輊。一旦揭俊有司，擊靈鼉之鼓，抗大赤之旗，享以大亨，表厥宅里，非有先容之資，積功之報也。録在賢賢，則卑或乘尊，少可凌長，如晰于祉是類矣。不有齒會，曷以明禮秩倫、論交定世、相與久要不忘哉？昔仲尼之徒三千，通六藝者七十。就七十人之中，淵、輿最稱高等，然年最少，由、晳則最長。子華肥馬輕裘，子貢駟游鼎食。卜商鶉衣，原思蓬戶，牛、適皆世卿之胄。其年齒相去與貧賤富貴之不同，可勝道哉？然贈處揖遜于孔庭，皆友也。當定、哀時，無有能行其道者，洙泗之所講明，終亦托之空言已爾。逮千數百年有司馬君實，用其學相天下，當時仰之若日月，應之如雷霆。至于今，子孫人士猶襲芬借照，引以爲重，諸士所知也。茲會也，或奮身白屋，或接武名家，或甫束髮，或已强仕，就今日之選，庶幾通六藝者乎！行且入薦南宮，奉大廷之清問。如布列中外，雖崇膴異量，淹速靡齊，而相與有成，要貴不詭于聖人之道。今主德神聖，世際隆平，蒸蒸自效，庶幾有司馬之遇，雖一個臣尤足多者，況此六十五人，孰非夫也？而庸測其所就乎？夫子謂伯魚曰：「容體不足觀也，勇力不足憚也，先祖不足稱也，族姓不足道也，終有大名以顯聞四方，流聲後裔者，亦在學而已。」學之道無他，即七十子所聞而君實之所已試者也。由成童以至白首，始乎爲士，而位至公卿，不可以一日不勉。夫人可爲堯舜，而自謂不能；僅榮一第而謂人莫已若，皆惑也。故君子視往哲無加于我，而視我無加于塗之人。得志不驕人，而耻道之不行。不得志不援人，而耻内之不足。事君忠敬，居家孝慈，在州里退讓，而與朋友交，學其善，勸其不能。雖感遇爾殊，無不及時進修，抗浮雲之志。如此，則可以終享貴名，不負主司之望矣。《詩》曰：「無念爾祖，聿修厥德。」又曰：「高山仰止，景行行止。」此之謂也。諸士曰：「敬受教。」遂授簡而錄以傳。

張太夫人九十序

余歸田更八祀，從諸丈人社飲甚樂。菊溪公子以同姓之親，宜先諸任，顧能齒德相推，雁行而進，秩如也。又與余姻聯，素諳家世。自公子之父若大父皆賢，而閼於年，賴有王母張太夫人者，拮据捋荼，以就室家，遂亡其喪焉。菊溪之昆弟若從昆弟凡六人，亭亭玉立，莫予敢侮。夫人九十壽考，尤綜内政，爲人間世所希睹云。蓋夫人歸鎮國將軍某，是爲臨泉榮穆王仲子。王再傳而絶，將軍宜嗣，又蚤夭，當及子輔國君燨。諸有持「兄終弟及」之説者欲越次代之，視惸惸未亡人挾藐焉之孤，何求不得？

賴夫人上狀公車，卒爲主後，于是睥睨之輩無敢誰何。輔國又夭，子奉國新壄嗣，至于今，倫理明，恩誼篤，皆夫人力也。《柏舟》之操，六十年如一日。訓迪諸孫，秉侯度維謹。其他内德甚衆，姑勿論已。余嘗考國朝年譜，太夫人設帨之辰，實孝皇龍飛元祀，上嘉下樂，計萬年之統累百，而釋算得二之一焉。無但王孫貴家，即群黎百姓，千人一獲，亦不謂少矣。孝皇躬上聖之君，撫重熙之運十有八年，風澤至今爲士大夫之所誦説。見其遺老，不音若羲文之麟鳳也。夫人儲祉發祥，爲宗人婦，稟淳耀完固之氣，厥有自來。而帶礪靈承，引之勿替。閱歲九十，閲人三世。觀天運盈虚之紀，更人事代謝之變，遡物産登耗之原，攬習俗淳漓之故，雖坐不窺堂而道與計至熟矣。家造式微，諸孤載育明保，以至成立，緊誰爲之？《生民》之什曰：“厥初生民，時維姜嫄。”《斯干》之二章曰：“似續妣祖。”夫豈無烈考？而周人先之。蓋岐嶷鞠育，獨處其勤而不康禋祀，伸報之誠固宜專至也。翩翩六公子，視太夫人，無異造周之姜嫄。期頤色澤，親食其報，孫曾率舞，衎衎于于，不知姜嫄在當時曾有此否。夫天之所祚，有開必先；慶之所流，無善弗達。故處綦隆之世，則人物皆樂康；觀昌熾之家，其子孫必忠厚。語云：“周過其曆。”豈非所以引之者有道乎？夫人俯仰銜恤，獨鍾大年，持九鼎而任萬鈞，皆天篤其祐，兢兢愢愢，就此完節，使攝王之統傳于無窮。昔人謂死者復生，生者不愧，方諸造周之姜嫄，未爲進越也。且也諸公子從長者游，舉動尺寸有度，雖世迪忠厚，然得諸母訓居多。春日載陽，開朋酒以介眉壽。襲九章之翬衣，羞五鼎之珍御。萬福攸同，歸功帝力。所以歡太夫人之心，豈玉帛鐘鼓之謂乎！《詩》曰：“淑人君子，其儀一兮。其儀一兮，心如結兮。”夫唯如是，而後樂可知也。菊溪善余言，奉潞錦十純，髹塗八簏，請書之。王子辭弗獲也，而遂以其言歸之。

《石毅庵巡撫河西奏議》序

少司馬毅庵石公巡撫山西之明年，出奏議一裹示王生曰：“此余河西封事也，子爲我叙之。”道行辱公雅遇，樂徵厥美，遂言曰：夫士君子榮名清時，奮庸展采，孰不欲揭駿豎於今兹，流耿光於來裔哉？當其未遇，雖命世之材亦無以自見，故萬斛之舟駕長風而駛運，六翮之鳥控絶漠而圖南，所乘者大也。公敭歷中外，建樹炳赫，世宗奇其材，自陝西按察使即拜都御史，奉璽書巡撫甘肅。余時備位參知，偕諸大夫祖公于渭之陽，濫竽操撰，若曰：“甘肅，全陝門户，公往司鑰矣，秦人尚亦有利哉！”已聞公開府之日，政尚寬簡，務在與民休息。時披往牒，進老校退卒，問以土風故事及今日所當裁罷，然後條便宜，驛置以聞，皆報可。庶績用成，民用和懌。以余耳目所睹記，前輩鉅公或未有逾公者也。夫天下之患嘗伏于無形，而人情當無事時恒以爲不足畏。惟無畏心也，以制未形之變，難矣。甘肅在九邊，羌鮮大警，乃一綫孤懸，諸胡雜處，措注微爽則安危頓懸，非夫明德通材、立本知變者，未易當爾。公體國之忠既獲大展，而英敏淵塞，虛己聽人，若千鈞之弩，省括于度乃釋。雖烽燧靡傳，儼如臨敵，桓桓如也。今縱觀諸議，如秣馬厲兵，增陴浚塹，静如九地，動于九天，則孫武之略也。明飭囷牧，復屯田，剔蠹節浮，哀多益寡，則充國之知也。志在激揚，人歸品藻，官不易方，舉無廢事，則解狐之公也。釋梦解結，植弱覆昏，横遮虜侵，羌當歸命，則南仲之威也。以是竟公任，無敢有闌入奸盟者，夫豈偶幸獲哉？用授梓人，永垂懿矩，後之君子探緒以考實，迹往以圖新，固一鎮之典常，百年之龜鏡也。今天子明聖，北虜來庭而機伏隱微，正策士盱衡借箸之時。公册拜内樞，行矣，何以篤棐成烈？《書》曰：“無疆惟休，亦無疆惟恤。”敢敬誦之。晉人德公有加，於《河西奏議》若干首，并宜嗣刻以傳。道行不敏，尤切自附之意云。

《奇功殊眷》叙

今天子撫熙洽之運，與執政大臣銳意治理，薄海內外罔不從義，獨北狄尚阻聲教，邊民歲苦之。天子視今太傅王公有大略，自原鎮召移雲朔，以重京師右輔。公至，覃布章程，申嚴號令，一時驕將惰卒斤斤奉法。虜至輒創去，無所得。酋首俺答欲連土蠻東犯，伊孫把漢那吉恐公批擣其後，勸留不可，乃以親兵十數騎叩關自歸，人謂謝絕便，公不聽，善遇之。策虜必擁衆要我，厚集其陳以待。虜果大至，又失利去，始卑詞請和。虜使歸，報知王公視其孫厚，則又喜而祝額指天曰："王太師天人，倍之不祥。"願稱屬國，終身不南牧。公語虜使曰："吾逋逃爾主，實始媒怨，願得渠魁以請。天子仁聖，必許爾平，且王爾北庭，不則盡殺若輩。"故趙全，虜所愛，不得已出之。公平戎於朝，制報可。於是那吉既還，俺答率諸部酋長頓首呼萬歲，貢名馬闕下，各受封賜。有羌自是與日本、朝鮮、朵顏、土蕃諸國使軮接幾旬，獸舞嵩祝，復如祖宗盛時矣。九邊民夷雜市諸貨，出牛酒乳酪相慰問，大農歲省戰士、金錢數百萬。天子嘉之，告于郊廟，進公大司馬、太子太傅，賜蟒衣玉帶，任一子爲錦衣千戶，世襲，以表殊伐。於是農嬉于野，商坦于塗，家頌巷謳，祝公壽考，永奠天子之邦，而能言之士往往形諸歌咏。某素沐公知，因推士民頌之意，繪爲五圖，一曰"單于款塞"，二曰"三秋宴然"，三曰"功垂帶礪"，四曰"鈴閣蕭閒"，五曰"萬里鷹揚"，各繫詩二章。鄉大夫又益爲古近體、雜體若干首，總爲一帙，題曰《奇功殊眷》册云。

竊惟自古大臣建非常之績，必銘諸鼎彝，播之《雅》《頌》，所以垂光盟府，流譽千祀者，詞甚瑰瑋閎麗，爲世所稱，如竇憲勒銘漠北，杜預沉碑峴南是已。然或兵出無名，事因催朽，過爲誇詡，以貪天功，君子無取焉。豈若今神運尊俎之間，策出周秦之上哉？況公邃養淵識，文武天授，幕下雕龍之士非不能揚其休烈，以詔來者，乃欿然不居，歸功君相，此其德度過竇、杜二君遠矣。初，公上便宜，時朝議咸譁，謂黠虜難馴，終恐覆約，至援先帝禁制折公。公持益力，辯析累數千言，大略謂："帝王待夷狄，未嘗絕其納款，錫封通貢，所以外示羈縻，內修戰守，非恃此爲固也。夫拒之甚易，一言決耳，第恐老酋慚沮，必有憤心。臣鎮屬諒不忍犯，在薊、遼、關、陝諸邊，將無寧日矣！"天子竟韙公議，用以底績。於戲！英雄豪傑負卓犖之材，臨策決機，甚易事耳。馳勝算于千里，爭是非于近貴，此古今所難，而忠臣之最苦也。昔趙充國以計困先零，不煩兵力，朝廷數詰責之，至有破羌、疆努〔三〕之遣，獨丞相魏相力贊，以爲後將軍言是，卒從其計，諸羌遂定，圖功未央。迹公行事，老臣許國，得內襄之助，千載合符，休哉！盛矣！雖然，《傳》曰："惟聖人能內外無患。"自非聖人，不有外患，必有內憂。蠢茲北狄，至宵旰，固明主之美疹也，賴公盧、扁之矣。繼自今警戒無虞，保和元氣，不曰法家拂士之任乎？公疏謂夷狄盛衰無與於中國理亂，至引元、成故事爲解，旨遠辭微，廷議率未之及，獨以邊圉馳備爲憂，豈探本意耶？區區草莽之愚，尤願公極言之，爲宗社計，垂無窮焉。

校勘記

〔一〕"彈"，據文意當作"殫"。

〔二〕"微"，當作"徵"。

〔三〕"疆努"，據文意當作"彊弩"。

卷　六

序　三

送丘太衡擢判南陽序

先生嘗判保寧，去爲山西行省幕，蓋閒局云，而冢公以明經甲科適守是郡，吏民思先生者，喜更得諸子大夫也。不待條教畢下，當服從其治化矣。無何，先生擢判南陽，稱治粟都尉。王子曰：判倅，守者也，而處於丞、理之間，人視之稍輕。先生在保寧，嘗以治行高第，使者察廉，使獵丞假守，甚有聲。會得屬掾奸利事，當諸法，令滋不悦，遂與丞却公。逮于遷忠州也，因指而議，其後有今徙焉。然不一考，即食舊德，則公論定而前誣明也。幕僚孫君謂先生好余言，徵文爲贈。余何以贈先生？無已，則以所嘗扼腕而譚時事者繹之以復，可乎？先生之言曰：“今天子在宥，揆岳師師，可謂蓁隆之會矣。顧汪濊之澤格于下流，而湮鬱愁嘆之民無以自解，則效功衆而布德或寡也。夫士君子以章甫進而惠文用之，廉峭刻深，取一切辦治，不虞民之瘝也。赭衣滿道，愁嘆比屋，椎剥元氣，將焉用之？故欲久安長治，非易此不可。”余兀兀無以應，而私謂公長者，乃其所以獲構也。天下事非一人能爲，今文法操切，靡靡成風，欲違衆獨立，每見異同，即守且難之，況判乎？愚故鄧守，鄧，南陽支郡也，而愚不佞于政，然嚴守而謹事之，于丞、于判、于理，無不惴惴對簿也。去之廿年，始掌中州憲，歸而家食又十年矣。事固有大繆不然者。諸令長入爲臺瑣，旦夕駕出守上，素詳爲嚴守也。而實已陰寓監察之耳目，雖欲稽之，惡得而稽諸？即有平明長厚之政，多溺于其職，靳德喜功，時之所尚然也，先生獨奈何以一人易之！夫先生之于保寧，固嘗以平明長厚之政佐守，雖獲構，終以去見思，非用子大夫賢也。而構之者則不免謂以子大夫賢也。使先生苟爲同廉峭刻深，取一切辦治，不虞民之瘝，官固亟遷矣，然而如平生何？如不能阿指比周，守道不惑，則宛與蜀奚擇焉？上之人據其重而攝，我不以揣摩刑法。下之人操其勝而易，我不以結納廢禮。皆詳爲重先生也者，而中固不自得也。二者交構，日以心鬥，不著同舟之義，何共濟之能爲？雖然，君子亦盡其在我者爾。《書》曰：“監于成憲。”《傳》又曰：“聖王以人情爲田。”夫成憲一定而不可易，人情則與世推移者也。昔子產相鄭，國小而多大家，外逼强諸侯，不可爲也。子產和其人民，善其詞令，行之彗年，公族無違言，晉、楚無逆志，國以大安。先生秩雖尉，固郡之上佐也。所掌雖錢穀，固國之大計也。南陽名都，古稱沃野，又賢士大夫之所樂仕也。屬又有年，可以不動鞭朴，使陸海萬鍾，方舟俱下。日佐其守，受計列邑。上功政府，不時延見吏民，訪問得失，義所當爲。以忠信退讓推行之，輯柔其顔，睍睆其音，載觀載獲于上下之間，當亦不彗年而政教沛然如子產矣。故曰“以善養人，然後能服天下”，豈謂是哉？他日冢宰佐天子巡功，以爲南陽之治多長者，推先生首，若拜守大郡，需所表見，與保寧後先召用，寵補公卿之缺，使人人榮公父子而稱其家學，爭效慕之，地節、五鳳之風可復見也已。

贈張使君入覲序

今受任方國，爲天子惠安元元者，豈非守與令哉？四海之內環千數百邑，理亂懸之，令至切也。惟明經甲科得補右職，其餘出自鄉舉里選者且十之七八，然居重總成師，表群吏，則太守爲要領焉。夫士治經術，釋褐而官之，舍其所操而責以錢穀、刑名、簿書、期會之事，雖茂才異等，未有不習而練者也。太守擁大郡，連城數十，左右提衡，矢謀發政，無有不得。故得其人則吏奉職而民安，風行草偃，勢使之然也。善乎！漢宣帝之言曰：「與我共理者，其惟良二千石乎？」當其時，渤海歲饑多盜，守難其人。帝用丞相、御史大夫言，舉龔遂往。遂陛見，對治渤海狀曰：「使臣勝之乎？將安之也？」於戲！旨哉！乃言微獨漢吏與渤海之民，即古今郡邑之所以理亂安危，不易斯語矣。夫朝廷以明經甲科、鄉舉里選之士能誦習先王之道，一旦拔之傭人之中，授以民社之寄，本意惠安元元耳，奈之何當事君子慮沉命課累，取辦一切，而尚德緩刑之論謂非時宜務，勝之而可，非安之也。高苑張公以明經甲科起家令長，入遷司農大夫，皆高第。天子念太原股肱重郡，北控樓煩、雁門諸胡，得一良二千石，將高枕無西顧憂，察某所在廉平，其以爲守使，宣布恩澤，稱朕意焉。公至，則與吏民更始，悉除一切煩碎科條，曰：「治道，去其太甚事，責大指而已。」甫下車，省坐圜土者多通鍰金，悉縱舍之。諸椽史奉牘，卒徒操梃，方觀嚮人意，公徐決數十牘，不梃一，人咸咋指伏，而淑問溢于四境矣。受下邑主輸，使民自爲輸，皆私其橐而返。慮爰書引對，諸囚人人自盡也。即有指道鍛煉不當事實，如得其情，卒然解散，所覆數十牘，亭疑法居半，前此未之有也。郡中諸公子有豪飲市中，不引避使車，且使酒以嘗之者，其黨恐，從旁逮，引詣臺自列，都無所問。宗人相與詬曰：「何爲犯賢者？」率之請罪，謝然後罷。蓋公數月而所爲狀若此，其大指在安之，甚得天子選用賢良之意。屬當上計，數從臺使者論士澤宮，大蒐被廬，皆國家文武重典。諸守長會集行省，迎勞燕饗，日不暇給，公兼而應之，常若無事。臺使者視諸守長治狀，即未有平明如太原者也。使遲之數年，專于所事，則渤海之政何多讓哉？熊車就駕，輯瑞天子之庭，計當問曰："太守自違承明之廬，朕日聞其賢，其賜黃金高蓋，以彰有德。歸，益就所欲爲者，使諸長吏明知主意，不在勝民，皆翕然遵其經術，無但務赫赫之聲，而忘蒸蒸之實。使吾民樂有賢守令，如子弟之愛父兄，即雖饑饉薦臻，能室家相保而重爲亂。使西北諸胡聞之，知吾吏民相得，固若金湯，益堅內屬，無輕中國心。"其斯爲對陽休命、羽翼中興之大者哉！

賀麓陽孫公擢雲朔兵備序

公來守吾郡，屬無年，則膏雨而飦粥之。屬大札，則湯液而藥楗之。屬又大比士，則網羅而差擇之。屬又料民田，則簡孚而容保之。往皆守也，公獨當其難，且勞不啻十倍。教養兼舉，如慈母于嬰兒，嚴傅于蒙士，蓋千里几席也。時入計大廷，公猶謂不得專精所事，得無他徙，當與父老更始。吾民日引領望之，使君乃復來，幸甚，曰："庶幾終見德化之成乎！"公果既乃心，力申誥四境之內，考覽便宜，期盡舉所欲爲，而雲朔之命下矣。先是，朝廷以二千石守相共安元元，非久任無以責治理效，自今必滿再考，以最聞，然後予高秩，而公獨以治行異等，超乘拜焉，若曰："雲朔，股肱要地，北與虜鄰，須材德威重之臣彈壓之，所謂不戰而屈人者也。"吾父老若子弟皆屏屏營營，欲叩留不可，則祖公于郊。日已晡矣，驪駒在門，柅金車不得行，道行爲解曰："若所謂戀顧腹私恩，未曙其大者也。疆場〔一〕之事，一彼一此。歲聿云暮，貢市之禮未成，虜中改革，示若不急我者，幕府方蒿目而籌之。公獨當極邊，百聞不如一見，雖重趼累舍，尚以爲遲。萬一不及事機，至傳烽插羽，若輩雖欲享仁君遺澤，其將能乎？不如聽公且去，以待他日之開府也。"于是臥轍者起，而公旅諸大夫酒曰："何以教不穀？"諸大夫趣王子對如公指，王子趨而進曰：今胡越一家，可謂蕃隆之會。士君子周旋俎豆，斧藻太平，洋洋乎禮儀三百、威儀三千矣。故凡據高資、都臚仕者，爲文具十九，而修内政纔十一。父老若子弟有違言或十九，而頌德之者或十一也。公守吾郡，以歲殲則難，以薦瘥又難，以括羡田又難。諸貴大夫大比之役，冠蓋交于蘧廬，皆一月穀，窮日夜之力，猶慮不給焉。而公及民之政常十九也，民頌德之者，則不啻十九也。雖精力能推行之，亦以出之有本，不至隨俗雅化爾。吾友黄孝廉常言，游太學時，有與公同舍生道公，説經義無遜匡鼎，居家孝友，抗廉守高自其天性，而學以成之，褎然大儒哉！昔被廬之蒐，謀元帥，郤縠説禮樂而敦《詩》《書》，遂將中軍，一戰勝楚，以其君霸。夫子軍旅之事未之學也，至相魯公會夾谷，則具司馬以從，却萊夷，反侵地，故曰"我戰則克"，非虛語也。夫雍容尊俎之上，折衝千里之外，非俗士所能任。公率性而行，傅諸經義，將損周之文，致用商之質，比于爲吾郡益顯大焉。則真仲尼之徒，而攘夷狄不足道也。《詩》曰："惠此中國，以綏四方。"公謝曰："不穀不及此，敢爲子大夫勉之。"乃再拜，登車而別。

又

山西三鎮，雲中益近胡，而左右衛爲之翼，因壘塞上，密邇仇讐，無日不援枹接刃。往嘉靖間，虜薄之，圍三月，城中負户而汲，斗米至萬錢，戍人皆堅守，不可下。會楊襄毅公援兵至，得解。故名城良翰、豪傑忠義之所聚，爲天子爪牙久矣。公守太原，治行天下第一。往上計，對大冢宰，尚書省中屬、中丞、御史有所案舉，公謂弗當，自以去留爭之，侃侃移日。諸郎吏見者私相語曰："是夫蹇諤有大節，可以備緩急。"故還郡未幾，即拜備兵使者，治左衛，蓋邊臣極選云。陽曲令平原高君以進士來長安，故人，謂曰：“孫大夫賢者，得朝夕師事之，不虞以政學矣。”至而公方爲輦上君子，高君意不樂，則造王子問曰：“吾民之欲軹公車甚於令伯，然朝廷用公，微指難言也。往嘉靖間北虜闌入，殺掠不可勝紀，天子赫然震怒，督過疆場〔二〕之臣，惴惴自救，猶恐不贍。自那吉入款，單于解辮內屬已十餘年，我得以其餘力廣斥堠，築亭障，治組練，礪戈鋋，除傳舍，餙餱糧，以待制使之臨飭，蓋鼇然具也。都護府用名德重臣提衡三鎮，而監軍諸大使皆士人有高資者爲之，需次樞筦，視修守功大者進宮保，服蟒玉。次之增秩賜金，顯示寵異，皆非他公卿藩臬所敢望，誠貴之重也。諸大使與在行間，賴天子式靈，外無鼓鼙之警，內無督過之虞，治兵蒐旅，春秋耀吾甲士，優游甚適，然不無隱憂焉。夫自夷王縛叛人趙全梟闕下，其遺孽餘黨阻坂升數萬人。我得一匹夫，無損于疾，彼方貿首讐我，志欲一逞。其衣服、飲食、言語、嗜欲皆與華同而爲虜耳目，虛張恫喝，日構我以難得之貨，要我以難從之事。賴天啟虜衷，墮其城而殲焉。其名王谷蠡諸貴人盡甘我餌而私之橐，部落披涣，無足慮也。獨內地民以賦役水旱之不時，多戴畚荷鍤，于粔舉趾，闌出塞外，爲虜備作，歸則具言其地寬簡無文法，樂土也，獨重去親戚、離墳墓爾。而我方日勞勞乎，膠膠乎，廣斥堠，築亭障，治組練，礪戈鋋，除傳舍，餙餱糧，以待制使之臨飭。又甚者，虜求厭於我，竭縣官歲幣無以應之，則斂戰士衣廩給焉。夫塞外有耕鑿之饒，爲逋逃藪，我民北向而嘆，輒欣然慕之。戰士枵腹竭作，長城之役無有已時。宿將矯虔，或滿門珮虎符，恃內主，分據重鎮，日益驕固。危機倚伏，可不爲寒心哉？假使公乘障治兵，兢兢守和議，則十餘年使者日夜蒿目苦心，敝舌腐齒而爲之，無以加矣，雖無以公往而可。如以公雟諤有大節，能以身之去就爭事理之可否，而不畏人之軋己也，必能使長城之役比于思文之囿，荆棘之場變爲桑麻之野，羸困之卒作其超乘之氣，矯虔之將凜于揚干之僕，非公不可也。何以故？天下非無才之患，而無立志之難。士君子非無位之患，而無令名之難。公立志有令名，侃侃在尚書省中，爲諸曹郎所目攝而心識之，不必如晏平仲假善事左右而後信。制使臨敕，得無以苛禮相責，精神專一，常務其實而損其文。虜使至，見中國有人焉，無專恃和，則不得持渝盟之説挾我矣。宿將矯虔，憚吾如汲長孺，凜然奉三尺，不至有不使之漸矣。内以靖國人，外以謹由蘗，雖陷身北庭者，猶將操南音而動故鄉之思，豈其衽席吾民，顧挺而走險耶？是則廟堂之所以用公者也。"

李氏族譜序

李大夫手一編示王子曰："吾先世來自薊門，食實封萬户，于晉十世矣。家未有譜，譜之自不佞始，請吾子叙之。"王子卒業，見其文簡而核，信而有徵，爲目凡六：曰序族，曰別派，明系也。曰墓田，曰恒産，志守也。曰雜録，曰紀事，考績也。是可謂李氏家史矣，遂爲叙之。叙曰：今大江以南多望族，故家有譜。中原數經喪亂，莫知所從來，且多轉徙，不長厥居。即學士大夫靳爲之，況韛韋而跗注之君子耶？然譜惡可已也？學士大夫多崛起，不知重其宗。衛侯皆世官，不知親其族。此兩者勢若持衡，一重一輕，相軋而不已，故常始于合而卒于離。譜之者，示人以反本念始、保族敬宗之道也。夫宗以尊祖，官以統族，世及必以長而置，後在擇賢。體私恩則倫理厚，達公義則棼争息，此先王所以緣人情而制禮者也。大夫誕彌厥月，爲昭勇將軍某後，制不得世其官，則以經術起家壬子進士，服休南北，裛然文質君子也。歸而家徒四壁，飯糗被褐，爲之擘者，無異楚相之妻子。余嘗造其廬，皆國初賜第，族指相聚而居。大夫身都貴仕，不益一椽，真能以清白吏重其宗者。衛侯且取芘焉，而聿追來孝，親其族人，則譜之道有裨焉爾。大夫名應時，以南京戶部員外郎致仕。

賀伯溪六十生子序

吾黨有號伯溪者，翩翩方山之佳公子也。萬曆甲申年六十，而癸未之嘉平始舉丈夫子。先是，不佞從諸長者游，與公子暱數歲矣。公子修觴政，見稱長君者侍坐隅間，諸孫森森秀發，或奉雉而從，或舉爵而酬。公顧之，其樂只且，客亦樂其樂也。或有言公弗子而子其弟之子者，余始不信，曰：“不佞從公游，舉平生無不言，胡無幾微及之？”間以問公，公笑曰：“吾爲先鎮國典宗祐之守，有弟四人，曰伯、仲、叔、季，少挹汾溪之清流，因以自號。吾雖弗子，而諸弟之子則人有焉，夫孰非先鎮國遺體也？請于宗祐，置我所愛而後我，蓋十年所，吾兒亦兢兢焉日致其孝，與之相忘也。”王生於是兩賢之。及是，客謂余曰：“伯溪舉子矣。”余亟欲謁賀，客曰：“勿賀，蓋伯溪戒司閽者如此。”余曰：“異哉！夫六十而始舉子，岌岌乎危得之也。夫危得之者幾得之，幾得之者，得不得，不可知之辭也。幾之而不得，則怏怏然不解于憂。一旦幾而得之，然後喜可知也。子顧曰勿賀，何也？”客曰：“公之子長君有年矣，莊生不云乎？‘相濡以濕，相煦以沫，不若相忘于江湖’。公豈以幾得之之爲快，而曾是怏怏者哉？”余應之曰：“唯唯，否否。華封之人祝其君多富、多壽、多男子。《既醉》之詩有曰：‘君子萬年，永錫胤祚。’夫自高皇帝分填壯王以來，晉稱大國，群公子圭璧相鮮，最爲繁庶，乃自其身塔焉中止，雖委付得人，不乏主器，孰與夫瓜瓞綿綿，奕世靈承之爲大也？且公之不爲第伍氏，人皆信之，而長君平日錫類之思，必將孔懷是篤，天顯不忘，又豈肯擅于而室有殊離于中？昔文王年十三生伯邑考與武王，武王末受命傳位，成王尚在繈褓，蚤莫之不齊甚矣。然世篤忠厚，以貌諸而繫周家八百祀之統。管、蔡間之，卒不爲動，則天命所在，非人力能爲也。公以爲子則孝，以爲兄弟則友，以爲弟之子若孫無不若其子若孫，則慈引養引恬年已艾矣，未嘗一日幾於不可必得而眈眈小星也。日從賢士大夫游，道古昔而稱先王，悅《詩》《書》而敦禮樂，其天全，其神王，氣之所息，必壽且賢，靈承之統無疆惟休。他日是兒冠玉珮珠，問《詩》學《禮》，奏《關雎》于洞房清宮之中，鰲爾女士，從以孫子，計公八十耄矣。吾黨以羊酒相勞，不佞尤將珥筆昌言之。"

壽潘母王太宜人六十序

　　王太夫人者，職方潘大夫之母，而參伯春谷先生原配也。先生有王佐才，逢絳、灌之怒，青鬢懸車，夫人相之，日以禮樂詩書相愉快也。先生不色于慍，而益則古昔；咏《考槃》之章，優游卒歲。爰有大夫與大夫之弟佐擊將軍怡怡膝下也，若曰："吾所不得表著當世者，賴二兒，藉之以成吾志焉。"已而遘疾，則手二君以授夫人，夫人泣任曰："所不以兒成名，無以見君地下。"蓋當參伯見倍時，大夫治博士業，名已英英起矣，而將軍尤在抱也。夫人視二孤有文武材略，內傅外師，前規後隨，不數年而大夫成進士，治澶淵，將軍將數千人守塞上，天子皆以爲賢，詔爲股肱爪牙，以自輔近。故伯子進職方，叔子帥羽林軍云。是歲丁丑六月之十有九日，是爲太夫人六十初度，而職方大夫則以告旋，里中稱觴焉。夫人之子婿高生問言于王子，王子不佞，不得與聞內行之詳，然獲游諸君子間，固嘗概其一二矣。蓋夫人之大父恭襄公在正德間有社稷功，載在國史。其父內泉先生，彬彬然文質君子也。恭襄公愛之，視諸孫爲篤。推擇名德，奇參伯公于里，選時而納吉焉。夫人素席榮貴，歸嬪于潘，修子婦禮甚謹，相參伯公垂二十年。卷而懷之，優游于詩書禮樂之場，而未嘗一日歆艷世芬，易其所養。既而衘恤，所以教二孤者，又無不若參伯公在也，斯潘氏之所以亡其喪哉！二君子雖文武兩途，然忠孝相師友，令聞令望，綽有父風。天子嘉夫人之有子，虵恩下賁，没存皆進階一等。職方君躬率其子若婦開燕喜之堂，效萬年之祝。自子婿外，旁逮近親，珮玉鎗鎗，聯翩昻甫，羅拜堂下，皆人世間希有難兼之事。於戲！盛哉！愚謂恭襄公勛業甚著，内泉先生義至高，乃天靳世嫡，使支子承祧，如一髪引千鈞，稍凌遲矣。職方君世濟名德，賴夫人保介其間，令終有俶，斯所謂王氏貴甥乎！他日嗣恭襄之烈，内翊外寧。纘内泉之學，上嘉下獲。使天下之人指而欣艷之，曰："參伯公位不滿望，乃食報於厥子如此。"夫人鞶衣揄翟，薦被九命於大年，是操左券而責之入也，是使恭襄公慶流餘裔，獨鍾于夫人也。高生曰："善，可以壽我外姑矣。"遂書以歸之。

栗少司馬六十序

余昔爲陝西參政，健齋栗公蓋領左使云。公挺鴻駿之才，事先體要，内釐八郡，外飭三邊，雖庸調棼于亂絲，羽書捷于烽火，應之裕如也。卯而署事，移辰而畢。畢，則與二三兄弟諏咨庶政，評騭百工。暇或縱譚名理，至九流百家之言，悉能舉其得失之大凡，而折衷于六藝，醇如也。未幾，余陟湖南臬使，公欣晤愴離，申言久要，出緗素數幅，宵諸丈面孔而系之以文，題曰《紫薇燕集之圖》，各藏一卷。余與少洲馮公坐而譚，鳴泉梁公及川徐公對而弈，而公旁觀焉。公之文若曰："吾之子若孫有仕而游者，見吾執如吾見也，不吾執之敬，即不吾敬也。"凡數十百言，皆此意。逮今歲周一紀，讀之戚戚如昨日事。而公之子某以丙子秋賦來晉陽，則造余廬，修世講之禮，一如公言，且請余文爲壽。蓋余別公四年而歸，公爲少司馬也。又二年而歸之四年，則六十矣！雖不得撰杖屨，從諸五龍、柏谷之間，然聞問信宿，如月在屋梁，常與顏色相照，抒片語以介萬年之祝，固樂效諸几杖者，請即以所聞于公以復，可乎？昔余與諸公論修養家，曰：“靜漠者神之宅也，虛無者道之居也。吾之靈府不汩于一物，則天以之清，地以之寧，萬物以之生生，而常游于無窮之庭矣。”公曰：“屠龍之技可以駭俗，試以鼓刀則虛。刻鵠之巧可以庚雲，資以適用則悖。要渺之譚可以驚座，取以應世則僻。所貴于君子者，寬博而愛人，通方而善應，道無不宰而心無所希，可以順性命之理，終其天年。彼攝生之徒挾其小術，欲操魯陽之戈而頓亭午，豈能回造化哉？昔者吾友嘗從事于斯矣，且也以經生起，其清德顯功，雅有時譽，乃所蘄嚮，繆矣。常是其是而余非也，余亦非其非也。時人爲之語，曰‘任勉強，栗自然’云。”王子默然，心謂公受氣堅厚，不信有彭、喬引年之術。已而察公之行事，屹如岳立不可回，沛如川決不可留，其與人處，不設町畦，不事表襮，而自有不可奪者。蓋自爲方伯時，若將終身焉，未嘗幾其入也。其爲中丞若少司馬也，猶之爲方伯，未嘗幾其合也。其小不合而以少司馬歸也，猶之無少司馬，未嘗幾其復也。故用于天下則可以壽天下，不爲天下用則可以忘天下，又安往不自適焉？所謂道無不宰而心無不希，非耶？世之惜公者，猶謂以公之才，宜爲天子密勿論思之臣，乃靳其用若此。獨不觀于《紫薇燕集之圖》乎？余之與馮公譚也，梁公、徐公之弈也，公蓋旁觀之矣。若曰：“譚者不相下，則是非鋒起。弈者不兩勝，則喜愠橫生。”吾泯其是於言之外，則人不得以其見非我矣。葆其勝于局之外，則人不得以其長敗我矣。故能用天下而其動愈出也，能忘天下而其虛不詘也，不亦善乎？是則公而已矣。老子曰：“天法道，道法自然。"公之所以非任公者，真是也夫！

賀張中丞填撫右廣序_{代張右丞}

公之領山西行省也，不穀實在亞旅。居無何，右廣闕巡撫，天子用廷推，晉公大中丞，往莅之。不穀當有贈言，乃以素所欲言者請正焉。

夫外吏自郡國守相以上至藩臬大僚，豈不稱貴仕哉？然爲而不宰，域外之議非所及也。巡撫則不然，奉璽書，持節鉞，出總數千里，左提右絜，無不雷動風合、唯吾意之所指而迅赴者。夫操不御之權，總數千里之遠，凡有使宜得馹置以聞，無不報可，此大丈夫乘勢策勛之會也。政府采撫臣之名實，仰備疇咨，則必取其建白更置之，謂何以聞，于是傅己意而損益舊章，將自功乎？未免刜敝漢法，未睹其利，或遺難于來者有矣！今環中原，邊朔漠，巡撫無慮十數，皆名德重臣，近天子之都，早作夕聞。重政府之迹我而亟蘄其合，雖損益舊章，未睹其利，然且爲之，是則名爲不御而實中制也。右廣去京師萬里而遠，蓋古之百粵地，蠻夷君長以百數，與郡縣錯處，朝廷不欲易俗而治，疏節闊目，重在安之，聽巡撫之自爲，當不以建白更置爲奇。朝之命吏，如不得右職焉，疏逖無奧援，惴惴奉尺一，無敢失也。豪傑酋長憑險阻兵，至廑天子拊髀之思，開文武幕府彈壓之，而析右廣與左督并建，自頃歲始。公之撫有右廣也，勝兵力以佐督，自一時爾。至弘柔遠之化，日照月臨，雨潤霆擊，開其氛祲而耀以光明，固有獨運於聲色之表者。夫椎編魋髻之豪，伏于深林絶巘中，緩則鴟張，急則鳥散，巨網弘綱不得加，輕車突騎不得騁，此其所以難也。然居吾上而用吾者不以臆授指，吾然後得盡其用。居吾下而爲吾用者不以援亂治，吾然後得盡用之。此又其所以易也。公用其易爲資，處其難爲功，文弛武張，其效可計日而待矣。蓋公登第三十年，十九于外，艱難險阻之備嘗，四方之事如運之掌。往東南中倭，公時在行間，司饋餉則士畢給，議戰守則我正勝，卒收底定之功。袁爲時宰鄉郡，公以望往，抗廉守高，體正而用和，既不得浼我，亦終不能有加于我，治行爲天下第一。平居樂易可親，雖府吏胥徒不輕譴呵，至義所不可即。直指使者欲據其重而攝之，必反之矣。提身軌物，皭然不滓，內而桐封，外而瓜戍，皆服其羔羊素絲之節，而秉度勷忠翕如也。以是臨右廣，綏吏民則德足和，控夷裔則威足用，監成憲則仁足守，戡亂略則智足裁。不期月而爲賜必有加于內地哉！且公以三十年之久歷試諸艱，後起而先至者無慮數輩，未嘗抱長孺積薪之嘆。其所挾持誠重，不斤斤自功，以至今日，自我爲之，肯蓋先美而貽後難，如前所云已乎？群吏向風，務爲寬簡，清净不擾，培育滋厚，拯吾民于戈銛之中，而加諸衽席之上，其手額相慶無疑也。或曰：“朝廷綜核名實，一時開府鉅公莫不乘時奮庸，龍虎變化，標銅柱之南，勒燕然之北，鬱乎盛矣。公與御史大夫凌公又有婚姻兄弟之好，掎之角之，相得而益章。圖藏盟府，澤流後裔，將在兹行乎！”愚曰：“唯唯，否否。修之廟堂而遠人自服者，大臣之道也。陳諸原野而戰勝攻取者，一帥之任也。公方欲以無事治天下，罷民力以勤遠略，豈其然乎？他日入贊廟謨，弼成舞干，格苗之治，是則公之大者爾。”

校勘記

〔一〕“塲”，據文意當作“場”。

〔二〕“塲”，據文意當作“場”。

序　四

贈董嵩河中丞序

余昔爲魏郡丞，諸令長以進士來凡八人。于時銅梁張公爲白馬，潁川董公爲黎陽，皆文雅，稱治行高第。已而報政，旁邑多列入要津，此兩公則僅擢戶部云。又幾二十年，始相繼爲山西按察使。無何，張公擢巡撫應天，而董公遲回藩服，在山西獨久，雅量達識，益治事自如。余屏居草野，修農圃之業，常相過甚歡，題咏篇什，傳諸民間，爲一時盛事。今年春，關中巡撫缺，人望屬之，已而廷推果然。蓋至是從事魏郡諸賢，在位者鮮矣。吾晉人士胥蹙曰：「山西缺巡撫數矣，公大得民和，凡三關阨塞、七郡戶口、將吏能否及罷行、緩急所宜，靡不諳也。胡移鎮爲?」余應之曰：鉅才應物，無施不可。明主用人，歷試乃效。公之善政，非可一隅專也。我國家宸居北倚，東起遼左，西抵敦煌，往往重臣開府，飛芻輓張之卒以數十萬。而山、陝則内拱神京，外連九塞，兼門戶堂奥，治之比于邊徼尤重。昔蕭相在三秦，補軍轉餉，漢得專意撓楚京索之間，天下既定，推爲上功。今袞衣西征，實當其任，根本至計，意將在兹。假使吾地遂得專公，亦不過數歲而久。他日承弼九重，分掌兩府，塞外之事有一不若其身親見焉，何以奉清問而策要眇乎?且關中西通巴蜀，南控三楚，河隴之外皆雜種胡人，長箐深林，平沙廣漠，豪傑雄長往往包藏禍心，乘間竊發，非夫敦敏博大之材、耆艾魁壘之士，未易拊而定也。公敭歷中外，積有庸勞，遇天下事，如溪水發高源，利刃投溪會，而其守己愛民，如碣石排怒濤，春風噓槁木，將安往而不宜？即余耳目所睹，其施於吾晉者，一時長吏多尚操切，公之持法獨平。行省出納，郡從事與主進者聲利相倚舊矣，自公視事，皆受署逡巡，妻子負薪而食，蠲不急之科，省踐更之半，謹權量，公羨藏，申布章程，較若畫一。去之日，士民嗟嘆，有垂涕者。朱邱公子咸祖於郊，父老羅拜車下，至不得行。其感人如此。今進拜中丞，操不御之權，位愈尊則其志愈得行。其所措注將無弗決也，其所排解將無弗割也，其所保固猷爲，將無異大華之西柱，而長城之北拱也，豈徒延、寧、甘、固恃以爲安？於以通巴蜀之襟喉，而陷湖襄之肩脊，保大定功，於茲有弘賴矣。雖然，公之行，吾無以贈，願效所聞於閭閻者。大抵民苦吏，士苦將，將吏苦操切。語曰："大弦急則小弦絕。"無亦以寬濟之乎？朝廷綜核名實，士爭自效奉行。故事，見以爲循默而鮮功。語曰："利不十，不變法。功不倍，不更令。"無亦以慎持之乎？使者出按復逆，各是其是而相非，譬諸琴瑟，專一與反戾皆不可以適治。均調而節宣之，宜有包荒之度，無亦和而不同乎？羌夷內屬，時有小梗，可以恩信結而難以苛細責也。利出萬全，事垂後法，無亦靜而不擾乎？昔漢世名臣，往往以二千石高第入拜宰相若御史大夫，然勛名所就，不無加損，蓋剸繁劇與識大體，厥施固不同耳。夫寬以濟之，仁之行也。慎以持之，我之守也。和而不同，忠之用也。靜而不擾，威之藏也。寬以行仁，衆之用也。靜而不擾，威之藏也。寬以行仁，衆則必附。慎以持義，功則可久。和以永忠，謀則必成。靜以制動，威則不褻。外襄內贊，簡進方殷。他日勛名所就，有加無損，其唯修此以往乎！凡此皆公所能，而余喋喋自獻，誠無異燕人教越人操舟，雖若可笑，然固欲效之。《詩》云："心乎愛矣，遐不謂矣。"公雖遐，敢忘謂哉？

邑侯張君行取序

今縣令有治行高第，往往拜給事中若御史。抗疏論天下事，則風采震於朝堂。持節行郡國，雖藩臬大僚悉禀約束。猷爲所至，使王化薄乎四海，而闇昧耀於光明。鬱爲名臣，後先輝映。故士君子自束髮入官，皆欣然欲之。然縣令滿宇内，如列宿然，不下千數百人，召拜以三年爲期。方伯之國纔數人爾，非弘聲茂理不可，幸而幾也。萬曆乙亥，天子顧法從多闕，召大冢宰慎選其人以充。于是吾邑侯仁軒張公者，治行在高第，檄詣闕下，擬授焉。衛幕王子某偕丞、尉諸君謁不佞，問所以贈侯狀。余謂科道之官以之拾遺補闕，非老成堅正之士，未易稱也，故内取諸曹郎，外取諸郡倅及令長之高第者。然令長最難，而省邑又難，無論大小，六察使與監司郡守儼然臨之，即巨室貴宗、豪吏大猾，憑籍寵靈而睥睨左右者，何多也！探上意而速赴之，如射覆亦如發機。翕受敷施，如獷豕亦如搏虎，此未易言也。故爲邑而邑治，十不得三。爲省邑而省邑治，且數爲舉首，十不得一。厥惟難哉！侯爲陽曲，善持大體，不以察爲明。事貴人，盡其誠敬，日白事法奏之，或不中，未嘗不擱然爭也。秉燭兩造，常達旦不寐。中更一貴人好親細事，囂訟大起，侯榜躡愬者，恥諸嘉石以徇，非貴人所樂聞也。然心重其賢，亦改容聽之。朱邱貴公子自采地外或侵射民田而逋其租，更數令不能發，侯一日覆十餘，籍奴引對，輒服，唯正之供遂溢於他日。博士弟子員挾經義進，爲之分疏品第，各當其材，往往滿腹而退，發解額十餘人。此其善政之大者。至於奉法循理，謹身率先，有卓茂、蕭育之風，不可具道也。使者剡薦相望，數爲舉首云。會天子加意元元，重更令守，將復古九載考績之制，至端亮有節操之士，謂宜拾遺補闕，朝夕左右，又不可以限年格之，故亟召侯。所謂超拜以拔異材，久任以隆吏治，并舉而互用者也。余遯迹荒野，闇於國家大計，至臺省諸君子之行事，則嘗與聞之矣。大抵貴正直，貴忠厚，貴識大體。夫非正直，則彈文出指授使，爲善者懼。非忠厚，則巧詆深求，士無完行。非識大體，則以其私智諛聞紛更舊典，而治道日齲，何以稱兹選？侯爲陽曲，能與貴人爭是非，發貴公子奸狀，無所依阿，可謂正直矣。然持法寬平，恥爲鈎鉅煅煉之行，以經術飾吏治，唯遠者大者是圖，忠厚而識政體，何以加焉？率此以往，即用臺省高第，超拜九卿可也。且省邑之難如彼，侯優爲之，已四年而久，涵茹停泓，度則益廣。諏咨察納，見則益明。震撼激衝，守則益定。以此正色殿陛之間，澄清萬里之外，使主德比隆于堯舜，而吏治遠軼漢唐也。榮名臕仕，身與道亨，我陽曲之政實始基之。方今中外恬熙，宮府一體，雖貴戚、大閹小有干澤，亦不害其爲治。有世道之責者，唯宜監于成憲，謹杜邪枉，自足保豐亨豫大于無窮。昔宋相李文靖公謂四方條奏非祖宗舊章，一切報罷。漢唐諸君子以論事過激，至聚黨相攻。非徒無益，而又害之。故事在必爭，不但以去就爲決。法如可守，不必以創樹爲功。《書》曰：“精白一心，以承休德。”此之謂也。侯行矣，不佞之所效于侯者止此矣。試采其言而質諸有道，或可以對揚寵命之萬一乎！

崔石溪七十壽序

嘉靖間分宜柄國，肅皇帝因邊吏不戒，嚴責監軍大使，分宜乃藉資爲奸。將士冒功掩罪，日殺不辜以當首虜，入重貨，珮將軍璽。橫行塞上，得意一時。而行虧名滅者，踵相屬也。于時榆林有賢將軍石溪崔翁，則盡反若所爲，故士林嘖嘖稱重，至今不衰云。嘗聞將軍束髮領千夫長，御衆以仁，處己以廉。鎮靖之役，我軍薄虜圍七日，幾歿，賴翁堅戰得解，以全師功進指揮僉事。部使者前後上狀，擢守備八角，都護遼左，入爲京營游擊、通州參將。即所至，人無不稱其仁，服其廉也。然翁誠自奇，無奈文法吏何。又所至率疲卒羸馬、弱弓枉矢，蘆薈之刃不知所操，欲振之不得，則喟然嘆曰：“大丈夫當立功絕域，虜名王以報天子。爾今雖有泛駕之材，而拘攣尺寸之内，譬若鈎飾在前，錯鏁在後，此造父所以顧駿馬而涕者也。”乃致其事歸。蓋翁雖將門，雅好經術，而翁子參伯公者，自其爲童子時已教之誦法孔氏矣。久之，成進士。爲上黨司理，上黨無冤民。入爲大司農官屬，司農稱治。以使者持節監雲朔軍，雲朔重于他日。當胡人款關求市，貪漢家財物，而不識漢之廣大，倨見使者。一二退校又恐喝其中，闌出諸難得之貨爲奸利。參伯公至，悉壞其機牙，磔渠率以殉，虜人人咋指謝却，不敢復見使者矣。凡此，皆用石溪翁文武忠義之教也。余備員關中，曾塞帷行塞，見榆林據河套，平沙廣漠，無日不援枹接刃，故名將精兵聚焉。至以經術起家，爲時名卿，則間有之。翁久歷戎間，素負奇略，形格勢禁，不得一逞，乃有參伯用經術策名清時，運籌帷幄之中，決勝千里之外。即使翁身親爲之，又何加焉？傳稱廉頗爲趙將，不得意，屏居魏，老矣。趙王使使者視之，則一飯斗米，被甲上馬，以示可用。馬援欲擊五侯蠻夷，乃據鞍顧盼，呈矍鑠于漢光之前。彼皆英雄，無所用之，常欲攝尺寸之柄以赴功名。又其後人齷齪斗筲，知不能踵芳躅，故不勝技癢耳。《老子》曰：“兵者，凶器。”戰者，危事。將者，死官。而好爲之，非所以培性命之原，養喬、松之壽也。今翁年七十，有子如參伯公，文武并用，日嚮華顯，使翁累拜貤封，坐安鼎食，日從二三丈人携壺選勝，擊缶彈箏，誦莊、老之遺言，體無生之妙旨，恣意所如，快心愉耳。即使勒功燕然，標名銅柱，曾不足以滿杯酒之一噱，豈與廉、馬二君矜功喜殺，務勝不休，犯道家之所忌，可同日而語哉？余晉人，家近代北，耕鑿恬嬉，皆參伯樽俎折衝之力。而又嘗宦於秦，與聞石溪翁風烈，樂於有言也。故因諸守令之請，得具論之，當萬年之祝。翁如旨余言，尚浮白引滿，一醉累日可也。

督學劉書川擢陝西參議撫治商洛序

余束髮從仕，嘗奉吏[一]齊魯、梁魏、吳越、秦楚之墟，獲交世之名士，大抵抗節喜義者，或于世故闊疏而通方之士，亦隨俗雅化，故中行莫難焉。以余觀于書川劉公，殆孔子所謂中行者歟？余與公仕轍不相值，然素慕其爲人。方穆廟恭己以聽相臣，相臣事或不請，公篤交儆之誼，時效忠告。而縉紳先生稍嚮爾之，咸謂夔、龍復出。見持異論，多目曰癡，相臣益不聽。公知不可驟諫，始入疏言天下事，大略謂祖宗法不宜輕變，至引世廟英斷譏切之。其言婉而章，諷而不訐，而好諛者顧論公外補，於是名益燁燁被寰宇矣。未幾，遷憲臬，奉璽書督學政于晉。余喜公至，意必魁岸自可，岩岩難近。及見之，則貌恭而氣和，視諸生若親弟子，執策競前，函席常滿。吾省學凡解十有一人，善誘之效，捷于枹鼓如此。蓋公秉義甚高，量復弘遠，見人之善，若己有之，有不善則矜之，教之改而止。聞其鄉人有爲巨奄者，求識面不可得，慚其舍人。伊廢邱多良材，公僦屋而居，未嘗博一木。吾晉中寺人如辟疆園者數處，雖掃徑延公，不往也。慎乃在位，無細不矜，故人皆服其高，亦時以爲異。余以爲和而不同，然後見君子所謂中行，非耶？今擢拜陝西參議，治商洛，將行。十有一人者，兒育才殿焉，公嘗拔置異等，特愛幸之，諸士謂余宜有言。余謂朝廷之上不可一日無謇諤之臣。在君子之自處，則東西南北，惟命之從爾。昔夫子仕魯，縱觀周廟，識文武之烈。及轍環天下，師老聃，訪郯子，主蘧伯玉，而友季札、晏嬰之徒。于是道彌尊，弟子益進。《傳》曰："反魯樂正。"益所得深矣。史遷游江淮，探禹穴，浮沅湘，闚九嶷，足迹萬里，其文多奇。夫負璚瑋特達之材，苟不遠紹旁稽，究觀當世之務，惡能終令名、建大業，以施於後世哉？公中違侍從，外列藩垣，柄文未幾，復膺分陝之命，雖清要靡兼，而諸艱歷試，其大受之漸乎？度行、汾，逾條、首，并華而西，攬商顏之勝，挹玄鳥遺風，仰止丕烈，必多自得者矣。余嘗一至其地，皆高山大川，茂林幽谷。秦據天下之脊以撓齊、楚，并兼六國。漢祖入破咸陽，還從武關，包宛、葉以滅項羽。是南北要樞也。今其人往往采金于山，輕觸禁，爲大猾，鬼隱龍伏，烏聚鳥驚，急之易亂。以公之重臨之，化裁寬猛之間，而儀刑于聲色之外，豈徒全陝利賴？亦四方所恃以爲安也。拊循之暇，搜訪岩穴，庶幾東園、綺季尚有采芝而食者乎？讀《鴻鵠》之歌，慨焉有懷思。穆廟在潛邸，比肩宮僚皆貴極人臣，而己獨回翔外服，嗣聖龍飛，誰當六翮者？其自許以宗社之重，勃乎不可已矣。夫阿衡造商，頌遺《玄鳥》；四皓安漢，歌垂《鴻鵠》。孔子自衛反魯而樂正，史遷歷覽天下而文奇。烺烺前修，可考鏡也。因秦漢之遺策，弘羽翼之大業，誦法孔氏，罔羅舊聞，他日咸有一德，與伊尹比隆，余于公有厚望焉。諸士以爲知言，因書之以贈。

賀楊丈七十壽序

楊先生之七十生子也，客已謁唐先生文賀之矣，則又謂余宜有以介先生壽者。余惟唐先生文舂容大篇，并包衆善，蕆其要義，以代嘏辭，無美過焉。不佞即有言，譬若日中見斗，將無掩色之誚。雖然，亦各言其志也。先生抱奇略，屢不偶于春官，謁選爲河間令，已復調寧晉，兩邑之民被其德若慈父，率其教若嚴師。然性骯髒自喜，所不合，雖貴官顯人，亦面折其過，用是中讒罷歸，二十有五年于今矣。兩邑之民駕而游者，榪而粥者，至吾晉必謁先生于廬，出其裝爲壽，久之不懈，此孰爲之驅哉？誠有以固結其心而不可解也。先生之歸也，抗志塵表，不與顯者接，有造則辭以疾。鄉射召致賓席，一往輒謝罷。里中長少伏臘存問，未嘗以事爲解。摧亢爲和，方圓互見。客始畏先生剛稜，稍益近之，無不心醉。平居喜譚老子，叩以攝養之術，語津津不能休，必欲與斯世斯人偕之大道而後已。家人問生産，則嗒焉不應。巾車所止，乘興取酌，但至微醺，即不復御，雖强之，不能開其涓滴，其率真若此。爲詩歌、雜體，稱其材情，有《擊壤》遺風，此其大致也。今年七十，猶克舉丈夫子。余按《內經》，謂“男子五八腎衰，八八天癸盡”，若老而有子，則天壽過度，氣脉常通，而腎氣有餘也，其先生之謂乎？以先生之才可以取高位，德可以受生民，乃折腰斗米，與世枘鑿，終老于丘壑而莫我知也。人咸謂天意幽邈，爲善者未必獲報。余獨卜先生禀天地正大醇耀之氣，而體仁履善以凝承之，譬若高山大川，醞釀元化，名珠良璧，神草異材，挺生間出，往往而有，遭覯雖艱，寶傳必永，不可得而終秘也。今果舉子，豈不好修之效彰彰明甚矣乎？或曰：“世之爲神仙之説者曰：能其道則長生久視，與天地無極，幻形委蜕，何足相禪？而子以爲先生壽，意者非其至乎？”余曰：“否。莊子曰：‘指窮于爲薪，火傳也。’吾自有此身以來，與天地同始。由吾身以及吾之子孫，亦將與天地同終。此長生之實際也。昔者黃帝學道于廣成子，成而登天，有子二十五人，如姬酉、祁己、滕葴、荀傗、僛依之屬，蔓延中國，迭相王衰。虞、夏、商、周之興，大抵皆其苗裔也。道家所謂分形散影，千百億化身者，曷以逾茲？先生關西遙胄，繫出宗周，亦黃帝之雲孫也。代有顯人，聿光往牒。自公之身，有龍無尾，即使壽若彭籛，譬若旦夕耳，而所謂‘與天地相爲終始者’安在乎？故余謂七十之年不足爲先生喜，神仙荒唐之説不足爲先生祝，惟其有子傳于無窮，斯可以稱大年也。"

贈賀直指還朝序

夫御史簪筆侍上，得面疏朝政闕失。及巡行郡國，秉專達獨斷之權，上自諸侯王，下至郡邑長貳，莫不凛凛奉三尺，至貴倨也。太上任道，其次任法，又其次任情。任情則法遠，任法則道遠。去道彌遠，其治彌陋，非所以贊明盛之化也。公之按我晉，其道則法足裁己情，道足約己，斯稱善治，爲名御史云。何以言之？蓋吾邑在會省，民于徭困久矣。公察旁邑，又人異政若殊俗然，于是檄諸長吏，具條便益，凡官稱便、民稱不便者罷之，徭遂用輕。藩國之幸臣若貴公子，負恃而犯禮豪暴，其人無敢問也。公廉得之，悉論比如令甲，無不斂手屏息，寡弱賴焉。度遂用貞。屬朝廷移置節鎮疆場〔二〕之守，公曰："此安危之大者。"往莅塞下逾月，飭戰守，布恩信，謹貢市，夷裔帖服，戎是用平。邑之南鄙，土性宜種秫，每有秋，望之若深林長箐，盜藪其中，至數千百人，出没攻剽，不可詰捕。公簿責守將，卒覆巢折首，亂遂用寧。屬歲大比，士子擬試目輒中，則泛誦他博士語待之，真材或不售。公設諸目，非士所得擬也，而明鑒在懸，妍媸立見，得人爲獨盛。録文出自手裁，渢渢乎多造道名言，善是用登。所至進諸生館下，拔其尤三四試之，將中國而授之室，出數百鍰爲養，切劘道術，期神世用，教是用徵。天子秉維新之治，大會方岳若郡伯、令長而巡功焉，公簿上群吏得失，舉當名實。凡考上上，得賜宴大廷，斥者數百人，吏是用清。所至慮囚，諸冤無告者、贖無金者、旁引無成事者，骨立比比也。公盡疏滌之，雖傅法奏可，善得其枉而脱之繫，刑是用明。民有六世同居者，亟疏其事，表厥宅里，其他隱德，咸式廬勞問，俗是用興。

凡若此，非謂善以其道裁法而約情者乎？不然，何其進退誅賞，文武張弛，發必中節而具眾美也？蓋公吉安人，青田學脉至新建益顯，家傳人誦，莫盛于吉安，公師友淵源，有自得之素。施于政事，可謂深切著明矣。茲當瓜代，都人士凡十子出公門下，吾兒育才與焉，共圖爲別，則謁不佞以言。竊惟御史，天子近臣，遣自殿中，省方肆覲，用代親狩，非學道君子，徒假威重以自見，材即聲猷，赫赫若冰雪雷電，猶非大體也。夫簡良出惡，復逆弊要，率由舊章，不過法吏之任。至於斟酌元化，鼓蕩群品，使七郡之人顒然嚮風，士勉于宮，農勸于野，吏奉其職，將閑其衛，犴狴無冤，盜賊屏息，曷克臻此理哉？是必正己格物，化裁於聲色之表者矣。青田、新建之學盛于吉安，北方守章句，聞者蓋鮮。公以其身兼師帥之任，諸士雲附景從，業已侍丈席耳。緒緍親見其行事矣。歸而求之，偕之大道，他日出爲世用，庶幾造樹鴻遠，用昭聖天子元祀得人之盛，尤公所以啓璞發奇而還命殿中之大者也。故曰："君子學道則愛人。"精神感召，捷于桴鼓，豈徒課功需次、騰埋輪攬轡之譽已哉？或曰："士貴通經，官則先事，主靜致知之旨，無乃遠乎？何公之治效較然若是？"余應之曰："水之性清，泥則汩之。人之性良，物則蔽之。世之本治，庸則擾之。唯學道君子，其心常靜，靜則明，明則公。緣物生感，天則乃見，不下堂而四國理矣。若夫任情役物，好從事而亟失時，夢夢訰訰，亂是用極，有蔽其良而擾其治者爾，于道于法奚稱焉？"

賀憲使張九山擢本省參政序

昔公在諫垣，見吏治告瘝，不能奉宣主恩，因上便宜曰："祖宗朝三考黜陟，載諸功令。于時百工庶府莫敢不自致，事义民安，比隆治古。今除吏不能滿一考，懷苟且速化心。夫吏亟遷，則政數易而信不立。政數易，弊之孔也。信不立，偷之原也。且使賢者怠于奏功，而不肖者易于掩罪，非數也。臣以爲久任便。"天子感公言，下大冢宰："吏非滿再考以上，不得他徙，其著爲令。"會銓司小有選除，非制旨，公抗章發之，于是縉紳先生無不目攝公矣，曰："是亦嘗驟遷也，奈何據其重而困士人爲?"大冢宰固衡公前語，出拜陝西按察副使，治兵金城。夫副使，尊官也，然用諫議遷，實奪之重，公顧益喜而上官。會羌當逆命，西郊不開，則考按地形，詢問故校，得所以制之之術，尋就破壞，計功當遷，吏部尤持前議，量移副晉臺。委蛇多暇，則問民疾苦，道山澤之利布之。或疑越俎，謝曰："君以爲禹、稷平成之功，一人獨任耶? 不穀在二三君子間，庶幾同德，不貳心之遇，苟存行迹，守拘攣之見。果哉，末之難矣。"益行其志不顧，于是河壖棄地多成沃壤，兩歧五袴之謠由由如也。秩滿課最，乃晉公參伯，與東萊張公、括蒼呂公連茹彙征，皆不出疆而治，猶之乎久任之意云。王子聞而造公賀曰："日公之問民疾苦，導山澤之利而布之也，猶曰非本職，或妨他徙也。今茂膺保釐，專柄一面，躬禹、稷之勤以粒我烝民，茲其時哉! 然公昔者在省闥，議論風采，矯矯虎變，法家拂士，豈可一日不在朝廷之上? 如天子思社稷臣，感滎陽、東海之治，必還公左右，以補袞職之闕矣。雖公，亦豈能一日忘本朝也?"公則曰："吾日在省中，所欲言者十不得一。今補爲外吏，而欲爲者十顧得五。君子之仕也，行其義也，子豈謂吾以一易五哉?"王子謝曰："公之得一于十也，人喜其一而直其九，是亦盡獲也。公之發十于五也，民受五之賜而望十之施，固將有待也。夫朝廷稍益用公矣，而未可以言用公。如吾民之所望于公者，必無秘其餘而後足爾，非久任，其可哉? 使增秩累遷，得專行乎? 晉國皆如今日不出疆而治也，則保大定功將于茲在矣。"季公聞之曰："王子懷公矣，惜其未大也。夫公立朝如荀林父，進思盡忠，退思補過。治國如寧武子，其知可及，其愚不可及。直躬如汲長孺，招之不來，揮之不去。與人如陳太丘，不可得而親，不可得而疏。是社稷之衛也，子爲晉民而欲私之，其將能乎？"

比部王大夫讞獄山西序 代崔中丞

余填拊山西之明年，屬大司寇治讞之期。王君近陽則稱使者，分部至境，語余曰："不穀往自彰德推官入爲大司寇官屬也，則皆治獄事云。夫推官所治獄，率多監司若御史臺所移，雖傅情奏法，人或殊指，綜之不大相遠。大司寇官屬則往往雜治詔獄，無論貴近臣，得以恐動沮格，即尉衛諸走攝符從事，爲其帥若長，累功進爵，無罪而執人，道路以目，至難詰也。不佞習國家條貫，嘗推經術用之。其奉監司若御史所移也，稱平而已，未嘗視風旨爲低昂。入爲比部，慎斯以往，即事關貴近與緹騎倚法干寵者，勿聽也。今茲出部，所聽益博，用之無異道焉，可乎？顧深文已成，初情遂隱，囚引對不能自白，則覆盆之下將有遺照，何以奉宣天子德意，稱不辱命哉？"余聞之，戚然動，已又釋然喜也。蓋余嘗爲潞子推官，已又僉按察事，進副使，多在山西，雖塞帷行塞上，而詰奸刑暴，厥任惟均，固嘗推經術用之。即御史時有異同，不敢依阿周內，使匹夫匹婦抱不可解之冤。重惟往事，敢謂猶人。至如殺人以媚人，取希上意，孔竅其詞，庶幾免夫爾已。今秉節鉞，履保釐之位，修攘是敕，具嚴天威，庶獄庶慎，則有司存。時政綜核檢，人多告密，不必備五詞、孚兩造也。視其成案，有皋陶以爲疑，則閱實以彰吾明。釋之以爲矜，則傅成以快吾斷。雖曰非訖于威，非訖于富，即威與富不幸而冒文網，有司且視爲起聲張價之地，必致諸法然後已。二三長吏未必習國家條貫，五聽之術未必盡閑，自流辟以上未必皆文無害，諸監臨大吏得取而平反之，雖弃械立脱，然已病甚矣。余心知之，若坐槐棘而慮爰書，不無越俎之嫌。夫巡功專達之謂何在？條貫固不得撓也。君如有意焉，亦求諸此而已。于是王君以爲然，行部所至，暴雪數十百人。每奏輒見報可，而大司寇視諸官屬治讞者，王君居上第。則余酌酒爲王君壽曰：“明天子，賢公卿，加惠元元甚厚。某爲保釐重臣，不能使民不冤，賴子大夫斟酌元氣，鼓蕩群品，譬若雷雨交作，勾萌旁達，吾民厚幸哉！敢酌而謝大夫之賜。”則王君愀然斂容，而稱其父若大父也，又曰：“不穀先世皆長者，自某爲童子時，先大父楊山先生及先父鏡湖府君教以法孔氏，庶幾望一第以榮吾之三族，則不穀舉于鄉，及先大父之存。舉於宗伯，及鏡湖府君之存。兩府君者，未嘗不以忠孝爲訓也。忝爲天子命吏，布好生之德於茲土，若復依阿腼腆，苟取比周，使覆盆之冤愈益無解時，無不忠大焉。兩府君之教謂何？而先世長厚之德從此替矣。故奉命以來，日凜凜焉。念昔爲推官，不敢以監司若御史臺爲悅。爲比部，不敢以貴近臣若衛尉諸走爲悅。茲稱治讞使者，亦惟素履以往，盡吾心焉，以對于上下神祇可矣，他亦何知之有？”余唯史稱于公爲小吏，好行其得，他日父老爲治閭門，謂曰：“少高大，令容駟馬，子孫必有興者。”而子定國果至丞相，封侯，天子報施善人何如哉？今王君家世稱長厚，君正以其身食報時，而奉吏若此，能念其父若大父之教，愈篤不忘。語云：“事親孝，故忠可移于君。”其興也未艾也。

校勘記

〔一〕“吏”，據文意當作“使”。

〔二〕“塲”，據文意當作“場”。

卷　八

序　五

賀楊汝清先生八十序

不佞某解蜀右丞歸，則從汝清先生游，始也三數人爾已，稍進至十有二人，而先生爲祭酒。每懸弧之旦，更主爲壽，久之。至萬曆十有二年，而先生八十。先是，辭諸同盟曰："吾老且貧，不能饌具以樂諸君子。猶儼然弁髦之罄折周旋，未易任也。雖免童殺之罰，人謂我何？長從此辭矣。"吾黨之士皆謀于王子，曰："如先生何？"王子曰："吾黨十有二人，尋盟亦十有二年，雍容俎豆，揖讓甚都，則徒以先生重，皆嚴憚取法焉。今先生乃浩然棄去，日杜門著道書，自發其所得，以遺後之人，甚善。乃今八十，稱上壽，此誠人間世所希遘，不可以無祝也。"則相與造先生，請宿者再，先生固不許，衆快快罷。已，爲其子者、非子而猶子者、甥若彌甥、稱同姓公子者若干人謁王子言，而吾黨附焉。王子即有言，恐不能當先生，然借以抒諸君子祝願之私可矣，遂叙所以壽狀。嘗聞先生少屢弱也，乃治黃老言，爲熊頸鳥伸、吐納導引之術。久之以爲非是，輒棄去。已，又治房中采煉七損八益之説，又以爲費事，亦棄去。曰："吾氣本自行，乃作意以行之，將有不循軌而潰決壅閼之患。陰常不足，乃强作以使之，將有樂佳兵而不戢自焚之患。且天之與我者本有盡，而吾欲無涯，危脆之軀寧能與造物角勝乎？不如都放而任之，洸洋自恣，適吾意焉。"於是無日不飲，無飲不醉，雖終夜興至，尤秉燭呼觴，自歌自舞，真有蜾蠃二豪之意。又喜奕，每張局命酒，盡日無倦。然不耐佇思，雖數行失道，不計也。又好詩，每授簡操觚，琅琅滿緘，若天籟自鳴，衆音畢赴。又善作歐字，醉中搦管，多書古人名言以自警策，四壁爲滿。嘗舉孝廉，佩兩大邑印，亦貴倨也。從里中兒飲，不自矜異，而王侯貴公兢致先生上座，明養老尊賢之禮，輒捋其鬚戲謂之，人以爲誚，則曰："昔釋之結韤于王生，無忌執轡于侯嬴，古今稱艷。吾以重貴人爾，非乃所知也。"又健啖，熱則椒桂，寒則冰漿，鹽梅芍藥之和，極意而止。人又以爲非老人所宜，則笑曰："夫寒之而寒，熱之而熱者，與意爭也。而吾無與意爭也，故寒之而能無寒，熱之而能無熱。且吾尚無身，吾有何患？"竟以此多河魚疾，然不藥，尋愈，則神王而氣行故也。先生六十九年尚未有子，已而舉丈夫子，則吾黨相與爲壽。今生有十二年，且畜婦矣，人皆曰："先生信自健得于天者，異乎！"先生則曰："吾之凝承足術也。"或人不達，王子曉之，曰："今之人名厚生者，豈不以美姬姜，悦芻豢，廣厦細旃，朱輪華轂，極當世之娛，然後爲得乎？然是數者非錢不濟，于是操算持籌，夜以繼日，搖精蕩思，徒爲造化所笑，天人交損之矣。先生出爲廉吏，好行其德。歸老食貧而樂志如此。其取醉也，托志于沉冥。其縱博也，忘機于勝負。其好題咏也，寄興于篇翰。其無擇交也，混迹于市廛。其睥睨貴人也，蟬蜕于泥滓。夫不狥耳目，故視聽常聰明。不設城府，故喜怒常順適。不羞貧賤，不慕尊顯，故心志常怡悦。以此順性命之理，委天地之和，凝冰焦火未始入于靈臺，此古之達士高人逍遥自然之域者之所爲，而先生能之，是誠攝生之乘而入道之真詮也。是以璿璣密運，人不能窺，而伎巧作强，老而不失。視彼操算持籌、求濟其欲、摩錢孔汗出不休者，直朝槿、夏蟲爾，然則先生之年未可量也。"

賀乾所高侯應薦序

　　乾所高侯莅晉陽之明年，會直指使者中都趙公以代去，凡薦守若令若干人，我侯以察廉舉首。博士張君率其分校諸生詣王子，奠帛問言以賀，王子曰："賀侯乎？吾將賀趙公。"張君曰："何謂也？"則語之曰：御史，天子威重臣也。出監方伯之國，自岳牧大僚以下，皆巡功而殿最之。所好生羽毛，所指成癥痏，故皆兢兢然恐失其意。士之射策甲科，以右職推轂，十常八九，是雖多材賢，亦由臺瑣高資，易于樹恩故也。是士之得薦于御史，其賢易爲也。在御史，疏治行高第，常至滿牘，人人卓魯矣。揆之終身，不負所舉，即二三君子足爲御史重。況有名世者出，依日月之光而附青雲之士，以施于後世，其重顧在所舉者，不在舉者。然則趙公得我侯，趙公重矣，不亦可賀乎？何以明之？夫侯，齊魯質直諸生也，甫弱冠以《毛詩》偕計吏，累不得志于春官，退而修其學，自《三百篇》外兼治他經若諸子百家言，與國朝掌故，彌不究覽。于是造理入秋毫，見事如指掌。自其下帷講習時，經國子民之道具是矣，遂成進士。會晉陽令缺，大冢宰念河東重地，爲天子右肩，藩國所封，而六察使赫然臨之，非强敏通練之材未易任。先是，吏非其人，多所廢格，于是差擇加慎，而得侯畀焉。侯莅吾邑，解張急弦，滌除煩苛，與民更始。其處上下之間，悉稱經術而行。雞鳴起受署，日出而畢，則走謁大府。大府問錢穀，舉出入以對。問刑名，舉簡孚以對。逮于退食，日云暮矣。而盈庭之造，取決片語。又賢豪長者逡巡而白事，若同姓公子、衛將郡幕不時造請，或大吏巡行，屬橐鞬送迎。如客至，三日致餼，一日致飲，以爲常。他令窮日，力猶不給，侯既已各厭其意，民事不一廢也。是雖明敏通方，精力能推行之，亦其經術修明、舉而措之之效。夫趙公者，尊高賢智人也，性好察小物，侯從容應之。諸治讞不惟頤指孔竅，其詞歸于使民不冤。雖見譙讓，守之彌固。諸條格有不便，未嘗不撊然爭也。民有誤挂文網，自列于大府者，侯得所移牒，猶爲之盡。不色于怒，使有惶恐伏罪心。未嘗齎三日糧，已釋然解散矣。即使趙公求名世之賢，爲天子使，觀近臣以其所主，侯將奚如？然則侯爲舉首，宜固有之，豈色授意合以納交而要譽爲哉？今讀其疏語曰：“守嚴冰霜，行無矯飾。”可謂知侯之深者。惟無矯飾，而後冰霜之操終身如一日，名世之功可得而論也。張君曰：“善，信如先生言。凡士之得薦于御史，惟無失其意則賢，而我侯獨能行其志。御史之薦人，惟所欲薦則賢之，趙公獨能行侯之志。侯得趙公，使名益彰，侯固有之也，不以趙公重也。趙公得侯則施益榮，是不易有也，侯真能重趙公也。不佞且持子之言賀侯，朝廷以趙公爲知人，畢賀趙公矣。”

賀正莊六十序

夫人所貴于年者何？君子以進德，小人以盈欲。欲大可盈也，而進德爲貴。《詩》曰：“愷悌君子，遐不眉壽。”是已。昔孔子與蘧伯玉皆古之賢聖人也，時相及，居相主，歸而使相問也，皆五十而知四十九年之非，六十而化。今人不知進德，又烏乎知非乎？日計慮于富貴貧賤，老而不止，則餘食贅行與生俱辱而已。吾黨有正莊者，可以語此矣。君今年六十，則伯溪謁予言以賀。予不佞，請言正莊有似于孔子、蘧伯玉者，以其昔非而今是也。蓋正莊在群公子間，以賢豪傾其宗人，修幹廣肩，昂膚闊步，有兼人之材。少時好楚製，而馳騁飛兔，臂蒼鷹，獵于被盧之野。校雋數獲，歸讌于閒館，使材人妙妓發皓齒，奏《陽阿》，恣意曲房隱薄之中。態極情移，又蹹鞠、六博相樂也。其掉臂若風，轉圜若注，慎行如處子，必勝如韓白之將，窮日夜無倦色。及壯，受家政，則盡悔若所爲，曰："吾受教先君，在制節謹度，稱爲賢侯足矣。《書》曰：'其父析薪，其子不克負荷。'則予小子有罪焉爾。"于是薄飲食，忍嗜慾，治産積居，以與時逐，不數年，過其遺數倍。乃闢文園，開華閣，素水盈沼，叢木成林，以造請縉紳先生。羅鐘鼓，張曲旄，周旋俎豆，雍容甚都。會隆、萬之際，吏治尚刻核，君偶中口語，遂收其平頭奴，指導煅煉，竟無事實，然鮮有白其冤者，君始喟然嘆曰："人事得失，常周圓而趨世味如此，何足樂也？"于是始退而有學道之志。故正庄之平生，三變而益善：夫其始放情于聲色，其中節性于化居，其後委心于大道。故曰有似孔子、蘧伯玉者，以其知非而善變也。今又十年所，其德益進。夫以孔、蘧之賢聖，宜無有非，然必待五十然後知，則前此修境也。知非者，悟境也。過此以往，化境也。《傳》曰："變則化，如豹之隱霧，如龍之乘風雷。"時至氣動，不知其所以然，故由凡人而至于聖人，亦如是矣。未嘗學，驟而語之化，必赧然而色沮。愚謂何必如孔、蘧？即一念知非，將有闇然自化者，是亦化也。然學道貴專。昔有痀僂人承蜩若掇，身若橛株拘，外不見有天地萬物，而惟蜩翼之知，此專也。學貴信。商丘開，人誕之，入水火得珠與錦焉，而未嘗焦溺，則信也。學貴志。隰朋恥其身不若黃帝、顏淵，欲爲舜無所與遜，則志也。學貴勇。老子曰：善攝生者，陸行不避甲兵，山行不避虎兕。外其身而身存。故勇可貴也。學貴能下人。子房遇圯下老人，始則欲毆之，既而忍之，既而取履跪而履之，卒受其道，爲帝者師。故驕志盈氣不可蓄也，夫能下人，則人不得而下之矣。正庄有兼人之材，三變而益善，五十知非，如孔如蘧，真載道之器。吾不知今而後視化境何如，若由然故吾，則所謂知非云者，直陽浮慕之爾，于道不可幾矣。故吾願其用力專，信道篤，立志堅，進爲勇，慮以下人，不有其貴公子，則從此以至期頤，尚有餘日，雖爲孔子、蘧伯玉，孰禦矣？

贈總督居來張公叙

公既撫定浙，會薊遼督周公罷歸，天子用廷推，進公大司馬，都督諸軍事，假黄鉞便宜，視前督特異其禮。時朶顔諸衛携貳已久，而土蠻驛騷遼左，歲無寧日。大將軍成梁嚕喈宿將，以破虜功拜列侯，土蠻讐我益甚。公至鎮，修膺懲之具，知無不爲，既已拊其背而扼其吭矣。時中丞府憤屬夷徒縻撫賞，盜竊如故，請出師問罪。公持不可，策遂已，偵卒則已報屬夷聚諸部貴人謀內訌矣。徒以畏公名，未敢闌入，及聞意在撫之，皆喜，復叩關乞賞，因宣布朝廷威德，俾奉藩維謹，遂錫貢如平日。而遼左警報沓至，則檄大將軍曰：“兵無常勝，將軍束髮從戎，大小數百戰，斬捕以千萬計，雖衛、霍無以復加。儋爵錫圭，剖符賜第，圖功名于麒麟，爲中興名將第一，天子勞苦將軍亦至矣。夫制勝非難，持勝難爾。願謹毖士卒，計出萬全，兢兢然善始善終哉！”授以方略，語秘不得聞。大將軍感激誓師，無不一當百，出塞轉戰，得首虜八百級。露布至闕下，天子喜甚，告廟飲至，受百官表賀，進公太子太保，袞衣罄玉、褭蹏文綺之賜相屬不絶，予世官親軍錦衣衛，赫然寵榮，勳貴罕出其右。公辭不獲，始拜命，而遺王子書曰：“近冒捷功，再承異恩，如野鳥在雕籠，以太牢享之，不如翔寥廓之爲適，子謂我何？”蓋公常抗浮雲之志，故言如此。愚謂公命世異材，雅量既弘，又好善不倦，自弱冠登朝，識者即以公輔擬之。平生遭遇多奇。令白馬時，有稱緹騎至者，挾匕首見，持甚急。公機如神授，擒之談笑之頃。語云：“蜂蠆投懷，壯士失色。”當其不懾不亂，視若承蜩，至今縉紳先生有言其事者，猶慄慄自喪。簡命開府，皆重地危鎮，人所咋指而屏息者，公不動聲色，措諸泰山之安。撫應天則定軍變，撫上谷則定夷變，撫臨安則用亂兵定亂民，而還復磔其戎首。身蹈不測之淵，取驪珠以出，真奇甚矣哉！遼左之捷，厥功雖茂，不過下軍令，申約束，取揮于一麈尾而已。望平生所遭，宜饒爲之。雖然，某家代邊，請言塞下事，公試圖其難而復以奇收焉可乎？西虜自和議成，并邊諸郡生聚日繁。而遼民苦兵，儲胥之傍荆棘爲滿，戰功雖多，生靈之困亦甚矣。貪餌之虜未易盈厭，而報怨之寇日在彎弓。公與安肅鄭公并以名德重臣對掌軍旅，爲天子左右手，壤接界分，機互異而事相成。在雲朔，狃于和則不敢言戰。在遼左，狃于勝則不欲言和。夫不敢言戰，則虜驕而求我益甚。不欲言和，則我驕而虜之報怨益甚。西不堪其求，東不勝其報，是兩虜者又將構于西而合于東，爲中國憂，未艾也。愚謂不若以戰輔和，以和休戰，各反其機而用之，將使寧遠息肩于西，而釋憾于東乎！別選他將有權略者代之而撫之，此陸遜易吕蒙之術也。東虜去其讐，又甘吾餌，和宜可聽。和議成，然後吾民得田塞下，因通登、萊之海道，助其不給，則遼民安，此一便也。西虜知寧遠善戰，一旦使與相當，謂吾將修其隙而掩擊之，橫索之心閣然自沮。如是則釁端可塞而尋盟必固，又一便也。二虜既收，則朵顏三衛不得挾之以市重，于我可以頤指氣使矣。凡此，皆公所熟計者，而愚喋喋言之，誠不知其當否。夫過量之人，以天下爲度。老臣謀國，動爲後法。破拘攣之見，而圖中國數十年之安，以解忿釋争，畜威養銳，非公與鄭公如一人不可也。

《潼谷先生集》序〔一〕

王子曰：吾讀《潼谷先生集》，而知君子之澤之遠也。先生起家癸未進士，當肅皇帝龍飛二年，興于禮樂，與公卿雜議，學士大夫多爲危言激論，以動人主而取世資，廉士狥名，夸者馮權[二]，浮沉之變不可勝道矣。先生以令長高第徵入吏部，已調戶部，自奉職循理外，讀書、爲古文詞而已。未幾出守，甚有政績。方需次召用，輒移病自免，無何卒。當是時，天下不知有潼谷先生也。又六十年爲萬曆之癸未，而先生之集始出，則先生之孫爲吾郡司理，實剞劂之。于是天下之人讀其集，乃知有先生，是先生取于造物者廉，而造物之還先生厚也。

　　嘗聞先生于世味泊然，無所好，惟喜讀書，購書不以貧廢，讀書不以病廢。其伊鬱佗傺之情，激昂沸憒之感，洸洋幽渺之思，嘽緩滯淫之樂，輒于文于詩發之，不規規襲屈、宋、曹、劉、左、遷之所已言，而抒其所自得，則無所不詣。其托興遠[三]，其比物精[四]，其造語泉鳴而川沛。叙、記諸作婉而章，典而有致，未嘗詰曲艱深以傷雅道[五]，有先進遺風。賦則《漁父》《卜居》之流也。五言古冲淡簡質，氣骨可尚。七言古妍麗圓轉，酷似初唐。律體小縱而情境冥合，叩之俱中金石，其動愈出解，解皆有妙趣，陸機有餘之才哉！

　　先生自其大父以來，世起經術，自司理君射策甲科，治行天下第一，且被徵爲天子侍從論思之臣，諸昆起孝廉者踵相接也。先生種德所遺[六]，遠以益大。回視一時諸君子，連茹彙征，比肩事主，委蛇而取卿相，雖震耀于當年，得世世膏沐焉，固自無幾，況放而不祀，若滅若没者，豈其微哉？吾故曰先生取于造物廉而造物之還先生者厚也。關中故多文章家，兹集後出，而先生之子雁峰先生亦別有集，予又論叙之，皆足以據上游而招同列。司理君不獨傳其言，又增修其德，旁稽遠紹，駸駸乎作者之庭未艾也。秦真有人哉！司理君名嗣美，字某[七]，登庚辰進士。

《西溟詩集》叙

　　吾郡司理王使君實之刻其尊人西溟先生詩若干首，豫章朱秉

器稱其冲澹閒遠，有陶、韋之致。未幾，先生至晉陽，知有王生
也。而王生讀先生詩，交相慕焉。第官舍邃密，無由抵掌一談，
則命使君介王生而問叙。王生不能詩，其能言先生詩乎？乃使君
之命不可無復，則爲之叙曰：夫詩之道難言也。窘于材則不得于
言，束于法則不得于氣，遒于氣則不得于法，故秀句多弱而豪吟
易粗。自李獻吉氏虎視中原，于法、于意、于氣可謂兼之，説者
猶病其秦聲，他可知也。先生童歲治公車業，即喜爲詩，苑洛韓
公見而奇之，聲籍籍起。逮解繁峙令以歸，頗類彭澤之節俠，而
風流蘊藉又似韋蘇州，故其詩兩似之。視使君有大人器，慨然
曰：“吾以所不足者教吾子，以吾有餘者就吾詩，諸貴人其如我
何！”于是其爲詩愈益甚，而使君成進士矣。先生爲一來視，治
行在高第，則愈益喜而歸，道所從出，景與心會，輒于詩發之，
別有《如晉稿》。是集也，以意運材，氣鴻而語雋，衡之皆不詭
于法。大者春容，小者沉鬱。興至篇成，取捷于俄頃。蹊徑靡
存，而音響自合。秀而不弱，豪而不粗。人則秦人也，詩則非秦
聲也。夫十五《國風》多里巷語，夫子采之，列諸《雅》《頌》
之首。謂盛德成功，原本于性情，審音而知政，皆自然之所爲
也。後人爲之，愈合而愈離，何以故？字得然後爲句，句得然後
爲篇，一語未工，五官爲廢，托此以名高，而性靈損矣。故曰：
有才人之詩，有詩人之詩。若先生者，興至操觚，多所獨得，本
《二南》之遺響，而力脱秦聲，謂之曰詩人之詩，非耶？使君方
日貴，他日奉先生于三都五岳間，幽討大觀，語底燁燁有助，如
山川出雲，氣籠大野。如麟鳳游郊，音中鍾律，將爲太史所陳，
以備一代之作未艾也，陶、韋云乎哉？

《如晉稿》叙

雁峰先生至晉陽，兵使麓陽孫公時方領郡，偕別駕諸使君日

置酒爲壽，而司理君婆娑彩服，負杖而趨隅，歡甚也。先生小飲輒醉，醉必操筆賦詩，有《伐木》《白華》之遺響。未幾，御筍輿歸，歷臺駘、實沉之墟，倚杖捫參，樂堯舜遺風。過綿上，介子推之所隱也，欷歔久之。拜林宗墓，慨然思友其人，皆留題以去。逾河抵華下，即景抽毫，奚囊爲滿，得古風、近體若干首，却寄諸使君。時孫公持塞上節，而中淮吳公代至，見而賞之，而刻諸郡齋，屬叙于王子，亦司理君意也。王子嘗叙先生集，先生以爲知言。遂不辭，而又論之曰：大凡人情必有所寄，然後能遺物，故遼之丸，秋之奕，蒲蘆之繳，嵇康之煅，咸樂之，終身不厭。托以自見于世，豈其微哉！況詩之爲道，足以抒發性靈，伸叙情款，被金石而動鬼神，以爲極則。片言得意，如獲玄珠。傳諸其人，便自千古。故鴻士究心焉。先生經術名家，懸車太早，以司理君爲之子，方被召入，日貴重用事，因山居寡營，悠悠自得，杯酒唱酬，如篇中所載，已足爲終南二華吐氣。自兹以往，原本《三百篇》，下逮貞觀、開元之盛，誦法攬裁，靈秀日新。投諸所向，無不若自己出，尚不止如今日云爾。某敬俟下風，所以遺我未艾也。

贈郡伯中淮吳公擢山東學使叙

公治晉未三年，屬山東缺學使者，太宰楊公念其鄉校諸弟子員欲得明師傅化導之，一時良二千石課功考最，卓異者數人，乃經術與吏治兼優無逾吳守。時大江以北連數千里旱，天子以爲憂，方督過郡邑申久任之法，公獨超乘而出，所以别異材、重經術也。故事，學使者奉璽書，得乘傳詣其部所，以尊寵儒臣，風示海内，使興于禮讓。公之行榮甚。晉人士胥感，出矢言曰："吾地比無年，賴仁君顧復之。方恃以爲命，胡遽奪我天？爲公親則父母，尊則嚴師傅也。與其亟去屢遷而爲德不卒，曷修唐虞九載之制，使吾民服習其教化，咏歌于田里？即潁川、渤海，何以尚諸？"王子曰：唯唯，否否。謂吾晉無年而欲私公者，非也。謂太宰私其鄉校而奪我公，亦非也。公固異材，善政夥夥。姑舉其大者，不過考問吏民，搜訪遺逸，暴雪枉滯，摘發奸宄，去害于眉睫之下，見德于數十年之外而已，此一人之任也。《傳》曰："教人以善謂之忠，爲天下得人謂之仁。"今學術多歧，士習岾寙，公談及之，未嘗不扼腕而嘆。常以暇日進諸生，講五經同異，亹亹乎言之。然部中多大使，自朝朔望外，鞅掌受署，夜以繼日，即有秀才異等召置門下，安得與言，終日無隱乎爾哉？齊魯禮儀之鄉，文學自其天性。昔七十子之徒散游諸侯，子張居陳，澹臺居楚，子夏處西河，而子貢終于齊。各以六藝相授，不可勝數。大爲卿相師，小者友教士大夫，遡所從出，皆誦法孔子者也。我朝統一聖真，垂二百年，方夏乂安，靡有兵革之患。縉紳先生競于文學，究覽極博，不考信于六藝，異端之說入據膏肓久矣。使孟氏見之，當舍楊、墨而先諸。大宗伯《正文體》一疏，僅僅治標之論。公首揭旗鼓以往，摧陷廓清之功，必有奇偉不常者。他日門下秀才彬彬輩出，能守師說，不倍所聞，使齊魯君子散游于晉、楚、陳、鄭之郊，行其道爲賢公卿，明其說爲賢師友，是公教化無窮也。即使潁川、渤海之治復興，度長絜大，曾不得同日而語，循吏云乎哉？故順風而呼，聲不加大而聽者衆。登山而招，臂不加長而見者遠。勢使然也。孔子曰："吾黨之小子狂簡，不知所以裁之。"公提衡于上，屏遠異說，所謂事半古之人，功必倍之。響應影從，闇然顧化，必多適道君子矣。

胡中丞五十壽序代作

公以執法節鎮雲朔軍事蓋三年所，天子念久勞苦，召移內地，瓜代有期矣。是年三月之十有二日，屆懸弧之辰，甫五十也。顏丹而髮正黑，神彩煥如，幕下諸大夫謀介壽爵，委某執彤管，辭不獲。請言公所以結主知，與朝廷用公微指，然後公之壽以天下，喜可知也。

初，公用省郎高第補二千石，領郡平陽，治行天下第一，即拜兵使者，治岢嵐。未幾，蒲相國為鄉郡私之，還之平陽，平陽治。又持故節岢嵐。朝廷遣近臣行塞，則岢嵐之士馬壯，壘塹修，粟藁積，又九邊第一也。晉拜大中丞，開府雲朔，蓋一時特簡云。黃酋新故，閼氏擁單于璽，未有所屬，諸部泮渙，日尋干戈，甌脫間通，人始悔禍，求內附。將吏曰：「可受也。」公謂：「中行說之徒誘致匈奴久矣，今幸內乖，我安得數萬粟歲飼之？是謂厚讎，與養虎無異。」盡遣還。故處關南數千里旱，而公治中獨穰，流民就食者眾。或以為不閉關塞，粟且盡，公曰：「吾赤子就哺，延一旦之命，奈何棄之？」檄下將吏，使所在安輯，與邊民雜耕而食。此兩端者，慮甚遠，樹德甚鉅，即養生家所謂「謹外邪，扶元氣」何加焉？公用之以壽國，其效可睹已。諸葆塞固盟，伐謀制勝之道，又其細者，姑無論。以故自開府至今日，無以一矢相加遺，而狼望之北宴如也。天子心嘉之，晉副中臺，領節鎮如故。褭蹏縶絲之錫特先諸鎮，公感激上謝疏，纚纚千餘言，文甚偉。瑣郎駁曰：「是非文學侍從臣，安得有此麗語？」蓋公雖在戎間，好讀書不輟，故其著作工富，傳播縉紳，咸以為文武奇材，而忌者乘之矣。賴上明聖，詔從內徙。君子謂大舜玄德，猶資歷試；周公元聖，尚咏《破斧》。公四履所屆，十九在山西，他日入侍帷幄，奉清問，四方之政有一不如其身親見焉，何以運諸掌上、措天下于磐石之安？上之稍益內公而大用之，有以也。于是諸大夫更起持爵前為壽，司農趙子賦《甫田》，公曰：「維以有年，不穀與二三子實受休貺。」臬韋子賦《青蠅》，公曰：「禮義不愆，何恤人之言？」藩大夫郭子賦《甘棠》，公曰：“吾雖及代，敢忘蔭庇吾民？”許子賦《采薇》，公愀然曰：“不穀之志也，如戍未定，何帥？”朱子賦《彤弓》，公曰：“吾方彙之矣！鐘鼓既設，是在吾子。”某酌而前曰：“美哉！衆志可謂善頌善禱矣。夫《甫田》，公澤也。《甘棠》，公思也。《采薇》，公伐也。昔城濮之役，晉之先君獻功于衡雍，受彤弓焉，藏在盟府。今上甚知公，而司馬鄭公計且入贊，然則彤弓一，彤矢百，旅弓矢千，受言藏之。光紹晉文之烈，舍公奚如矣？《秦誓》曰：‘尚猷詢兹黄髮，則罔所愆。’公之謂哉！”

《類編理學詩》叙代作

予家苕霅間，去姚江信宿而近。耳文成遺訓，如洙泗之流，濊濯五内，蓋自束髮已然矣。早塵仕版，撓挑得失之途，幸有夙聞，靈源未沫。每公餘，手先生言，誦其詩或徒歌，或與人歌。出諸口，如鳴泉低注，清鑒鬚眉。入于耳，如惠風襲人，欣欣自得。以之從政事君，方諸《三百篇》，意庶幾焉。比得柳塘君子所輯理學詩，遡有宋元公以來逮我文成夫子若干篇，雖言人人殊，要皆平淡簡質，切于身心，無風雲月露之態，遂深好之，而梓之晉陽行省，與同志共。嗚呼！詩之道，談者以不涉理路、不落言詮爲上乘，吾道亦爾。懿德在人，匪由外獎。得頭柄入手，則色色本來，時時脱灑。顧湛一之性，不能不隨物感，是以心術多變，襄駕易迷。一手斯編而咏歌之，曾未及亂心，君已帖然矣。故曰：“默而成之，不言而信。”涵咏助發之功可少乎哉？若夫惱精淫思，引商刻羽，求一言之工，損性靈爲已甚，雖視斯編，若敝帚可也。

《開府魏見泉先生詩》叙

不佞嘉靖間倅魏郡，時于鱗守邢州，元美稱治讞使者至，相得歡甚。郡人盧次楩初脱黎陽獄，而謝茂秦自趙來，爲布衣。十日之飲，即席賦詩，道行抵掌其間。竊有志焉，而未之逮也。後謝蜀右使歸，稍著篇什，宗匠云遠，無從是正。及見今開府魏公詩，始憮然自失焉。公魏人，追念舊游，語有合志，盡出其宦稿若干篇視我。逸氣翩翩，不事雕刻，即景會心，收捷俄頃，如千仞注金丸，順風上鴻羽。假使材人妙士素號能言，當其窈然深思，終日而不自得，何止避三舍乎？夫詩貴闡發性靈。根柢理要，《三百篇》尚矣，無論《雅》《頌》。深厚和平，詩之極，則下至十五《國風》，出自閭閻婦豎之口，正變雖殊而神情宛至，皆能曲盡其妙。後世摘藻之士，受束于聲律間，法愈嚴而趨每下，依質布采，原本知變，固得失之林也。公詩大抵先品格而後藻繢，尚真境而薄窾言，法度取財于少陵，而興致清遠，有浩然遺風。古今名家蒐羅甚博，滌除玄覽，當其無，有詩之用。每奏一篇，便琅琅動人，自謂于此道有悟，信乎其能悟也。數與元美往復，甚見推許。雖于鱗、盧、謝墓木已拱，然代興不乏，文將在兹。弟懋權先生盛名相埒，已別有《魏仲子集》梓行于世。寧武兵使辛公重加校刻，復請公集以傳，所謂伯氏吹壎，仲氏吹篪者。北風大兢，是用恢于夏家。於戲盛哉！道行竊比同聲，爰題數語，篤自附之意云。

《開府魏見泉奏議》叙

道行每覽臺章，至有忠讜明切，可措諸施行者，必心賞之，想望其爲人。萬曆癸巳，今開府見泉魏公持中丞節來晉陽，則世所稱直言顯爭、不避貴要者也。奏議若干篇，傳刻于四方，前此已受讀之。如數江陵之罪，駁置相之非，發科舉之弊，明考察之公，皆膾炙人口，而齮齕用事者亦最甚。先以言坐謫，已名益高，公論益謨，忌之者益自沮，而引公爲己重矣。來撫吾晉，當北夷內款，塞上無事，務清淨，與民休息，正身率下，掃除繁文，異時脂韋之風爲之一變。而大猷是程，戎狄是膺，日兢兢凌凌，知無不爲也。細者斧斷，大者疏列。廟堂素信公，無不得請焉。所謂迪知忱恂，用顯于厥世，非與？道行嘗謂敢言之士惟患無當耳，對仗讀彈文，使明主斂容，宰臣屛息，自今日盛事，然有以伉直起聲而尊顯易節者，則陽慕榮名而陰規厚利，非貞士也。巡撫爲國重臣，領節鉞，專制一方。軍府之需，出入不會，所從來遠矣。自公至，盡推以佐公帑。褆身節約，無異于當年，此豈可以聲音笑貌爲哉？太原守趙公合前後奏章若干篇刻諸郡齋，而委王生叙。夫公立朝之風節，開府之表樹，具是矣。至其存心光白，公爾忘私，譬之滄浪之水，源遠而益清。詢事考言，真貞士藎臣之選乎！

《山西籌邊要策》 叙爲魏見泉作

昔人謂北狄之衆不能當漢一大縣，然自古爲中國患，則引弓習戰之民未易以力勝也。自內款以來，虜甘我餌，邊鄙不聳，二十有五年矣。比套虜敗盟，全秦受擾，而山西獨號無事。雖恩信素孚，機牙在我，然阨塞之險夷，城障之修廢，儲胥之虛實，士馬之羸壯，非體國大臣提衡而振飭之，則將吏之玩日愒月，豈其微哉？公撫晉三年，內政犁然，民見德甚厚，遍歷三關，靡所不至。文自大僚以下，武自大將以下，日延見講，求度虜所出入，如某戍當增，某戍當減，某便當因，某不便當革，必詢謀僉同，然後斷而行之，得百五十二事以聞，皆簡易易遵，絕無張皇揚詡語，大抵以守待戰，以和固守，未嘗要朝廷以難繼之餉而開他日多事之端，視我所當爲者，盡心焉爾。畢用群力，戒愼惟允，即有玩日愒月之人，業已就銜而負策。雖欲介倪自逸，其將能乎？書成示王子，王子曰：大臣舉事當爲後法，安內附遠，非久竭徵矣？夫戰，虜之長技，我所短也。守，我之便計，虜所忌也。和，虜之大欲，而我所不得已也。趨我之便，避彼之長，示以可已之形，奪其無厭之欲，申好固盟于是焉在。即中簡非久而瓜代有人，按章閱實，無煩更造。保已成之功，終未就之緒，所謂綢繆牖戶，孰敢侮予？其此之謂乎！雖然，邊事體大，非一力可肩，譬如築室，必榱棟相承。又如守身，務神氣相貫。使人人有臥薪嘗膽之志，時時爲棄土衣袽之謀。圖大于其細，爲難于其易。惟事事其有備，有備無患，北國雖強，將折箠使之。舍是不圖，而但曰"虜甘吾餌，可幸無事"云爾，則積習實然，在事君子尚克救公功，惟無疆之恤哉！

刻《明德堂詩》叙

晉王殿下移書于王大夫曰："不穀從諸賢豪長者游，晤語移日，亹亹忘倦。今節鎮魏公、六察劉公暨藩大夫萬公、白公、寧公，臬大夫劉公、易公、楊公皆以詩見贈，而諸王和之。予效顰爲二章，將刻之以傳，子爲叙。"王生謝不敏，卒業諸詩，則吾黨自兗州以下又若干人，咸臚列後陳，雖窘步讓工，亦一時之盛也。嘗讀史，見梁孝、陳思二王以文雅見稱，一時侍從之臣如鄒、枚、劉、應并羽翼唱酬，足表同游之盛。國初大封同姓，分王諸藩。陳殿置監，皆天子命吏。而臺卿直指遣自殿中，恭然臨之，蓋不欲以吏事損南面之樂，所以全其尊重而貽之燕閒也。然深居高拱，目不親書，賢士大夫日相阻遠，非博塞探丸、吹竽蹴鞠，何以銷永日、寄興于當年哉？縱耳目之娛違節宣之理，欲拓聰明、覯久遠，難矣。王春秋鼎盛，好古右文，所遇名公皆風雅之選，雖吾鄉素稱椎魯，亦津津然興于此道。王引爲上客，不以隱顯殊異，視梁孝、陳思以放紛矜忮，積釁履危，相去徑庭矣。今而後願王日懋乃德，遠乃聽聞，期媲美于間平。兹録當益富，泱泱乎大風哉！世表西海，爲諸侯師國，未可量也。

《開府魏公雜體詩》序

魏見泉先生撫晉之三年，值塞上無事，時和歲豐，頌聲大作。以其姚佚泮渙之情寄于聲律，意匠高而師法古，其正宗大家可施諸金石者，業已請而刻之寧武。至其意興所到，如《三百篇》、漢魏古詩、靖節、韋、白諸體及宋人長短句，咸擬爲之，不必求于字句之間，而神解情至，有不合者鮮矣。譬如大塊噫氣，吹萬不同，各因所受，爲大小、清濁、和屬、疾徐之節，皆自然靈籟，雖欲比而同之，惡得同諸？世之作者本之則無，惟古人糟粕是茹是吐。古詩則遜而不敢爲，盛唐則效而不得似。慕陶之淡，無其高古。愛韋之清，流于淺弱。效白之真，失之疏鹵。工宋之調，得其淫窄。歧路既多，亡羊轉甚，詎足語此哉？公大節矯矯，所謂十丈松樹，凌冬不凋。兼有春花，又種種奪目。初非苦心極思而欲其合也。昔九方皋相馬，若滅若沒，而驪黃牝牡之不知。詩之道一猶是也。讀公斯集，常求于言語之外矣。

《見泉先生文草》序

夫言者，心之聲。文者，行之華。必心通乎道，則言當物。行成乎名，則文致遠。故刻楮葉者，成而無所用之。翦彩爲花，生意何有？是以君子貴真而尚質。我朝修文之士盛矣，初模《史》《漢》，後準先秦，又後倣《莊》《列》，今則泛濫于惠施、鄧析[八]、公孫龍雜家之言，取其不可字、不可句者，誇詡于人，申紙讀之，無異射覆。不知嬴秦餘燼，類多逸書，故有不可解者。世遠文訛，徒以追蠡尚鐘而魚吾呼豨效樂府，不亦好奇甚乎？天雄魏氏兄弟，文質相修，世稱三鳳，而長公見泉先生，次公昆溟先生猶最有名。某得其詩若文讀之，皆清越閒遠，如玉水方流，洞見底裏。次公集已梓行，而見泉先生集，吾郡守趙侯始請而刻之，命王生序。王生非知言者，然以編民托宇下，有知己之感，可謂習公，能自已乎？夫古今名家，其軌不一。言或以人重，人或以言重。公之爲人則不假于文，公之文亦無假于人。合固雙美，離亦單傳，大抵才行爲一時之冠。自立朝奏記外，游心典籍，好要渺之思，發爲篇章，皆有好致。其論詩、攬勝諸作，語不在多，而委宛頓挫，猶膾炙人口。四六啓事，鏤金錯采，在用意不用意之間。至論邑政，記學宫，何其引繩墨、切事情也！大抵得于心，發諸言，文以骨勝而色澤副之，足使好奇者自失，乃其可以傳也。河朔文章在兩君子哉。

《平定州志》序

　　平定故無《志》，《志》之自宋大夫始，而撰次者，郡人延元訥也。先是，任憲使鎧、白山人雲深皆草創未就，而延君竟成之。自《興地》以至《藝文》凡十有二卷，爲目五十有五，州之故具是矣。宋大夫將付諸梓，以州人黃玄甫博雅君子，就之校讐。時政修岳志翻閱載籍有可采録者，得若干事以益焉。問叙于王生，王生義斯舉也，故不辭而爲之叙曰：古者列國皆有史，所以張往賁來，覘幽遐而存炯鑒也。今守宰視官舍爲蘧廬，不能三年淹，便爲輦上君子。伏謁送迎，常居其半。坐堂皇受事，汩汩于獄訟、徵輸間，能滿品對簿、無溺厥職足矣。問以修攘之略與便宜所宜先，若户口之登耗，風俗之淳漓，或丘蓋不言，則務干尺寸之間而昧其遠者大者，文獻不足故也。平定，太原支郡，地稱岩嶮。四方有事，塞井陘之口足以自固。國朝錯置州將，直隸後軍都督府，有深意焉。嘉靖辛丑，虜入犯太原，候騎薄城下，畿輔震驚。守臣奏立新固關，爲外拒，于黃榆、馬陵諸山筑長城數百里，刀斗[九]之聲相聞，視山西如徼外，然戍守之費不可勝算，曾何補于萬一？茲志未之及也。大抵世平則車馬走集，世亂則英雄割據，要害之區，非文武兼資，未易任爾。承平日久，行者出于途，如度袵席，不知其重若此，宜修攘之略忽而不講也。今閭閻詩書，名人鬱起，如耿清惠之廉正，喬莊簡之文質，朱中丞之耿介，皆一方山斗，羽儀後進。次之則郭計部絃之于古文，郗太學元溟之于唐雅，李南召懇曹文學，命之于該博，雖行藏殊致，遭際多奇，抑亦山川之靈秀乎！延君崛起其後，多所攬裁，于輿地、建置、農政、秩官、選舉、人物諸忠〔一〇〕，原本人情，櫐梏事理，爲補偏捄弊之方，言言中窾。玄甫討論百家，又發明而附益之，使一方文獻闕而復完，網羅舊聞，燦如指掌。譬韓侯下井陘，或揭旗鼓，先登而盛兵隨之，于趙何有？玄甫又謂：“大夫初至，首詢是書，力衰往牒，舉以授能者。書成而報政，所謂制事典，續常職，于是乎在，斯亦宣孟之舉哉！”顧吾鄉前輩，據不佞所睹記，皆足表見于世。就其家求遺書，無有也。則成、弘以前，湮沒而不稱者多矣。因摭據數人，如朱中丞、楊司徒、甄同伯以下，稍爲傳述，存十一于千百，亦延君望同志意也。大夫廉而愛人，方有今政，欲加論次，以詔來者，無奈其遽逝何，遂就其雅意，俟後之君子追録焉。

校勘記

〔一〕本文又見於《潼谷集》，文末有“萬曆乙酉春仲日賜進士出身中奉大夫四川布政使司右布政使致仕太原王道行頓首撰”。

〔二〕“狗”，《潼谷集》作“殉”。

〔三〕“其托興遠”，《潼谷集》作“托興也遠”。

〔四〕“其比物精”，《潼谷集》作“比物也精”。

〔五〕“艱深”，《潼谷集》作“其詞”。

〔六〕“遺”，《潼谷集》作“貽”。

〔七〕"字某"，《潼谷集》作"字寶之"。

〔八〕"鄧折"，當作"鄧析"。

〔九〕"刀斗"，當作"刁斗"。

〔一〇〕"忠"，據文意當作"志"。

序　六

馬大公七十壽叙

　　封侍御馬公，太原人。自上世多篤老衿珮之士，專門《易》《詩》，後先輩出。而公之父商隱公操策游江淮也，公始孩。及長，則慕之而泣，重繭累舍以往，致其孝，夔夔如也。舉侍御，以爲奇，教之經術，遂成進士，拜新鄭令。用高第，遷臺郎，而鄭民思之如子産，蓋得諸庭訓云。屬公有内憂，侍御從漕府來，雖飲泣自苦，能奉公以色，公安之。今年且七十矣，而履翼如，而貌充如，望其門，蕭如也，類有道者。臘月之十有八日，屆懸弧之辰，吾鄉薦紳先生造焉，屬王子揚觶，王子曰：人情所願于壽，非以樂有賢子孫、富貴可長有耶？昔榮啓期年九十，帶索披裘而歌，孔子以爲善自寬者。今帶索被裘之人方以無年憂饘粥，雖榮啓期在，胡能寬？是壽而貧者，與憂俱久也。高朗之家，鐘鳴鼎食，則又日逐逐于厚味、美服、好色、音聲，以自愉快，又推之爲子孫計，思慮善否，夜以繼日，勞形怵心。是壽而貴者，亦與憂俱久也。若貧不至憂饘粥，富與時會而終不以計慮先之，然後壽爲可樂也，則公其人也。公本儒家，商隱公徒業而游，久且廢箸。晚以子貴，再易之，田僅百畝，僦居都會，分民舍纔半席，而公安之。雖受命服，未嘗服以見貴大夫。疏布之衣，脱粟之飯，晏如也。常跨蹇涉河，于耟舉趾，不以拮据爲勞。所善或臾之曰："吾聞知者逐時，如鷙鳥之發，宜及今爲子孫，孰與眄盻然從田畯出入？何以稱貴人父？”公謝曰：“我雖貧，終不仰機利而食。雖厚味、美服、好色、音聲足愉快于當年，自有道視之，直腐鼠爾。耕讀，吾家素業，用子自托，有苟且速化心，如平生何？”蓋公客淮南，以内訌，爲小吏所操，窘矣，然問遺内外宗如他日。故人某有逮于理者，懷百金求一言爲質，終不可得。老而無以爲養，則爲之養。孤而無以爲家，則爲之家。貧而無以舉子錢，則爲之已母錢，折券者千金焉。其平生如此。至今日載義以遷，而其爲義愈篤，宜乎不遂富也。夫廢箸而不終貧，以有侍御。晚貴而不遂富，以成侍御。然後公之壽樂可知已。不獨公樂之，人亦樂之。不獨人樂之，天又將申之。他日侍御奉公之義以出，雷霆鼓而風雨隨，朝廷尊而百官肅，不言而躬行，以教于家，施于有政，則公之謂哉！公又語侍御，慕恭襄之爲人也，蓋深有慨于盛衰之際，云周過其曆，秦不及期。侍御奉教唯唯。故自其讀禮之日，敦儉任朴，居然一書生。有所不爲而後可以有爲，其方來未艾也。

賀楊生入學叙

　　楊生尚武，别駕汝實甫子也。幼岐嶷有成人度，年十三知屬文，即斐然有致。學使者奇之，肆諸瞽宗，逾年升上庠，業益進。余與汝實有兒女之戚，而守將高君德寵于别駕，爲子婿，諸生陳竭甫視猶子也，共衰吉典，請于余曰：“何以教小子？”余惟别駕起家讀法，兩紆專城，茂卓魯之績，所至以教化爲己任，請邑中高行，延致齋中師友之，所以教生備矣，余何言哉？雖然，竊有效焉。生生長官舍，坐不窺堂，未嘗盤辟修禮容，一旦見長者，口囁顔丹，如三日新婦，譬諸玉在璞，而刀未發硎者也。追琢其章，磨礪其刃，登清廟而截犀兕不難矣。一時儕偶頗疑其簡傲，有姍然笑者，有怫然怒者。生出其間，口益囁，顔益丹，無所置辯，但斂容遜避而已。夫群國之子弟，弦誦丙舍常數百人，游心道術，長善而捄失，其得乎觀感啓發，必有闇然顧化者。今師之所以教，弟子之所以學，朋友之所以相修，皆不如古，在我之自得何如耳。《禮》曰：“年長以倍則父事之，十年以長則兄事之，五年以長則肩隨之。從于先生，不越路而與人言，容必正，聽必恭。”修是數者，人雖有姍然而笑，怫然而怒，吾無患焉矣。嘗見貴游子纖趨滿前，便佞在側，頤指氣使，無不如意。往往倨見長者，驚睨同輩，雖讀書滿五車，下筆累萬言，祇益其過爾。別駕今之異材，名滿天下，公除詣銓，公卿爭識其面。徐察其行事，與人無不厚。其顏色甚和，執禮甚恭。歷治兩邑，蔬食布袍，取給于官奉，未嘗以傳食自隨。令聞令望，非苟焉而已。《詩》云：“伐柯伐柯，其則不遠。”生內有家庭之身教，外有同舍生之磨切，下帷讀誦，敬業親師，將來登諸清廟，試以排割，其爲奇寶利器，孰禦焉？高君與竭甫聞而旨之，曰：“楊生之藥石也。”遂書以爲賀。

送袁太室擢判南寧叙

《禮》：“男子生，蓬弧桑矢，以射四方。”學古入官，質有其文武，東西南北，惟命之從。或勒銘燕然，則世偉其文詞。或標功銅柱，則傳記其勞苦。所從來尚矣。乃若乘下澤舟，策款段馬，沾沾守墳墓，譽言不出于鄉里，一作選人，捧檄稍遠，不便其土風，至潸然流涕，投牒自罷者不少，此何以稱焉？

太室袁君，吳名士也。以丙科令閩之福安，福安人甚宜之。顧短于周容，中讒，左次徙晉陽憲幕。晨夕朝大吏，淵然靜深，進退都雅，知嫻于詞令，召使掌故，名英英三事間。時保德州邇胡而缺守，以君往，若曰：“經術，吏治之本色也，是必能親附吾民。”君治之果善。州有嘉魚，宗國不時之需，民至投大犢、鬻愛子無以應，君裂網沉舟斷之。會守至，還幕。未幾，而守以憂去，復用。蓋保德之父老欲焉，而大吏知之也。報政未幾，倅南寧之命下矣。夫南寧，右廣望郡，去京師萬里，馬援所至立銅柱處也。昔援在浪泊西里，當賊未滅，下潦上霧，毒氣重蒸，飛鳶跕跕墮水中，還思鄉里，喟然永嘆。柳州坐王叔文貶，自放山水間，謂中州莫及。造物者作之以慰，夫賢而辱此者，語頗矜誕。然援竟用平嶠南封侯，而柳州文藻政績得山水之助，尸祝其地，名在天壤。今胡越一家，舟車所通，雖炎荒雪嶺，無異枕席。君既已假守林胡，最有令政，又習見旃裘君長。凡中國米糵繒絮之遺，與單于駃騠駒騟之獻，交關結約，靡所暴侵，固平生壯游也。去此逾太行，遵汝洛，浮沅湘，下九嶷，望五嶺百溪而稅駕焉。無論翡翠、孔雀、犀渠、桂蠹之奇，長箐、深林、怪石、幽泉之勝，足以愉目快心，佐宣風化。回首中原，顧瞻斗極，悠悠乎與灝氣俱，洋洋乎與造物游。持觴飲滿，俯仰浩歌，有柳州之致，而無其窮愁。懷伏波之忠，而靡所梗塞。其為壯游，豈不甚遠而益奇哉？勉旃行矣。執政元老舊為同舍生，相善，而省闥用事之臣又肺腑至戚。君跋履山川，盡文教所訖，收其奇崛瑰麗于文辭，宣其堙鬱怨咨于政事，而又策其牙蘗危微于奏記，使用事者信必然之畫，稍益內君而造膝極論焉。于以儆戒無虞，罔失法度，是君萬里之行與聞乎萬年之計也。幕下諸君子欲壯其行，請余言為贈。余故吳守，識君在諸生時負四方之志者，故稱伏波、柳州，以廣其志而勸之行，無徒重去其鄉，附榜人而夷猶也。

楊太夫人節壽叙

余友高太學，所從游多長者，往居大司成門下，而燕趙慷慨奇偉之士聚太學者皆與之善，然無如今泫氏令楊使君最賢。問其所以得賢稱，用王母任太夫人教也。始夫人歸楊公，十年而寡，欲殉數矣，賴女宗營護得免。二孤藐焉，一宗洪，一宗沛。而洪又前母子，撫之甚恩，衣服飲食必先洪，而以沛下之。教之成立，皆受室。已而沛夫婦先卒。鄉人所稱楊次公，即使君父也。無何，洪又卒。夫人柎膺大慟，曰：「未亡人所不與夫子俱，以二孺子。今又以孫三累我乎！」于是撫長公子若長公，而以次公子下之。使君童年崢崢露頭角，夫人知其奇，乃擇嚴師事之。所與游處皆黃髮倪齒也。以故自少至長不染于異物，經明行修。舉某人榜進士，出宰泫氏，甚有政績，夫然後喜可知也。鄉之父老若子弟皆相與言曰：「是貞婦所報哉！」白諸郡邑長吏若直指使者以聞。天子心嘉之，下大宗伯問：「何以勞貞婦？」宗伯奏如功令，復其家無所予，給金錢三十緡，起綽楔以明陰教。制曰「可」。璽書褒美，即其家賜焉。夫人率子姓北向叩首呼萬歲，坐堂上，使君纓綏珮玉，奉卮酒賀曰：「非夫人，不有吾父若世父，矧惟兄弟！不有夫人之教，吾兄弟非築埋銜鬻，且為虜役，矧俎豆揖讓，得通籍于朝省！顧舉此難老之觴。」夫人愀然曰：「不然。物之生理，鬱然後發。若祖豐于德而嗇于年，自吾教若父，罔有遺行也，而又早背我，今始發于若。夫布衣為善，易爾。一旦服官，政秉三尺，以臨四境，民胥雍惟汝，胥慼亦惟汝。尚有以引之哉！」使君受教唯唯，而其治民益赫。夫人今年七十有幾，耳目聰明，匕箸加進，而使君如報政者膺異爵于朝，所以顯融光大乎王母未艾也。高太學以其懿行告王子，而徵言以章之。王子曰：吾嘗讀李密《陳情表》，至「祖孫二人更相為命」，未嘗不泫然流涕也。盛衰之際，難言哉！婦人以夫為天，失之夫，乃托于不可知之子。又失之子，乃托于不可知之孫，豈其庶幾有今日？凡以委重受遺，義足自致云爾，而僥幸得之，收一二于千百，若劉者，豈不難甚矣哉？晉武革命，禮聘名碩，密家遠在蜀川，而劉以垂盡之年依依不忍舍，固也。今夫人兩世式微，竟食報于聞孫，事頗類。然密之養劉爲日甚短，而使君之報任爲日則長。御板輿而奉之晉，則晉懷簡書。而歸之燕，則燕、京兆、馮翊之間曾不數舍。一旦拜瑣郎、臺史，貴幸居中，休曹依子舍，聚百順以事之，是盡忠愈顯則報德愈厚，而夫人之景福愈無期也。《詩》曰："樂只君子，保艾爾後。"夫人有焉。又曰："無念爾祖，聿修厥德。"使君之謂乎！

山西巡撫都御史沈玉陽壽叙代作

萬曆戊子冬十月，公至自塞上，于時和戎禮成，而公子孝廉已續食縣官矣，建赤幟從長安來，蓋觀者如堵焉。是月二十有四日，爲公攬揆之辰，三事諸大夫謀介壽爵，不佞某首宜登對，則再拜以請曰："公保乂全晉，粒我烝民，諸文武將吏師師自度，于今二年，邊鄙不聳，稼事有秋。維公之慶，敢舉萬年之觴。"公愀然曰："雲漢遺黎餘烈未盡殄，吾與二三子方謀修養生息之，遑自腆于酒？敬謝無勤。"則某揖藩大夫而進曰："自公旬宣茲土，憂民之阻飢，奏記便便，與大司農往復難極，主計者虞竭澤也，固靳不聽，公以危言動之，以去就決之，卒得請于上，發金錢數十萬哺饑者。而塞下之粟輦自天府，士飽馬騰，民不與知焉。及進節鉞，憂時之恒暘，則布袍脫粟，不蓋不軒，步自郊，走群望而禱諸，甘霖響答，遂以有年。大司農尤責舊逋也，公則曰：'民棄者未收，生者未復，爾忍迫之乎？迫之將立槁，雖有田，其誰與耕？有城郭，其誰與守？'大司農又聽公，捐數十萬，問民疾苦，日蒿目腐心計之，勤甚矣。千日之勤，一日之樂，誰不欲公者？請無讓。"枭使某揖其大夫而進曰："今四方災異日聞，諸弄兵潢池者，人相食者，父鼎鑊其子者，比比也。獨晉民服習公教，靡有他腸。郡邑吏皆應德仰流，烝烝稱治。雖有三尺，無所用之。委蛇自公，實拜休貺。《書》曰：'錫福厥庶民，斂時五福。'公固宜觴。"闔大夫又率而進曰："山西三面界虜，自歲有繒絮曲蘗之遺，虜曰狃。自歲有堙堨版築之役，士曰困。夫狃易驕也，困易動也。狼突豕駭，郡國之變告種種矣，而晉宴然如他日，則公懷柔而震疊之者甚設也。介胄之士雍容俎豆，折旋以趨下風，繄誰之力？《魯頌》有之：'醉言舞，于胥樂兮。'公固宜觴。"公曰："唯唯，否否。吾志在《北山》之首章。"某遂酌而進曰："公之俯仰人間世，所希遘者三：以中執法，位次亞相，受脤建牙，實專西伐，而太公若太夫人者猶然健也，朝之鉅公有是乎？伯仲聯翩尋甫，射策甲科，又接踵起膝下。雖江左多世家，屈指無幾。諸梁遙裔自僕射而下，文武忠孝，代有聞人。太公篤祜于前，益引而光大之。金玉其章，龍虎變化兩尊人者，方抱德煬和，優游于天目、洞庭之間，其樂只且。雖數千里，無異旦暮見之也。降岳之辰，招搖指亥，水德凝嚴，草木堅斂。朱氏說《易》，謂于卦爲坤，而一陽已生于地中，實品彙之根柢，造化之樞紐。公受學文成，刊落枝葉，不膠見聞，緣物生感，本體常寂，此喬、松得之以壽其身，而畢、召得之以師保四世者也。某嘗讀公諭將吏士民檄，深厚爾雅，有本者如是。監民之流亡，存鰥寡，謹蓋藏，行積聚，固封守，政因而不變，大善也。辟止而不用，大順也。兵寢而不試，大同也。好生之德，洽于民心，茲用不犯于有司，皋陶所以贊舜者，乃于公親見之。某等雖欲有所埤益，其將能乎？天子邁迹唐虞，方咨元德以輔上理，公天篤其生，道大其成，行且拜相矣。"公曰："子之言博，非吾事也。乃推本先世，爰及吾兒，則天子萬年，實寵靈之，敢不對揚休命，以抑遏我前人光？"于是祭酒醻酒，修爵無算。諸大夫再拜而出。

賀孫希祚拜執金吾叙

今上仁聖，顧瞻雲漢，恫瘝乃身，步自庭，禱于郊壇。視桑林爲烈，遣使者分道出賑，家給而人足之。起冀方，盡雍以西，東屬之青徐，而度支竭矣。山陵之役，請民得入粟拜官，制曰"可"。于時吾黨孫希祚首奉詔輸將作，授金吾衛千户，冕而乘軒，鄉里榮之。客謁王子，言侈其事。夫希祚，王子之嫂之兄子也。少孤，鞠于祖妣高，未嘗授策。家嚴，然天性纖嗇，有心計。浮游江淮間，俯拾仰取，任智逐時，如伊尹、吕尚之謀，又如孫、吳用兵，商鞅行法，雖老于賈者，自以爲不及。累貲鉅萬，視祖妣手授，十倍過之。一旦出其餘佐縣官，虎繡銀鞶，稱將軍，貴矣。《書》曰："凡厥正人，既富方穀。"于希祚乎，穀于何有？吾民厄陽九，父子夫婦抱持轉徙，雖使者分道出賑，尤恐不贍。或欲啓富民，籍發其帑，君子曰："荒政十二，勸分居一焉。"乃檢攝抑配之令下，則矯虔攘奪，不屠不止，而富者病矣。夫富民，國之元氣也。富民病則元氣傷，爲國奚利焉？會歲下熟，事得已。雖然，今之人固難于勸義也。不聞子墨子兼愛之説乎？其言曰："亂所自起，起不相愛。"子自愛，不愛父，故虧父以自利。弟自愛，不愛兄，故虧兄以自利。推之宗族鄉黨，無非若説，此亂之始基也。蓋家自利則相篡，國自利則相攻。熙熙壤壤，摩錢孔，汗出不休，雖谷量馬牛，貲擬金穴，終不遺餘力而讓利，遵此道也。七尺之軀，所與幾何？人生如白駒之過隙，奈何以自愛自利之私而易相篡相攻之患？非計也。君子富，好行其德，無論疏遠者。内而吾宗，外而毋若大母之宗，又外而里閈，視其饑無異吾饑，視其寒無異吾寒。不必人人嘗施焉，視力所能爲者而已。以希祚之力，一推其餘，可不憂歲。此數德之大者，用迓天休，得人和，福履繩繩，永錫胤祚，計無出此矣。

昔卜式，牧豎之雄爾，一日持二十萬錢給徙民，武帝以爲長者，拜爵賜金吾，官至御史大夫，顯名列傳。用心雖厚，取償亦過當。希祚效爲之，不聞于天子，必眷于天。執左券付後之人，取償如式可也。孰與乘人而鬥其捷將遂已焉之爲愈耶？希祚，孫氏肖子，可與爲仁義，吾故告以德之説，用廣其意，免所未足，尚無迂斯言哉！

《四書異傳三義》叙代作

《論語》，夫子與門人答問之語，各因其資之所近，一言一藥，渾融無迹，聖人哉！逮曾子傳《大學》，子思作《中庸》，而孟氏述七篇，皆所聞于夫子，而語脉聯貫，有篇法可尋，固六藝之梯航，聖修之闡閾也。漢儒訓詁，具其數而略其義，至洛、閩之學興，而微詞奧旨始昭然若發蒙矣。子朱子以命世之才紹統程氏，爲《章句集注》，窮平生之力，懼人之索諸渺茫而無所底也，道本深則淺言之，如“命猶令”“道猶路”之類。學本一則析言之，如“存心致知”“當理而無私心爲仁”之類。衛道閑邪，良工獨苦。或者誚其支離，此異説所自起也。

我朝二祖表章是書，立之學官，不得以雜説進，可謂統一聖真，獨超千古矣。二百年來家傳人誦，然精之者鮮。弘、德間，祭酒蔡介夫先生爲《蒙引》，字得而求諸句，句得而求諸篇，自謂有三年不作課，而無一日不看書，故紫陽之學惟介夫知之。而其徒陳學使琛作《淺説》，最後嶺表林學使希元作《存疑》，于以收其散而發其餘，皆紫陽之奔走禦侮者也。顧學子卑卑趨捷徑，專事帖括，即朱注廢不讀，矧惟三君？世有博學爲古文詞，泛濫于百家傳記之言，文愈高，經術愈疏。而又其黠者，以爲西方之寂滅、柱下之玄同，與吾道“無聲臭”之旨同，遂自標門户，附諸聖經，不知其持論愈高，叛道愈遠矣。彼攻帖括者既以博制科，于吾道原無所見，一旦睹異物，以爲奇，宜其群然茅靡也。大宗伯沈公爲此懼，疏請正文體，端士習，疊疊乎言之。甚當上意，敕下學使者，具如宗伯言。而洛陽王使君時秉晉鐸，則曰："欲挽士子衰趨，宜明吾道以導之。"求《蒙引》三書，于諸生無有也。爰出善本，命校官某某删繁就簡，類爲一書，分章相附，以便請肄，而梓之，謁余言叙諸首。余曰：吾志也。昔受學，家大人取帖括燔焉，戒以由三書窺紫陽，由紫陽窺鄒魯，則思或啓之，行或翼之矣。某奉教惟謹，久之，若有所得。見長于修詞者，知其或雜也。見高于持論者，知其或離也。雖衛道閑邪有志焉，而未逮，乃奉宣德美，明布條教，佐宗伯下風，所深願焉。晉士僅僅守帖括，于外染未深，讀是書，當如三君子之讀朱傳，必有深造自得，出乎言語之外者。一旦服官政，不惑于他岐，即孟子距楊、墨，程、朱闢佛、老，收廓清之效未可知也，斯宗伯所望于諸士哉！

賀韓母安太夫人八十壽叙

自古稱齊魯禮義之鄉，世多篤老，不獨學士大夫以經術勛業爲國家鼎鉉重臣，如畢公、召公，師保數世，後先相望無絶，即女貞邦媛，内德克咸，登上壽而享胡福，最爲希有，亦非他郡國所得而庶幾也。自頃歲論之，若海豐楊母某太夫人、淄川韓母安太夫人是已。當太宰開府山西時，太夫人九十有二，余已前爲文賀公。又十年，百有二歲，太宰乞終養，則繪《袞衣戲彩圖》歸之。今又十年矣，而君伯韓公之太夫人八十也。皆濟南人，所謂女貞邦媛，壽考維祺，後先相望者哉！屬公上計，以治行第一，擁高蓋還郡，帷三月之念日，爲太夫人設帨辰，公并日從間道暫還，修祝嘏于里第。從事諸大夫治晉陽者，中都李公、闕里毛公、洛陽李公皆通家子，不獲贊酌大斗庭下，命王生以言張之。夫王生惡能言？竊聞太宰成事矣，相與度長絜大，比偶而釋獲，則安太夫人之壽疑又當過焉。何也？太宰有象弟，而女兄一又早寡，煢煢相依也。奉簡書四方，日蒿目而思歸，歸則兢兢然日致其孝，弟鵝然自若也。嘗嘆息泣下，多壽則多慮，楊母之謂哉！安太夫人歸，贈公以績學相修，舉明經高第。計且白首，雖未及見伯季二君子成進士，乃《葛藟》《柏舟》之感，庶幾免焉。二君子接迹甲科，郡伯岩岩岳立，憲伯烝烝龍變，允文允武，內治外襄。為仲子者方遠迹淄水之上，御潘輿于家園，戲彩于庭下，日問所欲而敬進之，太夫人有今日，喜可知也。夫孝弟力田，賢良方正，若跅弛不群之材，可以宣教化、任將相、勵風俗者，明主所深願而不能兼得者數也。假使千里一人，猶曰比肩。數十年一遇，猶曰接踵。今并生膝下，崛起一時，教之達其材，用之當其任。或經營四方，為朝廷心膂。或晤言一室，為母氏尸饔。出則稱名臣，處則稱善士，屈指德門，世或無兩。且也二伯并雁門、雲朔而治，《陟岵》之思不遠千里，次第將內召矣。交紉接轍，為輦上君子，或歲一見焉，或月一見焉。太夫人雖八十乎，耳目聰明，心志愉悅，不賴几杖而坐作自如，不待祝侑而匕箸加進，綸綍之封，兢致其尊。高堇荁之滑，極味于珍異，雖與彭、聃比壽可也，期頤云乎哉？某不敏，願以再效于楊母，簪筆下風，使天下後世知兩使君之穹爵與太夫人之異齒相待而益彰也。《詩》曰："珮玉鏘鏘，壽考不忘。"又曰："王事靡盬，不遑將母。"我晉人之祝願于郡伯者，兩有以夫。

山西按察使蒼南呂公入覲叙

公以左丞適東楚也，逾十年而來，再總晉臬，考諸掌故，國朝一人而已。先是，江陵任法，繩下海內，兢于文致，如束濕薪。獨公奏讞平恕，四境無冤民，政府以為異趣，而希旨周容之人驟造通顯，後發而先至者數輩矣。公稍遷行省，奉簡書南，坐乘傳，奪數資。故事，藩臬大僚所遣胥史，得騎置上便宜，乃夙夜自公，望門投止，坐賣漿之家，與舍人爭席，令甲豈有是哉？公自免且數年，局體一變，主爵者高其名，強起之，復還之晉。若曰：“汾水洋洋，君子之遺澤在焉。”輶軒所至，故老扶杖往迎，見色澤不減當年，皆欣然相賀。而曩時後發先至之人盡罷吏議以去，無復有存者矣。王春肆覲，玉節且北指，臺使者許公、梅公相謂曰：“三朝舊德，宜超拜九卿，吾黨欲奉令承教如今日，將不可得。”乃張祖于郊，而委鄉大夫王子以言曰：“謀于野則獲，子之被德久，言宜能悉也。”王子憶在英年即覿公之玉貌，知爲好修君子也。及守平陽，以治行高天下。而建藩陳臬，在山西者十居八九，張設炳炳，尤凜然心拜焉。雖嘗西表秦、隴，南控閩、越，然山川巖嶮，民物土風，錢穀之登耗，兵甲之堅脆，宜獨于晉爲習爾。駕輕車，由熟路，使王良、造父爲之後先，無遠弗屆，公之謂哉！今邊鄙不聳，稽事有秋，若無煩公而可自策士籌之。天下隱憂常出于人情所忽。閭閻見謂火光晝爍，星隕如斗，飛流蕩日之祥，傳語籍籍，無望氣者知其解。測以近事，宗祿歲削，同姓多失職公子，貧無先資，則終身不隸屬籍，今且數百人。孑遺餘孽并徵作苦，塹堙版築之役方無已時，而千夫長乘堅刺齒肥，日鞭筆使之，睥睨三尺，思欲一逞，已在眉睫之下。萬一桑柔之女豎修隙于外，拳勇之博徒嘗試于內，則於越墩埕之已事，何獨此爲高枕哉？公風聲所彈壓，德美所究宣，民夷服從其教化，爲日久矣。與其中遭于有事之日，固不若常奉清塵，及竈之未煬徙薪樞焉。入計大庭，自評罵百吏外，語及晉事，宜亹亹言之。“徹彼桑土，綢繆牖戶”，推轂而總西師，未艾也。群公一時明德，殷殷上襄，文經武緯，左提右挈，相與保介，經營之爲力易爾。昔被廬之蒐，謀帥而讓卿，民聽不惑，遂長諸侯。

虞廷九官，師師濟濟，不易事以治，後世莫及焉。載在《晉乘》，爲則不遠。公行矣，毋金玉爾音而有遲心哉！

郡伯約庵韓公入覲序

頃歲四方報灾異甚衆，天子竭內庾百萬，遣使者分道振之。尤以爲奉行非其人，則德不究宣，于是重守甚于他日。吾太原北邇胡，雖匈奴款貢，民不苦兵，乃荒札薦瘥，道殣相望，至比屋無人烟，何以稱股肱郡哉？故太原之守重，又甚于他郡。會守闕，而韓公自留都拜焉，蓋妙選也。公既至，問民疾苦，盡停一切徵調。諸所罷行，克當天意，甘霖響答，嘉穀用成。至是二年所，雙岐、五袴，長謠于下里矣。當春王計吏期，公飭御將行，而倅李公周公、別駕毛公、理[一]李公造王子，問言以彰之。竊惟公初治吾郡，必有虞歲而難之者。今不虞歲也，又必以爲易而有賀公者矣。夫賀公是也，而以爲易，是未覩其難也。往七年之旱，大吏以爲憂，則聞之天子。天子以爲憂，則下之司農。苟可以佐百姓，固蒿目腐心，日夜計之矣。太守受成事，省刑已責，日講于荒政，其情志專一而施爲易簡，可籍以自致，無後虞。今閭閻津津，復有生氣，而田租坐負，且數年并徵。使者受郡邑爰書，日慎庶獄，坐法雖衆，罔亦稍密焉。支郡旁邑，民羯羠不均，鞭箠使之，寬猛自任。公雖尊倨，日磬折而趨大府，動御于繩墨，能如古之人自辟除吏乎？戍者仰給，能乏軍興乎？得情勿喜，能使受讞者解湯網無難色乎？樹表于此，取中于彼，自黃綬以上，能盡如公指乎？歲穰歲歉，若環之無端，穰而不爲歉備，成事可睹矣。今幸農有餘粟，然百物踴貴，往斗米值緡錢千，今且數十，以其所甚賤易其所甚貴，僅足自賦爾，無贏餘矣。五罰之屬，上下比罪，主計者差次繁簡，常責郡邑以千鍰待歲，而惟官惟反、惟貨惟來不與焉。是一歲之入出常數倍也。酌杯水而實漏卮，亦何饜之有？昔漢承秦弊，禁罔疏闊，用寬厚清净爲治，循吏輩出。然太守尊寵用事，有高第輒拜九卿。匈奴向化，宇内乂安，實惟循吏之效。我國家體尚嚴檢，自開府以下不得有所損益，雖太守尊寵，操三尺而臨之者衆，安能不牽于徽纆以自見材？雖然，公饒爲之矣，謹身率先，未嘗輕以喜怒假人，自參佐以下不言而栗，然故事，幕中主畫諾，頗爲民患，今但奉奔走而抱空銜，法苟如是，堅如墨守。見謂太山可動，案終不可移，是社稷之衛也。今日行對尚書省，計所罷遣幾人，試右職幾人，去其太甚，無數移易，使得緣絕簿書，一切征調，謹示約束。自納稼後，令民以漸稍入，不使朝令而夕具。三關之戍，宿飽而嬉。披訟牒，小者決遣，大者閱實，用平法而鄙周内，無不報可也。郡邑顒顒嚮風，如身之使臂，臂之使指。内奉藩國，外奉幕府，規矩準繩不失尺寸，而從容潤色，惟以便民。考于史傳所稱，又何加焉？然公之自爲止此爾，見以爲可，而于法不得爲者，計所獨曙甚衆，其最鉅，宜莫若調穀入平市賈，權九府用之。常使農有餘錢，不至賤販。民有餘粟，不至貴糶。藏富于民，斯有備而無患，則社稷至計，所宜聞于上者也。其次，民有事爭心，則勿以其捷鬥。有細故，勿以其察苦之。有踐更，勿以并兼重之。有鬻販，勿以矯命奪之。有微訟，無以大監臨之。輯柔其顔，委致其詞，方步而圓領，以相導説，有不聽焉者鮮矣。夫民間疾苦，常患于不上聞。惡其不聞而求之太亟，又或益之疾。兼聽并觀，弘受遠攬，鋤惡無小，宥過無大。圖難于其易，使苛毒不留，而鼓腹擊壤之民復如治古。不于公望，于何有望？巡功竣事，乘賜傳而還，惟是數者，如百穀之望膏雨焉。願嘉惠吾民而幸賜之。

郭青螺先生《楚草》叙

郭相奎先生寄《楚草》一帙自武昌，命王生叙之。夫先生移晉臬非久也，所著書已萬七千六百言矣。原本山川，考攬人物，商略道術，奏記便宜，浃浃乎盛哉！然意主明理，不以鏗鎀爲工。至論學數章，則微言精義，非深于道者未易解剝也。先生宦轍且萬里，在左廣有《粤草》，蜀有《蜀草》，治漕有《浙草》，掌憲有《晉草》，王生皆縱觀焉。其他著書甚多，而《四書頗解》，門下士有傳相私錄者，不欲遂行，求晚年之定論未艾也。先生吉郡人，自文成揭良知之旨，有文莊、文恭，三先生相與羽翼而發明之。立朝獻納，居鄉表暨，信能統一聖真，楷模後進已。先生才如神授，學有師承，自爲舉子業，已盛名聞海內。于書無所不讀，天下事無所不究心，四方之士無所不友，雖以某之不肖，亦引爲臭味焉。嘗曰：“漢尚經術，宋人以訓詁少之而談名理。紫陽折衷群儒，發明殆盡。本朝尊用其說，近日諸大儒又以支離病之而啓心銓，學者隨聲附響，不務自得，其流之弊遂至外經術，廢傳注而悦禪解，故其說愈合愈離，于道愈近愈遠，安知後有作者不復反經、以救今日之末失乎哉？”道行唯唯，有合志焉。以復于先生曰：夫子没而微言絶，七十子喪而大義乖，學術多歧久矣。夫大義猶門庭，微言，其堂奧也。舍門庭而窺堂奧，則從入之道非。略大義而綜微言，則億藏之智出。學之蔽將在兹乎？夫漢儒治經，非師說則衆共排之，廢不復用，故其論奏必傅經義，辟舉必先德行，入官必不倍所聞，然後爲賢，此其近古哉！今考注疏，大抵依《爾雅》相釋，令人可讀而已。而先王經世之迹寄于名物度數，始詳說焉。宋儒以其淺于理而深言之，泥于形器而略言之，自云高過前人，求諸實用，則不及遠矣。當時夷狄内訌，國勢寖弱，求如賈、董之策治安，史遷之記平準，賢良之議鹽鐵，劉向之條災異，朱穆之掃清萬里，李膺之威揚朔北，何有哉？今之談學，雖宗旨小異而沿流不返，終屬宋人濫觴。竊謂六經垂訓，昭如日星，與其舍旃而事空談，不如以治經爲實學，有繩墨可循，造詣淺深，各隨其量。其坦然明白者無以曲説亂之，宕然深隱者無以臆度當之，犁然礐括者無以鹵莽厭之。要在得寸守寸，得尺守尺，足以修身用世而已。如外事而求諸理，則精、粗爲二。外聞見而求諸心，則本、末爲二。必欲心體湛然，聞一知百，然後爲立大本而行達道，則今之閉關人往往有之。彼方土苴天下，芻狗萬物，其能爲天地立心、生民立命哉？先生探討日精，閲歷日熟，以茂遂之年，好學不倦如此，必務合于經旨，當于吾心，裨于世用然後已。昭昭然如揭日月于九昏之途，多士將望風茅靡焉。所謂正人心、息邪説、以承三聖者，將不在兹乎？

送彭正休入官翰林序

彭正休，閩海貴家也，自惠安公而下，世有聞人。而參伯從野先生稱廉吏，嘉、隆間名最著。參伯有八子，正休最少，亦最有名。以朱氏《詩》舉孝廉，來主交城教事。經説淹通，答問如響。學使者辟掌河汾書院，拔晉士之尤受業焉。下帷數百人，秋賦幾半解額矣。考試秦中，得八士，皆雋穎絶倫。成進士者，合秦、晉凡六人，餘子蒸蒸未艾也。六察使視有異等之效，四上薦書，皆爲舉首。今年擢翰林孔目，蓋一時極選云。正休門人某某謁王子言以壯其行，王子笑曰：登泰山者卑部婁，涉滄溟者細蹄涔。翰林，文章之海岱也。余言祗辱三生，則謂先生實好之。蓋正休因學使啓鑒李公而見予，嘗旨余言，有昌歜、羊棗之嗜，余得其所著古文與博士家語，皆傅經義，典正爾雅，不以奇險爲工，故交相慕焉。主爵高其文行，召補翰林，一時榮遇，何論甲科？夫翰林，圖書之府，官自太學士以下，大而啓沃論思，小而編摩述作，考禮正樂，辨言審官，坐不窺堂而運天下于掌上，視他曹刑名錢穀、簿書期會之事，如元規之塵，直以麈尾障之。預是選者，人以爲至殊庭焉。君委蛇其間，盡窺中秘，讀天下之書，友當世之士，贈其式廓，將遂登泰山而小天下乎！觀海若而笑河伯乎！而乃今知余言之陋，悔其昔之稱也。雖然，願有謁焉，因正休而達之當世之貴人，幸甚。昔漢承坑焚之後，立五經博士，辟除召對，或至丞相，封侯。當是時，黄、老、管、商之言雜進，不專誦法孔子。自濓、洛、關、閩諸大儒出，吾道如日中天，百家盡廢。本朝設科取士，胥此爲求，二百餘年，無異説也。今學士大夫以誦學爲故常，上遡周秦，旁獵二氏，收其菁華，爲語底之助。尚詞賦者以藻繢爲工，談經術者以虚玄爲高。昔人所同是，則離而非之。異教有别傳，則比而合之。淆亂聖真，海内從風而靡。坊間所鋟，日益多端。如匪行邁謀，是用不集于道，誰復有孟氏之知言，紫陽之實學乎？夫傳注釋經，猶臨本模字，雖或未至，爲則不遠。默而成之，存乎其人焉。今以讀誦爲繁難，守經爲枯淡，體踐爲粗迹，懸解爲真傳，取古人偶合之言，標爲宗旨。或有不合，必强通之以伸己意。不知六經垂訓，大道甚夷，儒者角談，是非鋒起。塗後生之耳目，亂朝廷之典章。風尚所關，世道汙隆之會，可不慎乎？在嘉靖間，有以補格物傳爲非是者，上書闕下，世宗赫然下明詔，褫之秩而焚其書，一哉皇心！誠超世之卓識也。愚意亦欲取板行新説命儒臣勘詳，一涉離經，秉畀烟火。憲章令甲，統一聖真，詢事考言，庶幾見宣弘之盛，斯亦右文之朝第一盛事哉！

校勘記

〔一〕“理”前疑脱一“司”字。

序　七

賀寧河王繼齋薦膺天獎序

王攝國五年而晉王封，又輔理三年而王壯，始當國，皆制旨云。當輔理時，嗣王雖稺齒，敦敏狥齊，神智日發。王屢請避位，不許。最後稱疾堅卧，始復子明辟焉。六察使者以聞，而晉主表其忠謹狀尤厚，天子下詔褒之，詞曰：“一誠匪懈，百度咸修。有托孤寄命之才，立國保家之績。”大哉皇言！展親之道具是矣。國人皆艷王榮遇，而不知其難也。始惠王不豫，今王甫四齡而弱，察諸邸，惟王最長最賢，以孝聞，又疏屬也。夫屬疏，無假器之嫌。有孝行，必不倍君而爲利，明保我孺子，終無余負也已。乃手疏請于朝，拜表之日，伏額祝天曰：“如克康禋祀，必叔祖而可。”果得俞旨。時王母太妃盧、母太妃郭皆無禄即世，而伯母敬王繼妃周居別宫，王請母之。已而內外宗大小豎若贄御近幸之臣妾有陳乞，或矯以王言闌出者，苟非絜令，堅如墨守。禮聘文學，授以章句，如《孝經》《論語》，親爲講説，時時稱河間、東平之致勸勵之。王聰明開解，弱有令聞。國初，賜戶數千，田數萬，亡者過半。郡邑守長往往借德于民，以博名高。王收責，慎選其人，而按籍勾考，貽書貴大夫，請復之始。雖落落難合，終讓其直也，悉以歸我。翩翩諸公子秉禮好修，伏臘相過，宴好如他日。其恣睢放越者，皆先其未發制之。終始八年，得無慮于旬氏。入朝修起居外，平章庶政，日昳不遑食。戒膳宰無博異味，屬饜而已。吉月令辰，嗣王出橐蹄文綺爲壽，王拜賜，輒封還之。臺使者貴倨，自朝親藩外，雅不與郡邸交禮，獨心重王，造請無虛日。四方游士如賦詩講藝、鼓瑟吹竽之徒，曳裾踵至，各厭其意而去。計湯沐金不足奉賓客，乃層臺曲池之觀，沙版玉梁之構、清酏凍糟之飲，自先王以來獨稱榮厚焉。王雖當國，常負責于人，賴有心計曲算，僅不至乏絕，終無贏金也。夫嗣王蚤孤，并失怙恃，王任之固難。相若中相，一國之鍵轄也，諸邸常折節下之，王儼然據其上，則難。王人負恃，有投鼠之嫌，御以繩墨，使宮府肅然，則難。臺使者若監司、守長提三尺柄以自爲功，親藩曾不得與爭可否，王以居攝衡之，則難。雖相王乎，貴人有所奧而自爲名，拂其違，强其所不欲，則難。周澤未渥，而語極知人，見譽輒疑，坐毀輒信，則難。非有遠攬獨御之才、兼蓄并涵之度，摧亢爲和，方圓并用，未有能自解免者也。王年甫不惑，忽成白首，苦心極思，當誰告者？昔周公傷王室之新造，恫二叔之不咸，蓋居東三年焉。成王以風雷示異，啓册見書，然後感悟而泣，郊迎之，卒收寧考之功。《詩》曰："公孫碩膚，赤舄几几。"語遭變而不失其聖也。王拮据劬勤，亦既勞止。引如綫之緒，至于垂天。錯累卵之危，安如磐石。非賴嗣王信任，貴大夫察舉，幾何不罹巷伯之憂？而乃今徼福于先君惠王，拜天子之寵命，可謂兢兢業業，善始善終者矣。

晉陽令侯太和考績叙

　　夫詢事考言，帝王所以官人安民，登上理者也。今朝廷自大計外，中外吏滿三載上功，太宰受其會，殿最之。若令長入會，又試論與爰書一篇，籍奏治行在高第，輒報以璽書，賞延于世。需次夕郎、臺史之選，封駁糾彈，居中貴用事，至尊寵也。方其爲諸生，治博士家言，登對公車，一日服官從政，視故業俳偶聲律，無復用之，則弁髦之矣。或有秀穎之士，嫻古文詞，涉世頗疏，士苴世故，往往溺于其職，故詢事不以言而考言不以事。自冉、季、游、夏以來，蓋不同科焉。吾邑侯太和先生，文學、政事褎然稱首，則千百人之一人也。先生崛起朔方，素有盛名，修經術，鄉閭同舍生自以爲不及。雖起家早貴，未始不讓其賢。吾鄉諸孝廉來自長安，往往稱侯先生，不佞益艷慕之。歲己丑，屬陽曲令缺，先生自犍爲移治，余詫曰："是燁燁文士，恐無如陽曲何。"至則問民疾苦，振舉頹敝，覃布條教，務在簡易易遵。獄有窮年不竟者，片語立服。盈庭之訟，不崇朝而畢。屬踐更當，代民以贏縮自列，各匿其情，鉤棘百端，終有遺照。前令或六閱月始竣，先生每井推擇祭酒一人，申以誓命，使亭平之，甲乙低昂，要在不失原數。上狀當否，筆不停注，浹月而竣，人人自得也。同姓諸公子，自采地外擁上腴田數千畝，私其租，農益耗減。前令稍增算緡，取裨歲賦，群然白諸郡公，郡公謝曰："已檄令矣。"白藩臬大吏，大吏謝曰："已檄令矣。"白制使，制使又謝曰："已檄令矣。"則日謁先生，盛氣要之。先生姑好應，以緩其怒，而堅如墨守。放榜之日，對群公子謝不敏曰："民困甚，皮盡則毛無所附。不如少紓焉，使得畢力南畝，爲王孫湯沐奉，不亦可乎？"衆意沮，皆散去。是役也，諸制使、大吏若郡伯所不能得，而先生以黃綬持之，比于撼山易爾。百世之賜，尸祝無已時，雖便便奏記，謁臺省，辰入酉出，寢息靡遑，常不廢哦。當其在蜀，西羌淑擾，中丞府辟先生主饋大軍，所指無弗給也。文武兼材，殆蕭、寇之流亞。直指上治狀，當天下第一。先生自陽曲移書謝之，亹亹數千言，情文委至，金石相宣。在他人，閉門索句，彌月不能造，何可于馬上得之？今北邊款貢，差號無事，而河湟驛騷，邊城晝閉，塞下屬夷方連衡西牧。幕府戒在于鄰，日儲軍興以待，倚先生如左右手。屬當入會，又將上其治行第一，爲邊縣留行，幸甚。汾陰之社克禋明德，報以有年。吾民兢兢奉法，訟獄益少。先生彈琴賦詩，以自愉快。即降虜狃河湟之利，虛張恫喝，吾邑當都國首善，兵民輯睦，根本安重，不難于折箠使之矣。明主聞之，必將曰：“有令如此，勝師十萬。”召居禁近，使條上便宜，爲國家建久安長治之策，消夷裔奸盟渝好之心，功實著于當時，文采施于後世，今日之政，實始基之。不佞因諸丞、尉之請，具論若此，爲得先生之大者云。

《弘正詩抄類編》叙

海豐太宰嘗手抄《弘正詩》，刻于晉陽，吳伯與見而狹之，一日，過王生曰：“盛唐十二家，凡四十五卷。我朝何、李、邊、徐諸君子篇什甚富，此何寥寥也？子爲我拓之。凡咏物暢情、崇功旌伐、入朝遣戍、懷歸寄遠之詞，各使類附。摛藻之士因得以極情文之變，而窺工拙之端，吾將折衷焉。”王子謝不敏，且罷歸久，不能備四方典籍。伯與出詩數種，與吾家所有，參考互繹，自李文正、楊文襄以下凡得若干篇。時伯與有督學之命，將東駕，托郡丞李世濟給書史卒事。天文自星月以至節候，地理自山水以至陵廟，人事自倫物以至玩賞，眤分臚列，而樂府雜詩不可類附者，自爲一卷。寄之伯與，讀而旨之，稍加位置，屬王子以叙。王子于此道甚淺，即有言，恐無以當伯與。竊聞孝廟躬上聖之德，撫同文極治之運，海內乂安。學士大夫顓古博文，頗陋宋學，而北地崛起，遂爲盟主，一時名彦皆欲上追《雅》《頌》，下掩曹、劉。或疏行于先路，或奮袂于左袒，力能超乘，志在舍筏者比比也。武廟繼之，政歸奄豎，雖野多遺老而朝無乏賢，燕翼所貽，于今爲烈焉。故修詞英士，調高于九朝；秉國鉅卿，功間于兩社。見晛聿消，無損昆吾之曜。迨嘉、隆間，名彦輩出，尤多文章大家。當其得意，目無千古，後進欣然相慕，無不羔雁六經，雋腴百氏。抉隱搜奇，務過前人光而掩其上。七尺之軀，百年于役，托此不朽。既竭吾才，不知道喪則言卑，質衰則文敝，使天下奇偉聰明之士收束于寸管中，髐枯心嘔，遑恤其他？溺而不返，慮在《版》之首章矣〔一〕。誦詩論世，安得如弘、正諸君子矯矯可念也？伯與名同春，萬曆甲戌進士，汝南人。先守太原，擢山東學使者，今參知漕府。所至有政績，而文學蔚然，蓋大雅君子云。

賀嵐令一庵劉君叙

嵐邊邑，多强宗，民狃于弗順，不可爲也。令或解綬徑去，故虛位久，事益叢拙。臺使者知劉先生賢，以上雍師奏記使。尹之人謂先生治經術，教諸生，五年未嘗有所譙呵，蓋寬然長者。嵐民易令，更數令，輒報罷，得之若棄。然先生宜厲威稜，使畏若神明，望如絕壁。其可若沾沾守經術，行不倍所聞，是修容而學誦，蔑能濟矣。王子曰：唯唯，否否。吾聞德惟善政，未覩夫殘民而可逞也。民于令，如百穀之望膏雨焉，將茂遂生成之，猶懼弗獲，乃欲鞭笞任情，咄嗟取辦，視衣冠若仇讎，儕黔黎于奴虜，如東野畢之御，馬力既窮，有決銜裂轡而走爾。莊生曰："剗核太甚，必有不肖之心應之。"匪嵐實難，惟令實難。今以劉先生往，將安之乎？抑勝之乎？將比其民誅之乎？抑教之不改而後誅之乎？諸大夫如曰："爾無怵令，吾爲若辟不逞。誰敢犯子民，亦曰是將得請于上，以鉗鈇我。比于惡草，日芟夷蘊崇之，何樂生之有？"夫如是，是上下相疑也，相疑則離。譬之一身，血氣不貫，則耳目手足必有壅閼反戾之患。吾謂劉先生治之，必以教諸生者治之，望人人有士君子之行，而不責其所不能，有弗率，姑委曲開諭，毋即致法焉。三令而不從，然後罪之，猶爲之不舉，示若有嗛志焉者。嵐民將有愧心，相戒勿犯賢使君也。蓋先生精敏，有排割才，又以寬得譽，風教所習，聞若親見。其行事如此，曉然知上意所在，欲捐除舊惡，與之更始，不待期月而誠格意乎，沛然莫之能禦矣。或曰：“文學補郎，人誰不自愛？覽古循吏，豈無思齊之心？一或沉命，見譙讓，中懍懍不自持。軍興孔棘，使者冠蓋相望，風火示威，詰責違玩。不則譽阿毀即墨之徒憑藉寵靈，抗持曹掾，倚辦一切，以紓目前之急。曲意市恩，間執讒慝之口。爲德不卒，職此之由，將若先生何？”余曰：“昔兒寬爲左內史，勸農業，緩刑罰，卑體下士，務在得民心。後以負租當免，民皆恐失之。輸者餽屬不絕，更以最聞。罕虎知子產賢，帥鄭國以聽，修其詞命，比和晉、楚，舍玉爭承，確乎不可奪也，然惡伯石之爲人，猶使次己位。公孫黑奸盟弗討，必待其有疾，先諸大夫數而殺之，卒能安定國家，令聞長世。先生有子皮之知，行己志。循內史之迹，得民和。修國僑之政，柔彊禦。則嵐無但不足以難先生，雖由此身爲名卿，嵐爲善邑，而繼至者皆樂仕于其地，必從吾言矣。”諸博士弟子員徵余文以壯行色，因書此歸之。

《御龍子集》叙

　　《御龍子集》，洧上范介儒先生所著也。有《膚語》四卷，《天官舉正》六卷，《參兩通極》六卷，《璪談》四卷，《洧上新聞》六卷，詩文五十三卷。仰稽玄象，俯察地理，中列人事，遠自神化性命之微，旁及物怪人妖之變，無不備舉而錯陳之，凡得七十有七卷。書成，以授王子叙焉，叙曰：學者載籍極博，白首未易究，舉其大凡，不過經、史、子、集四者。經以載道，其體大。史以紀事，其法嚴。子以抒意，其境專。集以考言，其文縟。故學欲博，必內鍵而遺智慮。思欲精，必外鍵而廢耳目。此兩者分域而馳久矣。若夫窮高極遠，測深探厚，兼總而條貫之，雖千古一人，猶曰接踵，可不謂難乎？昔楊子雲好學，多深湛之思，著《太玄》，準《易》，參摹渾天，四分之爲方、部、州、家，以開人事之休咎。其言溟涬漫漶，不可解剝，學者未嘗涉其徑庭，輒當以吳楚僭王之罪，君子不謂是也。先生崛起千載之後，于箕疇、羲畫、圖書、理數之原積玩有年，盡得其説，自謂邵、蔡諸儒所未能窺。一旦識之，爰著《通極》一書，直馳雲壁而拔之幟，改署焉。大之甚，永之甚。劉向傳五行灾異，各以類附，推測未然，往往券合。今丁丑星變，册免大吏若干人，朝章下郡國，曾不能名其體應云何，非士大夫所肄及故也。先生曲暢旁通，犁然可睹，手製璇璣，經緯纖密，粲如指掌。其言雲物祲祥，多前人所未發。詩自《三百篇》後，屈、宋泛其瀾，曹、劉振其響，六代三唐遞相委蛻。宋儒以理學掩之，斯道義幾廢。我明弘、正以來，獻吉龍躍于北地，景明鳳翥于汝南。海内士人雲從景附，駸駸乎黃初、天寶間。逮及嘉、隆之際，歷下、瑯琊并虎視中原，代操牛耳。先生稍後起，偉其文詞，慨然欲與之齊。自罷博士業，起家爲雲間司理，隨六察使者覊掌史事，未嘗一日廢書。凡所著騷、賦、詩歌古近體以下，落筆數千言，皆不加點綴而工，蓋儲材若鄧林而意匠高古，無不滿志也。叙、記、奏、移諸文，憲章《史》《漢》，委致淵密，古色蒼然，如鐘鼎錯陳，科斗追剝。至于批根道窾，指切事情，爛若曉星行，焕若春冰解，不爲齟齬難讀之詞，而體自雅正，彬彬乎君子哉！竊謂先生之精在《通極》一書，而發其緒餘于政事，抽其枝葉于文章，罩聰明于千古之上，揭微眇于寸管之中。雖名爲集，而實備經、史、子三者，豈非縱將體貳之材，曠世一遇者乎？年方鼎盛，書已滿家，極其志，富有日新，何所不詣？他日名山之藏，種種未艾也。不佞嘗聞之，夫子博大，無名聖人也。然知天而言人，喜《易》而稱《詩》《書》執《禮》，其自名曰"不多""不作"而已。蓋天之生材，各有分劑，宜適其節度而止。如馳求過甚，則神耗力分，非所以速肖也。故其學雖無所不知，而其教人則有所不言，下學而上達，衛道之心如是爾在。過量之人博學無方，自我作古，宜非夫子所禁。先生潭思至理，才足以發，以爲讀書不入其奧突，則門戶易窺。持論不據其膏肓，則砭艾易入。著書不得其上腴，則喉吻易厭。雖經營風議靡事不爲，而矻矻窮年，終不以彼易此。上下數千載，必欲攻古人之所偏至而苞其全體，有以也。茲秉晉鐸，正身範士，諄諄然以修經術，尚躬行爲教，宛然孔子家法，意所謂"不多""不作"者自在。乃高識兼材，賈其餘勇，與古人角，尤足走其上駟若此。讀是書者，宜知先生渟泓之致，其來深遠矣。

郡公韓約庵入覲叙

山西憂恒暘且七年，董澤生塵，稼者如播焦穀。自我公下車，遂大雨，民相與歌曰："我黍芃芃，韓侯膏之。播植既晚，終以有年。"今歲復大熟，公念晉人甫免陽九之厄，轉徙未盡復，草萊未盡闢，而棄者未盡收也。務爲寬靜不擾，事責大指而已。掾史抱牘受署，顧掌故云："何有，其舉之？"諸所創建，非關舊章，揮使急去，弗復省。風行群屬，皆益務爲省便，曰："無亂我公治爲也。"以故千里之內如鳴鸞而調駟馬，進退緩急無弗和已。己丑春，天子當大計吏，公輯瑞將行，郡博士率諸弟子員謀祖于郊，而委王子言。夫王子何足知公？然知民所以安公矣。民七年無年也，非獨苦無年，又苦無政。往楚相用事，操申、韓之術，籠罩一世，吏皆阿旨修譽，希身之顯融。今日建一便宜，明日更一條貫，甲可乙否，朝令夕具。書之紙，燦然如數曉星。措之事，茫然如搏夜景。數年以來，雖天網解弦而餘風未殄，譬如羸困之人荷重負以求亡子，不至絶臏折脅、顛踣道途不止矣。往和戎初成，而邢臺趙公實開府吾地，謂民新免兵革之患，宜與休息，諸有陳便宜者一切報罷。自其在鎮，驛置無所聞于上，民甚德之，而楚相不以爲能。自楚相敗，而趙公之尸祝吾土者，世世勿絶。公于郡無所不統，乃最鉅者不過教、養兩端。當其有爲，如川湢泉鳴。當其無爲，如淵渟岳峙。鄙世之賢者日膠膠乎，勞勞乎，求非常可喜之功，揭建鼓而趨時夜，于聲稱得矣，以爲非循吏之道，故不爲也。一時監臨大使皆秉一心，樂與民更始，宜其不見而章，不動而變，曾未期月，而課功底績，顧駕諸賢上，民之見德如趙公也。乙酉秋賦，都人士不勝其偶，則相與恥之。今得士五人，而賨彌餘裔鬱爲舉首，名英英大人間。昔吳公治行第一，洛陽少年出自門下，與偕計入長安，文帝甚寵異之。史傳載其事，艷附無窮。公偕五人以往，庶幾洛陽之選而支郡旁邑雷動雲蒸，猶濟濟稱盛際焉。夫政理之效既如彼，而愷悌作人又如此。天子坐明堂，延見郡國，奏對至公，必且顧宰執而笑，以爲“樓煩、雁門，朕之右肩。太守甚勞苦，惠養元元，輯和中外，賢良方正率自田間，猶足副朕察舉，使天下皆如太守，何憂不治？”召補九卿，著爲挈令，將在兹行乎？余心重邢臺，迹公之行事，若出一軌，以爲子遺之後，政宜公輩，庶幾元氣可復，故論次如此，以貽諸文學，庶幾有取于余言。

《椿萱并茂圖》叙

《椿萱并茂圖》者，爲吾郡伯吳公之尊人作也。初，公上計，以治行異等，天子賜予甚厚，召使露冕還郡，令吏民見之。公思其尊人，則單騎并日歸汝南。封公樂軒先生弗謂善也，曰：“吾聞晉無年，寵異太守之謂何？‘王事靡鹽，不遑將父’，而亡諸乎？”郡伯唯唯，即單騎并日而歸郡。無何，先生之愛子有修文之祥，郡伯哭彌月，而虞二尊人之不樂也，飭安車迎焉。先生雅不欲來，汝南之守若佐若令踵而勸駕者數輩，不得已，始偕夫人西。道所從出，自市脯餅、芻蕘，食從者，秣馬。或授餐加璧，輒下襜謝去之，曰：“奈何以吾兒傳食于諸侯？豈爲仁義者哉？”至并州境上，吏民伏謁道旁，益下襜謝去之，曰：“吾非若太守而視若太守，誤甚。”市脯餅、芻蕘如初。所主吏即欲望顏色進壺漿，皆赧焉自阻矣。九月十有七日，爲先生攬揆之辰，而抵郡以八月之念二日，適夫人攬揆之辰也。吾崇真會十有一人，欲介先生壽，無奈其亢廉守高何。相與謀曰：“吾聞君子贈人以言，言而載之以文，宜無辭爾矣。”于是繪《椿萱并茂》之圖，而授簡王子。王子嘗聞諸莊生：“大椿以八千歲爲春秋。”《詩》云：“焉得萱草，言樹之背。”世以萱爲忘憂之草，故凡壽其父若母與壽人之父母，必稱二物。先生起田家，與夫人修冀缺之敬，樹德于郡伯甚厚。甫逾六十，跨三命之榮，所居邑大夫未嘗與言行事也。火耕水耨，非力不食。蔭茂樹，濯流泉，篤《公劉》之業，循郭駝之編。或據梧而假寐，或抱甕以自賢。坐田父數輩與談穡事，則夫人饁之，于于適也。今迎致郡齋，入吾境而喜，知其政恭敬以信已。入吾國益喜，知樂易以寬已。履吾庭愈益喜，知明察以斷已。郡伯上食，損二簋而食，匕箸益進。他日請問政，曰：天子既而文，吾既而實。夫觀于野，經界明，溝洫治，是汝敬事也。觀于國，室廬完，韶叟樂，是汝恕施也。觀于庭，吏人肅，訟事簡，是汝敏政也。精白一心，以承休德，庶幾永終譽哉！朝一糜，中一飯，閉閣嶷然，危坐竟日，其樂不減田間，而夫人之內德與嘉焉。夫上古有大椿，吾不知所從植，意其托于不用之地，樹于無何有之鄉。而萱草忘憂，世多佩之。先生與夫人無所庸于世，無所繫于懷，比德二物，其壽未艾也。十有一人各賦詩見志，他日天子欲聞四方之政，命太師陳《唐風》

焉，所以光大郡伯，在二人乎！在二人乎！

《按晉疏稿》後序

　　夫直指使者持節行郡國，操不御之權，事得專達，苟便于民，無嫌創舉。然上請中覆，十僅得五。得請而致之民，十纔二三爾。何以故？事理曲盡而文采足發，則識與材之難也。上懷永圖而下有闕澤，又同德不二心之難也。予觀洪公《按晉疏》，進言如轉圜，出令如流水，上下之交，何其沛然莫禦哉！公按晉，適當大閱。故事，遣重臣行塞，天子知公素望，即命之。因罷中簡被廬之蒐，自大帥以下咸底厥功，見謂無當則奪之符，位置焉，遂條上便宜，于是有《閱邊疏》，有《陳五事疏》。帝德好生，命士師更定律令，盡用平典。公悉取麗。大辟者覆讞之，釋若干人，語在疏中。郡國上爰書未奏，視之多刻深，平反十之五，疏故不載也。故事，踐更之役，再期而辯，閒師在官者滿十期而辯，令長并用之。公與大中丞許公合策，以十年之通庸調兼論閒師，致期會而已，于是有《酌處均徭疏》《妄用里甲疏》。屬歲大計，公所推轂名吏，大冢宰以卓異旌者數人。所掊擊，以去者十餘人。風勵群屬，務先教養，副天子加惠元元之意。見善如欲加諸膝，見不善如欲墜諸壑，吏凛凛奉三尺也，于是有《舉刺疏》。歲比無年，閭閻不厭糠核，公又與許公合策極言之，得賜民田租之半。約諸長吏散利薄徵，緩刑弛力，于是有《災免疏》《豁絕匠疏》。此皆章章較著者。其他滯牘冗案，攬之不終朝而蔽以片言，觀者自厭也。蓋公經術甚深，從弱冠時已擁師席，爲諸生講授。施于有政，皆能不倍所聞。未嘗任爪牙鈎距之吏，務非常可喜之功，其大指在于爲國家養元氣。朝廷見謂可任事，必得請，明命赫然，較若畫一，雖欲依違阻格，不以盡致之民，誰敢哉？百爾君子，將徵于書，以修其政術，是不可以無刻已。某不佞，因屬叙而申言末簡，見朝廷明目達聰，聽公無所不盡，而言之必可行也，斯蓋臣謀國之忠乎！

《西臺奏議》叙

元孚既以言事謫雁門，過晉，訪王生于桂子園，相視莫逆也。謂曰："吾因伯兄知子，子知吾伯兄乎？"王生曰："然，昔得侍耿先生，知周先生者，君子也。未嘗奉令承教，徒習其名爾。今先生起九列，風猷日著，而予廢在田間，與耳食無異，敢曰知先生乎？"無何，先生亦坐廢，而元孚假便歸西陵，則已就木焉。嗚呼痛哉！先生在世廟爲名御史，督南畿學政，以身率先，惟道德性命之正是訓是行。嘗忤柄臣，幾蹈危禍，回翔外服，有蹴厥聲。後稍稍内徙，當隆、萬之際，歷尚寶、太僕而典客陪京，駸貴顯矣。章數十上，如指中謁者非時被幸恩，外庭疏謝，比于論思之臣，非令甲，不可以訓，最膾炙人口。中謁者皆目攝之，而庭謝亦遂已。及元孚上疏，卒見構云。元孚哭先生者數月，痛小定則哀其遺文，得奏議若干首。至舉王生疏，矍然曰："吾兄所推轂士甚衆，最著者如太宰嚴公，坐尚書省，始覽疏而嘆。御史大夫海公，以判郡入。都運崔公，以家食起。則兄言之而政府聽之也。語秘不傳，故兩公終不知。如右丞在剡中，雖予亦不知也。"遂作《七哀詩》以見志，因寓書太原。余把而讀之，不覺泪下交頤也，曰："某負知己哉！"終所止疏，然後知先生之大者，蓋一心事三主，無弗順焉。雖爲道屢遷，皆不愆于素。當世廟時，主威勝。在隆、萬之際，柄臣專。癸未以後，又國論淆。夫主威勝則氣易奪也，柄臣專則資易借也，國論淆則訐易爲直也。先生遠覽深計，因事納忠，巨者霆擊，細者理解，爲國家建長久之利而防未然之患，斷斷斤斤，皆可施行。至于正邪消長之機，尤詳辯而極言之。雖上有不測之主威，下有不一之衆論，中有方張之堅敵，意自若也。婉而章，直而不訐，中立而不倚，每上輒報可。凡以信在言前，詞足以達之云爾。其鄉人爲首揆，幕中客多貴寵用事，先生兄弟目以好持異論，皆詘之。逮其殁，諸用事者盡廢而先生始顯，然終不得委蛇廊廟。究所欲爲，矯矯孤貞，超然埃壒之外。觀于是集，可以識其大矣。元孚索余叙，余謂先生惟其公，故擧余于廢而無嫌。不爲黨，故知之者寡。予雖廢人，不以病先生之擧，則元孚知我哉！因篤于自附，而論著之如此。

《介壽初筵卷》叙

《介壽初筵卷》，爲季溪宗侯作也。季溪壽六十，諸君子壽焉，禮也。何介爾？大之也。筵何以曰初？始壽也。始不佞之勤二三子，亦惟六十，將享用折俎，製錦徵書焉，辭之三，曰："某實不天，方越在下土而餒是虞。有命祗辱，且爲忠信約訓儉之謂何？而忘諸乎？"諸君子曰："聖訓有之：'久要不忘平生之言。'申盟固好，匪詞曷徵矣？"某不敢辭，卒禮以一獻而侑行卷。季溪子初度則月之五日也，禮如王子，史爲圖，二三子在阿堵中，屬不佞書其事。嘗聞香山之會，以白洛陽，以富，以文，以司馬，皆顯重于世。兹會皆晉之良也，其顯重與否，未知誰氏。幸國家昌熾，民物熙皥，得究于高年。籩豆孔嘉，笑語卒獲，威儀攸攝，乾餱靡愆，其致足樂也。酌季溪，雖大斗乎，德將無醉。與諸君子少長咸秩，有望七、望八、望九者，雍容序進，修萬年之觴。及是時，各有行卷書之，不可勝載矣。

錢松溪六十壽序

錢生文蔚從余游，數稱其父松溪之善，未之際也。一日遇于姻黨家，見其貌癯顏晢，領胡飄飄，服儉潔，無長物，心儀其賢。察諸物論，皆如生所稱也。今年壽政六十，九月念六日，其攬揆辰，文蔚乞余言，市吳縞載焉。余固樂道人之善，然未嘗以言假人，若其父子潔己自修，宜無愧詞矣。叙曰：松溪以王人給事晉宮，群而不黨，屯田忻、代諸州，已于事而竣，絕無奇羨。自入坐，是鮮奧援。恭懿攝國，召典章奏，諸所封駁，最爲明允。固安相患，其異同避遠之，諸宗力爭不可得，君亦稱疾謝去。知二子有文武材，教之各就所長。長即文蔚，以文學高第待詔公車。仲子文英，治孫吳兵法，中今年會武。季子文焕，秉家幹。先是，得幸于宋監也者，君甚使自遠，宋監奔，得不罹黨禍。昔班彪當光武中興，知天命有歸，著《王命論》，曉譬隗囂，世稱其高識。至二子固、超，各以文武致身，功名逴絕。君知廢興之數，守賤薄無悶，大類叔皮。而二子成父之志，并以才顯，極其所就，亦今日班氏乎！夫晉，大國也，湯沐之奉幾半縣官。瞀御私人憑藉寵靈，附羶如鶩。得意者登于天，失意者墜諸壑，浮雲朝露，爲日幾何？君父子兄弟之間衎衎如也，雖觸口僅給，然夏葛冬裘，饑食渴飲，鼓腹而游，擊壤而歌，庶幾堯舜遺民哉！綸綍方來，爲則不遠。不必修彭、喬之術，而六十自健如此，將來未艾也。又聞平生好潔，齋禁禮佛以爲常。神清氣和，無底滯重腿之患，是又宜壽已。文蔚頗似之。愚嘗廣其意曰：自古聖賢皆好潔。昔伯夷見人衣冠不正，若將浼焉，然不念舊惡。顏子擇地而蹈，時然後出言，然犯而不校。夫子江漢以濯之，秋陽以暴之，然無可無不可。夫潔，當求諸在己者，物之不齊，各宜還其天則，故曰："天地藏疾，山川納污，聖人含垢，有則之謂也。"如不求諸己，而待物以爲潔，則阿堵中得失橫陳，靈府爲累，力之所至，必取盈焉，而方寸益不韡矣。《傳》曰："執德不弘，焉能爲有？"《書》曰："節性，惟日其邁。"故君子以力學自矯，期迪于中和而已。以此修身，以此事親，以此入官，雖掃除天下可也。松溪康强壽考，待子以顯大之。遵是道也，生勉乎哉！

校勘記

〔一〕"版"，《詩經·大雅》作"板"。

序　八

大中丞沈公入爲少司馬序

公開府山西之二年，召入爲少司馬。郡大夫自以奉令承教，可幸無過，一旦上襄以去，咸憮焉自失，謀所以祝願公者，而屬王子張之。夫公晉政之美，王子已亹亹言之矣，無已，敢及邊事，而公擇焉。吾晉收和戎之利二十年，稽夫成功，民狎于野，蓋自己巳以來，胡越一家，未有如今日者也。昔漢之文、景與匈奴結爲昆弟，米糵繒絮之遺相屬不絕，至以公主妻之。趙宋遺契丹歲幣至五十萬，國書猶以獻稱。然漢日以強而匈奴破壞，宋浸以弱而金虜猖狂，則基勢不同，而戰守之形異也。我朝定鼎于燕，西起燉煌，東迄遼左，凡開九大鎮，而山西爲神京右肩。虜環其外，各有部落，直山西者，則匈奴大單于也。兵獨勁而體尊，足以號召諸胡。得其心，則諸部皆內屬而九鎮安。失其道，則諸部皆內訌而九鎮擾。故非有通材過量之人，未易拊而定也。公天稟夷粹，學有本原，早負經世之志，一旦握中丞節莅山西，人謂及此閒暇，將明政刑而修禮樂，庶幾見大雅焉。公文武并用，一張一弛，雖救荒之政日不暇給，猶外固封疆，內嚴守備，簡徒蒐乘，無日不討于軍實，識者以爲有大將之略。今茲行，與大司馬坐省中，凡薄海外，內九夷百蠻，懷柔而震疊之計，世不得而言也。然衡首尾之勢，酌後先之算，則必自晉事始。何者？晉神京右肩，匈奴之王庭在焉。日與虜和，雖足以紓目前之急，而實抱無窮之憂。蓋國家有漢之强，無文、景之富，雖非宋之弱，其不能戰實類之。祖宗時，都會宿重兵而扼塞建衛所，大將操不御之權，指顧如鬼神，呼吸若風雨，虜結聚未幾，而掩擊者已至矣。今衛軍以抽選而虛，將權以監護而輕，戰兵以分戍而弱。每一闌入，文武將吏羽檄交馳，徐議進止。論功則先督先使而後將，一不利則將諉之使，使諉之督。朝廷問狀，則督爲使掩，使爲將掩，而名實淆矣。且又督也使也，若瑣郎、臺使，競欲有所建豎以自顯見。甲可乙否，日改月化。今日設一官，明日增一戍。懲羹而吹齏，刻舟而求劍，豈若匈奴之簡易哉？夫力不足以制虜，徒羈糜之以利，國勢雖尊，虜心愈玩。愚意欲圖久安而無後憂，莫若法祖宗。夫祖宗之法未易可復也，要在師其意而善用之。三關舊止一副將、三守備爾，衛所棋布，將卑而軍皆土著，易御。若復之使盈貫，責以修守之宜，而大將經緯焉。督提衡于上，撫贊理于中，使者專治軍興而繩貪肆，進止之機不與焉。至于條上便宜，非其身自任之，勿有所依違忌諱，輒得報可。匈奴橫索，節之以禮。或入關爲暴，得從便擊之。苟曲不在我，無嫌于挑怨。此其機在朝廷，不在邊鎮，公與大司馬力任之爾。昔梁鎮周尚文爲將，虜相戒無敢犯，今豈乏材而積弱如此？志士嘗扼腕而嘆，公能無意乎？諸大夫曰："子之言亦當物公入贊矣！遠覽深計，尚有進于此者，姑以備芻蕘可也。"

大中丞臨江李公巡撫山西叙

巡撫都御史，天子之威重臣也。惟邊鎮領節鉞而起，爲督府，爲本兵，則胥此其選。計今天下大事難任者，無如北虜。往歲闌入，節使臥不帖席，食不甘味，蒿目而憂其患，猶弗給也。獲講以來，始委蛇自公，雍容而治禮樂矣。雖然，邊事未易言也。初議貢市，發言盈庭，可否相半。今寢兵且二十年，收平寧之效，咸歸功于首事者，則自文武將吏，上及中朝之公卿，莫不以爲計之得也。因日日講于桑土户牖之謀，勞于塹堙修守之役，亦既胼手胝足，腐舌而焦思矣。然卒不可恃以久安而料其必勝，此蓋臣策士凜如嚴敵時也，而可以常材處之乎？是年沈公入兵部，而瀛海李公代領節鎮，邊民皆手額相賀，以爲得人。夫李公者，奇偉博達人也。昔以直指出按晉，披籍而數軍實，胸中已數萬甲兵矣。已復爲治兵使者，歷樓煩、雲朔之間，遝踐省使，操兵食大計，治行皆天下第一。無論晉事，即九邊之要領，靡不究悉也。單于君長素熟公名，繼自今，其何敢易我？山川形勝、諸鎮扼塞及將士之勇怯、備禦之堅瑕，無不如家至而户説者，雖欲以浮蠹掩功實，誰敢哉？居專制獨斷之地，著長馭遠覽之計，在兹時矣。某有愚慮，願爲公獻之。往離石之變，虜暴掠雖甚，以艱食，匍匐而歸。或制挺而要諸路，可必得志。我軍芻秣不繼，所過城邑皆下鍵不得入，遂亦道殍飢餓等爾。以庸人將疲卒，當深入之寇，其數不勝也。嘉靖末，原州中虜，督府擁萬人攖城自守，兵不知有將，將不知有督，再鼓以警衆，卒無有應之者。平日苛禮繆恭，至是不遜之端盡見。今之御將士，戒不虞，得無亦有闕焉而不詳者乎？稽夫有秋，其賈太賤。權輕齎輸塞上，官得其一，民亡其二。愚意暫發長府，應之稍緩，其斂于青黃不接，民得貴糴自還，則公私兩利矣。夫備賑之穀，奉有條貫，非不犁然具也，奈何沮格不盡用。若推擇廉吏，力行義倉，即賦稺納總，一從其便，不獨可以佐百姓之急，亦有以待深入之寇。將者，三軍之司命，樂其生，然後能制其死，非嚴陳在前可以威劫者也。夫二十年無事，賴石畫重臣苦心極力，爲吾晉民造命甚大。至于實内以爲本，衛外以爲固，似猶有遺慮焉。昔魏絳以和戎受上賞，勉其君曰：“願安樂而思終。”夫思其終，則安其樂矣。廣積貯，使士宿飽。明紀綱，使卒服習。布恩信，使兵將相得。議本折，使子母相權。雖經國之常談，實思終之便計也。若曰虜甘吾餌，解約非所憂，則非不佞所敢知。邦大夫幸得事公，舉手抃甚，屬不佞有言，遂以野人之愚慮上之軍府。

《代藝賢己録》叙

昔夫子見老子，嘆其猶龍，及與群弟子語，無一言相似。蓋取善貴弘，擇術貴精，而衛道貴嚴，所以爲萬世法也。佛學入中國最後，使夫子見之，亦必稱之如老子矣。今天下九流百家言詘矣，獨佛、老之徒盛，而佛氏猶盛。世儒擯之者既不能拔其津梁，而學之者亦鮮有得力于死生之際。愚謂顧人品、心術何如爾。吾徒治經術，果不倍所聞，自六經外兼考二氏，雖布帛菽粟日用之常，而空青水碧、明珠大貝亦世所不廢，況微言至理，有通一無二者哉？近代明公讀二氏書，取以破除執心，擊斂神氣，不爲無益。而嗜慾濃厚之人，亦頗緣飾其卑行。君子以長善，小人以文奸，不可不早辯也。蓋吾道界限甚嚴，清議甚重，非二氏竄身事外者比。若無論是非得失，直以空無所有當之，種種嗜欲甚于行賈，奈何欲夢幻天地、芻狗萬物乎？則悔心不復萌，而遷善之幾絶矣。然且囂囂然以爲知學，曰："二氏與吾道大同，不在粗迹。"曰："《論語》，游、夏所記，非顔子嫡傳。"曰："吾家寶藏，寄在佛書。"如中國無主，蒙古得而有之。邪説横流，充塞仁義，豈但洪水猛獸而已哉？吾師鳳岩先生少爲經學，篤信洛、閩，非復世之呻吟佔𠌯[一]、笔蹄利禄者。比入仕版二十年，潔己好修，歸無長物，嘗謂不能博弈，而飽食終日，無所用心，非聖人之訓，遂綜三教之異同，博考而詳説之。于其説之易破，與人所同惑者，如輪回超度、禱祠黄白之事，既已反覆辯詰，得攻瑕之策。至于空虛微旨，未易詮擇，尤批根道窾，入其阻深，直以爲自私自利，非聖人萬物一體之學，多至數十萬言。意本明道，不在修詞，故語繁而不殺。自古闢異學者，未有如此之詳且盡者也。蓋先生家京師，見海內士人學術多岐，世道交喪莫甚于今日，故揭旗鼓力攻之，其志大矣。誠使學出世者遠迹于山林，而用世君子皆竭忠于廊廟，守其師説，各不相淆，先生何爲是喋喋者？唯畏吾道之嚴而逃諸二氏，飾二氏之説而傳諸吾儒，以之治天下，皆禍天下者也。讀先生是編，尚深省哉！

唐子觀先生八十壽叙

唐子觀先生年八十，童顔鶴髮，動履不少衰。維是九月十有二日爲攬揆之辰，鄉大夫若宗侯醵錢爲壽，委王子以言，戒勿令先生知也。而先生知之，以書抵不佞曰："先大父兵憲公八十，嘗辭賀，吾敢儼然拜子大夫之辱？且內子老，不任鼎饋也，敢固辭。"王子對曰："唯唯。"竊相與謀曰："夫兵憲公者，世所稱方石先生也。有弟子二人，則丞相石文介公與户書兄弟也，嘗爲文繪圖，以壽先生之七十。倬彼雲漢，爲章于天，後有作者，無以復加矣，故八十而辭賀則可。今先生七十已謝客，而八十又已焉。雖自遂其高，于吾黨養老尊賢之禮闕焉靡圖，將若何？昔韓文公爲《滕王閣序》，自幸名附三王之後。不佞以言而紹前聞，固爲幸事。先生以德繩祖武，亦豈侈舉哉？"蓋先生繼方石公六十年再登乙未進士，方石公猶及見之，余小子甫三齡爾，束髮等朝籍。先生爲臨洮守，移疾自免，是時與先生同升者貴顯盈朝，比他榜爲盛。其最以經術治行顯融、始終純白、立朝最久，今豈有存焉者乎？又無論同升士，即吾鄉後起者，席一時名寵，錦衣玉食，雕梁繡栱，煊赫時人之耳目，心無窮而年不待，幾何人矣？先生仕則不達，歸而食貧，屬歲事薦饑，無日不憂饘粥也。視彼錦衣玉食，雕梁繡栱，極世慾之娛，先生無一焉。或誚其不能，夫先生誠不能也。不能何病？然後見君子。養生家謂"栖神于淡，合志于漠，煉精神之極，可以後天地而凋三光”，此偏教之言，絕類離倫者爾。吾人日在倫類中，能嚼然不滓，其中必有大過人者，豈獨永年云乎？先生家世忠厚，自大父以上分枝接葉，多篤老顯人。兵憲公當奄瑾用事，以勁挺關三木，其人品可知已。歸田數十年，脱粟自糲，享孫子之報以至今，澤莫遠焉。先生自少時以貴家子布袍苴履，苦爲生之難，居官居鄉，一錢不妄取，雖有家傳，亦其天性然也，德莫邵焉。與夫人結髮偕老，子二人彬彬文學，恂謹稱其家兒，孫枝秀發，蘭苗其芽，日含飴課句而弄之，福莫完焉。先生雖良于飲，三爵後即不復御。于書無所不讀，發爲文章，颭湧泉流，興至操觚，千言立就。貴大夫欲就而博其一語，嗒然不應也。夏秋之間，果蓏新熟，冰漿雜進，遠之若腊毒。知白守黑，常居于不用之地，故神王氣和，而動履日矯矯也。然則先生之年，豈但期頤云爾？他日公孫接武，射策甲科，亦如方石公獲見先生者夫，然後喜可知也。《詩》云：“無念爾祖，聿修厥德。”先生有焉。又曰：“麟之趾，振振公子。”將在後人哉！是役也，張武驤實衷吉典，某爲之叙。

李郡丞考最叙

肖濱李公治晉陽之三年，宜省成詣闕，兩六察奏曰：“某佐郡，屬歲之不淑，乏軍興，雁門之戍無以枵腹，而警宵柝，道殣相望，民撤屋而爨，鬻子而食，至廛陛下赫然清問，罄大農金錢，使者督護賑之。維是二三守長若貳分道巡行，肅將明命。臣察廉，太原守某與其貳某足稱任使，爲他郡望。賴聖德格天，變祲爲祥，眤以有年。已閱二稔，而李某當入計大庭，報成事焉。顧還定者未安集，舊欠新逋，日累月積。太守所治千里，即游徼吏更十數輩，終歲不能遍，何以悉令其身如家至焉？李某賢，又佐郡之日久，與其循故事奉一日宴閒之問，孰與賜高蓋車，緹油屏泥于軾前？令得舉按部内，俾上無壅命，下無伏奸，臣等幸甚。”天子下其疏銓府，如兩御史言。先是，銓府奏，守令滿一考當對簿，非有疆場之事不得奏留。即奏留，郡丞、別駕不得援例請。公之得請，蓋一時異典也。公父都督公常開府陪京，身爲上將，而公其介子，以文階致身。先是守武定，治行第一。都督歿久矣，與母夫人張以考最恩皆進一階，而萬夫人者封宜人。今五品不再封，需次異簡。會張夫人卒，郡伯韓公率諸上佐造王子曰：“不穀與李大夫，義猶兄弟也。兹雖匍匐歸，欲載之以言，訂久要，子盍爲我圖之？”愚謂李公誠賢，與衆賢相輔而行，故其治理益效。又得中丞、御史若監司、使者推轂，恐後聲績益章，鄉大夫嘖嘖嘆盛際，非一日矣。往支邑多負租，實開利孔闌出，雖按者數輩，不能得其要領。公一食頃披籍攝數十人詰之，實先輸無負，邑吏皇恐頓首，卒抵償伏法。亡伍之士，里閈爲通飲食，不欲株累抵遺，自妨本業，則捕必得之。至尺籍無稽，泛爲引逮，務求滿品，令竭澤而漁，固不爲也。豪少年恣睢自喜，椎埋閃爍，攢拟挨扰，莫敢誰何。能廣布偵邏，如探巢取鷇，朝發而夕覆矣。赤幘白矛之徒猨于未突，雖歷荒歲，原野宴然。郡闕守則假守，邑闕令則假令，皆闕則既假守又假令。方其假守，不以守掩其賢。及其假令，必爲令補其闕。昔趙廣漢患二輔相亂，欲兼而治之，公才奚讓焉？太原股肱望郡，北距胡纔數百里，公之名，匈奴宜聞之。所居輒效，試輒見功。兩六察若監司、使者交相推轂，至薦疏與移檄相勞也，無論十數。銓府奏上，天子又心知之，欲留行不可。或者恒、霍之神實私焉，欲息肩于父母之邦，將養其全力而收其後功乎？則諒闇三年，追想舊游，凡戶口登耗、錢穀贏縮、厄塞疏數，疾苦間甚，必且周計深思，建久安之策。他日禫除，提戎倅而奉璽書，駕輕車以游熟路，羊腸之北，飛狐之南，皆公泛駕處也。近日，御史大夫嶺南海公大節似長孺，少司馬聞喜張公壯猷擬方叔，并起賢科，爲鼎石名臣。公爲所欲爲，邁迹從吾郡始，誰得而禦之？勉旃行矣！慎勿曰非事不言，忘國家大計哉！

桑生喬入學叙

桑生喬，余門人鴻臚伯陽之子也。學使者范公召補弟子員，鄉里榮之。伯陽因友人郝子野過余請曰：“何以教小子？”余惟伯陽嘗從余問《易》，傳之喬，遂舉《易》告之曰：夫《易》，三才之理備矣。其大要言天地之道，盈虛消息相禪于無窮，而人事之得失因之。當其盈而息，雖智者不能規其始，而引以爲己分，非也。及其消而虛，雖聖人不能保其往，而推以爲人尤，亦非也。惟艱貞無咎，與時偕行，斯爲善體《易》而趨吉避凶者矣。故曰：“其出入以度外内，使知懼。”斯聖人開物成務之精義乎？何以明之？喬大父北峰起期門，爲簡主驂乘，最幸，至拜武德將軍，紆金列戟。嘗爲王收責下邑，高車駟馬，從者塞途。相君闕則珮之璽綬，擅一國名寵，視保傅之臣，此其時之盈而息也。及隙開執謝，會當申韓用事，群猾齮齕，王人居爲奇貨，遂逮君于理，一案甫已，又移一案。近幸臣論輸相屬，君固自若也。雖忠謹無他腸，得不染于詞，而家已杅如矣。此其時之消而虛也。當其盈，則弱顏修態，激楚陽阿不足充其意。及其虛，則塞壎塗户，附遠借交不足紓其患。此非得失之林、人事之至變乎？夫盈爲虛端，消爲息端，自公卿大夫以至士庶人，其致一也。由桑君之前日，使被褐曳裾，圓規方矩，談仁義亹亹，君豈聽之哉？中更式微，因爽然自得，雖以其子游成均，需次典客之選，非不盛九賓大庭，儼然諸侯之上。家難一攖，毀冠自坐，視彼被褐曳裾、蹈規矩而談仁義者，雖并日而食，猶然慕之也。以故教其孫子喬若梓治經生業，明師下帷，講誦不惙。君聽之喜甚，若農夫望歲然，雖焦心腐舌，病于夏畦，不少置矣。二兒皆秀發，能讀父書，喬方采芹而游，梓亦先肄諸瞽宗矣。從此翩翩不已，射策甲科，是十餘年憂虞險釁之途，固兩生感勵登庸之本也。小子聽之，無但沾沾守章句，見人有登第者足以榮其三族，即欣然欲之，以爲聖人所以教人與朝廷所以取士止是矣。一旦得持梁刺齒肥，結紫綬于要，極世法之娛，將無復踵前轍。雖變占象數，盡得商瞿、橋庇之傳，由之未知《易》也。“出入以度外內，使知懼”，正守而時行，自今伊始，德學日新，以光融顯大于世，不亦兢兢然善始善終君子哉？《詩》云：“無念爾祖，聿修厥德。”此之謂也。鴻臚率其子再拜曰：“敬受教。”遂書以歸之。

歸德守陳使君生日叙

王子解豫臬且二十年，而兒育才爲商丘令。商丘，歸德首邑，當南北要衝，衿帶往來，日無停軌。郊勞宴享之禮既繁，而撫臨、省巡不時行郡，逮竣事而去，常浹月也。然則令坐堂皇受事，纔十之三爾。吾教之無素，用寡學術，虞其不任也。未幾，報我曰：“賴有郡伯陳公廉而愛人，惜民之財如欲出諸己，寬民之力如欲負諸己。辜功多所假貸，即坐法當刑，必遲而久之。求其生不得，然後致辟焉。喜獎拔下吏，有小善輒揚于大庭。不善姑教之，惟恐人知，重傷其意。以故皆勸于善而恥爲不善。斤斤奉條教，可幸無罪，大人何患焉？”月維正陽念一日，適公攬揆辰，欲有獻乎，嚴不敢以請，願以文介萬年之爵，庶幾一舉觴哉。余遠，不能悉公治狀，然素知家世，內江之望族也，文學彬彬，比于齊魯。其最顯貴者，如丞相趙公、大司馬殷公、大司空何公，皆常接其言論風采。而殷公秦中舊僚，相與特厚。歸田以來，又得晴川周使君以遷人倅晉陽，式吾廬，如有合志，賦詩相和不絕。與公姻婭，因薦寵于左右，雖不獲介紹其庭，而相慕則久矣。公兄弟射策甲科，比肩貴仕，茲守歸德已三年所。會天子之介弟就封朝歌，守臣治斯干之役，爲悍令所持，至相坐訟。臺使者見謂開國始王，固自難事，而中瑠愛將往往蔑視典章，以爲民病，非有威望才略者居置監之處，無以感王心而和衆志。議欲公往，歸德民恐失之，相與扶携數百里，頓首請留，乃已不調。夫太守雖親民，視令稍遠，居午達之塗，上觀下獲，若但務于簿書期會之間，修脈輴腝之禮，籩豆有嘉，圭璧成享，于閭閻疾苦無所損益，則去此守他郡又何難焉？今淑問載馳，使九邑雷動，皇皇然如怨如慕，必有固結于心而不可解者。《書》曰："斂時五福，用敷錫厥庶民。"凡厥庶民，既富方穀，夫拊循有方，教養兼至，降福孔庶，若有斂而錫之者，公是也。見人之善，若已有之，則良吏益勸。有不善，必教之使改，則屬政不下于民。津津嚮風，遍爲爾德。雖天災流行，卒能室家相保。他日崔苻顛越之徒盡釋兵而緣南畝，公之教化可睹已。《詩》曰："愷悌君子，遐不眉壽。"又曰："宜民宜人，受祿于天。"然則穹爵大年，斯亦申右之必然者乎！昔漢室循吏，如次公治潁川，少卿治渤海，皆用寬平爲名。于時吏民服從，田里給足，訟獄衰少，盜賊屏息。明主心嘉之，霸至丞相，封侯，遂以老不任。公卿詔處禁近，以示褒顯。回視趙廣漢、尹賞諸人，以破滅擊斷爲威，功能愉快，有不可同年而語。然惠養元元，使人人樂得之，則在此不在彼也。公治行天下第一，屬且上計，非入拜九卿，即外總方鎮，當強茂之年，何所不詣？今匈奴解約，正需將相之材，庶幾建節西戡乎？道行雖老，謹扶杖而候顏色未艾也。

送新吾呂公自晉枲陟陝西右省叙

不佞往塵仕籍，所嚴事而心服者二人：汶上吳介肅公、黃安耿楚侗先生。及歸二十年，又得寧陵呂公云。公早承家學，慨然有希聖之志。自成進士，爲襄垣令，已移雲中，皆能推明經術，以教養爲己任，兩邑之民甚德之。徵入，守吏部尚書郎，軸管九流綱紀人物，爲一時之極選。時江陵柄政，頗行其胸臆，常不可一世，士獨心重公。公不苟異，不苟同，簡要清通，最號中正。故事，選郎貴倨用事，儕偶無敢以雁行進者。每與之言，必侃侃自盡，人雖知其朴忠，心弗善也。尋補外，參政山東。念齊魯禮義之鄉，教衰民散，則有位者之責也，首揭高皇帝教民榜文，聯以鄉約，使知務本業，修孝弟。輜軒所至，考驗其從違，旌別而鼓舞之。行之期年，風俗一變。總憲晉陽，益下其法于全省。宗人多扞禁罔檄，王相令讀《皇明祖訓》，爲衣冠之會數十，使自相檢察。每朝朔望，史抱策而前，書善過以聞，糾其尤不逞者，慮諸甸氏，群公子肅然斂手矣。民間大猾，一一得其主名，耻諸嘉石以狗，猶以爲非其至者。著《閨範》示陰教，刻《小兒語》端蒙養瞽。誦詩多鄭聲，則彙編雅正之言爲歌曲，俾肄之。謳吟之聲達于里巷，轉相警發，聽者爲之惕然。教學校，則董十二過以成德，咨十二政以達材。至于提刑之事五十，按察之事二十，所以戒獄吏、詔庶僚者盡矣。然試之雖輒效，而言之未盡行，其究安在？則形格勢禁，而群史之情有所專也。日改月化，而上襄之駕不能待也。朝廷憂西事，求將相之材，臺省并疏，推轂爲舉首。循例稍遷，言者猶以不即大用爲歉。公于右省，行且傳舍視之耳。一旦擁方，行獨斷之權，爲之自我，則兩省未竟之功、百年希覯之效，將在今日乎！雖然，亦有所甚難焉。位愈尊則民情愈隔，天下無兩是兩非者，亦無盡是盡非者。上之人常虛己，而畢其詞猶恐未盡。今有司以容隙之間察遲久之冤，苟意向稍偏，則霄壤易位。主獨斷未悉其情，讀爰書不見其隙，故十人而失一人焉。民命懸于守長，而六察衡之吏治，所視以污隆也。如借先容之資，使簠簋不問。負代興之望，將桃李自媒。天下皆是也。何以能兢兢循理，盡如公指乎？人情尚和同，鄙狷介，緩公義，急私交久矣！高世之行鮮同而違俗之人寡助，公奈何使朝廷之上無言不從、岩谷之中有欲必遂乎？昔吳公與直指齟齬，耿公素善江陵，晚節益疏，人以此高之。公人品風節不遜兩公，而用世之學則留心甚熟。爲之自我，可以隨分而效忠。機不在我，則藏器待用。此孔子家法也。蓋孔子行無轍迹，善于季、孟之間。程、朱學有觚稜，卒不免黨僞之禁。故曰：聖人之道大，于人無所不容。賢人之守高，斯人之所望而避焉者也。善用世者，時有所可，以我狥天下而不見其迹。道有所不可，以天下從我而莫知其然。以我之可而融天下之不可，精義之圓機也。以我之不可而學聖人之可，衛道之定力也。公願學孔子，嘗以宋儒爲隘，志則大矣，用之將何居？不佞道行日引領而屬目焉。

《萬曆辛卯山西同貢録》序

萬曆辛卯，學使者馮翊李公試貢生若干人，所選多耆艾之士。或老不任計偕，則予遥授以優之。吾友島伯瞻在選中，欲予序其《同貢録》。余高使者之義，重伯瞻之請，乃爲之序。序曰：國朝稽古右文，廣勵儒術。召補博士弟子員，郡四十，州三十，縣二十，續食縣官，以年深充貢，教之于太學。有高第至上舍者，得奉召對，專使四方，復逆稱旨，分布華要，一時多名卿云。厥後人材益衆倍之，爲增廣生，又益之爲附學。非高第在續食之次，不與貢數。自科舉之制興，而貢途始詘。人雖榮進士乎，不可得而思其次，則明經之選尤嵩目腐齒而望之者也。通邑太都，來彦濟濟，使者行部校閱，雖高才不自堅。如此積三十年，耗磨過半，乃僅得至焉。需次作選人，由治中別駕以下，令、丞、學、博，惟其所遇，苟超乘而出，資格非所限也。近時

秉國者貴壯賤老，行選貢法，不中選輒督過使者。于是前薪委棄
而新進彙征，或六七年，或四三年，已翩翩去黌校矣。夫老成之
人，英華摯斂，誠不可與少年校獲。然經學淹通，精其義而習其
數，盤辟爲容，舉止尺寸有度。問掌故家言，述所聞以對，前輩
風猷，歷歷如見，吾有徵于伯瞻。夫伯瞻，固質勝頻復而待次者
也，趑趄難進，爲後生所持，曰：“雖年深，非實廩。”李公出
綸書視之，勉以敦讓，于是通省黃髮皆彈冠而相慶。李公有物
望，會鼎司革故，庶政一新，得無播棄如前日，尤稱盛際焉。
嘗因是論之，科舉拔雋才，原不以年，而歲薦優末路，不可不
使之年，何以故？學校之有老成，乃後進之綱領耳目也，所宜
嚴事者也。如使少年得以一日之長兼而有之，子弟或凌其父
兄，前輩意塞氣沮，或目攝之，曰：“此非久，且報罷，將如
我何？”非所以申孝弟之義也。得貢于庭，年猶未艾，修其業
而息之。方軌三途，弁髦斯舉。下者鬥捷如鶩，足以有官，不
復激昂自進，學殖荒落，徒使登明盛典，爲後生游惰之資，將
焉用之？今同貢若干人，遇李公，頓還舊貫。譬諸松柏，歲寒
後凋，否則堅心直幹，日尋斧斤，幾何不爲斷楢棄梗哉？繼自
今，雁序離離，各得其所，終不以或然之遇而易必然之期、一
日之得而掩終身之勤。望之敬心生，庶幾拱立徐行，不愆于
素，而少長有禮矣。郡大夫有所諮諏，揖老生問之，援引故
實，裨益治理，文獻亦足徵矣。王言如綸，條貫具在，無使浮
兢之徒凌躐掩逾，法守自一矣。長者不苦于晚成，少者不安于
捷徑，學校之綱領耳目常有人維持之，文教亦修舉矣。有此衆
善，固足尚也。諸君子何以報使者？必也慎守經術，出入不倍
所聞乎！爲人牧則修其政，爲人師則勤其教，得謝而坐于塾，
猶式穀爾子孫，表儀爾鄉閭也。豈惟無負茲選今日？序世系以
相存，亦永有光于來裔也夫！

送郡伯中寰何使君解任束歸叙

士君子策名清時，要貴有所顯見。居耳目之司，則道存弼直。處股肱之郡，則績奏于襄。其始皆落落難合，及事功而言信，則固有之物若取諸質劑也。如但脂韋突梯、華腴自潤而已，何所貴士矣？扶溝何氏兩君子，世所稱賢豪長者哉！接迹起甲科，補令長皆晉中，用高第相鮮。時東西多難，政府以伯公爲材，擢之縉雲，備帷幄之議。次公歷名御史，出守太原，未期月也，甚得民和。開府吕公方興王道，先教化而後刑威，密謀顯斷，多借公石畫，自謂千載一時，庶幾復見宣、弘之治，而公左次行矣。吏民繇德仰流，視如嚴父慈母，然一旦彷徨靡依，相帥而叩吕公，將詣闕請留也者。吕公慰諭曰："吾極知守賢，奈功令何？父老甚勞苦無已，非便計也。"于是謀軹公行，而郡之亞旅武公、趙公、夏公、劉公造王子，毢之以言。王子初未習公，人有傳其諫草者，讀之爲咋指變色，曰："是疏始發，凛凛阽危，得賜省覽，則國家苞桑之固也。"賴天子仁聖，報聞，已爲六察使，攬轡齊魯之間，墨吏望風解綬，至今東人猶口之。秋比屆期，或言某當典試，公駭曰："是宜臨遣，奈何擬得之？將無爲交關地乎？"抗疏發其事。上怒甚，主者皇恐謝罪，易其人而止。由是直聲益譟，而貴人側目矣，故外補，未幾遂挂摘籍。昔賈誼上《治安疏》，言言中窾，當時大臣絳、灌輩心害其能，卒不見用。蕭望之、周堪爲弘恭、石顯所擠，至以身殉。公上劘明主，批逆鱗矣。下發權璫，履虎尾矣。中斥宗卿，反綸汗矣。三者有其一，尤足懷賈誼之沙而攖蕭、周之患，況兼之乎？然則公方泚筆爲疏時，不意得有今日。顧明試考言，朝廷大典，使用事之人得而甘心焉。恭、顯傍睨自快，誰不扼腕而嘆者？愚獨惜公守郡無幾，朔方告變，八鎮動搖，人無固志，賴公威重寬簡，綏寧而奠安之。雖嘗膽臥薪，不勤于此矣。嘗從開府乘城，談勦勸之略，掀髯抵掌，傍若無人。三事貴公，唯唯受事而已。韓子曰："氣猶水也，言，浮物也。"氣盛則言盛，公之謂哉！以是開府益心重之。然與世枘鑿，意者在茲乎？夫洪河之流，千里一曲，當其經龍門，逾砥柱，挾束于巉巖碨礧中，其沆瀁滂渤之勢爲之倒流。然怒濤潰薄，至于鬥雷霆而昏日月，則有所激也。徂徠之松，新甫之柏，漂搖于風雨，摧剝于冰霜，歷歲滋久，其大干霄，匠石登明堂之材，如解貞珉而撼岳麓，以千牛轉之，浮于河，達于衛，僅乃得至焉，則屹然隆棟也。前輩名卿往往多樹奇節，蒙大難，屯邅不進，取喻于積薪。及論定望孚，舉天下之重付之，言出而主信其畫，事定而民被其休。名在冊書，慶流後裔，視通方之士，浮湛而取卿相，其難易修短何如也？公多所究覽，好爲古文詞，所著始音駸駸開元、天寶間。茲行矣，濯纓洧上，命酒放歌，憫時憂國之心于詩焉發之，功業、文章皆不朽大業，君子奚擇焉？終當賜環，日躋穹貴，種[二]前輩之芳躅，垂名實于無窮。將爲赴海之洪河乎？拄天之松柏乎？不佞老矣，猶爲公執左券而俟諸。

晉太妃周氏奉敕獎勵叙

王以冲齡嗣服，世母周太妃實總宮政，明保王躬，厥功甚偉。晉之群公子自恭定、憲莊、靖懷之族若干人，叩閽上書曰："天不遺于我先王，王藐焉弱也。母妃郭又無祿即世，雖受遺總己如有人焉，而宮政久虛，入則麋至。敬大妃周衛恤東朝，勢難越俎。二三國老請母之，白于撫、監、省臺諸大吏以聞。天子下禮卿議，議曰：'敬王繼妃周，于今王爲世母。體重屬尊，宜理陰教，如六察言。'命下之日，移居西第，顧腹我王，無異己出。凡閹尹、巷伯、俗華、充依之屬，罔不祗祗受事。王入稟母訓，外臨臣民，慎適起居之節，靡有奇麗之好。令德夙成，碩膚孔固。茲且《關雎》首亂，以爲風始，太妃保介之恩何可泯也？宜有殊旌，以章盛美。"王欣然受之，咨國相，移檄撫、監、省臺，諸大吏交章推轂。天子心嘉焉，錫以制詞，具知王旨，有'秉性靜專，操履貞節'之語。於戲休哉！母德具是矣。于是國中六王若群公子有令聞、爲王所眷知者十有八人，各衰吉典，揚之以言，而鄉大夫和焉。屬王子執彤管。王子嘗讀《禮》，諸侯絕期，尊同則不降，以義制者也。其夫屬乎父道，妻皆母道，以名制者也。故愛其父亦愛諸父，視諸父如父，視諸母能如母乎？愛其子亦愛猶子，諸父則然，而諸母能然乎？此親親之殺也。故以名制而情不至，非人之所能爲也。今王受國乎惠王，則父也。惠王受國乎敬王，則于王諸父也。大統所集，比于生我者，罔極之恩等爾，于世母又何疑焉？太妃侍敬王，弗子。及惠王無祿而子其子，分形同氣，休戚共之。王造膝而嬉，其樂也融融。太妃摩頂而笑，其樂也洩洩。此必至之情，亦非人所能爲也。于是承天之休，揚帝之命，相祖之詒，盡母之道，非太妃誰任者？王處崇高富貴之地，長于深宮奧密之中，凡所以奉若先猷，肅將神器，非外庭所能窺也。外好一萌，奇衺雜進，亦非顯諫所能入也。方在幼冲，以保身爲重，及其稍長，以傅德爲難。太妃勢尊情親，奉天子明命，發婉嬺之德音，開孺慕之至性，其言固易入而教易行也，舉吾王于平間何有？于《易》家人之巽，其繇曰："閑有家，悔亡。"夫婚姻妃匹之際，有家之始，閑之之道，漢儒杜欽嘗言之曰："后妃有貞淑之行，則胤嗣有賢聖之人。制度有威儀之節，則人君享壽考之福。"匡衡告成帝，勸讀《孝經》《論語》，究聖人之言，動爲法則，則萬國蒙其休祥。故謹妃匹與勸經學，其道相成，而機至要。今大邦有子，不顯其光，勉勉我王，奉百世神靈之統，所繫至重，太妃何但已乎？必也采有德，戒聲色，近嚴敬，親老成。俳優、侏儒之觀不陳于內庭，齊謳、鄭舞之妍不先于公路，挫糟、醇酎之味不充于禮飲，密須、繁弱之藏不輸于外家。使王所親必正人，所聽必正言，所行必正事，以聖賢高世之資而輔以帝王制心之學，必爲晉之令主矣，則太妃藉手以報我先王，莫大于是。不佞輩屛息下風，當端策特書，頌姻姒之徽音未艾也。

范母王太宜人綸書三錫叙

王太宜人者，學憲范介儒先生母也，今年七十有三，以考最封。先是，先生自雲間司理拜南司寇尚書郎，封贈公若太宜人者再，及是，三命矣。昔以士，今以大夫，其褒貞則無異詞。憲伯呂公、使李公將偕藩閫上大夫以賀，而委言王子。王子嘗讀先生家乘與《寒節秋香集》，未嘗不斂容而嘆，欽其世貞也。先生大父功曹公、父贈公皆賢而不年，大母李若太宜人王之早寡也，蓋兩世一節云。先生三齡失贈公，里中豪相視魚肉之，太宜人各厭其意。或謂不競亦陵，語之曰：“天方降割吾家，奈何以貌諸而亢不衷？非所以安之也。吾姑待所濟乎！”亦坐此廢著。知介儒有貴徵，稍長，遣就外傅，躬織作佐讀，雖寠甚，用修無弗給也。劑膏程寢，常至夜分。久之，介儒成進士，博敏有文，所友皆天下士，聲殷殷重矣。官舊京，中外讀法稱平。已按察關中，朝廷高其經術，移學使者于晉，其政教益赫然。三年考績，六察以卓異奏留。天子賜璽書，即拜奉議大夫，而推贈公之德與太宜人之教也，誥詞甚褒，視兩敕益隆焉。夫贈公雖不年，賴太宜人引之，使如綫之緒爲綸爲紼。垂天虹采，煥五色之光，映蔽于大河南北，卒莫之敢指也。壽考維祺，享有胡福，當其式微，詎意有此？矯矯大節，所以風四方、光史册者，實自一念之介然始。夫節，天地之正氣也，所以載五常之性，立萬事之楨者也，是故君子貴之。昔劉向傳列女，上下數千年，纔得數十人而已爾。率多致命遂志，身沉而名飛。至于保孤亢宗，遠以益大，歷年彌久，全節彌難，則數十人之中不數人也。有君子于此誦法先王，尊用經術，微言渺論，使文采足施而名山可托，三遷之外寥寥爾已。豈非調愈高，和者愈寡乎？太宜人忍百罹于盛年，聚百順于今日，受先生而教之。行成名立，襃然大儒。人孰無母？亦孰無子？獨太宜人兼師保之嚴，以成君子之德，視孟母庶幾焉。且也南浮江淮，西逾秦隴，北度太行之阪，而稅駕于西河，無論彩鷁朱輪，極攬結之娱。至若濟濟多士，抱籍修容，盤辟周旋，盈庭羅拜，效南山之祝，所謂不愧不怍，得英才而教育之，具有其二樂。所友天下士爲詩文若干首，傳述咏歌，若黄鐘大吕，與劉傳并行，疑若過之。不佞有言，因得附見韓子云，名次三王之後，能無惡焉？今而後，先生學益進，德益光，圖所以逮王母者，太宜人行及見之，喜可知也。先生勉乎哉！

奉賀泰和侯使君考最加恩叙

吾邑侯泰和先生爲令三年，以察廉報政。吏部考上，上援功令，爵父母如其身，蓋見背久矣。繪書至日，魏榆盧公、實沈陳公與先生接壤而治，皆郡中高第也，謀哀吉典，而問言于王子。王子嘗聞先生始受學爲諸生，厥考杞園先生、母陳夫人以爲奇，知他日必貴。及貴，不相待。與計偕，則曰：“吾無與。”成進士，宰犍爲，移之陽曲，則又曰：“吾安得板輿奉之，朝而問寢，晝而侍膳，夕而咨政以爲常？”有所宵然深思焉，有所嶷然遠望焉，懷簡書歸，徘徊墓下，傷哉！貧也無財，不可以爲悦，出其藏衣冠纂蚃，別起冡，高其封，爲大塋域，奉之，猶之祭于室，于堂，于主，于祊也。曰：“不知神之在被乎？在此乎？”故杞園先生有二兆，緘書至日，泫然流涕。朝衣冠，北嚮拜者五，西嚮拜者八，曰："明天子乃伸吾情乎！然而吾終不得吾情矣！"嗟乎！某聞而往賀，爲廣之曰：人情，有令子固欲早貴。子事父母，固欲早以貴及之。然而不可必，天也。昔子輿有三釜之嘆，季路思負米不可得，則亦委而任之爾。堯兢兢日行其道，舜業業日致其孝，則終身之所有事，豈曰膝下是常乎？《傳》曰："事君不忠，非孝也。居官不廉，非孝也。戰陳不勇，非孝也。"置之塞天地，溥之橫四海，充其本然之量，無忝所生而已。先生令犍爲，則犍爲治。移陽曲，陽曲又治。其自奉甚薄，而待士民特厚。夙興夜寐，靡事不爲，所以博施備物，皆自有懷二人發之。在蜀時，中丞府有事膩，乃辟使前發軍興，凡連營孤壁、長林急峽之中，偏師所指，風雨驟至，無不給也。又能料敵制勝，時時獻其奇計，用之輒效。事平，奏凱歌百餘章，置古鐃歌鼓吹間。未知孰勝，所爲石畫，居然黿、賈也。其事君不亦忠乎？居官不亦廉乎？在戰陳不亦能勇乎？自始喪至今日，春雨秋霜，凡幾閱歲，而愀然之心，苴如之貌，有感輒見，終身慕父母，于公有焉。假使二尊人而在，御之以來，擁笯垂魚，兼珍極膳，娛以百方，而淑問《載馳》有不如今日，亦何樂之有？君子委質公朝，不得復顧其私，東西南北，惟命之從，故曰：王事靡盬，不遑將父母。瞻雲陟岵，著于悲則悲，豈亦膝下是常？有不如今日者，思欲無忝所生，終其身兢兢業業，惟恐一事未善，則子道闕如爾，必遺父母令名然後已。故事父母如事天，則無時不得父母矣。事天如事父母，無事不得天矣。爲名臣，爲良吏，補袞職于內而奉王靈于外，所以塞天地，橫四海者在是。雖由此被九章，享五鼎，爲父母榮，君子樂之，所性不存焉。而乃今先生對揚天子之休命，知修其大者矣，何不豫爲？兩使君聞而旨之，爰書其語以贈。

郡伯韓約庵考績加恩叙 代刑廳作

余自爲諸生，聞淄川有兩韓先生。長者已登朝籍，官太原司理，約庵先生實守是邦，不以爲不肖，引而教之。未幾，捧檄走塞上，惺庵先生以按察使開府雲中，一再接其顏論，不以爲不肖，引而教之。退語人曰："兩先生同道而異德，伯子岳立，吞吐雲霞，苞藏靈秀，以奠四維者也。叔子川行，探之溟涬，迎之奔放，蹇青天而排巨壑者也。"歲辛卯，大韓先生用考最，恩封兩尊人四品，制詞甚美。一時參佐修賀典，委不佞以言。不佞嘗聞其先大夫經術修明，爲士人師表，青、齊間説《詩》者皆稱韓氏。先生業既通，轉以授叔子，家庭師友之間，斷斷如也。及皆成進士，封公一老文學，守次闕下，竟闕于年。乃安太恭人累被恩命，至有今日，已八十有幾矣。初封以水部，進封民部，則後發而先至者，小韓先生也。及先生用二千石高第益封，叔子雖邊公驟遷，官階稍逾，三命猶未及，則後發而先至者，先生也。在功令，四五不同封。主爵靳焉，駁者曰："夫謂不同封，爲一人，爲已數也。臣子至情，各欲自致。今五品一人，四品又一人，宜與功令不相蒙籍。"奏可之。恩例創開，躬逢其盛，士大夫家慶相鮮，無不艷附致足賀也。初，先生守太原，遭大祲甫爾，用寬簡長厚爲治，諸所罷行，兢兢守成憲。舉子遺餘民還之袵席，德至博。都國建藩陳臬，事倍旁郡。外逼強胡，內調供億，軍興倚辦，颮迅火馳，應之秩如，民無稱病焉。雖以經術緣飾吏治，夫有所受于贈公，然斷杼、和熊之教，實太恭人尸之。及此大年，享有胡福，計三命未幾，而惺庵先生又報政矣。不佞鄉邦後進，辱在亞旅，何以佐下風于萬一？蓋聞膏雨時降，則稂莠與嘉穀并生，芟夷蘊崇，無裨易種于茲邑，有相之道存焉爾。今鼓鑄少年賴天子式靈，黨與破壞，第流散無歸，妄億室中之藏，與內地群偷轉相關引，升九原而嘆，思一逞焉。及是時，屬諸長吏廣招徠，捐逋負，舍舊惡，制恆產，聯比閭，重連坐，明斥堠，謹要害。鄉置三老，相與教訓檢察之，其有養亂保奸、廢格沉命者，必罪無赦。夫皋陶舉而不仁遠，士會用而盜賊奔，龔遂至而枹鼓息，劉寵來而夜吠寧，率是道也。提衡千里，如一人之身。精神貫注，使百職凜凜，罔不敬應。罷民無伍，自從欲而治矣。入召伊邇，以其介圭告成功于天子，將迎勞之曰："群盜阻嶮，近在肘腋，朕常以爲憂。太守奉明詔，率先吏民，獲登上理，甚副至懷。"纘戎祖考，遡太恭人而上，綸綍洊加，被九命之榮未艾也。內贊外襄，塤吹篪和，二惠競爽，以奉太夫人于萬年，在靖國人乎！

方伯恒所艾公三錫貤恩叙

恒所艾公自秦右使移長晉藩，秩二品者三年。故事，當上計，兩六察以邊鎮方策虜，方伯重臣，地方安危以之，"某在斯，臣等所恃以共理也，勿行便。"天子嘉乃績，命主爵者益封如制。于是公之父若母、大父若大母皆贈中奉大夫若太夫人云。綸書至晉，三事諸大夫共袞吉典，而右省蔡公以王子里居，悉公之治行，委使言之。王子昔備兵公之鄉郡，修介紹焉，見謂岩岩岳立，心甚儀之。罷免二十餘年，公以名御史歷郡伯、憲使，至蒞吾土，敫歷之詳，皆限于耳食，乃晉政固知之矣。料民庀賦，明入允出，郡國委輸，人人以爲寬己，矯然不滓之操，雖婦豎尤信之。荒札之後，民苦并徵，北虜渝盟，驛騷河隴，軍書雜沓，督逋火馳，公酌緩急之宜，應之裕如也。諸所調劑節縮，具中肯窾。三年報政，九命薦加自身。仁祖膺爲，奕顯重之。榮于國，爲良吏，爲名臣，于家爲聞孫，爲孝子，豈非俯仰至樂哉？夫方伯秩視六書，名位已極，故考績加恩，視六書亦無遜。然人情不樂久處，何哉？壓于兩監，非如古專征、夾輔之重也。事權所操，游聲則易往常，傳舍視之，計次待遷，望陽而馳闕下，比比也。不知終三年淹，如白駒之過隙。而華衮之榮，上逮王父母，此誠千載一時，何可易得？故有官太宰而父母不沾一命者，建寧是也。公服官三十年，所在必著聲績，同進士者執政久矣。觀其難進之節，人品可知。今以高第知命，推轂上襄，或補衮于内，圖山甫之德輞。或秉鉞于外，壯方叔之遠略，則亦無忘弘保我晉民乎！夫晉，邊地也。晉民，邊民也。外鄰強虜，爲國家出死力禦不廷者也，疲于奔命甚矣。二十年和戎，無烽舉燧燔之警，幾于忘戰。乃戎心日啓，兵端已開，而吾待之如他日，非計也。昔嬴秦以遠交近攻之術愚六國而卒取六國，今虜反其術以愚我，而將盡擾我國，論特未定也。蓋言事者好齮齕用事者，以嘗其難試之言。而用事者以爲虛而無當，危而難持，一切以和戎爲便。中外人情亦皆怚于和戎之安，而怵于首禍之不可。上恬下熙，玩日愒月，何以文武相修，使有備無患乎？夫大臣之義，苟有利于國家，禍福以之。事當如此，難易非所論也。公席天子寵榮，操秦策而馳晉問有年矣。虜在目中，可無先難後獲之慮乎？夫專征獨斷雖有待于他日，乃矢謀揆策，以爲諸大夫先，比于坐論之臣，其功一爾。故敵國外患與法家拂士，動英主求治之心，皆藥石也。范文子不憂與國之叛而逞志于修德，誠遠慮哉！則今日馳域外之議，以保我子孫黎民，無但以弭兵爲名矣。

梁晴石先生夫妻雙壽叙

余與梁理夫別四十年，各老于山中。歲辛卯，其子蕙以秋賦至晉陽來謁。理夫偕弟立夫寄詩數章，才情斐然，余諗之曰："年已七十有四，而神王貌澤，父子、兄弟、夫婦之間怡怡如也。"手一册，孝義趙孟敏題"梁孟齊眉"，而綴以詩，請余叙。

余惟漢梁鴻憤世疾邪，作《五噫》之歌，顯宗聞而求之，乃與妻俱隱，變姓名，爲人賃春，卒老于吳，語在《隱逸傳》。稽山世家，自給諫先生用經術顯，至君舉孝廉，與仲弟立夫、季弟持夫接迹制科，以文行相高，事父母曲盡子道。給諫公歿，毀甚，廬墓側三年。嘗迫太夫人命北上，至都門，夢親瘠，驚竊而返，依依膝下，所以娛之百方。母卒，則己老矣，猶然孺慕也，欲廬墓如初，子姓泣勸乃已。六察若藩臬大夫行部至，必表其門。省使上籍公車，例授都事秩，内臺賢之，故優之高地云。君堅臥不起，無所報謝，然不爲危言異行激怒人主。身雖隱而道尊，合聖人中庸之旨，何必變姓名、離墳墓，躬賤辱之事然後爲快哉？夫孝，人行之大者，古鄉舉里選，以此取士。蓋忠君澤民，無本不立，體之信斯，達之順天，人所交助也。昔夫子稱舜大孝，必得其壽，然遇瞽瞍爲父，象爲弟，而子商均，戚矣。君父則給諫，弟參伯，與胡孺人世嗣徽音，咸有一德。盡子婦禮，終身無違志，業業然日致其孝，舜之徒也與哉！無俯仰之累，寧獨依隱終身，是亦爲政，方諸梁清而隘，孟貞而苦，疑過之矣。宜皆享有大年，克昌厥後也。世之兄弟、父子奕葉蟬聯，登高第，躋膴仕者時有之。或用賈道，私其橐以憂父母，鬩于墻，勃溪于室，人將過而目攝之曰：“莠猶在乎！奚其壽？”君家兄弟并有令名，雖弱一個焉，猶二惠兢爽，與胡孺人奉北堂以老，修俱隱之義。不佞遠在數百里外，亦欣然慕之，況薰其德而善良者乎？伯采圖南之翼，矯矯九萬，秋風既高，負大益力，所籍手以報國，必在是子。嘗就之語禮，恭而氣和，布袍脫粟，絕不染世味，此其得于家庭者。異日忠君澤民之事從可知也。兹奉簡書歸，手所得詩文若干首爲獻，而不佞爲之負弩。開宴喜之堂，琴瑟静好，塤篪交奏，酌大斗以介雙壽，其樂只且。追念舊游，必屈指王生矣。

榆次令盧五雲考最加恩叙

盧五雲先生治魏榆三年，當報政，詣公車。民有若孺慕而不能勉于懷者，六察使知其情，籍奏之。天子嘉乃績，下璽書褒美，拜宣義郎，封其父若母若妻如制。綸書既至，凡郡邑守長與侯封望相入將，修聘問之好。于是晉昌大夫王公詣王生乞言。王生老矣，憚于操管，然高先生之義，重違其請也。嘗聞盧爲洊溝著姓，族指最繁，然皆力田稱長者。茅蒲襏襫，以旦暮從事于槍刈耨鎛之間，未嘗仰機利而食。至封公有二子，皆秀穎。仲氏最先發，用經術成名，甫冠也。及舉進士，得望邑，訟牒填委，徐以片言決之，悉其情僞。料民庀賦，差次上下，顯貴人凜凜受事，無敢請撓如他日。守身若處子，愛民若慈母，曾未朞月而建樹炳然，政譽甚美。對揚天子，寵光需次，夕郎臺史之選非苟焉而已。兩尊人種德當年，躬食其報，及此鼎盛之時，峩冠命服，雍容禮度，邑大夫式廬問勞，歲時造請相屬，使君雖遠在千里，猶旦暮見之，甚足樂也。非久奉簡書，入處禁近，經營風議，德業隆起，五鼎九章之榮，所以奉兩尊人者，如川至日增，方來未艾。人子至情，可謂躬際其盛，愚何以效于使君哉？昔太公報政，周公問曰："何以治齊？"曰："尊賢而尚功。"魯公報政，周公問曰："何以治魯？"曰："尊賢而親親。"今世號稱賢者，不知當二公所尊否。至于尚功親親，莫若兼而用之。蓋單于解約，國中多盜，誠君子尚功之會。民貧俗敝，或父子不相保，親吾親以及人之親，在當事諸君子茂遂燠咻之爾。兢兢簿書期會之間，撫字催科并行不悖，則侯所夙興而夜寐者皆是也。誠所欲安內攘外，翊國家昌明之運。若太公治齊，世表東海，爲諸侯師。若魯公治魯，獨秉周禮，爲宗國望。功名著于當時，頌聲流于異代，則今日在魏榆與他日處朝著者，其道甚大，求之終身不能盡也。侯念之哉！

《長德文集》叙

余游于鱗、元美二子間，其矯矯自好，目無古人，然皆推轂北地云。于鱗曰：“能爲獻吉也者，乃其能不爲獻吉也者。”元美曰：“獻吉大而粗，沉思者病之，今籍具在。北地本經術，言仁義，有左國遺法。二子長于叙事而短于說理，宜不勝也。詩賦諸體，睥睨魏、晉、盛唐諸人而走其上駟，北地則先駕矣，是以君子醉心焉。”我邑侯長德先生起朔方，去獻吉之居數舍而近，自爲博士業即慕其人，有思齊之志。舉孝廉時，張助甫爲節使，依贊以見，日與揚榷雅道。上公車，友天下士，名殷殷縉紳間。于古今作者靡不窮本知變，含英咀華，發爲文章，千言俄頃，不自知其至也。及成進士，宰犍爲，適西羌俶擾，幕府辟治餉，六師所移，賴無乏絶。今觀《上節使書》，即虜在目中矣。蓋朔方鎮北國，天下精兵處，疆場之事一彼一此，先生生長其地，目覩而心計之，夙抱請纓之略，矢謀揆策，用之于蜀，遂底厥功。及量移吾邑，治行尤冠一時。夫文學、政事，游、賜不能兼，況章縫與介胄之士不易方而治乎？先生以經術飾吏治，以文事具武備，隨試輒效如此。所謂長材大器，質有其文武哉！間以攬勝吊古之情、懷親寄遠之什、憂時籌國之忠，濡毫伸紙，才情斐然。爲諸生不束于聲律，入仕版不困于簿書，可謂難矣。凡所著賦、詩、序、記、雜文若干首，裒爲大帙，屬余叙。余惟《詩》三百篇，《雅》《頌》尚矣！十五《國風》雜里巷細民謳吟調笑之言，歷數千百年，學士大夫殫精竭思而反失之。史遷《貨殖》《游俠》諸傳載閭閻鄙事，一經手裁，便自千古。故曰：“得其道，則化臭腐爲神奇。失其道，神奇爲臭腐。”夫子反魯正樂，《雅》《頌》各得其所，此著作之準也。先生早歲操博士業，已奉簡書，驅馳岘嵲狼孟之墟，車不停軌，手不停披，堂皇受事，情僞雜陳，甚于《國風》、遷《史》所載。乃周情孔思，篇翰疊出，洋洋乎，渢渢乎，何其備諸體而兼衆長也！去此爲臺瑣，爲公卿，地愈高則事愈簡，益肆力文章，其雄渾精瑩之致，不先秦、兩漢不但已矣。副在名山，使他日知言君子指而稱之曰："獻吉導其源，長德匯其委。"皆北地人也。大業隆名，日新富有，揭日月而行，烺烺象表，兹集其前茅乎！

題《吕公卧轍圖》引

公觀察晉陽，嚴明剛斷，不作沾沾小慈，所由坐肺石者、恥嘉石者、赭衣而狗于道者、警迹而榜于門者，幾何人矣！回視前車，其嚴數倍而感之者衆，何也？鋤暴禁奸，去稂莠而培嘉穀，乃所以生之也。日坐堂皇受事，雖婦人、豎子，苟有沉鬱之情，就而自白，門者無敢格。故閭閻幽隱如日照月臨，而公之精神意念雖遠在千里，無異几席。吾民日引領而望，庶幾遂撫我乎！一旦奉簡書爲輦上君子，皇皇然如失慈母也。二三父老無以自獻，爰繪《攀轅卧轍圖》，謁王子言："夫公治晉陽期年爾，諸所設施，皆本天德而行王道，類非俗吏所能。即父老感恩，不過就其便己之政數事爾。假使有天幸建節重來，竟所欲造，則吾民擊壤而游，鼓腹而歌，庶幾宣、弘以前氣象復見于今日，然未敢必也。"於戲！人心易感，王道易行，則公已爲之兆矣。

奉賀晉府承奉正黄西崖八十壽叙

吾黨有介壽爵于所尊者，不佞從之觀禮，其德不足稱也，年不足異也，儀不足度也，其族姓不足道也，則吾不欲觀之矣。晉宫傅黄公西崖先生今年政八十，陽月之某日爲攬揆辰，其諸子玄甫孝廉諏于尚璽藺君，率其群從子姓前期治飲，乃議侑異姓之賓，繆及王子。王子如戒夙興過玄甫，入其門，見五鼎縮階下，宗人告備，牲告允，尊彝告潔。玄酒在室，醴醆在户，玄甫玄冠緇帶韠。子姓若孝廉門，文學棟，相闔闉。詔甲恩需次有秩禄者昆弟若廷璋、廷瑞而下童冠四十許人，往迎宮傅而道之門，尚璽從至，皆再拜稽首。宮傅入，升自阼階，南面。玄甫輩從升，北面，再拜稽首。盥洗，舉鼎入，蒲筵粉純，扶杖受几而安之。主婦率諸婦若内兄弟、子姓若干人纚笄宵衣出于房，再拜稽首，上佐食爾敦，下佐食羞鉶，羊豕魚腊從錯。玄甫輩拜薦之，公挼祭，食舉，三飯告飽。主婦率諸婦若内兄弟羞庶羞，糗餌粉餈、筍菹魚醢惟錯，公又三飯告飽。王子進曰："公未實。"侑公一飯。尚璽又拜侑公，又三飯。玄甫洗爵升，乃酳公，拜稽首曰："顯允仲父，眉壽萬年，以保我子孫無斁。"公受，既爵而酢。玄甫曰："來汝廷綬，受禄于天。宜稼于田，眉壽萬年。勿替引之。"玄甫拜，率爵廷璋、廷瑞以下若孝廉若文學若需次有秩禄者暨厥童子更進獻酬，皆辯席工西階上，笙入，乃合樂歌《綿》，其詞曰："緜緜瓜瓞，民之初生。"本始也。歌《皇矣》，曰："則友其兄，則篤其慶。"惟孝友于兄弟也。歌《既醉》，曰："孝子不匱，永錫爾類。"語祚胤之盛也。歌《旱麓》，曰："愷悌君子，遐不作人。"美教養也。歌《行葦》，曰："戚戚兄弟，不遠具邇。""酌以大斗，以祈黃耇。"君子之澤，下流子姓，兄弟咸欲其壽考也。歌《鳲鳩》，曰："正是國人，胡不萬年。"言澤被藩國，國之人欲其壽考也。歌《豳》，曰："九月肅霜，十月滌場。""稱此[三]兕觥，萬壽無疆。"則公懸弧之期也。歌《天保》，曰："如月之恒，如日之升。如南山之壽，不騫不崩。"諸子姓介公壽，求永無極也。正樂備，王子揚觶拜曰："美哉志！公不可無醉也已。"蓋公本田家，自厥父母隱德于茅蒲襏襫之間，鐘美是公，尹茲官府。昆季四人咸朴茂，稱長者，修其業而息之。麟趾發祥，繩繩翼翼，秀挺輩出，邁迹儒紳，實惟公之教云爾。而乃今發迹賢科者三人，補博士弟子七人。五尺之童無不稱《詩》《書》，則古昔衰然露其頭角，又家有之，濟濟乎衆多矣！凡此，皆公有懷二人、因心則友之效也。雖八十無毛齒，能齧堅，雙瞳炯炯正黑，視尺箠百步之外，瞭如也。舍人白事，造膝耳語，往往腹裁而色授之。終日危坐，無倦容。受遺惠主，光輔今王，引如綫之緒若長繩繫天，鞠躬盡瘁，老而彌馬〔四〕。雖不吾以，其忠愛憂勤之懷不少替。神王氣和，備天倫之樂，有所以引之者也。以此醇德，受此大年，顧《椒聊》之遠條，揚《華黍》之逸響，嘉薦普淖，四世一堂，豈獨中貴人鮮見其儷？即公卿閥閱之家，指未易屈也。公曰：“子之言信，敬當舉君之觶。”乃拜，卒觶。已尚璽洗獻，公受酢如初。玄甫洗獻，尚璽相酢如初。長兄弟若衆兄弟序獻于公如初。兄弟子、賓之弟子各舉爵于其長，交獻如初。宗人婦若內兄弟子姓序出于房，獻酢如初。堂上下、室內外皆辯無算，爵無算，樂而出。玄甫率子姓拜送歸，薦俎。明日，謁謝拜辱。是役也，觀者以爲景福無期，惟公有之。君子曰：“是秉禮之家也。”尚璽，公門下士，賢如巷伯，其視公猶父云。

校勘記

　〔一〕“蹕”，據文意當作“畢”。

　〔二〕“種”，據文意當作“踵”。

　〔三〕“此”，據文意當作“彼”。

　〔四〕“馬”，據文意當作“篤”。

叙　九

河東王繼泉五十壽叙

　　河東王繼泉，萬曆癸巳壽五十，仲冬十有六日，其初辰也。位下群公子東溪墻、東蘭埏者，于王爲諸父，將以其族衷吉典，而謁王生言。夫王之大父是爲榮懿王，王生之妻之舅也。王雖貴絶屬，然折節王生，視如東溪輩，而禮遇過之。微群公子之請，且將摛藻爲祝，矧得觀禮于獻侑之間，能無詞乎？蓋人六十始壽，而五十有祝焉，所以優尊也，曰"有子若孫，宜備養矣"。況以穹爵之貴，分王而統族，德又彌郡矣乎！請言王之所以壽。夫王者，儋爵析圭，宮居而閏處，有芻豢稻粱、酒醴羹臛，膳宰調之以養其口。有邃延龍卷、黼黻文章，典服司之以養其目。有疏房檖貌、床第几筵，司宮領之以養其體。有鐘鼓管磬、琴瑟竽笙，樂師奏之以養其耳。此于養道大備矣。然而閼之者，亦衆人之生有涯而知無涯，以有涯隨無涯，殆已。故可欲在前，難得者貴，王公之力皆足以致之，舍舊而新是圖，人情哉！于是口之所養以芻豢爲未足，而豹胎熊蹯、猩唇電臛以爲美。目之所養以文繡爲未足，而雉頭翠羽、火浣鮫綃以爲麗。體之所養以棟宇爲未足，而瓊宮瑤室、銀榜璇題以爲安。耳之所養以軒縣爲未足，而魚龍角觝、俳優侏儒以爲戲。極世法之娛，不知老之將至，使其心日熠熠焉如苞火，身日潰潰焉如壞都。所謂宴安酖毒，戲猛獸之爪牙也。老子云："治人事神，莫如嗇。"夫惟嗇，是謂早服，此長生久視之道。故堯、舜得之以治天下，則茆茨不翦，土階三尺。彭、聃得之以養生，則去泰去奢，少私寡慾。陶朱得之以治產，則俯拾仰取，忍嗜節服，是故可貴也。王自榮懿以來，世濟儉德，務本節用，無賓客之游。其衣服、飲食、居處皆出于先世之傳器，簿正之軌物，未嘗與諸王侯豪侈相高。然廩有餘粟，機有餘布，其困窮筐篋之藏，常借德于人而不乏。故晉國諸邸稱儉者必曰河東，稱富者亦必曰河東。今天下正苦多事，太倉無三歲之儲，東奉倭，西奉胡，齊魯、韓魏、陳宋之間大浸稽天，流移滿道，而羔羊素絲之風不被于上，瓊林大盈之積不公于下，習俗靡靡，耗蠹日甚。憂時君子欲陳古以正今，不可得。王獨慎乃儉德，惟懷永圖如此，其賢于人遠矣。蓋觀其氣，常斂而不浮，其神常清而少事。體以寡交而常尊，財以置營而常足。推是道也，雖治天下可也，況一身乎？夫七尺之軀，所資有限，無論貴賤不齊，皆適其節度而止留有餘，不盡之福以還造化，天將委其餘而俾之享，降年有攸永，又何疑焉？是王之所以壽合彭聃，陶朱之術而兼用之也。余昔爲諸生，最蒙榮懿愛幸，五十之祝曾充下陳。王指其堂顏顧謂曰：“夫子溫良恭儉讓，吾以‘忠孝勤儉讓’當之何如？”王生頓首稱千歲。距今又四十有五年，而王五十矣。王生再塵末席，幸甚。夫榮懿，昔之盛王也。王，今之盛王也。率乃祖攸行，寧獨克儉云爾！邁種先德，慎厥終而光大之，則始衰之年正方升之日也。《詩》曰：“貽厥孫謀，以燕翼子。”榮懿有焉。又曰：“儀刑文王之典，我其夙夜。畏天之威，于時保之。”則在今王哉！

送督學李鵬岳請告叙

　　鵬岳先生爲山西提學，纔三十爾，貌若不勝衣，而志意堅定，才力過人。品第諸生經業，日數十萬焉，人人自得也。一日，興白雲之思，而格于例，遂移疾解印綬歸。于時多士失明師，群公失良友，百方留之不可，則欲王生以言爲別。夫先生于文章龍虎變化，方高視一世，何有于王生？無已，則請言以億而先生擇焉。昔者夫子神聖，不得位，講道洙泗之間，斷斷如也。及厄於陳蔡，七日不食，弟子彈琴咏歌，周旋不舍。《魯論》籍同游之人，分爲四科，游、夏以文學名，獨處其後。他日夫子稱卜商「送迎必敬，上交下接若截焉」，稱言偃「先成其慮，及事而用之，動則不妄」，如斯而已矣。至如周旋褐襲之儀、奇偶昆蟲之辯，夫子皆許之而不貴也，豈以其非修身之經與治世之待乎？大義既隱，人私其學，于是莊周、慎到、田駢、墨翟、惠施、鄧析之徒出，學不師古，造説自工，足以倍先王而亂樸鄙。誦法孔子者兢兢然守師説，固未嘗畔此而附彼也。又千有餘年，洛、閩之學興，朱子篤信二程，折衷群言，明六經旨歸，爲萬世法。當宋之末造，學禁方嚴，甘心投竄，與其徒講明著述不少廢，斯亦陳蔡之遺軌也。逮及我朝，尊信而表章之，以開治統，二百年來四海同文，無敢以異説進者。孝、武閩中有蔡介夫先生紬繹朱傳，著《蒙引》一書，精深典正，爲學者所宗，而閩之經生彬彬若齊魯，豈非淵源所自，有開必先者乎？自北地攻古文，姚江標陸學，和之者衆，末流浸遠，尋先秦之軌則菲薄宋儒，慕西方之教則泡影六藝。博士橫經，澤宮射策，兢以雜博之言傅諸時義，而獲雋選，此其爲世道人心之大蠹，豈但洪水猛獸而已乎？夫六經載道之文，深奧簡質。惟深奧，故淺躁者難之。惟簡質，故藻繢者厭之。去此而攻異説，使洙泗、洛閩之傳幾乎滅熄，文學云乎哉？孟子曰：「經正則庶民興，庶民興斯無邪慝矣。」夫欲正經，必先明經。明經，當如紫陽與晉江，雖排擠以爲偏，姍笑以爲陋，不食至七日，而吾伊咏歌自若也，則經明。經明，則非聖之書不能惑而群言廢，群言廢則道術一，人心可得而正也。先生弱冠登朝，十年郎署，語文學方正之臣必爲舉首。典試滇南，秉文山右，皆當禮樂教化之任，登明選公，屏黜浮競，甚稱聖天子愷悌作人至意。稍遲而久之，用底厥迹，媲美于夔、契何難焉？乃塵視軒冕，望白雲而思故鄉，豈其抗箕穎之心，果于忘世者？夫固有所就之也。吾願先生清淑之氣養之以厚，秀美之才完之以樸，奇崛之思反之以平。假十年精力，肆志于六經，宗紫陽之言而歸諸易簡，遡晉江之緒而探其本源。《傳》曰："明則動，動則變。"豈非誠中彪外，有自然之符乎？且今之攻西方之教者，非真能禪解也。尋先秦之軌者，非能爲莊周、慎到、田駢、墨翟、惠施、鄧析諸人也。不過依傍聲響以取世資，其人固易與，而説易破也。先生雅望，盛年與其委蛇而取卿相，無寧容與而爲大儒！學成道尊，志孚言立，直有以拔其津梁而偕之吾道，豈非不朽盛事哉？袞職有闕，維先生補之，庶幾國家得真儒之用，而今日不爲徒歸矣。

賀魏太公節齋先生八十有八壽叙

　　開府魏公自納言拜中執法，填撫三晉，蓋一時極選云。以今年八月之吉受事，即視師雁門，求晉之故，提戎索而改紀之。匈奴大單于憚我威名，戒諸部名王奉貢惟謹。塞事畢，旋晉陽，劫毖内政，吏民以和。念其尊人太公之在昌樂也，屬暢月之念日爲攬揆辰，不獲舉萬年觴，再拜奉書，遣侍子某御安車迎焉。太公雖八十有八乎，倚仗自健，欣然登車，由井陘度榆關，違大河滻沇之野而上下山阪中。遡風孔偃，非老人所宜，乃温然有陽春之色，則輿臺見以爲異也。不旬日抵晉陽，開府方率文武官僚在銅鞮之宮拜日之南至，以崇天子，而前驅至矣，成禮，出迎太公于郊，且拜且前，坐車下問起居，上湇酒焉，而御之入。道旁觀者皆嘆息，以爲未曾有。夫人子于親，以愛心勝者忘其敬。親于子，安其愛，不安其敬也。吾晉民則然，而太公父子之間，雍容都雅如此，教民孝且知禮，可謂不言而躬行矣。三事諸大夫艷公之年已逾耄而堅壯如健丈夫也，置閏在攬揆之月，若日之再中也，謀舉萬年觴于後十有一月之念日，謂鄉大夫王子道行宜佐祝史，道行辭不獲，于是揚觶贊曰：曆之有閏，是歲之餘日也。天積其餘而四時成，聖人歸其餘而九功叙，太公留其餘以貽保乂之英臣，開府推其餘以安太平之篤老，其天人交助，而慈孝相成矣乎！就長曆推之，八十八年之間，置閏是月，纔得嘉靖乙卯與今年爾。昔公判鞏昌，膝下三君子者婉孌課讀，則開府拜于前，二惠拜于後，一歲而再舉觴焉。今三鳳翱翔，其二已之帝所，開府獨以袞舄之尊舞干羽于前，俟緇紳于後，又一歲而再舉觴焉，皆人間世絕無僅見者也。人孰無子？而公之子獨鼎貴一時。人孰無以子貴？而公獨皆以子賢。危言危行，謇謇諤諤，盡文章節義人也。顧光岳完氣不能支而爲三，開府體其全，仲季斂其曜。或成或虧，一喜一悲，不以適然之數而汩性命之和。非有道仁人，惡能引養引恬，登此大年而千里就養者？且膝下丈夫之孫十而開府居其七，次君又接迹甲科矣。遡公之世家，畢萬始封于魏，卜偃知其必大，曰："萬，盈數也。魏，大名也。"以盈從大，吉莫大焉。今開府兄弟并有大名，而十孫濟濟，又從盈數，卜偃之言其再驗乎？異日奏乃丕績，天子嘉之，召還禁近，畀以統均之地，而十丈夫孫起經術，皆得賜第長安，塤篪聯翩，金輝玉映，輩大公邸中，或三逢暢月之閏而再舉觴哉！開府拜于前，群從拜于後，更爵加羞，辨拊而誰何之，計且百齡，表聖朝之人瑞。天子三雍禮成，迎爲更老，袒轉鞠跽，示養老尊賢之禮。內自百辟卿士，外至四夷君長，環橋門縱觀，以風海宇，興于孝弟，穆如也，豈但晉陽之民觀感而嘆息已乎？太公喜，拜曰："荷天之祿，敢不佑啓我後人，咸以正罔缺？"于是諸大夫序爵獻諸其位，以珍從告旨，序薦籩豆，脯醢告飽，乃醑乃旅。而憲老乞言焉，告成，歌《南陔》以出。

魏太公樂天對

魏太公以九十受中丞封，吾國主晉王欣然慕之，召王大夫某問曰：“太公異數哉！受于天者定乎，抑有以引之者乎？古今如太公者幾人？”某謝不敏，頓首對曰：“人之壽，受諸天者也。爵，受於君者也。以異壽登異爵，又天人所申命者也。是誠希有，若垂名史册，一代不數人。舉其最著者，莫若漢之萬石君奮。子建爲郎中令，後至丞相，封侯，老，白首，而萬石君尚健無恙。老萊子隱居，七十侍九十之親，弄雛詐仆以爲娛，則生不逢時，能以天爵自貴者也。某耳目所睹記，真定賈司徒應春封及三世，父衣冠肅客，矯矯有壯容。王父遇寧慶辰，辨拊內外孫而誰何之。至五世孫官直指，伉直自顯。而乃今復見魏公，餘非所知也。竊聞天之造物，猶陶冶之埏埴，雖賦形有定，適用各宜，然高下安危，惟所置之。或神保具依，或爲黍貯醢，或兢兢捧持，或墮甄若遺。故天人相成，捷于桴鼓，雖吉祥有徵，何可不修德以迎之？不修德而壽且貴，是松柏尋斧斤，斷楢被文繡也。”王曰：“太公之德何居？”曰：“公嘗爲別駕九年，不改其貧。歸教三子成名，并以文章風節顯見於世。開府最長而賢，作鎮大山之西，文武爲憲，百職效功，拜赫然榮命，隆所自出，可以極奉養之娛，而公泊然也。嘗以節名其齋，意深遠矣。”王曰：“奉養不可極乎？”對曰：“節之。夫人有血氣心知之性，則必有聲色臭味之欲，雖堯舜與凡人同。足以自奉，適其節度止爾。若貴不可得之物而挾不可已之求，雖以天下奉之，猶不足。以此爲國家，巧佞日近，端直日遠，不但民受其敝，於愛身亦疏矣。”王曰：“吾聞一定而不可移者，命也。一成而不可變者，性也。然

《詩》有'干禄'之咏，道家有引年之術，是遵何德哉？"對曰："憲憲令德，宜民宜人，此干禄之方也。專精神，謹嗜欲，無以奉生之厚而伐天之和，此引年之術也。"王曰："世有談命理相法者，謂人之壽考富貴皆可前知，生逢其盛則不期而會，信乎？"對曰："唯唯，否否。夫知天者，莫辨于聖人。伊尹告太甲曰：'天難諶。'周公告成王曰：'我不敢知，惟有歷年。'故昊天曰明。及爾出王，震耀摧拉，亦何常之有？是以聖人慎焉。夫天，伊尹、周公之所不敢知也。世以小術窺之，不亦繆乎？"王曰："吾聞仁者樂天，知者畏天。仁、知異與？"對曰："唯聖人能盡畏天之道，樂天則自然之符也。昔堯兢兢，舜業業，文王翼翼，周公不敢寧，故皆貴。以其身爲天下，而亦不以天下外其身，躋一世於壽考而已。亦享有胡福，施及子孫。人以畏事天，天以樂報之，是謂自然之符。魏太公夸節好修，積德百年而後興。有名臣爲之子，天引之年，帝高之爵，身在表著之外，而顯然獨坐，照灼閭里。郡邑長吏導迎寵命，矜其老，命毋下拜，竟下成拜，無敢一坐，再至焉，其矍鑠如此。及開府乞身求侍，賦"靡鹽"之詩止之。家數百里而近驛置，起居不廢晨昏之節，顧益喜，加匕箸焉。開府奉太公之教，撫堯舜之民，行文王之政，圖周公之功，視萊彩無位，萬石少文，不啻過焉。衣冠烏奕，足蓋前薪矣。進此而八座三公，堯年姬曆，皆太公樂天之境也，亦畏天之符也。"於是王稱善，進王大夫，揖曰："吾問太公之行，而子稱保身祚國之道，忠矣！遠矣！寡人不敏，敬佩良規。"因命侍史書之，遺公於繁水，侑萬年之觴。

賀徐德柄先生兩臺首薦序

余與洛陽劉子禮善，徐使君，其姻黨也，以進士令魏榆，致子禮書而善余。如子禮貌恭而氣和，語秩秩可聽，知其良德君子也。久之，果有民譽稱者，曰："謹身率先，不事搏擊，延見士大夫，考問政術，事舉其中。又記性絕人，一經引對，再見必名之，咸咋指以爲神。不下堂而魏榆治。"六察使者若齮使者交章薦其賢，爲山西第一云。公門人寇生某偕同舍生四十人謁王生言爲賀。夫寇生，名家子，得使君爲依歸。不佞心好之，其能已于言乎？嘗博觀四海之内，郡邑棋布，爲令長以千數。惟射策甲科，得補望邑，不過四五十人。就四五十人之中，治行在高第，察廉舉首，需次臺瑣之選，纔十之二三，可謂難矣。遡追隆古，如子路治蒲，子賤治單父，魯恭治中牟，而卓茂治密，獨能垂光史册，非但如世之察廉舉首，致身膴仕已爾。屈指數之，未更僕而盡。夫環四海之衆，上下數千年，以循吏稱，靳靳如此。讀其書，論其世，非有卓詭難能之事，不過曰恭敬以信，寬明而有斷。父其父，子其子。尊賢者，與之共政。以德化爲理，不任刑法。舉善而教，口無惡言而已。世之君子可以勉而能也，而不爲者，豈不以爲見功遲，爲德難卒哉？夫平生治經術，動以古人自期。一旦艾服官政，舉而卜髦之，則惟簿書期會是任是行，遇合顯融是崇是信，宜乎其有近功無遠德也。洛陽，天地之中，賢哲輩出，近日尤西川先生清苦力行，人比之明道。子禮輩生則師事之，歿則尸祝之。高山景行，爲則不遠。使君天禀夷粹，生君子之邦，師友古今，晬記甚熟。觀其行事而知其心品，當必不以察廉舉首、榮寵一時爲足也。言行擬之古人則德日進，施爲傅諸經術則道日光，愷悌協于神人則福益介。以此爲聖人之徒，仲由、子賤其選也。稱循良之傳，魯恭、卓茂其人也。何多遜之有？嘗聞旁郡有選人某，借資入官，收責無負。已其人道卒，而爲之母若子以爲可乘也，恝言殺之，提髑髏僞傷爲質。聽者不察，内之重辟。六察以爲疑，移使君覆讞，片言俄頃，盡得奸狀，抵誣者罪而脱之繋。推此一事，豈非寬明而斷之徵乎？至于恭敬慈惠，以德化爲理，口無惡言，吾既其貌已先諸行事得之矣。前所稱四君子，宜優爲焉。計四境之内望恩者衆，四境之外質成者多，得無亦有文案相沿，一成而不可變者乎？吏人好自矜重，賢者阻遠。吾民戴盆而望天、因鬼而見帝，非一日矣。晞之以朝陽，濯之以膏雨，使闇昧耀于光明，而塗炭厝諸袵席，誠速如置郵時也。使君推此心，順而達之，可以塞天地，橫四海，保矜寡，對鬼神，何循吏不可爲乎？不佞好使君，無以爲助，故以此言進，亦惟使君足與斯言也。煒煒寇生，尚毋以爲迂而闊于事情哉！

叙　十

《三立祠列傳》叙

　　道行既爲《三立祠記》，則臚列其人而叙之曰：吾讀《列傳》，而慨然有概于富貴、貧賤、死生之際也。昔向子平言："吾已知貴不如賤，富不如貧，但不知生何以死爾。"此語有致而未盡。夫富貴、貧賤、死生，一也。知富貴、貧賤而不知死生，是知二五而不知十也。何以明之？人之所貴者生，富貴，所以厚吾生也，而貧賤爲已薄矣。死則生理爲盡，故雖人所不能免，莫不惡焉，而欲紓之。不知有理也義也，足以善吾生，亦所以善吾死。君子必以比自立，故有去富貴而甘貧賤者。此人之大節，所以異于凡民也。夫子大聖人，自十五志學，至三十而後能立，然後不爲外物所動，而至于集群聖之大成，可不謂難乎？好名之人能讓千乘之國，舍富貴而就貧賤，亦時有之。若陽爲名高而陰圖厚利，小人而托諸君子，其最甚者也。死生在前，更不容偽。仁人殉道，烈士殉名，非是族也，鮮不瞿然自喪。荃蕙爲茅生之辱，豈如死之榮乎？唐虞五臣皆聖人而富貴者，當其治水，躬四載之勤，山行與虎豹争穴，水行與蛟龍争宫，尚不知有身，何言富貴？自餘諸君子處大國强宗、奸諛險詖之間，皆能奮不顧身，以成其義。卒之上結主知，下孚公論，流譽至今，與天壤俱敝，則立之效哉！蓋天地有正氣，人得之有立，方可與天地參而爲三。此非可以静悟得也，非可以言語竸也，惟在讀古人書，力行以求至焉爾。近世之論，以讀誦爲陳言，踐履爲粗迹，檃栝爲強制，皆非孔、顏正傳。若學見本源，自然頭頭是道，不由蹊徑，立躋聖域。循其説，令人周圓而趨，憚于檢押，自惧而復惧人。六經之旨湮塞不明，至于今，極矣。善乎！程子之言曰：“能盡語默之道，則能盡出處之道。能盡出處之道，則能盡死生之道。”夫語默，人之所甚易。死生，人之所甚難。忽其所甚易而怵其所甚難，是以君子少而衆人多。不能望古人之後塵，而輕議前輩，以爲未徹，惑之甚也。故君子爲大于其細，圖難于其易，得寸則寸，得尺則尺，始乎慎語默而終于破死生，一以貫之，要在積累而至。譬如大鹵之金，百煉而愈精。豫章之木，七年而始知。扁跗之技，三拆[一]而稱良。師聖友賢，日改月化，有本者如是，夫然後可與立而列于君子之林矣。

賀郡伯趙明宇考最叙

郡伯趙明宇先生治太原三年，上功幕府，御史大夫魏公以其賢爲列郡最，奏曰：“臣在鎮三年，賴天子明聖，諸守宰兢兢奉職。太原守臣某察廉當舉首，今三載考績，宜赴闕庭，聽大冢宰面核治狀以聞。第邊郡邇胡，不可一日無守。晉民之欲留行者，甚于臣之欲留守也。臣以爲勿行便。”上功督府若鼇使者，奏如魏公。省使、臬使皆考上上，籍奏如前。于是郡伯之名益殷殷轟轟滿都下矣。天子詔曰：“太守甚勞苦，勉復爾位，慾爾職，尚克有終。”將推異等之恩，嘉與更始。陽曲令徐侯密伊條教，與支郡、旁邑諸使君承式維均，快覩政成之效，謀宣暢德美于鄉大夫王子，謂能悉公也。夫王子叨在編管，遠迹農圃之間，何以曙全體哉？嘗聞前郡伯行日，得公代，語諸從事曰：“善事而主。吾能貸，若公，嚴不可犯也。”諸從事相顧沮喪。余以爲公少年敏妙，不輕可人，難乎爲下哉！及上官，固寬然長者，未嘗習爲吏而排割無留。左右咋指，相戒提身帥屬。事責大指而已，不爲已甚之行。其所亭平，人人自得。往里中豪比屋連雲，高枕愉快，干掫之不時，則禦窮竭作慝矣。公廉其狀，爲限復法，示明等威。諸有憑藉隱射、負嵎托處之人，盡出以于役。庶民在官者，裁其冗濫，均其稍食，計闔郡所減，歲且萬緡。舊有三立祠，放而不祀，公白臺省復焉。學使者召置三晉之彥，講誦其中，以公提調，程其課業，飭其厨饌，無不烝烝龍變者。夫得百姓易，得一士難。得一士之力小，得多士之功大。公修此三者，故全也。昔尹鐸爲趙簡子守晉陽，保障得民和。智氏之難，至懸釜而炊，易子而食，非得民乎？高共不敢失禮，而張孟談私于韓魏，卒滅智氏，興趙宗，非得士乎？然愷悌作人，復追薪樏械樸之盛，則未之聞焉爾。公連二十八屬之衆，輻員千里，諸使君禀畫受成，提衡滿志，是環千餘里，得二十八尹鐸矣。館下諸生蹌蹌濟濟，豈無有高共、張孟談者？足備緩急。進而多鄉材爲良大夫，翼戴王室，綱紀四方，未艾也。今中外日漸多事，吾地獨晏然。公與魏公相得而益章，仁義以爲甲胄，忠信以爲十[二]櫓，法度以爲金湯，賢良以爲鎖鑰。即河隴之羽書日聞，橫海之鯨鯢時起，天子揮右肱走之，其心如智氏，何足爲難？所患者魏公報政，公又報政矣，或改服上襄，爲德不卒，則未可知也。夫必得民，然後能用民。必造士，然後能得士。非一日之儲也。奈何民力困窮，士習呰窳，無甚于此時者。能用民惟守與令，能得士亦惟守與令，願公與諸使君共祗厥功哉。

《瞻雲樓存稿》序

　　《瞻雲樓存稿》者，吾師翠巖先生所著也。先生在嘉靖間爲名御史，己酉巡按山西，貢士六十有五人，王僕卿淳甫爲舉首，張文毅公次之。不佞第九人，逾年庚戌成進士，守鄧州，謁先生夷梁省署，見其二子俊越、俊吳，皆婉孌珮觿，所爲時義已淹貫精博，亭亭雲表矣。未幾，先生擢豫章，中讒歸，無禄即世。遭島夷之變，家徒四壁。俊越赴省試，遇盜，沉于舟中，而俊吳益單極，不自振。文毅迎致都下，借資游成均，舉順天壬午鄉試三十二人。念母夫人老，不能待詔公車也，就校官之選。山陰相奇其文，置第一，署廣德學事，稍遷揭陽令。母夫人又無禄即世，解官歸。公除補饒平，甚得民而不獲乎上，左遷憲幕，來晉陽。時道行家食二十六年，去夷梁四十年矣。握手相慰勞，語相泣也。因出先生存稿三峽，委之序。余惟先生神穎絕人，十行齊下，目所經攬，終身不忘。平生摘藻如大匠，考室位，置衆材，百工受指，不愆于素，足以示等威而訓恭儉，使誇者自失也。閩海世家推林、黃爲名族，有唐傳器，經亂喪亡，矧兹簡衰，收諸放佚之餘，可多得乎？然嘗鼎一臠可以知味，觀其所存而正大之情見矣。俊吳自謂減師半德，猶堪倚馬授簡貴公，文不停綴，奇語往往動人，信汗血之駒有種哉！所衡士自文毅外，如王僕卿淳甫之清貞，張兵侍伯時之建豎，皆老于一第。甲科不盡名士，何獨俊吳？然俊吳雖坎廩，才足自致，得文毅挽于前，群公推于後，收之桑榆，實維今日。道行之得序先生文，又以其不遇爲遇者也。因原本家世，論次詩文，俾黃氏子孫世世寶之。傳器雖亡，而不亡者存，無此爲大云。

送守心上人充塔寺山長叙

吾黨治堪輿言，于鎮城巽隅起浮圖十級，使龍首昂然，上插銀漢，誠千百年之盛事壯觀也，宜有名僧爲開山院主。稽于衆，咸曰守心上人可。蓋上人嘗爲諸檀哀法財，迎三藏于金陵，逾年始返，不私一錢。余曾携友人至住庵處，欲小酌，上人咄咄麾出，心益重之。兹領塔事，出自僉允。傅參伯應期實司提調，以緣簿委之。嘗見有苦行僧諸方乞化，自暴嚴霜烈日中，饑寒困踣，最能動人。及檀施委積，則榾柮爲奸，六欲蘊崇，作地獄種子，所謂千聖出頭，不容懺悔者也。迹守心素履，寧肯蹈其枉轍？但真空之心最難保持，幻妄之境極易涉染。一念無明，魔得其便，飄沉苦趣，職此之由。願上人慎終如始，勿負長者推擇哉！

《易問》大旨

先奉議委吏恒山，雅好文學之士。有杜太學祉者，滇人也，以直指掌故至，奉議醴焉。余爲童子，侍太學，問知讀《易》，出是編贈之，曰是其婿顧孝廉手録也。以爲舉業稍遠，不甚省覽。余守姑蘇，兒輩命胥吏代録一副，失其原書。今歸田二十年，日漸衰老，偶披二三策，見每卦以章法求之，《繫辭》《傳》以篇法求之，語脉貫通，承接處皆有意趣。今博士家治是經者，隨文生解，散而不墊，視此徑庭矣。因正其訛謬，命甥驎繕寫，犁爲四册，置家塾中。於乎！伏羲明天地之《易》，文、周明伏羲之《易》，夫子明文、周之《易》，程、朱又明夫子之《易》，盡矣。近世蔡介夫於程、朱傳義説之甚詳，而統紀可尋，則南隽汪君之著是書有獨得焉。夫《易》爲五經之源，天地鬼神之奥。昔晦于卜筮，今淺于舉業。《易》之不明，皆學《易》者之過也。倘由是書而致詳焉，遡程、朱之傳義，以究夫子之微言，則羲畫姬文皆神而明之矣。顧孝廉，偶失其名，官止縣令。

校勘記

〔一〕"折"，據文意當作"折"。

〔二〕"十"，據文意當作"干"。

記　一

重修城隍廟記

　　晉陽，古狼孟之墟，倚山爲城，其隍受溪水而注之汾，最號雄麗。是宜有神物憑焉，以固國定民。厥有祠，舊矣。高皇帝拓若干雉，重建親藩，以命吏治之。凡上官者，令矢于宇下，加惠元元，意至渥也。地故邊虜，嘉靖間胡馬闌入，輒狼顧失利去。雖廟謨宏遠，而神庥昭祐之功宜有默運于巖險之外者。祠之中爲廟，以妥神。前爲享亭，一門、二門之外峙坊表焉。後爲寢一，兩廡有冥考像設，獰猙可畏。懸鏞建鼓當碑之左右，致齋之館在門之東偏。絕術而南起阿閣數仞，春秋祈報，雜奏伎樂其上，以娛神人，則備矣。蓋創自國初，而恢廓附益之，或因于官，或勸于民，載在麗牲之石，可考也。歷歲小損，僧人普美圖新厥構，得請于公府，爰暨士民，咸輸力恐後，凡得若干緡，以授匠氏。始萬曆改元之明年，再期而畢，則廟貌言言，視昔有加矣。道官張全一適謁選至，掌其事，徵文于余。余謂吾晉之民崇鬼而信巫，蓋唐風無幾焉。遍國中若干祠，皆無若城隍之祠正。夫祠外神有一而百餘所，無謂也，又不若城隍之祠專。祈歲禳祲，備物致享，他祠盡祠已，則不若城隍之祠嚴。何以故？載在功令，命吏之所禮祠也，不亦正乎？且也據名都而總百邑，若州牧領其方之諸侯屛翰天子然，歲時禋享，各有分土，不相淆，不亦專乎？與藩臬、郡邑之長若貳植禮覆昏，幽明表裏，則高皇帝實命之。

冥考像設亦秉三尺意也，故嚴。曰："然則不廟祀何？"王子曰：古者諸侯有社稷山川之祀，至于今因之。城隍，故社之别也，合諸壇壝可矣。又高皇帝于郡屬，詔主百鬼，别其良奸，所以風兆姓，使彊爲善。《記》曰："祭不欲數，數則不敬。"夫于社則祀，于郡屬則祀，廟之祀，不亦數乎？然俗節獻享，聽民緘幣，把香婆娑宇下，不以爲數且不敬也。則奈何曰地廣民聚，治之不可盡治也，日相角以力，相狙以詐，而竟逸于三尺之外？是大亂日具已。故弗迪于義者，十而一麗辟焉，則已疏，況不止于十乎？庶獄之慎，百而一無當焉，則已惑，況不至于百乎？夫惟神也，不可知，人以爲無弗知也。春祈秋報，緘幣把香，而至者徘徊顧瞻，洋洋乎如在其上，如在其左右，宜足以消其猛鷙陰賊之氣而開其悔過遷善之心，于教化宜有裨焉。故衲子振鐸一倡，赴義若流水，人心與鬼神相爲感通，可以識治道矣。至若他祠不典，托爲奸利，而鳩傗方繁，民靡于費，何如其正也？小有眚灾，靡神弗舉，何如其專也？群游冶之人競角抵之戲，士女縱觀，蕩凌禮教，何如其嚴也？冥冥有遺行，獨以此爲善事鬼神，俗之弊亦久矣，在位君子故不得盡聽之也。

榆社縣儒學新建崇正館記

榆社，岩邑也。學宫在東郭，博士以扞撦不時，相戒内徙，朝諸生朔望外，不復會講、會饌如功令矣，大比往往左次。萬曆丁丑，邑侯貞庵丁君至，慨然曰："師儒不聯，則教學不相長。科第乏，則士安故常而民罔于勸，是吾之責也。夫圖欲復諸，非環而堞之，不可念。時詘而舉贏，政新而圖故，違後勞之義。吾姑爲其易者，視布政分司直博士居數武，而方伯、重臣行部鮮至，即至，可他授館也。若闢爲舍，使諸生講習其中，爲之長若師得日視焉，禮教其有興哉！"謀卜既從，請于上大夫，咸無違志。于是鳩工合作，爲堂前後各三楹，東西序各五楹，重門六楹。故有文昌閣，當龍首，亦新之，使諸生登望游息焉。爰起綽楔，題曰“崇正館”，而以“日新”顏其堂云。材仍舊貫，頗易其朽，增其不給，與諸版築陶冶之費取諸贖鍰，役庶民食于官者，無庸竭作，時時出俸錢慰勞之。以故訖事而民不知，財不靡，趨事者不勞。始于六年之三月，成于八月，而後群可樂也。學博陳君遣其弟子張文煥、常如峻請記于余。余嘉乃績，禮辭不獲，因爲之記而告之曰：若知夫群諸生而教之之意耶？昔者周衰學廢，道、墨、名、法、陰陽、縱橫之説與孔氏并而爲九。七十子之徒，學孔子者也，散在列國，又自支而爲七。甚矣！其多端也。故曰：“斐然成章，不知所以裁之。”合志同方，比物連類，以教則易從而學易成也，所以一道術也。今郡邑自學宮外，有司又各以意創書院，羅群彥，而督之修詞。高者墮體黜聰，譚天語聖。下者餔糟啜醨，隨聲附響。榮利是媒，桃李自愛，于是學宮爲傳舍而博士若弁髦矣。聖天子知其弊，因臺臣奏舉，制下，盡撤之，謂游譚不經，虛拘無益也。是館落成，適與時會，聯之師儒，將以裁其過而合其離，補邑庠缺事，正維制旨，諸生如自致何！夫博綜古典，嫺于當世之務，敬長上，順鄉里，言行不悖所聞，斯可以備賢良、文學之選。苟古之不博，時務之不通，言之不得，行之不成，即敝袴宜有愛焉，胡章甫之望也？國家以經義取士，固欲一之于道術，顧士不惟其本，日誦帖括，多至十餘萬言。或揭旗鼓先登，則衆靡然赴之爾。假使天子開石渠、白虎之觀，延置諸生，論五經同異，不則問郊社禘嘗之禮，興明堂辟雍之治，策河渠四夷之事，察五行災異之變，不能置對，則丘蓋不言，其何以稱上意旨、曰明天人之故者哉？吾願諸生以經術不明爲恥，由洛、閩之説上遡洙泗，方其不得于言而求之心也，窈若探無朕。及其得于心而肆之言也，沛若放潰堤。質于師，辯于友，成于衆，修于獨，規圓矩方，博文約禮。譬如適長安者，累數十舍不止，則宗廟之美，百官之富，行自見之矣。他日上籍太常，布列有位，明體適用，舉而措之，斯稱于時，曰儒者之效哉！孰與夫沾沾帖括，窮髮腐齒，僅榮一第，則舉平生棄之之爲愈也？諸生勉旃。丁君名某，某科進士。陳君名某，某科進士。皆關中人。政教和衷，牖民孔易，與丞尉某某、訓導某某共襄厥成，皆于法得書云。

蕭使君生祠記

　　岳峰蕭公以參政領兵使，開府岢嵐，夷貢市益謹，蓋全省倚爲長城云。支邑岢嵐益近邊，而城不足守。公浚湟增埤，石其趾而甓其幹，其厚三之一而堅倍之，詳具《萬元城記》中。嵐人甚德公，謀請祠。公聞之，謝曰：“此督撫、大使意也，有司之守也，而二三子力也，我何功之有？且不穀在是而祠，亂神人之位而奸大禮，毋乃不可乎？不如止也。”未幾，以治行高第，持中丞節撫寧夏，已又移上谷軍。去之明年，嵐父老竟祠焉，曰：“吾邊邑子女、畜產與虜共有之，賴天子神聖，十年不見鋒燧之警，然非所恃以爲安也。離石之變，談之如喪神守。賴公成城，以保我子孫黎民，非祠無以報德。”于是衡人獻材焉，陶人獻甓焉，匠氏獻工焉，壯者趨事焉，不逾月而祠成。貌公其中，而父老率子弟駿奔宇下，望之肅如也，神明之也。近之藹如也，父母之也。歌曰：“太師維垣，君子萬年。”又曰：“袞衣章甫，適獲我所。”則因進士邸錦辱不佞道行請祠記。不佞竊聞之：“古列辟卿士有功德于民，秩在祀典，然其人則皆於昭于上，請于朝，議于禮官，因民之欲祀而祀之也。夫不請于朝、議于禮官，民欲祠而祠之矣，則今之命吏有功德者皆是也。所謂禮，雖先王未之有，而可以義起者也。偉哉公功！民之報之也，不待請而祠不可以止，厚矣哉！”問所以城嵐狀，邸君曰：“初，城議起，而吾民甚恐，欲跳。公請于高中丞，曰：‘民非不知城之不可以已也，力不贍也。請發帑金萬五千緡，部戍卒三千人佐之，然後均人民、車輂之力政，其徒以口率二十而致一，其車以畝率三百而致一，而費無所與，民不病作矣。’公又時時軺軒出視，親乘障慰勞之。功苦者，惰不勉者，費蠹而無當者、虛使其民者，罪如法。于是屹然成城，金湯之險，嵐人忽自有之矣。”問所以治理狀，邸君曰：“吾邊民向苦胡也，而今苦于備胡，殆有甚焉。天子恐將吏之不戒，每五歲遣樞筦侍從之臣出行塞上，視戰守備以爲殿最，諸大吏惴惴奉尺一，規免譙責，則又責之守長而臚及閭閻也。無日不疲于奔命，文具日增，樂用之氣甚寡。公首捐不急之營，與民休息，課農講武，使之以時。帥先儉德，裁供億之弗式者，用一緩二，姑取不失歲額而已。曰：‘朝令夕具，民費半產，良吏不爲也。’惟繩貪暴不少假。夷使至，時有橫需，必據禮折之，剛柔互用，無不傾心奪氣以去。是雖日繕亭障，廣斥堠，修城郭，庀兵食，而民不知勤。屢興大役，而農不違業。出帑金萬餘，而費不告蠹。民之赴義如流水，而功不待勸。虜即渝盟闌入，大者乘城，小者收保，安能從重險度師、犯千里趨利之禁也？是公之功在全省，永永無極，寧獨我嵐？”余曰：“善哉！邸君之言信而有徵。公嘗爲魏榆令，余在汴臬。公嘗分臺而治，寬然長者也。今用民力城嵐，而嵐之民愛而思之祠之，則體之仁也，任之勇也，慮之精也，處之善也。其他邊政甚具，皆是物也。慎斯以往，於天下乎何有？天子重西夏之守，固以公西。然彼羌方襲我冠裳，比於屬國，非若宋之元昊，蹢躅可虞，似不必以韓、范當之。移節上襄，行且有日，庶其復見令公乎！吾聞太山之雲，不崇朝而雨天下。公泰下人也，維岳降神，雲蒸龍見，方作霖雨，以先群望。他日與古列辟卿士彪映功載，將有請于朝議于禮官而祠之者，寧獨嵐之人得私焉？"公名某，字某，壬戌進士。今使者王公，名某，字某，某郡人，某科進士。邁種公功，皆干城之選也。而邸君首義，以爲民望，得附見云。

太原縣重修奉聖寺記

夫道包六合，巧歷難窮，空逾四禪，無生獨往。是以冥心絶待，方窺正智之門；對境迷真，豈解前塵之縛？有大覺皇者，降神兜率，托體王宮，生而能言，六年成道。納須彌于芥子，攬長河爲乳酪，轉金輪以片言，運閻浮如指掌。爲人説法四十九年，依佛度生千萬億計，誠尼連之寶筏，焦土之慈雲也。自雙林西謝，三藏東流，教象聿興，宗峰丕振，招提之盛，遍于海宇。隋帝昏而瓦解，唐宗赫矣龍飛。基命維虞，造攻如亳。有鄂國忠武公尉遲敬德者，天挺人豪，世稱虎將。以拔山扛鼎之力，成圖王佐命之功。陷陣摧堅，身如掣電；排闥奪槊，手直擎天。轉宸極于傾危，夷大難于倉卒。投戈東第，錫祚上公。山河共其始終，奉養極爲榮厚。晚乃懸車朝請，參席禪那，悔從前之百非，皈無上之三寶。就智滿國師咨問法要，遂建刹于并州之南。左帶靈源，背連懸甕。駙臺之遺迹，枕其右肱。陸海之原田，交于前趾。日月光浮帝網，烟霞流潤珠宮。疏請臨軒，敕名"奉聖"。想其檀施山積，勝侶雲臻。晝闢講堂，大衆普聞不二法；夜扃禪室，方丈常燃無盡燈。天龍入鉢，則潛其本形；神女獻珠，時參于海會。使喑嗚叱咤之雄，聞軟言而低首；播蕩飄沉之鬼，指迷津以徑度。斯亦天人之善業，曠劫之勝因也。朝市既移，滄桑屢變。雲臺麟閣，空留竹簡清芬，故國舊宮，久泣秋風禾黍。而此寺巋然，相好如昨，非緣佛力，惡有來今？第菩門顯晦，關世道污隆。或戎馬生于四郊，則野狐登其廣座。歷五代之季，逮金、元之交，一廢一興，幾微幾絶。間嘗鼎新于皇慶之歲，豈足比隆于貞觀之時？二百年來，積衰已甚。雖無相莊嚴不爲增損，然有情瞻禮宜備尊崇。有無疑禪師圓信者，乃汾陽武氏子。淨持五戒，妙悟三空。作苦行頭佗，六年稿立；得西來正受，萬法圓明。遂卓錫于土堂，久絕循于城市。心離諸染，信及豚魚。語截衆流，人稱龍象。于是住持明珠，因諸善有，疏請住山，資其法施。師即發大願力，起無緣慈，上報佛恩，傍滋衆福。慮無程有，揆日開緣。于是王侯貴客咸輸湯沐之金，田舍素封不吝京坻之粟。千緡輻輳，百工子來。仍舊貫則金象重輝，拓新規則法堂雙峙。奉大雄之殿，矯矯凌風；開羅漢之堂，冷冷照水。藥師前啓，護法傍翼。米鹽豐香積之厨，鐘鼓抗栴檀之閣。冥考森然，顏諸兩廡。沉淪宛爾，豈緊異人？始事于己卯之春，落成于辛巳之夏。于是丹楹刻桷，色映中天。夕梵晨鐘，響傳空谷。風泉增其幽勝，魚鳥助之發機。僧俗縱觀，皆獲利益。方今至仁在宥，國運綦隆，以胡越爲一家，同圭璋于九譯。民生逸樂，緣業轉深。天行沴瘥，道殣相望。譬積薪以成火宅，負石而沉苦海。孽由人作，禍豈儻來？蓋有游魂假寐，垂絕暫還者，見謂簿責三世，論具五刑。秦繆有瘳，安得鈞天之饗？目連能人，莫開阿鼻之門。按籍而稽，量人以谷，至使里井爲墟，家門無類。雖堯湯之水旱，楚漢之兵爭，無以喻茲厄矣。賴圓師會結善緣，維新古刹，拔幽魂于逼惱之中，轉惡業于菩提之上。況復焚香投地，步屧循墙。佇目金光，三千之儀如在；周諮威化，四門之感正同。一念淨心，便成初地。至如信根深重，直達本原，靈智圓通，不由階級。因有相而悟無相，觀報身而證法身。善入伭羅尼門，超出妙莊嚴路。紹隆聖種，羽翼皇圖。其爲功德，不可思議。余幼遵魯誥，長涉竺文。方外之交，同參已久。鳩工甫畢，徵言爲記。屬采薪之初間，辭搦管之未能。師溘爾示疾，奄然長往。方歡喜而讚嘆，遽淪胥以悲感。因追宿諾，敬述斯文。合掌坐寶蓮花，諒生極樂；濡毫對青玉案，慚視大方。聊紀先勞，永貽來彦。凡諸檀越，備載碑陰。銘曰：

晉陽名邑，臺駘舊墟。靈泉噴薄，沃野平舒。星連參井，地壓穿廬。龍飛仙李，電掃方輿。四征無敵，九有同車。矯矯虎臣，首稱鄂國。萬夫獨往，斗金靡惑。大難以夷，儲皇是翊。力翦仇讎，忠扶宸極。晚悟無生，靜依禪德。密洗雄心，諦觀空色。乃構藍若，于此近郊。桐溪左湧，甕嶺西包。虹梁危拱，雀頂高巢。洪鐘曉叩，疏磬晨敲。五百比丘，一千眷屬。善超六塵，靡留三毒。凡厥有緣，盡成解脱。大法通明，幽崖洞燭。逮至今日，千有餘年。舊都豐鎬，下埒村廛。陰房古瓦，四壁頹然。金床鏤彩，石鼎消烟。僅存十一，莫稱齋虔。皇皇聖明，民物熙暤。四海同文，八蠻通道。人懷逸樂，業纏煩惱。末法滋多，燕石自寶。不證能仁，誰分顛倒？遵彼汾洳，厥奥土堂。圓師掛錫，行潔珪璋。偶形木石，濯足滄浪。駕言南邁，佛宇重光。檀施孔多，爰究爰度。揆日庀徒，崇基載拓。繪彩塗金，拖廊門閣。霞拂璇題，雲穿綺構。寒暑三周，宮墻考落。一期示疾，隻履西歸。法輪罷轉，義馭徂輝。風號山木，泉咽漁磯。神游形謝，烟滅灰飛。常留寶地，永播餘徽。

山西布政司新建清軍道

我國家制軍，詰禁以威天下。其軍之數，自帝都下殺，胸臂足使也。自邊鄙内殺，髖髀足任也。九畿之籍出于九賦，猶古寓兵于農之遺意。大率有抽選，有召募，有罪摘，一著尺籍，無敢失伍。即亡命行間，出片紙攝之，雖萬里而遠，郡縣遣補其處無敢後，則方伯重臣操要領焉爾。鈞陽董公之爲右方伯也，適天子念乏軍興，有司無能佐國家之急，苟竄籍無誅，何以春秋耀吾甲士？特遣御史分部督發之。而漁陽之戌内護京陵，自他衛徙實之，居十九北人。有隸樓船下瀨之師，盡調諸塞下蔽要，群吏視遣補之多寡爲殿最云。董公進諸長吏約曰："凡使者所以來按籍而數軍實也，非驅徒之人伍兩之也。如不詳爲詰質，而徒以滿品對簿，民且廢其常業，以室則毀成，以畜則止生，以農則禁耕，非便計矣。"諸長吏曰："唯唯。"趨而退，修令如公指。迄使者復逆，無有占籍自偷者，民稱平焉。公尤謂國之大事惟懷永圖，顧無分司，與左使雜署堂上，執掌庶政，非執簡致一之道，謀欲創置如他省。未會而轉左使，使者亦罷，不復遣矣。博野徐公繼之，前規後隨，較若畫一，爰圖即功，厥衷大協。于是相土于司之東，直儀門有隙地一區，中構堂三楹以出政，又堂其東三楹以退思。左右負序相向，各視其堂。數堂之後爲復屋，以貯版籍，居群史，而門闌墉陳之制翼如也。出筦庫之材，木不徒而具。懸募犒之金，人不鳩而集。嚴朝夕之程，力不扶而勉。凡陶甓黝堊，取辨等威，維朴堅之尚，故不曠日靡財，增偉觀矣。徐公諏吉苫之，于于然適也。厥神益清，厥志益寧。政不戒而自貞，則謁諸不佞，以識歲月。余與兩公共事秦、魏，且籍在編民，樂與受嘉蔭也。乃言曰：我朝鼎曆無疆，遠軼周、漢。四方飛羽輒奏膚功，豈非德澤深厚，武備素修之效哉？往在嘉靖間，天子厪疆場[一]之政，邊大臣懼明詔切責，圖維獻納，日勤驛置，其守闕下條上便宜者常數十輩，悉付廷議，罷行之。于是增兵積戍，高壘深溝，以自見功，而軍制紛更，多非祖宗之舊。余嘗歷秦、隴，逾回中，并河而西，尋長城遺址，徘徊于龍荒雁磧之場而不能去也。見有斧冰者與畚土者，乘障而擊柝者，凍餒骨立，猶責之無已，乃其所以亡也。使者出，按籍待報，有司上觀下獲，遑恤其他？負版載馳，上之天府。吏胥方游移刀筆以規厚利，鬼隱龍匿，莫可端倪。雖彊力有心計之吏，奈之何能得其奸狀正之也？一切求之則一切應之爾，鉗釱無辜，蓬纍滿路。使者按籍待報之，謂何欲無籍民而廢棄常業，其將能乎？方伯重臣位臨臺袞，事責大指而已。不以高簡自崇，而詳示詰質，非有如兩公，民何賴焉？今幸使者已責尤修政，詰戎之會無疆，惟恤尚有進于此者。蓋板籍不定則民偷，吏胥多私則法亂。徵戍非其宜，則下不致死而兵弱。善牧民者，非徒鞭箠使之也。聯之以什伍，輔之以教養，宣壅湮鬱，先于耳目之所見，則耳目所不見莫不闇化矣。伍無非其人，人無非其里，里無非其家，故奔亡者無所匿，遷徙者無所容，不求而約，不召而來。民無流亡之意，吏無備追之憂。雖使者冠蓋相望，風火示威，而吾之境內常若無事，則先事有以待之也。後之君子闖斯門也，升斯堂也，日延見吏民，考求故實，將使聰明心術，專一精審，以保我子孫黎民，無亦是務乎！董公名世彥，徐公名行，皆嘉靖癸丑進士，敷歷聲猷，此不具列云。

桂子山莊

晉陽城于宋太平興國間，國朝建親藩，展東北若干里，包白馬寺其中。晉恭王增飾規制，倣王宮，最為巨麗，今崇善寺是也。貢院後地形污下，乃舊城之隍。前卓為院，相傳名桂子山，圍當崇善寺南。貢院東有阜隆起，枕東山之趾，下瞰行汾，如在几席。并城而西，縱狹橫廣，可三十畝，是城中最高處。園外有永巷可通車馬，居民鮮少。每日落苦行剽，或鬼窺人而道苦之。相傳為陳氏別業，後入河東府，轉以售余。因舊屋十餘，稍稍改作堂三楹，在正北，扁曰“有斐”，吳陳方伯鎏書。南起軒五楹，懸文公先生“與造物游”四字。疏欄豁如，不礙雲物。又南為丹藥院，當軒基五尺，而下種竹百餘個，牡丹與芍藥各六十本，雜花木稱是。前右穿井一，左蓮池一。又前為魚池，引泉屬之，渠蜿蜒若游龍寢首。池中可泛杯，蓄金鯉數十。池上架石橋，橋上有坊，曰"小天臺"。石假山當其南，山上建亭，張司馬肖甫書"逍遥亭"三字。北向啓扉，東西皆鑿牖，偃曝其中，兩山排闥而入，夕照猶佳，獨冬日不堪負暄。山後頗闃寂，作矮屋三楹，延縋黃問道處，扁曰"玄覽"，唐太守子觀贈物，不知何人書，亦濃郁有筆意。山之左右可四畝，孔方伯汝錫送諸菓栽，土燥，竟不花。其西南當城樓櫓，復土可緣，作小臺二重，坐六七人，下瞰林木陰森，有酒旂出。其杪種桃十餘株，上塗吳人周天球"振衣岡"三字，今剥去。復折而北而東，爲門，元美贈詩有"五柳當門山滿樓"之句。愛其幽勝，因種五柳，客至繫馬，嚙之盡枯。又東數十武，界以土垣，爲屋三，以居園丁，而虛其中門焉。門東有龍槐，伊鬱四垂，亭亭如車蓋，置石床一。環樹下爲曲水，每觴客，綠陰滿地，清風濯人，無不譽嘉樹者。又東井一泉，甘而盛，舊汲之易竭，余濬之，圍廣三分之一，深尺有咫，四綆并下，可供千餘家。因築垣樹栅通啓閉，與鄉人共。每大比，行水者提甕出汲，往復十餘里。余語主進吏，得近取，日千石，新鑿三井皆不如。其南菜畦五畝。及東南起伏蔽虧，陶穴二隱其中，然土惡不可以陶。深丈許，始堅緻足用。又深之，往往得巨石，土人相傳是河流故道，亦滄桑之一驗也。其南并城一小徑，若翠微，逶迤而東，僅堪措足。北眺數十里，晉恭妃園，萬柏青青，岡巒回互，不足滿一瞬。浮屠之宮僅隔垣外，有時喃唄音從耳根入。又東益高，衍寂無人聲，可以卓庵修静。插柳十餘株，四面正方，架木引葡萄，亦不能成。胡桃一遇冬輒死。近北有阜，丸如是山。園窮處築臺，可二仞，作草亭其上，六柱圓起，西對白榆二章，雙聳若華表。俯樓閣千雉，人烟萬家，皆履其危。西南群峰若屏帳，氛靄中只培塿耳。雨餘新霽，姿態始出，溪水亂流，望之如星宿海。四時遞遷，風雨雪月無不可人，而晚山猶勝。逍遥亭，故扁曰"夕佳"，周天球小

篆。臺東北界以粉墻，一寫王維《輞川圖》，一寫蔡憲伯《借臨
漁父圖》。西南二隅作短墻，其高可隱而長不竟外，則丹臺書其
南，白社書其西。余嘗與胡山人荆父把酒望滿月，胡噴噴稱賞。
余問此景何如小祇園，胡抗聲曰：“彼極人巧，惡足當此大觀?”
余笑而不答。蓋辯士能移人意，類如此。然肖甫亦嘗言小祇園固
佳第，眼界易窮，終不如真山水有渾淪之致，則胡生語亦非無稽
者。因博肖甫書“金粟園”三字，蓋園宜粟。地形傾瀉，不停
水，近城，又苦雀啄，賦粟故不多。土人指爲穀地坡，不雅，循
易今名。其曰“桂子山莊”，則相傳舊名也。夫晉爲大邦，春秋
狃主齊盟者二百年，命大天，稱詩説禮，文物蔚然。一經左氏手
裁，便自千古。宋太宗下河東，惡其雄固，以萬炬燬之，殘碑斷
碣，無有存者。名園不少概見，世無左氏故也。此地不知幾千百
年而始遇不佞，與不佞之遇助甫足下，尤曠世盛緣，得片言以當
左氏，使不佞托于賦詩説禮之後，則地以人盛，人以言傳，義其
在兹乎! 唯足下圖之。

畢將軍廟碑

游擊將軍畢文，先世和州人。始祖勝從高皇帝渡江，克采
石，次取廣德，下宣州，破安慶，與僞漢戰鄱陽湖，常先登，功
授弘農衛百户，從征雲南，殁于陣。天子益死事者勛階，子銘拜
河南宣武衛指揮僉事，藁城縣戰殁，無後。勝次子弘嗣，授山西
太原前衛指揮僉事。弘傳義，死土木之難。義傳茂，茂傳緝，緝
傳文。文字載道，別號雲山，爲人俶儻，有奇氣。齠年失父，任
俠不拘，然事母孝，處兄弟友，人以是稱之。嘉靖二十七年署寧
武所。寧武近邊，土瘠，苦於迎勞。君簿正諸費，應若轉環，軍
書市邏，未嘗有詣對幕府者。嘉靖二十九年，陞八角堡守備，繕
城訓士，克舉其職。某年某月陞陝西都司僉書，以骯髒自能，爲

同官構，罷歸。都御史麓泉王公巡撫山西，知其材，辟掌中堅，事無巨細，悉以咨之。君見標兵咸一時精銳，而食糧與他營無異，白增月米三斗，眾心咸奮。王公擢兵侍去，水東閔公代之，屬秋防諜者言虜欲南牧，將下令清野，君持不可，曰："禾尚未熟，趣民入保，是以虛聲自困也。"閔公韙之，賴以有秋。其參帷議類若此。某年復起為陝西都司僉書，尋陞雁門游擊將軍。蒞任數日，胡擁眾入犯，君部署諸軍分守要害，募敢死士千二百人禦賊于東峪口，破之。復追至小寨，俘馘有差。賊騎逼朔州，君約詰旦赴援，總兵孫有難色，君曰："上下山阪雖虜之長技，然羊腸洳隘，不能悉逞。我整陣于蕎麥川，誘而擊之，可以得志。"卒如君策，賊遂逝去。閔公上其功于朝，乃勘報稽留，反罪以他事，下獄。巡撫某公以軍興廢詘，議減標下糧如舊額。眾心既惑，又將之者非統馭才，一夕鼓譟而起，剽掠城市，焚劫公府。其黠者相聚謀曰："畢將軍撫我素厚，今在繫，盍往出之，推為雄長，吾屬無患矣。"相與撞圜門入，露刃邐拜，曰："某等計出無聊，願戴將軍。"君怒甚，髮上指，眥盡裂，罵曰："若輩受國家厚恩，未效一割之用。犬馬猶知報主，況若為人乎！今天下一家，慎勿反，不吾聽，族矣。"賊稍進，以刃逼君，君益盛氣，罵不休，遂遇害，時嘉靖三十八年四月也，享年三十八歲。賊計既沮，且披渙不相聽，故就撲滅。嚴氏在朝，方以危法中人，寵賂滋彰，邊臣惴惴彌縫而已，畢君之義竟閟而不宣。居數歲，少司馬兩溪萬公為巡撫，知其事，詢諸士民，良信。檄下有司，祠君于北門之隅。都御史東圃王公、御史岸泉王公繼至，咸嘉樂之，相厥成功，堂寢略備。君之子守備畢景從持狀謁余，泣曰："先將軍批難之心，道路所知也。今上改元，覃恩九有，士抱一節，莫不顯沐殊旌。先將軍以事關改錯，終不能自列。今徼寵于執政者，一旦廟食，幸甚。維是麗牲之石不可無紀，敢以為

請，子大夫其賜辱焉。”余憶往歲自鳳翔移官吳郡，常抵家，目
擊其事，一時群兇皆市井無賴，使酒喧囂，非有刎頸嚙臂之要，
借箸投甌之算也。變起倉卒，以參將高某掌兵事，首刺殺之，求
畢君爲之帥。雖游魂假息，猶將棄疾于人，乃畢君守死不可動，
衆志益懈，稍散去。都司鄭印者橫刀步出，大呼左袒，三衛甲騎
四集麾下，討賊于市，盡殲焉。不崇朝而定，則鄭之功也。當事
者畏朝廷譴問，悉藉口高君，以自解免。未幾，鄭以靖亂陞，而
畢君之死遂泯泯無聞，有志之士至今扼腕。嘗試論之：我皇明道
隆邃古，功在萬世。磐石之安，永永無極。頃者一旅宣驕，自絕
天地，怒螳螂之臂以當車轍，真愚甚矣哉！畢君身幽縲紲，見危
授命，雖天性忠貞，亦朝廷德澤有以漸靡之也。北虜內訌，衛兵
削弱，選募驍果，尺藉無稽，遂爲亡命淵藪。巡撫標兵之設始于
平涼趙公，卒以階亂，發之速而禍小，猶若有天幸焉。詩曰：

畢萬之後，代有顯人。龍翔淮甸，邁會攀鱗。秉麾四世，蹈
義維鈞。其一

咄彼狂睢，敢行稱亂。狼突豕奔，天誅難逭。矯矯虎臣，丹
心日貫。其二

昆吾之鐵，淬作龍泉。爐飛紫焰，匣吐青蓮。雖沉獄底，夜
氣冲天。其三

聖皇嗣服，普天同慶。顯忠遂良，泰階首政。十載綿封，永
遺譽命。其四

恊諸祭法，秩祀攸崇。桓桓武怒，貌此幽宮。北門鎖鑰，血
食無窮。其五

狙公賦芧，朝四暮三。鼓舞群力，共苦分甘。我兵弗戢，大
愍奚戡？其六

古亦有言，勿爲禍首。內恬外攘，法貴可久。展錯拂經，誰
執其咎？其七

畢君豪俊，意頗脱落。慷慨捐生，何其自若！大節如斯，丹青可托。其八

游五臺記

萬曆乙酉三月，予與伯溪、正莊既訂游臺之約，唐東岩先生聞之，以讓書至，曰：“何故舍我？我雖老且貧，尚能齋三十日糧，跨驢背而哦。”予輩謝不敏，卜六日從先生行，而雲山、季溪兩公子，何心齋、周西泉兩宗婿，孫雙槐、陳南樓兩素封皆副。大風驀發，輿馬盤跚不進。二十里至新店，有潛岩和尚飯僧邀吾輩設供，從者六十人皆飽。又五里皇后原，又五里陽曲灣，山溪回合，杏已先花。又十里使土窟，土性堅緻，踏之鏗鏗有聲。晉邸取築宮墻，鑿下尺許，以原土復之，纔及半已盈坎，而訛云“司徒窟”，非是。又十里青蒿嘴，介以山溪，西南通顧磧，則淖澤難涉，土下而益疏也。又十里黃頭寨，居民千餘家，妖姬坐列肆，皆靚裝巧笑，目挑心予，有邯鄲遺風。地瀕河，嘉靖初被水患，至以谷量人。處兩山之間，最號衍沃，故居民重他徙。吾輩宿其處，詰旦行十里，爲柏井，燥而艱水。一暗子提甕出汲，飲道喝者，不憚胈胝，久之端坐化。陶復中有土，塊然人立，芒如錐穎，高十五尺，溪流囓之不仆，已數十年。又十里馬鋪頭，入弇中行。又十里三和店，止而飯。登北門玄武閣。嘗有游僧駐錫，佯狂自恣，人莫能測。久之，登城阽危而走，已和南玄武曰：“吾代汝。”于是負而坐，以手捫其後，腸出寸許，抽之漸盡。或取而藏之，有啖者，尚索粥飲二盌，逾日乃死。問其術與姓名，不應，但云“不足當吾語”。土人建剎，城西有金燈從南來，數夕始滅。又有郭登者，其父名財庫，生三子，披剃入五臺，自號月天，燃身清涼寺，化日，語人曰：“吾勇施菩薩也。”留偈雖俚，亦多真詮。又十里石頭關，跨山爲城，外突而

中凹。關吏方幾，客過之而揖。隨至三義廟，出茶酒相勞。又十里爲麻會。二十里至晉昌，宿北郭，直王太僕別業，詰朝清明也，留刺去。已太僕遣家僮追二十里，約携酒相送，余辭。又二十里至定襄，白令璧，關中人，偵知之，亟出郊迎，辭避不可，以楚製見拜于城門關將軍廟，遂造其廨而謝。胥史張嘉禮故爲予僕，叩庭下，問邑中諸故人，始知張郡丞鷟絕無後，而傅孝廉以淮陽校官典闈試，亦道卒，爲欷歔久之。令復送出城，遣數力代御，而正莊諸君子避民舍中，遲予，出茶餅相餉。已有父老提壺漿沃諸從者。十五里至蔣村，止樹下，正莊僕以新聲度酒。又十里芳蘭，拜喬給事墳。喬與予登唐汝輯榜進士，而唐先生又甲午同年。墓在山麓，先是郡丞尹使君善堪輿言，以治賦至，顧而曰：“此佳處。”語鷟川郡丞曰：“公如有此，後必大發。”時喬給事方物土，張讓使有焉。今諸孫知讀父書，而張竟不祀。天于善人予奪不齊如此。故簿長史子金壇丞竹泉偕其弟王官梅泉來見，簿，余鄧州舊僚。二子年長于予，顧遜余以前輩禮，爲雞黍相餉，下榻塾中。質明，四十里繞出山麓，過王紀岡，至段村。路頗狹滑，泉聲汩汩響澗中，如一匹練。何、陳二居士號佛相應，耳根一清。有年少芯蒻顧曰：“既號佛，胡跨馬爲？”余曰：“此語有致。”何曰：“猶是二義。”遂笑而徒，倦然後已。二十里至五臺，宿溝南。飯後散步，至人家鞦韆下，正莊命家臣趫捷者登其上，振迅如飛鳥，已作鷂子翻身勢，觀者絕倒。墙外有胡鞦一具，輿脱輻豎地中，下止上動，輈兩頭，人坐一編，機從中發，旋轉如風，人皆鼓掌。明日北渡河，三始逾縣治，至高原，勒馬顧城闉，卓立山表，足稱險固。十里至大賢。又五里度鴿子嶺。兩山中擘，步者喘息。其上中架一閣，南北洞開，觀音與真武負而坐。有敝衲道人進茶棗，五里出汲，以餉行人，作持地功德，留錢而去。過慕姑嶺、思鄉嶺各十里，益巉岩，不堪措足。

四面高山插天，別是一境界矣。至峽裏，飯。又三十里爲福勝，有大姓王金光者，望其門投止，值他往，主婦拒不納。余與唐先生恨恨出，托宿于崔氏。至晚而金光至，則負袒謝，且爲具邀余輩。已又御一騾，道之入山，凡數日，以病歸。余感其意，問其家世，則曰子芹爲郡功曹。郡公以爲材，使領諸功曹。質明，十五里至清凉石，磴道逶迤，溪水尚三尺冰，馬凌兢。有玄黃色，至則東方人男女蟻附，姑嫗濯足池中，納新履，振衣石上，翻身作獅子形，云可減罪。無量劫石周回九步，闊面而下削，厚可及肩，狀若累棋，石面刻《金剛經》。一苾蒭號佛前，導吾輩從之，旋轉不停。後來者魚貫而上，至百三十人遂滿。世傳小能容大，無定法，非也。獨石底鱗處支寸梃，以肩負之則仆。主僧香林果，楚之承天人，威儀詳雅，酬語當機，庶幾知祖意者。先是，寺就圮，爲壇信所請，自他院來攝衆莊嚴，殿宇稍稍改觀，而寺僧無賴者結俠少數輩故擾之，且攫東人腰纏，因聚拓逐翔者，逮吾輩去，則群毆焉。又三里，古清凉路，益高仰，澗中冰雪從樹杪下注，丁丁伐木聲響應山谷。衲子用其直者爲藩籬，而鉅者架樓閣，餘皆薪之栖之。收其棄材，尚足泛斗。大惠禪師監百餘衆出迎。一老衲號天原，自長安來，登壇説華嚴，衆苾蒭列坐，屏息而聽。優婆夷、優婆塞盡跪階下。攬其科文，頗類古注疏，句析字分，破碎經旨。師順文朗誦，稍稍益以己意，殊無發明。別去，五里過金閣嶺，林頗茂密。寺處二蘭若下，平高視之，僧舍櫛比，度不下數百，而逆客止住持本海。佛閣中銅鑄曼殊立蓮花上，高五十尺。後殿涅般佛稱是，則塑工也。壁間朽庵和尚石刻疏偈，文筆皆佳。勢稍平衍，四面高山被以松柏，如毛髮森豎，猶爲奇絶。而住持不見尊禮清規，遜二寺遠甚，丹彩亦漸剝落。察其人，固自本分，豈所謂獨覺小乘耶？明日，步行過拖竹嶺，騎過竹林寺、九龍岡、蛇溝、南山寺、護國寺、紫府廟、飯仙山、舒祥寺，皆徑去。而飯仙山者，則游僧燃指供佛處。道遇十餘僧，皆冒手設握麗于攬，自飯持之。余問曰：“何爲者？”一僧答曰：“而以無毀體爲孝，此自世法，我法非公所知。”我曰：“汝人我山高，燃指何益？”皆不應。至塔院，浮圖于臺山最有名。先是，僧小會首以其圮也，發願募修，計費鉅萬，走京師，叩馮監。馮監少許之，忍弗能予，則指其事數切焉。馮怒，聞上，逮詔獄。既死爾，時時入馮夢中，以爲患，又聞上，聖母宣文太后出宮中金錢，遣中監二人督修，則撤而改作焉。塔高二百尺，方基圓腹而銳上，絶頂安鍍金輪，相雲足下，垂若瓔珞，華鬘中結，篆書“佛”字。清風時至，鈴鐸聲送半部天樂。聞其中實以佛牙及宮中奇寶，納藏經一部，并金佛諸天像，而塔後爲殿，殿後爲閣，則轉輪藏在焉。機制工利，被以珠纓，而佛像累百，自中涓、謁者以下人自致也。住持某號大方，導吾輩入，圍繞禮塔，謁世尊畢，東至景命堂，拜祝聖壽。就齋室，飯多京師方物，而烹飪潔清，非他寺可及。飯後循廊縱觀，盡庖湢，皆莊嚴妙好。鐵釜、木甔，一炊十石，即大宮不過也。已觀放堂游僧，道聞擊柝聲，趺坐地上，典坐次第授餐。每人炊餅一，約麵一升，次粥糜。有老頭佗稽首和南如禮佛之禮，坐者合掌而已。諸優婆塞、優婆夷別置廡下，憑几而饋之。食畢，圍繞塔前合掌號佛，凡三匝始退。予于所從出闍門數之，得千指如此。日三授餐，盡九十日乃已。出寺，循墻北上，爲顯通寺。都綱志隆揖入，觀提督番漢敕諭。又有禪師銀印，頒自宣德，無嗣法者，謹藏之而已。余以布索印十餘歸，貽兒女子。一時檀信效爲之，遂不減清凉石。故事，蓋清凉售印衣，東人以錢買三寶印文衣兒，而婦人自印其衣，胸背皆滿，相屬不絶。又經圓照寺，與顯通俱古刹，爲諸山首。望三塔寺，丹彩焕然，亦慈聖重修，鐵牌和尚游諸璫間募化也。予曾見其人，好婾衣美食而謔，修儀晢姿，頗當人意。今死，徒子不能嗣，膏火遂冷。過甘露泉，方井二十尺，覆以石板，下窺窈然深黑，冰不可汲。至菩薩頂，有五郎人皮鼓在梁栱上，老胡僧閱番經，字橫書，如勾雲霏霏不絕，貝業皆散帙，無韋編。經櫃覆以錦，而扃襲之，頒自永樂初。予就使攝受，用金剛杵摩頂念呪，喃喃鳥聲。咨問法要，不出因果輪回語，其徒譯之如此。有頂骨瓢，甚光澤。又出弟子家書，如貝文不可讀。去逾山梁，至五郎溝，觀其鐵棒，圍圓徑三寸，長與身齊。今小説家所稱楊業子，力戰契丹有功，削染于此。廟貌作頭陀狀，尚桓桓武怒云。又東北爲金剛窟，殿閣中起佛像萬餘。窟中方丈有門，從其隙見金剛立臬間。昔神鸞修持于此，今轉世吳中，以童女身得度，爲曇陽大師，語在本傳。予欲鑄像窟中標至人一，期靈迹尚未就。下至北山寺，甚鉅麗，閣上佛像亦盈萬。遂回塔院，暝色起矣。大方迎至浴池，且相之浴，予以寒甚辭，至則地潔而暖，遂振衣焉。歸而大方已下榻矣，且出錦茵寢處之，作禮而退。明日出，遇月川、幻愚二衲子，方在精廬修《清涼志》。予讀其詩，兼愛其人，約游晉陽，別去。正西十五里，踏冰雪中，至鳳林，二虎和尚開山處，其徒孫明山、翠岩領百餘衆法服吹笙竽下迎，至則四山環抱，松杉戟張，瀑布自峰頂飛下，鑿木爲漕，達之厨。餘瀝凝冰，大如銀壁，細如玉柱。入門，朱閣三成，大雄殿金容掩映，而佛供陪鼎高與殿齊。然後迫山，故橫舒而縱縮。坐間，出司禮傳奉聖母迎二虎書，可謂異遇。予嘗與之游，爲人短幹長髯，胡領飄飄。目不知書，而宗義電發。祁某氏仲子從苦行，入座枯木十餘年，檀信歸之。遇饑歲，貧民就貸，師舉餕橐授之。夜歸，見寢石，以爲伏虎，大恐而還所授橐，因道之出山，至其處，則石也。而傅會者以爲二虎侍行，遂聞宮中。謁者或圖其像，故迎之至。王輖病卒，宮中賜數百貫緡營葬，平生多勝緣，此最鉅者。從閣至殿，深谷爲阻，則梁其上。予輩衆度之，忽摧幾墜，何在後呼曰："正當爾時，莫失念否?"予笑而不答。日未昳，遣騎呼月川來，與語，則深遜其侶幻愚也。云嘗游京師，見月空禪師舉"一歸何處"，問之，對曰："適來，見驢駝一馱入順城門。"師曰："別道看幻。"自掩其口。師笑曰："只會蝦蟆禪。"余因問川："汝代一語。"川曰："眉毛眼上橫。"余初不省，至五鼓，蘧何曰"幻語峻第欠轉身"句，川默然。次日，川歸塔院，而予輩往西臺。金光道之，取捷甚險澀，且風僕馬，中廢棄材橫道周，如白蛇遇赤帝子，徒惟山鬼所泣。詰屈羊腸，無慮數十折始得達，而游者三步五步輒望拜，其不勞不可能也。至臺，殿宇新創，以柵爲垣，絶無屋瓦，佛像剡木爲之。休净室良久，始斂寒色。住持即大惠，寓古清凉者，其徒能寬接衆，雖無堣埂而相好端嚴，當是匠氏高手。寺前亂石縱橫，意猛雨激出之，而僧顧云曾有五百毒龍爲崇，曼殊大士收鎖石窟中，且指其處。飯畢，由舊路繞出山後，五里至八功德水，皆新創，和尚大千，七十老禿也，延之入。依山架壑，望遠益奇，諸峰回合，風氣稍和。松杉苦斧斤斷榴，人立如遮訴狀。山木稍遠，僅得自全，然不任棟梁矣。怪石嵌岩寶中，其蹲若虎，其伏若鼠，前突後縮，瑰異譎詭。東北顧，河水如倒銀漢。西起二聖樓，刻檀作文殊與維摩談不二像，列坐三十二大菩薩，皆巧麗。樓包大石，上柱倚石爲修短，有侏儒僅二尺許。石承溜凡八坎，遂以八功德水名之。千出慈聖賜千佛衣，五色繡文，爛然奪目。上緣七寶，遂披而登坐，衆頭佗幡幢前導，雜奏笙簧。至堂，講十六觀經，循科儀疏抄，如古清凉而音響不及。予攬經文盡一卷，大抵佛爲阿育王有子難教，以存想西方妙境，破其情執，所謂修幻除幻，非實法也。近晚收香楮，檀信皆跪而進，以手捫而已。諸營建、飯僧，費皆取給焉。明日既望，東出，至中臺。上有太華池，天生九曲，泠泠見底。

又五里爲澡浴池，相傳文殊浴處，石上足迹宛然。近清凉亦有
之，真耶？幻耶？有苦行頭佗曰古松者扶病出，余辭使歸方丈。
蓋草衣木食，爲諸山推服，號曰"澹泊古松"。殿宇皆累石，覆
以鐵瓦，石浮圖三，并傾側，有乞光臺。又十里爲北臺。佛殿左
爲黑龍池，没丈雪中，臺僧儲以代汲。自誦經外無敢鳴鐘，曰：
"龍怒則暴風，走木石，而提游人絕壑下。"客至，競投錢楮，
蓋畏之也。是日獨霽色，不苦寒，人以爲祥。又十五里爲華嚴
嶺，是金碧峰和尚住山處。碧峰，國初名僧，高皇帝嘗召見便
殿，禮遇甚厚，而碑板無能述其玄旨。又五里爲觀音坪。又十里
爲東臺。雖高可方軌，碎石離離，蹄穿履敝。四顧諸峰，秀色出
几下。吾輩至則疲，長楊暝矣。金燈起岩谷，如百千皎日，閃爍
不定，觀者皆下拜。陳居士感之，發願長齋。予方熟寐，未之際
也。約同游雞鳴觀海日，及陵晨出視，則日光障烟靄中，逮上扶
桑，始煬煬象表。僧謂六月新霽，見海水如杯，日色始奇耳。予
因悟背塵合覺，塵盡覺圓之理。明日，東至宰殺溝，小徑狹滑，
冰河迤邐。見樵者所遺松火，順風吹之，萬炬齊發，凌霄之幹悉
成焦尾。因語從者曰："此夜來金燈也。"循溪口至龍興庵，有
葬頭和尚出迎，樓閣據山水勝處，尤稱偉麗。入門，循長廊東復
折而北，凭闌遲諸君不至，則與頭語，問作何功行，答曰："吾
修韋馱行，諸山祝髮，凡得四十八萬僧髮，裹而藏之，而塔之，
以此爲功行。"余笑曰："李白有詩'白髮三千丈'，以還汝，異
世不似今髡也。"語次，諸君至，則爇香禮佛，觀閣上金相萬餘，
問曰："阿誰説法？"頭對以釋迦，其本色如此。藏經十餘厨，
皆慈聖頒降。堂中獅子坐，高廣十五尺，無説法者。予據其上良
久，白椎寥寥，爲之一慨。已觀冥陽水陸殿，廣二十楹，繪自金
陵，凡百餘軸，奇形殊狀，皆蕭梁識法。又東至方丈，則遷化僧
太虛和尚儼然坐龕中逾月矣，尚不茶毗，蓋主者索檀信冥資，殊

失掩骼之義。峰前瀑布引入厨，潺潺不絕，諸釜甑視塔院猶巨。西至净土庵，玉峰和尚七十矣，爲一時宗匠，故訪之，且謀建醮。入山皆不毛地，獨此可稼。深林蔽翳，爲虎豹所有。師修頭陀行于此，遂刊木卓庵。四面高山，而主客不相欺。溪水從東來，循山口西注，最合堪輿法。庵基方廣，樓十二楹，中有百花燈樹，以鐵爲之，高及屋危。青錫承膏，坐蓮華上，凡百二十炬。飛烟吐霧，焕炳如列星盈盈焉。上下四圍雜以菩薩諸天像，而轆轤轉之。苾蒭圍繞誦呪，則合掌膜拜，鐘動乃止。其北爲佛殿，翼以方丈，規制視龍興爲朴。吾輩止，而詰朝修法事，笙鏞雜奏，咸中宫商。小闍黎作觀音舞，無不赴節。齋時問師法要，答曰："此事本易會，但用意有疏密，不免得失。"何聞語讚嘆，因下拜，余亦拜。師又曰："境細心麄，時時當謹慎。"予曰："張子厚先生言顔子未至聖人，亦是心麄，此語暗合。"師又舉平生苦行，云習坐時見虎豹交迹，煉恐怖心不下。嘗七日不食，積數年得眼根清净。了了數十里外後稍放意，不能齊肩古德。嘗萌退息心，忽覩曼殊自雲表現大身，望空作禮，遂復精進。今雖外緣擾擾，能不失念。余曰："惜哉！當其坐忘，遇作家，當不止此。然言言痛癢，非他籠統支吾者也。"又得大渺和尚，徽人，寫鐵門限字，亦能詩，習堪輿家言，則自其土風云。今爲庵主，典庫簿，暮放施食，諸持誦威儀猶整雅。一頭陀立柱間，身不欹，目不瞬，計漏下十六刻，嶷然也。心異之，而失其主名，大抵學子，皆習禪觀而善法事者，從别院來，所謂應付僧也。散步堂側，山鳥飛下，以齋供飼之，益習人，與海鷗狎野老何異？師又具道宰殺溝所以名，云文殊從趙王乞地，展袈裟彌五百里，王患之，則屠牛羊懸樹杪以厭之。明日，皆變爲牛頭菩薩。諸香，今溝中所産是也。而山僧惡其名，遂易"采楂"。明日往南臺，值雪山皆做瓊玉狀，而净室嵌林麓，如蓬壺銀闕，斐亹掩映，雉雛鳥鳴，聲相和切。入山奇景，此爲第一。重過金閣嶺，飯于其寺。有僧自大天竺來，形如重漆，吹螺禮佛，而坐無袒衣。當下體束以銅葉午貫之，胜肉着處深寸。譯者曰：“受普賢戒如是。”值大霧起，咫尺不辨牛馬，因止宿。逾日始行，陂陁二十里，出林際，臺僧擊鉦，手任器下迎，曰：“是山午達，以辟虎。”檀信益衆，翁嫗有八十者，則其子頂木几負焉。至絕頂，左顧蠟燭山，右顧古南臺，皆拊之。後有石浮圖，藏普賢舍利。北望四臺如屏嶂，大抵北臺最高，東臺次之，中臺又次之，南臺差卑且別出。余聞諸月川和尚曰：“臺五六月，滿地皆金蓮花，文茵如繡，五色爛然。又多香草，應風披靡，吐芳揚烈。澗下白雲起，如張兜羅錦，萬山融爲一界，而五丈人傑立雲表。稍益進之，居丙位者忽不知處，已南丈人避鼎立，已西丈人避離立，最後則北丈人巍巍如不動，尊無與伍矣。”余慨然想見之，及檢《清涼傳》所載高卑，又異，未知誰是。川又言：“雲之始起，日光射之，人影悉入其中，如水鏡相涵，世所傳攝身光是也。”而予從西臺見有浮雲過日際，芒影五色，則游人皆合掌羅拜，以爲菩薩放光云。寺前有碑，晉恭王駐蹕于此，從游者穎國公友德、安慶侯成、臨江侯德也。回過清涼，而金光自其家來，已擁篝下榻矣，始御酒肉。質明，自福勝至東峽，飯，掠五臺徑去，則尹劉命其幕追送，且饋之餼也。而止滹沱鐵橋下，僧如清，蜀人，仿成都橋爲之，募琅璫六條，貫以鐵柱，橫鎖岸上，閣板去水丈許，人馬過之，逡巡有懼色，尚未卒功。明日至七巖廟，違定襄十五里，而尹白君先爲具以待，意甚款款。蓋府主以符達御者，而邑大夫又賢，故見禮厚。白君歸，吾輩晨起始肅謁，則磨笄夫人也。巖在半山，形如覆敦，緣石磴而上，仰覩穿窾，玉乳垂垂，如泣如咽。屋三楹以妥神，當尻隱有石罌仰出，可容一斛水。其圓如璧，不類斲成者。山泉下潴，當罌口丸石纍纍如珠，又如雞子未生，傅着腸胃，其澤滑如荼菫，有小石游揚水中。祝禖者伸臂求之，得則色喜。蓋至此而游覽之興盡矣。喬給事之孫鍾秀從其舅氏薄金壇爲酒于岩閣。已而周孝廉維鄭亦至閣，枕岩爲勝，窈窕不受日光，然幽意可掬，爲盡一瓿始下，回盼五峰，皆失之矣。夫臺山爲文殊道場，與峨眉、補陀稱三淨土。予欲游久，以太宜人在，不遑遠出。今憂居且禫矣，會諸公子合策以償宿願，且欲資先慈冥福，而東岩先生年七十七，猶賈勇先登，大是奇事。至則臺之奥实不能十一，平生所聞神奇亦不盡讐。《圓覺經》云："眼根清静則耳根清静，乃至六塵、六入、十八界清静。"《金剛經》云："凡有所相，皆是虛妄。"夫文殊應身如水中月，可以信心感，不可以色相求。今以妄想起妄見，以妄見生妄聞，即使親覿文殊，何預已事？況爝火片雲，視爲靈迹，而燃指佛前，希求度脱，不亦遠乎？第環五百里不毛之地，深林絶巘，非僧衆處之，必爲盗藪，今廓爾清夷，其便一。銀河茨溝多鼓鑄少年，習于矯虔，聞罪福之説，闇然自化，其便二。四方檀信靡靡向風，導之以善，言易入而教易從，其便三。西域胡僧行七年始至，樂中華土風，澹而忘歸，足以見帝圖之無外，佛事與有助焉，其便四。且也烏合數千指，皆三月穀，傳餐而食，雍容有儀，如揖洙泗之庭而聽葵丘之命，可以觀禮。游僧至止，不相殊離，察其可任，舉肩鑰授之，無德色亦無怍容，可以觀義。一衲捐生，至動人主，遂成萬年偉構，可以觀烈。斯亦何負于名教哉？至如營建太多，樵采不節，一旦山童而澤竭，雖有委輸，虞不宿飽，制即謹度，維懷永圖，則王政所宜講也。

校勘記

〔一〕"塲"，據文意當作"場"。

記　二

澹然庵記

劉子禮晚年喜佛，背郭數里，循瀍水而西得佳處焉，卓庵其中，奉世尊像，置貝文數百卷，以比丘有梵行者居之，而已游息焉，題曰"澹然庵"。既自爲記，又徵文晉陽王生，使再發其義。夫子禮昔受學尤西川先生，聞主靜之旨。王生雖有言，特餘食贅行耳。雖然，倘一言之幾乎道，亦君子所不廢也。夫人生一世，榮悴悲喜之變日交于前，智者不能規其始。世尊比爲尼連火宅、苦海迷津，種種諸有，等如空幻，教人持一法以了萬緣。必建立道場，安處徒衆，專心净域，遠離城市。自循乞以至宴息，皆有軌則，使相檢攝，收其散亂之心，識取妙明真性。從此起因，亦由此成果，真慈雲之覆大千，慧日之朗昏夜，非世樂可以仿佛其萬一也。學士大夫讀其書，友其徒，皆欣然慕之。昔富鄭公居洛，聞詔不拜，而從老衲聽經。彼百代偉人，一身用舍係天下治亂，而趨向如此，豈苟焉而已哉？子禮自成進士，爲名給諫，風節矯矯。貴人恐其刺己，中以他事，坐謫，偃蹇外僚。稍遷觀察副使，罷歸。居洛二十餘年，與諸君子結社，歡甚。已愛弟魁解額，冢嗣舉孝廉，諸孫桂玉翩翩，盛負雲霄之氣，吉祥善事駢萃一門，人皆艷慕之。無何，愛弟歿，冢君又歿，而諸郎又相繼去膝下。夫人氏傷悼過情，奄然無禄。雖孫曾滿前，若無足以解其憂者。子禮更榮悴悲喜之變，三數年間，總總而至，甚矣，其不堪也！顧今七十有四，貌不加衰，猶能娶婦生子，非賴我世尊加被護持，得明眼人指示歸路，掀翻藏識，安能頓空諸緣，不爲苦惱所逼？信乎，佛力不可誣也！夫真心無體，緣境有生境，細心粗心爲境奪，持守之功未易言也。我佛逃父母，棄妻子，在檀特山中六年成道，蓋栖神靜孤，可以速登彼岸。吾輩縈心婚宦，役志多聞，無世尊道力，而欲即俗是真，在染成净，豈不難哉！故不若因心立境，借境安心。常瞻像設，如親四八之容；時聽經聲，如叩圓通之旨。周旋禪講，如友賢善之徒；宴坐團蕉，如入真空之觀。使道念日濃，則世情日澹。于生處漸熟，則熟處自生。視吾身所遭榮悴悲喜無異石火電光，何足佇吾一瞬？即緣業種種，皆煅煉修持之助也。《首楞》云：“一者修習，除其助因。二者真修，刳其正性。三者增進，違其現業。持此信心，不離當地。或經一七、二七、三七以至七七，當有十方如來一時出現，令吾身心明净，猶如琉璃。決定成就，無漏功德。”視彼徒知蘄嚮，爲世欲所纏，譬如煮沙終不成飯，豈不徑庭哉？某羈栖狼孟，未能振策往從。至于法財道力，皆遜子禮遠甚。第壞世間相一切不立，居然苦行頭陀，期他日蓮花會上覿面證明耳。昔有梵僧，于出定時忽曰：“異哉！二豎子來附臂上，當是取還宿債。”未幾，國王遣宫女來侍，果生二子。子禮承佛神力，已得龍女獻珠，俟雙映掌中，便須直往住庵，理會此事，期以數年，必有所證。無但息焉游焉已哉！

斯泉記

桂子園本陳氏別業，後入河東府，轉以售余。舊有井頗甘，給千餘家。予濬治加深，廣而通甃，上出四輪并注，傍開菜畦七畝。久之，水脉漸縮，則別濬六井。井工以土疏泥弱，稍深之，壁便傾側，不可復下，以是不及泉。花木焦卷，計無所出。萬曆癸巳，築寶蓮堂于山房右個，不能供附塗，池魚涸死幾盡。更地師數人，多持兩端。園丁常聚良數為余言："舊井泉奪于上源，若東直龍槐下鑿之，當有水。"余請塾師施先生子謙筮，得"旅"之"離"，其辭曰："旅瑣瑣斯，其所取灾。"予曰："井以陽剛為泉，是陰爻居最下，瑣瑣，不足鑿也。"閱歲甲午春，念畦池且盡竭，不得已召井工圖事，言如聚良。心雖疑前占，姑聽之。于二月二十七日開鑿，深數尺，工報曰："土堅緻，鑿之硜硜有聲。其有水。"又深之，得五色石如豆，每一插可數合。工又報曰："石見當有水。"又深之，則石轉大如拳，小者如雞子。工又報曰："水將盛。"再深之，去地三十尺，水見，而石又大如斗，與土錯，至不可施功，始下木甃累甓焉。范榛約繩，中為丘以居畚，而四浚之。石大土堅，鍬斧為折，泉流汨汨有聲。或自西北，或自東南，六道并出，紫氣浮水上，如烟如霧。得巨石三枚，懸大緪數道，三十人挽之，前于後喁，衆力齊奮。余甚有沮色，僅乃得出，而石之如豆者，如雞子者，如拳者，如斗者又得數十斛。其中又有蝸牛、蜆殼及煤屑可燃。蓋地氣相通，隨流而至也。心訝筮之欺己，施先生曰："不然，斯其所著已命我矣。"予始悟，乃以意測曰："旅之象，山上有火。火，水妃也。火在山上，則水在山下。瑣瑣者，七井也，斯其所取水在斯也。灾字以火從川，蒸而上行，既濟之象。《易》不可為典要，予自失之乎！"于是名是井曰"斯泉"，而園花池魚賴以茂，遂倍他日矣。園外抱甕取汲者千家，人人自得也。初，園丁欲勿與，余曰："與之。"民日用飲食甚于吾園，惟天視民，重于禽魚草木，應天而時行，斯大有之道也。夫石為地之骨，水為地之脉。火為水妃，石為水母，而天一生之。體天之心，通地之脉，啓母得子，水王火相，可以長注不竭，無亦是務乎！愚于是得治心之學。夫瑣瑣七井者，柔土也。斯泉，剛土也。水清而泥汨之，則不泉。心清而欲淯之，則迷性。其柔危，其剛勝耶？今而後，斯井收全力，七井效細流，正如萬人之敵，奮臂前呼，或袒裼裸裎，張空拳從之，人人賁育矣。予治園二十有二年，苦不得水，園丁發策而不信，經師獻繇而不悟，一旦甘泉仰出，自吾園外供千餘家不乏，皆天之所賜，非人力也。《書》曰："謀及庶人。"《易傳》曰："神無方而易無體。"予之有得于斯井也，其殆庶幾乎！

三立祠記

　　山西河汾書院舊有三賢祠，祀文中子、司馬温公、薛文清公。學使者擇秀才高等者百數十人講讀其中。萬曆間，江陵柄國，忌人議己，以爲多白鹿洞學徒，奏毀在所書院，于是三賢祠遂廢。神人失序，禮義以愆，典學之官往往不得其職。河朔魏公秉中丞節至晉陽，慨然以興學右文爲己任，與先後巡察杞縣徐公、邵陽劉公并稱名德，有合志焉。會諸生請復祠，移學使者永春李公、冠氏杜公勘詳，皆以爲復之便。公重用民力，咨于省使無錫萬公、郡伯膚施趙公，計版築，書土庸，圖規制，程期日，度可四伯鍰而集。萬公括堪動帑銀并己所節縮奇羨二百鍰、考試支剩銀二伯九十鍰，不足。魏公推幕府市租五十鍰，劉公御史臺贖金十六鍰，憲伯廣濟劉公，參知新安寧公、膚施白公、東萊宿公、憲使肅寧易公、岐周楊公贖金總三十鍰，郡伯十四鍰，凡六百鍰而贏。晉王以五十金犒工。鳩僝考成，不愆于素，餘以儲典籍，利器用，豐饎廩，居三之一焉。別駕滇南王君實專工事，爲堂五楹，扃以杗閶，繚以周垣，前起棹楔，望之巋如也。祠後爲書院，別有記。作于某年月日，迄于某年月日，凡幾閱月而成。邃密軒敞，神人不相淯，君子以爲禮。于是右省齊河房公、濟陽高公，學使者黃梅汪公，憲使安陽劉公相代至，通觀厥成，嘉與學士大夫更始，請卜日安主。魏公曰：“政必正名，禮先辨分。考晉乘，唐虞諸臣列名宦、鄉賢祠中。如稷契，殷周始祖。先師，其子孫臣庶也，可儼然據其上乎？三晉名賢載在往牒，何止三君子？宜更議。”于是汪公考古徵書，采風論德，與諸公雜議，得風后以下至伯夷、叔齊十有七人，位南向。名宦自叔向以下至我朝昌文簡公十有八人，西向。鄉賢自董狐以下至薛文清公十有六人，東向。寓賢卜子夏、田子方、段干木別爲位，居鄉賢上。魏公以爲允，題曰“三立祠”，語不朽也。每歲丁祭，籩豆牢醴之數視啓圣祠，學使者主之。是役也，爲大事不計小費，萬公敉厥功。秩祀辯賢，以爲世法，汪公有焉。兩省前後諸公同德一心，翼宣文教，盛矣！至于率作興事，則趙公衡于上，綱舉而目張。前令歷城陶君、今令洛陽徐君贊于下，費省而工勸，民不與知焉。愷悌君子，神所勞矣，其諸君子之謂乎！竣事，而巡察海陵袁公至，廣屬文學如魏公，士益顒顒嚮風矣。萬公偕諸公詣王子，命曰：“書院羅材，聚而教之，一道術也，先民是程。生于斯，宦于斯者，祠若干人，不可以無述。夫書院，袁公記之矣，祠則吾子。道尊者言信，身習者事徵，宜無辭焉。”道行謝不敏。嘗讀《春秋傳》，穆叔對范宣子曰：“太上立德，其次立功，其次立言，是謂三不朽。”魏公有取焉，故爲是祠，而逆祀以從，墜文克舉，誠希闊之遇哉！昔孔子删《書》，斷自唐虞，今乃上遡羲軒，下逮近世。何也？取諸晉乘，吾鄉之首善先獻也。如風后治民，倉頡制字，先天而天弗違，其古之神聖人乎！虞廷五臣與夔、龍交讓，精一執中之學見而知之。肇開道統，祖述于仲尼，集大成則聖，具一體則賢。或股肱王室，如巫咸、傅説、狄仁傑、韓琦諸人。或經營四方，如羊舌肸、包拯，若我朝之劉大夏、于謙其人。或伏節死義，如關龍逄、張巡其人。或修身講學，如卜子夏、程伯淳，若我朝之薛德溫其人。褒貶論述，如晉之董狐、漢之司馬遷其人。是雖德有偏全，功有大小，言有醇疵，就其所至，皆可謂能立。事見本傳，文不具列。《祭法》曰："法施于民，以勞定國，以死勤事，惟其所遇，可無愧焉。"今之人猶古之人也，莫不攸好德，莫不喜功，莫不務修詞，而能立者鮮，則志不篤也，學不純也，氣不充也，義不精也，斯不可與立已。故居常自許，皆知慕仁義，賤俗鄙，堯行舜趨，自謂近之。一涉紛華，易至流逸，而失其故吾，此可以責志。希踪古人，奮然邁往，一念少息，盡隳前功，此可以知學。抱曾、史之行，履桀、跖之庭，能不攝不變，可以占氣。傳經義綜群言，辯士縱橫，圓如轉轂，莊、列要渺，茫無涯涘，皆能發其蔀而折其角，可謂精義。故曰考諸先王而不繆，百世以俟聖人而不惑，豈非立德、立功、立言之準乎？國家乂安二百年，蠶蘖浸廣，士習齔竆，學術多岐。今日之所養，即他日之所用，可不慎乎？明道先生紹不傳之緒，文公繼之。至我朝，文清公又繼之，宛然孔子家法。頃歲誦習龐雜，市間帖括殆同語怪。後生方沉湎濡首以取世資，本之則無，又焉能立？吾不意堯、舜以來之道脉汩亂如此，求爲賢相，爲名臣，爲大儒，如袝位諸君子，其可得乎？又如一旦有緩急，如關龍逄、張巡以身殉國，將誰能乎？諸文學生于斯，聚于斯，能自得師，爲則不遠，其慎所立矣！記成，擊以樂歌，俾祠日妥神。

遡治古兮先民，遺芳馨兮吾人。溘升遐兮云遠，神陟降兮橫汾。睠舊邦兮反顧，駕龍車兮轔轔。奠椒漿兮蘭餌，望來御兮天門。沛連蜷兮蔽日，紛總總兮如雲。右迎神

神之來兮何所？顧德馨兮格女。妥皇尸兮飯食，絲肉陳兮萬舞。尚旨予兮實侑，荃何爲兮愁苦？日曖曖兮將昏，雲漫漫兮彌宇。如有聞兮太息，思不見兮堯禹。右降神

倏而來兮忽而旋，公尸謖兮終無言。鞭白日兮已晚，乘飄風

兮不反。美人去兮安歸，帳獨處兮愁予。愁予兮傷歲暮，心不同兮又誰訴？采三秀兮山中，遺靈保兮壽宮。胡委余兮以玦？攬裳帶兮忡忡。右送神

崇善寺油蠟會記

崇善寺建自國初，我晉祖恭王追薦高皇后之寶林也。大雄殿中安七佛，佛各一燈，燈如函牛之鼎，可貯油一石。殿深五十尺，翼以重檐，二耀之光難入而易去，爲燈接之，破諸幽暗，雖風雨晦冥，星躔拂檻，視之皎如也。所謂續佛慧命，此其一喻已。僧衆雖多，無有振宗風者，以故檀越解體，膏火不繼，指窮于爲薪，瞻禮病焉。萬曆庚寅浴佛日，有優婆夷王尚德等佇目金光，慨其埋鬱，發心喜舍，期復七燈之舊。約善信三百餘輩，以月計，人出白鏐一分，積三千六百分，爲耆之數，而三分其值，得油千二百斤供佛。于是七燈熾然，頓還舊貫。會有贏餘，于羅漢、聖僧二堂各益燈二。聞風赴義者，上自王公貴人，下至販傭婦豎，各以其力獻油有差。每正旦、浴佛二期，造蠟炬數百，集僧衆誦經，爲國祝釐，香楮齋供于是焉給，計費白鏐千二百鍊五千。其分之積也，僧官普然因王尚德輩之請，求余記。夫余亦供油奉佛者。嘗讀《施燈經》，燃燈佛與我釋迦牟尼佛在往劫，并以施燈因緣得生補處，如貧女借施，舍身剜肉，展轉授記，以至于今，故宗門接法名曰"傳燈"。六祖分宗，遂有"五燈"之號。今崇善寺諸苾蒭皆曹洞餘燼也，譬如一星之火，爇以栴檀，蘭膏沃之，順風而吹，始爲一燈，終爲百千萬燈。燈有少多，光無二相。取諸鑽燧，燈本不生。及至火窮，燈亦非滅。此何以故？無自性，故法無盡。故是三百人，人各一燈，心各一佛。會七燈于一處，原無二光；益寶炬之一錢，報有多種。願此心迴向于佛，如佛前燈，依教修行，念念相續。諸惡莫作，爲自性戒。

衆善奉行，爲自性定。不昧本心，爲自性慧。因戒生定，如燈炷淨室，風雨不侵，永無動搖。起滅諸相，定生慧者，如燈不動搖，懸屋梁高處，無少許游塵，自然吐焰清明，照了諸物。在家出家，即染即淨。事父母如佛菩薩，處兄弟如賢善友，對妻妾如同參，視鄉黨皆道衆。目蟲魚鳥獸盡爲一體，非心邪念，誓不再生。一偈片言，轉相化導。所謂合三百人之力，力于彭祖；合三百人之智，智于堯舜者，何善果不成乎？散千燈而共一室，持百燎而揚一庭。即此崇善叢林儼如靈山會上，其爲福德，不可思議。如但以一錢一燈而爲佛事，責報于他生，求享世福，是謂住相布施，佛之所呵，非我法也。

太原守汝南吳公去思碑

汝南吳公以治行高第拜山東學使者，去太原之日，民相率留其革履，奉而庋諸門，詣王子請碑焉。視之，皆國中之自賦者也，其言曰：“吾晉比無年，穀重幣輕，甚矣。民操計然末業，浮游江湖。逢陽侯之怒，則舉而委諸壑。舍筏登岸，逾羊腸之阪，趿行喘息。旅進旅廢，僅能以裝至阜，通貨賄，如此其難也。都國諸侯所聚，禮容爲盛，修文講武，匪頒好用，倚馬而求諸市，無弗給也者。及詣長府受金，功苦或不相應。府史抱空籍，遲而久之，如農夫望歲然。夫鬥智逐時，利在奇羨。今無年，苦幣輕，不能以羨補不足，數數然如慕羶，索索然如拾瀋也。此失時之大者也，則有匍匐而歸爾。我公知其然，謀諸上佐中都李公、渤海劉公、洛陽李公，泰都國之且所用者某事某事，枚舉以問其直，參伍相得，以準衡之，請諸上大夫，報可，令不後時給。諸有持僞符陳橡爲奸，朝發夕覆。一時貴公皆明德君子，雖有利市寶賄，咸勿與知。公惟懷永圖，誓無丐奪于民，澤至渥，故欲子大夫碑之。”某嘗憶爲諸生時，見公府需錦箋百，度可千錢，無之，售諸貴家以二十千。《管子》曰："人君籍求于民，令十日而具，則財物之賈十去一。八日而具，則財物之賈十去二。朝令而夕具，則財物之賈十去九。"夫以二十千易千，何但去九哉？今順令若流水，待賈若守株，則萬貨之情病矣。公爲郡，寧獨倚市之賈人？庸次比偶，以相信也。思欲疏汾水如鄴，募工師湟中，爲翻車教之，懸溜三十仞，狀若垂天之雲，斯農悦于野矣。食流民如青州，條上煮粥法，班諸全省，若慈母哺兒，無不宿飽，斯民悦于途矣。行養老之政，龐眉而偉衣冠者以安車迎至，約爲會，躬儉率先，酳爵饋醬，雍雍然而老者悦矣。教諸生以經術，剞劂四先生言，頒諸學宫，晉之士始知有理學，又悦矣。夫悦之者衆，碑之乃群賈人，則其意有獨至焉耳。其獨至何也？計公所最哀，非無告之民乎？最優者老乎？最先者士乎？利最博者，非教民行水乎？今河涸土童，不得仰機利而食，朝一溢米，夕一溢米。公恩斯勤斯，椙椙然如抱甕之丈人。《詩》云："我躬不閲，遑恤我後？"衣冠矜珮之士識其大者，以爲是沾沾不足報公也。賈人智淺于士而力便于民，以納賈上比，公爲去患于眉睫之下，宜不旋踵而載德，所謂嘗鼎一臠，可以知味。然因彼所欲效而托吾所欲言，使子遺之民耳復有聞，目復有見，一旦至其碑下，摩挲誦讀之不忍去。後之甘棠我者，于以考德問政，紹休于無窮，則賈人獨至之意，固四民所同願也。雖然，公亦何樂乎是？昔者堯治天下五十年，不知天下治乎？不治乎？問之在朝，在朝不知。問之在野，在野不知。有康衢之童子歌曰："立我烝民，莫匪爾極。不識不知，順帝之則。"故曰："大哉帝堯！民無能名焉。"及降水警予，使禹治之。禹八年于外，然後人得平土而居。稷播時百穀，烝民乃粒。當其時，天下皆知禹、稷之功。夫知禹、稷，顧不能名堯。夫子大堯，亦不及禹、稷。則知之者不若不知之者至矣。今聖人在宥，其憂民如堯。公提封千里，能以七年之旱而爲二年之愛，使蚩蚩之民碑公于既去，亦猶稱禹與稷，出于昏墊阻飢之後，爲德雖博，不若康衢之忘。公閔時有嗛志，故別而告王子曰："吾所不得爲，居十之五。有御我者得爲而未竟，居十之三。則用我者不盡用我者也。"旨哉言乎！公名同春，字伯與，甲戌進士，上計，以卓異宴大廷。丞李公名繼美，倅劉公名應文，理李公名贊，皆贊荒政、平市議者，和衷體國，爲一時盛際云。

太原縣風洞禱雨記

萬曆乙酉，晉陽旱且五年矣。郡伯中淮吳公至而憂之，于是設爲條教，務在寬簡。禱于群望，咸秩無文。乃上天同雲，被之油油，若貺答焉者。輒有大風起，扶搖上下，白晝爲昏，雲物四除，陽烏流景，薀隆益蟲蟲然。或曰："太原有風洞，意者爲祟乎？"公急偕郡丞嗣泉曹公累跰詣之，邑侯向君步自北郭，率吏士以從。牲幣既飭，祝史既信，于是風止雨集，歲獲半稔。逾年，向君謂神之靈依吳公以享，不可無紀也，問言于王子。王子聞諸莊生，風者，大塊之噫氣也。宋玉賦以爲盛于土囊之口，而《桑柔》之詩則曰："大風有隧，有空大谷。"風洞，其土囊、大谷之類乎？出之非時，至于偃禾拔木，則大塊之噫氣甚矣。夫噫氣者，怒氣也。天無心，以民心爲心，民或時痌，則怒心感而噫氣生焉。劉向《五行傳》以爲"心之不睿，是謂不聖。厥咎霧，厥罰恒風"，解曰："言貌視聽，以心爲主，心不睿則四德乖。雨旱寒燠，以風爲本，風不時則四氣亂。"又曰："睿者，寬也。"愚謂睿非寬也，惟睿能用寬爾。今之君子，其始未嘗不務寬，而後稍嚴急也，則思非睿也。蓋視不下帶而虞四境之欺，解不導窾而患髖髀之格。臨之以卒然而咄嗟取辦，怒其不捷也，皆寬所從失也。譬之風飇羣暴發，飛石撼山，使三辰迷次而百川倒流，威則威矣，于生化之紀不亦遠乎？吳公究心名理，好深沉久大之思，與曹公咸有一德，加惠我民，體睿用寬，非苟焉而已。閭閻少嘆息愁苦之聲，而大塊之噫氣於是焉平，宜乎一禱祀而風伯效靈，雨師助順也。或曰：「今環數千里又多風，豈獨在政耶？」愚應之曰：「千里不同風，氣之和乖一也。列國不同政，民之好惡一也。無諉于適然，而獻爲措注，常恐傷之。知風之自，體巽而入深，使吾德政條暢祥和，常與天之喜氣相接，是幽贊默成之道也。故成湯罪己而旱回，姬旦郊迎而禾起，景公暴日甘雨來，宋君引咎熒惑退。古有蝗不入境、虎北渡河者，用是道也，則郡公之禱爲知本矣！」

胡山人居室記

往謝茂秦客潞子，諸侯王多從之哦，其國俗遂還風雅。余問嗣興者，曰：「有沙彌，大類浪仙，又時時誦其詩文谷先生所。先生曰：『此供奉後身也。』」余初不省爲誰氏。又數年，而山人游晉陽，造王子，投七言絕句數章。王子心好之，留飲桂子園數日。山人酒間談禪理，雷迅颷發，雖不甚心肯，然未有以難也。醉後作黃字壁間，意欲飛動。因與論世，知爲維揚人，少失怙恃，不爲兄嫂所存，遂祝髮入沙門。薄游上黨，慕茂秦之詩而學焉，一揮便成好句。而上黨之以詩名者如栗氏兄弟大加賞識，勸令自歸，且薦室焉，乃知茂秦所稱者是也。無何，走上谷，謁肖甫。游吳，會元美家。皆以爲奇，厚遇之。二公雅好禪，而山人談禪固其本色，遂大屈服，于是山人名在縉紳間籍甚。是時肖甫方都上將，參佐見以爲貴客，兢出金爲壽。而鹽筴賈人欲鈎奇者推山人祭酒，然實不操一錢。肖甫固欲爲山人裝，無不得請也。久之，內召，山人亦脫身去，游洛下諸大人間，而劉子禮遇之甚厚，爲僦田一區，稍具伏臘矣。已又自築室，老焉，拓其右爲精廬，亭三楹，曰"中天草堂"。前又三楹，規制小縮而紆其四旁，藝花木，碧梧掩映，所謂"雙桐山房"也。面起假山，下穿洞，納團焦，所謂"竺西精舍"也。山上樓三楹，奉佛，則"白雲樓"也。皆肖甫題額，各有聯句贈之，嘗許爲作記，而夢之帝所矣。山人以書來，請余記。夫余言安足重山人？顧山人未讀《魯誥》爾，瀾翻貝業中，去而爲詩則詩，學書則書。隱于賈則賈，豪于酒則又稱高陽酒徒，所謂依隱玩世，似潔似辱者哉！昔莊舄去越仕楚，官至執珪，一旦病，而猶然越吟也，王是以知其不忘本也。山人以竺西自命，殆西方之莊舄耶？夫洛陽，天地之中，周公所制禮樂在焉，孔子欲興東周，則時時夢見之。乃嵩少石室之間是達磨面壁處，今教行于中國，與吾道鼎立，其徒修禪觀者往往而在。山人去削染，有俯仰之累，已束身周孔教中，猶欲守其故習，其將能乎？雖然，吾嘗觀佛書，與聞若說矣，教人明心見性，由戒入定，由定生慧。而其門下稱宗者，多以一拳一喝總攝群機，語或不讐，輒閉目合口，庶幾世尊所稱"良馬見鞭影而走者"，豈其然乎？故當其言往往善幻，當其不言往往善遯。周、孔之教無是也，不斷酒，攝以威儀，不至亂而已矣。不斷肉，以禮食，不使勝食氣而已矣。對妻子如嚴賓，雖窮困飢餓，而其守介然也。彼教所謂在欲行禪，非上上機，不足以語此。故曰：相在爾室，尚不愧于屋漏，不出家而成教于國。雖天地變化，草木蕃，鳥獸魚鱉咸若，吾道足以致之。居天下之廣居，豈不博大謹嚴哉？夫學佛者欲萬象皆空，學周、孔則萬物皆備。空其所本，無真體也。備其所固，有大用也。儒與佛奚辯焉？昔神光說法，種種不契，最後悟心，量不相及，得達磨印，可提衣鉢授之。此何以故？知者不言，言者不知。忘其知，是謂真知。有所知，不若無所知之至也。本朝姚少師歸，見怒于女鬚，已拊其髡而笑曰："賴有此在。"山人勉乎哉！乃若其詩，具《竺西夢草》中，其論序以悉之矣。

重修榆次縣空王廟記

余曩歲爲先太宜人祝釐，道士張真庸監祠事，見其持誦精嚴，視聽純一，心異之，與之語，果知道者。遂延致桂子園數月，叩其説，頗與《黃庭經》修崑崙之旨合。且惑余齋素，將盡，以秘密相授，余不能用而罷。萬曆乙酉冬，有事太谷，道過之，則古空王佛廟也。考《榆志》，空王佛名志超，姓田氏，隋大業中削染，有異行。入唐，貞觀游介山，過路嶮絶，抱腹徑度。俄有白兔前引，五龍奔伏巖下，遂駐錫焉。太宗爲建空王寺以居，今名抱腹巖是也。寺前有池，禱雨輒應。而榆次南十里乃有其廟，豈其初削染處耶？真庸以道士奉之，梁栱之上刻畫天真像，則從其本教云。廟之右偏構屋十有二楹，四面正方，又陶甓爲樓，當諸龍首，以防宵寐。工竣而徵文于余。余惟道教兆自老子，與孔子同時，而佛法入中國則在漢武通西域以後，相去四百餘年。今三教鼎立，爲之徒者各是其是而相非也。然考其書，究其旨歸，無非欲人自得本心，用之于善。出世爲佛，度世爲仙，用世爲儒，根本皆同，門户各異。今爲二氏之學，視人倫物理如幻迹游塵，必解而去之，以求速化，不知日用飲食、吉凶往來皆幻迹游塵也，誰得而廢之？故悟心者隨緣應感，無非道場。如必據梧面壁，如土木偶人，則斷滅種性，不足以語衆妙之門矣。故曰："修之身，其德乃豐。修之家，其德乃普。修之天下，其德乃大。"非若小乘下品，委形于靜孤者也。愚人迷己逐物，于天性至親相視甚薄，至事鬼神、飯僧道，竭貲不少吝，以求福田利益。見有稱白蓮無爲教者，靡然趨之，不知其言皆掇拾佛老緒餘，自爲衣鉢計爾。或有別術動人，誣民滋甚。昔李少君在武帝前能使物却老，巧發奇中。少翁爲上致王夫人及竈鬼之貌。欒能静引玄宗入月宫，夕回，至天半猶聞仙樂。神異如此，曾何益于理亂？故知幻術所加，皆非實有，以法眼視之，如螢火之近太陽，豈足貴也？真庸于道，吾不知其所至，第平日戒行爲遠近所宗，宜與超公宗旨不相背馳。余獨怪夫學徒舍本趨末，迷而不返，或有如李少君、葉能静之所爲者，能知其妄則不至陷身于邪辟。故于徵文而具論之，使至祠下者，因余言有所省發，反求諸心，用于爲善，于道思過半矣。

孟令張侯生祠記

張大夫之治孟嚴，而民宜之，去之日，相率爲生祠。有問于王子曰：“嚴固可以得衆乎？”王子曰：非也。宜民之政，匪嚴不行。昔子産之相鄭嚴，夫子稱爲古之遺愛，常語子太叔，謂用寬難，其次莫若猛。火烈，人避之。水濡，故多溺焉。夫惟無嚴，雖有愛民之心，弗之能達矣。吾聞大夫起家萊蕪令，未幾，奔喪以歸，萊民思其政，紀諸麗牲之石。及公除，移孟令，孟民之宜大夫猶萊也。夫萊期年以憂去，孟再期以遷去，此取我衣冠而褚之之時也，胡爲乎有三年之誦而爲之祠？蓋孟人稱大夫以教化爲首務，鼎新學宫，正俎豆、玉帛之禮。鄉賢、名宦初爲一祠，大夫以爲黷而分祀之。問諸掌故，黜其不當與者。縣之東郊忽有巫憑焉，曰：“我碧霞元君，惡岱下人私我楮帛，移食于此。”惡少數輩傅會之，詳爲面嫚，則自反接其臂，作呻吟聲曰：“神鞭我。”遂起寝廟，甚麗，遠近聞之。裹糧影附，委金錢而去，多于守藏之府。大夫曰：“是左道，不可以逞。”得其黠數人，恥諸嘉石以徇，而毁其廟。當楚相時，大料民田，郡邑或虚數應之。大夫至，躬爲簡孚，謹藏圖籍，使不失舊貫，踐更之役，復者多幸，恩以丁糧，相較自一算以上，一裁諸令，甲緡增而力减。旁邑有疑獄，必移牒聽之。有大政，必移牒議之。不苟爲雷同，衆志以恊。凡此皆宜民之政，章章較著者。至于愼聽讞，新縣治，正門涂，禁六博，詰奸刑暴，使民各得其職，猷爲甚衆，烏得而悉書也？蓋大夫之治嚴而行方，賦才又敏。以方制嚴，敏以行之，是故智慮精審，品節詳明，思其始以成其終。衆言雖淆，堅不可動，故民卒受賜也。昔者子產之相鄭嚴，蓋一年所，輿人毀之，有游于鄉校以論政者。而大夫之令盂與其令萊蕪也，皆朞月而已可也。政成而輿人交頌，祠成而鄉校無違。言則內不格于大家，外不逼于強諸侯，爲所欲爲，沛乎莫之能禦。所謂事半古之人，功必倍之，宜其得民速也。且又旁邑比無年而盂獨稔，歲多疵癘而盂獨完。孫侍御有詩，稱其"九禱九應，神之聽之，既和且平"，寧獨盂民順令如流水哉？遺愛如此而廟食言言，雖領于祠官可也。是役也，與嘉厥成，則有簿于君明善，而太學杜公甫氏實請余文。大夫名國璽，字君信，任丘人，丁丑進士，今召爲大廷尉官屬。

小給孤園記

如是我聞，王舍城中有一居士名暢大濟，于十五六時操諸金銀、瑪瑙、珊瑚、琥珀、珍珠等寶游于江湖，得大饒益，歸到本城，買諸宅舍、莊田，娶妻生子。端嚴妙好，人所敬羨。不二十年，髮白面皺，以諸財寶盡付其子，復往雁門、樓煩等處貨販。身遭奇疾，喪于逆旅。其妻種姓原出王家，懷妊數月，及期生子。居士唏噓下泪，悲感交集，染成風症，不起于床。遍請國醫所不能治，乃喟然嘆曰："是身如陽焰，如泡影，如焦穀芽，如惡乂聚我。有壯子已墮黑業，何況于我？"提一尺孩而獲安隱，探取向日所得諸寶，一一用盡，惟有少分，足用布施。遂于城東數里買田一區，建精舍其中，請集比丘，具伊蒲饌供佛飯僧，聽諸妙法。孫漸長成，身亦隨愈。城中復有一長者王道行，自號髮

僧，素修梵行，聞居士名，欣然便往。見比丘衆參禮已畢，説是
因緣生大歡喜，嘆曰："善哉！善哉！是人宿世善根，可與諸佛
菩薩而爲眷屬。昔世尊在時，有須達多長者布金鋪地，買祇佗太
子園，建精舍千二百處，請佛安居。汝法財雖劣，信心無異，宜
證伽藍，長依于佛。"因合掌和南而説偈言：

　　一切世間人，貪求珍寶物。屋宇妙莊嚴，婦女都姣好。耕種
負郭田，多畜牛羊馬。時遇荒歉歲，不肯舍一錢。但欲遺子孫，
以至千百歲。不知分斷身，原非堅固相。緣盡各分離，身尚非我
有。何況諸眷屬，及諸有漏財。業力不能持，如迸空中火。種種
巧僞心，自招無間業。惟有大導師，能拯三途苦。慈雲覆一切，
廣開甘露門。有如病目人，金篦能刮治。忽依日月燈，復見種種
物。恣意而探取，歡喜心無量。又如臥病者，妙藥不能治。得遇
大醫王，于一彈指頃。飲以上池水，忽然衆苦忘。況以不退心，
廣作菩提事。泛彼般若船，往游極樂國。回視此岸人，真可憐愍
者。我勸饒富家，先須舍慳吝。刹那不得停，生病而老死。譬如
少水魚，斯亦有何樂？不如修白業，自拔輪回苦。

太原縣新建空王佛堂記

　　萬曆壬午，吾太原自正月不雨。至夏六月，今參伯麓陽孫公
適守是邦，走群望而禱之，不執綏，不張蓋，勞矣，竟弗響答
也。籲天無從，自晉祠悢悢還，遇民有御空王佛者，尼不行。益
數十百指，猶不行。跪而禱之，又不行。公曰："是將待我。"
乃伏謁再拜，請曰："吾聞神攻西方之教，以慈悲度世。嘗隱介
山，有五龍聽法，今與不穀際，寧無意乎？儻敕使五龍鼓風霆而
倒河漢，以解薀隆之圍，不穀謹事神無斁。"言訖而興舉，泠泠
如御風，已雨彌日夜，于是萬農即功，嘉禾被野，群黎百姓咸頌
神休，而歌太守之功。邑侯向君卜地縣南大悲閣之東偏祠焉，

曰：“大士，神所依也。”建堂四楹，東西廡各三楹，門一楹，周垣繚之，計六十武。蓋孫公與侯捐俸首事，而好義者終之役，取諸踐更之餘。作于八月既望，至十月上浣而竣。無何，孫公以治行高第遷副晉臬，治兵雲中。向侯謂不可無紀也，謁王子以言。王子嘗讀《春秋傳》，知雩之説，曰：“古有應上公者，通乎陰陽。君親率諸大夫道之而以請焉，則雨，今空王佛豈其人與？世之拘儒以釋、老異教，有事之者目之爲黷，不知大道無名，函三爲一，所從入之途異爾。修之至，則宇宙在乎手，萬化生乎身。聖不可知，尚無同焉，有所謂異乎？始孫公禱于群望不雨，獨于空王佛焉而雨，非群望之不克不臨也，誠不積不動，志不苦不堅，畜不極不通，衆不愜不和。孫公之誠積矣，志苦矣，畜極矣，衆心愜矣，故神物憑焉以示感，空王之靈即群望之靈也。

學使者環伊王先生德教碑代

蓋聞民生於三，事之如一。父生師教，厥重惟均。學使者簡自中朝，衡茲下國，總六經之軡轄，關多士之升沉。苟不經其品題，雖同游、夏之才，終鮮珪璋之達，蓋其重也。然地峻禮嚴，情分志隔，光融過隙，業遂專門，非夫弘一體之仁，何以易三年之愛？固知感通神理，如鼓應枹，雷動而風斯隨，聲傳而響必答，此自然之符，不可以假設者也。我宗師環伊王先生，鍾英河洛，射策甲科，橫講誦於石渠，抗論思於青瑣。正言無諱，如汲黯之在漢廷；衡命不阿，似晏嬰之處齊國。遂一揮而出守，經百煉而愈精。惠養元元，二千石之任重矣；簿書役役，四五載之勞甚焉。德威遐被，頓使列邑承風；治教兼資，載見群黎遵化。江陵之一疾彌留，岱岳之群祠如市。人非孔子，胡禱爾於上下神祇？親異周公，徒結援如父子兄弟。公雖出於門下，未肯入其彀中。謂山川之神，祀不過望，在祀史之守，信以陳辭。曾無一介之人，狂走東封之上，用茲矯勵，蔚有聲稱。逮秉鐸於晉陽，肆譽髦於俊彦。表程、朱之正學，黜蒙、梵之空談。先本實而後浮華，樹風聲而彰物采。嚴斧鉞於二字一句之間，析秋毫於分更分漏之頃。纂《四書三義》，吾道燦然復明；探六藝指歸，經學因而復重。剛腸疾惡，稂莠必除。矢志奉公，干撓遂絕。病生依館下，則問疾遣醫；貧士遇婚喪，則助金周麥。屬養疴之日愈，遂飭傳以星馳。總七郡英才，繁如列宿；品萬言高下，較若懸璨。至狀貌之修短枯肥，性行之剛柔緩急，間出批評，昭如龜筮。九方相馬，求於驪黃牝牡之外；尼父受琴，得其曠然頎然之人。我聞自昔於今有徵矣。至於俎豆前賢，登崇來哲，如趙邢臺之直，於懷寧之惠，劉洛陽之寬，王新城之介。論既定於蓋棺，人無慚於從祀。則咸奉爲名宦，廟食孔庭。即其善善之速，固宜惡惡之嚴。至於不佞，學既顢頇，年猶小弱。一蒙收錄，輒弁鄉書。峻試事而旋車，對群公而推轂。放榜之日，人謂神君。屬都人士爲州將所陵，薄言往愬。公廉知其曲非在我，投袂于皇直，欲削彼丹書，張吾赤幟。事關兩造，并坐圜土。時秋賦，數千人無不著同仇之義，懷左袒之心，饘橐自將，剝琢爲滿。先生之仗義執言，分憂等戚如此，雖鞠子之閔，莫烈于是矣。槐棘之聽，尚未弊要；菶菲之言，忽來貝錦。道轍既東，瞻言靡及。諸生念欲守闕而上書，詎能披根而反汗？爰發鏤心之語，勒茲墮淚之碑。謂小子受知最先，申言宜永。因采摭徒謠，鐫摹貞石。雖具美難述，僅窺豹之一斑；然遺愛勿諼，庶抗回之寸草也。謂余不信，請覆斯文。

傳

鳳岩先生傳

先生姓莫，名如善，字子鳴，號鳳岩，家世廣東肇慶府恩平縣人。父疑，才健自喜，好孫吳兵法。北游京師，嘗以策干軍府，有功，授錦衣衛冠帶總旗，世襲，因占籍焉。配朱夫人。生先生之夕，夢有神緋袍，從天而下，以夷槃奉之。八歲失怙，朱夫人洴澼絖課讀晝[一]，糜餰之日二，而自食其一，呴沫相存也。稍長，知力學，補弟子員，試輒高等。初名權，學使者胡公爲易今名。年二十四，發順天甲午解額十一人。時增城講聖學，先生往游焉，見謂器識凝遠，冲而不盈，喜曰："夫夫任道者也。"渭涯霍公、泰泉黄公并南海人，知先生名，競致之，與其子弟相修，每試在高等，善譽英英。公郷間都人士爭傳誦其文，執經門下者甚衆。庚戌成進士，授户部主事，榷鈔臨清。往部使者私奇羨，滿志而歸。先生平其衡，不加毫末，人以爲設關以來廉吏第一。代還，諸貴人無所饋遺。時分宜子潛預大柄，先生謁相君，外絶不與通，嘗語人曰："莫主事何如人？乃不得其一帖。"出視通，倉廩灾，下詔獄，人謂求分宜子其可，先生曰："禍福，命也。"不聽。得釋，還故官。三載考績，臺省皆署上上，贈錦衣公與朱夫人官階如制。尋徵子粒三河，裁罷供億之過賟者。進員外郎，復監通倉漕綱。旅至嘗兩月而竣，先生立分驗法，不旬日而竣。郎中四川司，尚書方公倚爲左右手，有闕司，常使兼攝，珮三篆。世廟采蜀礦，使者懼，不稱旨，且獲罪，先生奏罷之。詔取龍涎香，不可得。尚書欲緩其詞，以寬聖怒，先生曰：“緩之而不得，怒益甚。”竟以無對得已。用藉田，恩賚絹帛一稱。丁巳，升兗州府知府。兗，魯藩封國，諸王孫衣食縣官千餘，指稱稍不給，即庭辱守吏。南北孔道，博徒行剽，至梗進御物，爲郡邑憂，太守行部，必盛兵自隨。先生單車露冕，撤減前呵，政尚嚴檢，外從簡易，皆曰：“此臨清莫主事也，不愛錢。”相戒無敢犯。宗禄絕偏支之弊，衆是以和。郡中旱，飛蝗蔽天，先生禱輒雨，蝗不爲灾。瑞麥嘉禾一莖二穎相屬，遂以有年。君子曰：“天所以貺仁人也。”景邸就國，所過供帳費鉅萬計，先生支邑七程，曲算精審，費裁數千，而飪鼎、芻車、水牽陸輓無弗給也。治行天下第一，以考績恩進中憲大夫。戊午、辛酉辟校秋賦者再，得士若干人，今大廷尉賈公名最者。郡中五年凡二十三薦。母夫人卒，扶柩歸，送者數萬人，相屬夾岸，維舟而泣，盡境乃已。至武城，河水暴漲，舟陷盤渦中，危甚。俄有客艇二夾之，棺移而舟覆，人以爲孝廉之報云。公除，守武昌，未上，升四川按察司副使，兵備松潘。松潘，西南絕徼，皆雜種氐羌，而草坡蠻最黠，數擾邊。先生發策進剿，賊營絕巇，不可攻，募敢死士從間道繞出其背，夾擊之，遂覆。聞上，賚鏹綺。先是，龍州土官薛兆乾叛，松軍討平之。當路誤聽飛語，以爲激變，下檄詰問，嘖嘖有繁言。而先生至，蒐乘簡徒，罩布恩信，衆心乃安。軍餉仰給內郡數十萬。舊有通關銀及門單商稅送臺，先生藉爲軍興。都御史譚公微不喜，曰：“邊方與腹裏不同，宜稍有贏餘以資賓客，奈何遠嫌至此？”穆廟改元，及册立皇太子，加恩守邊使者，進贊治尹，升雲南右參政，分守臨沅，肅清銀場、鹽法，無敢有闌出者。城徵江、廣西二府，甚有政績，升福建按察使。上官甫三日，先是，有參將某頌繫軍門，召置幕下。直指某疑以賄免論之，并謂先生老不任，有旨致仕，時六十有二，而直指竟以剌事不當奪官。蓋先生入仕版二十有二年，自官俸外未嘗私一錢，行李蕭然，家無長物。歸而杜門，潛心六經，尤好濂、洛及近代諸儒講學書。傷贈公早卒，母夫人《柏舟》奇節，自爲孝廉時已蒙旌表，常曰：“吾願《登科錄》書此足矣！”後享清白吏之養十餘年，綸褒三錫，光映泉戶，亦榮矣哉！少有脾病，不良于食，而誦讀講授不少衰。余小子甫束髮，依贄門下，頑鄙有童心，先生不事夏楚，循循然善言感勵之，稍知自力。是時從父某貴爲執金吾，而從兄弟沙岡、沙濱兩先生者前後起甲科，爲名御史，嶷然山立，貌不勝衣也。未幾，兩先生皆無祿即世，而先生官獨久，壽獨高，豈所謂憂患疢疾增其德慧術智者耶？平生于書無所不讀，二氏之學知之最精，以爲不出吾道範圍。至其空幻天地，泡影禮法，皆詳辯而極排之。嘗曰：“夫子以博奕爲猶賢，夫我則不能爲長語，代之可也。”遂論三教指歸數十萬言，題曰《代藝賢己錄》，蓋謙也。戊子冬十二月某日，呼諸子謂曰：“我夢入紅門，若廟宇。然有一官跪而請我，殆將死矣。”遂不能食。時方舉孫若曾孫，手書“自顯”“爾奇”二名命之，九日而卒。平生講論聖學亹亹不倦，嘗曰：“聖賢道理，只是明明德。天地間事物皆有壞，惟理爲不朽，任理者亦不朽。”皆名言也。子三人：踰中，踰文，踰常，皆恂恂有父風，而踰中最文。別有《政紀》若干卷，藏于家。

　　王道行曰：余別先生歸五年所，遂與先生同舉進士，又同視刑部政，已選又同先生守兗，時嘗以書示曰：兗有五難，衝一、疲二、宗室三、妖妄四、盜賊五。然先生竟善其職，至今魯人思之，比于渤海、潁川。在松潘，恩信尤著，其破草坡蠻功，何偉也！質有其文武者哉？余何敢望先生萬一？第拙宦無奧援，歸無厚産，庶幾不負先生矣。

黃季公傳

　　方余奉簡書四方，假道歸沐，晉邸中貴人兢致飲爲樂。一旦罷田文之市，交益加疏，惠而好我，獨黃季公爾。初，公以中謁者受簡廟眷知，薦登大監，于今稱篤老，而向時比肩事主之人，封樹且拱矣。公諸子玄甫孝廉與余爲友婿，有操行，攻古文詞，常裒集公美，謁元美文以傳，足不朽矣。至輔少主，持危國，斬斬有烈士風。自元美結撰，尚缺論次，故又授管王子。夫王子所不能者文，若謀野則獲，于以傳信，奚遜焉？蓋公當簡廟時，司王府錢穀之鑰，皭然不滓，語在元美序中。敬、惠以來，三遇國喪，當璧之符，未離擁樹。先生念寧河有總聽才，又疏屬，不嫌于挈瓶假器，奏使攝國而以公輔之。諒闇之夕，申宮儆備，別嫌明微，保艾王躬，集心于蓼。已而王母陳又無祿即世，藐焉三尺，寄命群姬之手。公與攝王合策，請敬王夫人抱之，雖不附于毛，不屬于裏，而義重體尊，情志專一。鞠子之閔，可以高枕而無他虞，則公之功也。王八齡就外傅，擇謹厚宮臣與處，禮聘文儒講授章句。或委畢而嬉，必進規諫，以故聰明日啓，綽有令譽。冕弁以臨大吏，望之儼如也，即之溫如也，聽其言秩如也。晉國饑且七年，王亦未有祿。丘賦稍入，又多坐負。宮中至不厭糠核，乃嬪嬙乳媼之家，監門廝養之役，決藩覬寶，實繁有徒，公以法裁之。至六察、藩臬巡功拜表，宴享迎勞，詞無不腆也。與攝王合策檢料田租，得失額千餘區。大司農以宗祿日增，請親王從旁支入繼，止食舊封。公私出金錢游貴人間，言王貧不能備純駟，慫恿用事者以聞，得如祖制。簡、惠二妃喪，以私錢襄事，計損千緡而贏，前後封還裹蹄文綺之賜，又委千金而數。攝王鑒其忠，援故事請飛魚服以寵之。公堅辭不可，又因王之貴客道款乃已。嘗訟原田，毀冠自坐，諸常侍無攘臂而仍之者，事雖不勝，而人壯其忠。今郭常侍以王奏副公承奉，而宋監遣自中朝，用備三事，公欣然曰：“二賢并駕，殷殷若輔車。吾請老，其許我乎！”遂稱疾杜門，出銅章授焉。無何，諸孫門接迹起賢科。蓋玄甫有弟垂甫，舉丁卯鄉試第幾人，而玄甫繼之，門又繼之。諸孫林林玉立，在高第數人，將來未艾也。夫中貴人好自矜重，臣虜諸昆。公天性孝友，宛然士大夫家法。諸子姪能讀誦，更殊其禮，爲擇嚴師傅教之。不能，則賦之事，使自力。以故族指雖衆，皆醇謹，稱其家兒。外家請乞，或非時入見，敕勿與通，禁絕闌出金繒。優伶歌舞無得入內朝，匪頒好用，自君夫人以下皆會也。縶御近臣非復曩時橫肆，胥感出矢言。公口約腹裁，躬先節儉，雖敝袴敗帷，若有愛焉。爲國儲胥，令不至缺乏而已。天之報之，所得自贏，不待傳《破斧》之歌，啓植圭之簡，王固亮其無他矣。愚嘗迹公爲人，大類張承業。承業監軍河東，廣積金谷，以佐征伐。法行貴戚，中外肅然。愛惜纏頭，至承之以劍，賴曹太夫人以解。君子謂縉紳士大夫不能及公。憑几重臣委心少主，所事視李亞子遠甚，顧安所得曹夫人乎？《詩》云：“驕驕好好，勞人草草。”公之苦心，使死者復生，生者不愧。宜其壽考維祺，有玄甫以顯大之也。

魯忠傳

魯忠，故許昌陳氏子。諸父楓舉孝廉，與睢陽魯惺庵先生同年。先生以行人使唐藩，過許，孝廉已物故，哭諸其墓，而忠見，傷哉貧也！請爲臣，許之，遂與俱歸。見其謹愿，命爲紀綱之僕，因冒魯姓。先生枘鑿，官不得調，請終養歸，家食十有七年，守廉，絕無他營。忠喜得所依歸，應對賓客，浣掃庭除，兢兢如也。久之，先生稱病篤，時甫舉二孺子，呼忠曰：“來，吾母養未終，妻子煢煢無倚，以數口累汝。”忠叩首床下，嗚咽不自勝，矢曰：“所不以主周旋，有如日！”先生卒，未幾，母夫人尋卒，而二孺子者，其長又卒，忠擗踴堂下曰：“天乎！以吾主之德之孝，而洊灾至此極也。”遂擁孤璵拜吊者，自始喪以致終事，具易戚無違禮，觀者大悅。又遍謁大小六察若學使者，以狀請曰：“民故主光祿魯公，砥節礪行，足以師表人倫。今無祿即世，弱息甫二齡，不任踐更役。嫠婦煢煢，皇恤其緯？惟使者哀憐之。”諸使者素知先生學道仁人，感忠之請，檄州司祠諸鄉賢，出贖鍰二百，起棹楔以章名德。又扁其門曰“兩世一節”。復璵徭，視光祿在時。忠又爲先生卜葬城南，大起塋域，陶甓爲垣，種樹數百章，曰：“惟天眷德，後必與孤。”璵稍長，就外傅，趙夫人顧腹于內，忠保介于外。璵能讀父書，惇敏有成人之度，今大宗伯沈公遂以愛女女焉。而先生諸子某舉孝廉有名，家聲復振振起矣。睢人義其事，曰：“魯之程嬰也。”開封別駕張君來視州篆，署“忠于所事”四字賜之，辟爲冠帶醫士。外史氏曰：今學士大夫自通朝籍，日謀廣田宅以貽子孫，被服玩好窮當世之娛，擇人而任時，僕從至數十百人，翕然滿志矣。一旦勢去，衆心瓦解，或有反戈而內向者。此何以故？日相規以利，愛貴奴虜，務盡其力，而牢籠齮齕之，非義合也。魯公一六品官，在告日久，振忠於顛沛之中，恩如父子，秉德不回，闇然內化。語云：“死者復生，生者不愧。”忠實有焉。植遺腹而安，朝委裘而不亂，則先生修仁義之孝哉。

張大石傳

張大石守中，聞喜人，余己酉同年。貌黑準庳，友人戲呼曰鴨。入官，強敏潔清。初選保定府判，有均糧修邊之委。野行露宿，隨疆理所至，茇草爲舍宿焉。經其手，精核堅緻，聲稱大起。升通州知州。穆皇在潛邸，校尉收租其地，有怙勢者朴之，群輩面啓，不聽，得無害。有貴人馳驛至，家奴索折乾，不應，聚而誶守，忿撲河中，州民抹撈，訴貴人，并毆群奴，窘甚，抱恨去。時吾鄉楊襄毅位家宰〔二〕，其人面愬前狀，纔呼守名，襄毅亟稱曰：「好官！好官！」遂語塞。歷升僉副都御史，巡撫榆林，令行禁止，威惠并著。嘗御一騾一引馬自隨百餘里，至守備城，入倉，啓廒口，視米，糠土強半。守備至，叩頭，即令煮食，不能下咽，治以軍法。各堡遂皆精鑿。局匠造甲冑戈矛，親爲檢閱，無敢不犀利者。查盤官入榆林界，自辦騾轎，裹餱而食，不敢用一夫、一馬、一菜。互市，夷人小閧，以夏楚威之，逡巡奉約束，非他鎮所能也。榆林軍素驕，雖懷其惠，亦苦其嚴。嘗夜向臺中遺數十矢，遲明開門，鞭巡風巡捕官，使狗于衆，曰：「有射都御史者入。」且坦示之，竟貼然。會病，卒官，贈兵部右侍郎，御祭。家食時，有門生爲行人，歸里，且雞黍俟之。門生先以取便拜數客，遂怒，撤具閉門。惶恐請罪，不見。次日請罪，又不見。因鄉人請罪始見，朴之十。卒後無子，群從與女爭產相訟。宦績泯泯，無有表章之者。

平定州志補傳

人物

唐京兆寬，事父母極孝。封公八十，京兆與子某、弟某各輪五日視寢，衣不解帶，假寐臥側，每一轉身，即問起居。親爲蓺蚤、浣足、拭身垢。子弟輪值，常中夜至戶外呼之，恐其熟寐也，不知已私去矣，奚童以睡熟應之。封公每戒曰：「勿用苟子來，善睡不惺。」八十，以壽終。自苑馬卿丁繼母憂，至憑虛閣，下輿痛哭，步至家，寢棺旁五十日。日三上食，如家禮，饌具甚豐。繼母子欲掇食之，戒勿予，竟食也，曰：「吾母固喜兒食。」

已既飽，命蒼頭撤去，曰：“母飽矣。”居鄉絕不干撓公府。鄉人浼關說者，不得已飲之酒，爲代納贖鍰，持銷票示之。道行與公宦轍不相際，未詳其行履。向官秦中，張太宰元洲爲右使，言蒙山篤厚君子，然義所不可，即僚采亦厲色叱之。一子不肖，與娼投環死，公視，遂絕。嗚呼！天之與善何如哉？

劉偉，朝邑人，正德間舉人，文水知縣，有政績，見《山西通志》。擢監察御史，升兗州知府。得仙術，尸解，後隱平定山中，爲人推命奇中。平定甄給事成德、李知府愈與念爲諸生時，從之游，來省城，陳中丞琳曾與同臺，卒兗，時巡按其地，親吊之，識諸市，疑其仙也。使家僮呼與俱來，迎笑曰：“人謂君仙去，今果然。能飲不？”應曰：“能。”“燒酒不？”笑曰：“君疑我爲鬼物，以燒酒相苦耶？”出一瓻，輒盡。後寓劉總兵家，省臺聞而造焉。內有韓五泉者，甥也。舅拂以手曰：“錯認。”方據床結蘊，以手指某公、某公，若素識。謂李士臣先生壽當近百，今九十許矣。後不知所往。

仙釋

孔道士，自言宣聖五十幾代孫，寓平定多年。冬夏破葛一領，袪袂穿漏。好飲酒，譴浪，人不能測。當夜行，仆石上，怒而蹴以足，血流不少止。群兒從之嬉，必買餅啖之。摩挲袖中，往往得金少許。又試噓銅鐵，即便爲銀，人以爲能點化。有朱生求術，不得，毆以拳，罵不休，朱毒手轉甚。旁有叢棘，即赤身偃曝其上，朱異而舍旃。余迎至叩之，無所言，但索酒而已。命僕爲役甚，相患苦，因送還。然語譴，多中人隱衷。歸平定，未幾卒。或言與女巫某秘戲不勝。蹇理庵中丞嘗知是州時，語余曰：“敝鄉前輩會試，過平定，往往遇之。歷數十年如一日，殆仙也。”或曰死後有見之者。

隱逸

吾友李惟純數稱張草亭之奇，不知其名，亦不知何許人。初至平定，懷肉十脡，謁一學究，受《尚書》。後稍稍露伎倆，人爭物色。一日，甄侍御子一巡按河南，便道歸，與共坐，傲睨之。已而譚詩，舉杜工部類句問曰："在此當罰跪。"良久，山人曰："工部跪久，宜令且起。"侍御不懌。山人曰："吾善舞劍，請以樂賓。"主人奉劍，舞而歌《赤壁賦》，激昂頓挫，傾其座人。歌至"固一世之雄也，而今安在哉"，目侍御曰："吾欲殺人。"便揮劍砍酒，奚斷其帽，客皆沮喪。侍御怒，徑去。山人亦去。他日與譚時事，則四方形勝及兵馬、錢穀、險易、盈縮之較，無弗悉也。醉而假寐，橫一木於門趾而寢處之，緣督以爲經，駒駒然。有時寫小畫[一]一二幅鬻諸市，易銀米自度，人益不可測，嘗心異焉。今得苗太學録宋登春詩，乃知所稱張草亭即其人也。

魏開府言山人與吳徐宗伯善，老而無子，有一女欲爲之裝，則走吳下，客宗伯家。宗伯厚遇之。家臣驕蹇，山人視如己僕，甚相厭苦，雖宗伯亦冀其去。一日，語宗伯曰："公意覺日疏，諸僕凌我。"徐曰："何物敢爾？當鞭之百。"山人指其人，宗伯鞭如數，示辱而已。山人曰："吾有女，求二十金糊其口，將縱觀海。若窮日月所入出，無久滯此爲。"宗伯出贈金，受而辭去。徐出祖酒數行，宋曰："止。毋敗吾興，多留，酒足矣。"放舟大洋，呼白引滿，醉而自沉。臨邑邢子愿感其事，作傳、賦、挽詩數章。徐見，以爲誣己，別爲傳，亦賦挽詩數章。

校勘記

〔一〕"畫"，據文意當作"書"。

〔二〕"家"，據文意當作"冢"。

墓志銘一

明誥贈昭勇將軍井坪堡守備黃公暨配俞淑人墓志銘

今上有事南郊，黃君元忠以京營游擊將軍護蹕。當馳道，擐甲執兵，拱立馬上。天子過之，偉其狀，問曰："介而晳者誰何？"左右以名對，則喟然嘆曰："是真將軍矣！"明日，主爵者進君參將，視師上谷，蓋上意云。于是王子榮其遇，未之識也。已君坐口語，中廢歸里。一日，爲林公守忠典客，問，知爲君，則曰："明主知人哉！此固福將，何至屏居？"無何，大中丞使將牙兵，于是君有母之喪，而余亦以葬母無幾時，煢煢相弔也。君介守忠以請，曰："先將軍無禄即世已二十有六年，而先淑人又卒。惟長者一言，死且不朽。"余惟三年諒闇，對而不言。某甚不肖，何至飾哀他人爲？則君再拜之，顙曰："先將軍無禄即世，天下未有稱也，而先太淑人又卒，忠益怦怦營營，不敢寧處。唯長者一言，死且不朽。且忠聞之：對而不言，謂言樂也。兹以哀事請，固長者錫類之思也。"余不得已，爲之志而銘之。

按狀：將軍諱文，字本道，先世洪都人。始祖某，從高皇帝平定中原，授太原衞副千户，傳某。至某，是爲公父。母某氏，一夕夢有鳥銜芝，自雲中下其室，覺而有娠。生公，美姿容，沉深有大度。雖將種，喜誦法孔氏。以胄子游學宮，爲博士業，諸生未有以難也。未幾，父卒。補蔭，珮銅虎符，軍政修舉，處大中丞陳公幕。北虜闌入，檄監陝西游擊兵。會闌將王松被圍，公率敢死士薄戰出之。陳公謂曰勇，簡以自隨，行部雁門，遇虜，流矢集左右，公力戰得免。逾關，賊復奄至，公以神鎗大炮却走之，奪回鹵獲無算。擢雲中井坪堡守備。井坪最近胡，日與接戰，鈎兵在頸，直兵在胸，意氣自若。每帥勵諸校，遠置偵候，爲覆弇中，往往得志焉。尋檄修雲石、鐵山二堡，賦板築，計徒庸，約收保，勸其勉者，扶其不勉者。功成，不愆于素。都統王公甚見器重，方欲承制拜貴將，而遘疾不起矣。時嘉靖庚申四月二十八日也，年四十有七。

配俞氏，昭勇將軍某女。性行婉淑，精于女紅，事舅姑孝謹。常以勤佐公之廉，迨稱未亡人垂三十年。子復材勇，見知上，家聲益振起，淑人之教居多。素健爽，綜內政，小大受功，秩如也。參將君罷歸，怡然謂曰：“中國賴天子式靈，單于解辮內屬。兒擁盾傳呼，雍容俎豆，甚樂。第士馬物故，戰氣消沮，徒恃三表五餌之術，日緩煩虜使，大類賈胡，非將帥之任也。今且歸矣，異日飛狐、樓煩有急，天子顧問左右：‘曩所用黃將軍何在？’則賢士大夫方推轂不暇。兒吐奇策勛，度大漠，赭瀚海，達行殊遠，取萬戶侯封，不益愉快哉？”君謝唯唯。淑人方含飴弄孫，遽遘疾不起，遺教皆忠孝，大致亹亹乎其言之也。將軍生正德癸酉十月十有四日，卒葬之三十年，是爲萬曆癸未七月五日，而俞淑人没，距生正德庚午五月七日，享年七十有四。子男二，長即參將君元忠，娶程氏。繼娶林氏，守忠女。又繼胡氏。次元吉，娶王氏。女一，配指揮王世龍。孫男三，忠出者曰正。吉出者曰甲，曰科。孫女五，適張希孔、王與卿、袁鎧，皆指揮忠女也。其適宗侯慎鏗與未笄者，吉女也。將以甲申年二月二十五日合祔某處祖塋之次，而爲之銘曰：

艾而無祿者公耶，長而式穀者忠耶。賢哉是母，遐不黃耇。

子孫繩繩，我武靈承。以告公從，尚待爾龍，額之侯封。

明故延安衛經歷崇甫張公曁配孺人王氏合葬墓志銘

張次公卒之二年，是爲萬曆辛巳，子瞻物土涫馬之阡，始得吉卜，以九月某日葬公，而啓王孺人之壙祔之。因黃玄甫跣而謁余請志，余謂玄甫稱：「文章家宜圖不朽。」子瞻再拜，曰：「惟吾子之習先子也，敢固以請。」遂志之。

按狀：次公名九德，字崇甫，別號槐庵。祖有諱文政者，起家戶部尚書員外郎，生澄。澄生秀，晉府引禮。爲人緩頗內重，以纖嗇累高貲，冬一裘，夏一葛，有采椽之屋在烏盧中，盜可俯而窺也。引禮公故好施，里中豪少年德之，約有急，擊刀斗相致，無敢後者，更數十年不懼宵寐警。配侯氏，生九思。繼配白，生公。九思喜婾衣鮮食，怒馬而馳。公守約，有父風。引禮公曰：「吾歿後，小兒日益，大兒日損。」未幾，伯果廢著。公修業息之，遂至數倍，更推以與伯氏，室其一子，致一女焉，終生無間言。入貲，補幹掾，爲連帥尚璽，甚見任用。滿秩，謁選天官。故事，試律令，予正八品，非所習也。則日夜讀法，劑膏程，寢佔畢，聲徹舍外。及試日，傅爰書上之郎，見者以爲老吏不如，奏第一。尚書有所屬意，移第二。拜延安衛經歷，閒局也。而延守周公素嚴重，一見以爲能，稍益試之，果稱，則移牒使書獄，郡中稱平。盈庭之造，至日昳不暇食。每白事，爲之霽威禮之。未幾，丁母白孺人憂歸。于是兄老而己攝主人，以病不及養，殮不及視，毀瘠自致。葬之日，錦褚畫帷，繢綃彩貝，葆羽徽幟，苞筲車馬之盛，觀者如堵焉。得之以爲悅，後喪逾前喪矣。逾年，臺使者病俗靡，下禮式于郡，罰不如約者，與民更始，而二千石乃追論公厚葬。召至庭，令輸粟二百斛予饑民，籍就其家給焉。公怡然曰：“民喪母厚，誠得罪無恨，況使君借德于我，示徙木之義，其何敢辭？”出則矯以語待哺者曰：“使君令我視若有匿著而食縣官者乎？籍具在是。”皆頓首曰：“不敢，惟公憐而收之。”盡粟，無譁者。

公除詣銓，輒移病免，尚書省以聞，有旨致事。歸，則舉局鑰授子瞻，而游諸縉紳間，歡甚。具聞談禪，悅之，遂齋居一室，披《大藏》，終日取赫蹏手書要語，以便屢省，積成十餘袟，而食減貌癯矣。所親勸之百方，終不聽，曰：“吾方與佛同居住，不退轉地，豈顧幻軀哉？”及病脾瀉，困甚，子瞻涕泣以請，始一試肉，尤和南懺悔曰：“脫愈，當復齋。”竟卒，時萬曆己卯八月某日也。距生正德乙亥某月，得年六十有五。公强敏有計數，其先負郭田三百廛，晉始王荒之葬厥妃，則徙交城，冒同姓者，受其著而傅之役。至大父始歸陽曲，運策致饒。伯氏當室，人以爲可乘也而藉之，交城之輸戍者見持尤急。公曰：“毋以伯故貽後憂。”自詣吏，請府庫圖籍，引繩批根質之，竟以兄免。引禮公歿，無像十年所，公思不置。一日，忽索毫素，手自模寫，會神制形，妙從阿堵中出，人益以爲奇。嘗語余曰：“吾一歙一張，見取于予，無不得吾意焉。”客有高前輩之義者，官二千石，憂饘鬻，有故人報笥二百金，以爲污而還之。公笑曰：“吾聞廉吏更富，是計畫無所復之，用爲名高者爾。”至其尊人，若愚若虛，則曰：“某何敢望先子云？”配王孺人，有婦德，從姒氏事姑，每進具必稱姒。庀內政，不言而躬行。公觴客，向夜闌，必歷釜濯豆盡然後止。卒之日，白孺人拊膺大慟曰：“天乎！吾安所得王家婦者？闇然君子也。吾無與安吾老也夫。”思之，至舌卷面焦。余太宜人常言其狀如此。先二十三年卒，是爲嘉靖丙辰六月，得年三十有九。子一：齡雲，子瞻其字，配錦城郡君，封奉議大夫、宗人府儀賓。繼楊氏。女一，歸郡諸生王朝蓋，通判世武子也。孫男二：行，循。孫女四：曰副總兵之胄子勛，實笄孟女。冢婦盧儀賓，某女，是爲簡太妃侄，河東榮僖王外孫，令育晉宮中。仲女聘盧引禮某之子璋。餘幼。今孺人周氏敬忌無違，撫諸孫如己出。公賢之，亦齋素，修白業。銘曰：

孰修業以息，而伯氏是食？孰遺言以默，而淨名是則？人方熙熙，我獨若遺。大道甚夷，大智類迷。斷肉而齋，面是用鼃。信心不回，諸佛思齊。克偕令妻，往生天之西兮。

奉政大夫四川按察司僉事待庵李公墓志銘

萬曆丙子秋，余同年友惟聘李公卒。其孤柢跣而造余，以志請，曰：“此先君意也。”蓋是年春，公疾作，仲子棐來問醫。余曰：“吾友杜生，燁燁奇士，以事親，習湯液醪醴，胗病愈劇，十得六七焉。而翁欲大全，宜惟杜之聽。”胥之果奏功。然公二子方棘秋賦，雅不欲其居攝，又素堅厚，纔小健，輒止藥，扶筇而督家老，于是屢奮，病益進，遂不捄矣，惜哉！乃按舉人孫持狀而志之。

志曰：公名彥士，別號待庵，榆次在城四里人。始祖克修生志善，志善生奉，奉生茂，茂生公明，公明生約，即封大夫也。有四子，彥賓，彥金，彥珍，而公爲季。嘉靖丁酉，與仲兄同舉于鄉。至庚戌，獨成進士，授户部河南司主事。于是三殿灾，大司空雷公方鳩僝工，妙選有心計者處幕，于是移倅營繕，進員外郎，善其職，貤封父若母如制。擢山東按察司僉事，治兵沂州。尋移蜀叙瀘，未幾，謝政歸。公未第時，屬索虜闌入，臺使者議增坤爲守計，檄邑侯對簿，曰：“榆次城西偏遮虜，土惡亟壞，李舉人有文武才，請假卒百夫築之便。”報可，以爲請，公作曰：“昔端木存魯，墨子固宋，此皆則古稱先王者也。豈有儋爵析圭之素哉？苟利國家，宗族與受其芘，不爲越俎而代庖人矣。”于是程日賦功，衆志咸勸，百堵之興，堅于他築。封大夫患滯下，幾危，公衣不解帶，親嘗藥餌，調粥糜消息之，凡兩閱月，愈然後已。三殿之役，日與貴璫拮据，無所狥，雷公善之，奏課功苦，居上第。穆廟元妃薨于邱[一]，公又董園事，稱旨，前後受文綺白金之賚。筭臨安木稅，豪貴人闌出無算者，悉算如功令。諸算十二三者率輕之，就十一焉。沂州民習剽爲奸，設鈎鉅法，得其主名，朝發而夕覆。叙瀘雜羌僰之戎，至則推腹心用之，咸爲之用。方底可績，而臺郎白簡疏公，左次，遂解綬歸。歸則坐家塾中，爲其子若兄弟之子授經學，而公之諸子皆雋才，有父風，且下帷講誦，人人自得也。兄子杜發庚午解額，接迹而起，彬彬稱盛云，其大致若此。

始公成進士時，吾黨十有三人，相過燕市，爲樂甚具。酒酣興至，分韻賦詩，公操觚無所遜，飈發泉湧，一坐斂顏。在臨安，屬荆川唐先生與今大將軍戚公方勤島事，而余亦領三吳軍鎮，至杭會兵計，公參預片語，聽者大服。使得推轂塞上，必有顯功，而用不盡財，時論尤惜之。居常慕范蠡之爲人，能推行其七策，察天時，盡地利，修業以息之，家益饒。然好行其德，歲歉，所賑施屢矣。時時召故人飲，葱菁窈窈之觀，激楚陽阿之奏，衍衍如也。峪頭別業爲隄防潴水，布稻蒔蓮，畜鯉數百頭，具野航，浮醇酎，把釣爲樂。嘗招余遠泛，嵐色波光映帶几席，自謂不減剡溪。古人云："對酒當歌，人生幾何？"由今觀之，公誠達人哉！

公生于正德丁丑六月十九日，卒于萬曆丙子八月二十四日，享年六十。元配閻，封翰林院檢討大綸女。繼安，處士世榮女。俱封安人。子男四：長柢，娶左布政使寇陽女，繼娶經歷王朝元孫女。次柔，娶太學生寇阢女。桌，娶宗人府儀賓白如琚女。俱邑諸生。一某，甫晬。女四：一適寇養蒙，一適閆講，一適王道溢，俱諸生。一未聘。孫女三，俱幼。蓋閻安人先公若干年卒，而適寇養蒙、閭講者，其女子子也。餘皆安出。柢將以是年十二月之二十六日葬公李老溝之新阡。公無恙時，與余論堪輿家曰："吾邑有善處焉，吾將奉先君子之藏居之。"余曰："何？"曰："速覩夫爲善之利也。"余曰："惟吉不借在人，惟天降祥在德，比化者安土久矣，又無他虞，不如其止。"及公卒，客有治堪輿言者，至李老溝，善之，則公所指處也。空同子謂地理可遇不可求。溝胡名李？殆所謂遇，非耶？銘曰：

伯兮叔兮，孰與季文？鴻飛冥冥，離奇雁群。厥有顯才，爰究爰處。起而共工，實獲我所。司空旅士，簡維妙流。介彼寺人，不厭其求。亦既落止，帝心汝嘉。美鐐重錦，洊被之華。算緡無讟，詰戎而肅。賁止丘園，子孫戩穀。我稼既登，呼我友朋。厭厭夜飲，有酒如澠。匩鼎解頤，蒸然家造。纚弁繽紛，來者跨竈。萬年之藏，卜于茲食。望之皋如，君子攸息。

王淑人墓志銘

王子獲幸于守忠將軍林公爵也，則爲志其母張太淑人之藏。又十年，是爲萬曆壬午八月十日，而配王淑人卒。淑人有子桐，將兵居北邊，請奔喪，不許，則爲位，踴毀甚痛。小定，手自爲狀，因守忠以請曰："不佞先大母得先生言，死且不朽。母之德足嗣也，没世，名不彰，余小子之罪也。如得先生言，亦死且不朽。"王子多病，不任外史，且累言以飾人内行，非譽則諛，人謂我何？乃守忠固請，手其狀，且拜且泣。余攬之，信而有徵，不欲傷若父子心，頗爲論次其事，作王淑人志。

志曰：淑人姓王氏，太原衛指揮某女。生婉孌巧惠，甫成童，見其母盤組刺繡，時時效爲之。意形敏妙，見者心賞。已又學治漿脯粉餈之饋，足備内羞矣，父母喜甚。時守忠喪厥儷袁，遂委禽焉。撫有而室，纔十有幾。公起衛將，以材給事大中丞幕，而張太淑人病廢床褥，袁淑人有女未齔也，淑人則代袁稱婦若母。而又代公攝子事，調醫藥，和粥糜，含哺弄雛姑側，具有其孝慈云。已蕭括內外臧獲，大小受功，諸漿脯粉粢之饋，以佐公食客若舍人子，毋弗給也者。張太淑人大慰，病日起。為元女治歸，具身約腹裁諸所需，編副繡，補纓繼鬐帨之屬，多不假手匠氏。歲時污瀚，覃覃婉嫿，忘其非母也。張太淑人愈益喜，謂曰：「新婦材且賢，而乃今梱以內無溷媼為。」淑人益惢庶慎，事必咨稟，稱嚴代，終以為常。

公守老營，太淑人從。尋連帥山西，進寧武參將，如之。及移居庸，則命他姬往，而身留侍太淑人太原。越明年，改倒馬參將，續世誥，始拜命服。未幾，以元女奉太淑人之倒馬，而女病，則與之歸。召甥來館下，消息醫藥，凡二年所。女性嗜茗，為購佳茗啜之。得果餌一味，不以食他兒，必食女也。竟卒。卒時，首簪上謝曰：「袁母生我，而我賴母以生，天乎！報恩異世爾。」言訖絕。淑人慟，亦幾絕。時山西妻苦胡，樞笭謂守忠材，將移之雁門。虜不之雁門而闌入偏關也，徒以公在。六察使上彈文，不謂虜不雁門，顧謂公不舍而偏關也，有旨對簿。公恐傷太淑人心，入則珮委自如，出乃改服詣吏，坐法當貶。凡二年，淑人在姑左右，笑語如他日。又時時以守忠問進諸珍御，歡其心。逮得白，起太原參將，太淑人終不知所由。時年八十有七，寢疾數月，淑人從守忠侍，罔盥頮櫛纚，睫不交亦數月矣。蓋林世稱孝門，至淑人愈篤，本其天性云。

後十年卒，距生正德己卯七月九日，享年六十有四。子一，即桐，萬曆某年武進士，以署都指揮，守備寧武。娶侯氏，右司馬侯公綸孫，光祿丞汝謙女，封宜人。女五：一適指揮李慧，一適守備張世斌，一適參議傅霖。一側出，未字。其歸參將黃元忠者，即元女，早卒者也。孫男一，曰本。孫女一，幼。守忠名爵，以參將致仕。蓋淑人十舉子，成者四人，病耴皆不在侍，心内悲焉。泉水有思，每食必祝。義如歸唁何？易簀之夕，命女奚掃室焚香，沐浴更象服以待，竟危坐逝，可謂令終有淑者哉！逾年閏二月十有九日，葬崛嶁新阡，而爲之銘曰：

宛彼中丘望汾野，有玉藏斯拱梧櫃。一子將兵居塞下，諸姬已圽夫君寡。曷澣曷否憐季者，悠悠爾思不可寫。

王處士墓志銘

君名思睿，字汝通，别號西川，遼州人。父濟，祖嚴，遡弼、宣、志、剛，凡五傳爲小宗。始濟有高行，顯諸宗間。嘉、隆之際，有司籍其孝以聞，備修實録，人皆稱爲孝子云。孝子公娶趙孺人，實繼元配。生君，侃侃負巨人度，豐頤修幹，愛人好施，意豁如也。嘗師受故藍田令張君經學，會祖母田卒，孝子公倚廬于場三年所。君受箸廢讀，則間從外王父趙尉間史，自遷、固以下，旁及稗官小説，靡所弗窺。又善星卜、醫藥、修煉、方技家言，爲湯液起人，無論金石，費不受讐，以爲常。已更操箓游齊、秦、燕、晉間，守廉而贏五，盡以歸孝子公。孝子公殁，而繼母孫有惑聽，幾内鬩，君事之益謹，拊異母弟益厚，母乃安之。常之鄴下，有布衣黄金，長者也，約爲兄弟相修。處士間山農談陽明先生學，北游過之，聽其説，大有省，曰："黄身多篤行，而間口姍微辭，吾采其實而鈎其玄。四方之游，獨于鄴獲多爾。"歸語諸子弟，亹亹皆向衷之説，獲于鄴者也。

子化，髫穎異凡兒，爲延師講誦，日盤辟交歡，漿脯勞問相繼。鄰子見以爲奇，招致塾中，爲貧者主饋佐修，彬彬起矣。凡宗姻間左，有無相通，婚喪贍助，無不畢願。而去歲祲，出粟補縣官之施累百斛，又自爲施累百斛，又約諸父老人自爲施累百斛。廋社中修母致子，推業貧民，故無年或道殣相望，而里人獨完。遼通潞子，出入山溪間，苦秋涉，乃謀于衆，鑿山爲閣道四十里避之。人不帥而至，力不扶而勉，訖無病涉焉。嘗感毛寶放龜事，形于夢，達旦游市中，則人以其圖行鬻，而漁子又手二龜至前，即買而放諸泥中。自是不復御生肉。童子爲采觳承蜩之戲，必得之然後舍之。胡騎薄晉陽，適以裝往，中流矢獲矣。蒼頭楊仲得抱持不去，狄人義而兩釋之，人以爲爲善之報云。

子化舉萬曆癸酉鄉試，君虞其染，謂曰：“吾家積德百年，以爾食報。夫大其枝者披其根，繁其華者蠹其實。吾懼而之忘而祖也。”化曰：“敬奉教。”又二年，疾作，則手化與訣曰：“丈夫以功名起，非榮利之謂，勉旃！無虛負，吾死且不朽。”化泣，以身禱，不愈，七日卒。是爲萬曆丙子五月十有一日，距生正德乙亥三月十有一日，得年六十有二。先是，御史賀公行郡，知君長者，歸冠服一章，卒，襲以殮。吊者數百人，皆曰：“人也，而不年。”哭之盡哀，然後去。娶路氏，早卒。繼劉氏，生化。化娶于曹，生斅任。繼原，生斅暐。而女孫某爲斅任同産弟云。葬以卒之逾月某日。化不忍其父之無稱也，持趙生狀走數百里而請王子志焉。余辭未習，不諛骨乎哉！則化去敦葬事，祔諸堂山之次矣。又固以請，于是王子覽狀，得其爲人，嘆曰：“是夫誠君子也，今書生博一第便自矜重，官高金多，期功不厭糠核者有矣，州里云乎哉？”王君推明什一，口約腹裁，自苦爲生之難，何好行其德如此。生有益于時，歿有聞于後，可不謂賢乎？讀其家敕，余甚旨之。燁燁王生，永以爲訓可也。銘曰：

德施弗諼，燕翼其騫。是以有譽，言歸其根兮，待天子之恩兮。

明封潘太宜人王氏墓志銘

天下望族，稱太原王氏久矣。王氏在太原，又以柳林爲盛。如太宰少師恭襄公，與其仲父大司空接踵登八座，爲世名臣，殆傳記所稱喬木故家者也。恭襄冢嗣内泉先生文行最高，以任子補後府都事，不樂就，移疾歸老。太宜人爲其子，受《内則》《少儀》《列女傳》，習知大義，恭襄愛之甚諸孫。時參伯春谷潘先生弱冠，與計偕，其尊人昭勇公介于都事間名焉，許之。越明年，是爲嘉靖壬辰，參伯成進士，歸而逆婦。又數月，官大理寺評事。太宜人從在京師三年，以考績封安人。時增城、新建談名理，掩薄宋人，爲一時盟主，公皆游其門，與華亭、吉水、毗陵、平涼諸君子友善，遂公有王佐才，而執政以黨人目之矣，曰"是爲異論立赤幟者"。會陝西隴右缺分守，擢參議，莅之，雖藩服大僚，實出之外也，太宜人從行。部中多朱邸公子，驕蹇不法，公彈射無所避。太宜人曰："聞主上明聖，篤于周親，君請將不得，姑詰責輔道以無狀，而繩其家臣。時有縱舍，彼感畏，即聽君矣。"公善之。貴宗斂手遵治。逾年京察，文無害，竟以中旨免歸，罷黨錮云。

公早解世網，益肆力墳典，明習當世之務，旁及天文、輿地、兵法、鹽筴。探精絜要，如有用我者，舉而措之，裕如也。時都事公爲之外舅，而太宜人内德夙成，出入師友，以故公所就日深，大小六察使交章推轂，至比于子興、正叔。貴大夫考政造膝，邑弟子執經下帷，坐上常滿，而魚菽雞黍之供、烹飪滫瀡之事未嘗稱乏，則太宜人授功無弗當也者。公久之忘其與世違也。

嘉靖丁巳，公卒，太宜人甫三十五爾。二孤煢然，家益索，斂編副，罷膏沐，庀内外之業惟謹，課二孤讀父書，咿喔聲與機杼相和。伯子雲祥遂以《尚書》冠甲子省試，辛未成進士，守開州，升職方員外郎。仲子雲程襲寧化正千戶，歷升雁門參將。蓋公歿，太宜人室二子，致一女〔二〕，潘氏翩翩更盛矣。初，職方遘羸疾，予告卒，太宜人憂恚，發乳岩，逾年亦卒，是爲萬曆己卯七月二十日，距生正德庚辰五月十九日，得年六十。職方守澶淵時，奉太宜人在郡。直指使冠蓋相望，謂守才，移牒讞他郡。有嗛志，必以語太宜人，則引參伯公成事教之意，未嘗不在"素絲五紽"也。有所不懌，遂奉以歸，而報政加恩，進封太宜人。職方娶副使張冕女，繼袁某女。參將娶通判陳詩女，俱如太宜人封。女一歸太學生高一麟，是爲副使汝行子。一歸孫訓，與伯子同舉進士，同官職方主事，前禮科給事中，是爲京兆允中子。孫出自職方者潤，娶太僕卿王治女，讀書警敏，有父風，後太宜人數月卒，無嗣。出自參將者繼祖、紹祖，皆幼。孫女二，一許聘陳侍御功子某，一許聘代諸生吳嘉魯子某。參將將以某年某月奉太宜人祔虎峪之兆，而王子爲之銘。乃潘氏世系，則具丞相徐公所爲參伯志中。銘曰：

高山大澤，龍蛇所鍾。有女君子，秉德靜共。來儀來章，和鳴鏘鏘。于飛垂翼，敵〔三〕笱在梁。璇璣玄斡，再聖再衰。伯子降喪，仲也受釐。天道不僭，豈惟地靈？聿追來孝，請視斯銘。

中書舍人岫雲呂公墓志銘

余與呂仲和舉嘉靖庚戌進士，同省凡十有三人，位皆不甚通顯，然無罪吏議者。仲和長余七歲，而少于諸君子，筮仕爲中書舍人，坐伉直廢。余罷蜀右使歸，頗事鉛槧，而十有三人者略盡矣。獨仲和與余同好，又有所善。山人裴邦奇時時走晉陽，誦其詩歌傳記，間以新聲，才情斐然，足使山川吐氣。萬曆丙戌春，君病股癉，以書來曰："吾厄陽九，推步五星，當不復起。"余駭甚。逾數月，信至，則愈矣。然竟以是歲十月卒，裴山人亦卒，余各爲文吊之。再越歲，君之子懷遠將軍應岳敦葬事，而謁陳大夫狀，請銘，曰："先君命也。"余不忍辭。

按狀：君諱陽，仲和其字，別號岫雲。先世曹縣人，以武功官平陽衛指揮同知，因家焉。曾祖英，祖經，父忱，皆世官。忱守備偏頭關，有政績。母淑人王氏，籍翼城，山東右布政使泰女。生君，君生應岳，今爲指揮同知。三女，以歸徐可畏、朱維屏、高舜孝。君幼穎異，課讀無煩，守備公以爲奇，使就讀博士業。不沾沾守師說，操筆爲文，發所自得，即能屈其同舍生。遂去武蔭，補文學掌故。試輒高等，召集河汾書院，日在學使者門下講藝質疑，業益進。以朱氏《詩》發丙午解額，庚戌成進士三甲第三人，授中書舍人。中書直掖垣署，聯館閣，滿一考多拜瑣郎、臺史，司獻納用事，士人樂居之。而貴公子參預茲選，他人皆繆恭結援，惟恐失其意，雖懮矜凌誶，而好應之。君皆孩之，議論又時時駕其上，以故滋不悅。是歲，北虜闌入，都門晝閉。天子震怒，召百官議大庭。余戲謂："君將種，何以籌國？"應聲大言曰："權奸當路，非可言之。"時指分宜也。未幾，建寧收詔獄而分宜鋤異己者，君竟落職。青鬢長往，無所試其奇。益讀書，爲古文詞，與裴山人相唱和，篇什甚富。以爲吾晉代有作者，而碑版磨滅，四方罕見，徒謂北人無齕齱，恥也。遣使發書，裹糧而走千里，即其家求遺詩，梓也。斷自唐虞，下及近世，凡得數百篇，而余詩亦在選中。雖未盡發名山之藏，然爲吾黨嚆矢，足兢北風。題曰《晉詩選雅》，見者韙之。又著《經世心鑒》，寓用世之志，皆可見之施行。其他《古詩選》《唐詩選》，手自刪定，遂稱完璧。而平生所著詩文若干卷，皆有刻，洋洋乎作者之林矣。性不能飲，顧好高陽之徒，四方游士多歸之。時時從才人妙妓鳴琴跕躧，發清商而赴便體，絕纓側弁，人人自得也。客去，輒下帷講《周易》，探理數之精微，能懸決人生死。徐右丞方奉簡書入秦，君止之，不聽，則以語邦大夫曰：
"右丞且死。"已而果然。好購異書，床頭金爲之盡。故人問遺，
舉以付鋟工。卒之日，無瘞埋之資，而簡編如小酉。節俠自喜，
不能容人過失，見片善則忘其百非，故沒齒無怨言。雖言不鬯其
志，用不見其材，視世之依阿澳澀、浮沉聲利者，賢不肖何如
哉？生以嘉靖壬午七月二十三日，卒以萬曆丙戌十月二十九日，
得年六十有五。配張淑人，户部主事淳甫女，生子即應岳。先
是，君齠而女于王，是爲選君、贈光禄卿與齡妹，未笄卒。君
貴，則歸骨而祔諸。將以戊子十二月之十二日葬郡城東南柴村之
新阡。銘曰：

卑其無聞，不以世勛，自致身于青雲。謂行多露，一蹶而
錮。好樂無荒，文以詞賦。鬱鬱者阡，佳氣所纏。以發以穿，宜
君子萬年。

承直郎南陽府通判近溪趙公墓志銘

萬曆戊子二月十六日，余同年友趙爲甫卒。越己丑春，孤子
芹敦葬事，而持其諸父可權所爲狀乞銘。余與爲甫并以弱冠舉嘉
靖己酉鄉試，相視莫逆也。迨從政罷歸，數過我桂子園，握手言
平生，笑語卒獲，亹亹移日，歡甚。爲甫素健，自謂有接養術，
然僅獲下壽，豈所以引之者，非耶？抑天也？良朋萎謝，慨焉永
懷，予何忍銘，而又何忍不銘？

按狀：公名可化，別號近溪，先世出自趙孟。勝國時有官刺
史者，家縣之南庄，實稱右族，墓石紀祁迹，未泐也。八世祖思
忠徙居陳胡，生友諒。諒生恭，爲諸生。恭生從智，義官。智生
擴。擴生憲章，爲諸生。章生處士公瑜，娶郭孺人，生公。幼穎
異不群，七歲能屬文，十二舉于塾。邑令奇之，遣試郡，報罷。
性機警有力，好承蜩彈雀之戲，授之書，不竟讀者數年。或謂處

士公曰："是兒千里駒，非銜策不可以致遠。"處士于是擇嚴師傅，以夏楚威之，又時時譙讓，不少置，始知敬業。以《毛詩》補弟子員，弱冠充丙午鄉試。主司亟録其文，幾入彀矣。會提調某公以他卷易置之，放榜之日，直指嘖嘖嘆惜，移書相勞也。己酉，發解額十四人。連上春官不第，謁選東光令。

東光，三輔望邑，多貴戚巨閹，能抗法無撓，竟善其職。又暇日召諸生會館下，勸課經術，捐俸授餐，皆津津然澤于道藝，蔚如也。其最著者如憲使瀛澔馬公，郡丞彬庵劉公，文章、政事皆一時妙選。有貧士馬負圖抱甋縗之嘆，公教迪有加，獲升上舍，既廩縣官矣，又爲之授室。六察使者知其賢，疏治狀在高第，而榜其美政，錫予金幣。無何，關中報中虞，鄜延以北創甚。開府奏選良吏，太宰視功狀，無如東光賢，遂移使治膚施。至則問疾苦，捐苛細，謹徵調，遠偵候，振貧乏。不期月，民忘其喪焉。有麗重辟曰張秉彝者，已具獄，公一訊得冤狀，白使者，立脱之。邑中父老人人手額也。用高第，擢判天雄司，餉上谷，出納明允，士飽馬騰。偶以事忤兵使，遂入白簡，摘陝西都司經歷。政府知其賢，尋擢判南陽，在宛三年所，而賢無以守掩也。時開府愛所褚公同里閈，又嘗按秦隴，悉其行履，上疏特薦，詞甚美，君子曰："内舉不避親，斯鮮奭之舉哉。"將書滿，處士公卒。三年之喪畢，且詣銓也者。屬大比，復用宛罷。蓋別駕于郡僚懼選獨甚，君又去郡久，宜其及也。簡書至，徜徉如平日。不語成事，不説無罪，庶幾有禮矣。遡其卒日，距生嘉靖丁亥五月十一日，得年六十有二，娶郭氏，有婦德，先君若干年卒。子太學芹。爲狀者，同母弟權也，邑諸生。將以是年之某月某日合祔陳胡直之兆，而爲之銘，銘曰：

厥貌晳且妍，厥才高以軒。游刃劇邑，排割無前。緹油屏泥，寧以守賢。麻衣如雪，忽來旋回[四]。望九折之坂，空頓轡而連跦。或爲龍躍蛇泥盤，或以殤子齊彭籛，鈞陶萬彙如埴埏。人生行樂，爾何論虧與全？此焉合，莫如岡陵之不騫。

光禄寺寺丞惺庵魯公墓志銘

余曩歲總汴臬，訪魯鄭卿睢水上，是時鄭卿弗子也。越二年而始子，而卒。余哭而遣使吊之，知趙夫人内政甚辦，家臣忠抱孤嬰襄事，小大秩如也，蓋鄭卿身教云。卒之十有二年，憲伯張公來晉陽，忠以夫人命，因之請銘。余唯大宗伯沈公方典制作，于孤子璵爲外舅，人重則言傳，來命祗辱。乃張公固不許，曰：“知鄭卿者，子也。”遂爲之志曰：

公名邦彥，別號惺庵，世睢陽人。祖賢生誠，誠生鐸，鐸生勤，配席母，生公，七歲失怙。家貧甚，出就外傅，不勤也。稍知經義，即以聖人爲可學，日誦千餘言，被服造次不離于儒者。試補弟子員。丙午應州辟，校射策，縱觀無他奇，心易之。下帷講誦，不窺園者三年，遂舉己酉省試第一。明年都試第十二人，官行人司行人。奉使唐藩，王享以重幣，辭曰：“天子親兄弟之國，使某備持節焉，交擯而退，君之賜也，無所辱大禮。”勞以筐筥，曰：“受餐館人，已宿飽矣，敢辭。”余時守鄧，在唐封支郡耳。使者聲籍甚，造其館，有合志焉。滿一考，當選備侍從，不且拜曹郎，無遷故署者。時分宜柄國，公素不與通，捧檄詣選，復使需次而退，蓋難之也。故事，選郎貴倅用事，諸曹無敢雁行進者。公獨优其禮，人皆謂駴。

余丞大名，會考績上，問曰：“戰勝乎？”曰：“勝矣。”“如無援何？”曰：“吾母老，思東歸，何援之賴？”遂疏終養以歸，奉母夫人。杜門掃軌，潛心經術，十餘年如一日，不觀非聖之書。時海内學者多宗陽明，公以爲非是，語余曰：“今異論蜂起，聖學不絶如綫，某欲自附程、朱辟邪崇正之義，力未能也。”又曰：“從古論學皆主敬，濂溪獨曰静，一字不同，便成岐路。今師心自用，鼓其詖詞，以聞見爲支離，以踐履爲義外，夷考其行，果聖人之徒也歟哉？”

穆廟改元，搜訪遺逸，臺瑣交薦之。起吏部主事，改光禄丞，皆不拜。上疏陳十事：首言聖學以敬爲主，次請諒闇之内停罷游宴，三請大臣輪對便殿。四謂言官當崇大體，大臣當略小嫌，勿使吾君輕其人并疑其言。五言内臣宜近正人。六言大臣當有匡輔之實，不宜以擬票題覆爲事。七請倣程頤奏開延英院之意，儲真材備用。八請躬行節儉，風示海内。九請祀薛瑄、胡居仁、曹端諸儒，并刻《小學》《困知記》頒布學宫，使人知趨向。十言近日文法日密，忠信日薄，宜敦渾厚以回風尚。皆鑿鑿可施行。時執政内隙，公疏偶及之，其鄉人留，不果上，見者以爲有經世之具。

公經學既深，尤留心世務，聞朝政得失，憂喜形于色詞。對貴大夫，多危言忠告，出謂其人曰：“魯君語太高，宜其不調也。”吾鄉楊襄毅公掌銓，爲覆《終養疏》，而貽之書曰：“海内以公出處卜世道。”刑侍楚侗耿公曰：“臨大節，不可奪吾信。魯君物望如此，顧降年不永，惜哉！”平生苦肺病，一卧累月，不得竟所欲爲，深以爲恨。嘗著《河圖洛書説》《大學講》，余爲梓之。《中庸解》未就而卒，皆平正精實，發前人所未發。初，語余曰：“《中庸》，不可能也。學之從狷介始，通方之人不足與議矣。”余心珮之。平生細行必矜，非禮勿履，學術所詣，可謂立且不惑者哉！生嘉靖七年十一月二十六日，卒萬曆二年八月二十三日，享年四十有七。初娶李氏，繼皇甫氏。又繼趙氏，東平某女，故度支郎劉公爾牧之妻之弟也。公與劉公友善，劉端人，心服其德，遂締姻好。生子璠，女某，皆殤。姜張氏，子璵。越明年，卜葬城南之新阡，巡撫吳公、直指趙公、學使者衷公爲起棹楔，祠之鄉賢，復其家，徵調無與。而大宗伯沈公之女璵也，與君之常女張公之子也，皆傳所稱古交云。銘曰：

　　兩河奧區，實惟土中。陰陽所會，靈粹攸鍾。正嘉之際，有何有崔。譬彼嵩少，望之巍巍。魯君後起，頡頏以飛。蚤魁省試，遂成甲科。筮官大行，素絲委紽。于時賕相，肆張蔚羅。視若腐鼠，遠迹岩阿。愛日負萱[五]，三公靡易。左圖右書，口誦心繹。嚼然蟬蛻，渙然冰釋。程朱正學，實維我師。文成非是，斷之不疑。潛修匪懈，顯譽來思。詔進卿寺，陪議九列。抗疏陳情，依經進說。惜哉忠言，宸聰未徹。天予明德，胡奪之年？呱呱孺子，主鬯存焉。屯膏未施，視履其旋。賴有貞婦，家政釐然。義僕外襄，率由罔愆。儀刑如在，締構斯延。二三大吏，匪交匪求。瞽宗時祀，僉允詢謀。復不從政，胡考之休。遺書可讀，厥緒將抽。永錫祚胤，視此一抔。願言來者，無忝令猶。

李孺人墓志銘

　　萬曆丁亥八月，平定曹壽甫以郡公辟至晉陽，館余家。縞衣冠，有戚容，問故，泣曰：“有妻之喪，彌月葬矣。”余曰：“士三月而葬，卜用遠日，曷遽焉？”曰：“貧不能具禮，懼無以觴吊客。”余曰：“吊客觴乎？”曰：“非也。吾鄉實然。某嘗病，妻露禱，請以身代，如有瘳，被單衣三年俟之。余瘳，而妻不復冒絮，凛冬自暴，百方勸不聽，卒中寒以死。痛哉！”余曰：“雖非中道，乃一念篤至之心，致命遂志，君子也。”壽甫再拜，請曰：“得先生一言，死且不朽。”未幾，壽甫歸，奉其先君文玉屏一，以狀來。時王子病，杜門且六月，而壽甫之請三至也。病已，遂爲之銘。

　　蓋壽甫之祖雷登某人榜進士，歷官御史，仕至江西按察副使。父某，鄉進士，延平府同知。纓紱累世，爲榆關鼎族。而狄道知縣李君應箕與延平公善，是爲孺人父，見壽甫齠年穎異，遂締姻好。李門王相一、二千石二，與狄道君金緋相映，而余亡友南召令惟純爲孺人從兄，方舉孝廉，有名，余因之識壽甫，好古敏求者也。孺人生詩禮家，聞諸父兄弟讀誦，有概于中，雖所治在內，則能以餘力受章句，學書法。及爲婦，則屏之，事舅姑，治一切縫紉、酒漿、修瀡、糗餌之屬，精于他婦。櫛纚盥頮，夙夜自修，有《雞鳴》遺風，舅姑以爲孝，久而中外宗下及奚僕無不安之者。

壽甫秉志清遠，狹小博士業。嘗授學楊太史用修，究覽墳典，旁及百氏、竺乾、楚苦之言，皆能通其大義。時時好著書，不事家人生業，以故家益落。飲酒至斗，造請輒醉。留客終日，與揚榷古今，討論經術。孺人出編副市酒脯，饋食無倦。壽甫雖居諸生上舍，名英英大人間，竟困踤終身，以孺人禦窮，怡然宛順，賢矣哉！生嘉靖乙未月日，卒萬曆丁亥月日，享年五十有三。子元善，娶郭水部紘孫女，繼諸生葛珂女。女一，適諸生李棠。壽甫名命，別號月軒。以《尚書》廩州庠幾年，計且續食縣官，輒棄去。學使者丹陽賀公高之，扁其門曰"儒者高蹈"。著書數種，余家所有《易解》《老子微》《黃庭經補注》，賀公見而賞之，録其副，納籤箱中。銘曰：

孰容澤而戒晨雞？孰憔悴而忘勃谿？爲君子祝釐，禪極若迷，永世不移。嗚呼！可以方黔婁之妻。

奉訓大夫南京户部清吏司員外郎南籬李公墓志銘

李大夫歸自金陵，又八年，以疾終。王子吊之，攬夷衾而踊曰："天乎！何摧吾子徵！"方欲謀誄其德，而其二孤以唐先生狀請銘。嗚呼！吾何忍銘吾子徵，又何忍不銘吾子徵！

按狀：子徵諱應時，別號南籬。先世家薊門，有名信者，以靖難功累官太原前衛指揮使，封昭勇將軍，生勝。勝生祥，祥生欽，欽生寬。寬生君伯考玠，皆世其官。妣張氏，封淑人。玠無子卒，而欽之別子賓生璋。娶劉氏，生子徵，未晬也，張淑人抱以爲子，請于朝，下戶部議，合功令，得報可。而嗣玠官者則今致仕指揮使將軍琦也。子徵既爲玠後，張母顧腹甚恩。稍長，就外傅受《易》，敦敏不群。學官使者章公召補弟子員，試輒高等。嘉靖壬子與計偕，累上春官，不第。戊辰謁選，太宰楊襄毅公試其文，奇之，奏第一，授兵部司務司務，詔贊大司馬以下法儀及諸郎吏，復逆朝參。

嘗押班，坐據其上。君雖筮仕貴要，然珮玉周旋，雍容都雅，諸所弊要，老吏自以爲不如。退食自公，門可張羅，甸服連帥無敢以私覯至者。諸任子苦爲功曹難極，或衣敝食單，尚磨勘不休，君知狀，必以告，主者爲之程。鄉人某嘗爲將不功，奏法在遠戍，憚于行，求君爲之地。君憐之，白大司馬，得所欲。手二褐以謝，公亟揮去，曰：“勿污我。”逮居祖母魯淑人憂，故人有不吊者，則向所當遠戍者也。禫除北上，復補大司馬署中。滿一考，例得加恩，君以父貴，將無所復加，而本生父母又格例不得請，則并其告身已焉。丁丑，拜南戶部副尚書郎，司計浦口。署臨大江，官舫不時至，君每觴客，魚菽佐飲，無異在大司馬幕中。無何，五星失行，策免公卿大吏，遂以引年去，時僅五十。先是，公擁笏奏上前，吐辭清辯，舉無違禮，退還表薤，縮縮如有循，上目攝之，曰：“髯郎爲恭已甚，無乃自苦？”蓋君髯而穿背，故言如此。而主爵者遂謂不當上意，南徙，卒賜老云。瀕行，篋箱中得郡國賢書十餘，曰：“此醬瓿間物，顧安所得？”餘俸薦之，悉委諸相善者，而獨囊敝衣，策羸馬以歸。即欲需吳練尺許飾領緣，無有也。

歸則剪蓬藋而居，頹垣破屋，處之晏如。有再易之田八十畝，僅糊其口。然性好施予，凡臺省問遺，必公諸內外宗，以疏近爲序。初歸，告王子曰：「吾夢與關將軍分庭而治，此何祥也？」後禱于祠下，攬〔六〕筵占，有「相逢在夏秋」語，竟以七月卒。先是，及君之未病，余家麥方熟，分一石相餉，逾一日，子徵亦遺我一石，曰：「吾麥亦熟。」其介如此。深于《易》，又善陰陽堪輿家言，往往奇中，然不以自名。余爲先太宜人卜葬日，公爲之日，期在丙夜，恐不相值也，則教以刻漏法，諄諄然，其與友周也。生嘉靖癸未十月十八日，卒萬曆甲申七月八日，享年六十有二。配許氏，副雷氏。子二：尊，娶陳經歷女。范，娶陳郡博女，雷出。許孺人有女五人，而其六亦雷出。歸張一蒼、唐世宷、劉珍，皆生員。歸王希舜，晉府儀正。歸馮懋徵、畢忠，皆指揮應襲。而劉其季女。孫男一，范出。女二，尊出，俱幼。初，張淑人抱君爲子，至十有三齡而上置後疏。及公爲諸生，猶不免于內訌，人始服張母之先見。而卒無以勝公也，則以在諸生高第也，今族指聚居，皆國初賜第。公歿未幾，有修隙而嘗之者，鄉大夫聞之，皆投袂起，而傅應期參伯爲書以貽其家將軍，略曰：「司農在兵部，數翊贊足下，今肉尚未寒而獲構，或疑足下使之。不如計次而讐之值，俾托足他所，此解紛之道也。」將軍得書，瞿然謝無有，可謂賢矣。葬以乙酉九月某日，而爲之銘。銘曰：

不以富易仁，身乃貧。不以詘毀真，道乃信。亦既折〔七〕薪，負胡不勤？吁嗟乎天！均遺爾卵翼。誰曰小而逼？慎修爾德，尚無虞于弋哉！

太孺人馬母趙氏墓志銘

直指馬鳳鳴方監漕師，聞母之喪，并日累舍而奔晉陽，哭踊毀瘠，三月不怠。痛小定，乃卜兆于陽曲之西社，得佳處焉，將以萬曆乙酉十一月二十四日啓殯而藏之，詣王子請銘，王子辭不獲，攬其狀，嘆曰："賢哉！母可銘也。"

按狀：孺人姓趙氏，父聽選省祭某，母李孺人，太原縣奉中二都人，年十七歸文林公某，甚宜其家。文林公之父是爲商隱公某，操筴江淮，十年不返。孺人自爲新婦，未嘗以贘修進也。一日，詔使偕來，則從文林公以往，時已置媵某，而孺人修子婦禮甚共。逾年，商隱公疾，佐視湯藥，調匕匙，不交睫者數月。疾彌進，不良于食，則以問其媵某曰："新婦怠乎？"曰："怠矣。"銜之未發。會其女弟某媼亦從夫寓淮，來問疾，則委爲食具，猶之孺人也。始大竊，趣召新婦來，見其容色槁瘁，慰諭之曰："吾始虞而怠，今姑饋食，吾不甘味如他日，殆病也夫。吾負新婦，願新婦他日生子，若娶婦，如新婦。"竟不起，則孺人佐文林公視斂含，迄于葬，具易戚焉。而所置媵某者意仳離，私其橐求去，則相與構諸吏。吏婪，居爲奇貨，曰："是操筴而浮游者。"百方難極之。久始得白，而家索矣。

文林公故豪飲，孺人垂涕勸曰："君脫身三千里外，俯仰煢煢，縱不爲生計，寧不念先人歸骨乎哉？"公大感慟，泣下，爲之斷酒。十五年廢著而更造，孺人力也。嘗苦痛中，一發便連旬委頓，意以爲憂。一夕，夢觀音大士若有所指授者，遂蔬素終身，手刺綉文像禮焉。會從老尼某受觀音淨土諸文，解說大義，遂于世欲泊然，疾亦良愈。時淮民墊溺，死者枕藉，孺人私以金珠簪珥之屬易米十數斛，委尼哺行乞者。尼有難色，曰："今道殣相望，所及幾何？"孺人曰："吾力止此耳，姑爲之兆。緣物生感，當有效爲之者。"未幾，諸豪傑長者相謂曰："彼中人之産耳，而又婦人，乃若此。"皆不遺餘力而讓義矣。

同鄉有惠媼年七十，夫客死，而別室之子不相收，孺人憐而衣食之，以壽終。媼終感之甚，日爲祝釐。諸有假貸，皆量力推其餘，未嘗以無爲解。每授餐，令主饋者留一溢米待施，以爲常。及歸太原，鄰舍人有羊噬于韓盧，疑孺人之豎子實使之，以惡聲相稽，孺人不與校，而讐之值。有謂之者，則曰："彼怒方熾，吾與辯，是以膏沃火也。"聞者皆服，其人亦自悔謝。西鄰失火，且及矣，方撤茅蒙濕以待，乃越向東家，人謂爲善之報。舉直指君，知其奇，課讀不置，剋膏程寢，書聲與機杼相和，遂成丁丑進士，補新鄭令。孺人在邸中，食不貳味，每有加羞，輒令持去，曰："齋素清心，吾自安之。"教戒直指必以愛民爲本，課績考上上，封文林公如其官。太孺人從封，受命服，一御而襲之，布袍終身而已。及直指補臺郎，輦之都下，尤惓惓以忠直報主，爲言曰："而成進士，吾有若也。而爲御史，吾不得有若也。勉事聖主，無以身爲矣。"直指跪曰："謹受教。"

　　一日，呼之前曰："吾夢游五臺，與仙人游，凌空上下。見鐵船無篙楫而飛，有招我者。此何祥也？殆逝矣夫。"直指爲解曰："兒聞夢者魂交，母素號佛，此魂交之驗也。"然是時良健。奉命治漕，遂御歸晉陽，而單舸之漕上。不逾月孺人病，文林公爲延醫，不聽治，曰："命也。是寓形作苦久矣，乃今始解縛，安用醫爲哉！"屬纊之前，沐浴，襲布袍，文林公加象服，手自推去。俟其絕，卒衣之，問其後事，曰[八]嗒然不應。以萬曆乙酉二月朔卒，距生正德己卯五月二十八日，享年六十有七。生子一，即直指，名朝陽，鳳鳴其字。娶閻氏，封孺人，處士某女。繼袁氏。孫男一，兆鵬，聘黃孝廉廷綬女。孫女一，聘于李孝廉某之子。俱閻出。銘曰：

　　孝孚厥舅，庶姑卒搆。我儀我友，剛制于酒。拮据于手，造而更有。爲糜哺飢，人效之施。蔬食布衣，泊然自持。惟德受釐，爲子孫之貽。謂天道無知，鬱攸曷私？即斯安斯，龜筮其宜，福禄永綏。

校勘記

〔一〕"邱"，據文意當作"邸"。

〔二〕"一女"，據後文當作"二女"。

〔三〕"敝"，據文意疑當作"敞"。

〔四〕"回"非韵。"旋回"當作"回旋"。

〔五〕"萱"，據文意當作"暄"。

〔六〕"欖"，據文意當作"攬"。

〔七〕"折"，據文意當作"析"。

〔八〕"曰"，疑爲衍文。

墓志銘二

明故大中大夫資治少尹太僕寺卿心庵
王公墓志銘

　　吾友王本道，以萬曆己丑十月十二日卒，九列冢卿，例有恤典。子茂材文學將上疏闕下，會病，而仲子茂柏實往，遂奉錫命以歸，卜兆某地之原，將以某年月日啓殯而歸骨焉。謁王子請銘。

　　按狀：公名治，號心庵。七世祖源生衢州府同知清，清生慶雲令讓，讓生醴縣令堯臣，堯臣生都司斷事聚奎，公大父也。家世廉吏，或無歲，憂饘粥。至父鎰，郡諸生，博學有文，耻逐機利而食，自號守拙。常還遺金，廩捐瘠，語在孔汝錫先生《外史傳》中。又善唐舉、許負術，得本道，以爲奇，曰：“兒亢吾家，吾不及見也夫。”果以某年卒，而本道藐然孩也。稍長，就外傳受經學，即詘其同舍生，召補弟子員，試輒高等，發嘉靖壬子解額。明年癸丑，成進士，授行人，歷吏科給事中、禮科左右給事中、吏科都給事中、太僕寺少卿，改大理，升太僕寺卿。奉母檀太孺人就養邸中，病卒，水漿不入口者三日。扶襯歸，終三年之喪，哀毀過禮，抱憂幽之疾，累薦不起，竟卒。距生嘉靖三年三月十九日，享年六十有六。當行人時，歷使慶成、遼、代諸藩，絕不交私禮。王致宴享，輒謝罷。時分宜子盜父鈞，私門成市，公偃蹇守高，八年不調。及居諫垣，事持大體，不以掊擊爲名，所劾罷大吏幾人，人人自厭也。虜闌入，東西二鎮俱受兵。公議曰："督臣熹、臣之誥、撫臣隨卿、臣繼洛均之有罪，宜別貪廉，度久近，審難易，差重輕，則刑不濫矣。又攻殺拒堵伊武人任，而近時獨罪文臣，使欺蔽退怯，中外相蒙。乞分職掌，以考功實便。"于是維岳坐死，繼洛戍，熹、隨卿免，之誥如故，中外以爲允。

穆廟改元，上四議：一、廟享曰獻皇，未嘗有天下而廟食隮武宗，上不合經義，宜別爲親廟，萬世不祧。二、朝講，請朝夕勤政，終始典學。三、親輔弼。四、謹燕居。皆剴切忠懇，而廟議尤犯時諱，嗣有言者皆杖逐有差，公則先鳴矣。他如《飭吏治贊邊計疏》，欲九等論官，罷閱邊大臣，靡費無益。雖不盡行，久之益驗其確論。戊辰大察，疏禁私交。休曹之後，門可羅雀。雖雅相厚善，托人道殷勤，絕不得其一面。後有履公處而申前禁者，引成事而已。帥某以鄉曲之誼，一夕微服請見，公使蒼頭問之，則懷重璧求總某師，徒欲得公一語。公曰："王給事非緩頰人。急去，不且上聞。"其人慙沮而退。在冏卿，嚴束胥徒，馬政修舉，諸所奏記擘畫，至今遵用之。丁內艱歸，時大察，有旨，京堂家食者皆自陳，而今石大司馬方削籍，隱東明。公素儀其賢，則舉以自代，語曰："見善如不及，本道有焉。"爲母夫人敦葬事，一倣家禮，不爲觀美，而灰屚丹漆之材，務極堅好。後治堪輿家言，有所慊志，謀奉遷也者，則鑿之不入，振之不可，癉極僵仆，遂成惑疾。自是言行頗易常度，然一念廉謹。忠孝結于心，形于色，如聖賢與游，祖考來格，垂紳擁笏，在帝左右，刺刺乎其言之也。門生爲直指使者，知公宴甚，奉百緡以新綽楔，郡長吏將命，十往而十拒之。貴大夫或致餽相存，取一果而已。以登極建儲恩，贈守拙公禮科左給事中，加贈吏科都給事中。母封太孺人。娶張氏，繼寇氏，俱贈孺人。又繼傅氏，封孺人。子男二：茂材，娶張氏。茂柏，娶趙氏。皆諸生。女一，適應襲潘閨，早寡，皆張孺人出。寇孺人迎諸途，未成禮而卒。張，所與共貧賤者，其懿行，公已自志之，雖貴顯終身，不能舉子錢。屬纊前數日，出上腴田二百償負家，而茂材又無禄即世，柏之貧可念也。天子賜祭葬，制曰：「周旋瑣闥，陳蹇諤之言；薦陟同卿，著塞淵之譽。」藩大夫肅將明命，共然榮寵，蓋觀者如堵焉。銘曰：

珮玉那兮紆紫，榮當年兮歿已。謇夫君兮好修，秉清貞兮不滓。雖坎壈兮何傷，宜令問兮終始。日月薄兮衡門，奎壁來兮泉里。考體卜兮茲原，引繩繩兮孫子。

明故陶母孫夫人墓志銘

孫夫人者，晉相國修居陶大夫妻也。父孫成，母孟氏，世爲固安善族。夫人生有至性，秀外而惠中，父母愛之。小字俶，擇配得大夫，歸焉，時年十八。事舅姑，盡子婦禮，家徒四壁，刺繡以易修灑，無弗給也，在娣姒間皆得其歡心。甫二十，奉命分爨，遂操家，秉織紝，泙澼絖以佐讀，常并日而食。嘉靖甲寅，歲大祲，每一金纔市米三斗，鬻以餉大夫，俾得力學而已，不厭糠核也。諸姑某與某子染疫初愈，不能舉火，夫人視所鬻米尚有餘，分時調粥糜哺之，賴以全活。

戊子，大夫舉京闈進士，至隆慶辛未令隆德，萬曆甲戌判兗州，某年守晉昌，某年擢晉府右長史，某年轉左史，某年進正四品服俸，夫人皆從行。當在隆德，歲旱，大夫修雩禮，出宿齋室，夫人率群婢亦齋被露禱。是夕果大雨，民有「陶父孫母」之謠。判兗日，守周使君有事秋賦，第中火甚，風且及別駕廨。大夫往救，夫人視火所燃，濟濡帷幕禦之，即頭默禱，少頃風止，得無害。守歸謝曰：「吾家不遂燼，陶內君與有力焉。」及守晉昌，三仕矣，皆以廉試右職，夫人勸義居多。

晉藩缺右相，天子念今王沖年，慎選師傅之臣，視治行高第，無如晉昌者，即拜焉。已稍遷左相，而晉國果大治。王以令譽聞，建藩陳梟諸公人人推轂也，遂進金紫，而夫人厭游矣，時以語大夫曰：「知止不辱，老氏炯戒，而忘諸乎？」然大夫受王眷知，方迪簡自效，又以方舟甫爾，四方所從觀禮焉，不忍言去。王樂有賢妃，雞鳴戒旦，益勤庶政，倚大夫如左右手。而夫人之歸以庚寅之十月，至辛卯五月二十四日卒，享年六十有七。大夫念王事靡盬，不得終俱隱之義。訃至之日，宿然自喪，常語人曰：「內子五十年相與，未嘗一日有離仳色，始以敬將其孝，既以勤補其貧，後以義成其廉，終以止規其進，婦德具是矣。」意在首丘，考終于正寢，若前知焉者。大夫雖委質王朝，不遑家恤，每憶夫人「知止」語，必霏霏泪下，而遂其賢也。將以壬辰某月某日祔先人之兆，而大夫請告敦葬事，問銘于王子，以狀來，故得論其懿行，而系之銘。夫人有子舜年，今爲光祿丞，娶王氏。女三：一適太學李時泰，一適李三省，一適張采，皆諸生。孫男二：錫胤，娶朱氏。佳胤，聘張氏。外孫男女十人，不具列。銘曰：

顯榮壽考，及爾偕老。子孫祁祁，福履永綏。或寄或歸，怛化奚爲。俟君子兮無期，先韞匵而藏之。

山東濟南府通判掌文登縣事槐泉楊侯墓志銘

嗚呼！此循吏槐泉楊君藏也。君名果，字汝實，別號槐泉，世山西陽曲人。祖拱禄。父景鸞，生君，敏慧有心計。入貲補吏，給事方伯省中，以才見任。家故饒，好婾衣鮮食，鳴箏跕屣，極耳目之娛。晨起趨府，抱牘受事，盤辟趨翔，不失尺寸。退食，銀盤象箸，鯖好雜陳。召致群飲，各厭其意，已則不能涓滴也。六察使聞之，欲下案問。或謂宜少斂，君笑曰："業已爲之，焉避難？"玉勒金鞭，騁名馬如故。人有爲解者，曰："富家兒自愛豪舉，非有他也。"事良已，謁選西寧衛經歷。

當湟中孔道，戎馬交迹，雖幕職，實綰衛務，調發軍興，呼吸響應。節使薦其能，擢判晉州。已同知東平，與判官蛟皆有政績。時費、郯城缺令，今御史大夫涇陽李公撫山東，知二人可任，上疏曰："費與郯地荒民散，幾不可爲。書生未習，吏得之若弁，然同知果、判官蛟歷試皆效，請攝之，姑停令便。"制曰："國家用人，原不拘資格，即以果令費，蛟令郯城，何言攝也？"君感朝廷拔擢恩，益自淬礪。首下車，釋逋負頌繫者二百餘人，言諸大府曰："不捐舊逋，民悉亡。與其無得而厚亡，不如捐之，以空名爲賜，可以得民。"大府以爲然，奏免七千租，復業者日衆，嚴禁里胥無復責如他日。巡行阡陌，問其疾苦，勸課農桑，補助不給，孜孜然如家事。二稅唯所有，雖尺布斗粟、隻雞束草皆得送縣，輸者如流。值歲大熟，勸富民出粟，每社立倉，秋斂春散，稍收其息。歉則否。行數歲，委積至不能容。邑近蒙山，多水泉；而葛條被野，取以供爨。則募善行水者與緯葛者，爲開數十百渠，滋灌溉之利。縣前置大釜，煮葛緒之，教民織作。于是杭稻絺綌之利流布充中。嚴禁娼優、六博與異教之人，鄉設三老，稽其出入，別其奸良，考其功苦而勸懲焉。凡開荒地一千一百三十頃，復流民七千七百一十丁口，補給官牛五百九十隻，栽桑棗五十萬株，立官庄二百所。撫監交章以卓異聞，蒙欽獎，升俸二級。用考最，恩封宣義郎。妻馮氏、張氏先後贈封孺人。父景鸞，母李氏，生母王氏，贈封如之。進濟南府通判，掌費縣如故。前後凡十年，益清簡少事，或并日而出。丁母王孺人憂回籍，費民爲起祠祀之。

公除，詣銓，公卿爭識其面。如大司農耿公要諸第，坐語移日。少宰魏公上章特薦，請頒其政爲令長式。今大司馬石公向吾兒問狀，亟嘆賞焉。時山東文登濱海，廣斥不治，如費之初，以君往，舉所以治費治之。文登素習君名，得之幸甚。至則盡裁諸供億不典者，民番上踐更，多所放免。出入以餱糗自隨，單騎裹糧，悉屛騶從。民輸錢，每十溢其三。君賦之，纔用其九。總二萬四百租，捐者二千五百矣。贖鍰盡令納穀，曹史給斗食，曰："吾責之廉，而不念其俯仰乎？"遂遣徒數十人，曰："是皆螟蟊也。"恨不能盡已若輩。每一令出，必召父老雜議。堂皇視事，簿領列其坐，其次亭平庶政，兼集衆長，唯唯受署，無敢便文自營。地三面阻海，募三老長年尋運道所由，達于江淮，貿遷有無，估客大集。課種木、綿、榛、栗、椅、桐、梓、漆之屬，丁十五株，于是四封之內葱菁茂密，衣食器用不仰給旁郡矣。

客有能文者，著《楊天頌》美之，凡得二十八事。會郡大夫有所失意，劇切其功曹，君方食而吐，得氣逆病，移書自免。監司不聽去，留數月，病益進，始聞于朝，廟堂甚惜之。雖得請，謂病起若將復用也者。歸以一婢自隨，抵家月餘卒。兩邑民聞訃，皆絮酒把香，西向而哭。吾友杜公甫判兗歸，語余曰："楊侯政誠美，第民富習驕，不軌于法，如其禮樂，以俟君子哉！"君節俠自喜，凡所遇合，傾蓋如故。當其得意，揮千金無德色。鈞奇屢中，有計然餘風。宣義公心，弗善也，竟以此成名。及宰邑，更忍嗜爲恭儉，一錢不妄費，天不假年，未盡其用。三子：尚文、尚武皆生員，而文早夭。尚忠幼。女二人：一婦指揮高承恩，一婦余弟之子嗣才。而女于吳郡薛某者，尚文出也。其父大韶以經學下帷于費，實攜其子來，君以爲惠而女之。銘曰：

百里專封，非士莫以。英英楊君，用讀法起。兩仕劇邑，有懷孔邇。厥俎于宮，厥尸于里。況鐘以來，一人而已。弁彼譽髦，疇儀我美。胡嗇之年？未見其止。歸正首丘，樹之杞梓。吾爲爾銘，徵于信史。

封文林郎南陽府推官沂泉李公暨配孺人余氏繼劉氏合葬墓志銘

侍御李文徵有母之喪，敦葬事，啓有日矣，跣而詣王子，奠幣稽顙以請曰："某九齡而失母，得劉母如母焉。初與計偕，而先君子不禄，傷哉貧也！母不及視吾成，父不及安吾養。劉母逮養矣，又不能久也。悼心失圖，昊天罔極。惟是志幽之石，敢辱吾子。"余辭曰："君執法殿中，宜圖寵于顯貴人，于眊荒之農何有？"則又曰："痛未定，慮不及此。竊聞古人重鄉曲之譽，爲其朴而近情也，徼惠吾子。"因爲志之。

按狀：文林公諱希曾。在國初有名某者，山東鄒平人。朝廷定軍制，三戶一人戍邊，更上遞休，名曰垛集，遂籍太原右衛。當天下無事，戍人在所如歸，更不踐，遂亡其更，是爲文林公始祖。傳鏞友、文信、雲龍，而雲龍即文林父。文林生穎異，課讀不煩，弱冠，以朱氏《詩》補弟子員。試輒高等，爭致下帷，函席常滿。冠者五六人，童子六七人，折旋俎豆，雍容甚都。侍御處弦歌揖遜間，不見異物，才名鬱起。自念老學究無所成名，用修纏給。次兒穎秀，庶他日亢吾宗乎！長子重光，應君姬之選，泃濡餘禄，且無口算，其可也。當是時，内公子隆貴，得隸館甥，幸甚，拜命闕下，自六禮外，奏記、跋涉之費多廢，其箸不足，又稱貸而益之。未幾，詔減宗禄，得失不相當，以此大困，與余孺人攻苦茹淡，奉養二親。日儲修瀡進之，未嘗以無爲解。執親之喪，哀毁過甚，遂嬰目疾。黽勉襄事，不以委昆弟也。久之，余孺人卒，劉孺人撫有而室，視文徵甚恩。食貧無戚容，春浣自力，相夫課子，無不如余孺人，遂亡其喪焉。文林公知爲生之難，筐筥錡釜，躬執勞辱。文徵少懈讀，便以夏楚威之，門下士多所感勵，彬彬起文學矣。

文徵舉己卯鄉試，上公車而文林公卒。又八年丙戌始成進士，授河南南陽府推官，劉孺人迎養宛中。文徵嘗從六察使者按部兩河，采訪治讞，所至稱平，人皆曰使君賢。君聞而謝曰："某非能賢，吾母實教不穀也。"休曹入子舍，母問爲理狀，善則喜，箠朴稍多，則蹙然不悅，曰："得無過甚矣乎？"以高第被徵，奉母西。小不豫，依倚不能去，故北上最後。母愈，然後行，擢侍御，巡按甘肅。當秋賦校士，而母又寢病，便歸省覲。日消息食飲，尚冀少健，竟卒。慈孝相成，令終有淑。得親視殮含，執手永訣，在驅馳王事者未可僥得之也。將以萬曆乙未冬十一月十有六日奉劉母祔諸文林公之兆于澗河之原，禮也。銘曰：

澗之北，汾之東，有阜丸然，爲李氏幽宮。祥源發發，大美斯鍾。當其盛者，在李次公。二媼從之，錫命來同。

進階中議大夫臨洮府知府唐子觀先生暨配封淑人許氏合葬墓志銘

王生罷蜀使歸，從東岩先生學詩蓋二十年，而先生病。造榻問起居，執余手而怖曰："天胡不息我以死？"蓋先生好讀書，多深沉之思，不良于寢，竟坐是卒。時萬曆甲午正月八日也，春秋八十有五。至乙未五月十五日，夫人許氏又卒，春秋七十有八。冢君世寀率其弟胤將以某年月日合葬東岡之原，而謁王生志，不忍辭也。

按狀：公先世出宋御史介後，自襄陵三分其族，一徙平定，一徙浙之蘭溪，皆貴家。平定有大京兆寬，蘭溪有太宰文襄公龍，嘗按察山西，序族大父行也。陽曲者自忠始，忠生誠。誠生希介，是爲先生祖，成化丁未進士，改翰林院庶吉士，授工科給事中，抗疏抵閹瑾，囊首長安市，語在志中，官止陝西按察副使。生泌，無錫縣主簿，配張氏，生先生。幼有至質，以朱氏《易》補弟子員高等。穎悟絕人，博綜強記。憲使廉而貧，席其餘芬，攻苦茹淡。冬月，雞毛苴履，送迎學使者若監臨大吏。嘗徒行，雖餒甚，未嘗坐賣漿家。舉嘉靖甲午鄉試十四人，而夫人始歸爲婦。先是，憲使高公簡與學使曹公嘉以才名相駕，高問今年舉首，曹曰唐某。放榜日，非也。曹怒，以爲高監試，故抑之，欲奏貢舉非其人，語侵直指，藩臬諸公爲居間，乃已。逾年乙未成進士，大父尚健無恙，喜曰："祖孫相距五十年登第，皆歲在協洽，異數也。"又曰："我厭貧矣，宜少自廣。"先生聞之，以爲大父豈愛孫而不如自愛乎哉！吾以儉佐廉，貧如我何？

選真定府推官，有政績。三年，行取書至，而無錫公不祿。除服詣銓，擬注刑科給事中，格藩戚，上狀，改授蘇州府同知，泊然自守，絕不與京貴通。所善文太史徵明、陸光祿師道，皆有高行。直指欲公刺事，謝曰："昔待罪恒山，嘗刺事，不中，終身以爲戒。"直指雖失意，無以難也。澕墅鈔關缺部使者，委攝而微之，公裹饘自餉，凡兩月，算緡足當一歲。居六年，擢守兗州。兗當孔道，宗祿苦不支，諸公子群譟以爲常。先生潔清自持，委蛇其度，不令後時給也。已調陝西臨洮，地寒，民資畜牧，監部大僚多市褐其地，符使沓至，取盈焉。往皆如數送臺，而完璧自結，先生平值市之，得當即已，因嘆曰："吾不獲乎上矣，吾歸矣。"遂投劾去。六察使知公廉吏，四請而後許，然猶疏病痊起用。去日，父老遮道軹車，盡日乃得行。時楊忠愍以劾大將軍鸞謫狄道典史，適直指至，乃舍旃送先生，奉卮酒爲壽，歌《歸去來辭》壯之。

歸則有田二百廛，屋一區，其貧如大父，最後壽亦如之。年甫四十，學使者任丘閔公橀致賓飲，以齒辭，閔曰："公青鬢解官，名完德邵。《詩》不云乎：'德音孔昭，視民不恌。'"不得

已應之。每飲必以疾辭,最後稱病篤乃罷。隆、萬改元,召進致
仕官階,郡長吏不之致也,先生亦終不言,嘗謂:"吾歸田有三
戒:一不干謁,二不言時政得失,三不作京貴人書。"雖同年友
人至自旅見外,不再詣靳兩城。中丞性亦簡貴,語及先生,蹙然
曰:"吾與唐君同年同倅吳,及守吾充,無所問貽。今以十金貽
之,腆矣。先生見人賤而少我者,與之均禮,然寡所心可。"僮
僕纔給使令,攬揆之辰,門堪羅雀。

　　閭閻細事往往見于歌咏,聞一言之善亦必記錄。蠅頭細書,
琅琅滿紙。凡爲記、頌、詞、賦、古近體、四六諸文,倉卒數千
言,不屑常語,有周誥殷盤之致。尤工楷書。所著常途[一],初
薶燃燼,集《楓林蟬唱》《吟螿東咽》《壁蝸殘篆》《游臺日錄》
《向老集》《困魚集》《雕辭學步》《殘膏餘瀝》諸書,編以緯宿
爲次。嘗謂:"吾性好塗抹,謹戒兒輩收殉墓中,勿以示人。"
余笑謂謙甚。及卒,問遺書,則公子寀以其半薦木焉,曰:"公
意也。"夫人,御史許公斌之孫,其父某知先生異才,請期不許,
以感勵之。及舉甲午鄉薦,始克成禮。三世一堂,雖家庭肅睦,
而指衆食貧,椎布操作,居然寒士婦也。平生無綺麗之好,用司
理考最,恩封淑人,冠帔取具而已。故王舅若舅姑以爲孝,娣姒
以爲睦。先生得就其廉,而子姓服習氣教,皆醇謹有稱。子世寀,
娶户部員外郎李應時女。世胤,娶京衛千户張嘉謨女,繼太原衛
百户劉邦臣女。皆邑庠生。夫人雖內嚴,然鞠胤如寀也。大義井
井,貞度早識,終無尤于鮮庶,視叔向之母宜勝焉。孫男二:寀出
者階,聘孝廉黃門女。胤出者陞,娶庠生馮堯臣女。女一,歸憲
使沈民悦子郡庠生廷重。孫女二:一適陳用極,一幼。銘曰:

　　乙未登庸,步其祖武。又六十年,皆八十五。克偕令妻,同
歸冢土。子孫繩繩,自天申祜。先兆孔臧,以閟衆甫。清吏攸
寧,從之終古。

墓　表

新安縣知縣萬峰湯公暨配陸孺人墓表

王子嘗守吳郡，時袁使君曾爲諸生，及去吳，稍遷至蜀右使，罷歸十有八年，而使君始檢校晉臬，則以福安令移治云。造王子廬，嚴故守如其守。從問家世，因得厥考萬峰公夫婦之賢，赧然愧曰：“嗚呼！余乃今知有湯公，則公之爲人與余爲守狀，賢不肖何如也？”于是得袁太宰所爲志與使君志其母陸孺人者，三復旨之。而使君因請余表諸墓，若曰北人樸，其言可信也。

按志：公姓袁氏，諱盤，字德銘。祖素軒先生珪，官鴻臚序班，始育于姑湯，遂稱湯氏。傳陽山公儒，配陸孺人，生公。爲人修挺厚重，幼岐嶷，有大人度。家貧力作，不廢讀誦，以朱氏《易》補學官弟子，甚有經術。舉嘉靖辛卯應天解額，下帷講授，得修脯代耕，稍具伏臘矣，然絕不事請謁。姑某嘗虞盜，寓金于公，人不知也。其奴知之，一夕，以盜來，并亡公金。姑有惑志，公微得之，論如法。姑悔曰：“吾不知猶子哉！”吳中多貴游子，學使者召補門下，雖秀才異等亦欲自媒，使君行在補數，孺人以爲請，公正色曰：“吾兒足自見，乃挾一孝廉父進，是教之偷也。”試果占雋，守南充王公聞而心善之。嘗有田一區，賦諸人而入其總。使君往受總，其人不欲入也，提殺幼女而訟，令某持甚急，人謂公宜出謝，卒不聽，而令終不能有所加。屢上春官不第，以親老詣銓，補富陽令。富陽瀕海，鹽筴大商兢致千金爲壽，不可得，皆惴惴奉三尺，無闌出者。嘗謁大府，議役法，業報成事矣，公執不可，初得讓，而後皆心折也。任九月，陽山公卒，歸，則僅僅敦葬事，而擗踊之節殆于毀矣。服除，補新安。

當崤函孔道，符使接轍，民疲於奔命。公簿正迎勞，儉而中禮，所治如富陽而政理益精。歲饑，省刑緩賦，多所全活。有大豪李景暹侵暴一方，前令避其短長也，不敢問，公立捕殺之。二邑學政不修，科第缺絕，至，必以教化爲首務，勸勵經術，人才勃興。中丞某行部至，隸視令，令亦齮禮自隸。公抗廉守高，獨異流輩，以故浸不悅。會分宜柄國，官以賄遷，遂投劾去。築室居，圖史手一編，以老灌園藝蔬，賦詩命酒，其樂陶陶然，盡以家政委使君，而使君之中表某利其著，强取割焉。公與人不設城府，諸締造常依孺人之母家，而某甲子視爲臨代之符，可攘也，連厚力自助。公訟不勝，中鬱甚。孺人爲解曰："豎子不足責。今有好名者輕亡其璧，非不愛璧也，苟可取償，何有于我？雖然，彼之亡久矣，而吾有不亡者存，何患焉？"公曰："善。"廣平蔡守重公名德，常式廬問政，肅諸賓筵。纔詣門，投謁而罷。

素軒公爲湯後，誠三世無別籍，而湯之族多素封，困重役，公力庇紓之。直指饒君嘗按族子某，罰千鍰，有著急難之義者榜其事，直指以爲謗已，羅致重辟，賴公救獲免。又有藏唐李小將軍畫直千金者，分宜不得購，風長吏設文網要之，搜捕甚急，跳匿公所，則勸出其圖。凡于內外宗樹德，身犯大懟，不違如愚。及遘閔群小，縮縮如處子。更兩邑幾三年，至垂橐而歸。使君爲諸生有名，亦廉謹退讓。里胥徵作如他日，不復請于郡大夫，其爲長者如此。孺人始爲婦，能敬相夫子，成其孝。已又以勤贊其業，儉遂其廉。歸，受外侮，能以義平其憤。晚而食貧，以無交謫安其老。公病若下迫，孺人視燥濕、調粥餌幾十年，曾得無以憂廢膏火，卒有今日，其于婦德母道，可謂兼之矣。

公享年八十，孺人加二焉。君子偕老，瓜瓞綿綿，世傳經術以顯，將在文與支乎？二子，曾之子也。而文已前爲諸生，有名。復袁姓，自曾始，公命也。蓋以繼鴻臚公之志云爾。太宰云："公操履如長孺、靖節，而風流真率在康樂、居易之間。"又謂："文類史遷，古詩若曹，近體若杜。"余未覩厥集，夷考其行，不爲溢美矣。與孺人生卒、子姓之詳，見袁公志中，今表其大者如此。

行　狀

吏部考功司主事魏昆湨行狀

道行嘉靖間丞魏郡，假守考攬文學，盡知郡中知名之士。魏于三輔號多才，于時南樂之士未有自見者。後去郡三十年，而魏氏兄弟翔起，先後射策甲科，并以文章氣節聞天下，稱"河朔三才子"云。今山西開府中丞見泉先生與次公昆湨先生猶岳岳高嶠，人以比之元方、季方兩相難也。道行歸田久，絕交當世之士，至有挺異節、擅大名者，得于傳聞，未嘗不心慕而喜談焉，則魏次公其人與？蓋次公賢而不年，人猶惜之。其殁之八年，見泉先生持中丞節撫晉陽，念不佞舊游，數相過訪，問及志、傳，則泫然流涕曰："亡弟與予皆相國少師許公之門人。悼其亡，欲爲志其墓，因以兵侍李于田之狀請。未幾，公罷相歸，而李持遼陽節，前狀散佚，無據以詳其家世，唯右丞補莋。"道行謝樸鄙，則曰："大冶範金，不責采于埏埴。公所未詳者事耳，其人固知之矣。"遂不辭而狀之曰：

次公名允中，字懋權，爲封中丞前鞏昌判某仲子。中丞累封中憲大夫，都察院右僉都御史。母楊氏，累贈恭人。娶孟氏，封孺人。子男二：廣胤，庠生，後懋權一歲卒，娶田氏，郿陽同知則真女。廣循，庠生，娶王氏，舉人廷俊女，再娶張氏，山東參政崇功孫女。女一，歸庠生張思默，陝西僉事應福子。蓋魏氏世增其德，至中丞而昌。懋權生，髫穎殊異，廣額秀眉，晳顏修姿，雙眸炯炯如鑒。初受章句，即狹一先生言，稽古博文，欣然會意。中丞性好哦，嘗有所贈僚自免者，詩未就，懋權十四齡，從旁口占曰："楊葉千條綠，桃花萬樹紅。如何張翰駕，不肯待秋風？"中丞嘆賞，不更作。補博士弟子，試輒高等，時鳳洲王公、崛峽張公前後為兵使，與郡伯暘谷王公召置館下，呼為小友。郡伯以不常厥居，出百金市屋郡中，使徒挐焉。元美見所為古文詞若詩，大驚曰："他日必以文章名世。"行部所至，簡使隨幕，與相酬唱，而贈之詩曰："秀氣鍾全魏，名家自信陵。風期一代出，眉宇九秋澄。龍產看為驥，鯤游化是鵬。五言融擺脫，隻字鬥驍騰。法取夔州細，才從大曆贈。天雄驅建節，雲臥奪中興。白雪無前後，朱顏有愛憎。還將代興意，對酒頌如澠。"

于時學使者若六察使者郡試、館試，與今遼陽李開府遞為甲乙十二庠之俊，未有能揭旗鼓而先之者。舉于丙子順天鄉試第一。江陵柄國，奇其文，欲延第中，客為授指，竟執不見。庚辰舉會試第三人，時江陵之子某狀元及第，而懋權在丙科第一，不預館選，如有意焉。官太常博士，狀元與其兄某同進士，并以貴勢驕蹇，赴者如鶩，自公會外絕不交禮，皆以為慢己，又時時訛時政之失，語稍聞。一日，嬖人某瞷其亡也，而往拜之，閱案頭朝章，徑去。初不喻其意，或咋指謂曰："君禍不遠矣。聞手駁詔旨，欲以相收，幸其無所得也。"江陵病，自九卿以下禱于東岳祠，後至者無所張幕，懋權與二三同志獨不往祠。少宰某貴寵用事，庭鹿乳子以為瑞，人競賦《瑞鹿詩》。少宰重其名，夾堂卿求一語不可得。御史某嘗司理天雄，遇諸馬上，懋權揚策而拱，忿其不相避，推手報之。詰朝貽書讓曰："立殿陛之上，與天子、宰相争是非，是御史事。故人非貴戚，無足避驄馬者，安用苟禮相責？"當是時，讒夫梟張，目懋權爲異物，無不欲得而甘心焉。時移勢去，見睍聿消，首以物望擢吏部稽勳主事，改考功。卒，時年四十有二，海内人士無問識與不識，咸相嘆息，謂朝廷失此人，私爲輓詩悼之。元美著賦一篇，略曰："靈禽三産于丹穴兮，長離獨翹乎中央。冠南冠之彪炳兮，彩陸離其文章。望阿閣而蹻吭兮，和音恊而中宫商。"情文斐娓，今不具載。元美自以文章高天下，嘗不可一世，人獨于懋權推轂如此。然懋權負奇氣，雅不欲以文士自命，間一搦管，便自名家。當其悟入，似無元美。古文取法韓、歐而法密機圓，如玉泉神瀵，噓徐潰薄，姿態横生，使見者自失。詩律取裁少陵，如清廟磬聲，不入凡耳。五、七言古具體陶、謝，雅澹自然，如游藐姑射山，恍與真氣相接。愚意元美得懋權，將謂傳其衣鉢，不意分道争先。如剖五石瓠浮江湖間，舉之不上，按之不下，不能無少望。故爲誄詞，若予若奮，未見其止。至其朗節危行，已闇然心折矣。與人語多篤論，申相國登首揆，作書勸之曰："今天下漸不可長者，抑莫甚于人情，事有異有常，而人情有安有駭。天之常，日月星辰而孛蝕異。人之常，君臣父子而亂賊異。中國之常，禮樂文章而左袵異。官使之常，賢智忠良而憸邪異。政治之常，剛柔正直而偏詖異。常則安，異則駭，人之情未有不然者也。竊取近事一一較之，或大謬不然。春正月，日食，其月月食。夏五月，月再食。秋八月，彗星見。九月，太白經天不滅。吴大水，無年。子殺父。薊鎮沿邊諸鎮地震累日，椎結之虜千百成群出入塞下，索漢財物，吏不得禁。此皆耳目所不習，非常可異者也，而今且安焉。主事趙世卿疏時政，天子幸不切責，吏部黜以爲長史。御史劉臺言事得罪，天下悲其忠，安福奸民某乘間誣奏之。進士南企仲以乞歸終養，聽撫按勘。中外諸上書與諸省程録，動稱大臣功德，言不及君，此皆耳目所不習，非常可異者也，而今且安焉。夫安與駭不并行，所安在彼，所駭在此。字蝕以爲安，則見日月星辰而駭。亂賊以爲安，則見君臣父子而駭。左袵以爲安，則見禮樂文章而駭。憸邪以爲安，則見賢智忠良而駭。偏詖以爲安，則見剛柔正直而駭。夫人之情，至于常其異，異其常，駭其安，安其駭，此其漸可使長耶？不可使長耶？關於世道理亂得失鉅耶細耶？竊以爲宜及今而矯之，尚有可爲。然而矯世之責，實在門下。門下初舉進士，名在第一，十餘年，進拜宰相位，復第一。誠于今日察天下異常之勢，杜人情安駭之漸，慨然身任其事，爲天下國家計，而不復爲己之功名與他人之私計，則相業亦在第一無疑。夫人情之漸，彼或導之而不能矯之，導之過也，不能矯之亦過也。門下其何辭焉？"

風韻簡遠，不喜接納，如遇正士，傾蓋便成石交。開府嘗言："家弟天性孝友，委蛇鄉閭間。逮通朝籍，錚錚如勁鐵，甚可怪也。"司理荆南往相省視，會江陵之弟某干直指，疑其假冒，逮書郵即訊，懋權聞之曰："直指不宜受人書，門下不宜授書，直指豈問信不信哉？"在吏部，絕迹餽遺。卒之日，至無以爲殮。

王生曰：余雖逡士，所聞于開府者則前乎此矣。夫世非乏材，志節難耳。江陵柄國，流錭示威，士大夫從風而靡。懋權與其二子同進士，以材見知，使稍稍就之，貴顯可立致。視如冰山火宅，掉臂遠去，宜其恨也。時榮纔謝，物望先收，處銓管九流之地，駸駸乎大用矣。假使永年，日新德學，斂其奇氣，充其遠心，就其高識，造于夷粹渾融之域，如鳳輝遠攬，有道則見，豈直以文章志節爲世所稱而已？天不慭遺，哲人其萎，長算詘于短晷，絕影廢于經涂，真世道之不幸哉！尚賴鐘鼎大篇，納諸隧中，使千載而下，知仲子之爲人。史遷曰："顏淵雖篤學，附驥尾而行益顯。”吾于懋權亦云。

校勘記

〔一〕“途”，據文意疑當作“塗”。

卷十九

祭文一

祭張封公

萬曆十一年歲在癸未，三月乙巳，我誥封相國、少師、中極殿大學士、吏部尚書張太公薨于蒲坂之西第。天子不欲相國以憂去也，遣中官慰留再三，不可得。然後命太史書冊，宗伯詔禮，大行人護喪，馮相氏物土，賵襚彝章皆進一等，給温明秘器、羽葆鼓吹之屬，朝夕奠祭，供自大官，禮也。于是公歸，以是年六月而繼太夫人胡氏又終。年家子王道行時亦執喪晉陽，敬緘幣馳香，爲文以吊之。其詞曰：

莫高匪山，崑崙造天。混茫蓄洩，洪河沛焉。決而東注，尹兹百川。餘波分馳，銀漢宵連。我翁降神，豈伊維岳？鳳鷁乘流，縱觀海若。七策制奇，成教于國。駿發厥祥，左右黄屋。我圖明德，邁種于公。食報孔庶，鼎鉉穹窿。施及孫子，纓冕繩繩。光啓丕緒，永翊皇風。瞻彼首陽，世欽大老。處貴不驕，輔善爲寶。景行維賢，抗情物表。子子干旌，莫回幽討。鼓腹康衢，樂哉胡考。忽厭煩囂，神游蓬島。師臣赫赫，毗我一人。解張庚弦，奏以陽春。神皋用穆，天下歸仁。載歌喜起，重見龜麟。迪維九德，歡洽三辰。一朝聞訃，手卷絲綸。皇情眷倚，諭旨諄諄。忠以孝移，禮將權奪。執心彌亮，三疏愈確。帝曰咈哉！暫違啓沃。贈以上公，殮以衮服。奠以大官，葬以將作。爰置守冢，邑人三百。旌厥殊勛，昭受無斁。予違汝弼，左旦右奭。公無困哉，以三年恤。對揚休命，夙夜星奔。奔甫稅駕，弔又盈門。既悲失怙，復軫喪媛。穹碑山立，大册星懸。徒云愛日，莫慰留萱。嗟嗟太君，從翁已貴。配德稱尊，齊眉舉饋。龍卷象衣，榮極伉儷。九原與歸，偕老斯遂。行也束髮，從丞相游。鹿鳴始宴，雁叙高秋。愚既塗附，公則天游。觀所爲主，篤棐相修。已而中廢，式命不猶。達則鐘鼎，窮則蓬蒿。迹以日隔，道猶古交。微我有咎，示民不偷。片石是覛，容光首丘。珮此高義，十世可求。公既彷徨，愚亦苫土。欲效束芻，自貽伊阻。揮涕陳詞，視翁猶父。卜兆既從，穿封孔厚。白楊蕭蕭，啓袝元母。于以襄之，入弼我后。嗚呼哀哉！

祭太原韓縣丞

嗚呼韓君！棹秀中山，空群冀野。厥聲載路，安知來者？在闍彌章，庶幾大雅。竟以璞迷，誰云其舍？爰起明經，于燕于京。賢士之關，賁止儋簦。尚友四方，如翼如馮。何必甲科，斯爲成名？人貴自致，道允時升。嗣謁典銓，俄領黃綬。實沈之墟，試識輶右。魏榆大邑，前車用覆。君往攝之，窒其私竇。棼彼亂絲，靡不由箲。庶績其凝，剡章交奏。帝用嘉只，下之選曹。將以專城，游爾鸞刀。云胡疾作，曾不終朝？無父何怙？百里嗷嗷。君之有美，如騰九苞。君之無年，猶遜二毛。言反其孥，未彌厥月。日跂好音，有來鳳闕。悲風乍號，忽顛道樾。昊天曰明，胡爽其罰？予也伏林，是顧是私。洊罹家恤，來唁不遲。槭詞絮酒，曾無幾時。昔者唁我，今我唁之。素幭將東，熒熒草土。聊寄些言，侑之清酤。烝哉我民！揮涕如雨。薦馬班如，顧余于祖。嗚呼哀哉！

祭母太宜人

嗚呼我母！自歸先大夫，丁式微之運，艱難拮据，輔造室家。不肖免于懷，教以義方，如嚴師傅。弱冠釋褐，叨領州省，二尊人偕養邸中。劑先大夫之偏而引不肖孤之不及，辛苦委至，人不悉知也。奉職無狀，投劾罷歸，而先大夫亦見背，餘禄無幾，太宜人躬先節縮，孤得優游泉石，忘其失位十有四年矣。自去歲九月，宜人楊卒，太宜人傷之，悲哀動中，百方不解，遂日癯瘠損飯，病咳經時，虛邪外侵，轉而增劇。屬纊之前，尚謂不肖孤強食自輔也。嗚呼痛哉！

不肖孤煢煢孑立，連遭大喪，闐戶無人，貓鼠宵訌，米鹽委地，瓦甒蒙塵，飼犬放鵝，嘵嘵察察，猶慮弗及也，況百有大此者乎？嗚呼痛哉！

太平耈老，天子實式，靈之高朗令終，夫復何憾？顧蒿目隱憂，不肖不能仰副萬一，有遺恨焉。自今以往，敢不提身庶慎，祈祐方來？太宜人神明陟降，尚得請于王氏宗祐未艾也。嗚呼痛哉！

祭楊太夫人

發祥貴族，毓德笄年。降神維岳，作合忠賢。稱詩納順，蹈禮無愆。敬彰紘綖，德盛河山。委蛇象服，侍宴椒軒。在昔嘉隆，咸有一德。百僚師師，勛名四塞。靡勤內顧，我儀維則。乾轉坤旋，是翼是力。鳳圖銜瑞，龜壤告吉。麟趾振振，孫枝發發。忠孝一門，簪纓累葉。太傅乘箕，歸老首陽。玉聲褕翟，姻亞方羊。翩翩玉樹，共蒂齊芳。仕者鵬運，居者龍藏。彈冠戲彩，朱芾斯皇。屹如五岳，裨海相望。人謂難老，云胡上翔？似遺埃壒，同游帝鄉。國軫喪媛，家哀隕庇。鍾萬遏音，觀臺告

沴。仰叩皇扉，有來綸制。大册高文，雲懸日麗。楚挽凄風，邊
蕭咽霧。石馬嘶林，玉魚從衬。井材始獻，來彥嗣興。含飴甫
爾，名揚大庭。世昌券合，百祀靈承。茫茫宇宙，疇儷榮名。某
章句豎儒，在汾一曲。匪有先資，仕也徒穀。卵翼大恩，比于亭
毒。歸橐蕭然，庶無貽辱。咄彼附離，其何能淑？遠臣爲主，奚
傷再逐？皇皇聞訃，悠悠我思。聿懷椒醑，遠莫致之。啜其泣
矣，敬陳些詞。珊焉如顧，來格遲遲。

祭栗少司馬健齋

栗陸之後，條枚遠揚。越在晉國，潞子多良。明經接踵，擷
采搴芳。大邦作對，姻亞侯王。及公之身，益熾而昌。魁掄獨
步，鵬路高颺。南宮釋褐，出牧濠梁。建藩陳臬，經營四方。人
期公輔，令甲焉妨？遂膺節鎮，首破天潢。桓桓司馬，并于上
鄉。五丁開蜀，示我周行。巨靈贔屭，力決懷襄。公之首事，奇
偉不常。馴良修隙，互起雌黃。因而稅駕，盤谷相羊。西戎俶
擾，間我疆場。九重拊髀，于公允臧。徵書晨下，建節河湟。輕
裘臥護，卒定氐羌。謀痹形瘁，豎隱膏肓。乞骸堅請，脫屣岩
廊。旋車勿樂，白日羲皇。時偕故老，討論《歸藏》。波流每
下，大朴凋傷。維風標儉，諭俗殊詳。施于有政，其德乃昌。宜
登胡考，何遽淪亡？輟舂罷市，無慚蹇羊。某參知陝右，握手薇
堂。歡依促膝，義重承筐。繪圖論世，寄興縹緗。總總離合，雁
隔江鄉。歸者蓬累，仕者雲翔。魚傳尺素，問我汾陽。公有令
子，麟鳳爲祥。每當秋賦，委贄山房。無何承赴，來唁靡遑。梁
木安傲，北斗潛光。忠存遺表，惻切今皇。圖庸鍾萬，示恤玄
黃。易名之典，百世無忘。茫茫宇宙，來者未央。考終完福，效
已彰彰。年雖遜七，慶則靈長。矢詞雪涕，敬奠椒漿。顧而御
我，如睹洋洋。

祭孫京兆

嗚呼！某與先生年不相及而登第則相望，仕不相值而歸田則相將。或彈棋而命酒，或嘯月而搴芳。曾尊賢之不挾，亦心迹之雙忘。計接歡于杖屨，終吾生以徜徉。何二豎之見侵？屢問疾于匡床。慟斯人之不作，奄委蛻于玄黃。夫以先生之才，宜內贊而外襄。先生之德，宜如陵而如岡。胡官階不逾四品，年望七而逢殃。先生有子，伯仲昂昂。分文武之貴仕，并穎出于吾鄉。仲尤桀桀，邦家之光。廬承明而侍直，搖彩筆以高翔。覩青雲之步武，羨奕葉之書香。宜鼓缶乎大耊，樂榮養之無方。胡不愁遺一老？遽屧脫而舟藏。念明刑之首政，騰茂譽于荊襄。入司青瑣，侃侃岩廊。用彈文而外補，道雖抑其彌揚。未幾環召，日侍天王。陟符臺而掌大官，紆金紫而曳鳴璫。惟豐鎬之舊都，赫師尹于建康。匪重臣其莫遣，承簡命而靡遑。行且顯功名于當世，書閥閱于旂常。胡羽翰之中摧，反荷衣而蕙裳？托忘年之雅會，貯賡和于奚囊。感交臂以相失，想爲歡之未央。嗟大化之日新，嘆浮世之茫茫。何以誄之？丞相之章。其文則史，厥音孔揚。啓秘宮而即吉，亦終古而斯皇。敬陳遣奠，告此衷腸。

祭傅封公

維公蚤負奇崛，性行俶儻。賓室天孫，式弘外獎。浮游七策，化居日廣。長江大淮，扁舟獨往。神草異人，靡不周訪。久之有得，中益肆爽。慕彼章縫，慨焉心賞。曰維一經，四民之上。養在蒙泉，流爲沆瀁。翩翩四君，伯仲叔季。如圭如璋，瑚璉之器。日念念哉，授以羲《易》。良友是親，明師是事。伯遂鯤游，仲叔鱗次。噴薄長空，橫飛高視。季子名駒，顧影自異。御以王良，千里可至。公亦樂只，以燕以游。言尋赤水。或問丹丘。談空釋部，核玄道流。語之孔孟，何事旁求？無不心解，力任真修。萬夫之勇，有志莫酬。中無怛化，達此藏舟。藐余小子，爲伯氏友。知我齠年，好不訾口。明德有懷，珮如瓊玖。宛其逝矣，胡不疾首？念昔家嚴，相將孔厚。閱歲五霜，俱從長皋。天不憖遺，遑恤我後？臨當北轅，雪涕挽輈。

祭李恒齋

天賦俶奇，信而好古。師友家庭，聯翩胤甫。慨慕大儒，恥與噲伍。博學無方，沾沾鄒魯。啓口置足，爰規爰矩。古貌遠心，嘐嘐俁俁。俗學無聞，仁莫予輔。六翻徘徊，賢科接武。百里爲郎，牛刀自鼓。有民人焉，視予若父。何必甲科，得其資斧？循吏可師，逮下如乳。游刃吾然，桑林合舞。好瑟投竽，雖工何補？不善周容，逢其豺虎。解紐西歸，請學爲圃。彭澤清風，室如環堵。舒嘯林皋，取酌清酤。兀然百壺，其樂栩栩。天薦慇兇，年不登五。慈母令妻，相繼終古。貽我訃音，旋即下土。絕筆置懷，顏辭如睹。大塊茫茫，何其獨苦？昔余幼齡，結社山塢。敬業樂群，稱說堯禹。君學蚤成，余疑就剖。余馬前驅，君玉待賈。莫售連城，竟沉積羽。麟鳳游郊，芝蘭當户。瑞物無傳，茲亦天數。螟螣孔蕃，稼穡用蠱。枲拖盈室，比于臭腐。達人大觀。何去何取？胅篋控頤，諒無含怒。

祭楊襄毅公

天誕貴神，冢茲下土。歷事三朝，袞職斯補。孝友若張仲，文武如吉甫。子孫顯大，若裴度之遇唐宗；功德弘遠，若韓琦之輔宋主。位已極于人臣，譽獨高于海宇。偶末疾之攖躬，爰力疏而得退。旋康復若平生，宜還司乎鼎鼐。曾日月之不留，忽溘焉而遐背。嗚呼哀哉！問天莫對。

蓋公贊襄中外垂四十年，歸卧丘園未一二載。壽不躋于七旬，用尚歉于三事。雖久宅乎端揆，亦有志而未遂。豈天留不盡之福，俾厥世之彌昌彌熾耶？何予之既弘，而奪之又易？某以晚學，誤辱公知，雖慈母之信子，言三至而亦疑。顧謗書已盈篋，爲昭雪而不辭。當共垂之顧眄，在日月其何私！即終擯于甽畝，亦循分而榮兹。室阻千里，心依几席。忽聆訃音，哀哉號躄。竟不愁遺一老，失保乂于平格。諒亭毒之功已完，遂還歸于冥寞。天固愛道，地固愛寶。不欲久在人間，遂忽秘其光燼也。

道行束髮從仕，獲游公門。覩經綸之大業，拜敷奏之昌言。可謂補天浴日，旋乾轉坤者矣。往在先朝，左嚴右陸。公居其間，運轂正軸，簡在帝心，莫我能畜。敬忌無違，彼昏用覆。亦有咸寧，恣其蠆毒。力傾元宰，朝堂以目。公數其罪，終焉成戮。貴戚大璫，依憑請瀆。山立揚休，不言而肅。開府湟中，鑿山通瀆。萬世之利，永垂膏霖。玁狁匪茹，東戡西逐。訏謀遠猷，轉豁爲福。再奉嗣皇，入持玉几。顧命之夕，許身以死。謇謇匪躬，其直如矢。粵稽舊章，莫之能紀。五卿來咨，公言是旨。亦有浮兢，聚蚊成雷。清談之盛，世道之頹。公則塞之，習坎風回。蓁蕪斯闢，聖軌弘開。故士論咸服公，曰視國如家，先君後身。猷爲與守，無愧古人。康濟之才，絕類離倫。典刑所在，允矣天民。雖爲公所彈劾擯斥者，亦皆没齒而歸仁，豈非至公至正、秉國之鈞者與？然則有盡者七尺之軀，不朽者萬年之壽，其存其没，何必灑泪于蒼旻？顧余小子，方欲奉杖屨之餘歡，而騰車上邁，忽與夔龍姬召同其可仰而不可見矣，安得不哽咽而沾巾也耶？敬懷椒醑，哭告公神。睠言故國，如見虩虩。

祭梁太夫人

少司馬梁公與余學同師，自丱角時拜梁太母及二尊人堂下，今三十年矣。余仕止藩使，而梁公勛德名寵日盛。太母考終上壽，累拜國封，三世恩榮，一門景福。海內搢紳，指不多屈也。萬曆三年，天子嘉遼左功，賜公麟服，往勞師而母夫人卒，以憂歸。訃至晉陽，行為文弔之，其詞曰：

維恒岳之巇岏，奠坤靈于北極。漳沱折以東指，奮洪流而駛疾。灝氣鬱渤而溟涬兮，鍾神奇于迪哲。顧燁燁之名家，嗣徽音而靡逸。悲蕙帳之蚤空，隱遺孤以悱惻。胡癉瘵乎好述，驅豐隆為慎擇。曰伯耀其最良兮，匪梁鴻將焉托？總余珮之繽紛，纂前修之懿則。或舉案兮主牢羞，亦采蘋而佐蒸禴。有赫司馬，年方畜髮。呱呱諸弟，屢焉在弱。既左提而右攜，爰授衣而推食。嘉鞠育之孔勤，奚盡傷于易簣？習高堂以為容，伯獨懷此姱節。輸郢璞于清廟，亦至今而為烈。秉一心而順三主兮，鄰上公之典册。奉揄狄與翟衣，庶展親而昭德。胡大化之不居，委鳴璫而珮玦？挺靈椿以孤秀，豈忘憂之可得？天路浩以曼曼，玉駄馳而高縷。就靈氛為問之固，告余以妖祥之糾結。繄司馬之永懷，痛啼鵑于夜月。橫遼水而揚舲，悲風增其嗚咽。拜贈襚于宰呾，疇羨年于旄鼇。苟蘭蕙其信芳，何必傷此鳴鳩？唯三晉之舊疆，亦遂連而畛接。承惠風于千里，耳令聞其增切。剡負劍于韶年，攬余心其如折？荐孺子之生芻，亦仿佛而來格。

祭魯惺庵

追惟弱冠同升，投分京國。片言符會，義等金蘭。君使唐藩，余守鄧邑。宛中邂逅，各吐心期。將謂踵躡程朱，肩差薛呂。隰朋仰慕，予獨何人？昔有魯男，孔稱善學。性狷易立，道廣難周。余珮子規，今逾二紀矣。分宜在位，寵貺滋彰。君秩滿當遷，輒還故署。無何，予告歸賁丘園。二帝龍飛，禮徵名碩。于是試補銓郎，陪推胄監。符臺光禄，簡命荐加。方且推為間世之賢，隆以不次之任，而君學專希孔，意在報劉。累疏陳情，緇塵縶冕。年逾不惑，始舉一兒。天不慭遺，數遭陽九。珍喪明德，永違素心。嗚呼痛哉！

蓋兒七月而生，少嬰痰疾，長就外傅，誦習過勤，有惜陰繼晷之勞，失專氣養身之術。刻意勵行，勇若萬夫。好古敏求，功期十仞。討論墳典，研精奧義。圖書探千載之秘，聖學判毫釐之差。出處大節皎若日星，動靜時行，嚴如處子。使天假之年，極其所至，必能紹明聖學，備道純美。上之弼隆主德，下之福澤生民。而乃身與病俱，志隨年謝，豈非命哉？余昔典蘇郡，蓋嘗為君問醫，處方十數，緘寄睢陽。太孺人進使者泣曰：「吾兒不能廢學，歸語而主勸之。」一聞斯言，霏霏泪下，因以陸、王主靜致知之說開君強探力索之心。君乃嚴守前聞，謂我非是。濫竽秉憲，圖會汴南。官署聯床，語深達曙。同志相切，同病相憐。密論微言，書紳刺骨。別來三載，報予獲麟。天祚善人，克昌厥後。方喜謂知言養氣之效，引年却老之徵，豈期墨素未乾，遂為絕筆。昊天不吊，哲人云亡。壽母疇依？弱孤何賴？煢煢嫠婦，俯仰心摧。訃至之朝，不勝殞絕。惺惺惺惺，何其不辰也？夫修短者數，予奪者天，齊化者道，永世者名，君仁為己任，斃而後已，可謂能遂厥志矣。掩形未幾，士論嘆惜。既秩祀于鄉校，又優復其後人，方諸榮壽，考終歿身，則已者孰為久近也？況遺書有托，瓜瓞將繁。雖功業未宣，而名行罔缺。他日有續傳理學名臣者，意將在茲乎？清淑之氣，上列為星，陟降有神，在帝左右。聞吾斯言，寧不欣然？嗚呼哀哉！

祭王太夫人 刑侍敬所母，代郡守作

邈彼天臺，其高萬仞。扶輿盤礴，是鍾神雋。山澤龍蛇，明徵可信。於維太君，容止淑慎。早嬪德門，金輝玉潤。豈不肅雍？爰啓靈胤。簡簡周宗，久而彌振。誕惟司寇，學造明通。禮容嬉設，蒙端聖功。弱登天路，肆扇英風。文武爲憲，夷夏攸同。母亦樂只，翟服在躬。如川方至，如日方中。太平耆老，克諧令公。無期之祝，云胡大終！司寇在廷，式慎由獄。惟帝曰俞，遠獻辰告。朕之右肩，晉雲上谷。戎有堅瑕，汝往時勗。出車彭彭，盡其委曲。取箸圖沙，哀爲巨録。帶礪萬年，聿循枲篤。薄言旋歸，國鈞將屬。母則乘雲，超摇仙籙。帝曰汝弼，不遠用違。宰其歸賵，襲以揄暈。爰置守冢，遍表幽徼。既穿既復，遣歸我畿。肆予小子，雁門之守。遭際丕時，虚徐下走。部靡傳烽，亭無擊斗。鐘鼓式靈，于功何有？司寇謂賢，援之以手。推轂騰章，在群吏右。感激恩知，有孚盈缶。匍匐凡民，況也往捄。心邇室遐，末由登叩。敢介行人，以告大母。遠于將之，秬鬯一卣。魂其歸來，庶幾昭受。

祭思齋霍司馬

聖朝隆棟，皇國藎臣。起家豸繡，犯忌批鱗。涪歷中丞，三撫重鎮。譬若商霖，回枯播潤。英英其譽，入僉内臺。漢官司隸，爲霆爲雷。遼陽薦饑，雲中告疹。帝軫于懷，命公主計。糾厥浮蠹，乃積乃倉。我師宿飽，我武維揚。西起燉煌，暨于寧固。百萬之師，公則往護。坐陪廟論，曰大司馬。腹心是咨，奠我華夏。拜命之日，人疑驟遷。公固有之，敷奏言言。時維内江，紊我兵政。經德不回，面折廷諍。乃釋機務，如脱屣然。箕山寄傲，趙璧歸全。社稷之臣，不究于用。正氣桓桓，屹如山重。云胡末疾，閱歲彌留？望虛開閤，理契藏舟。赴至于廷，天子震悼。爰命守臣，歸賵以報。明發不寐，有懷二人。命如可贖，宜百其身。我無令人，能不敬忌？有赫厥靈，念之無墜。藐余守鄧，公實部之。政之無良，心則怵之。奉藩于秦，再塵下走。披歷肺腸，投以瓊玖。知己之報，曾不涓涓。沉溟丘壑，如分二天。詎意乘箕，在帝左右？負此夙心，庸以自咎。爰效生芻，望風灑泣。大塊茫茫，瞻烏靡及。

祭亡弟淳甫

嗚呼，弟！自府君沒後，吾與子族單丁稀，形影相吊。上奉兩母，下撫二嬰。自謂優游可以卒歲，今胡舍我逝耶？昔弟為兒時，太宜人歸自北峽，劍汝度羊腸九折之阪，凜冬抵舍，備嘗百艱。含哺飼汝，牽裾行汝，實望有立，共撐門戶也。余與計偕，歷典州郡，未嘗一日不相隨，習字讀書，迎師招友。以弟之資，可以致身青紫，奈何佔畢之勤，雅非所好。薄游太學，需次一官。酷好鍾王之迹，兼懷沈謝之音。稍出篇章，便窺班穎。余心私喜之，嘗勸之勉學，可望成名。詎意一疾彌留，溘先朝露？痛哉痛哉！弟母老妻少，忍相背耶？藐焉二孤，忍不顧復耶？汝兄子立，曾不是恤耶？循牆而走，遺墨盈門，憑几而觀，遺書滿案，恍恍忽忽，尚疑弟身與吾雁行如昨也。痛哉痛哉！屬纊之前，一言一咦。吾之此心，天地鬼神實所共鑒，弟可無憾也已。夫榮悴有時，修短有數，雖以聖賢之德，王公之尊，無有生而不化者。弟從余游，嘗聞是語，今觀化而去，當空幻照之哉！首七倏臨，特此哀告。

祭河東端穆王

維趙我之自出，王亦備在彌甥。相葛藟與樛木，申中表于山荊。締姻聯之累世，誼如弟而如兄。自韶年已莫逆，胡分手而宵征？荃洵美而有禮，心恭儉若執盈。苟懷玉以被褐，亦忘貴與交并。通化居而消息，彼匏繫亦何名？設此道于宰世，胡民物之靡贏？嗣藩維于歷服，再改火而周星。嗟降鑒之弗永，輕委蛻于尊榮。鞭隙駒以迅赴，觸天柱而西傾。想高陽之沉湎，固達士之所營。孰金石可等固？應遺響于悲聲。顧統承之不爽，欣弭節于佳城。跪銜哀而陳信，庶昭鑒此心精。

祭晉敬王

端簡以來，國統再絕。天挺及王，英風烈烈。玉貌頎然，萬夫之傑。爲傳不勤，受經則悦。獨運深衷，夙秉靈哲。寢門問豎，孝思如結。當璧之符，昭于券鍒。兄弟孔懷，承歡靡缺。簡廟上賓，拊心泣血。諒闇三年，饘藜是歠，骨立屢焉，幾至毀滅。孰顧匪私？纘戎斯別。帝命留止，有來玉節。宮府同心，恒扉有截。公室聿張，王綱載揭。虎變于庭，蟻封其穴。臣禮斯明，君權頓設。監門之養，趨而就列。凌陰之藏，班匪其蟄。維此士人，不遺羈絏。維彼私人，肆于時杲。締造方殷，未辰而昳。實沈薦菑，二豎爲孽。天不憖遺，溘捐珮玦。皇心盡傷，大朝三輟。咨爾辟王，龍章霏屑。金檢玉書，賁于幽咽。善貸且成，胡悲折閱。呼我同生，鼎鐘是挈。韡韡棠棣，綿綿瓜瓞。億萬斯年，食兹廟血。某忝厠章縫，最爲下劣。每奉燕閒，肆其巇説。銅鞮之宮，規還矩折。義在緇衣，好我實切。敢曰嘉賓，空勤醴設。靈輀就駕，泉臺永閟。不吊旻天，肺腸爲裂。敬束生芻，聊當遣轍。荃察余心，宜如見蒦。

祭孔汝錫先生

嗚呼哀哉！士有曠世道符，千里神契。譬彼芝蘭，異生同類。人貴論心迹，略交臂。苟東家之無知，處西鄰亦奚貴？先生夙挺孤標，博綜六藝。文蔽班揚，才陵漢魏。弱冠登朝，魁掄大對。兩浙三秦，柄文造士。彬彬乎及門入室之徒，濟濟然華國名家之輩。四教修而民行興，片言出而群音廢。既譽洽于龜沙，亦毀生于龍陛。望西河兮歸老，返初服兮荷製。開北海之尊，招東山之妓。客有彈翩鰲、曳敝履以見者，莫不延入如歸，望門若企。投少分于金蘭，擲千緡于箸匕。既鼓瑟而承筐，亦解衣而推食。類郗超之授館，如田文之好士。

嗚呼！先生以鼎甲高資，久麈外吏，起家王甥，格于時制。斂大烹元氣之調，狹廣廈萬間之庇。以其餘年，發爲藻繢。文以質高，詩貴情至。每對客而揮毫，如泉湧而川逝。儼危坐以竟夕，吐霏談之妙義。故聞風者景赴，覿德者心醉。時授簡于雪宮，兢樂善而忘勢。追兔苑之遺風，尋雀臺之高會。悼深仁如樂武，豈一傳而遂匱？慨澤畔兮生蛇，拊松根兮枯卉。恨別館兮芳菲，承楄柎兮翦刈。草青青兮鹿游，乘胥濤兮忍視？慨典籍兮云亡，無仲宣兮誰寄？斯闔闢之相禪，固達觀所不諱。嗟余小子，生而甫晬。劍負旁嬉，公方上第。束髮有知，思存膺御。薄游天雄，鴻書載至。誘進循循，貯之心肺。逮賦歸來，聞問相慰。許以同盟，言多感遇。謂伯夷貪兮跙踥義，干將鈍兮鉛刀利。或飛毛而蔽天，或割鮮而滿地。騁駕塞兮康莊，服鹽車兮騏驥。隔一水兮盈盈，把千言兮字字。欲擔簦兮未遑，竟參辰兮異世。

嗚呼哀哉！先生之德豐于位，先生之材重于世。余小子兮何人？欲往從之中廢。傷交臂兮相失，庶道符兮神契。寫哀些兮傷春，望西郊兮洒泪。沛靈爽兮雲霓，庶顧歆兮椒桂。

祭張鰲川定襄人

逼歲之除，有客戾止。訊我友君，曰維已矣。問幾何時？仲秋不起。嗚呼哀哉！胡爲至此？江左之役，輔車相倚。丞維姑蘇，判則檇李。懸魚之操，兩郡所美。不貫與乘，辟奚者子。讒言朋興，求全得毀。矯矯瑣郎，上章爲理。覆水難收，湔除亦喜。晚而謂余，笑言自侈。昔慕大還，今得其髓。顏如凝胏，口無完齒。中心則疑，應之唯唯。吾道本天，其始一耳。術則多歧，奪朱者紫。九鼎三山，單傳直指。冀得真詮，不惜包匭。方士迂愚，市其敝屣。啓以闐中，可以不死。厝火以薪，是用蛻委。悠悠六經，不遠具邇。繄余之歸，日憑烏几。諷誦微言，頗究真是。欲與君偕，大道方軌。探無盡藏，庶免流徙。君胡不待？宛其逝矣。藐焉孤孫，赴不吾以。及其聞之，已掩蘽梩。墓草將青，營魂安止。聊薦脯漿，敬告兹誄。

祭高封公

惟大庭之苗裔兮，表四履于東海。蔭長柯而西拄兮，歷千祀猶未改。翊淮甸之飛龍兮，倣造攻自亳載。殿侯服參井之墟兮，扞北圉以食采。洶武功之方競兮，偉章縫而改錯。墨悲絲有淵旨兮，人以染而變素。洴澼絖卒易千金兮，課一經于儒慕。惟象賢能大厥家兮，習爲頌而修婍。攬曲臺之遺記兮，腹便便將萬言。轟奏對于南宮兮，騁騏驥而爭先。先綰銅符以出宰兮，流英譽于廊延。顧原州之疲薾兮，皇練材而咨授。望宛洛且上襄兮，眾僉允曰借寇。易保障以繭絲兮，余不忍爲此態也。苟三務之即功兮，乏軍興亦何害也？丁師尹之悁悁兮，以奏記而逢怒。甘遷次之薄罰兮，乃緩征而獲錮。反垂橐亦靡悔兮，奉親顏之怡怡。紛獨有此婍節兮，將藏器而待時。窮星紀于甲乙兮，昆吾稔而自徂。荃翩翩始彙征兮，收播棄于帝都。名入山公啓事兮，悲親年胡不待？如含笑于重泉兮，知食報之有在。以化者爲無知兮，何肸蠁之可怠？妥營魄于夜臺兮，卜守冢可千家。既鬱起而駿發兮，將綸綍之荐加。吾黨相與申申兮，指靈修而陳信。懷椒醑以要之兮，助升輀而啓殯。誄潛德皆鉅公兮，具平生之淑問。苟榮遇而即安兮，胡遺老之未懟？靈連蜷以淹留兮，藉瑤席與玉瑱。

祭陳拙齋

嗟嗟宮伯，弼亮三朝。簡主當璧，天位漂搖。翊龍以飛，綿封四包。食報孔庶，居寵無驕。敬惠之際，國事蕭騷。逮於居攝，室益翹翹。咨爾黃髮，九鼎是調。胡不憖遺？梁萎寒宵。唯公雅士，開圃東皋。嘉賓戾止，式燕以敖。丹萏吐蕚，綠樹抽條。坐花醉月，膾鯉炮羔。七賢名彥，三事大僚。言尋休暇，時用歡招。繄余弱冠，釋褐登朝。忘年論世，義篤緹袍。賦歸十載，無慚古交。公有孫子，翩翩鳳毛。高堂挾策，捷若承蜩。累仁獲報，乃在荒茇。攀鱗拖尾，賢哉大貂。我日于邁，忽稅鸞鑣。瞻烏王室，轉增寂寥。悲風夕屬，啼獧夜號。復子明辟，能無忉忉？恩斯勤斯，流咏鴟鴞。矧茲婉暱，余心鬱陶。素車白馬，祖公于郊。舊勛遺老，孰是可滔？詞雖不腆，德則孔昭。睠言疇昔，庶御蘭椒。公尸醉飽，倏若回燊。

祭簡太妃

維靈標祥華渚，作合大邦。欽若王姑，嗣徽景胄。言觀維則，爰自有行。簡主上賓，及主繼統。數年之內，三際大喪。神器方虛，璧府在抱。左提右挈，躬瘁神殫。宮府晏然，委裘祗若。如綫之緒，勿替引之。雖姜嫄造周，有仍恢夏，莫烈于此矣。桐圭未剖，樛木先凋。撫運式微，觀臺告沴。睠言三尺，罹此百憂。使阮籍掩袂于窮途，屈平沉思于哀郢。輟舂罷市，詎惟國人？累德詔言，有來天語。慟子嬰之衛恤，走列辟以斯皇。太卜諏辰，興臣遷祖。遂循吉路，永即幽宮。珩珮無音，繡筵徒飾。繄身寶鏡，睹物興懷。憑几遺言，知人則哲。遵鮒魚而同壤，詒燕翼于無疆。嗚呼哀哉！

道行等猥廁章縫，夙聞聖善。《葛覃》流咏，彤管徵言。飽德房蒸，醉心宫醴。忽遭升遐之戚，不勝喪妣之懷。秉軼綌以節歌，曳雲霓而莫待。行瞻廟册，載續宗功。元祀增光，帝所甚樂。睠懷故國，請右文孫。

祭母太宜人

嗚呼我母兮忽焉徂，時臨朱夏兮即幽塗，椸拊籍幹兮不可呼。天之上兮飛陽烏，地之下兮馳隙駒。涼風至兮萱爲枯，葭灰吹兮歲將除。奉靈輀兮去首丘，從君子兮棄遺孤。孤煢煢兮人靡至，言念我母兮日夜隕涕。憶自昔兮爲嬰童，母教我兮以一經。歌青衿兮有時入市，慮外染兮微之視。前規後隨兮從而施，雞則鳴兮呼我起。逮丙夜兮譙讀未已，游天庭兮年尚弱。剖銅符兮向宛洛，駕潘輿兮二尊偕我。考不懌兮咄嗟來，母心獨苦兮怡顏慰之。安此二簋兮無謂食無魚，庶就羔羊兮禄位永綏。稍進貳車兮帝命不遲，恩綸下逮兮象服是宜。守吳郡兮母西歸，歷藩臬兮勞倚閭。出紉兒衣兮牽兒裾，遠游必祝兮乍見成悲。龍集未兮兒懸車，再周星兮母棄帷。兒有疑兮將疇咨，兒疾苦兮將疇知？屏獨處兮靡所依。紛參差兮多勃溪。委米鹽兮放豚鷄，操衡量兮憂忱離。送形往兮神淹留，寒何在兮不可求。靈之來兮風颼颼，御桂酒兮飽蘭羞，請宗祐兮纘弓裘。

亂曰：已矣哉！掩夜臺兮，音顏不可復即。心催裂而忡忡兮，永唯聖善之懿則。

祭王母景太夫人代作

有鳳翩翩，下垂紫烟。鷇音未調，靈匹孤騫。以哺以翼，嗣徽則賢。附毛屬裏，顧後瞻前。給食苴履，世祐斯延。詎惟二耦？何必三遷？遂以六翮，控飛八埏。綸扉贊聖，鼎閣調元。北堂焜耀，東觀蟬聯。迎歸相府，養以大官。翟衣褕狄，望之如

仙。玉鬐蟒繡，方至如川。既食其報，云胡不年？河魚沴作，寶
婺妖纏。月盈則食，物理固然。國鈞攸係，帝命不愆。高文大
冊，光賁重泉。虛席以待，執紼而旋。信乎！明良一體，休戚相
關，而慈孝一門，福履其全也。某祇役郡符，素欽內則。封樹不
遑，有懷匍匐。思佐埤途，竟羈繩墨。聊寫些詞，一伸徘側。假
我太君，是憑是翼。

祭呂岫雲

念維庚戌，連茹南雍。十夫三士，和鳴雝雝。伐木之求，誰
適與同？文酒追逐，里閈從容。清真自愛，追琢相攻。君才奕
奕，余技庸庸。紛携甫爾，倐若秋蓬。薇垣典翰，君翼如鴻。專
城出守，我足憐風。分宜柄國，時方尚通。人皆結舌，君獨拊
膺。視爲異物，終焉禦窮。歸尋故業，益勵前功。騷壇稱伯，文
苑推雄。究觀既博，風雅斯弘。余以政學，莫啓顓蒙。懸車解
綬，稍欲追踪。相遺文翰，互往詩筒。二三兄弟，宿草蒙茸。委
身栖遯，遜迹昭融。維君與我，年猶未翁。庶幾餘力，克紹宗
工。君胡不待？蟬脫長空。薪傳世祿，嗣振英風。遺書在笥，壁
蠹常封。翳余玩日，漸薄高春。忽焉承訃，憂端蘊崇。嗚呼！世
道交喪，鮮克厚終。意存結納，歡如駆蛩。時如鬥捷，攘臂彎
弓。歲寒不改，維柏維松。生死貴賤，無慙翟公。雪涕寢外，聊
寫冲冲。君其旨我，斯語由衷。

祭李文岩

嗚呼！道行與公兩世通家，初介高伯子而識荊玉，貌瑩然，
有聲自丹田中出，類知道者。及留桂子園，抵足而語，果學道君
子也。嗣是令藁城，仙舃飄飄，時得聞問。挂冠歸隱，卜築虞叔
祠旁，去我山栖，盈盈一水。喜結芳鄰，庶幾社飲，以樂餘年，

未艾也。丁亥杪秋，余嬰病委頓，則公兩度問之，貽以茶鼎二，薰爐二，津津乎起色矣。已聞夫人訃，意公有蒙叟之致，必其鼓盆而歌，無少介于懷者。而公又乘化，翩然相逐以去，咄咄異事哉！公嘗語我，閉關垂二十年，而夫人內德，則高伯子具道之曰：“姊于二氏之學無所好，其方寸虛矣。”嘗謂：“文巖君不舍世欲而譚道，果道也與哉？”啓手之辰，端坐七日，面孔紅潤如生，豈其證無學耶？兩門皆貴家，諧燕婉之好，白首如一日。一旦寥天，一相與後先，此于人情物理可謂吉祥善事矣。某病後餘生，不能策蹇而哭諸殯，聊具香楮，爲文吊之。造物小兒，爲公作苦。夫人蟬蛻泥滓，去來甚適，此馬丹陽所以望彩雲而歡喜讚嘆也。蒙翁有云，天猎我以形，勞我以生，佚我以老，息我以死，無入而不得，我奚必慕長生哉？公可以無憾也已。

祭周夫人

嗚呼！不佞與金華公同榜，歡若兄弟，後守吳郡獲罪，夫人之愛子雖迫公義，愧催科無政，視古人係頸自免者遠矣。罪廢以來，景響幽絶三十餘年，而夫人之冢嗣來吏晉臬，翩然來顧也，余又心愧焉。冢君道曩時事，則金華公始若有望于不佞者亦深亮，其不得已之情，不以爲戎首，雖夫人亦然。大邦比屋詩書，今之鄒魯。其大人先生秉義至高，而婦人女子亦皆有《關雎》《麟趾》之意。不佞去吳久，凡仕于晉者，式廬問勞，至今不衰。矧同袍世講，宜其愈篤有加也。夫人出自名家，來嬪華族，繼冢君之母而母冢君，以有今日，鞠子之閔莫勤焉。金華無祿，兩愛子又去膝下，夫人煢煢在夜，遂不究于高年，以享冢君一日之報，豈非命耶？爰奠一觴，告吾耿耿。神之聽之，當不以爲曲說。

祭于封公

嗚呼！人孰無子，所貴者賢。瞻言駿發，惟吾德延。于公食報，千載其傳。支分聊攝，門益高騫。世篤斯祜，瓜瓞攸緜。爰有吉士，降神自天。冰清繩直，玉潤金堅。甲科筮仕，晉政無前。籃輿迎侍，就養聯翩。食僅二簋，囊無一錢。錫福孔庶，視履其旋。公之來止，我侯則喜。公之歸止，侯思不已。謀反其辂，娛公于里。云胡一疾，而遂已矣？煢煢我民，捧心如燬。婦嘆于室，士咨于市。有鄉大夫，同姓公子。懷絮把香，潸然流涕。父老扶杖，隨以稀齒。擁門臥轍，揮之不起。咸謂百年，未嘗有此。蓋侯之養公，善不以祿。公之望子，潤不在屋。自天申之，宜膺遐福。命不于常，俾人巷哭。某等或仕或止，載德維均。附毛屬衷，如侯一身。愛而不見，瞻想頻呻。一朝承訃，莫輓歸輪。彷徨追奠，在河之湣。些詞累百，泣向秋旻。公如右享，綏以後塵。趙人思頗，頗思趙人。徯我怙恃，重拜城闉。豸冠雀印，受命維新。聿追來孝，下究深仁。公神斯在，寧不睠舊游而欣欣也？

祭王中宇文代作

維公異才天授，品格高古。弱冠明經，獨步齊魯。束髮趨朝，分符外補。政譽襃然，武城單父。入旅宗卿，以翊堯禹。帝命有嘉，眷言中土。河洛文章，欽哉往主。甘棠鬱鬱，菁莪栩栩。建藩陳皋，德施愈普。春雨秋霜，圓規方矩。旬宣晉陽，益宏譽處。帥吏以身，惠民如乳。匪激匪隨，不茹不吐。百鍊精金，千鈞勁弩。非仁無為，惟善是與。擇地而蹈，變兮靜女。見義必為，不避兕虎。大計之朝，名懸宸斧。袞職有缺，惟仲山甫。胡不憖遺？哀哉終古。輟相罷春，婦豎憂瘉。相彼喬林，將爲天柱。中道崩摧，匪闋家祜。人如可贖，百身奚顧？嗚呼！瑯瑯鼎鼎，公則挺生。白眉青鬘，最有令名。大業未究，胡盭其成？豈其心厭埃壒，遂翱翔乎玉京也耶？母若大母，重慶方脣。鞠子之閔，二老惇惇。然在公者，生無遺行，殁有餘榮，視彼富貴壽考，泯泯無稱，直菉葹之盈，與螘蛄之鳴爾。某等祗奉條教，分領專城，倉皇承訃，無任屛營。釋紛離次，灑淚如澠。有懷椒醑，莫罄心精。公神陟降，來燕來寧。

祭沈公子

季聃遙胄，嗣興江左。洛陽效節，青泥致果。文史翩翩，名彥夥夥。冠蓋蟬聯，門閥磊砢。有赫中丞，道隆獨坐。經術傳家，得居髦髦。清揚婉兮，珮玉之那。弱登朝籍，妙譽英英。讀法廷尉，擊搉都衡。爰書上考，式賦西征。承歡孔邇，竟阻趨庭。譬彼朝日，望之方昇。終風且曀，忽掩其精。松柏之下，芝菌鬱生。采采終日，傾筐不盈。胡蹶其聲？胡盭其成？天不可問，理或忌盈。嗚呼！祖孫貴盛，三世一堂。麟趾振振，孔阜而昌。如彼茂樹，不登棟梁。如彼名璧，甫達珪璋。重帷摧震，如裂肺腸。悠悠行路，靡不盡傷。況庇中丞宇下，而風欽其令聞令望者耶？

某等在晉之都，爲四民首。錫福孔庶，惟大父母。分等休戚，義固宜有。承訃之朝，悼心疾首。津梁伊沮，匍匐已後。哀些百言，矩曶一卣。于以要之，在公左右。

祭高封公

逖矣司農，專門《魯詩》。纘戎滋久，世維顯思。解頤匡鼎，致用在斯。誦言授政，髦士攸宜。自公種德，如穫如薗。長發厥祥，其流迤迤。繩繩祖武，爵爵孫枝。令猷孔庶，壽考維祺。南宮有捷，三世榮之。晉陽之美，尹鐸安于。軿軒西御，其樂只且。無以四篋，命駕遄歸。明堂輯瑞，露穎群才。寵還舊封，瞻雲載馳。曾無黔突，而具是違。公乃健飯，笑言怡怡。我民降喪，薀隆薦災。脫驂露檮，賦緩刑希。建鼓造妖，悲風以凄。一介來赴，庶績用隳。爲仁不卒，可奈何哉！

某等或懸車服，或曳組珪。并起經籍，冢君所治。規條密邇，寡過庶幾。時承延造，載奉尊罍。弦歌仰化，衰杖縈悲。嗚呼！太公大耋，甫撤倚廬。云胡一老，天不憖遺？僅躋始壽，不登古稀。有懷靡及，綸綍焉追？觀我生者，通籍金閨。遯生我者，含笑重闈。俯仰天地，可無嗛于志矣。況夜臺符采，有九重之恩馳；鄉里表樹，有萬石之風儀。斯可以委蛻塵鞅，而游神太虛也。敬懷芻玉，并侑羹酏。靈如來格，流光陸離。嗚呼哀哉！

祭張肖甫

大司馬居來張公之抗章得謝也，其同年友人王道行自晉陽貽書賀之，公報以詩，且分奉與遼參爲別。閱歲，薨問至，道行爲位西向哭，淚霶霈不能止。郡丞周使君，公之里人，以使事歸，遂附菲奠誄焉。其詞曰：

憶庚戌之王春，共比翼而驤首。搴桃李于上林，紛并珮此瓊玖。指楚魏以分鷟，縌銅符爲令守。公據白馬之津，有承之者匕首。竟談笑而取之，視凶豎于何有？固神勇無幾微，陋負劍而環走。奢方舟余濟河，公新脫此虎口。念磬折以相旋，歡合并之非偶。指神皋而兢鷟，遺蹇步以下走。視七子之爭雄，何啻批吭與壓肘？或興至而臨池，上鍾王而下顏柳。文章擅海內之名，功業在群公之右。殿陪京而秉鉞，懸金印如大斗。聞皖變以宵馳，逆旅于焉授首。改秦節而北轅，塞飛狐之隘口。視滿大若嬰兒，折奸盟之群醜。於越噪于建牙，王綱幾至解紐。把黃鉞將南征，不少留此天討。放單舸于橫流，攙搶廓其如掃。免都會之阽危，始必命而相保。

帝念東師，于蕃于京。皤皤黃髮，簡在元卿。省厥成于屢試，允迪德而知兵。屯戎車之千乘，信電掣而雷轟。播微名于列鎮，胡索虜之敢攖？遂一月而三捷，獻俘馘于神京。皇心爲之大豫，賚予爛其盈庭。寵親軍以世禄，垂帶礪之高名。服卷卷之龍首，鬐采采之玉英。秉國鈞衡，無疆惟恤，趨朝劍舄，有蹶厥聲。履盛滿而知止，居寵利而若驚。抗浮雲之素志，反初服于山扃。卷秘符而謝黃石，攀逸駕而游赤松。如祥麟之不可羈靮，似威鳳之翔乎冥冥。緝荷衣而補芝製，修白業以證無生。登空同而招勝侶，做乾闥而開化城。栖比丘于丈室，勒出世之幽銘。方將演佛乘而參祖意，胡遽超塵劫而振高踪？生具人天之福果，没垂今古之修名。子雲相如，徒極幽渺之思；何武張霸，無關鼎鉉之名。

公經文緯武，内贊外寧。斧藻皇猷，雖古人可作，而戡定亂略，又危者使平。用其緒餘以治天下，斂其精一以返無名，豈不兼總而條貫，善始而善終者哉？梁木忽焉西委，皇攬揆而北震。襚九命之袞章，遣行人以襄殯。奠朝夕以大官，給羽葆而前襯。問易名于秩宗，表冢土之崇峻。

道行中年鎩羽，放情丘壑。寒無范叔之袍，閒有翟公之雀。公義篤古交，心耽寂寞。方魚服而上襄，叩薜蘿以斟酌。叙今昔之歡悰，慰平生之契闊。念二豎于予侵，出兼金之靈藥。病骨緣以更甦，問言貯之芸閣。接真氣姑射之山，亮余心同其綽約。氣馥馥以如蘭，書翩翩而來鶴。豈結轊于王生，增廷尉之寬博？把錦字如琳琅，展千周而錯落。收絶筆于枯魚，九原不可復作。胡鍾惠之愁予？心摇摇將焉托？諒大享于鈞天，之帝所乎甚樂。

祭景太夫人

山陰相公，天挺上賢，帝資良弼。早官秘省，荐秩袞司。繼母景太夫人就養無方，躋封極品。患生二豎，技殫百醫。爰及杪秋，竟淪長夜。相公攀號罔極，匍匐言旋。偏軫皇情，暫虛臺座。挽留莫得，扶杖奚勝？道行戴笠餘年，懸車逸士。徒懷拜虎，未遂登龍。猥辱旁招，誤蒙下濟。光流子姓，寵借賓筵。吐哺高風，吹噓厚德。莫緣介紹，思報英瓊。一旦訃聞，闔門驚絶。束芻懷糈，緘帛馳書。敬奠靈幃，少抒衷愫。其詞曰：

嗟太君之婉孌，夤毓秀于閨房。珮繽紛其繁飾，年與德而彌芳。爰偃蹇以擇對，操椎布而賓梁。感二姚之遺悅，撫而室之焜煌。夫君授以胤子，卒開聖而岩廊。信龍蛇之鍾美，寢圭璧于幃床。雖異生而同愛，胡申奇之否臧？固知興若陵母，亦佐讀如翟方。肆登庸之烜赫，叶考卜之休祥。舉鼎鉉以調元氣，運斗魁而正四方。奉玄圃之朝晏，御雲車于帝鄉。紆九命之褕翟，來天孫之報章。舉壽觴而拜列，辟分御醴而走中璫。假休沐于子舍，問寢膳于高堂。兹固希遘之繁祉，而無前之耿光也。夫何璇波中折，月影西虧？忽彌留而色喪，遂大漸而身危。婺光宵隕，羲馭難維。悵罔功于巫醫方技，不獲禱于上下神祇。違聖主魚水之歡，輟元宰經綸之事，一旦奉緶棺而載馳矣，嗚呼悲哉！

天子乃命宗伯詔禮，司空治徒。行人引紳，掌節授符。拜宰吅之歸賵，望桃苑而驅殳。啓重泉以完璧，累先德而報烏。其于養生送死，追遠慎終，可謂無憾而有孚矣。嗚呼！夫起宗儒，子秉鈞樞，翩翩諸仲，懷瑾握瑜。孫枝秀發，接武天衢。爲阿母者，胡不指西崑以叱御，欣委蛻而長徂也？想杯棬之遺澤，懷菽糈而臨風。騰玉軝以反相，歆薦藻之深衺。嗚呼衺哉[一]！尚享！

校勘記

〔一〕“衺”，據文意當作“哀”。

祭文二

祭元美

萬曆辛卯春三月，弇州先生訃始至晉陽，友弟王道行、門人黃廷綬錫衰加絰，爲位而哭之，侑之以詞曰：

天縱雋才，分猷華省。推轂濟南，交成刎頸。早歲登壇，雄心問鼎。海若大觀，收于毫穎。揮斥風雲，倡狂湨洔。嘉萬之間，人文蔚炳。七子斐然，和歌如郢。公輒先鳴，披其項領。島夷匪茹，海壖多警。千指之居，弱操家秉。結客自健，制以白梃。完璧而歸，可觀智勇。出鎮青齊，往多道梗。揭竿一呼，赴者如影。拊之循之，退安丘壟。中更家難，銜恤而踊。爰及愛弟，遠迹深屏。余時守郡，頗勤造請。無生之談，借開恼恼。穆廟改元，遺賢是拯。陳臬太原，憐我孤哽。伐木之求，屢相存省。秋賦掄材，黃生高等。國士大恩，莫之與并。言念北堂，歸不俟請。物論推高，名懸臺鼎。八座雖榮，終懷釣艇。道念既濃，宦情自冷。服膺至人，日臻妙境。剥盡空華，還我真静。昔何膠膠！今何醒醒！造物小兒，一笑而冥。徒使世之人山斗儀形，珠璣欬謦，千古名山，藏其淵永而已。

道行椎魯少文，夙懷厚幸。念在泥塗，目如智井。廷綬淪落有年，康衢未騁。教札遥傳，不忘鞭警。奈何手澤猶新，而先生已躡紫烟、凌倒景矣。嗚呼！五世卿族，千古名人。地開河岳，天錯星辰。代興膝下，濟濟振振。易名歸贈，天眷方新。其可知者，已極人間之全福，而不可知者，將爲帝所之高真耶？敬馳椒醑，哭告公神。雲車如顧，揮手清旻。

祭靖安恭懿妃

不佞道行，敢云國士？依隱王門，并游父子。母德婦貞，得之久矣。婦貞伊何？嚴敬祗祗。方當盛年，已謝洽比。擁我共姬，甘之沒齒。母德伊何？引經課史。義兼父師，象賢濟美。梁苑論文，楚宮設醴。爰出房蒸，嘉薦孔旨。憲老乞言，我心則喜。有他不燕，我心則鄙。珮玉雍容，彤觚可紀。宜享大年，永存芳軌。胡僅中壽？還神太始。鞠子之哀，孺慕甚毀。造膝陳詞，勉厥襄事。靈輀告遷，帝命離祉。龍帷蕭荒，綸書玉璽。列辟卿士，皇皇濟濟。于丘于原，從之觀禮。作合恭懿，萬年不圮。詩播七哀，名咸三徙。苞遺既陳，絮雞堪擬。違此桐封，送之蒿里。雪涕以言，述德而誄。如在軒縣，顧歆明水。

祭萬宜人

婦以夫貴，祀以子延。賢否由人，修短在天。遡無始于既往，推來際于將然。巧曆不能窮奇後，大撓安得紀其前？即期頤與耄耋，亦過隙之羲鞭。以造化爲爐韝，何群動之不煎？苟禪形而委蛻，泅薪盡而火傳。壽莫壽于殤子，夭何疑于彭籛？禹呼石而啓出，羌表異于貞堅。曾日月能幾何？蒸袷有待于重玄。始內官之焜耀，甫束髮而鬈然。肆孕育之孔時，卜盈數于十千。賢君姬之克讓。長叔隗而下游。孟仲總以林立，胄子劍而差肩。鳲鳩之愛如一，鴻雁之序聯翩。歸輜軿自漢沔，持玉節乎幽燕。告免身而得雄，正中簡以卿遷。望里門吾戾止，睨瑞霭其如烟。何昊天之降割？忽恩害與糾纏。忍呱呱而弗子，抱遺恨于芳年。嗚呼哀哉！風動帷而肅肅，珮鳴玉其珊珊。帝命不可待，翟服誰爲鮮？是蓋無窮者俟廟垣之奕奕，易盡者若曉露之涓涓也。某等衣冠之會十一，鄉曲之譽推先。謇夫君之顯允，信內德爲修全。悲蟋蛄與朝槿，何速化而不還？柏冬日之短晷，委弱質于重泉。虞殯歌兮啓路，春草苗兮盈阡。精瓊靡乎瑤席，微陟降而連蜷。嗚呼哀哉！

祭呂夫人

蓋聞大人之學，修身齊家。《二南》始化，《麟趾》《騶虞（牙）》。於維夫人，高門駙馬。爰暨于歸，太岳之下。入奉隱君，世增其德。姑嫜姊姒，褒然內則。赫赫中丞，爲世大儒。文經武緯，堯行禹趨。閨房之內，知對嚴賓。正容謹節，翼翼循循。凤操家秉，鞠躬盡瘁。小大咸秩，積勞病肺。乃憂弗子，廣求副笲。嗣續孔殷，我育我教。帝命有嘉，翟茀皇皇。荊釵帬布〔一〕，溉釜承筐。入中丞臺，轉增宿患。顧迎婦子，授以中幹。兄弟云遠，千里來思。視我手足，泣血漣而。扁跗即工，病骨如蘇。孫甥蘭萎，驚怛而殂。貴不享年，亦云有命。俯仰天倫，心宜委順。

某等或出或處，鄉大夫士，咸在阰嶁，太山仰止。喜公之來，奮翮垂填。悲公之獨。結髮中捐。生芻一束，其人如玉。招魂不歸，彷徨心曲。

又代

誕秀華宗，早嬪鼎族。敬齊舉案，勤補攻讀。偕事隱君，雞鳴起沐。躬調旨甘，就省寒燠。肆奉蒸嘗，克諧姒姆。竟以夫貴，早登天祿。兩邑弦歌，九流筦籟。正直是與，朝堂以目。載奉綸書，推恩令淑。莫其德音，稱此車服。富有青箱，儉同白屋。嘒嘒小星，蒙蒙樛木。麟趾既踐，鳳苞如簇。吉則徵蘭，美如冠玉。和膽畫麋，前顧後復。絕無殊離，孔懷鞠育。有頎者弁，未雕其璞。屏棄放紛，率先布粟。赫赫中丞，敬戒交勖。秉鉞西戡，斂時五福。往迓鸞車，來觀雍睦。一疾彌留，百身何贖？迎婦于歸，睊言信宿。舅氏至止，啓于手足。爰暨姬姜，褭然凑輻。誰謂宋遠？洽比骨肉。視履考祥，令終有俶。化者含笑，居者聚哭。

某等官聯三事，幸莅公屬。文武爲憲，罔不祗肅。內德之詳，耳之已熟。忽焉承赴，可堪頻顧？清酒潔牲，用伸虔告。荃其顧歆，疑見仿佛。

又代

不佞某祗奉簡書，巡行阡陌。戴星而往，以考攬鄉約之修廢，遵開府相公旨也。于時晦魄隱耀，婺彩埋光。悲風襲人，凍雲沉樹，蓋盡然心傷焉。無何，聞呂母太夫人赴，急駛馬言旋，效匍匐之誼，則已受含而就木矣。嗚呼痛哉！我相公以周知弘濟之心，處師保具瞻之地。千里一息，列辟承風。明德湛恩，浹于窮壤。夫憂民之憂者，民亦憂其憂。今內失賢相，傍睨諸孤。《卷耳》《樛木》之思，寧復堪處？于是嗇夫馳，庶人走。輟春罷市，童子不歌。白幘素衣，把香握楮，望臺門而稽首者，不知幾千萬人。

予小子某祗役賤私，備叨臭味。父母孔邇，能不依依？用是悼心疾首，如惔如焚。休戚相關，情有必至。椒醑維馨，祝詞甚信。仰祈仙珮，少駐雲車。嗚呼哀哉！

又代

維葛伯之遺墟，商造攻而啓運。河滂渤以東下，壤吞吐其餘沁。斯風雨之攸除，薄天中而拱郡。玄王邈已云遠，元德耿其如近。宜敦龐之所鍾，士女紛有此妗聞。越在隆萬之間，相後先而宅俊。翊皇極以敷宣，美刑于之淑問。蘭茝紉以馥郁，芳凌風而彌進。受母戒以終遠，循內則之懿訓。時警旦而相修，徵敬思于鹽峻。肆奮庸之幾時？厥有嘉夫糟糠與敝緼。逮出車之彭彭，啓元戎而西鎮。式鸞音余留上，輦羊腸以來晉。顧子婿之承歡，垂《樛木》而交蔭。裨內贊與外襄，樂誦堯而稱舜。何婺彩之沉輝？忽復遭此險釁。扁跗罔奏厥功，璠瑜斂以即殯，嗚呼哀哉！

不佞某奉簡書于大邦，喜得充乎下陳。夙夜履君子之庭，黽勉奉修和之訓。睹厥貌何苴如，將乞身以扶櫬。亮簽允久注于凝，豈遠心獨稱其高峻。悲鳳鳥之翻飛，聲嗷嗷而孤憤。鷁鳩為之先鳴，榮華忽焉遒盡。指偕老以為期，胡昊天之不憖。待九命于方來，引熒熒之佳胤。奠桂酒與椒漿，命巫咸為陳信。

又代

嗚呼！我聞內德，美不外揚。鼓鐘于宮，厥聲鍠鍠。有赫中丞，允文允武。畚以相賢，實稱內主。其賢伊何？秉德靖共。惠風夙播，曠度兼容。南有樛木，垂音孔嘉。翼翼綿綿，初生之瓜。福履永綏，自天申慶。綸綍斯皇，用昭淵令。秉鉞西戡，迓以鸞車。將婦來止，雍容有儀。為仁不富，貴如白屋。葛之覃兮，施于中谷。胡降喪〔二〕，遘疾彌留。醫藥罔功，容珮仙游。熒熒中丞，不遑家恤。王事劻勷，易衰而出。

某受事分符，遡維五月。匍匐孔後，敢忘于役？言念君子，偕老云何？棄帷之夕，泪下如波。中簡孔殷，上襄有待。帝命不遲，招魂于邁。如寄如歸，或成或毀。鼓盆而歌，亦有至理。豈無百年？視如旦暮。委蛻升遐，永錫胤祚。生芻一束，敬寫哀悰。珊珊來思，帷帟生風。

又代

妻以夫貴，母賴子傳。登九列者濟濟，民無得而稱焉。即金章與玉璽，徒榮寵于當年。或母多而庶鮮，廢《樛木》之遺篇。斯亦人情之通患，非君子之所憐也。粵寧陵有高族，遡太岳以瓜綿。得俶媛爲家相，修孝敬與相旋。屢設帨而弗子，哀窈窕而思賢。蘭桂因之秀發，詩禮睍其聯翩。共攻苦而茹淡，從六翮以飛天。明煌煌如皎日，耀闇昧之重檐。倚參井回望乎斗極，贊干羽遠壓乎穷氈。王事方圖靡鹽，好仇詎意相捐？爰乞身有莘之野，冀歸祔種德之阡。顧輿情已僉允，簡執法而中遷。畢首丘之始願，扶龍輀以歸全。嗚呼哀哉！

某不佞，托先君之遺蔭，景前輩之高賢。違仁里曾無信宿，念世誼永矢弗諼。風望凝然孔邇，鄉譽藉矣無先。比觀風于狼孟，賴君子之陶甄。公胡銜此家恤？玉貌爲之且然。固深情有必至，胡偕老之無緣？岩廊之位指日，綸綍之贈如泉。雖即安于吉壤，亦含笑于幽玄也。搴素帷而陳奠，徹靈響之便嬛。眇通家之執子，希降假于斯言。

祭寧河恭懿王

天挺人豪，早承圭卣。英風發發，獨觀昭曠。滌除玄覽，左圖右書。處貴不驕，折節縲裾。敬惠不吊，國統如綫。憑几授遺，人欽朗鑒。有命自天，負扆東朝。鬻子之閔，拮据漂搖。迨于明辟，帝曰欽哉。左之右之，庶尹允諧。楊園之道，猗于畝丘。謂我不信，誰適與謀？陵誶荐加，恬然應之。夙秉淵度，孰窺我私？秋月春花，放懷天地。賓客盈門，芝蘭齊契。玉宇瓊筵，芝房桂館。鵠酸臇鳬，雕胡之飯。恣意極歡，義御靡留。宴朝之夕，始信虛舟。十年承弼，國如泰山。鴟張狼跋，載遘其難。賴有嗣君，美如完璞。追琢其章，厥修罔覺。甚間方來，壎篪交構。罔極之思，有此不受。保佑命之，自天申之。于食有孚，福祿永綏。茲夕何夕？雲軿長往。陟降帝旁，萬年休享。仿佛容暉，不可復即。淚如湧泉，涓涓交臆。乃載清酒，乃陳潔牲。要之冥漠，依稀目成。

祭代王代中丞

於戲！皇祖造夏，夷裔四除。萬年強幹，藩屏分符。雲中上谷，壯王所都。內擁神京，外壓強胡。或除或嗣，名在丹書。勉勉我王，纘自小宗。當璧攸在，流言交攻。天子明聖，還之大東。群情既定，主鬯斯崇。折節閫外，抗法邦中。庚隱寵族，稟度忡忡。言念傳薪，斬然弱息。痌瘝乃心，憂來填臆。大貝南金，不遑自殖。秉畀彝器，久以爲惑。芻狗云何？猶龍可式。路寢靡安，幽途長即。大塊茫茫，終期于盡。得者恭儉，失者驕吝。萬彙紛紜，各止其分。繁弱密須，今已無朕。不亡者存，靈承序進。訃聞于朝，帝曰念哉。輟軒三日，典策天來。凡我同姓，皆銜國哀。

某封疆之守，屆于北國。四履所包，三藩鼎立。使命相聞，匪今伊昔。馳遡悲風，有懷遙集。遣奠椒漿，要之玄默。祝史陳詞，信而靡飾。反顧惟玉，如聞哽唈。

祭于叙吾

萬曆丁亥，山西荐飢且六年，陽曲令于公叙吾與方伯王公中宇、晉府長史李公豐崖皆清吏也，又同山東人。無何，王公病卒，李又卒，人皆爲公懼，曰：「天方薦瘥，善人憔悴，仁覆閔下之謂。何得無及我于父乎？」是時公貌甚色澤，雖邑事鞅掌，而蔬食菜羹，飽兼人之饌，已有踐更役，料民庀賦，窮日繼夜，伏謁大府，因于苛禮，而爲吾民曲算精審，廣譬博喻，務厭其意然後已。于是充然之貌日就癯瘠矣。未幾，以尊人不禄，倉皇東歸，送者萬餘人，壅塞衢路。當貴大夫他出，前呵爲廢。風聞旁邑，莫不顒然向風，若曰：“胡不效于公？雖一歲九遷，其榮不與易焉。”

不佞道行與二三子送之百里，薦麥飯民舍中。公停柴車，啜粥飲水而去。歸則家徒四壁，幾不能具禮。黽勉襄事，而病日甚。禫除就銓，得浙之海鹽。海鹽名邑，素號難治。公自計危脆之身不可久處卑濕，求改教，量移武林，徑以疾卒官。嗚呼痛哉！

自公之去，佻巧儇媚之人頗謂不能，于是旁邑諸令長又相與戒曰：“無效于公。”以是知公之出處榮悴關天運盈虛、人心趨向。自左丞卒而上無知己，左相卒而下無同調。公即存，誰與爲善哉？河東僻遠，凶問後時，某疑其妄，久之始信。雖鄉大夫、士庶吁嘘感嘆，竟無首義謀報公者，奈之何哉？嗚呼！公之德度、政術，足有大年，竟以死勤事，不究于高位，仰事俯育，闕焉靡酬。天實爲之，不可得而知也。然百里專封，三年爲政，視民猶子，殉國罔身，苦節自貞，使其家如楚相之妻子窮困，負薪而食，廉吏何可爲也？阿郎秀挺，能讀父書，仁者有後，未有爲善而不獲報者。彼儇媚佻巧以苟一時，腐草爲螢，視今何有焉？

某辱公知，不能效徐孺子束蒭絮酒，千里赴吊，敢因便信，抆淚陳詞，聊攄其侘傺邑鬱之懷云耳。營魂有知，尚宜首肯。

祭東岩先生

先生出爲廉吏，處爲善人。仕途濯濯，鄉黨恂恂。金章紫綬，東魯西秦。上難其節，下頌其仁。厭心塵鞅，抗志浮雲。青鬢長往，白社孤吟。藐余後進，仰止先民。引爲小友，懷以好音。賦詩命酒，選勝尋春。唱予和汝，式玉如金。有同臭味，靡間情神。歸無長物，志在清貧。受嗤俗目，自愛蓬心。賢哉翁媼，壽考維句。詩書千卷，孫子如林。世推謹厚，家襲縹衿。綿綿瓜瓞，茲維慶門。翁既考終，夫人從之。吉祥善事，天實隆之。東崗之原，作此幽宮。二老即安，以大厥終。清酒嘉薦，臨遣告公。顧我誠愫，休享潛通。嗚呼哀哉！

祭辛母陳太夫人

系出有嬀，早嬪名德。玉樹翩翩，孫枝抑抑。偕老之述，鬱爲世則。天篤其慶，爰生憲伯。出殿樓煩，于襄是力。陟岵之思，瞻依靡及。月維嘉平，黃弧載色。鼎致上尊，言哀大冊。瓦缶陋音，兼收備擇。詩禮登弘，簪纓烏奕。龍章荐采，膺茲介福。胡不憖遺，幽塗長即。螯彩宵沉，蟾光朝匿。孺慕永懷，曷其有極。矯矯虎臣，金湯鎖鑰。作屏北荒，手提戎索。素車西旋，皇心如失。代者何人？豈無承式？奈此民夷，久相習服。母氏大歸，群情孔盡。言念干旄，義均休戚。聊薦生芻，德音如玉。天姥具依，能無降陟？

祭耿楚侗先生

惟公標靈南紀，獨鍾至性。淵悟道樞，思存齊聖。文憲持衡，朗如天鏡。闡我心宗，覺人昏夢。愚昔外臺，樓船武旅。江海巨防，難乎吾以。高山大壑，實仰先生。虛往實歸，如見韓荊。初晤荊溪，再辭寧國。膏雨入人，陽春醉德。載義而西，黽勉三年。治吳無狀，追呈繁言。公謂靡他，特爲申救。和者同聲，抗章其後謂吳公、劉公、周公。乃得賜環，總憲夷梁。無辜并告，酷吏鴟張。致其天討，以謹無良。人以爲異，公曰是常來書及之。遂遭反噬，有口如簧。覆謂我甚，織成報章。民之不圖，執法者殃。爰賦初衣，無所復恨。尋繹舊聞，因蒙斯咨。我去先生，歲相阻遠。抑抑德隅，寧亡重跰。公位日尊，公徒日盛。調高寡和，才大難用。八座甫遷，六卿需正。知我者希，違言何病？去不終日，門開三徑。吾黨知裁，奚其爲政？昔吊江陵，聞不信宿。獨往獨來，果然其腹。閩海視師，相臣乖旨。二三同盟，一是一彼。鷦鷯千仞，弋者慕焉。載戢其羽，飛將戾天。大賢作用，惟道是從。諛聞陋識，妄生異同。遡厥平生，矯矯大節。克偕友于，詩敦禮悅。莫求匪仁，吾才既竭。善誘無方，門多迪哲。聞風勃興，瞻言二别。三君同貫，正學相修。家庭内外，爲魯爲鄒。胡不憖遺，一疾彌留。大厦方構，梁木焉求？訃聞魏闕，天子曰吁。我求在野，疇將啓予？何以錫命？冢土豐碑。易名之典，行將及之。凡厥卿士，罔不咨渼。矧叨薦達？言念恩斯。束芻千里，皇顧其私？雖沉草野，敢負心期？惟是衰眊，靡任扶携。伻來一卣，痛苦臨歧。徼公反顧，漢水之湄。

校勘記

〔一〕"裠"，據文意當作"裙"。

〔二〕此處疑缺一"天"字。

書

賀鳳磐張相國

恭喜榮膺典册，正位鼎司，當保衡之重任，翊太平之鴻業。凡含生有識之倫，舉切傾心，思治之望，甚休甚休。唯我晉國，昔號多賢，自入皇朝，鮮登三事。臺下以元德鉅材，茂承簡眷，可謂唐虞之際于斯爲盛矣。

今聖主睿沖，大臣忠正。綜核名實，遠邁嚮風，比于地節、五鳳，大爲近之。乃一時外僚頗事苛細，申、韓任法之意多，而卓、魯安民之致少。諸司建白，充棟汗牛。國典人才，多所損射。昔宋相李文靖盡罷四方條奏，可謂千古獨見。顧俯霄崇嚴，日勤吐握，使閭閻疾苦之狀盡得上聞，好事喜功之徒無由媒進，雖貴戚巨璫恃恩干撓，但得老成堅正之士布滿朝堂，自能彈壓其邪心而斂戢其毛羽矣。又吏治不精，官多速化，監司持嘿相容，鮮所糾正，實以報復恩怨，易于反掌故也。唯有久任最爲良法。側聞當揆以人情不便，持議未堅，望圖復九載考績之法，詳議而必行之，天下幸甚。行廢在下里，不可與言當世之事，但辱緋袍深愛，匪今伊昔。故敢忘其固陋，輒此啓陳，伏惟恕其狂菲而教之。

答萬唐縣

足下治唐作何狀，遂爲天下第一？尺羽見存，往往皆驚人語，知足下才高而持之以小心，此善處勝也。大禹不滿假，文王敬忌，皆功冠人群，德流萬世。奈何豪少年攝尺寸之柄，飛揚已甚，往往鍛翮榆枋，號爲善宦者。蓬心自喜，巧于附離，白日當空，與之俱化，曾不能滿人一嚗。

公達觀超識，翱翔古人，願永肩初志，若昧若退，中流砥柱，望之屹然，豈不善始善終哉？常從伯溪公子談足下高操，謂湯沐所從給常俸不足，則千里而致委輸，大抵情所不堪，勢難持久，苦節之貞易垂炯戒，惟足下念之。承虛懷相愛，敢不效其愚慮？來賜祇領。後有金玉之音，勿勞損侑可也。

又

不肖孤蘊崇惡貫，降割自天，數年以來，骨肉都盡，兀然闇慘。譬若春冰朝露，所存幾何？蒙公甚念之，慰藉再三。損況疊至，告奠几筵，感愴曷已？新貴人如許，正當爾時，視僕輩不啻隙籌棄髦，寧復修通家之禮，睹王相之端耶？昔翟公大書其門，徒示人以不廣，而任安高義，史遷重之。足下去流俗遠矣，亹亹數百言，情旨婉至，讀之數周，不能自釋。充公之志，他日政事、文章必爲海內宗匠，不獨吾晉陽已也。《書》不云乎？“事不師古，以克永世。匪說攸聞。”惟公上嘉下樂，停蓄淵泓，無但艷附耳目之前，則他日雖執鞭，所欣願焉。伻旋草附片語，不覺狂誕，惟努力自愛。

與劉金溪

曩足下南征，夜雨言別，淒淒之懷，良不自任。留貺二詩，如雙龍合璧，勢本飛動，光復射人，寫之山園，見者心賞。而助甫、肖甫先後至，尤懁然失也。生五十無聞，兒輩仰干大製，使玄黃之觀增榮下里。蒙走伻賜辱，如金玉飾瓦缶，雅頌合田間，

益章其陋耳。久懷至義，奉報闊如，耿耿有懷。數年而久，陪京
讞事無幾，山水甚佳，日與墨卿酬和，想極深造微，使龍盤虎踞
之氣攝之寸管間，亦大愉快哉。昔者領致元美言，未審曾相聞
不？渠近學辟穀，想得足下篇翰，雄心自起，喜可知也。生前歲
病甚委頓，餌參得痊，復遭正妻之變，煢煢子立，生理盡矣。獨
傾注明德，不能去懷。偶值便羽，敬伸契闊。倘不忘舊游，庶得
再挹長者哉！不腆之將，諸惟覽照。

報孫龍門

　道行往遭危疾，宜死也而不死。無何連遭大喪，降罰自
天，皆積愆所致。草土餘生，忽奉臺教，所以貺賜甚厚。往黃
玄甫歸，亟問足下起居，知令聞休邑，第稍謂無根之言頗及不
肖者。夫足下與不肖出處異途，素無杯酒相失，何所欲逞？乃
從貴大夫噂沓背憎，效細人之爲哉？且不肖言人之短，則必不
止一人。張少宰東省舊僚，雅相厚善，與不肖亦二十年故交。
試乘間質之，足相證明。《詩》云："愷悌君子，勿信讒言。"
蓋其人欲效小忠，結一時之歡，假不肖爲辭，無所質責耳。赫
然見存，前疑盡釋耶？豈其置之不校而休休自廣耶？倘遇歸
鴻，顒俟披露。

寄元美

　昔貴鄉汪公子來，重拜問遺，兼爲不肖推轂甚厚。業已報
狀，并有不腆之將諒塵臺席矣。恭喜出撫鄖西，似聞廟堂初欲借
重敝省者。彈丸邊郡不得徼惠寵靈，如吾民何？敝鄉自朱公去
位，始得小安。行近于城中得地三十畝，爲投老之所，養魚種
花，以陶以稼，課貝業之文，究無生之旨，倦則垂簾偃卧，希夷
竟日，自謂個中真趣，不減丘園。但無高人相過，縱談名理，小

有孤悶耳。

郾在萬山中，密伊玄岳，無論瑰瑋壯麗之觀甲于天下，即隱士異人御風而辟穀者往往皆是。公四履所至，問道探奇，縱酒放歌，傲睨今古。他日綏釐功德，播諸《雅》《頌》，當與《甘棠》《江漢》之詩并麗金石，誠君子得志之秋也。

行昔在鄧州，每走謁大府，跪而白事，倨不爲禮，一語顧及，增價十倍。想公處此尊重，殊不自覺爾。偶從邸報中覩大疏數章，知英雄作用便自不同。旦夕板行，勿忘寄賜。兹因老母七十，恃通家道誼之愛，欲得大篇，爲鄉井榮觀。知臺下顧念過厚，故累以文字相瀆，期永吾母于千萬年，非高人名筆不可也。唯光照此衷，略揮數語，幸甚。

答蹇理庵

昔者柏峰王使君東行，曾附尺牘。歸郡問之，云晤言移日，偶爾失記，今且致之矣。此意大類殷洪喬不欲作書郵耳。澤野歸，承問以重幣，舊游紕政繆叨譽言。某不善事貴人，卒罹口語，若郡中長者，固亮其無他也。恭喜茂膺簡眷，殿天子之邦居，來總百揆，計當補處，功業、文章并垂鐘鼎，何其快也！敝鄉早已六年，甚憂。俯仰厚禄，故人賁然念之，復津津生氣矣。謹對使者拜謝，不腆私覯，容嗣上之。

報周二魯

自從者南發，未幾得尊兄老先生訃。方欲效薄奠，伸通家之禮，不知嘗有德于不肖也，忽捧來教，爽然自失。家居，鮮得邸報，憒憒無聞，以致今日。已又讀《水竹居集》，始知己卯之歲曾持節晉陽。未嘗一奉顏色，可謂負之又負，先生其以我非人哉！足下《七哀詩》，一時絶唱，咏不及亂，已潸然泪下。忠孝一門，相爲師友。天顧未回，齎志而没。在知厚尤難爲情，況足下獨至之懷耶？括蒼量移，知已命駕非久，且内轉。不識并州故鄉之思，可秉鐸而再至否？所屬叙文，率爾奉命，望痛加郢削，庶不傳笑大方也。

賀張居來

數月之内，竿牘再至，始知以遼左功簡進孤卿，垂蔭世禄。方今東西二虜骫杌不安，賴威德重臣居成周二伯之處。雖召還自輔，九重至懷，第文武奇材蓋世無兩。代者既難，其人宜乎其久也。弟草土餘生，數厪念奬，讀《輿頌録》，偉其文辭，不揣蕪陋，構贈言一章，附諸其後。政和如《蟋蟀》之音，間《騶虞》迭奏，瓦缶之擊與黄鐘錯陳。雖知其固，亦聖删所不廢也。幸有以教之。

與吴挺庵

僕待罪名邦，不能遠德吏民，而私獲幸于二三長者。偶以職事與校文之役，得賢喬梓于稠人中，譬如錦文玉理，不獨見好于離朱，尊祖遂以爲知人，所以遇不肖視郡大夫加暱焉。今歸林下十七年，而尊祖亦遂爲千古人，于不肖固千古知己也。足下南宫信至，喜甚。末由馳素書相賀，亦隱人之大常爾。曩得尊君書未報，今又得足下書，無論重幣腴詞宛然古交，即刺刺千餘言不休，可謂肝膽相照。詩云："置之懷袖間，三年字不滅。"僕于足下亦爾。夫以尊君之學，宜舉大元。以足下之材，宜官中秘。而皆不然，是天也。然盛年高發，及二親之未老，鴻聲茂實施于中外，則何所不至？願宜持慎以就臺鼎，僕不即老，竚觀德業之成，指日秉文荒省，當抵掌而談平生哉！

答吳鹽院

某衰廢餘生，阻伊聲教，忽承臺牘，問以兼金，頓使蔀屋生光，寒灰增氣。臺下江南鼎族，明德代興。某束髮之年嘗從潯州公游，無何領兵使，獲拜于仁里，計今當九十，尚無恙乎？臺下伯仲翩翩，纘文蕭之緒，行見虞廷禮樂，左伯右夒，四海仰之，炳若南斗。西河罷士，寵命赫臨。遡舊游，論家世，宜喜與抃會而樂道之也。法堂嚴峻，自致末由。庸附賤名，因郵置以復。異日不鄙荒徼，持斧東巡，則扶杖郊迎，百拜于車下未艾也。

寄李翼軒

除夕，使者至，巍函重幣貺自千里。讀家乘兩日而竟，世德發祥，五宗岳立，燕山竇氏不足媲美。三復尊公志狀，淚霏霏交頤也。昔傅使君有湖南之行，尊公常貺辱之，所貽文公先生書“忠信”“孝弟”二聯，敬爲長卷，揭壁間。每一引首，即如受教焉者，何詎與此終古耶？昔得秦録與狀孫京兆文，意甚貪之。乃今復見二尊人狀，若序、記二首，深沉典厚，根本六經，發之以高識。

元美嘗自謂史學深而經術淺，足下強茂之年，以全收之，文不在茲乎？僕嘗妄意以爲人之聰明精力俱有涯分，海内士夫非耽味玄虛，必博綜載籍。至于國計民嵒，頗以土苴視之。今天下日漸多事，公命世高才，家食六年而久，閭閻凋耗之由熟覽深計，必有扼腕而長嘆者。秉國之鈞，道將安出？寧獨以左史曹劉、雄視百代而已？

某年逾耳順，精神瞶瞶如壞都，回首舊游，雖無寸補，然初心未沬，頗不棄于世之賢人君子。附青雲以自見門下，有厚望焉。

寄石東泉司馬

恭喜廟謨天授，西賊宜平，宗社靈長之慶，旂常不朽之功也。伏計二月以來臺下勞心焦思，寢處靡遑。上有不測之主威，下有不一之廷論。國本未建，四夷驛騷。皤皤元老，任九鼎而轉萬鈞，可謂良工，心獨苦矣。士人自京師來，咸謂貌癯髮白，然而神王氣和，常有餘勇。《書》云：「天壽平格，保乂有殷。」公之謂哉！倭奴謀犯，吾以全力應之，足以陰奪其魄，但遼左凋敝太甚，失業之民萬一有挺而走險者乎？愚意綏懷急矣，修攘次焉。公周諮善道，靡人不詢，然忌諱之言或無因而至，此采葑采菲所以貴下體也。又聞倭賊頗用妖術熒惑我軍，臨鞏間番僧善持佛咒，往往奇驗，似可訪取數名，備軍前之用。

某今年六十有二，而衰颯待盡，如七八十人。每聞國事，便生隱憂，亦宗周之嫠婦也。私慮臺下履此艱危，視二十年服蟒腰玉，委蛇廊廟者，不獨苦樂懸殊，又攖其患而代之憂，天步不夷，誰實釀之？每仰屋竊嘆耳。謹候萬福，兼及款款之愚。惟節勞強飯自愛。

答侯泰和

自尊駕北轅，孔邇之思無日不在。嗣聞簡授兵垣，自政府深意破膩，乃籌西賊，廟謨英算，虜在目中矣。東征驛騷，神京所視，以安危帷幄是咨，非足下不可爾。敝鄉借寇非久，膏澤甚深，即二三廢棄之人，不啻弁髦視之。父母嚴敬之心有加，時貴不佞，衰殘無所比數，尤引以為臭味，而異數遇焉。推是心也，豈有一民不得其所哉？伏承來教，烺烺盈紙，真情實際，如馨欬茵鼎之傍。而小兒育才復蒙推烏至愛，將二天焉。謹因便信，附上尺書，容專遣起居。歲暮嚴寒，冀為國珍重。

答唐學諭 房山教諭

不肖西鄙朽生也，入仕太早，讀書太晚。山中無以消日，始爲聲律，譬如老馬學窬，即中駟過之，豈足當伯樂之顧耶？荒稿誤爲兒輩所鋟，遂有見者，真刻畫無鹽矣。忽承來教，推愛屋烏，佳卷佳籍，肅拜百朋之賜，誇翊于貴人間，知足下苕雪名士也。

僕守吴郡，一庵先生扁舟來訪，若有意焉。又早以屬吏受鹿門茅公之知，而徐龍灣、陳繡山皆同年，最厚。與陳九華孝廉見顧郡齋，爲之授館。湖多君子焉，幸遍游之，今豈尚有無恙者乎？小兒育才以溺職左遷，迫輦穀之下，得足下對掌政教，幸甚。素性偏躁，倘劑調而鞭策之，老夫何患焉？荒稿敬呈，續構者容嗣上，望繩以秦法。取二三策焉，得充作者下陳，是大賜不佞也。如以爲未同而姑好應之，則有掩袂而走耳。伏冀照察。

答薛淵泉

自客歲令郎歸，闊不聞問，忽華牘佳幣賁然臨之，始知抱年母太夫人戚且襄事矣。遠不承赴，不獲效執紼之禮，罪也。比聞尊體時有微恙，而課讀不輟。《易》《書》，聖人微言，今學人淫于佛老，駸駸晦蝕矣。林下之人，不廢素業，必造其深阻而飽其膏腴，此何求哉！夫子之志則大矣。

弟游心鉛槧，墮俗學坑中，六經之道蔑如也，近始悔恨，然已無及矣。自正月以來，病目，多面瘍，眊瞶健忘，日甚衰老。或尋繹舊聞，時有筆記，俟成帙，專遣請教。《中庸説》課兒輩，繭絲中毛，極爲精絶。《繫詞》如脱藁，不吝見教，望之如芻蕘也。草草附候，薄具并將，伏冀炤納。

寄吳挺庵

日王使君以治讞至，將得佳問，知分部閩中。生在田間二十三四年矣，天上故人不能奉尺一，而拜賜者，再念疇昔之愛，白首如新，茲義當于古人求之。頗聞遭尊人之喪，讀禮數年，遠不承赴，未由效通家禮。封公翛然塵表，日以著作自娛，必有版行，甚欲見之。足下資望甚深，想旦夕內轉，不識晉中得望使車否。僕衰年待盡，常苦目病，雖性亦好書，而精力則不逮矣。王公推分甚厚，竣事計有一來，不意自雲中行。率爾奉書，嗣容專敬，惟原其疏節，幸甚。

答崞縣賈大尹

日莊嚴佛宇而少覆橑，無交之求，恐非賢者所與。荷執事曠懷，爲之弛禁。又以竹符達之，筐篚遠貽。念大國舊游，敘致斐亹，邊防議保介之猷，具是矣。方今列邑貴侯弁髦斯士，兢兢尺寸之間，鮮馳議于域外，公獨超然遠覽，匪夷所思，令政可識也。使者云前茅會當入省，參對音顏。自幸不遠山園，薦蘋藻，修竟日之歡，無快如之。先勒片言，報玉有日，惟執事鑒亮。

與泫氏令張育華

草野陳人，貴大夫儼然辱之，以玉帛見，義甚高已。欲拜諸位，而守者辭焉。自謁郡公返，再至，則行矣。諸刻種種皆佳，無論時義神品，文選、古詩二叙風流蘊藉，嘗鼎一臠矣。僕嘗慕趙吏部，今又得足下同郡，一時北風爲競。如此盛年，何所不詣？僕老矣，無能爲也，詩文草草應酬，不敢以視作者。足下乃語劉郎曰“必得《桂子園集》”，無所匿醜，謹獻一帙，願假德政之餘奮筆塗之，稍存一二，志歸田餘業足矣。自叙一卷，未敢并行，欲徼惠寵靈，求作一傳，死且不朽。昔人謂傾蓋如故，不肖交淺而言深，乃所圖于足下者，終身北面也。不腆羔雁，幸勿例辭。

答王界休

得奉芝宇，深慰蓬心，未偕投轄之歡，反拜賜金之辱，瞻言彌切，報謝何由？仰惟爲政三年，功居上第，定有褒章五色，簡在中朝。春雨秋霜，歌起閭閻之下；黄門青瑣，風生殿陛之間。信士元非百里才，陳孺宜天下宰也。

某漁樵遠迹，耕鑿浮生。叨芘鄰封，沃霈旁潤。望琴堂之嚴静，洋洋大雅之聲；睹梟鳥以來臨，矯矯神仙之骨。偶緣介紹，貽我好音。獲遂披承，懷君至意。飾鷺和而回馭，知信宿難留；滌瓦缶以償簆，竟日月逾邁。欣逢驛使，聊寄梅花。倦倚西風，高吟玉案。望卵翼垂天之庇，懷兼葭浥露之情。輒有指陳，具如別狀。敢因筐篚，用報先施。

與丁衡岳

歲前僅得奉教，病中多簡。海内名人爲中岳山長，豈申甫降神，御緱嶺鶴，徘徊白雲，俯視昔時城郭耶？不知別後曾與青螺公通訊否。小草碌碌無奇，蒙許陶汰，存一二于千百。蒼蠅附驥，千古快心。嵩陽稍僻，宜有妙時。眺聽之餘，視如博士家語，捧腹而位置之，數日可了。秋風一高，便當颺去。道行老矣，得無化爲蟲臂鼠肝乎？翹首嵩陽，惟速爲幸。

答丁衡岳

鶴企德音，如農夫之望歲。巍函載至，纍纍貫珠，受而讀之，甚感甚服，甚喜甚愧。昔游于鱗、元美兩君子間，論文終夜不倦，極艷慕之。後稍稍搦管，以詩四十章質諸于鱗，于鱗以爲可。相繼總汴臬，于鱗録僕詩寄灌甫宗侯，今集中所謂憲伯者是也。元美起大名兵使，復往前詩，則來書不甚答及。各罷歸，有亡妻之變，以志文見賞，乃謂坐進此道而置之續五子間，大抵皆引而進之之語，豈真有當于作者哉？草草應酬，如不得已，爲兒輩所鍥，笑具遂傳，乃相奎先生繆加稱許，欲爲揀練，有郢中之命，則又扦手而語不佞曰："燁燁丁君，今之屈、宋，吾爲子介之選焉。"賴有天幸，軺軒北指，病間扶謁，得親耿光，遂引郭公爲重，而徹惠焉。語云："刻畫無鹽，唐突西子。"真謂是矣。細翻冗集，頗傷優假，大序稱引，語語皆玉，然以周冕而冒野人，重錦而襲燕石，何以稱黼黻之觀、入千金之市哉？雖然，集不足存，而序則傳矣。附驥尾以自顯，不佞厚幸哉！昔聞小恙，來書亦云，捧諭短氣疏心，時讀時止，是誠有之。計過量之人，游戲三昧。長安黨議鋒起，頗駭聽聞。嵩陽、少室之間，固大賢所樂處，願且寧耐，以俟簡書，睨賜過腆，一一拜嘉。使者倚馬索報，謹附薄將，南望九頓以謝，惟足下亮原。

與山陰王相公

亢陽滋甚，灾連數省，回天轉日，使無愆陽伏陰，維相公能。而臺星隱耀，于今數年，中外人心日望召起，真如百穀之望膏雨焉。時事乖錯，傳笑外夷。五行汨陳，誰執其咎？

道行老矣，每得邸報，常有不終歲之憂，乃知宗周褻婦，不皇恤緯人情哉！潘進士北行，屏謁門下，附往耿耿之私。伏冀倍加攝養，佇觀引翼弘烈，下懷無任拳拳。

答山陰相公

潘生行，附起居狀，蒙專使賜教，亹亹憂國之情，言不盡意。重以筐篚倍加，瓊瑶永好，光溢里門，撲滿之私，觍焉憎懼。束封事非不可，但計慮疏淺。小西飛入朝，種種納侮。四百人隨兩使者，豈皆忠義之人？彼若以千倭謝恩，沿途劫掠，勢不得禁，若之何？聞江南米船與島人相易，豐年而米不加賤，所謂賫盜糧也。鑒翁處置互市，夷使未嘗入關，朝使未嘗出塞，講和之初，彼此交質，且所遣皆細民走卒，脱有他變，如亡一毛。今不取已試之法，徒設僞關數處，以譏其入。及至京師，又擁盾夾鈹，凛如受降，久而益怠。弱弓枉矢，釋冰而游。百工技藝、圖籍、勘札，惟其所欲，謹奉之。盈庭之言，但謂和不可耳，迄無一人以西事折之者。嘗見顧督府一疏，論事透徹，遂不爲公論所容，可惜也。大抵士夫好名求勝，激成今日，若聖意不回，終無下手處。孟子曰：“如欲平治天下，舍我其誰哉？”天下人望相公如此矣。伏諗花甲已周，精神愈健，保乂大業，天所以篤宗周也。

道行衰年疏節，末由登叩臺階，慚負無地，容修專遣，伏冀爲斯世斯民崇望。

與陳南濱巡按

臺下去晉十數年矣，吏民思之如一日。行厠衣冠後塵，感蒙禮遇，每得立朝大疏，益勤向往。時事可憂，安得如公輩人在帝左右，睹揮戈再午之功哉？前杜君行，以賤名候臺履，稍遲一刻，不能追付。已聞尊恙大平，時時問故人近狀，知臺下不忘西顧也。願益慎起居，節食飲，平其憤世嫉邪之心，而盡葆光含和之理，指日起而收拾壞亂，掃除邪枉，得無加惠舊游乎？民老矣，尚欲倚仗而拜節鉞未艾也。臨封不任欣仰。

答稷山梁理夫

老嫂夫人懿德，愧不能描寫十一，遺羞木石，敢勞稱謝。令

親遠來，將筐篚過盛，在他人可耳，豈所施于同袍友生哉？聞杖
履矯健，甚慰遠想。弟比患目疾已彌月，大抵心火與胃火相扇。
今惟茹淡靜養，未知能愈否。胡君非常人，宜留數日，博揮灑之
興，而苦閉目不能接款，然眉宇英英，恍與翁兄覿面，今其行，
能無惘然乎？握手無期，各宜努力自愛。

答陳起吾

榮轉計部，便爲印君方面不遠矣。生日與尊君尋杯酒之歡，
每念足下。向來苦眼疾，而文債纏綿，自投苦海奈何？使便附書
謝問貽之。辱崑山柴昭涇生，故人也，累承寄聲，甚感。向睹仕
籍，知在南都，而近覽又無之，想請告里居。遇吳人有的當者，
或可付之，討回信爲望。

與太原金太阿明府

恭惟老父母中原麟鳳，晉水福星，視事未幾，德譽已滿于人
口矣。托庇宇下，仰止之心不後邑之父老，而國服在身，懼干吉
典。茲及公除，乃敢布幣，遣小兒代叩。衰年遠涉，力不從心。
前旌可期，快睹非遠。諸望亮其不敏，免賜禮辭幸甚。

與榆次閻鳳樓

眼疾彌月，忽聽前呵，始知榮蒞魏榆。薄業田間，封畛相
入，餘潤流風，沾灑爲易。前此聞之洛源公祖，知門下高第。昔
守貴邦，獲奉尊公教，雖爲日不久，而推愛甚殷，恨不能即奉眉
宇，聞慶門吉履之詳。幾欲披叩，奈賤疾未愈，欲出無期。此心
懸懸，罪與日積。不腆之具，口占啓事，再拜而送，將命者告不
敏焉。倘或復天日，領教未艾也。伏冀照亮。

與太谷喬鶴皋

敝邑去神君宇下僅僅二舍，孫女歸程希濂者，西賈人也。清聲美政，歷歷能道之。積仰非一日，而未嘗叩閽請見。雲林路隔，介紹無由。蒙父母不重督過而賁然枉臨，留眤重幣。坐目疾失迎，益用悚反，日望小減，當圖專謝。奈隱澀羞明，諸藥罔效，曠日遲久，意若懸旌。謹口占啓事，再拜而授使者，謝不敏焉。

伏聞書滿將有異恩，今臺瑣闕人，非久當內簡北上。雖奉教甚晚，投分已深。輶軒至止，敢不肅拜？薄具狀，冀照存。

與洛陽劉西塘

日承多賜，愧無以報。弟今春患眼疾甚重，蓋勞傷脾胃，心火上衝，居常倦怠，四肢蘇軟，皆濕熱症也。信回，口授奉候，言不能詳。所喜涵滇父母頌聲大起，真敝縣福星也。推愛甚殷，乞爲弟謝之。喬鶴皋父母并稱二妙，亦賁然先顧，去前令遠矣。忽復朱夏，唯杖屨安健。

答何肖山

客歲長公歸，奉書伸候，兼訂同盟。邇來目疾日甚，而文債綿纏，應酬不給，可謂自淪苦海。承遠訊諗，知杖屨安健，所爲詩文，力追作者。劣弟豈止避三舍哉？冗集倘有一二策可取，望賜刪裁見示。承諭縣君，弟雖得幸于魏公，未嘗語及他事，且此亦非吾輩所宜緩頰也。賢令難得，自宜父老指陳，倘有問及，助一語爾。伏冀垂亮。

答王龍川

自奉尊教後，闊不聞問，又六七年矣。每遇西人，輒問動定，知年伍崢崢露頭角，天祐仁人，他日必當窮貴，表龍門之盛如兩襄毅者。膝下接迹幾人乎？弟不德祐，縈然故吾，每一念至，憂心如擣。近得黃使君九峰相過，渠亦單子如弟，嘵吁相憐也。偶遇張監君，便泝候臺履前[一]。兄清德素聞朝野，計開府不遠矣，唯健飯自愛。

答辛龍門使君

伏承臺教，情至之語，一言一泪。自節下西行，開府公如失左右手。僉舉郡尊，如蕭規曹隨，而中旨不下，部推不上。賴有天幸，塞欵如前日。所謂朝委裘而不亂，則舊貫可循也。三關之事，較如指掌。日月逾邁，非久禪除，趙人廉頗之思翁，雖欲依依壽考，以畢萊彩之歡，其將能乎？俯來倚馬謹上起居，萬唯抑情自愛。

與耿叔臺

昔薄宦江南，奉天臺先生之教，每談德門家世，仲叔二君子行履，言論之詳，穆如清風，灑于五內，思之宛如昨日。我公登第服官，以卓異冠海內，銓管人倫，再爲舉首。仲公似有異聞，今竟何如矣？家庭之間，亦必齒及王生，而介紹靡偕，神交滋久。比聞尊兄老先生不禄，驚詫欲絶。念公登九列而執意告歸，如二程在洛，從者如雲。一疾相捐，執手永訣，猶天顯之，幸事也。平生知己之感，恨不能千里赴弔，謹修薄奠，專走一伻，奠章一首，言不盡意，敢告凡[二]筵，庶幾一顧王生哉。

與耿公子

道行昔在尊公老先生教下，歸田以來，闊不聞問。偶得邸報，知已考終，平生知己之感，錫哀南向，一哭而涕出矣。在諸君子家庭師友之間，其爲痛苦可知也。千里赴吊，能無是心？自惟老眊，不堪遠涉，謹具薄奠，撰哀詞一章，專伻代往，乞告凡筵〔三〕。先生垂世立教之言，刊布必衆，求惠一二。餘惟節哀襄事，孝圖其大者，不勝通家之願。

與周二魯

別後闊不聞問，幾乎十年。寧夏之役，諸所奏記，類非尋常誇詡。事出意外，忌者得甘心焉，則直之禍也。今天下日漸多事，門下行吟澤畔，何異三閭？詞賦滿家，當與日月爭光矣。楚倜先生不禄，天下失一偉人，謹致薄奠，酬平生之知，并自介于叔臺公，仰慕名賢，亦通家之情不容己者。

尊兄老先生志狀，求寄一幅。令侄有發科者否？安峰老先生家近何如？生衰老，多眼疾，得見泉中丞義氣相許，見遇甚厚。此公清介，非風塵中人，常言足下與崐溟莫逆，《西臺奏議》序中曾復及之，知同調人也。拙稿改刻奉覽，望賜簡汰，乞勿鄙夷。甚願大刻，渴仰賜教。

與范養吾

自胥口一別幾四十年，每念高調古心，引以自檢，游者如斯，忽如隔世。敝鄉諸年兄，止陽城張田南，前歲聞之尚在，其餘俱登鬼録矣。令侄純齋使君來官晉省，見存甚厚。知杖屨安健，今年政八十，猶自着屐登山，真神仙中人也。弟歸田二十六年，眼疾無聊，復不能酒，向以陳編遣興受役管城，以此衰病日增，視翁丈真徑庭哉。遠承睨問，謾賦長篇一章，起羨仰之意。覿德無期，冀惟崇毖，時式金玉之音爲幸。

與祁副將

泉石之人，久安下里，賴北門鎖鑰，無復外憂。知節下名將，隱然長城，雖素欽風望，末由少致殷勤，蓋世外隱人，絕意通顯，亦其分宜爾也。忽承專使，將重幣見及，芒然不知所從。啓緘循省，爲開府壽其尊人而委之言，盛舉也。第生老眊，常苦眼疾，筆研之事，非所宜任。魏公以舊誼推愛，誠有之。撰述前後五篇，譬如秋蟲當户，啁啾聒耳，不但枯腸已乾，即賤名屢見，徒爲君子所譏。定襄傅太史在著作之庭，足爲魏公重，宜改圖之。原幣奉歸，伏冀原亮。

遺蔡生根味

日者所云樂聞忠告，生不善處，發之大驟，爲左右所窺，歸怨足下。有短足下者，謂新歲猶蹈舊轍，與暱友安費，且云此語得之令叔。僕遂大疑，以爲互鄉難與言，孺悲不見，所謂不可者拒之，交道不終，自非得已，故二帖不報。雖然，老夫平生好善而喜聞過，終不能忘情足下，故遇人必問足下近況，則又謂足下雖負責不酬，坐曩時之失，今改玉改行矣，數月相聚，愧無毫毛之益。一旦隔絕，初非大故，失在僕矣。

足下沉湎南學，謂靜坐爲真種子，將聖賢垂世立教之言，擇其向裏者，委曲取証，以爲大本大原。已見得了了，但少靜坐功夫，未能打成一片。至問其所以靜坐者，則曰：「眼前光景皎如白月，從此不息，形著明，動變化，可以立躋聖域。」信如此，真是妙訣，聖人何不分明指出示人？直待於今密傳心印哉？吾儒之學，在改過甘貧，精思力踐，定靜安慮之旨，語語皆有著落，步步皆是實事。《論語》一書，譬如藥肆，察識己之受病何在，以何藥治之爾，不謂只靜坐可了也。今之打坐立禪者，苦行極爲人所稱，至于募化布施，遠近嚮應，一出定後，馬足盡露，吾見亦多矣。文清先生曰："不言而躬行，不露而潛修。"望吾子深自體察，無事表襮，前此訴詈凌誶之人，皆吾益友，所以召侮取疏，恐亦有以來之，故曰：不怨天，不尤人。下學而上達。桃李不言，下自成蹊。鼓鍾于宮，聲聞于外。非可以口舌爭也。僕嘉足下有志，他日大成，猶將北面事之，敢云忘年乎哉？唯吾子留意。

又

　　兩得手書，知子念頭不净，故不欲答。夫毀譽出于愛憎之口，何必置辯？至于"尚存故態"一語，原自令叔爲銀匠者言之，此正月事也，實非蓮渠。後又問知容貌恂恂，出門日少，因以書相慰，此吾善善之速也。來書欲吾介之文宗，將南游見耿公，此意大失。今又以我爲相棄，自比蚌珠。夫蚌之有珠，吸月光而成，亦屬浮想。人之有珠，豈亦月光爲之？蚌以珠見剖，人亦以道自禍耶？願子且從韜晦，將《論語》一書取爲師法，一言一動果能相合否？合則放光直照天地，豈止取媚掌中而已？且珠生合浦，去京師萬里，無足而至，以其可欲也。可欲之謂善，善有諸己，則萬里之遠，千歲之久，人自歸之，何勞呼號，期于强集？趙鳴鳳貧賤人，此中無欲，爲貴大夫所慕。子顧好見貴大夫，如兩院按察，皆投狀上謁，不及鳴鳳矣。昔王夷甫捉麈尾騎牛，謂人曰："我眼光乃在牛背上。"後被掠于石勒，勸爲湯、武之事。勒惡其亂天下，殺之。此與蚌之以珠見剖何異？子勿認浮想，勿靠静坐，勿急人知，且從腳跟下起，務求妥當。吾言皆藥石也。不然，曉曉自鳴，硜硜自是。雖云有志，終必無成。幸念之，勿怪。

校勘記

〔一〕"泭"，據文意當作"附"。

〔二〕"凡"，據文意當作"几"。

〔三〕"凡"，同上。

啓

賀孔汝錫先生初度

節届中秋，慶臨初度。蕭蕭岡陵之祝，珠履盈門；洋洋雅頌之音，瑤函滿架。金波桂影，平分三五之精英；鶴髮童顔，永注百千之景命。道行未親丈席久，側霏談思。欲荷蓧而過孔氏之門，猶似戴盆而立孫山之外。菖蒲妙咏，郢調難酬。玉樹奇姿，巴謠自愧。菲具雖云不腆，鄙枕久欲先將。聽瓦缶之亂鳴，豈堪清廟？博鳳鸞之響答，如夢鈞天。敢百拜上記典籤，祝萬年茂膺圖録。

謝慶成王

伏惟大王絲綸五色，斧藻帝猷。追琢片言，恢張雅道。自傳琬琰之章，遂切雲霓之想。顧以地違堂廉，使乏珪璋。雖景行仰止，不勝下懷，乃負劍曳裾，卒難自致。垂涎北海之尊，悵望青藜之閣，蓋有日矣。不意懸弧末事，遠辱注存。問之以素書，申之以重幣。菖蒲妙咏，發金石之音；紈扇名書，覿銀鈎之迹。遘茲異數，曷罄仰酬？敬因國使西旋，且以寸箋報謝。稍需暑退，載卜專馳。瞻想睿顔，無任欣抃。

請助甫

老母初辰，貴公届止。奉西臺之劍履，光動星辰；憐故國之綈袍，寵增筐筥。詹維既望，敬謝先施。潤藻初生，井泉始鑿。林中迎淑景，野興堪乘；月下賦高臺，雄心自遠。況有陽春麗曲，寧辭伯雅深杯？屏俟雍門，願言整駕。專畜行厨之火，微留卜夜之歡。

賀朱秉器生日時新娶初至

平格稽天，降神維岳。時臨冬仲，月出庚方。堂開北海之尊，歡動西河之野。萬家赤子，祝令公永永無期；九轉瑤臺，喜仙吏翩翩直上。錫五福沮洳之曲，久矣抱中而履和；奏二南窈窕之章，由然左周而右召。兔影長生，光浮新月；龍文高燭，律動初陽。將展駕兮，乘泰運以遄征；庸作歌矣，望虞庭而入贊。道行綿山放廢，混迹爲蛇。樊圃幽栖，避彈如雀。論心辱文字之知，把臂出形骸之外。篇章投贈，價擬連城。杯酒綢繆，情深傾蓋。盈盈一水，美人真隔三秋；潑潑雙魚，好我容傳尺素。敬涓不腆，恭祝萬年。倘無却以他辭，如獲塵于末席。

賀梁大司馬

恭喜茂膺帝制，正位天樞。九伐專司，三公陪論。移劍履而上星辰，人喜夔龍之拜；釋韜鈐以調鼎鼐，朝榮申甫之還。蓋自袞衣東征，風雅高傳《破斧》；于凡靺韐外戍，威聲遠暨扶桑。帝謂間世奇才，豈可獨當一面？遂因僉允，特下絲綸，爰立上卿，俾專詰禁。將媲美于三皇五帝，正賴多賢；欲通道于九夷八蠻，宜資歷試。上天喉舌，班崇八座之尊；王國爪牙，地總六軍之重。鈞陶四海，斧鉞十州。功懋調元，忠存尊主。誠明良千載之遇，宗祐無疆之休也。道行兼葭倚玉，越自垂齠。追琢成章，早承麗澤。逮宣藩而陳臬，尤合志以同方。一委泥塗，遂違霄漢。徒欲引領而望下風，安得承顔而趨末席？病生裹濕，憂負采薪。幾隕先秋，真同朝露。賴餌參以自輔，僅易危而爲安，捧問遺于床褥之間，薄情好于雲烟之上。遂因歸使，聊附病悰。記徹典籤，醪投鼎匕。巍函來馬上，瞿然謂之；靈藥出籠中，心乎愛矣。五内津津生氣，寸心刻刻難忘。蓋大人體物，志在弘施，而病骨全生，感同冥造。真所謂綈袍知舊誼，生死見交情也。遘兹異簡，尤切同欣。葑菲微將，鱗鴻上遡。敢以求羊之賤，上干司馬之尊。伏願永毗一人，早登三事。不獨經文緯武，總熙朝將相之權；行見開國承家，綿鼎歷萬千之祚。俾道行遂漁樵生理，優游于谷口河濱；作堯舜遺民，放曠于衢謠壤擊。

上太宰虞坡楊公

伏聞明詔，勉起元臣，四海歡傳，千年盛事。相司馬于中國，典册重光；還姬旦于東都，金縢初啓。蓋惟人望所在，是以帝眷彌隆。兩府持衡，文武兼資之任；四夷歸命，安危倚伏之機。不有鉅材，誰當國是？況大臣之義，本與國同休；而命世之英，惟所居爲重。

恭惟少傅相公，忠誠格乎天地，德望冠乎人群。源流出自關西，冰清玉皎；靈異鍾於龍首，岳峙崧高。司九伐則邊塞底寧，掌三銓而俊乂克宅。兔置野人，有腹心之選；羔羊君子，多正直之風。舉措一秉至公，形迹無所回避。抗章求去，雅志遺榮。士論咸高，皇心大啓。逸興徘徊，方欲放情於綠野；制詞敦迫，豈容無意於蒼生？爰以冢宰之尊，攝行司馬之事。知天顏之有喜，謂政本之得人。黄髮番番，廟議崇朝而定；丹心炯炯，衆志不戒以孚。帶劍履而上星辰，駕輕車以游熟路。中興大業，遠御奇功，祗此一行，流光百代矣。

道行夙承奬拔，叨侍門墻。薄宦有四方之游，寧甘自棄？政府乏先容之譽，繆辱兼收。惟過信其疏愚，遂坐貽乎謗詶。蒙察之是非淆亂之中，求於驪黃牝牡之外。援引如恐不及，當路或疑其私。方欲勉竭下材，仰希報玉，卒以直行己志，終被含沙。繩貪暴，志在為民；吠形聲，訛成市虎。長望九折之坂，附驥末由；退為百畝之農，登龍永絕。每欲控之左右，蓋以鳴其不平。

伏願覽時事之危端，善藏其用；任人情之變態，歸潔其身。聿高箕潁之心，專美伊周之業。登歌百祿，祝頌萬年。臺候何如？望加崇重。

上督撫王鑒川 時轉京營，代作

伏以地近雲霄，正聖主龍飛之日；陣閒魚鳥，欽師臣虎拜之期。惟禁旅為天子爪牙，連營十二；況京國乃方興根本，卜曆萬千。若非黃髮皤皤，焉得清朝穆穆？恭遇督府相公，生申自嶽，賚傅從天。以命世亞聖之才，抱緯武經文之具。三提雀印，威名淨掃胡塵；百戰龍韜，籌略混同王會。運廟謨于掌上，藏武庫于胸中。治世貴大公，豈分胡越？禦戎無上策，頗笑周秦。是以智炳先機，力排群議。一言獨斷，五利兼收。遂使戎馬之場，處處悉為樂土；無論犬羊之性，人人盡稟皇獸。抑洪流而驅猛獸，嘗誦習于前聞；苞中國而撫四夷，幸躬逢于今日。益隆興望，妙契宸衷。兼總六師，尊榮八座。集天上之夔龍，疇咨岳薦；還禁中之頗牧，深慰文思。真所謂雄才大略，蓋世無雙。而麟閣雲臺，曠時一睹者也。

某叨塵藩服，屬在鎮垣。催科政拙，賴豐年不乏軍興；檢括心勞，發丁男無裨尺籍。曲蒙矜體，樂奉規條。效未涓涓，志徒凜凜。想白鉞之南驅，阻彩鷁于旅見。敢修尺素，少覯庭陳。雖蘋蘩錡釜，為物甚微；而劍履星辰，借光已久。薄言將賀，幸賜揮存。

上太宰楊公致仕

深識知微，抗章求去。天子懇留而不得，公卿咸服以爲高。晚節完名，先機獨斷。竊惟仰承眷渥，正人情猶豫之時；旁應咨詢，屬衆望歸依之際。非君子不能善始而善終，必聖人然後知進而知退。恭遇少師相公，功高不宰，道契難名。弼亮三朝，荐更兩府。大業彌綸乎宇宙，高名震耀乎華夷。輔少主而守成，自謂賁育莫奪；登群賢以康事，人稱水鑒無私。簪纓奕世，并文武之貴官；琬琰巨編，多鼎彝之鴻烈。深惟老氏止足之戒，聿懷箕山高尚之心。百揆銖遺，三公芥視。謝朝簪于魏闕，反初服于丘園。雖海宇蒼生，尚希活我；乃門墻故吏，甚謂當然。屈指鉅公，在野者無慮十輩；立身大節，如師者不讓一人。且五福天全，乾坤不老；一門岳立，棣萼相鮮。重開綠野之堂，嗣續南山之頌。呼田父以話生平，濯塵纓而專獨樂。魚羔膾鯉，渾忘未究之施；拾翠尋芳，儘有無窮之趣。

某素受深知，仰欽高調。念老成之去國，雖爲社稷隱憂；喜明哲之藏身，實切岡陵私祝。望龍門而矯首，負劍何時？托雁帛以緘心，傾葵此日。敬承臺候，無任下懷。

餞嚴右丞

伏以延州適晉，陋無秉禮之觀；鄒叟游梁，富有陳詩之樂。夾輔光符二伯，彙征尊統群賢。贍姬鉞之既東，正夷門之虛左。念維西鄙，歲屬荐瘥。賴有仁君，功垂戡毅。不獨還安定輯，以造孑遺之民；抑且圭匕湯醪，頓回疵厲之氣。

某等沾濡渥澤，雖仕止不同；景仰高山，皆瞻依孔邇。居是邦，事大夫之賢者；觀其政，嘆仁人之利哉。乍得除書，莫尼行轍。雖中原舊游，未足淹公輔之駕；在邊鄙要地，正宜借威重之臣。共張祖于郊關，祝拜麻于咫尺。睠茲仕國，莫厭陳人。倘許重臨，佇看異簡。

餞陸學道

齊匠掄材，久擅斲輪之譽；楚工獻玉，終成抱璞之悲。迹偶類于青蠅，心何虧于皎日？恭惟老公祖三年絳帳，盡看虎變成文；千里輶軒，忽聽鶯遷擇木。閟宮濟濟，暫輟橫經；空谷悠悠，何堪掩袂？春去浣花溪，無地可回嚴武駕；宅成羅雀處，故人都去翟公門。雖匹練歸吳，孤雲自喜；然甘棠思邵，夾輔終期。追惟廟堂推轂之心，定有樞筦秉鈞之望。曾何傷于日月？諒無芥于心顏。拱俟行期，敬羅祖席。如聞叱馭，曷慰牽裾？須秉燭以分張，共攀楊而惜別。

餞梅凝初

肆時陳臬，清霜同甘雨齊飛；改服上襄，紫氣引朱輪并遠。厥聲載路，響徹橫汾。有命自天，道隆分陝。

某等忝下里衣冠之末，奉中臺芒景之餘。既快覯于三年，倏暌違于一旦。崇肴芘酒，少叙分携，夾轂牽裾，自憐朽鈍。依依折柳，隴頭之春色難留；皎皎維車，空谷之德音焉在？及茲行日，寧惜終朝。

餞馮仰芹先傳爲河南督學

家傳經學，世典文衡。壁內古文，富于二酉；人間大雅，麗若繁星。西山方賴保釐，中土忽提型范。奉璽書而長發，悵棠蔭之空留。

某等在澗餘生，自憐衰謝。垂天大庇，方幸瞻承。道宜爲鐸，以教青矜，心若懸旌之隨赤轍。敬咨行日，共治供張。遲僕御之在門，助輪轅之踐軷。相從竹馬，偏憐卧轍深情；爰契蓍龜，竚俟麾旌異簡。

請馬岐岡

恭喜茂膺帝簡，祗奉明威。持斧南巡，牽裾西顧。遥旌動色，悵隔歲之參商；別緒攖情，惜暮春之花鳥。卜某日釀設清尊，敬張獨坐。門迎驄馬客，使觀者如雲；酒醉步兵厨，當繼之以夜。幸惟夙駕，示我周行。

餞洪侍御

繡斧西巡，奄臨瓜代；袞衣北上，留拜棠蔭。方六七月，望霖雨之時；可萬千人，失二天之庇。

某等密伊六察，叨先四民。愧匪賢豪，猥蒙顧盼。悵轀軒之首路，修飲餞于近郊。攀轅憐赤子之情，得無且止；開府念舊游之地，庶慰重來。

郊餞沈中丞

伏聞詹尹諏辰，輿臣展駕。喧喧門外，滿城竹馬如雲；烈烈車前，十里弓刀夾路。識移蕭之非偶，欲借寇以何由？

謹以某日張祖郊關，攀留驂從。明良喜起，已選衆而得皋陶；蔽芾陰濃，徒憇棠而思召伯。微寵脱驂之顧，睠言分燭之光。

餞刑少府

心如集木，守若懷冰。六年倅郡，畜騰純白之聲；一旦嚴裝，曷勝瞻烏之感？行求全而毀至，論既定而益明。何妨讒口銷金？自信衆言成聖。熊車首路，蟻酒盈尊。借寇爲難，遷喬可待。載誦《祈招》之賦，知君子如玉如金；行休蔽芾之陰，戒吾民勿翦勿伐。

請謝生日酒

懸弧始旦，虛度六旬。羃鼎高筵，繆叨上坐。開東陵之勝地，介北海之清尊。心珮如蘭，禮宜報玉。卜日搴蓬委巷，擁篲巍軒，野色可餐，自蔬食菜羹外，了無一物；嵐光欲滴。坐茂林修竹中，足永終朝。歌《湛露》以無歸，披《凱風》而至醉。

請傅應霄

繡斧西巡，威覃屬國。花驄北駐，光借鄉閭。雖嘗徵寵于同袍，尚未薦忱于獨坐。卜日山園掃徑，家醞移尊。願言投轄之歡，敢負罄瓶之恥。故人忘我，頗雜亂言。在山鳥窺人，莫非妙趣。儻蒙下濟，足仞深情。

請朱開府秉器

允文允武，人欽命世之才；亦保亦臨，世倚捄時之相。建牙來牧，快睹威儀。扶杖出迎，頓生氣色。

恭惟節鎮相公，才名與斗極齊高，德量同黃流并遠。憶昔星辰宵聚，追陪文酒餘歡。自銀漢西南傾，步蟾空切；每茅茨風雨夜，侯雁同孤。天心矜我下民，晉國重來元老。汾陽改色，知登大將之壇；幕北銷魂，益遠青山之牧。正儗自公飲酒，何妨橫槊吟詩？

卜某日汛掃山園，拂陳茵鼎。壁間滿字未掩蛛絲，籬畔殘芳都飛螢火。傳呼來委巷，縱觀者如雲；酬唱似當年，惠言以永日。肅將虎拜，遲佇龍光。

會餞李岩濱使君

瑣闥高賢，斗懸清禁。薇垣貴仕，天近長津。鼉城歸明保之功，麟閣待中興之佐。文茵暢轂，指嵩岳而雷轟；鳳彩鸞和，掠太行而飇舉。惜當車之竹馬，揮謝徒勤；瞻遵渚之離鴻，扳留無計。

某等拊甘棠而百感，羅祖席以三驅。醵飲郊關，情同愛日。解驂蓬蓽，宴啓需雲。忘并州如故鄉，姑行行而且止；欲令公之開府，真日日以爲期。薄言蘋藻之羞，敬祝岡陵之算。

會請侯泰和明府

越自朝京，未遑飲至。閔來牟之焦卷，露禱心勞；傷故國之陸沉，星馳力瘁。義重在原之感，祥符連茹之占。雖云憂國憂家，定是不逢不若。生等情均仰斗，禮效承筐。惠徼一顧之歡，寬解九回之結。自公飲酒，需次徵車。河外游魂假息，終當散去；天邊喜信察廉，便欲飛來。無勞咏平子之《四愁》，端擬安會，稽之群從，詹維某日，汛掃衡門。

會餞李修吾學使

造膝承歡，抗章求去。天倫至樂，軒冕如遺。不待報而遂行，欲挽留而無計。

某等欽風仰德，同高箕穎之心；曳杖牽裾，薄有壺漿之獻。悵軿軒之北發，償祖席于東郊。載馳載驅，如怨如慕。倘紆道轍，一奉清塵。分蕙葉之寵光，攀楊枝之遠緒。願言少駐，無任下懷。

會餞喬聚所直指

手提繡斧，身在冰壺。振六察之芳規，回九原之生意。彌文冗費，一掃皆空；民隱官常，咸正無缺。載及禾登之候，倏臨瓜代之期。蕭蕭行李，真媲美于宣弘；赫赫風猷，早馳聲于殿陛。

某等叨弁四民之首，真盤九曲之腸。拱俟行朝，同羅祖席。望凝列柏，情切留棠。願揮頓日之戈，勸盡如澠之酒。暫蒙光借，永珮榮施。

與杜公甫會請黃玄甫馬鳳鳴同日初度

維兹合璧前期，欣值懸弧同日。千尋梓杞，已成清廟之材；特達圭璋，雅負連城之價。念某日朋尊兼享，合敬齊伸。奉百拜宴私，卒度卒獲；祝萬年君子，爲龍爲光。靜觀天地之心，茂對岡陵之算。量欽叔度，色借馬周。擬醉寒宵，願言夙駕。

請寧河王

祇奉三雍，斂時五福。穆穆乎爲善最樂，熙熙然與物皆春。生等雅聞《湛露》之詩，宜式需雲之宴。日臨壬戌，俗號天倉。高張花燭銀缸，同獻椒盤柏酒。威光下濟，惠徹千乘塵飛；歌管橫陳，儲得百壺泉湧。佇遲金路，留醉衡門。

爲傅應期祝壽

恭惟始杖之辰，乃在王正之月。爲春酒以介眉壽，望白雲而思故鄉。雖云萬里封侯，猶欲及時行樂。聊先踐載，約共持觴。汛掃山園，高張雅集。楓林落葉，淒其如送客之聲；菊圃殘芳，甘美亦通仙之餌。歌《鳧鷖》而既醉，諒童羖之徒云。

［應期謝帖］

罔之生也，愧甲子之將周；行有日矣。嘆參商之伊邇。孚交戀戀，篤誼殷殷。鳳峙高崗，醉笙歌于子晉；鷺冲遠漢，假羽翼于馬周。羞我一錢，穢君雙璧。或獻或酢，共舉萬年之觴；爰咨爰謀，永言百世之好。銘以心骨，載之佩環。

餞傅應霑

黄道開辰，青驄首路。望天門而叱馭，睠鄉國以牽裾。某等素辱同盟，殊增別緒。敬于勝日，共治離尊。如戀戀于相違，願行行而且止。

請王生亦山<small>韓郡公婿</small>

夙懷聰令，少負雋才。以王氏之白眉，爲郤家之坦腹。博求晉問，先及陳人。期枉山圍，遍留名迹。敬訪東歸之日，惠徼左顧之歡。彭澤籬邊，寒香未沫。步兵厨下，新秫堪篘。倘叱御以來臨，宜搴蓬而拱俟。

請傅應期主建塔事

間世奇才，避時大隱。森森玉表，并秀于青雲；采采鳳毛，已翔輝于丹穴。荀家兄弟，俱是人龍；謝氏衣冠，無非寶樹。稟山川之清淑，允鄉國之禎祥。爰有堪輿，頗言形勝。將襲休于宗儀文武，訪考卜于伊洛澗瀍。人謀孔臧，地靈斯效。聿興鳩僝，僉仰鴻圖。如謙讓而未遑，負英雄亦何用？

某等潔牷俎豆，推戴宗盟。惠徼一日之歡，創舉千年之烈。倘後生崛起，如操左契而取償，由願力鼎持，必應德門之先發。敬承牛耳，式聽鶯音。啓宴需雲，盍簪望日。

《天老吟》賀魏太公九十加恩<small>有序</small>

《韓詩外傳》曰：黄帝即位，宇内和平。惟思鳳象，召天老問之。天老對甚詳。雜說家又謂：五色具揚，出東方君子之國，翶翔四海之外，見則天下安寧。故《卷阿》之詩托之起興。今魏家三君子，世稱"河朔三鳳"，而開府爲之長。太公之九十受封也，意者即黃帝之天老與？鄉大夫張介壽之筵，推道行祭酒，序典揚觶，歌《天老吟》以安之。夫《卷阿》，周道之摯隆也。《天老吟》，亦魏德之摯隆也。義取偶同，言非進越。兼陳祝嘏，用引篇端云爾。其詞曰：

壽考維祺，《詩》祝岡陵之算；生神自岳，周資申甫之賢。故降祥隙祉，恒有開而必先；積行累仁，如操券以求合。

恭惟大中丞魏節齊先生，稟河朔之精英，得乾坤之完氣。五經三史，早已淹通；時製古文，尤稱兼擅。世無伯樂，誰登神駿之材？學并匡衡，空熟雉膏之鼎。逮名成而游太學，從論定以佐名邦。

朝廷彰有德，寵別駕以油屏；河隴頌無前，軾東郊之露冕。八年在事，播仁人長者之風；一旦抽簪，流《羔羊》素絲之咏。即歸田之濯濯，美行李之蕭蕭。穴中三鳳，聯翩虞舜之庭；天上一夔，交邕神人之志。提雀印而鎮重關，有安夏攘夷之令子；襲麟袍以榮大隱，膺拊參踐斗之崇封。政如興衛之武公，不數亡秦之博士。後車共載，視渭叟已逾十年；右袒臨雍，在漢明定當三老。爰以至高之壽，遲登獨坐之尊。令伯陳情，烏鳥之思雖切；梁公立馬，白雲之望非遥。諸孫濟濟，并稱隆棟奇材；四世惶惶，遞進蕃椒春酒。海內雖多閥閱，人間幾見期頤？

某等忝竊衣冠，沃沾風澤。被龍光爲獨近，欣鶴算之無疆。他年迎紫氣，悵可望而不可親；此日捧丹書，喜異齒而復異爵。四海之內，惟公一人；百年之中，自天九命。誠絕無僅有之事，猶川至日升之年也。

某等仰止高山，佇延下里，遵承時憲，念切先猷。裒吉典以永言，莫罄揄揚之實；撰蕪詞而介壽，聊舒欣忭之情。計習聽于雲英，或間陳乎瓦缶。竊效華封之三祝，登歌《卷阿》之十章。美鳳德之形容，以天老爲比興。萬民鼓腹，早遍茅茨。一笑解頤，定加匕箸。愧匪如椽之筆，還依借燭之光。倘得被于絲桐，允有光乎俎豆。蟲吟雖陋，虎坐如臨。詩見五言古。

答丁衡岳

白雲仙吏，青瑣名賢。暫輟鵷班，遲回鶴駕。吹笙緱嶺，原從天上歸來；飛舄宸朝，聊向人間游戲。氣蒸雲夢澤，渙水成文；烟鎖祝融峰，降神自岳。如卞氏擁連城之璞，信士元非百里之材。本爲抗廉守高，安能希世取寵？三閭作賦，寧憔悴以行吟；六義陳詩，尚咨諏于周道。俯流水奏鳴琴，覿中天之宓子；攬故鄉慨遺老，挹千歲之令威。

某晉鄙廢農，心懷名德。汾陽迂叟，分絶英交。偶得幸于郭公，獲先資于楚望。關門迎紫氣，天假良緣；信宿領玄談，契投永好。輒以擊壤吹蘆之致，繆陳鳴球戛石之前。固知季子觀周，遂無譏于曹鄶。乃若莊生齊物，尤絜大于秋毫。倘各就其天倪，亦兼存乎正變。望如饑渴，敬俟雌黃。慎勿謂冗而難治，庶不使迷而失道。畢申未〔一〕簡，終惠遥音。佇觀諤諤之評，莫鄙空空之問。

校勘記

〔一〕"未"，據文意當作"末"。

卷二十三

雜　文

題西亭家藏孔文谷赤牘卷

嗚呼！此孔汝錫先生與灌甫宗侯牘也。先生當代名人，雅善灌甫，牋答往返，久之成帙。灌甫裝行卷以爲永好，因劉元善寄汾上索題，而先生卒。王子覽數過，泫然泪下。諸牘多赫蹏細書，見前輩簡易之風，筆法宛秀，猶可玩也。當灌甫盛年，所交一時名士，亦雅習余，計今七十許，方擁師席，爲諸王孫講五經同異，茲致宜少減。余所寄灌甫書，得無削牘乎？元善試爲我問之。

吳公牘引

古人相見，必以介紹。宿賓陳鼎，則就其家拜焉。列國聘問，方版書物，記名數而已。今之簡牘，即其遺意。然前輩多單貼，近時投刺，率以奏本六摺者爲敬，文繁而忠信寖薄，識者憂之。郡伯汝南吳公，學道君子也，守晉陽，慨然慕唐風焉，與鄉大夫約用單帖，燕享禮殷，取一幅牋載質而已，甚古朴可施行。因請其式，頒之下里。《傳》曰：“上焉者，雖善無徵。下焉者，雖善不尊。民弗從也。”吳公以身率先，力追雅道，吾輩由之，以爲民始，庶幾還唐風哉！

《北游記》題辭

翁朔氏慕清凉之盛，跨青騾，以二僕自隨，掠桂子園而北也。再浹旬始返，出所爲《北游記》一首、詩十章，視王子。王子曾有臺記，翁朔用爲指南。今觀道所從人，別處指授，不盡合也。塔院寺自大方遷化，遂爾闃寂。而獅子窩聚名宿數輩，盛開法席，且剞劂《大藏》，易梵本爲方册，費鉅萬計，大奇，皆吾游後所得，叙致斐亹，自中繩墨，諸詩烟潤典雅，其極思妍詞，置大曆以前未易辨也。蓋翁朔從孔汝錫先生游，在金蘭社中，錚錚自見者。諸大德以宗語接之，具在行卷。昔那咤太子析骨還父，析肉還母，不可還者，即真那咤。昔人取以喻詩，翁朔坐進此道，不爲浪游矣。

重修崇善寺募緣疏

覺皇度世，爲拯迷途。梵衆居善，宜弘正法。故雙林晏寂，賴修持成。不壞金剛，六度圓明。以檀那爲最初方方[一]便。伏見山西崇善寺，白馬開基，金輪扶世，瓊宫掩映，焕若王居。龍藏瀾翻，真如海印。陰森寶樹，歷冬夏而長青；芬苾香厨，普人天而共養。

洪惟我恭祖，位鄰極聖，茅錫大邦。孝敬篤于二人，皈依在乎三寶。爰起布金之地，遂成荐福之場。綴璧聯珠，光交帝網。翔鷗翥鳳，名震神皋。召苾蒭數百，旁開選佛之場；誦貝業千函，共嗅栴檀之氣。循少林軌則，攝昏散于六時；振阿若威儀，弘唱酬于四衆。雖卜年千祀，妙範攸存；乃傳國九朝，宗風幾墜。賴某公、某公以法門之龍象，乘願力于韋馱。上禀王猷，冥資佛蔭。鼎新革故，易朽爲堅。凡金繩所界，宛如懸水初辰；覩銀榜高標，燦若丹楹舊觀。乃選佛場與栴檀林二處，獨遺鳩僝之工，遂成狐鼠之穴。九仞將成，斯亦勤矣！一抔未覆，良可惜哉！致使精廬常掩，不聞唄唄之音；僧衆雖多，久乏宣揚之益。將爲惡义聚，寧見優曇花？道必待人而後行，事不背時而獨起。

恭遇國主殿下岊主桐封，符當紐卜。睿資天縱，纔游四門；至性淵澄，便超十地。乃宿世轉輪王，信今時大檀越。聿追來孝，光紹令圖。會覺穩道人爲僧伽教主，獨任興修，分方募化。啓咨釁座，俞報綸言。國中守相大臣，莫匪菩薩示現。并增法喜，首斷魔民。將庀日以鳩材，即程工而賦事。所望境內王侯妃主，將吏農商，白屋清門，善男信女，同發菩提心，共游般若海。富者輸金輦粟，皆是福田；貧者運水搬柴，無非妙用。頹垣壞壁，傅以香泥；冷突陰房，燃之智炬。念諸行無常，原非實有，知是心應舍，便證真空。無明荒草，重開功德之林；久廢名藍，再覩奢摩之迹。八萬四千獅子座，歷歷莊嚴；一十二部尊勝經，時時開演。集群工而資二梵，期不日以轉三車。或美宅千緡，或牛乳一鉢。譬涓流入巨海，濕性雖浩劫難乾；施七寶滿恒河，福德非算數可及。彈指便成無漏，歷劫終還聚沙。莫滯疑情，共敦善事。

崛嵧寺募緣疏

飛錫凌空，神驅白鶴；展衣布地，迹表金獅。佛道乘虛，固隨緣而任運；僧藍選勝，必相水以開山。山西崛嵧寺者，古刹相傳，歷年滋久。據會城之龍首，如達嚬之雁形。層巒東峙，背負穹窿；汾水西橫，面當傾瀉。金容掩映，空瞻滿月之光；布衲蕭條，常作孤燈之伴。縱橫旅櫬，餓鬼陰號；栖泊貧兒，寒林夜哭。因叩曾楊之術，稍抽焦郭之書。謂欲起敝而持頹，莫若迎恩而避殺。將同卜洛，須假營丘。有洪都傅生明倫專精明理，與寺僧深照同事討求。爰審向背之宜，遂得徑庭之便。改山門使南向，合溪水以交流。下瞰郊原，真如几案；左環行潦，正作關攔。深填缺陷之區，高起巍峨之閣。中安大士，廣集名僧。補茸摧殘，莊嚴相好。建無爲功德，將滋二梵福田；成不動道場，端賴十方聖衆。會有古燈禪師，發迹臺山，振衣狼孟。秉韋馱弘願，以報佛恩；巡王舍大城，而滋生福。延之乞化，堅以誓言。雖牛乳一滴，不入飢腸；即寶象萬金，甘遺怨國。所望賢豪長者，猛發皈依三寶心，共成宴寂雙林地。或金錢，或布粟，多寡隨緣；如陶甓，如采椽，便宜喜舍。使微塵白骨，依淨域超生；弱喪黔黎，飽長干施食。朝經夕梵，重瞻慧覺之光；講席禪扃，高啓奢摩之路。是諸功德，不可稱量。凡有姓名，別宜鑴印。

關王廟誓詞

神農嘗百草，聿開湯液之原；黃帝論五常，肇啓修和之道。醫爲仁術，貴在得人。藥養性靈，宜求全力。每見之生而之死，多緣實實而虛虛。予小子幼苦尪羸，夙嬰疹疾。美藥不離口，僅能自全。國工如有聞，必加延訪。兹遇沈生于汾上，如逢郄子于車前，察脉而知病根，飲以上池之水；投醪以起沉痼，還之廣樂之庭。爰暨家臣，留張市肆。探囊中餘俸，尚有百緡；儲籠裏真材，遂兼三品。聊寄資身之策，兼成利物之功。誠恐人各有心，私能破義。凡買賤而販貴，或飾賈以欺人。藥品不精，炮製無法。不思貪賈三而廉賈五，惟欲千取百而萬取千。甘爲鼫鼠之人，致作枯魚之肆。皮去則毛無所附，本虧斯葉必先零。酌杯水以實漏卮，潰長堤而因蟻穴。此南人有無恒之戒，芮伯惡敗類之夫也。王忠義貫金石，威名播華夷，惡惡甚嚴，精爽可畏。故宜謹于事始，相與誓于王前。倘或二三其心，即宜輕重其罰。人知者人逐之，神知者神譴之。或窮乏其身，或剿絶其命。若同心比義，公爾忘私，亦望陰加獲佑，使之利涉大川，不逢大若〔二〕。樂觀時變，乃積乃倉。醫成董奉之林，藥致陶朱之產。永言義合，無作神羞。

建塔募緣疏

竊照晉城本唐堯之故封，爲燕京之左翼。建藩陳臬，河岳炳靈。開國承家，冠裳濟美。比者同姓公子，出入不具牛車；世禄武侯，栖息半無鳩宇。士夫本經術傳家，皆朝隆而夕替；農商以居積爲業，亦多詘而少贏。况復邦君，久虛世嫡，雖天運靡齊，亦地靈未效也。博訪堪輿，聿求修補。或謂汾河反背，星峰欠明。龍山不喜深陶，雁塔宜當華表。擬于丁巽兩處建爲浮圖十層，使鈴鐸搖空，聲聞天外。蘭膏吐焰，光滿宵中。東作祥虹之氣，西增鎮水之星。非由合力而同心，何以迎恩而避煞？上自王侯，下通黎庶，譬龍魚在大海之中，鷦鷯適蒼莽之野。雖大小不同，而受氣則一。不分貴賤，咸襲休祥。伏望猛發深心，共成善事。有烏獲之力，則獨任千鈞；奮愚公之心，亦分投隱土。政如精衛填溟渤，殞鳳蹟洪河。倘不吝于輸將，固無分于鉅細。合萬人以爲智，堯禹之功可肩；因丘陵以成高，畚鍤之勤甚易。爲大事寧辭小費？懷永圖遑恤違言？斂五福以效之后王君公，錫庶民而同其康寧壽考。福之將至，有開必先。謀之既臧，無徵不信。即江南重地理，雖事出傳聞；若蒲州多貴人，則效如影響者。豈可天子伯國，反無好義之夫？陶唐遺民，不爲深遠之慮哉？爲兹具疏，幸賜體裁。

上國主建塔募緣啓

啓爲塔工首事，乞賜睿裁，以光鉅典事。

某等向以堪輿之言，在城外巽隅鼎建塔廟一所，上備國府祝釐，下爲生民祈福，已蒙賜允。位下群宗捐助折禄，皆王上之高義也。謹擇僧衆，得德才其人，素嚴戒行，堪以專領。依做蒲州式樣，繪圖呈覽。請集坊間殷實之人，分督工所經營之事。第計工揆費不下數千，見有金錢僅能十一。具官等既協謀于創舉，敢自愛其髮膚？念惟千歲殿下以應世轉輪王爲募緣功德主，宮中、府中無非一體，伯舅、叔舅言舉斯心，并是忉利天人，請入華嚴海會，如一唱而百和，當風靡而波隨。

竊聞恭祖爲太祖高皇后追薦，立崇善寺，資冥福于無窮，寄孝思于不匱。發祥隤祉，二百餘年；植壁秉圭，億萬斯世。兹纘承丕緒，具有前徽。奉惠考惠妣在天之靈，證無性無生出世之樂。先作一方嚆矢，均輸少府金錢。并乞特降綸音，導迎金鼓。萬人屬目，興起其善心，千載流傳，無嫌于創舉。譬臣靈蹠太華，直瀉洪流；以五丁開蜀山，肇通絕域。運其神力，成此靈臺。不歷少時，具瞻偉構。祝子孫壽考，川方至而日方升，將帶礪山河，天齊長而地等久。

上司府縣建塔募緣疏

周公相宅，必考卜于伊洛瀍澗；亶父遷岐，尚疆理乎東西左右。故名都天造，賴人力之裁成；光岳氣完，須山師爲迎導。竊照晉城本唐堯之舊國，接神京之左肩。建藩陳臬，河岳炳靈；奮武恢文，聲華首善。比者同姓公子出入不具牛車，世祿將家栖息半無鳩宇。士夫本經術相傳，皆朝隆而夕替；農商以居積爲業，亦多詘而少贏。雖天運不常，亦地靈未效也。博訪堪輿，聿求修補。或謂汾河反背，星峰欠明。龍山不喜深陶，雁塔應當華表。擬于丁巽兩處建爲浮圖十層，使鈴鐸搖空，聲聞天外；蘭膏吐焰，光滿宵中。西增水鎮之星，東作祥虹之氣。可以迎恩而避煞，必須合力以同心。上自王公，下通黎庶。譬龍魚在大海，鵾鷃適蒼莽。雖分量不同，而受氣則一。并生溟涬，何論洪纖？爲此專謁貴公，就圖首事。惠徽榮戟，親履郊折[三]。指示營築之區，作屏蔽翳之地。睥睨川原，鬼神不得藏其奧；委輸湯沐，公族爭欲獻其金。顧茲庀徒蕆事之時，尤賴正軸持鈞之力。必率先而竭作，斯雲附而景從。時訕舉贏，妄希非分。自公作始，業拜成言。思損上以益下，響傳空谷之聲；秉前茅而慮無，招借高山之臂。倘一順時布惠，便能積壤成丘。相彼建封，冀裁方社。祇今需澤，望注涓流。雖細雨與微風，亦阜財而解慍。斂時五福，效之后王君公；錫厥庶民，同其康寧壽考。敬頌無前之績，長留去後之思。光紀晉乘，爰存周鼎。靈成有待，尸祝難忘。

西事議

今日西事，宜以討叛爲重，防秋爲輕。河西大兵既集，進取不利，但當保守各衛，使連絡如貫珠。勿惧餌兵，勿爭小利。八月間，虜騎闌入，防禦之計專付三鎮，撫臺堅壁清野，州縣城守完好，即爲上功。其蹂躙虔劉之慘，勢所必至。雖有糾參，姑從寬網。朔方留宿重兵，胡馬自難深入。哮賊勢不能離鎮城而東，以指導蹢躅，爲吾內地患。若虜入既深，回巢不易，所掠輜重必分番送歸，可以抄擊。向年石州雖陷，歸虜飢疲，竟失利而去。俺答堅受和議，亦懲此也。賊雖勾虜入城，爲紓死之計，不但衆心恟懼，雖賊之妻子亦厭苦之。急之則兩合，緩之則兩離，自然之勢也。城中雖有數年之糧，然商賈不通，樵蘇路絶，既失耕稼之利，又無饋餉之期，遲以歲月，必生內變。聞今歲河西頗熟，雖有殘壞，亦多收穫。蒙朝廷盡蠲屯糧，歡聲雷動，此充國困先零之日也。但切責進取，制府不能自堅，姑爲招安之策。一意秋防，而本兵主之，此大不可。今日之事，與大同異，大同叛軍止于戕殺重臣而已，尚八九月然後定。西賊謀反求封，不滿其欲則不我從。滿其欲，不獨成割據之執，九邊處處必有叛軍、驕將效尤以希非分者，此實天下存亡所關，奈何輕議乎？

愚意欲乞朝廷自制府以下優以寵命，時有捷報，便遣使臣慰勞，雖陽示進取，陰賜密救，許其遲速自便。人有喜氣則精神強，計慮審，而勇敢亦倍矣。即六軍見主帥如此，亦皆歡悅畏服，此鼓舞之大機也。又諸將用舍易置，專任制府，直指從旁彈劾，錦衣從中逮繫，姑且停緩。至于失機將官，殺之雖示國威，抑恐用人之際伏節死義者少，投賊幸生者多。萬一嘵營，軍不奉詔，不受代，則朝廷之威褻而反螯之勢成，何以處之？且前代當傾洞之時，勝負不長，就軍中鉗逮將領，其事絕少，可不深長慮乎？聚數萬之衆，頓之堅城之下，安飽皆吾人也，困敝皆吾敵也。殺降以堅賊守，既失于前；輕出而取敗衄，復失于後。秋高虜入，萬一進退無據，首尾衡決，全陝安危皆眉睫間事。魏公持重，請勿以多口撼之。監軍使者宜在其軍中，若止與李總兵合，而李又稱提督，朝旨比諸將優異，挾監軍之威，奉中遣之命，所謂兩貴不相下也。奏記異同，足乖視聽，不可不慮。大抵處置得宜，全在廟堂。臨機決策，則在制府。昔費褘、謝安皆圍棋談笑，卒成大功。周亞夫以梁委吳，終破七國。使在今日，功未及成而彈章四集矣。劉東暘等日吹彈宴樂，示我以暇，而我自大帥以下顧食不下咽，寢不安席，何以制賊乎？故不如靜以待之。九月草枯虜靜，我聲執聯絡，無所挫損，則甕鱉釜魚，群賊授首之日也。草澤之言，未知朝廷大計，伏俟臺裁。

上呂撫臺便宜前札

臺下加意民瘼，虛心延訪，諸所罷行，無非天德王道，地方幸甚。偶有一二見聞，輒開具如後，亦愚者之千慮也。伏冀裁察。

一、臺下推萬物一體之心，憫時憂國，諸所設施，可謂既竭心思，繼之以不忍人之政矣。竊謂所治既博，宜提綱挈領，審賢任能，而考其成事，則不勞而治。若事無鉅細必躬必親，有禹稷躬稼之勤，失黃老養身之術，蒿目腐心，反致遺漏。故曰尺稱丈量，徑而寡失。討軍實，謹邊防，求民瘼，省官邪，大綱正則萬目隨之。一日之間，常使暇豫之時多，爲地方造福愈大爾。

一、三代之建國長久，故治體精詳。後世之命吏屢遷，故施爲苟簡。昔程張在宋，勸其君以三代爲法，然終不可行。而宋之建事功者，如韓、范、李、趙諸賢，顧有出于伊洛、關閩之外者。竊謂取法太高則闊而難行，補偏捄弊則順而不擾。不如問民所最苦者某事某事，斟酌調停，去其太甚，則全省皆受其賜矣。必欲一掃舊貫，創舉芳規，有司奉行，未必盡如吾意。二年內轉，則種種善政皆罷不行，而念念精思反勞無益矣。故曰興一利不如除一害，一法立則一弊生。伏惟裁察。

一、鄉約原係良法，人人稱便。一二小醜當人心搖動之時四布飛語，只宜鎮靜待之，設法邏捕，以絶亂原。比聞暫示停止，恐被奸人得意。蓋臺下昔在按察，行鄉約，人人稱便。今日人人稱擾。何也？彼時未嘗查點，此時查點故也。若免委官，便其作息，稍稍提掇之，如六轡在手，範我驅馳，如然犀照水，異形畢見。豈可以人言震撼，格而不行？至如軍營鄉約，似不必行。蓋登寫惡人，使悍夫瞑目，亦什伍不和之本。至如練鄉兵，審徭役，完逋欠，起房課，皆于此取之。頭緒既多，疑畏轉甚，不如止禁賭博、盜賊，并習邪教者，其餘一切報罷，則簡便而民不擾矣。

一、火夫偏累，貧民已不可支。聞臺下將欲行門單派銀，顧募法衆輕易舉，意甚善，但閭閻情狀多端，立法之初，貴乎精當，然後可久。如間架有大小，優免有多寡，居住有遷徙，有門面敗惡而中實高華者，有居址雖大而家事消敗者，有門面多而住房淺促者，有背遠市井原無大累者。在集父老士民雜議，或沿或革，各從省便。寧失之寬，無失之苦，庶不遺累將來。在今日事事清簡，他日必事事繁重。起夫派物，有增無減。時之所趨，如江河每下。彼有依負貪緣者，巧于規避，皆難預防，故不可不慎其始也。

一、稽查典鋪雖彌盜一法，但簿籍官印可欲者多，異日索金珠，求異物，必于此焉取之。如本城先年報金行，括銀匠，使人人股慄，遍市騷然，典鋪有閉而不開者，慮及此也。又貧民糧差緊急，變賣衣飾，所得無幾。尋保人不無少費，至抱空質而反。宜從簡易，止盜賊事發得利過當者，以其罪之，亦足懲矣。

一、臺下留心地方，凡各行人，皆喚集面諭，無不風動茅靡，庶幾從欲而治。第有一事，城關鄉村審編保甲，開報不務生理之人甚衆，此輩已有懼心，似宜出示曉諭，令其各務本業。若復喚集，恐數千人各懷恐懼，聚于法度之地，萬一驚疑，亦屬有虞。《書》曰：“予臨兆民，凜乎若朽索之馭六馬。”彼不知上意固欲安之，萬一有裂䩦而走者乎？

一、禁止淫房，逐遣水戶。向時多散居鄉村，今處處編保甲，行鄉約，即望門投止，無有敢受者。此輩失身不義，勢難自歸。即盡令從良，恐過時失偶之人無所逞其欲。吠龐感悅，以傷風化必衆矣。且外州縣樂籍甚多，與非樂籍而飢寒落水者，若混之民間，既不可盡驅從良，似宜隨便安插，使聚族而居，署伶長一人以領之。

上呂撫臺便宜後札

一、天下之事可爲寒心。臺下處安攘之位，有體國之忠，氣固神完，補偏捄弊，可謂既竭心思矣。嘗聞大綱舉則萬目自張，方寸虛則百慮愈審。故必常置心于虛閒之地，事至應之，不與之往，所謂執其圜中，以應無窮者也。聞筆不停綴，手不釋卷，雖操存嚴密，非淺學可窺，但精神大勞，于國計民隱得無有遺于檢照之外者乎？愚意稍加節養，時時接見田父野老，審所罷行，人微言信，必有可采。古今異宜，衆言成聖。惟明公詳之。

一、修攘大計，其體具于經而其用詳于史，臺下業已祖述而憲章之矣。本朝近事，灼有先猷，博采精思，具在方册。據某所知者，如《三鎮并守議》《炮火號令》《行軍須知》《愚忠疏草》《閱邊條奏》諸書，或議而未行，或行而未竟。二十年來，皆廢沮寢格。檢于故牘，不止如上諸書。又如老校、退卒，曾經嘉靖十九年、二十年虜薄省城，親見防禦者尚有其人，一召問之，可以爲先事之備。詢于黃髮，監于成憲，皆不忿之道也。

一、各縣避虜堡寨近多頹毀，然有官堡、民堡之異。民堡以衆力不齊，怠于修築。官堡有點閘查盤之擾，歲費十四五金，民間視爲檻穽，故日損之，圖滅其籍。一旦虜至，實爲可虞。似應通行查理，嚴禁科斂及該房需索分例之弊，以漸修復，亦清野之一端。

一、守城。夫往年俱有分定地方垛口，遇有邊報臨近，可以一呼而集。若譏察非常，游徼警急，得標兵往來策應，可保完全。至于修城堡，挖窰窨，整備軍火器械，勾檢壯健軍餘，易朽鈍而實營伍，皆非一時可以猝辦。今日在所急圖，悉心料理，有惟日不足者矣。

一、本城樓堞雄麗，甲于天下。前撫院萬公勸募修理，足爲美觀。但國初法嚴人畏，工料相得。今撤而新之，苟且粉飾，去前修遠矣。一經雨後，便委官周爰相視，有上漏者、下穿者、旁圮者。旋行葺補，免致大壞。

一、大城南面舊無連城，塹壕受東山之水，殊爲順利。自築連城後，淤泥墊隘日益高起，久之不已，則水勢必怒而壞關城矣，不如去之。關城雖磚包，頗傷卑薄，又無護城墻濠，萬一大虜闌入，守者必無固志。愚意移府佐一員，建廨其中，兼管地方税課，專任修守，事便責成，附關之民有所恃以無恐。

一、河東用武之地，今承平日久，民不知兵，欲一一練之，則滋擾而無實用。不如就演武亭懸銀錢，于百步許聽人射，打中即與之。斷理之時，麗法者得以技藝自贖，費過銀錢，每日籍記姓名、住址。行之期年，人皆習武。行之各處，處皆有兵。不得已而用之，不過部署約束間，而應募者四集矣。又城堡何以修葺，器械何以磨礪，營伍何以充實，阨塞何以按伏，斥堠何以剗築，烽火何以傳報，糧草何以儲偫，事事講求，務期實效，庶免臨渴掘井之患。

一、聞製守城板屋于垜口外，未知有無，如有之，計費甚多。藏頓易朽，而臨時未必得用。古人有負户而汲者，危急存亡之秋，撤屋材爲之，不可勝用也。

一、有司筮仕，視上官爲嚴師，則有畏心而吏治日進。不肖作州，每入公門，必勃然變色。及後官兩司，直指使者有所諮諏，纔得其一帖爾。今副啓往來，親如暱友，不時宴飲，禮若嚴賓。陵夷之端，至有箠衛士于臺門，斃司閽于仗下者。聞明公數切有司，無論地望，誠近日所僅見。嗚呼！此等風節，安得常常有之？

一、民間當地方之累，蒙臺下欲爲之處。昨見告示，止言顧火夫一事，而不及其餘。夫火夫，其最細者也。本城關地方，自科場朝覲外，各衙門修理，夫役、土墼、燈竿、卓椅、器皿之類，不時責備。下至募職，苟操尺寸之柄，誰敢不敬應者？試就一二保甲細問之，令其從實供報，居然可見。今雖本院躬行節儉，表率庶僚，一時無不祗肅，奈此等光景世不常有。萬一他日復蹈前轍，定不求備于火夫。是火夫之顧役新增，而地方之偏累故在也。不如只定優免則例，使宗室有別業者、士夫有勢力者、吏胥有憑藉者不得濫免，則重輕易舉而派銀之法亦可省矣。

一、力差之累莫烈于大戶，而大戶必至破家者莫如太原縣。前此縣官視爲美餌，一切公私無名之費于是焉取之，而左右用事之人將本戶應納錢糧索赤曆徑自勾銷，或委點查索取分例，故應役者不得不侵漁以自補，縣官又爲先發制人之術抵罪追贓，事外加罰，塗上官之耳目，以絕其反噬之心。雖經控告，上司即付使自治之，斃于獄者數輩，而原詞沉矣，是以死即死爾。值新令稱賢，庶政更始，竊恐各縣猶或有之。議者欲盡革大戶，止于官收吏解，亦似可行。如江南庫役，奏準免編，所謂先人之射而去其得〔四〕者也，雖不便于官，實便于民。

一、納糧由帖，天下通行。唯太原縣無之，是以侵欺之弊獨甚。宜督令刊刷，做陽曲縣式，令民曉然知會計之數，遇有飛洒等弊，得有所據，以發其奸。

一、今歲秋成，近年所少，市價太賤，不無病農。若令民納本色，做兌軍米，量加席草鋪墊等費增十之五，則京坻之積可以立致，起解邊糧以庫內別項銀兩借之，至春間出糶補還，則市價常平，民農兩利，《管子》“輕重”“九府”之遺意也。但事體頗重，須得諳曉漕規一二人諮之。

一、大吏不侵細事而受成于下司，體也。然敬庶由獄，蘇公以司寇爲之。在正德時，司道聽訟常至日昃。刷卷舊規，雖按院亦補笞杖。供由送刷，不知起自何年，此意遂廢。是以縣官之權日重，而壅蔽之奸遂多。各處條陳未有及此者。夫獄案已成，文網加密，抱冤之民誰敢自列以犯淫怒？上官寬恤之仁十不得一，況駁問雖多，平反實少。扶同顧忌，唯恐或失其意，以開讒慝之門，流禍至無窮也。如告有事體重大者，間一親提，受狀之日，不必委官先審，致有阻格，其于民隱必有所得。

一、鄉約保甲初行，甚覺肅清，自停止以待收秋，遂致懶散。此法與民事無妨，宜時時提掇之。遇有不孝不弟、好勇鬥狠之人，略加朴戒，可以省訟息爭。如但勸化而已，爲惡之人，雖登記姓名，非所懼也。故約束不嚴，人無畏憚。量用夏楚，即有邂逅致死者，以其罪罪之耳。在職官亦有，故勘之律，何足病良法乎？

一、宗室自有擅婚之例，遇請名封，四開騙局，今無祿者四五百人。再過十餘年，更當倍蓗。倘迫于衣食，群聚不逞，何以處之？似宜廣集諸宗，講求良便，中間係嫡生而貧不能自達者，特爲代奏。其餘濫妾所生，如一派果真，亦宜量予名糧。有堪教養者，專敕提學領之。諸被經該衙門及管府事宗室百方阻抑，懼巡邏校尉啓拏，不敢自列，若立法嚴限填寫日期格眼，每宗一張，從報生爲始，請名請封，請婚生子，一一填之。稽查既便，文網可寬。至如五宗保結與攝府位下管事人尤其索勒關口，溪壑之欲不可盈厭。格眼一填，皆免蠶食矣。

一、管子曰：“下令如流水。”《易傳》曰：“易從則有功。”遇改弦易轍之事，必召父老而語之故，倘有未便，務使盡言無隱，則一政之行，一言之出，皆沛然達乎四境矣。

一、今日急務在于固人心，清吏治，去蟊螣。聞喜張大石爲榆林巡撫，凡修城堡，廣積貯，放軍糧，戢互市，事事可爲後法。直指查盤，委官入其境，裹糧自隨，乘一駝轎而已。持法太嚴，軍士有彎弓向臺門者，聚鏃如林，堅不爲動。至早堂，絪打巡捕，指揮使呼射者，竟無一人敢應。譚二華爲兵備，戚南塘爲參將，皆行軍法而衆志帖然，不爲異，則恩信有素，足以制其死命爾。故恩有必用，務爲可繼；威有不測，使之難犯。在臺下自有妙用，非愚昧所識也。

薛挺齋先生暨配李碩人哀詞

薛鳳儀文學以毛氏《詩》教授齊魯間，館于邢子願家。念二尊人先後見背，不及躬視斂含，爲終身之恨。求子願銘其墓，尤以爲未足，將遍謁名世者，愷其孤墳之懷。至晉陽，及王生。王生，吳故守也，爰書數語歸之。

邈矣奚仲，纘戎于薛。代有令人，允光時哲。齊善居州，漢榮廣德。世吐菁華，家傳閥閱。南渡以還，中州之別。俯拾仰取，算緡操鈐。爰泊先生，早攻誦説。席我先猷，回其枉轍。其一

韋編絶學，是讀是思。五始有訓，三傳兼治。博觀風雅，旁及諧埤。詩宗正始，字式緐羲。學成不售，抱璞空奇。其二

言從水庄，授之章句。作合自天，之子可妻。有女静嘉，諧爾伉儷。梁鴻終隱，冀缺嚴饋。其三

明發不寐，率我好述。問虔寢膳，躬浣裙褕。分形同氣，呴沫相收。克咸二叔，于于油油。傾筐匪吝，視母如丘。其四

匪伊厚力，性自喜施。睦我三族，推恩有差。附毛屬裹，如篔如篾。暨于中表，咸賴周資。其五

碩人于歸，椎布操作。夫義而正，婦共而恪。姑叔怡怡，尊章以樂。爰有令子，賦才卓犖。斷杼畫荻，期之式廓。其六

經學既通，乃游上雍。脱穎可待，抱璞焉窮？費侯委贄，負笈而東。迫于治命，匪我來蒙。其七

爰登泰山，徘徊闕里。還顧大河，遡游汾水。突不得黔，車無停軌。聊攝以東，有二君子。授室下帷，爰憩爰止。其八

風雅洋洋，不愆于游。有懷二人，爰即我謀。庶矣成名，圖光首丘。昊天罔極，罹此百憂。銜恤靡至，觸槻長號。其九

擔爵析珪，無追既往。發潛暢幽，匪詞曷仿？用附青雲，永光幽壤。豐碑大篇，紓我極想。其十

書《周貞女詩卷》後事見詩集

或問周女之喪童夫也，禮乎？余曰："非禮也。"女子許嫁，

六禮備而親迎，有戒命焉。廟見而反馬，成其爲婦也。及期，有三年之喪，則不得嗣爲兄弟。今周女非有情欲之感，守節終身，概以中庸之道，疑若過。然顧其純白一念，可以貫金石，泣鬼神，爲聖賢而不疑，參天地而不愧者也。曇陽子亦云"女而不婦，而以爲非其婦也"者，是不仕非王臣也。周女踵之，修無生之業，亦與之同，皆出世人也。愚斂容嘉嘆，爲賦二詩，而諸君子和焉。自靖安宗王以下，凡得古近體九章，同聲相應，攸好德之心不容已焉爾。其父鳳亭使君，爲徐子與婿推分甚殷。有女如此，其家教可知也。

書《平定志·女媧煉石補天記》後

王道行曰：女媧煉石補天事出於《列子》，宋儒以爲荒唐之言不可信，此以常理論也。夫子刪《書》，斷自唐虞。六合之外，聖人存而不論。吾儒所學，不過知其可知者而已。今據科斗而考於洪荒太古之前，拘聞見以論神聖人御世之事，安能測其有無？女媧爲女主，程子比於武曌，以爲開闢所未有之大變，不倫甚矣。古人命名多有不可曉者。以女媧爲女，則奄息爲奄，毋丘儉爲毋，馮婦爲婦，可乎？博古君子宜再詳之。

題張都司師節《墨花卷》後 諱國華，號龍川

近世花繪以陳道復爲精，余家藏一幅，設色雅淡，姿態清遠，每一把玩，令人意移。一日過張將軍所，觀四明陳生所作墨花，正倣道復，其偏正向背，濃淡離披之態，種種可人。即道復見之，亦當首肯。且題識諸詩，遒媚有古法。昔人謂"善畫者必能書"，又謂"詩中有畫，畫中有詩"，蓋必先有一段蕭灑風味，然後落筆不俗。此卷生紙爲之，大類粉本而率意逼真，不加點

染，如宓妃佚女矯矯霞外，能使靚妝冶容之人掩袂却走，真逸品也。將軍善藏之。

《島氏家譜》題詞

島氏，陽曲清門也。入國朝，世修經術，起孝廉爲令守者二人，皆有政績，而琢庵先生最著。先生子伯瞻長余十歲，舊爲同舍生，相友善，常道其行履言論之詳。母張夫人與余家有連，早寡，而節烈如丈夫。伯瞻雖幼失怙，教之凜凜如嚴父。數與太宜人語伯瞻孝，余兩高之。今分教隰州，手所次家譜，取琢庵先生誥命臚列焉，欲余弁數語。

余惟朝廷方修國史，罔羅散帙。吾鄉文獻靡徵，成弘以前，若滅若没。先世之無稱，則子孫有罪焉爾。江南闤闠，詩書譜牒多有，然好侈家世，冒認遠祖。伯瞻自言其先于闐國人，元泰定間有倒剌沙者爲丞相，被禍甚慘，後改今姓。譜不載，蓋其慎也。斷自國初，止于重綸音，叙世次，紀仕否而已。簡而當物，絕無誇詡語，是故可傳。爲之子孫者尚思締造之艱，力學勤稼，無遏前人光哉。

銘

石　几

青玉案，碧雲天。外面直，中性堅。有憑有翌，不崩不騫。

瘦　瓢

其形臃腫，其用支離。挂之衣帶，比於摩尼。

又

外何輪囷，而中則虛。匪許匪顔，而誰與居？（右豫章朱孟震）

于侯遺愛編

《陟岵長謠》贈于明府叙吾序二首

《陟岵長謠卷》者，晉民爲我叙吾于侯作也。魏之詩曰："陟彼岵兮，瞻望父兮。父曰：'嗟！予子行役，夙夜無已。'"侯令晉陽，嘗輿其父母邸中，親見侯之勞瘁而嗟念之。歸無幾時，封公卒，侯毁瘠奔遷，幾不欲生。重傷母夫人心，勉以禮自抑。而晉人之思侯也，猶侯之思二尊人也，則相與追述其行事，咏歌其勤苦，有寄之剞劂者。然詞不雅馴，不可以示縉紳先生。道行節采其語，稍加潤色，哀爲一帙，以傳歸侯，以其副夫父母望子與子之望父母，其情靡有極也。"上慎旃哉！猶來無止。"侯公除詣銓，無忘西駕矣。

愚嘗從鄉長老言我于侯之政之美，二百年未有也。王子以爲過。夫晉無邑乘，埋没不稱者多矣。弘德間士人矜名檢，修法度，自六察以下繩墨相臨，凛如嚴師傅。有小過輒加譙讓，罔不慎德底績，卒爲循吏，漸劇之勢然也。自後甲科有聲望，亟拜臺璅，時恐修隙，雖心所不可，亦陽浮慕之，相成之意疏矣。夫一人而欺以千萬人，則明易眩。位卑而臨之者衆，則氣易奪。以一日之力，上觀下獲，疲于奔命，則才易困。繁文縟節，流風靡靡，自非特立不懼之人，則守易湣。故賢以令掩，而令又以省邑掩。居今之時，亦猶行古之道，不亦難乎？侯天性夷粹，志念純白，以經術行之，克自抑畏，無細不矜。內明外寬，常若烹小鮮而御朽索，以行于上下之間。宜其見德如初日，下令若流水也。所謂"雖無文王猶興"者乎？弘德而上不可知，自余束髮有四方之游，則罕見其儷矣。今所采茸，并出閭閻謳吟，無一浮語，他日登歌于清廟，有賢如季子者觀焉，當必曰：以德輔此，未可量也。晉之民，其猶有陶唐氏之遺風哉！侯所得于吾民如此。

雜　謠

侯初至，巡行阡陌，策一馬，以二力自隨，裹饘而止僧舍。有迎以壺漿者，却不受，故民歌之曰：

詢于矜寡，玄黃公馬。于以秣之？于林之下。

民有自賦者，委羨而去，主進得其餘，急追還之，歌曰：

賦粟自公，既之鬴鐘。鑄金鼓籥，人私其橐。

故事，迎春發民爲逐儺之戲，留滯月餘，侯悉縱之去，約爲期會，令不後至而已。歌曰：

坎坎擊鼓，蹲蹲起舞。以我迎歲，胥樂無苦。

侯與諸僚候臺使者，常飢甚。佐史進市脯，揮之去，曰："豈堪食此。"未幾，廡中餉脫粟數盌，鹽薑一器，佐史倉皇掇食于皂隸，喉介介不能下。故歌曰：

疏食菜薑，可以療飢。逐羶攫市，如飽寒鴟。

侯謹于出令，胥徒皆徒手無食色，歌曰：

胥飢欲死，手無片紙。

歲飢，盡停諸徵調，雖譴呵，自若。歌曰：

寬租累課，簿領高坐。

諸臺舍人乞踐更錢，無以應之，貸諸宗宦富家給焉，約豐年徵還。歌曰：

富者之門，仁義攸存。借德于彼，靡有匪恩。

侯遣四力送封公自乘，款段彌月，故美而歌曰：

御翁歸，出無輿。蕭蕭服馬，珮玉瓊裾。

侯審徭數月，始竣事回，目鬵黑，而民間疾苦滫除略盡。歌曰：

公來面皙，公去面黑。吁嗟我公，曾不得止息。

侯訟庭甚簡，有移治者爲暴雪枉滯，而已絶不徵贖鍰。歌曰：

歲之不淑，無相召獄，無以府辜功，遒爾百祿。

議獄多所縱舍，鮮有麗大辟者，相與歌曰：

民之無道，匪怒伊教。疾彼淫威，殺人則笑。

歲飢，流民轉徙不絶。旁邑用之如他日，并其富室亡焉。吾邑得侯獨完。歌曰：

勿謂突無火，公爲糜哺我。勿謂亂靡定，公方有令政。

民穿渠引汾水，侯勸勵甚勤，渠成而壤沃，故相與歌之曰：

汾之傍，厥流洋洋，我稼斯臧。汾之東，厥流即功，我稼斯同。汾之外，厥流沛沛，我有藏有蓋。

侯奔喪行日，治中父老盡擁車哭，侯亦哭，抵暮乃得去。歌曰：

育孔育鞠，及我顛覆。胡天之不吊？爲德不卒。我無幸人，追送公哭。

萬自約

蓋邑侯于公以憂歸，居無幾何，而吾晉民之思之也，若嬰兒不得於慈母之側云。於是街談巷説，咨嗟嘆恨，遍國中推而問之，窮鄉蔀屋，婦人女子亦莫不然。其中有好弄文墨者，往往侈爲歌咏，及張之圖繪，捴皆出於一時感觸，而寫其中心之情耳。顧其辭盡出鄙諺，雖真事無虛語。吾里王右丞先生概之，乃取而刪其俚俗，敷其情款，皆撮其感人之大者。前敘于公高等狀，後臚列雜謠。自約從王大夫所卒業。於是仰而俞，俯而嘆，曰："好德哉！先生之爲心也。吾唐民其可風乎！"王大夫曰："何爲其然也？"不佞曰："蓋自嘉、隆而後，令之權若王后然，亡論以官爲大鈎巨緇而恣睢一方者，民靡靡不堪其命。即獵聲標異，往往欲軋轢而用其民，若天帝之不可測，民之死於敲朴囹圄者亦多矣。大抵由甲科而仕爲令若于公者，則誠未有也。于公初爲韋布時，即以孝友聞於鄉，而耻爲世俗之吏，以故治陽曲，事事皆昉古兩漢良吏，不好爲炫異。雖以憂早去，未終其乃績，然其湛恩汪濊以深入吾民之心，宜吾民之思而謠之也。不佞嘗考《詩》義，至吉甫清風之誦，固慕山甫爲人，而尤喜尹大夫愛人無己時。今于公庶幾哉！豈弟君子！乃先生襃然陳民風，撰休美，卒無一藻繢粉飾語，其視兩君子之風寧有二哉？信可以傳矣。"王先生曰："子無言，吾民之思于公者未艾也。吾與子直寄情於斯須耳，子強塞白簡焉。"不佞曰："唯唯。"遂以部民李閔所作八目者演次成章，今見於左。詞更荒穢，儻得比於曏所稱鄙諺之後，則幸也。

自公之來，我離其厄。載覯我侯，煦煦于色。爰矢爰陳，曰我罔虐。民曰欣止，其尚綏止。樂彼君子，軿來何遲？

自公之尹，敷厥爾真。嚴霜孔毒，忽焉陽春。敬天之威，若恫其身。逼夫時聞，盡曰來處。豈弟君子，一如我父母。

自公之憂，民皋是求。詢于蒭蕘，俾我則休。田疇既理，穡夫既喜。孰知我君子？憂心孔棘。面目黑黧，非昔之皙。

自公之樂，百年遺澤。民曰斯猶，匪公胡獲？公朝肅肅，胥吏菜容。言觀其野，倡狂其群。公之一笑，俾我則生。

校勘記

〔一〕此處疑衍一“方”字。

〔二〕“大”，據文意當作“不”。

〔三〕“折”，據文意當作“圻”。

〔四〕“得”，當作“的”。

天龍寺雜詩〔一〕

天龍寺訪禪師不遇

樹杪飛流挂素秋，捫蘿直上事冥搜。石床雲冷龍藏鉢，貝業風飈虎嘯樓。選勝乞山因卓錫，息緣觀世總成漚。尋師欲問西來意，瓢笠苔封不可求。

天龍洞彈琴

峭壁崚嶒控紫岑，危橋斜插迥千尋。雲封洞口無人到，仙侶時來弄玉琴。

過寒湖嶺有感〔二〕

征途公後幾番來，石路重重點翠苔。野鳥翩躚依樹轉，山花馥郁向人開。清溪最好消塵思，佳木寧甘作櫟材。因憶十年窗半約，蕭蕭孤劍且深杯。

賦麓陽公祖徒步禱雨輒應〔三〕

滌滌山川困靡寧，望年空自籲天庭。不辭重繭趨沉壁〔四〕，遂有群龍吐建瓴。唐叔祠開千畝綠，湘妃竹散九原清。即看農圃商霖后，蓑笠如雲戴曉星。

龍池題《文苑清居圖》〔五〕

三賢佳遁處，山水載名園。沓嶂分王屋，飛泉割禹門。雄材真國史，瑞命老王孫。未就東山詔，重開北海尊。弦歌俱入律，桃李總忘言。自惜芳辰阻，誰將幽意論？思君不可見，燕雁共寒暄。

龍池答〔六〕

寒花十品錦雲栽，分取靈根闢草萊。佳節尚餘呼月興，素心長憶補天才。

東籬勝事詩千首，北海高尊酒百杯。珍重璠瑶何以報？思君不見罷登臺。

附龍池先生寄壽〔七〕

八月寒暑平，河漢清且淺。望舒二八時，圓影如畫顯〔八〕。何處有高人，仿佛山之巘。二首六如身，千周甲子轉。萬言貯錦腹，一瞬空塵冕。淵微至理冥，述作大猷闡。偏呼鶴上人，時吠雲中犬。英風海外揚，奇士來重繭。問字過王侯，北海常歡晏。斗酒詩百篇，德音不可選。縈余懷素心，良覿未雲展。欲往龍門遊，景行愧駑蹇。願君壽千春，永作邦家典。終得趨庭隅，晤言欣累遣。

重修州志題名記〔九〕

考志，洪武初，鎮撫孔君創立州治。至宣德二年，郡守寇君則嘗更新恢廓之。嘉靖三十年冬，余承乏是州，同知薄君以太僕左遷，與余恊明庶政。越歲壬子，百度改觀，顧兹治之敝也，思以新之。于是歲之十有一月，命匠氏相忠貞堂之材，有朽者，易其半。而瓦甓之費、黝堊之飾率稱是。後堂北展丈餘。界之以垣，翼之以塾，則今日所始者，視舊爲閎敞矣。堂成于春，扁曰“同春”，志時也，欲與民同之也。詣如廳幕、獄庫之類，咸視其壞，以漸而飾。是役也，用民之力，時惟冬春，而財費所需，無動于公帑之藏，故上下恬然，若未嘗興作者。

癸丑之春，工既落成，爰勒石忠貞堂下，以紀歲月。凡官於兹土，自鎮撫君而下若幹人，備鐫于上，以志既往，以俟將來焉。

余竊惟今之百司庶府莫不有顯名，匪直以表姓氏已也。蓋因名考實而鑒戒之道寓是矣。矧郡之長貳責在牧民，發謀出慮稍有不同，而一方之休戚係焉。其任爲尤重，可不慎歟？古者列國之史昭然往鑒，所以勸善而懼惡也。史遷立《循吏》《酷吏》二傳，後世因之，然郡縣實乞兒爲宰，時太尉趙熹甚以爲恨。由是觀之，遵制盡美，小大奚殊，吾知侯無所復恨。苟後之人嗣其事，俾無壞，則侯之心永無遺恨矣。

劉公生祠記〔一〇〕

余與稷山梁理夫爲同年友，莫逆也。余弱冠通籍，守鄧州，理夫高卧家園，每寓書，必以名實相勗，用是逭吏議。州人立生祠，理夫慰藉。比余在告，理夫走使爲邑大夫劉公索祠記，曰：“生而俎豆之，與明甫同。非明甫，孰與操其撰？”余實樂道之。

公先大司徒之曾孫，皇考少參公襲貴介，諸所遺橐中裝，美田宅，盡遜諸昆季，第收其古名人書畫及手澤而已。公卿間率服公清遠，諛重名焉。公性醇質，不善奓靡，居恒掩閣讀書，不問家人産。束髪籍諸生，凡十與計偕，議齒解額者三，輒易之，公曰：“吾學足證也，第不第命耳。”輦下諸君子争遣其子弟事之，雜授五經，後先取上第，而公竟以明經次補太學。會同鄉馮鎡方柄用，欲引公爲重，公力却之，片刺不爲通。比謁選，得句容簿。以爲簿廉，擢令稷，由廣陵道御款段馬，兩奚奴擔負而從，稷之人士業已卜其勻水矣。

及視事，務以愛利人爲本，所宜興亟興，所宜革亟革，以休息易苦煩，以寬譬化健訟，以真實格豪右，以伯格清萑苻，以調停便踐更。米鹽陵雜，率呼市人面給其值。每謁上官，程料皆自辦。冠蓋使經其地，肩蹄皆以錢募，不以累民間。緩租賦以寬民力，而輸納惟恐其後。嘗曰：“吾家之蒲鞭當更懸之，吾不忍加吾民，以俟猾宿之便文詭對以法嘗者耳。”居八閱月，行臺蓮蒵火，駐節者遷怒公，公不憚。無幾，有夜殺人者，蓋比舍人舍匿諸偷以逞，非伯格所及徵也。當塗輒欲猜禍其家，公力爭不得，乃嘆曰：“令非司突者而不能免於燎，令實司牧者而不能伸其法，何以官爲哉？”遂拂衣去，行李蕭然。士民扳臥者枳於道，操金而贖者肩相摩也。公笑曰：“嫛者之一錢尚在，猶以爲贅，政不欲益耳。”盡麾之。民用其金爲公立祠，已更伐石而記之，志恩也。人亦有言：“至頑惟民，可以德孚。至賤惟民，難以威劫。”吏治莫盛於漢庭，如次公、翁卿諸君子，用廉平爲理，民到於今思之。趙、張、邊、延輩雖武健嚴酷而自爲愉快乎，百世而下猶恥談其事。即今之令長，摘伏擿秘，覆按人陰私，機詭百出，見法輒取。濕束薪人，以博赫赫聲者，其少哉？解任時，民有瞠目以送耳。疇興何武之思？疇畫陸雲之象？如劉公之方去而留，既去而祠，榮名敷當年，芳聞垂奕世者耶！又聞茅山有公祠，彼以祠□□，此以祠廉令。異日起公田間，由郡守層累而上，所在廉，所在祠矣。

余浮沉仕版三十餘年，而僅得鄧州一祠。以之方公，當更輸幾籌哉？倘理夫不以余言爲疵，請災石以代民口，俾搦史管而傳循良者有明徵焉。公諱圻，字維一，學者尊稱爲思峰先生云。

生生之谓易〔一〕

同考試官教諭姜周批：典實中有新奇，取之。

同考試官教諭李文蔚批：天命所以流行而不已者，變而已。此作得之結尾，反之人心，尤邃於理。

考試官教諭朱安道批：説理文字，録以式諸生。

考試官教諭鄭廷俊批：理明辭達，究心易名。

大傳指氣機之迭運者，爲《易》之所由名焉。夫陰陽者，氣也，而有理以主之，斯迭運而不窮矣。非天下之至變，其孰能與於此？且夫道之體用，固不外乎陰陽，而變通之理則何嘗倚於陰陽？彼時乎陰也，寂然不動，太極之體於是乎立也。然體無定體，惟變是體，故静極而陽生焉。時乎陽也，有感遂通，太極之用於是乎行也。然用無定用，惟化是用，故動極而陰生焉。陰之生者，陽之化者爲之也。已往者過，而來者禪其功，沖漠無朕之中，若有使之者，而自不容於不生也。陽之生者，陰之變者爲之也。成功者退，而進者代其用，太虚不言之表，實有主之者，而自不容於或違也。陰陽之相生如此，《易》，不即此而在乎？蓋易者，變也，理主夫氣者也。動静者，時也。道具於陰，不離乎静，而非静之所可拘。道行乎陽，不外乎動，而非動之所能囿。故變化而不窮，爲感遇，爲聚散，一皆此。《易》之流行，有定體者無定機，夫豈得而盡之耶？成變化，行鬼神，莫非此理之昭著。有專能者無專功，夫豈得而執之耶？吁！此天地之道所以恒久而不已也。卦爻之德所以推蕩而無窮者，皆此變以爲之耳。造化也，易書也。不均謂之易，而何哉？抑此心學也，寂然不動者，吾心之静而生陰也。感而遂通者，吾心之動而生陽也。静虚動直，明通公溥，則人與造化參矣。彼仁者見之謂之仁，則往而不返。知者見之謂之知，則物而不化。是皆非生生之義也。故張子曰："客感客興，與無感無形，惟盡性者能一之。"

校勘記

〔一〕録自李鋼主編，太原晉祠博物館編注《晉祠碑碣》（山西人民出版社 2001 年版）。

〔二〕録自《山西通志》卷二百二十四。

〔三〕録自清康熙《陽曲縣志》卷十四"詩歌上"。

〔四〕"壁"，當作"璧"。

〔五〕録自孔天胤《文谷魚嬉稿》卷十三。

〔六〕録自同上書卷十五。

〔七〕録自同上書卷十七。

〔八〕"畫"，據文意當作"晝"。

〔九〕録自清乾隆《鄧州志》卷二十二《藝文上》。

〔一〇〕録自同治《稷山縣志》卷九"藝文中"。

〔一一〕録自《嘉靖二十八年山西鄉試録》，括號内考官名字據該《鄉試録》補。

王明甫先生
桂子園集近稿

〔明〕王道行　撰

韓兵強　白　平　點校

點校説明

　　《桂子園集近稿》，不分卷，明王道行撰。

　　王道行生平見《王明甫先生桂子園集》點校説明。是書未見著録，目前僅知中國國家圖書館有藏。前有萬曆二十三年（1595）魏允貞序，含賦、樂府、五言古詩、七言古詩、五言律詩、七言律詩、五言絶句、七言絶句及五言排律。

　　本次點校，以中國國家圖書館藏本爲底本。卷首原有"明進士晉陽王道行明甫著，男王育才校"兩行，今删去。

晉陽王右丞集序

右丞晉人，舊貳吾郡，郡盧山人次楩適解獄，右丞交山人，數與論詩。又李先生于鱗守順德，王先生元美以平反來郡，右丞復交兩先生，而詩益進。今海内知詩者謂山人多古調，李先生雅而超，王先生俊而永，乃右丞詩獨未甚行於世。余撫晉明日見右丞，又數月見右丞詩，即不純出兩先生及山人類，有所謂俊而永者、雅而超者、颯颯乎古調者，當并行無疑也。語曰"同聲相應"，余於右丞及諸君子益信。

萬曆乙未夏四月初七日，舊治生魏允貞書

賦

閔　賦

緊昭皇之熙洽，家肇遷于交口。里狼孟之午郛，歷五傳在草莽。日杲杲而東晞，民比屋皆孔有。美大父之于慰，振式微以起阜。悦俎豆之雍容，謂詩書可昌厥後。吾考英英其方弱，遺一經使相受。胡龍性爲難馴，視簡編如敝帚。援貲郎以祗事，沾京坻之升斗。單闋貞于仲皋，式呱呱而胤予。相在抱之髫穎，期玉珮而瓊琚。逮耄鬐以課讀，知黽勉而湛思。歷經師爲講授，喜罕譬而旁喻。慕洛閩之懿則，早執競欲與侔。念干禄之愷悌，誰能無楫而操舟？考挾雛以蓬轉，遵江介而遨遊。逮北歸使受室，依母氏遂旋厥居。歲作噩與閹茂，早奮翼于天衢。弁峨峨其切雲，策五馬而南茌。擁穰鄧之遺封，方蕪穢而不治。詫擁傳若終童，曾美錦可學製。余則憲三老而乞言，動必揆之德義。嗟萌戌之嚚嚚，亦分甘而齊愛。肆蹶蹶咸質成，亦燕燕然就義。騰余車且北指，倅三輔之名邦。修媱節而彌好，謂余美爲無雙。爰捧檄以假守，流膏澤之淙淙。天邑翼翼其密邇，八使沓至而巡功。侯推轂之恐後，豈賄遷所能壅？公卿爭欲自致，咸啓口而交頌。既上襄以趨隴阪，倏鼓棹而下平江。守天子之外府，值島夷方匪茹。駐艅皇數萬之師，無儲胥一日之輪。遂宵訌而熸臺門，提銅符吾出禦。不旋踵亦底寧，命搖搖如墜露。貴家轉日而移天，信南陽不可問也。惟直道而行之，故不殄厥愠也。卒聚蚊以成雷，讒噞噞其彌進也。總江上之舟師，合四郡而爲一。提戎索以改紀，非曩時之部曲。汰浮蠹使帖如，靡無當于功實。爰揚舲于渤澥，身蹈

不測之淵。縛水軍之貪將，數軍實而來旋。鯨波既已遠息，熊軾
載而西遷。服秦藩以治傳，公庭差號少事。憤旌旄頭之南指，巡
邊吏之功罪。抱烏號于夜月，下浮湘而遠逝。望里門乎歸來，掛
彈文而去位。省吳政之無顏，中流言已三至。蒙申捄于耿公，不
自嫌其同異。銓府按章而雜考，靡不指天以相誓。終得白於賜
環，起汴臺，俾余又攬鸞鳳之爲祥，惡蒼鷹之猛鷙。閱群狀之嗷
嗷，遂甘心于酷吏。黨申申其詈予，卒撼山而來甚。劍閣天險，
于旬于宣。白雲飛止，叱御難前。心依子舍，歡奉餘年。方乞身
以自免，將推轂于衝邊。體政府之深意，駕余馬而屯邅。胡嚴親
之不待，號罔極于昊天。

　　歲在辛未，月惟孟陬。開明堂而大計，終獲錮于憂幽。胡寢
食此悍今，反呼類而我仇。顧兩河之赤子，空攀臥如啁啾。探餘
俸亦無幾，獨侘傺而窮愁。更舊游皆沃地，紛內省吾何尤？闢東
皋之長圃，奉潘輿以歡宴。肆陟降之于于，亦垂橐以自繕。收野
色于一覽，哂浮雲爲多變。美夏木之陰森，愛春花之蔥蒨。月秋
朗以盈懷，雪冬凝而成觀。稍見咏于風騷，或有來乎緱弁。聊因
暇日，肆力丘墳。博探禪窟，旁涉玄津。緇衣法侶，黃冠道民。
有資參叩，何論賤貧？

　　晚專志于六經，亦游心于文史。甘矻矻而窮年，忘蒿目與腐
齒。新篇主于發意，古法憚于模擬。時好方務隱澀相緣，吾才誠
不能媲美。漫加灾于剞劂，將無覆瓿而見鄙？嘆指窮于爲薪，何
委形之相禪？祖顓頊而宗堯，嘉聖皇之攸薦。內無期功强近之
親，外鮮喬木絲蘿之眷。終影隻而形單，如失群之孤雁。拊枯楊
于冢土，經霜霰而蕭蕭。凋衛葵之濃葉，少引蔓之柔條。收遺腹
于從昆，眷僅存乎一脉。憐弱弟而不年，幸顛樗有由蘗。卜敬仲
以瓜衍，攬啼孺于空桑。憐鼻我之呱呱，魂單極而飄揚。曾懸記
于異人，信厥生之有命。桑穀共而爲祥，亥午代而更盛。胡兩大

之能兼？望昆孫如幻夢。無贏金以娛老，常拮据于米鹽。想英年余獨步，揚過隙之羲鞭。非杜康莫解斯慍，纔涓滴已復陶然。稍縈心于散帙，冀脫苦而逃禪，天之大氣，爲江爲河。激則噴薄，順則滂沱。相推成化，物理則那。或向隅而掩袂，或對酒而當歌。大化所甄，如銅在火。達人齊物，何所不可？即蟲臂與鼠肝，亦無適而非我。苟取足于性中，又何分焦螟與蜾蠃？哂田竇之傾移，或負恃而胎禍。彼樂范之強宗，曾不能托足于閭左。或舉族而膏原，又何辭流離與尾瑣？羨仙嶠之玄同，卑塵寰如夢幻。相浸熾而熏天，亦終歸于無焰。鄰室狺狺以交惡，何必不恤離而中判？叩皋陶使爲理，恐叔魚之相按。倘取厭于多求，增憂心之痌痌。歷邃古至今茲，固一治而一亂。舍歲暮之窮愁，委自然于空觀。時曖曖其向昏，六龍誰能頓轡？悵陽景之西沉，方息囂而假寐。掩堯桀于荒丘，繆令威之千歲。空館闃其無人，陳編散而星墜。踐經年之宿草，睨干雲之修檜。交親遠以益疏，矧引同時之貴勢？雖篤愛如曾閔，終節禮而修容。付遺踪于響像，悲殞籜之秋風。嘆大化之流易，彭殤何分乎修短？無繫日之長繩，苦人促而天遠。就筵詹使枚卜，謂余情爲近愊。攬百物之凋榮，孰能留此荏苒？魂杳杳以何歸？或被髮而爲屬。苟勿替于食我，何別生與分類？嗟卵翼之多懷，俟緇衣而狸製。長鬱鬱其如林，早峩冠而博帶。倘昉眛以相將，免壞都之中潰。如各止其天倪，庶令聞爲長世。必肘露而踵決，始信余爲清吏。

重曰：我生之初，珮玉珊珊。我生之後，形孤影單。黽勉素絲，謂余伐檀。維雀有巢，鳩斯即安。何以貽女？戒在游盤。勤書力穡，庶無後艱。相彼畢御，外強中乾。天道悠悠，胡不自寬？

襄陽白銅鞮歌三首

一

征夫懷往路，思婦理行裝。相送指江水，愁悰若個長。

二

春去秋復來，雁飛無復問。交河方合圍，還期知遠近？

三

落日控金鞭，來往大堤曲。道逢採蓮女，爲緩追風足。

東飛伯勞歌

東飛伯勞西飛燕，人生瞬息如奔電。長安美酒斗十千，何不痛飲娛當年。誰家美女嬌如花，妙舞清歌傾狹邪。鴛鴦繡被珊瑚枕，握中明月平酬寢。遺我縞帶申同心，何以報之雙南金。夜看銀河隔牛女，送歡出門泪如雨。

送鎮帥解荆樵歸金陵

仗劍返南服，牽裾使我愁。邊馬蕭蕭鳴，材官擁道周。懷意慘不舒，對酒安能酬？惜哉文武才，不遇難久留。嚴風遵廣路，落日帶長楸。行邁指江干，招搖涉方舟。鴻鵠摩青天，葭葦夾寒流。鯨波苦未夷，桑榆會見投。秣陵天子宅，王氣無時休。慷慨有長算，殷勤借前籌。要使皇威震，蕩茲大海陬。橫槊得佳句，還寄故人不？

送劉生游燕轉入洛

送子遠游行，天氣方共曦。所期在交親，溽暑安能辭？男兒生世間，足宜窮四垂。況乃入長安，何異履前墀？回首洛陽阡，朋好紛追隨。計日涼飇發，周道正委迤。十載操南音，旅食汾之湄。并州成故鄉，兒女相牽裾。不作可憐色，慷慨歌聲悲。所如倘得意，願言早旋歸。吾廬三徑在，遲爾雪云霏。

題《易使君川上圖》

邈矣洙泗流，繞出孔子宮。臨川嘆時往，問津悲道窮。六經如杲日，千載欽遺風。至今冢墓傍，絕無狐虺踪。元氣此攸會，異物焉能鍾？如何西方教，亦來東蒙峰？穹窿榜朱户，掩映開金容。峨峨山上石，鬱鬱澗底松。山疑降五老，水猶盤二龍。斯文原在兹，誰復迷空宗？是惟君子國，今見棠陰濃。

寄賀劉子禮七十二生子

得君洛陽信，言舉寧馨兒。如何充閭慶，能在勃勤時？自憐復自愛，看笑又看啼。早催雙玉樹，晚發一瓊枝。孫曾共耶長，捧觴前致詞。父若大父行，小弱世所希。賀客繽紛至，都言此甚奇。顧兹盈尺寶，遠彼傾城姿。吾衰已矣夫，念之心傷悲。

送施秀才歸越

吾家兩豎兒，頑冥志俱鄙。範埴欲爲金，策駑希千里。固知非所宜，寸心聊復爾。君從燕市來，胸中富經史。下帷董生園，絶迹王侯軌。講讀已三年，及門兼數子。不違空兀兀，近譬誰唯唯？兩試童子科，棄置不復齒。相彼黃楊樹，厄閏詎能美？翻然思故鄉，況是秋風起？留之不可留，送別汾河沚。近塞度高鴻，連天漲遠水。江楓夾岸丹，海色迎門紫。總敝黑貂裘，好在烏皮几。言從上國歸，頗類延陵氏。凡鳥鳴啾啾，清河流瀰瀰。羽翼臨當乖，風波慎所止。興盡君歸與，情深吾老矣。日月永相望，素書付雙鯉。

又

東海有碩儒，世受王孫易。薊北曳長裾，西河開講席。微探象數先，善鼓風雷益。誘言本無方，危坐常永夕。察之奧漯間，不見容光隙。夏楚詎爲威？雌黄宜自力。誰云擊蒙利？祇負煩師癖。譬如耕石田，枉却三春澤。吾園擅一丘，杖藜時岸幘。移尊散鬱陶，展卷資彈射。爲歡殊未央，去此將安適？避席似施讐，懷鄉類莊舄。迢迢千里途，倏然改疇昔。石渠爾自致，崦嵫吾已迫。後晤無前期，相持慘不發。咄哉二三子，流光惜虛擲。

《游仙詩》 送馬鳳鳴表賀萬歲節竣事還蜀

君自天中仙，偶下人間世。十載觸邪冠，萬里分藩使。偏愛西南游，知爲産藥地。道逢萼緑華，授以丹砂秘。恍然悟宿因，誓欲求真際。取證洞霄文，一一皆冥契。脱屣諒非難，大隱居纏市。溪蠻正阻兵，廊廟求深計。陳枲亦量移，積薪何足異？富貴如浮雲，輀軒示游戲。朝槿與夏蟲，非吾興所寄。長嘯歸峨眉，翛然遠塵累。

《天老吟》 爲御史中丞魏節齋先生九十加恩賦有序

《韓詩外傳》曰：黄帝即位，宇内和平，惟思鳳象，召天老問之，天老對甚詳。雜説家又謂：五色具揚，出東方君子之國，翺翔四海之外，見則天下安寧。故《卷阿》之詩托之起興。今魏家三君子，世稱"河朔三鳳"，而開府爲之長。太公之九十受封也，意者即黄帝之天老與？鄉大夫張介壽之筵，推道行祭酒，序典揚釋，歌《天老吟》以安之。夫《卷阿》，周道之摯隆也。《天老吟》，亦魏德之摯隆也。義取偶同，言非進越，兼陳祝嘏，用引篇端云爾。

南極耿夜光，下爍繁水湄。軒后邈已遠，天老如在斯。綿綿神龜息，翩翩海鶴姿。瓊珮鏘然鳴，珠纓燦星垂。混迹賁丘壑，會心游皇羲。懷此明月珍，誰能藏其輝？庭中有三鳳，羽翼何參差！并從丹穴出，齊傍帝城飛。九霄不可問，五雲相蔽虧。長離跂高足，獨跱太行西。垂天舒六翮，清陰被九圍。回首扶桑日，其如靡鹽詩？帝心感瑞應，知爲天所遺。飼以琅玕食，被以火藻衣。授以制作符，錫以難老期。真誥出華渚，恒霍皆光輝。所以天老貴，因知靈禽奇。婆娑倚鳩杖，逍遥乘雲車。非無虞庭采，獨愛商山芝。諸孫儼成行，一一稱佳兒。青袍隨赤紱，周旋多令儀。齊致萬年祝，遞進光明杯。天光顧之笑，取醉不復辭。乃知鳳有種，非德莫致之。九苞與六象，赫然盈堂基。風雲坐超忽，翻飛俱待時。太平纔一見，卑哉稱古稀。長此閱千歲，卜昌如有媯。

贈王之屏召補文學

生家戊己尉，爲王秉前殳。門子正英年，昂然稱丈夫。裘馬何足榮？敦悦在詩書。縱觀俎豆間，慨焉慕文儒。所交必賢豪，珮服垂璠瑜。下帷閱寒暑，誦説遡黃虞。覽古有餘興，毫素聊自娛。既工顧陸畫，復善鍾王書。一行補文學，三辟當公車。男兒貴自致，安能守先模？我行匪時邁，日月聿云徂。及此右文朝，早宜登天衢。無爲掩交戟，遠心良不舒。願言勤努力，名與青雲俱。

《松溪篇》 爲錢綯之尊人賦

君本岩阿秀，秉志何孤揭！托好有嘉樹，素心坐超越。一丘窈窕間，百尺風雷發。未厭海門濤，忽墮關山月。吾懷正寡營，人見株枸櫪。礧砢白龍鱗，夭矯青銅骨。絜之徑十圍，對峙如雙闕。飛廉忽不夷，奮鬣相撐突。誰爲和天均？釋然罷敢決。此際一杯酒，憶種西池核。渥顏駐丹砂，凉颼揚素髮。不遠大夫封，高騫君子德。林幽杖屢經，谷空響互答。結廬忘歲年，誰能紀庚甲？

讀溧川王公 《忠勤録》 詩

繄余纔束髮，釋褐金馬門。有來天下士，至止外臺臣。一見心相許，含情兩未申。出擁當關節，入清熠燧塵。京陵憂板蕩，遠近盡崩奔。貳師自中簡，三徙不能軍。轉餉一稱乏，委罪儲胥人。賢哉王大夫，篤棐矢忠貞。楫以長孺重，才堪魏尚倫。奪將號虎氣，散却犬羊群。鬼方梗王化，疇咨移拊循。提兵摩其壘，泥首稱吾民。曾無遺矢費，坐收來格勛。天子新明堂，異材需千尋。匠石窮顧盼，山川憂阻深。三巴淹日月，五溪多毒淫。側身往從之，不避霧露侵。深林蔽短晷，高足沮通津。已播斯干咏，莫招湘水魂。遺愛蠻夷哭，精忠朝著聞。寵增身後秩，碑勒死時勲。秬鬯明禋舉，甘棠祠廟新。舞干敷文德，鳩僝稽放勛。遂昌仁者後，嗣起象賢昆。瑯琊原右族，海岱峙高門。趨庭聞必異，列戟位皆尊。司徒振振子，節相繩繩孫。析圭盛舄奕，委珮方繽紛。閥閱世無兩，庸勞玉可磷。

詩七言古

送萬崇禮之滁陽太僕

送君遠向滁陽道，千里春江白浩浩。駊牝三千焕錦群，馬卿四十稱堂光[一]。平生意在山水間，選勝無如此地好。我昔搴帷傳過之，醉翁亭上曾傾倒。君捧鸞書下紫宸，花迎仙珮來豐鎬。宵中天駟吐生光，歌底龍媒歷無皂。即教鐵騎壯神皋，坐見鯨波息溟島。步屧從尊及妙時，丹崖翠壁資幽討。俶詭山姿轉盼移，扶輿天路飛身早。白下名流幾和歌，何必歐蘇擅瓊藻。洞中古碑半磨滅，石上新題還汛掃。五色驪珠未是奇，千秋片語傳相寶。祇恐休曹復簡書，高提鵲印喧羽葆。山靈又作故人看，白雲回首迷芳草。

寄賀范淮陽養吾八十

昔年舟過閶闔城，獨鶴隨君羡爾清。不受淮南二千禄，坐高漢室循良名。黄河雪擁掀天浪，蛟龍作勢滄溟漲。萬頃良田走白波，千艘漕粟牽城上。使者分符徵負租，太守攢眉不忍呼。便甘解綬飄然去，囊中俸錢從有無。一自掛冠三十載，同時之人復誰在？禹穴窮探治水符，蘭亭暢飲流觴匯。披雲樓下江瀠回，靈汜橋邊數舉杯。踏破青鞋真好事，尋龍望氣陟崔巍。昔日長安看花笑，君方壯年我年少。片語思存好古心，拂衣吾黨誰同調？君家小阮叙殷勤，爲道康强倍所聞。政喜八旬神自健，況余散帙自難分。君才不減渭川叟，我以愚公老谷口。有時欲棹剡溪船，代馬嘶風重回首。清夜一尊共明月，君憶并州我憶越。常因雁羽得行藏，偃蹇山姿兩孤揭。

卧蓮歌

寶蓮堂前蓮已老，落花隨水悲秋早。敗葉難巢千歲龜，凄風欲轉無根草。一枝晚出媚中池，弱質難扶順風倒。不禁柳絮卧波看，自愛娥眉臨鏡掃。非是吳宮西子醉，定知漢殿班姬惱。巫峽行雲惑楚襄，驪山賜浴追天寶。宓妃未許蹇修媒，洛神空入陳思藻。游魚千隊避紅妝，濁酒連朝對清灝。賴有聯翩詩思奇，更覺伶俜花貌好。縱飲真拚水底眠，流連肯放枝頭槁。

贈李君湘山人山人出詩卷索題見孔文谷先生詩潸然有感

二十年前北海客，醉裏張顛留勝迹。紛輪不斷蒼梧雲，綽約如棹山陰雪。二十年後來汾陽，不見楊雄草玄宅。滄桑只在須臾間，没入公家無半席。空有陳遵投轄井，無復平泉醒酒石。君買扁舟泛五湖，相逢不少高陽徒。到處公卿常倒屣，得錢便付黃公壚。眼前世事只如此，身後之名何足擬？共君飲酒而已矣。

送法界游峨眉

峨眉山月雪中孤，銀浪排天下峽趨。云是普賢行化地，上方自昔推靈區。師本長安清門子，韶年投戒伽羅裏。振錫凌空如上都，貂璫幾輩咨禪旨。掉臂參尋過五臺，給孤園在臺之隈。中有維摩談不貳，六根震動驚轟雷。登臺禮罷文殊足，却向劍南窮遠躅。野鶴閒雲任往來，布袍菜飯無營欲。聞道茲山多至人，散花天女誰爲真？（指彭溪歐氏女，今在峨眉。）不斷疑情空碌碌，酬機無語成迷津。法界虛空須自悟，悟時不用他人度。芒鞋踏遍草間塵，汝若再來須把住。

《孝行篇》贈梁理夫旌表
孝行時年八十

天地之性人爲貴，人能行孝動天地。甘泉自湧黃金出，眷德儲祥標往記。今日高梁有逸民，三秀同生何蔽芾！伯子峩冠切雲起，仲子翩翩稱鼎貴。庭訓初承青瑣賢，熊丸晚得慈幃意。嚴堂不待兒成名，有弟何須身自致？廬邊宿草眼堪枯，冢上祥烏啼不去。一上公車重離母，纔到長安便回首。齧指心動神理符，入門起色真不偶。青箱二惠搏秋風，玉案雙魚介春酒。彩衣行樂正此時，黃金橫腰復何有？舜年五十猶慕親，君慕終身孝爾真。採風使者欽高義，疏列平生感至尊。聖主化民端在孝，褒章馳下陽平津。錦字璇題光映日，鐵冠豸繡清無塵。溢路鄉人誇篤老，分庭長吏樂嘉賓。秩秩初筵連旦開，繩繩孫子接昭回。千里九朝傳盛事，五侯七貴何爲哉！昔年同上孝廉船，紅顏如玉笑相牽。一時兄弟多逍盡，壽考榮名君自全。交親早結芝蘭契，往復常依金石篇。書來頻問加餐飯，信去難逢錫命筵。夢裏尋君還自廢，花間得句若爲傳。敬賦《南陔》與《伐木》，清聲散入九秋烟。

《古稀篇》贈梁立夫七十

我聞七十古來少，何限身名同腐草。縱有丹砂駐大年，不如榮名以爲寶。羨君早歲上乘雲，一顧曾空冀北群。茹藥飲泉未云苦，至今宦轍留清芬。辭官四十甘雲臥，讀書萬卷囊爲破。姓名屢入山公啓，徵聘難回管寧坐。書罷《黃庭》喜共傳，詩成《白雪》愁難和。晚得嘉兒似二方，掌中珠玉爛生光。此日崢崢露頭角，異時發發繼書香。甲子將鄰縰縣老，卿才原是晉山良。蕭然四壁但圖史，健筆猶龍滿倫紙。寄我新篇七十餘，神情那得多如許？清心不染洛陽塵，浩氣全吞江漢水。俯仰天倫樂事多，兄弟孝廉相和歌。太平耆老家方慶，園綺相高奈爾何？

葉山人歌 字子將，號浮丘，歙人

葉生葉生江海客，清興狂吟頭已白。揮毫貫寫八分書，作畫能辭五侯宅。一騎邊城六月來，莫能厚遇甘窮厄。颯颯余年近古稀，買山俸盡生涯窄。別業榴花照眼紅，初辰裏酒盈尊碧。感君槃礴掃長松，皮作龍鱗根作石。更添茆屋三五間，便欲因之問真宅。醉後頹然臥竹根，覺來率爾塗縑帛。婀娜園花入品題，淡白殷紅何繹繹！意興思存物象先，循環不得纖毫隙。操筆臨池信能事，留題到處多名迹。落木蕭蕭感歲華，寒砧夜夜催刀尺。興盡他鄉悵獨臥，空囊千里嗟行役。送君把贈雙吳鈎，夜吐精光人辟易。相思何處何加餐？賦罷驪駒三嘆息。

少年行

誰罽機頭一幅練，狂來醉筆開生面。風中怒吼大夫松，松下麗人坐葱蒨。手持三尺白玉鈎，手色與鈎不相辨。牛腰行卷置座旁，贈言富有邦之彦。宛孌年疑二十餘，安陵龍陽何足羨？早得君王一顧難，遠心懶侍黄金殿。床上有書連屋高，檐頭有月當窗見。不愛章臺楊柳枝，好披左氏《春秋傳》。書法游心彷晉唐，文章學步宗《騷》《選》。似惜芳年不自持，虎頭特爲摹清宴。余亦寫真水竹間，蓬鬆短髮垂枯顏。阿堵傳神恨不早，羨爾草堂生玉山。

校勘記

〔一〕“光”不在韻，疑當作“老”。

和魏公初夏之作

清夏坐高燕，千峰來遠烟。彩毫分突兀，青眼入芊綿。耕鑿關心切，雲霞入思玄，知他羊叔子，詩興正翩翩。

和魏公賞雨

臘後愁無雪，春來雨甚時。流雲低拂樹，行潦急侵池。對此飛揚態，能無絕妙詞？悠然成獨酌，開府有新詩。

贈馬教授

君自傳經者，吾甘隱几人。如龍門下士，爲蝶夢中身。咫尺空相慕，鶯花不厭貧。探奇如有意，投轄似陳遵。

又

畿甸聲華重，河汾講授勤。公羊推五始，倚相博三墳。容珮春星曉，弦歌夜雨分。諸生在高第，一一煥奎文。

送鄭理問擢留都防禦使

送爾金陵去，春風遡雁群。高人懷仲素，宿草恨孤墳。悟後身渾汗，朋來席似雲。從師能自得，況復見鄒君？（羅近溪、鄒南皋，皆有道仁人也。道行感今懷昔，并切景行。鄭使君，近溪弟子，自晉藩移官南京，時鄒公正在比部，故于其行，贈詩如右。）

見泉中丞見過小飲有贈依韻答之

結茅成小隱，一曲望清汾。忽枉高人轍，時將至理聞。群言綜朗鑒，季雅博微醺。似得金針力，雙眸自此分。

介子逃綿後，看花日倚欄。爲憐三顧重，小具一壺餐。黃髮安危裏，青編歲月闌。冥搜多古意，宜得萬民歡。

戲贈彭正休學博

西河夫子席，閩海孝廉船。千里裁吾黨，三公辟爾賢。衡飛高世表，磬折貴人前。莫厭詞頭劇，綸扉亦代言。

讀罷制科書，令人意躍如。移家仍八口，每食嘆無魚。孤擁青氈坐，時乘下澤車。細君終一笑，胾割大官餘。

贈彭正休

龍門千尺浪，一擊上青天。速化趨庭鯉，從升集座鱣。談經常第一，推轂更無前。入奉臨軒問，宮袍引列仙。

龜峰蟠秀色，濟濟盛賢良。被褐懷荊玉，毛錐處皂囊。飛騰原赤汗，家世自青箱。鄉國前驅者，春風起雁行。

讀直指劉公壽魏太公詩敬次

比德太丘長，傳經博士師。元方稱壽日，晁錯受書時。冰合河防急，灰飛日御遲。采風勤使者，保艾奏新詩。

開府西征日，高堂賦遠游。九旬人瑞是，星紀歲環周。歸養身彌健，安攘志可酬。春風榮晝錦，長笑看封侯。

春日和魏見泉過桂子園詩

霧裏看花似，春來祇自憐。青門當勝地，白髮借餘年。建節時時過，揮鋤事事偏。長城高起色，雄思滿新篇。

山居甘削迹，獨愛相君游。久借丹霄價，能無白雪酬？園花如有待，畎澮已承流。膏雨催春劇，搴芳亦楚洲。

杜公甫應聘之長垣

妙得岐黄理，言從河朔游。大名千里外，直指尺書求。客舍春栽杏，車音曉建油。賢豪争自致，切莫重淹留。

送潛甫

送爾金陵去，吹人楊柳風。别時一尊酒，明日大江東。王氣盤龍虎，鄉心逐雁鴻。舊京清問在，慎矣播堯中。

寄懷侯泰和給事

憶昔徵書下，盈城竹馬喧。清風牽使節，落日駐征轅。物論安危繫，皇猷獻納存。人間傳諫草，誰并古人論？

凌空鳧久去，寄遠雁頻來。白首中林士，丹楓近御才。吾衰行已矣，君意獨悠哉。惆悵籬邊菊，吟情强自裁。

爲郡公題魏太公壽册是見泉中丞父十首

河朔逃名者，悠悠世外情。堯尊常自適，郢曲好誰賡？庭有三琪樹，人當萬里城。年年稱壽日，南斗注長生。

幕府開三晉，瞻雲思欲飛。星依台斗近，書自太行歸。白社追同甲，青山揖令威。興來常自健，選勝醉春暉。

赫赫建牙日，殷殷戲彩情。當歌珠玉滿，張樂鳳鸞鳴。桃種西池核，尊推北海名。恩榮兼壽考，何必慕篯鏗？

初日祥烏集，東風乳燕飛。十乘方叔駕，五色老萊衣。仙露浮高闕，卿雲下釣磯。珍從非不貴，肯換故山薇？

大年高洛社，初度屬玄冥。天上回長日，人間有壽星。三秀山增潤，雙眸靛謝青。繩繩孫子貴，都受伏生經。

雲林無外事，鷗鷺結幽盟。興至奚囊滿，春來池草生。檢書千古意，留客一尊情。無耐封章數，其如衮烏迎！

仿佛鹿門隱，閒情寄一丘。山中無鳳曆，河上有漁舟。大斗黃封注，輶軒紫塞游。居然天下老，陸海幻瀛洲。

有美都人士，今爲河上公。三花凝紫氣，一榻引清風。獨許羊裘過，寧知衮鉞崇？孫曾方嗣起，相望鬬穹窿。

隴首懸車後，多年學閉關。林中三鳳翥，天上五花頒。丹鼎何勞問，金泥有大還。悠悠陟岵者，知隔幾重山？

生是華胥國，人傳綺季歌。乾坤扶杖屨，日月掛藤蘿。塞上黃金印，朝中白玉珂。一陽稱壽日，四世樂如何！

和魏公留酌院中詩

寰海非無事，風塵祇見君。相求多古意，孤思賦靈芬。慷慨臺中疏，微茫天上聞。安危賴公等，端爲釋紛紜。

和魏公寄丁元甫詩

欲巢珠樹鶴，曾傍帝城飛。今日緱山下，還疑丁令威。雲霞扶羽翮，山水入音徽。天外聲相和，遥憐明月輝。

羽檄三年静，冰壺永夜清。乾坤存正氣，河朔吐精英。自愛思親操，難爲報主情。新詩傳洛下，文采過東京。

魏公連舉二孫

七星方應斗，雙璧又逢山。子舍蘭芽苗，親闈擁樹環。孫枝添個個，鶯語正關關。待到趨庭日，龍鱗次第攀。

魏公得侄孫是懋權子

忽聞烏鵲喜，翻引鶺鴒悲。祚歷三傳大，人亡十載期。挺生原不偶，間世更多奇。顧腹偏憐汝，知無第五私。

大内灾

未央三日火，誰扇祝融風？本爲清群豎，番然及兩宫。天如收寶氣，地不愛康功。考室今伊始，深憂萬國窮。

下修省詔

省躬勤詔使，六月出燕京。聖主喜無恙，旻天虛有情。祇緣龍火出，堪益帝星明。締造非容易，何如慎守成？

讀魏長公詩有贈

持觴歌有客，投璧興無涯。沆茫思公子，濤箋出大家。春生塘上草，夢吐筆中花。何地尋高會，東陵隱種瓜。

魏家好兄弟，往往擅詩名。受法從三世，登壇悟一乘。前身金粟影，此日彩衣情。擁傳關門史，從今識長卿。

時事蕭騷甚，官方進退難。孤嫠皇恤緯？大將正登壇。莫動尊鱸興，須從帶礪看。主恩與親命，報國即承歡。時開府請告未許。

我法無牛迹，君才自鳳毛。塵言都擺脫，天趣本孤高。何必偕群從，方能散鬱陶？趨庭真樂事，古意在風騷。

詩七言律

贈解參將

推轂解揚偏重晉，才名早已舊京知。即看代馬排空力，不數戈船下瀨師。團扇秋風歌《白苧》，平林衰草杖青藜。知君剩有探奇興，何日尊前倒接䍦？

送葉雲鵠隨呂中丞入京

久困泥塗如越石，解驂欣從晏嬰游。不緣大呂元英入，焉得千金駿馬收？旅食常依門下省，著書何必晉陽秋？要爲國士酬知己，一任他鄉笑蒯緱。

贈唐教諭詩 號振山，湖州人。爲房山學諭，育才罷
官後贈

遠書珍重自燕京，千里謠傳擊筑聲。北望期尋河朔飲，東流不盡古今情。折肱未足悲田父，題柱無緣識馬卿。廊廟才名詞賦手，兒曹虛負得先生。

贈汪敬亭

結客燕京擁傳來，楚陶吳茗後車回。清談足餉王濛癖，奇貨難居呂氏才。坐上春風揮彩筆，歌中夜雨落青煤。千金莫笑無人問，儉德唐風信美哉。

七夕同汪伯英桂子園賞并頭蓮

并蒂芙蕖劇可憐，趙家姊妹盛當年。催妝欲動天河鼓，載酒堪移太乙船。織女迎秋成紫綺，雀橋今夕渡花鈿。江南詞客頻相賞，遮莫鄉心憶采蓮。

送關永泰二首

欲行未行秋已殘，黃金費盡客衣單。朝來掉臂西南去，留得揮毫月夜看。白首撩天愁倚仗，丹楓浥露美游盤。平生四海多知己，不道人間行路難。

携得王維畫裏詩，右軍書法更多奇。家懸墨妙千金賞，酒破鄉愁午夜知。客舍蕭森眠未穩，山城跋涉去何之？臨歧不盡相牽意，把贈青林桂一枝。

送郭使君自晉臬擢楚右使

出處同心見古交，論文時復秉前茅。删成晉語容傳誦，著就玄經許借抄。當御難回君子轍，臨歧還薦野人庖。長風鼓浪船如馬，留得歌聲似漢鐃。

冀北威名嚴采訪，湘南風澤重旬宣。移官正及梅花放，獻壽齊看柏酒傳。子舍休曹難進艇，士林標榜欲同船。且看龍笋新抽籜，笑擁孫曾彩侍前。

曾從金板見雄文，夢裏如吞五色雲。衝斗昔彈雷令劍，成風今運郢人斤。學窮東觀心如海，注破南華事有君。適楚正逢津吏待，空言經術在河汾。

送車千兩去并州，望若登仙嘆不留。西入苞茅原問楚，南征跋履適從周。望雲喜出羊腸路，薦岳能無燕翼猷？回首太原王處士，搴蓬誰上讀書樓？

書郭使君壽册

膝下才名世所無，高馳愛日照沮洳。四傳圭邑占先甲，三命循墻啓大儒。鶴繞斑衣將進酒，鳳翔丹穴又含雛。年年倚仗青雲表，酒近南山不用扶。公四世皆生于癸年。

讀開府魏公詩情至之語天然造極欲贊一言遂成三律雖學步邯鄲未可便似或不至匍匐也

海內曾傳抗疏名，翩翩詞采又西京。無論戇直如長孺，大有才情類馬卿。作者幾人稱寡和，興來散帙有餘清。此時鈴閣逢多暇，好續《思文》頌太平。

投我新詩玉一函，琅琅象表奏《英》《咸》。鏤金錯彩非無貴，傍水看花自不凡。細叩宮商皆比律，如調騏驥就雙銜。青箱貯滿千年語，五岳名山幾處緘？

建牙寵錫賦彤弓，河海泱泱見大風。獨立騷壇標赤幟，前驅小對搴孤蓬。五言忽起長城色，萬籟都收寸管中。不分魏家詞賦手，中原虎視世推雄。

和魏開府閱武二律

晉陽風俗重清明，禁火先為壘上行。遂有同雲隨使者，齊看疏雨洗佳兵。三軍樂用騰朝氣，萬姓歡呼雜鼓聲。漢代威稜今載見，鐃歌又得大夫名。

上將威生紫電光，誇胡詞賦陋長楊。虯髯無論千夫長，猿臂都來七郡良。絕漠橫行堪個個，常山為勢見堂堂。祇今宵旰東西顧，蹢躅何須問犬羊？

久旱開府魏公禱于恒岳兼修縱陰之術大雨如澍賦此志喜

無雪春深雨復無，中丞望岳叩靈符。清明忽送千峰雨，原隰都回六月枯。蓐露董生言足術，爲霖傳説事堪圖。田間擊壤謳歌者，不惜餘錢醉酒壚。

送薛龍橋歸吳薛葬親得吉壤

十年三度入并州，逸興翩翩賦遠游。自愛龍門追作者，誰能雁塞動鄉愁？歸親福地三生引，卜世靈符一嫗留。他日定應乘駟馬，可知重見故人不？

杜上林山堂爲余題園景四絶賦此寄謝杜君吳人嘗寫《黃庭經》贈余故頸聯及之余園有鶴冢

吳門別後鬢如絲，常憶修容與皙姿。白下忽來空谷問，林中偏得少陵詩。換鵝書在全無恙，瘞鶴丘成祇自奇。何日婆娑芳樹下，一尊千里慰相思？

劉元善贈余牙珮刻五岳真形賦二詩爲謝

曾向宗峰觀海日，僅從太華見黃河。雲迷衡岳無歸雁，斗轉恒陽有逝波。嶽嶺吹笙塵世隔，玉京搖珮洞仙多。憑君留得真形在，光怪時時上薛蘿。

宇内名山推五岳，世人誰復領其真？不圖靈寶逢君得，常有烟霞伴此身。劉向故爲知道者，王喬元是列仙人。相期汗漫九垓上，手捧金書謁紫宸。

寄林參將時五月七日也

六十四年何所爲？龍蛇難問介之推。忽從河上傳雙鯉，若爲尊前續五絲。投迹青林吾已老，受書黃石爾多奇。可憐競渡誇胡日，不共蒲觴濁水湄。

贈大同王生

吾宗逸少擅臨池，一字千金購者稀。縈髮懸針誰可似？驚鴻臥虎爾爲奇。心精如會公孫舞，神品終當聖主知。得意秋風題柱後，山園隨意寫新詩。

贈溫生_{三山中丞子也}

愛爾河陽溫處士，公車累上鬢將華。初從北海奇通刺，正憶東京老建牙。三物寶周人脫穎，連城如趙玉無暇。知君不負名卿子，忠孝歸然一世家。

寄懷稷山梁理夫立夫兄弟_{理夫}
子蕙以秋賦至省

梁家兄弟秀金莖，肯以安車易偶耕？鶴髮絲絲儀後進，鳳毛采采競先鳴。青雲堪附《夷齊傳》，白岳如懸元季名。書到晉陽秋正好，開尊對月兩關情。

大同孫生投余三詩依數答之孫 亦善臨池

秋夜高懸照乘珠，霜前容髮借相扶。文章豈敢追先進？神采何當謁大巫？賴有松筠青不改，任他風雨歲云徂。知君自昔懷同調，十日平原醉可沽。

高士今逢孫子嚴，坐深月色下鈎簾。換鵝書出人爭得，剋燭詩成酒任添。林外不嘶金勒馬，盤中惟有水晶鹽。縱談名理誰當勝？遮莫宮壺夜漏淹。

山姿偃蹇便高齊，地僻花深好自埋。面壁可能修白業，扶筇隨意跋青鞋。三時禮佛禪僧似，八舉看人計吏偕予歸田二十四年。今日賢良遇孫楚，春風踏遍洛陽街。

雪後有懷開府魏公

霰雪霏微玉辟塵，尋梅携酒興逡巡。清新有句推開府，綽約無緣叩至人。歲晚定還三白瑞，丈深擬進五車神。梁山一曲傳空谷，風澤先回碧海春。

晉王殿下召賞盆梅同諸大夫應教

嶺梅無賴易飛揚，邸第能禁玉笛長。雪裏還尋東閣句，風前偏媚壽陽妝。何如席寵金爲屋？不用移燈月在梁。坐上鄒枚紛授簡，狂吟醉筆盡生香。

晉王殿下召同萬同伯陪開府魏公四律

君王開宴敞元英，節相趨陪借馬卿。何意青山供伏枕，也從丹闕和吹笙。步虛神境饒天籟，入夜祥輝吐化城。怪底月明星錯落，采山樓下萬燈橫。

萬點春燈簇衮袍，坐遲上客引風騷。宵中出火祥虹繞，月下飛瓊紫氣高。彩筆幾人干氣象？銅鞮十里奏雲璈。清新獨有庾開府，刻燭詩懸灧澦濤。

銀提雙引五城樓，仿佛星都揖羽流。好似歌鐘酬魏絳，還分
秬鬯自文侯。光傳藜火頻移席，寒在珠簾不上鈎。千載雪宮賢者
樂，也容春色到羊裘。

　　王家飲御早春暉，庭簡名臣侍瑣闈。酒泛如澠更伯雅，燈移
滿月走璇璣有毬燈輾轉，階上照星巍然。魚龍曼衍笙歌沸，烟霧空濛霹
靂飛。陔夏禮成賓既醉，淵淵庭鼓送將歸。

奉次開府魏公人日登樓見懷之作

　　人日登樓思轉清，揮毫把酒憶王生。雪消天塹黃河水，風濟
春回綠野萍。臥病寧知金戴勝，扶衰惟有菜爲羹。果然名下無虛
士，擁被驚聞落雁聲。薛道衡《人日詩》

晉王張燈召鄉弁宴賞值雪

　　燈光繚繞月藏輝，千里同雲素雪飛。脉脉星橋添麗景，浮浮
火樹接生機。寒凝清禁人先醉，白滿春皋麥乍肥。惟願太平常此
日，年年歡賞莫相違。

邀魏中丞賞牡丹

　　滿園桃李共春殘，風雨蕭蕭夏木寒。似爲花王添醖藉，可無
文伯罄交歡？鳴鑾慣惹烟霞色，搦管先登李杜壇。今日籬邊回六
馬，高歌驕倚赤城看。

山陰王元峰以所製樂器圖及幅巾見遺賦謝

遙傳尺素自劉安，樂器圖兼緇布冠。可是元聲調玉燭？儘容側弁醉花欄。吹簫有客乘風在，折角從人過雨看。天爲宗周隆制作，縱君材藝考朱干。

和劉梅沙憲伯桂子園賞花之作

臺枕岩城抱遠峰，振衣草樹散蒙茸。花間載酒連三事，天上占星聚八龍三司凡八人。滿座高談人比玉，一簾清影兆來松。更憐健筆留題在，片石長令綠蘚封。園有臺，公題曰"聚星"。

和劉長公大江憶桂子園之作

詞賦翩翩逼兩京，曾于行卷嘆才情。王戎詎意來清賞？子駿猶能紹大名。雜佩要君秋府隔，新詩贈我夜光明。柴門擬效平原飲，何日花間倒屣迎？

長公名秉鈇字寬伯湖廣廣濟人梅沙使君子二司賞芍藥共五人先是劉梅沙憲伯題臺上石

柴門不惜破苔斑，鐵畫銀鈎幾處鑴。拼得中山千日醉，到來東井五星攢。薇垣過雨花枝重，柏府飛霜草樹寒。子子干旟原盛事，野夫終是懶衣冠。

憶　昔

黃金勒馬劍生風，日日高牙大纛中。里父掉頭還一笑，貲郎奮臂亦稱雄。紅塵且避千夫長，青史終高萬石公。我欲搴蓬語枯骨，解嘲先辨麗樵鐘。此子不識鐘，以爲鈴也，故以大鈴呼之。

擬送魏見泉入僉内臺未點

六月扶搖指玉京，油油雲覆太原城。府中列柏烏相待，塞下回鑣雁已橫。百歲承歡斟大斗。五言得意起長城。美人宛在冰壺裏，吟興知無苦熱行。

送李本立歸郢中名維標號大瀛本寧弟

憐君三仕返江鄉，海內人文幾雁行？灝氣蒸爲雲夢水，初衣裁就芰荷香。吟行澤畔離憂淺，意在中原代起長。青鬢名山堪自托，書成日月兩爭光。

送張裕庵自晉杲擢滇南藩幕張吉安人在講學社中

首夏憐君萬里行，移官秋興在昆明。一時北斗招搖處，不盡南荒繾綣情。白鹿洞中尋篤論，碧雞祠下起清聲。簡書須畏王程棘，吏隱何勞慕邴生？

送馬教授擢寧夏中衛是孤城抗劉哱處

送君遙指赫連城，入塞黃河送遠青。王略維新京觀在，文光依舊講堂明。三軍殉義存吾道，九夏橫經壯此行。不信西垂稱澤國，到時鸚鵡飽香秔。

送島伯瞻分教隰州

六月除書下隰州，郡中豪俊一時收。山苞樸械分庭立，水挾魚龍抱案流。未有多端塗耳目，豈無三策起春秋？平生突兀看人意，不素餐兮大此游。

題河東王園亭

王家池館百花深，坐對瓊宮敞夕陰。臺畔好爲張樂地，床頭那惜買山金？錦鱗吹浪秋星亂，寶樹干霄夏日沉。縱有鄒枚欣授簡，桃源未許再來尋。

養吾年兄解淮南節籠一鶴歸也余時守吳郡相晤于金閶今三十餘年矣距庚戌同榜四十五年各老于山中其兄子純齋使君以兵馬使轉官來晉陽得其近問出示扇頭詩慨然有懷取次如後

南窗高臥沉廖天，東海通家至自燕。小阮故知無俗調，季方嘗與醉宮筵。憶籠孤鶴淮南隱，無復雙魚冀北傳。四十五年渾是夢，到頭出處幾人賢？

送王含宇使君參議中州

梁園賦雪幾同游？逸興翩翩羨子猷。函谷驅車真氣遠，吹臺弔古白雲秋。朝廷須識安危理，草澤常多倚伏憂。勿翦甘棠思召伯，故鄉回首是并州。

寄懷雁峰先生是王使君父

趨庭有子動昭融，經術名家老令公。曾是上襄游北岳，遂令太史奏秦風。素書遠遡金陵水，清夢常飛玉女宮。歸到承歡如借問，著書無恙見王充。

桂子園盆梅盛開一本二色錢生載酒同松川王孫葉茂叢處士期黃俊吳使君同賞不至

燈前瘦影幾枝斜，獨樹能開兩色花。便欲呼朋拼野酌，況逢携酒到山家。深紅淺白心相許，策蹇扶筇路已賒。一曲陽春無和者，遲君不至轉成嗟。

青玉案中梅可憐，凝霞飄雪鬪鮮妍。似從庾嶺峰頭寄，未許江城笛裏傳。對爾酒腸增廓落。有人文債苦纏綿。豈無桃李能相待？耐可春風萬卉先。

抱來圓几大如輪，容放梅花一樹新。最是虛中春易入，可無嘉客夜相親。婆娑老態偏憐我，點綴寒姿巧趁人。倘得爲渠長作主，年年此會不言頻。

書辛使君雙壽册

歲寒松柏擅高華，比德齊年樂孔嘉。憶昔曾投和氏璧，于今猶績敬姜麻。庭中詩禮開秦策，塞上旌旗翼漢家。秬鬯從天歸二卣，醉顏相對似桃花。

臘月流澌一騎回，北堂遙上萬年杯。真人氣自函關入，天姥吟從谷口來。雪裏看山將進酒，春前調鼎正宜梅。爭誇袞翟相輝映，何必斑衣羨老萊？

送劉寬伯南歸是憲長劉梅沙子

柏府春風散綠蕪，趨庭有子盛文儒。游鯤待擊三千水，名璧終酬十五都。子舍著書情遂遂，南山遠迹咏烏烏。相求擬到辭親日，不惜搴蓬問老夫。

聞君此日賦南征，側耳啼烏送別聲。大氣蒸爲雲夢水，新詩題遍晉陽城。郢中白雪原難和，匣裏青萍好自鳴。笑謂紬書劉子政，并州可是故鄉情？

贈黃俊吳使君四首

出牧余年似子奇，夷梁見爾髮垂眉。文章二妙關飛動，貢舉他鄉遇亂離。心折花邊蝴蝶夢，魂消原上鶺鴒詩。一官白首悲牢落，稍喜新爲魏相知。予弱冠守鄧州，俊吳年十二，見于藩司署中，後與長君秋試，遇賊，長君死焉。

江左章縫入品題，十行齊下見吾師。自云後起違三舍，猶讓前綏過五嶲。急就時爲薇省借，興來常被竹林迷。君今亦是羊裘侶，遮莫才情問酒奚。翠巖先生，予己西監臨座師，日閱三百卷。俊吳敏妙似之，文章倚馬立就，爲貴公代草，日十餘篇。

憶偕計吏入燕京，座主乘驄白下行。薦達叨逾三品貴，歸栖虛負兩都名。恩私未報成今古，世誼相求有弟兄。欲叩異聞何所得？憑緘雙淚到江城。予庚戌會試，翠巖先生督南畿學。

三年謫宦滯并州，未得移家可自由。官舍遲聞烏鵲報，使符真作鳳凰游。朱顏北望人如玉，銀漢西傾女詣牛。莫以箕裘傷歲暮，握中明月定相投。俊吳自揭陽令左遷，檢校晉臬三年，假南差，迎夫人，時尚未有子。

贈湯惟尹時署趙城學諭辟主河汾書院教事

茅屋柴門盡日扃，何來湖海一文星？如雲君席三千士，攀桂吾年六十齡。詩律總成珠照乘，酒腸真以玉爲瓶。狂歌白眼看人意，頗笑邊生腹笥經。

白璧驚傳自趙來，晉乘今得楚之材。風流宋玉偏能賦，雲卧王維數舉杯。滿座青山分突兀，幾行斑管鬭奇恢。于時尊酒論文地，草樹風生亦快哉。

共何懷溪范純齋黃九峰三使君陳惺懷 湯樗存二學士桂子園賞牡丹作

名花爛熳矗如雲，野服相携共五君。霞傍赤城分海色，天回東井聚星文。杯行不數軍書捷，鼓靜爭將罰爵分。向夕移尊就明月，高談猶得夜深聞。

傳道花王是牡丹，名流此際一凭闌。地分吳越來同好，人得江黃在會難。五子共尋河朔飲，十旬那放酒杯乾。林中自有清平樂，莫作當年解語看。

馬侍御經綸被謫和魏公詩

傳道宸居委劫灰，批鱗封事上方開。臨文痛灑孤臣淚，攬疏威生十月雷。安得皇心如日出，不知天意幾時回。還山喜爾猶青鬢，且養干霄柱國材。

題張都司師節《墨花卷》

江南江北四時花，摸寫天然澹更嘉。斑管會心遺朵著，奚囊隨處貯烟霞。虛煩命駕河陽縣，不分枚春突騎家。移鎮蕭蕭無長物，自將龍劍比橫斜。

送薛龍橋游塞上

萬里相求見古交，披襟野酌共陶匏。驕陽怕誦熏心語，俠思偏尋出塞鐃。愛爾津梁工說劍，還余松檜老誅茅。分携應是他生別，好托遺文續解嘲。

贈陳範清學博吳江人，名良模，號惺懷

分符使者渡江行，辟舉烝烝幾上卿。往事已殘蝴蝶夢，壯游空憶閶闔城。垂虹橋上君騎竹，叢桂山中我識荆。敬舉長生初日酒，五絲偏縮故人情。

憶昔三秦典試來，籠中富有濟時材。雖于逐鹿輸先手，終許調羹作大梅。講席如雲吾道在，群言何日逝波回。知君自有燃犀照，莫使奇庞灪化雷。

和魏公喜雨詩

涸澤焉浮五石樽，陡驚黿鼍作與鯨吞。風前低舞零陵燕，城下高翻白帝盆。井井炊烟通饋餉，家家鼓腹絜公孫。回天不有憂時相，那得桑林露禱恩？

驕陽如欲妬西成，愁及床頭蟋蟀鳴。誰爲鞭龍將雨至？遂令揮麈受風清。安危國本須長策，憂樂民天有至情。今日閔農諸使者，如君端不負平生。

鄉飲戲韻

漏卮捧在手，汩汩如流泉。因見眼前事，還同少府錢。

其二
濟濟衆主人，鼎彝序相向。行厨方積薪，後來者居上。

其三
有酒豈在清？有肉豈在厚？示儉而訓恭，一肩不掩豆。

其四
鹿鳴樂嘉賓，體薦宜孔碩。皇祖垂訓言，原非爲飲食。

其五
南人授客餐，魚以尾爲敬。今日挽頹風，何爲遠參政？

其六
曾憶浙西游，民間市鵝首。坐權萬貨情，吾地莫須有。

見泉中丞數過訂桂園之約賦此以謝

霜旌閑訪白綸巾，話到生平意轉真。俗眼無勞問前席，山公不是是非人。

老去生涯學灌園，驚聞鹵簿款柴門。會心一段烟霞味，惟有山茶貯瓦盆。

鈴閣瀟然放早衙，干旄孑孑到農家。坐深日影移高樹，遮莫呼童掃落花。

林開三徑引東陵，夏木陰森暑氣澄。欲贈一枝紅芍藥，相期已辦酒如澠。

少陵遺法幾人傳？悟後詩成始造玄。獨有中丞知此意，高談竟日吐青蓮。

側身天地一蓬茅，久矣公卿不下交。今日山中逢魏相，素絲良馬問鳩巢。

贈彭正休學博

著作洋洋似典墳，知君兼善古今文。無論秘閣懸高價，定有名山副舊聞。

亭亭桂樹吐幽姿，自是泉山第一枝。不斷香風驅茀鬱，肯教凡木鬬葳蕤。

送郭青螺自晉臬轉湖廣右丞
分册索贈

　　并州争識惠文冠，江介何爲賦采蘭？地控荆襄歸統御，天容屈宋作銜官。

　　洞庭雪後水增波，君自中流動楚歌。白髮蕭蕭吾已老，蒼梧雲盡奈愁何？

爲閩帥張君題畫

　　長春花下倒清樽，拚取酕醄卧竹根。獨有靈禽知此樂，干霄挺挺見公孫。

　　芙蓉秋冷桂生香，蘆荻蕭蕭散渺茫。何似翠禽飛不去，有人清怨倚新妝。

　　玉蘭新沐海棠紅，分屬花王富貴中。祇恐東風太無賴，須煩守視白頭翁。

　　蟠渦唼藻任浮沉，莊子濠梁樂可尋。坐撫清流移白日，媚人一片水中金。

　　白米青鹽一釣舟，食經鮮鯽晚堪收。春星亂撲西湖雨，夜半漁燈照客愁。

　　三十六星朝北斗，九千餘仞控南溟。春來一擊桃花水，散作扶輿未了青。

　　無數游鱗跳綠波，滄浪一曲起漁蓑。已拚十日平原飲，不得嘉魚奈樂何？

玉山禾熟蟹螯肥，荷柄承筐露未晞。□□須妨畢吏部，酒船常載碧筒歸。

露冷蓮房秋氣高，弱荷何足奮雙螯？寄聲六月良家子[一]，絶幕橫行亦爾曹。

春來桃李媚朝陽，弱柳垂絲拂地長。賴有小橋通斷岸，扶笻人爲看花忙。

蓮花亭子水之湄，採蓮女兒如花枝。照水紅妝能幾日？酒中花盡是歸期。

誰移遠水入丹青？浩渺居然一洞庭。月下孤帆何處落？幾行征雁下寒汀。

滿谷丹楓雁度時，萬山遮斷幾茅茨。欲從此地尋高隱，祇有搴蓬二仲知。

雨中山色盡模糊，樹杪飛流乍有無。酒伴不來難撥遣，一尊聊自咏烏烏。

清風亂裊碧琅玕，獨鶴窺人弄羽翰。閑倚瑶琴無一事，高山流水自須彈。

皎然四望白於銀，雪裏梅花萬點春。便擬騎驢乘興去，酒人誰解愛騷人？

霏霏雨雪逗寒烟，銀海增波拍玉田。忽有樓臺來遠岫，定知遥集藐姑仙。

湖上秋風吹落木，漁船夜傍湖邊宿。游人寧解扣舷歌，日擁妖姬歡不足。

泛泛揚舟與世違，西風忽見雁群歸。笑他時作炎凉態，不及眠鷗自在飛。

春色何如雪色妍？瓊宮玉宇對凄然。閉門何處袁安卧？欲贈床頭買米錢。

吳生仲黃爲余作小像水竹間最爲工雅賦此歸之生挾册自申許二相公下皆有贈言續書其後

麒麟閣上功臣像，何似山中麋鹿群？坐石看雲倚修竹，也容衰老借清芬。

嘲應期携侍兒園居

杏花簪罷又桃花，暮雨揉殘兩鬢鴉。獨有倚樓人不見，含顰遙指赤城霞。

美人宛在水中央，列屋閑居怨一方。桃葉自隨江上去，風流誰不羨高唐？

調應期稱病

金谷名園金市東，美人顏色如花紅。歸來似惜金錢會，西第番成避暑宮。

君家不少五侯鯖，底事清齋祇菜羹？總爲花神能作祟，虛煩和緩責脾經。

和應期拔除

張燈設帳是耶非？都道魂歸竟不歸。盡室何勞遠相避？含情無復妳更衣。

獅山十景郭使君葬母處

石塘開鑒

一痕新月似娥眉，影落墳前碧玉池。阿母今承綵綸貴，空懷環珮鏡中施。

雄猊瞰江

天作獅山控楚邦，靈源發發引高江。王家龍脉曾留記，好與長淮合一雙。

周潭澄璧

繞出平圩内案南，江流千尺匯爲潭。都來看作姬公璧，吐握勛庸向後譚。

長蛇鎖洞

山形迤邐似長蛇，鎖斷桃源萬樹花。不信人間有仙境，墓田井井種胡麻。

五龜獻瑞

登隴都成衆妙門，居然水口五龜蹲。卜人獻兆□□體，千古文章盛子孫。

雙鯉躍靈

垂天甲鬣兩山連，大似雙魚玉案前。孝感通靈憐□日，安排入化慟當年。

帶河環玉

溪水縈回接混茫，一丘宛在水中央。分明白玉垂□帶，會見調元帝座傍。

校勘記

〔一〕"六月良家子"不辭，疑"月"當作"郡"。

題香山九老圖册爲郭青螺尊人賦[一]

九老香山社，圖從畫史傳。圍棋星錯落，舞袖鶴翩躚。鳩杖扶春健，犧尊介壽便。脱纏因斷内，厭苦□□□。□□□□□，□經麈尾懸。滿頭飛白雪，一醉□□□。□□□□□，□□□□年。誰從萬曆後，寫向會昌前[二]。

校勘記

〔一〕該詩竄入中國國家圖書館藏本《桂子園集》卷八首頁，美國國會圖書館藏本未載。

〔二〕後疑有缺頁。

督撫奏議

〔明〕李尚思　撰

趙俊明　點校

點校説明

《督撫奏議》六卷，明李尚思撰。

李尚思（1537—1615），字從學，別號晉峰，明山西平陽府曲沃縣人。嘉靖三十七年（1558）解元，隆慶二年（1568）舉進士，五年任刑部陝西司主事。決獄詳審，見同事輕易簽署判決書輒深爲嘆息。萬曆二年（1574），調吏部稽勛司，歷驗封司、考功司、文選司主事，六年升稽勛司員外郎。十年升驗封司署郎中事員外郎，不阿附張居正，回籍守制。十三年起送到部，除吏部文選司郎中，上疏薦用張居正所排斥諸賢臣。十四年升太常寺少卿。十五年三月升大理寺右少卿，十二月升本寺左少卿。十六年升太常寺卿。十七年升都察院右副都御史，巡撫四川等處地方，提督軍務。在任期間，廢除采木之役，賑濟饑民。川地連巴、隴，南北番族交相窺伺。尚思大集土、漢兵，扼險設伏，番族來犯輒遭挫遁去。叠茂白泥、楊柳等寨番族，糾集松坪、大小黑水數十種落，肆行殺擄，圖謀作亂。尚思移師於灌口，分兵追剿，勒石雪嶺而還。以功獲賜銀三十兩、紵絲三表裏，并蔭一子入國子監讀書。萬曆十九年，升刑部右侍郎，改戶部、吏部右侍郎。二十年，以被科臣劉道亨論劾再疏乞休。尚思居鄉孝友勤儉，見義勇爲，卒贈兵部尚書。著有《督撫奏議》。

《督撫奏議》六卷，爲李尚思撫蜀時的奏議，主要涉及在任期間賑濟灾荒、整飭吏治、整頓邊務、征剿羌夷等方面的內容。該書有明萬曆十九年余一龍刻本，本次點校即以此爲底本。

司寇晉峰李公《撫蜀奏議》序

中丞晉峰李公撫蜀之二年，一龍方捧蜀藩之檄在途，聞公晉少司寇，兼程疾走，冀得面受繩墨。至則值公候代未行，幸從諸大夫後，摳衣執牒詣轅門而被容接者凡一月餘，雖遇合無何，然未爲不遇矣。

嘗謂蜀地古稱沃野，環蜀實皆山也，土瘠民貧，比年數遭大役。公甫下車，布德宣和，興利除弊，壹意愛養休息，不逾期月，民乃大治。偶歲大饑，山居者艱於食，公下令所司移粟以周之，全活甚衆。屬郡凡八，轄邑百餘，散處山谷間。不賢有司往多掊克其民爲自肥計，有捆載以去而得苟免於罰者。自公撫蜀，而貪墨者易心，即有之，朝聞而夕斥之矣。公固舊天曹也，臧否黜陟，誰能逃藻鑒？自是吏治肅而民瘵蘇，四境之內晏如也。

蜀地多夷，其西北一帶與黜番鄰，尤屬難馭，歲時桀驁爲患，從來未有大得志者。昔孔明相漢，未平吳、魏，先定西南以固根本。此番不剿，安攘之義謂何？用是儲糧積餉，選將屬兵，集衆思，屈群力，一舉而殲滅之，斬首無算，遺虜遠道，不敢近邊，西土底寧。按臺上其事於朝，聖天子至爲之告廟宣捷，待公以殊典，而全蜀之民嗣今永得安堵者，公之力也。公且旦夕經略，期爲地方永杜禍本，未嘗以大捷自滿。一龍受事以來，入而聽令，出而啓公，所下司札，諄諄皆全蜀善後計也。當約諸司及諸郡邑奉揚德意，何敢失墜？公行且有日，其撫蜀日諸所措置必先聞而後見諸行事，故欲知公之行事，惟奏牘爲可考。力請於公，出之，一龍始得受而全讀之，因刻之於紫薇堂中。

夫公之德業，以往則中朝播譽，將來則宇內承休，其所設施何限，而此刻特公一時事耳。顧其偉績豐功照耀古今，不有纂述，後將何觀？古人不云乎？“不習爲吏，視已成事”。此刻既成，播之民間，傳之不朽，異日公秉銓宅揆，置身廟堂之上，而其精神、其議論昭昭然長在眉山、三峽之間，執此以往，其無所失矣，豈惟一時，抑將百世賴之。一龍因敢僭爲之序。

萬曆十九年十二月吉旦，四川布政使司左布政使新安余一龍頓首拜書

奏報督撫交代疏

欽差提督軍務、巡撫四川等處地方、都察院右副都御史臣李　　謹奏：爲交代事。臣原任太常寺卿，萬曆拾柒年貳月貳拾伍日准吏部咨，爲缺官事，該本部等衙門會推，題奉聖旨："李尚思升都察院右副都御史、巡撫四川等處地方、提督軍務，寫敕與他。"欽此。欽遵，備咨到臣。臣隨赴鴻臚寺報名詣闕謝恩，都察院到任。叁月貳拾玖日領敕書壹道，陛辭，於捌月貳拾貳日入蜀，准前任兵部右侍郎兼都察院右僉都御史、今養病徐咨，送原領符驗、關防并吏卷到臣，接管行事外。

伏念臣受才綿庸，賦性愚戇，向執玉帛以贊郊廟，尚慚俎豆之無聞，兹分符節以鎮封疆，益愧軍旅之未諳。矧巴蜀扼塞之地，乃華夷表裏之區。羌環於邊，虜伺於外，陰雨當先綢繆；民困於木，士疲於戈，物力全藉休息。必推威信大吏始展綏靖壯猷，讅焉如臣，豈其克任？所期丹心對白日，矢竭精力於遐方；敢因廊廟遠江湖，遂忘天顏於咫尺。臣下情不勝屏營之至，爲此具本謹具奏聞。

季報地方雨雪疏

題：爲傳奉聖諭事。萬曆拾柒年玖月初拾日，據四川布政使司呈，奉前督撫徐都御史案驗，遵依，行准分守川西東北、上下川南各道咨報所屬府州縣萬曆拾柒年夏季雨澤到司。查得成都府、龍安府、馬湖府、叙州府各所屬潼川州、邛州、雅州、眉州、嘉定州、瀘州并所屬俱稱霑足；保寧府、順慶府所屬中多霑足，惟鄰水縣、營山縣陸月分全無；夔州府所屬亦有霑足者；重慶府所屬孟月俱稱霑足，仲季貳月有貳分、叄分者，有止壹分者，惟綦江縣、武隆縣陸月全無。以通省計之，則雨澤全歉、禾苗枯槁者莫如重慶等處爲甚，等因。呈報到臣。

案照萬曆拾陸年捌月內准兵部咨，前事，該巡撫寧夏都察院右僉都御史梁問孟奏。本部覆議，內開除見今各被災地方應報事宜仍聽撫按諸臣查議具奏外，其餘邊腹省直，合行巡撫衙門各將所屬境內某處雨雪霑足、某處雨雪全無、某處雨雪幾分每季壹報，仰慰宸衷。按臣巡歷無時，不必會疏，等因。題奉聖旨："奏報雨澤原係舊制，這季報俱依擬行。"欽此。欽遵，備咨前撫臣，已經通行該司、道、府、州、縣遵照訖。

臣於捌月末旬接管，查得夏季雨澤例應按季具題，緣前撫臣徐　　抱疴俞告，起行東歸，未及題報。今據前因，該臣覆看得，蜀省夏季雨澤，川西南北率稱霑足，農事有秋；川東夔州府所屬雖云愆期，收亦可半；惟重慶府屬雨澤全歉，秋禾無收，小民嗷嗷，實爲可憫。除另疏奏報外，理合具題。緣係傳奉聖諭事理，爲此具本謹具題知。

參報延緩賑册疏

題：爲賑濟奏報延緩數年，謹遵旨查參，以肅法紀，以惠災民事。據四川布政使司呈，奉臣案驗，前事，仰司速將本司并合屬三年掌署印信官員職名及各經管月日作速具報，以憑施行。奉此，該本司查得，萬曆拾肆年六月二十三日奉兩院案驗，爲天久不雨，民隱可憂，仰體聖衷，亟圖修省事，備案，仰司即便轉行守、巡各道，嚴令各府、州、縣掌印官將見被災傷地方查勘輕重分數的實，及酌量存貯倉穀，或全給，或半給，通詳請支，定限日期給賑，毋得遷延遲滯。該司總將給過人戶、支過穀石數目造冊呈院，奏繳青冊，送部查考。其無災去處，亦將見貯錢穀堪備賑濟若干類冊齎院報部，等因。奉此，本年六月內該本司前任布政使、今升廣西巡撫劉　到任接管，遵照督行。至萬曆十五年三月內，據各屬陸續冊報未齊間，本官聞報升任，本年三月二十一日將印信交代本司右布政使、今升左布政使彭富接管，行催未齊。十月十八日，該本司今大察聽調，左布政使趙睿到任接管。至萬曆拾陸年，各屬冊報已齊，本官責令該吏謝天擎類造間，隨因赴京應朝，於本年九月二十五日交於本司今任左布政使彭富接管。天擎自思兩年并造，懼恐罪累，將稿隱匿不造，致蒙嚴催勘合事件。該本司審追冊稿，將本吏究罪革役，呈詳兩院，批允造冊奏繳去後。

今奉前因，該本司查得全省地方萬曆十四年分止有巫山、萬縣、梁山、東鄉、巴州、通江、南部、銅梁八州縣，萬曆十五年分復有合州、安岳、射洪、遂寧、南江、巴州、綦江、巫山、奉節、涪州、大昌、鹽亭十二州縣，各稱災傷。隨該各府、州、縣備申守、巡各道，委官勘明，酌量輕重，通詳兩院批允，俱於彼時動支倉穀放賑，并未稽延。至於賑畢冊報，本司類造奏青文冊，一時川省道里遠近不等，各屬冊報互異，駁查延捱。如十四、十五二年文冊，俱至十六年三、九兩月始獲就緒。既已催齊，又該左布政使趙睿看稿准行并造，而該吏謝天擎隱匿成稿，故擬革役，非敢罪吏以求蔽也。并將各府、州、縣三年掌署印信官員職名及各冊報到司年月日期具揭呈詳到臣。

案照先准户部咨，前事，該禮科給事中梅國樓題，本部覆議，合行各該撫按督行司道，嚴令府、州、縣掌印官將被災地方查勘輕重，酌量賑濟，毋許遷延，一面將支過穀石、給過人户名數造冊奏繳，青冊送部查考。其無災去處，亦將見貯錢穀堪備賑濟若干冊報本部，以便臨時請發。

又准户部咨，爲看詳章奏，查參奏報稽遲，并申末議以究皇仁事，該户科都給事中姚學閔等題。本部覆議，以後蠲賑過被災地方饑民文冊及遇蠲免賑恤文移，俱以彼處接到之日爲始，酌量地里遠近，四川定限十二個月，如期奏報，各等因。題奉欽依，移咨前巡撫兵部右侍郎兼都察院右僉都御史徐　，俱經備行該司遵照督行造報去後。催據該司并造冊報，前撫臣會同巡按四川監察御史傅　查核明白，已將遲匿該吏究革，并將賑過饑民、給過穀數及無災存貯各花名數目造冊具本奏繳訖。

隨准户部咨，前事，該户科給事中王繼光等題，稱四川賑冊報遲，乞將三年經手官員重加罰治。該本部覆查賑冊，四川定限十二個月造報，今十四、五年至十七年方報，三年經手官員委當重加罰治。但見任、離任俱在彼中，合行四川撫按官備查各年經手官員職名，不分見任、升任，作速參奏前來，以憑覆請罰治，等因。題奉聖旨："是。各該經管官員著撫按官查參具奏。"欽此。欽遵，移咨到臣，已行該司查將三年經管官員具報去後。

今據前因，該臣會同巡按四川監察御史傅　議照，賑災恤患，朝廷每加意於窮民；申令致期，撫按恒責成於長吏。故發倉以救饑饉，貴在及時；按冊而爲劑量，期於速報：均之不可緩也。今本省萬曆十四、五年分合、巫等州縣災民，彼時勘報詳允，即行給賑是矣，然豈可以賑之及時而遂視冊報爲末務哉？乃各州縣申報稽遲，該司委難類造，兼以官更吏代，沉閣因之，故行催奚啻再三，遷延仍復乃爾。續據該司呈稱，該吏謝天擎隱匿冊稿，將本吏究罪招詳，前撫臣徐　批行革役，并查請支原案及訪各州縣饑民，委於彼時給賑，方會同按臣傅　將賑過饑民、給過穀數并無災存貯各人戶花名、稻穀數目造冊奏繳。是冊雖報於今歲，而賑實行於當年，既經該科參以遲違，則各年經管官員誠有不能辭其咎者。第查賑恤文冊，先經部議，題奉欽依，四川定限十二個月造繳，部限不爲不寬。然此責該司總其成耳，非所以論州縣也，州縣必先期造報，而後該司可依期類齊。蓋駁查往返，不無耽延日時；核實發造，遽難責效旦夕。若州縣以十二月爲率，則比及稽查，而部限已先逾矣。況該司職兼條貫，州縣責專分理，難易既殊，遲速宜別。故今查參，在該司應照部限，而在有司宜半之，所謂大弦急則小弦絕，小弦不急則大弦將益弛而不張也。合無將賑災者非經題覆，未奉部文，應以賑畢之日計六個月冊報到司爲率，而積貯備賑者必俟年終方有定數，則又當以次年六月終爲率。除如期報到者俱免參究外，其賑後至六月之外與無災延至秋冬方報者，相應據實查參。

及查布政司升任左布政使劉繼文於十四年六月內到任，十五年三月內報升，本官行催未齊，遂爾遷轉離任，且在春季之內，似難責以稽遲。左布政使彭富於十五年三月接管，催促未齊，十月內即交今調任左布政使趙睿行催，至十六年春，則十四年分已齊。於時即當速造齎繳，卻乃遷延不完，只至秋季，而十五年分亦齊，始令并行類冊。又因本官赴京屆期，遂致該吏乘機沉匿，此其疏庸之罪難辭。十六年九月內復交彭富接管，緣先已蔽隱，卒難稽察。本官承催清理，至次年三月方報，於限亦屬有違，均應參治。

參照四川布政使司調任左布政使趙睿，職專綜核，事涉因循，即吏胥之敢於作奸，見案牘之漫不經意，應從重罰。見任左布政使彭富，當帶管之時而督催欠嚴，責誠難諉；自摘刷之後而冊報就緒，情在可原：應示薄罰。馬湖、廣安、東鄉等府、州、縣知府等官林焜章等，心存玩愒，視例限若虛文；政尚優游，以奏報爲細事；冊完獨後，法宜并懲。但趙睿已經大察調簡，林焜章、張謙德、宗傳、張志久、李思誠、蕭洪、譚孔仁、張大威、張渭蒲、林杜杰、吳守約、方簡、黃立中、王宓、邢懋敬、鄒學詩、楊騰龍、楊國棟、吳一契、笪守心俱已考察去任、降調、丁憂、致仕、事故離任訖，相應免究。彭富、顏若愚、藺養直、安祚祿、有政、李陶成、郭才華、馬明衡、馮暘、王曰然、劉正、譚恕、張鵬翼、段迻、王繼聖、任國相、張守剛、許裕德、吳登高、陳克仁、章宗理、王良謨、宜訓、王之幹俱各見任、升遷，罪罰自難辭諉。内彭富似應量從薄罰，顏若愚等所當重加罰治以示警戒者也。

再照前項文冊，部議原謂賑冊遵限奏繳，貯冊報部稽查，分析甚明。乃當事者不察原文，并行溷造，顧因貯冊遲報，以致賑冊耽延，以往既懲，將來當議。臣等切惟賑冊奏繳定有限期，唯恐災民失所也，依期造報，孰曰不宜？但一歲之内被災有各處不同，放賑有各時不一，若概以一律，則後賑未畢而前限已違，若隨賑隨繳，則州縣零星而瀆奏煩瑣，均非長便。合無以後除係通省災傷亟宜奏報，其有應賑零災，趁時給恤，俱俟周歲類總奏繳，仍以次年爲率，遵照部限造報，毋許稽延。其積貯穀數止報本部查考，不得概入賑冊。如此則事規畫一，督率者便於責成；期限嚴明，奉行者易於遵守，似不易之法也。伏乞敕下該部再加查核酌議，上請施行，庶儲蓄益清而生民永有賴矣。緣係賑濟奏報遲緩數年，謹遵旨查參以肅法紀以惠災民事理，未敢擅便，爲此具本謹題請旨。

方面患病懇休疏

題：爲中途患病，不能復任，懇乞休致事。據四川布政使司呈，蒙巡按四川監察傅御史批，據夔州府呈，准本府應朝知府朱讓關稱，本職係廣東廣州府南海縣人，由進士歷升今職，萬曆拾伍年捌月貳拾伍日到任。自筮仕至今，中外歷俸壹拾伍年，并無公私過名。切念本職樗櫟庸才，謬荷聖明不棄，正宜策勵供職，以稱任使，豈敢遽求休致，負國厚恩？但薄劣之人，叨恩過分，災害隨生，自朝覲事竣赴任，於中途感受風寒，延綿日久。至陸月內，因見札限已逼，兼程冒暑，行至湖廣巴陵縣地方，復染瀉痢，日甚一日，調治未愈。正欲勉强前進，不惟生死莫測，誠恐到任虛弱，不能治事，反重瘝曠之罪，不得已自甘求退，不敢久妨賢路。儻得抵家，苟存一日，實聖明生全之恩也。并將原領部札合關本府轉報。准此，除將關到水程申繳布政司外，理合呈報作缺，等因緣由。蒙批布政司查報。蒙此，該本司看得，夔州府知府朱讓，揚歷中外，素著賢聲，入覲事竣，例應復任，乃至中途偶罹劇疾，不能履道，事非得已。既將原領水程申繳到司，又查無過限情弊，所據告要休致，相應俯從呈請，具題施行，等因。到臣。

卷查先准吏部咨，爲循職掌、陳末議以仰裨聖治事，該吏科給事中袁國臣題，本部覆，以後請告官員在外，仍令撫按官代奏，等因。題奉欽依，移咨前來，通行遵照外。今據前因，該臣會同巡按四川監察御史傅　議照，夔州府知府朱讓表屬夙著端貞，臨民雅稱愷悌，既應朝而告竣事，宜復任以竟猷爲，不意疾劇中途，遂爾情甘休致，勘查已確，似應准從，合行題請。伏乞敕下該部，將知府朱讓准令致仕，員缺另爲銓補，嚴限前來任事，庶政務不致久馳而地方一切攸賴矣。緣係中途患病不能復任，懇乞休致事理，未敢擅便，爲此具本謹題請旨。

急缺方面官員疏

題：爲急缺方面官員事。據四川布政使司呈，該本司查得分守川北道久已缺官，近報推補參議周思稷，係湖廣麻城縣人，差吏行催赴任間。隨據本役回司稟稱，本官於萬曆拾柒年陸月貳拾日在家染病身故，等情。又准按察司牒呈，准分守川東帶管兵巡下川東道、今升任參議來經濟關稱，據夔州府呈報，新任下川東道副使趙九思傳牌，於萬曆拾柒年柒月初伍日到府，差吏書迎任間。隨據孔文茂等稟稱，各役跟隨趙副使於本年陸月拾玖日行至河南開封府新鄭縣惠民鋪，本官染病身故，等因。各呈報到臣。

卷查先准吏部咨，爲缺官事，內開所屬司、府等衙門遇有員缺，照例開奏，等因，遵行外。今據前因，該臣會同巡按四川監察御史傅　議照，蜀省爲西南奧區，監司官關係甚重，況川東地接土夷，川北山藏草竊，所賴以彈壓而消弭之者，全在監司，今俱乏人，地方可慮。伏乞敕下吏部，早爲遴選推補堪任官貳員，嚴限前來，到任管事，庶員缺不致久虛而地方均有攸賴矣。緣係急缺方面官員事理，爲此具本謹具題知。

地方灾傷請蠲疏

題：爲地方重大灾傷，懇乞聖明亟賜蠲恤，以蘇民困，以消隱憂事。萬曆拾柒年玖月貳拾伍日，據四川布政使司呈，准分守川東帶管兵巡上川東道左參議、今升任來經濟咨，准本司咨，本年柒月拾貳日奉前巡撫徐都御史批，據重慶府申，據合、巴等貳拾州縣各報災傷緣由，到府。該本府知府王軒看得，府屬地方附山爲田，土脉淺薄，水利既無所瀦，灌溉惟賴天澤。迄今陸月以來，正當貳稻開花吐穗之時，乃天道恒暘，乾暵太甚。雖間有微雨，土膏未沾，相隔逾月，溉其苗者未及其根，滋其花者復槁其實，藁秸盡枯，秋成無望。弱者鬻妻棄子，四散逃移；壯者相聚爲盜，公行搶奪。若非亟議蠲恤，其爲地方隱憂，關係匪細，等因。又據巴縣申，據梓童等捌拾里民何軒、陳登現等訴稱，生靈所資在食，一日無食，父母妻兒不能相保。本縣地方土石相半，遇旱先枯。去歲旱傷，猶得半收，小民揭借完賦，賣物易粟，方得聊生。今春微雨，栽插頗完，即今旱穀方纔吐穗，連旱貳月，收種全無。綿花、粟、豆如火燒死，遲穀含苞似甑蒸熟，人渴無水，畜熱無池，等情，到縣。該本縣知縣項應祥看得，縣屬地方倚山墾田，殆非平原可比，民拙於力，亦無陂堰備潦，所借賴者不過天澤。乃今夏中以來，恒暘久亢，原隰盡爲一赤，貳稻顆粒無收。今觀嗷嗷待哺之民，悉起洶洶欲竄之志，萬一瓦解，計將安施？所當速爲蠲賑以安民心，等因。照詳，俱奉批，仰布政司速查報。奉此，移咨本道。准此，又蒙巡按四川監察傅御史批，據重慶府并合、巴等貳拾州縣各申，同前事，俱蒙批分守川東道查議速報。蒙此，又奉巡撫徐都御史紙牌，看得該府申報被災州縣甚多，未分孰輕孰重。查得見行明例，有災宜即踏勘分數明白奏報，仰道即將原報災傷州縣作速查明詳報，以憑具題。至於賑貸救荒之術，亦須籌畫，加意撫綏，無致失所。奉此，又蒙巡按四川監察傅御史紙牌，行道即將被災地方核勘明實，分別重輕，作速具由通詳。又蒙查得重慶府屬申報田禾盡槁，秋成無望，百姓嗷嗷。及查川西、川南地方時歲豐登，相應糴穀發賑，牌行川西、川南各道，查將庫貯存留備賑銀兩解發各屬，糴穀壹萬石，運發重慶府分給賑濟。又行本道出示曉諭小民安心守分，以俟陸續救賑，等因。蒙此，俱經備行重慶府委官踏勘，并出示曉諭去後。

今據合州申，稱踏勘得本州災傷有捌分者，有柒分者；涪州申，本州災傷有捌分者，有柒分、陸分者；忠州申，本州災傷有捌分者，有柒分者；巴縣申，本縣災傷有玖分者，有捌分者；長壽縣亦稱，本縣災傷有玖分者，有捌分者；江津縣申，本縣災傷有捌分者，有柒分、陸分者；大足縣申，本縣災傷有捌分者，有柒分者；永川縣申，本縣災傷有柒分者，有陸分者；榮昌縣申，本縣災傷有伍分者；銅梁縣申，本縣災傷有柒分者，有陸分者；墊江縣申，本縣災傷有柒分者，有陸分者；璧山縣申，本縣災傷有捌分者，有柒分、陸分者；定遠縣申，本縣災傷俱及捌分；安居縣申，本縣災傷俱及柒分；綦江縣申，本縣災傷有捌分者，有柒分者；南川縣申，本縣災傷有柒分者，有伍分者；酆都縣申，本縣災傷有玖分者，有柒分、陸分者；武隆縣、彭水縣各申，本縣災傷有柒分者，有陸分者；黔江縣申，本縣災傷有陸分者；重慶衛申，本衛災傷有玖分者，有捌分、柒分者；黔江千戶所申，本所災傷有陸分者。各造冊申府，轉報到道，覆看相同，及將前項州、縣、衛、所分別重輕議賑緣由移咨本司。又據重慶府申稱，府屬地方今歲旱災異常，饑饉爲甚，夏月秋初，人情洶洶，搶掠遍起，如燎方揚，難於撲滅。幸賴兩院司道加意賑恤，移粟通糴，地方人心稍覺安帖。第恐冬春之交，地利已盡，商販無常，閭閻空乏，人情事勢尚有不可預度者，而衣袽之戒，桑土之謀，凡有民社之寄、牧芻之責者安得不兢兢也？儻蒙兩院曲念黔黎阽危之狀、有司失職之憂，俯賜題請，俾廟堂之上曉然知川東地方萬分難處，即異日地方有他虞，催徵不及數，尚可逭罪戾於萬一。若以宸嚴不可荐瀆，天恩難以再徼，止議賑恤，不蒙蠲免，竊恐撫字之恩不足以勝催科之擾。有司顧忌程督之嚴、降調之辱，剛果者鞭笞濫加，不顧民瘼，難乎其爲下矣；仁厚者體恤太過，坐致課殿，難乎其爲上矣。院司軫及於此，亦必不忍官、民交受其病而不爲破格一處者。爲今之計，惟有計量應免分數，暫議停徵，查議勘動官銀抵補，俟豐收之歲照數帶徵補庫，庶寬一分，百姓受一分之賜，有司逭一分之責，等因。到司。

該本司左布政使彭富議照，四川連歲以來適當采辦之役，又值師旅之興，民力困於徵輸，正供竭於調遣，富者益貧而貧者益竄，所望時和年豐，家給人足，庶乎枯槁可蘇而渙散可收矣。夫何往歲既災，而今年更旱？雖川西各處固未凶荒，若川東所屬則在在告沴。緣此地方山嶺盤旋，既少溪河之蓄泄，而田土埆薄，又乏陂堰之積潴，一遇旱傷，五穀無望。即今枵腹待哺，拾室玖空，各懷溝壑之憂，盡忘室家之戀，不惟無告之民餓莩相望，而不逞之輩剽掠將行，其於目前之虞非細故也。荷蒙兩院軫念民瘼，批行勘處，又蒙巡按傅御史糴穀萬石，發府賑濟，一時人心稍覺相安。顧本司竊計，拯救灾患惟有蠲、賑貳端，舍此別無他策。今前項被灾州縣，在重慶府則議停徵，在分守川東道則議賑恤，貳議俱屬有見，通應呈請。續據分巡帶管分守川北道副使徐儒呈，據順慶府申，蒙本道紙牌，蒙巡按四川監察傅御史批，據廣安、渠縣、鄰水、南充、營山、大竹陸州縣各申報旱灾緣由，據蒙批分守川北道查報。蒙此，牌仰本府。行據廣安州申，稱踏勘得本州灾傷有柒分者，有陸分者；渠縣、鄰水縣各申，本縣灾傷俱及捌分；南充縣申，本縣灾傷有捌分者，有陸分者；營山縣申，本縣灾傷有捌分者，有柒分者；大竹縣申，本縣灾傷俱及伍分。各報到司，轉申到道。該本道看得，前項州縣灾傷委屬重大，皆本道履任之初經由各該地方所目擊者。即今民多逃移，已就食於他方，將來冬春之交饑寒愈迫，誠不可不爲之慮也。據各勘報，輕重不同，議處當別。如廣安、渠縣、鄰水、南充、營山伍州縣災傷爲甚，應議請蠲，而大竹壹縣災傷伍分，止應議賑。伏乞俯念民艱，亟爲題請，等因。各呈報到臣。

卷查萬曆拾叁年柒月內准戶部咨，爲欽奉聖諭，并陳末議，以廣德意，以消災沴事，該本部題，內關今後但有災傷去處，掌印官逐一親自踏勘，總計被災地畝以定分數，一面申巡撫具奏，一面造花名、地畝文册送巡按核實，定擬的確分數，從實奏報。待本部題覆至日，即按册各照例蠲免，等因。題奉欽依，備咨前來，通行遵照訖。

今查前項災傷，先據重慶府并巴縣各於柒月初貳日報到，前撫臣徐　批行該司速查未報間，緣以抱疴俞告起行東歸，未及題報。臣於捌月末旬接管，行催去後。今據前因，該臣看得，蜀省地方在昔頗稱樂土，錢糧不至乏缺，乃頻年以來采辦之役既殷，師旅之興復繼，財力疲敝，殆非昔比。今貳役方休，川民稍獲貼席，所望天幸其國，歲事告豐，庶幾民樂其生，可無愁嘆。不意三巴地方復遭旱暵，而重慶府所屬特甚，自入伍月以迄秋初，亢暘爲虐，雨澤不施，以致貳禾盡枯，秋收絕粒，不逞漸起，勢甚洶洶。幸賴按臣易粟萬石轉發重慶府屬，一時人心方稍安帖。目今穀價猶涌，民不聊生，枵腹啼饑，張口待哺，其所望於上之拯救不啻大旱時之望雲雨也。若不亟爲議處，必多流離死亡，且饑寒切身，易於爲暴，則將來地方意外之患尤有可慮者矣。臣如以災傷入境，業過報期，而猥秦越其民，不一請命於君父之前，陛下所以付臣西鄙、假臣便宜者謂何？焉用爲撫哉？臣又惟國家賦稅毫不可缺，若於此奄奄待斃之民，加以鞭笞追徵之苦，其不變而爲盜者幾希，而亦卒何益於國家錢穀之數也？當此之時，欲善撫字，又欲善催科，臣之才庸，實不辦此。除一應撫恤事宜次第舉行，及聽巡按衙門勘議外，謹遵例上請。伏乞皇上軫念巴民久因[一]，復罹旱災相仍，敕下户部速行覆議，將前項被災州、縣、衞、所照例蠲賑，庶天恩浩蕩，不以遐陬見遺，而眷此窮黎或有更生之望，且地方可保無他虞矣。緣係地方重大災傷，懇乞聖明亟賜蠲恤，以蘇民困，以消隱憂事理，未敢擅便，爲此具本謹題請旨。

參究貪污武職疏

題：爲贓官斃命事。據四川按察司整飭安綿利保石泉兵備僉事張世則呈，問得犯人左承勛年三十歲，利州衞右所軍丁，招稱本衞散拘在官指揮劉惟麒云云，將劉惟麒參呈到臣。除批如擬，左承勛等追完紙贓，發哨發落，劉惟麒聽參外。該臣會同巡按四川監察御史傅　，參照四川都司利州衞指揮同知劉惟麒偶承委署，大肆貪饕。倚微權而朘削多端，自賈部曲之怨；指公費而科求無忌，更開賄賂之門。憲紀罔遵，官常大玷，所當提問盡法以警武人者也。緣係在外軍職，未敢擅便，爲此具本謹題請旨。

更調縣令官員疏

題：爲縣官不宜地方，乞賜更調以明器使事。據四川按察司分巡川北道副使徐儒呈，奉臣紙牌咨詢屬官賢否，凡才品有宜於煩與簡者一并開報，以憑議處。奉此，行據保寧府呈，稱閬中縣知縣郭魁出身貢途，守己原無疵議，惟性資紓緩，以致胥吏爲奸，諸務多廢，相應預處。及查本府所屬昭化縣知縣楊應兆，到任今已逾年，保甲修明，四境安靖，且才守俱優，似非彈丸之地可久栖也。合無將二官互調，庶於地方有裨，等因。到道。該本道查得，閬中縣地處衝煩，以知縣郭魁治之似爲不足；昭化縣地稍簡僻，以知縣楊應兆治之似爲有餘。若二官互調，易地皆宜，似應俯從，等因。到臣。簿查撫屬官員，已經牌行咨訪去後。

今據前因，該臣會巡按四川監察御史傅　看得，閬中縣知縣郭魁操知砥礪，政尚和平，不妄用鞭刑，無私干里甲，亦知勉修職業者。但其猶豫不決，聽審動至經旬；鈐束欠嚴，積滑不無縱肆。蓋其誠有餘而明不足，志若銳而才近疏，閬中縣附郭繁難之邑，委非本官所勝。及查昭化縣知縣楊應兆，青年偉度，壯志宏才，勤振刷百廢俱興，勵廉隅一塵不染，投之簡僻，未逞康莊。此二臣者，一則地窘其才，一則才優其地，欲明器使，委宜互更。伏乞敕下吏部再加查議，如果臣等所言不謬，將郭魁、楊應兆互相更調，庶在郭魁策勵方始而小邑克堪，在楊應兆盤錯既當而利器自別矣。緣係縣官不宜地方，乞賜更調以明器使事理，未敢擅便，爲此具本謹題請旨。

蜀藩設立宗正疏

題：爲莊誦綸音，仰窺展親至德，乞賜推廣條例，以慰貧宗，以圖治安事。據四川布政使司呈稱，行准守巡川西并提學道各咨牒回稱，行據成都府申稱，行准長史司牒稱，查得蜀府宗學宗正俱遵奉原行已經設立承犿，今奉行查，與周府事體相同，牒府申道。看得宗正承犿先經設立管理，彼因條例未載，題請向未具奏，各移文到司。

覆查得本省宗學於萬曆八年建立，該長史司啓王，推舉汶川王府奉國將軍讓栲爲宗正，專教德陽等府宗生宣趣等一十八位肄業。後因讓栲患病，於萬曆十四年復舉德陽王府鎮國中尉承烋接管，陸續又送內江等府宗生承鮸、承鱸等二十位在學習讀。今查承烋篤行可則，彝訓有條，果堪宗正。俟教有成績，仍候舉薦，等因。到臣。

案照先准禮部咨，該吏科給事中張應登題，本部覆議，合候命下，行河南撫按官會同該府作速推舉宗正一員，務在得人，毋私親昵。仍行各省撫按備查宗生有無習學，有無專官教養，中間有無勤惰。其加意宗學、教有成績者，撫按復命之日即行舉薦。如宗生有文理粗通、志向可取者，照例優之以廩。每歲提學官考試，分別等第，以示勸懲。中間有如勤纊、勤殼學行著聞者，不妨薦揚以爲樂善之勸，等因。題奉欽依，備咨前來，案行該司查報間。續據長史司呈，奉蜀王令旨，查得宗正承烋賦性溫醇，持身端慎。儒言儒服，慕中壘、河間之風；德行德容，爲公族、宗盟之表。相應比照周府事例，題請授以宗正之任，以便專教，等因。由詳，又經批司會同守巡川西道查明并議去後。

今據前因，該臣會同巡按四川監察御史傅　議照，宗學既建，必設官以董其群；師範貴端，在擇人而授之任。今蜀宗之學以鎮國中尉承烋充爲宗正已數年矣，緣拘往例，未曾具題。今行據司道等衙門勘得，本宗果屬學行兼優，師道無忝。臣再加咨訪，輿論攸同，理合會疏題請。伏乞敕下該部，查照近例將蜀府鎮國中尉承烋准授宗正，教習宗生。俟其閱歷歲月，果能以身率人，誨提不倦，弦誦鬱起，才賢斌斌，臣等當具疏薦揚以行旌勸。如其久而隳頹，有慚厥職，則敷教之任亦不可以虛居也。緣係莊誦論音，仰窺展親至德，乞賜推廣條例，以慰貧宗，以圖治安事理，未敢擅便，爲此具本謹題請旨。

議裁巡司冗役疏

題：爲議裁巡司以省冗費事。據四川布政使司呈，奉臣批，據四川按察司分巡帶管分守上川南道副使陳明經呈，蒙巡按四川監察御史傅　案驗，據蒲江縣申詳條議"冗役當革"一款，查得本縣所轄雙路巡檢司原設巡檢壹員、弓兵叁拾名，以路當名、蒲、邛、雅之交，奸細易生，私販間出，設之盤詰。又因天全土夷不時出没，督率防禦，以備非常。承平日久，邊徼底寧，即有鼠竊狗偷，本縣嚴行保甲，可恃無虞，亦何必留無用之兵於不必用之地也？查隆慶年間議減弓兵十名，至萬曆十二年間又議減工食，然與其議減，何如議革？且弓兵本資盤詰，今該司路當平曠，原非要害之區，自來未聞擒一賊、捕一奸，巡檢員缺已十五六年矣。近於萬曆十五年始除一員，到任未久即故。本縣常親至其地查點弓兵，間有無賴棍徒及無食餓夫充當，有官則乘機擾民，無官則虛糜工食。夫以二十弓兵特設一官以總之，又歲徵百十餘兩以供之，甚屬無謂。議者恐其離天全土夷僅有百里，一時竊發，緩急是賴。然該司北去夾門關、洞清堡止十里，西至百丈驛十五里，東南至邛州與本縣各二十里，鋪舍聯絡，軍民錯居，縱夷性莫測，亦必不能越洞清、夾門、百丈以向雙路之黑竹。縱徑向黑竹，而二十無賴之夫亦豈能制梃以禦之？以爲巡檢、弓兵悉宜裁革，其俸糧、工食歲可減銀一百二十餘兩，庶幾損無益之供以蘇疲困之邑。申詳到院，案行本道，備行邛州。

查得雙路巡檢司北有夾門關，凡火井、草池等寨諸夷由板橙山一路而出者，必經夾門。又北有洞清堡，凡磨刀、鳳凰等溪諸夷由石梁山小路而出者，必過洞清。洞清設有堡軍，統於大渡所百户。夾門設有弓兵，統於火井壩巡檢。又兩路至關前合爲一路，即通邛州蒲、名兩縣，誠土夷之咽喉也。入此即地皆腹裏，民皆編氓，又二十餘里方至。該司設在邛、雅往來大路，平原曠野，實非險隘處所。若於洞清、夾門嚴加防禦，此外并無夷人來路，勢必不能徑向該司。又查得該司設自景泰六年，比時尚無夾門關，亦無洞清堡。至正德初年始設堡於洞清，又正德十年添設巡司於夾門，於是險隘有備，而雙路官兵視爲冗矣。該縣議裁，委屬妥當。具申本道，議將雙路巡檢司官俸并弓兵工食裁革免徵。火井巡檢久未除補，以州佐遥署，未免缺人廢事，亦宜并題選補，等因。照詳，奉批，仰布政司速議詳報。奉此，覆行該道勘議前來。該本司議得，雙路巡檢司原爲天全土夷出没，設此專司盤詰，繼增堡關二處，犄角護防，是雙路之官兵在昔固稱緊要，在今實爲贅疣，委應裁革。及照該司新任巡檢劉梧似應改補火井壩巡檢，免行起送，等因。呈詳到臣。簿查先據分守上川南道呈，前事，已經批司再議去後。

今據前因，該臣會同巡按四川監察御史傅　議照，巡司之設原以控扼險要，禦暴防奸。今蒲江縣之雙路巡檢司因續增關堡以爲外籬，故該司官兵反居内地，日無一事，歲糜百金，夫何爲哉？裁之誠便。既經司道等官覆勘已明，相應題請。伏乞敕下吏部再加查議，如果臣言不謬，將雙路巡檢司裁革，官吏俸糧、弓兵工食，臣等行司免編，該司印信另行奏繳。見任巡檢劉梧改補邛州火井壩巡檢，免其起送，以恤卑微。庶官無冗員，地無冗役，亦節財省費之一端也。緣係議裁巡司以省冗費事理，未敢擅便，爲此具本謹題請旨。

縣印模糊請換疏

　　題：爲印信事。據四川布政使司呈，奉臣批，據高縣申，本縣印信壹顆，自正統肆年正月鑄造，至今百有餘年，篆文平乏模糊，真僞難辨，及查印上篆文原係“高縣之印”肆字，乞要鑄換。由詳，奉批，仰布政司查報。奉此，行據叙州府查驗申報前來。該本司看得，高縣印信自鑄給行使，至今壹百伍拾餘年，辨驗篆文，委果模糊，不便行用，呈乞會題鑄發，等因。到臣。

　　卷查先准禮部咨，爲遵奉明旨厘革宿弊事，内開以後各該巡撫會同巡按官，每年通查所屬大小衙門，如有應換印信，明開篆文字數，具奏換給，舊印亦代爲奏繳。又准禮部咨，爲傳奉事，内開各撫按官通查所屬衙門印信，如有模糊未經換給者，作速具奏，以憑覆請鑄換，等因。各移咨前來，通行遵照外。

　　今據前因，該臣會同巡按四川監察御史傅　議照，高縣印信篆文不明，委於防奸未便，據呈乞要鑄換，相應具題。伏乞敕下該部，鑄造“高縣之印”壹顆，前來給發行用，其舊印聽臣等代爲奏繳。緣係印信事理，未敢擅便，爲此具本謹題請旨。

府佐官員曠職疏

　　題：爲朝覲官員久不還任，乞賜重懲以警曠廢事。據保寧府申，蒙巡按四川監察傅御史巡歷本府紙牌，行查該府同知張夢麟自萬曆拾陸年應朝，因何久未復任，曾否差人催促，有無別項事故，查明由報。蒙此，該本府查得，本官自拾陸年拾月離任入覲，大察存留，於正月內事畢出京，因便過籍山東，已曾差人催促，近聞赴部改限，尚未回任，等因。通申到臣。

案照先准吏部咨，爲朝覲事，該本部題稱，朝覲存留官員，事畢即便辭朝，依期赴任。有過違例限者，聽各撫按官參奏處治。題奉欽依，通行遵照。又查得《問刑條例》內開官員赴任在外，佐貳首領等官違限壹月以上問罪，半年以上降級別用，捌個月以上罷職。其朝覲復任官員違限者照前例擬斷。

今據前因，該臣看得，國家設官分職以爲民理，非使之自便其身圖也。故凡朝覲齎捧官員，雖因公出，例皆催促赴任，正恐其玩愒日月，廢事曠官耳。今同知張夢麟才本綿弱，大計幸留，正宜竭力驅馳以圖報效。乃簡書弗畏，久濡滯於王程；故里高栖，猶虛糜乎官廩。律以人臣之義，豈是夙夜在公？縱云道里之遙，業已四時盡踐。據該府申稱，見經改限。改限與否，固不可知，然未有今年春首辭朝，來年春暮未任，而猶可聽其優游，置之不問者也。該臣會同巡按四川監察御史傅　參照，保寧府同知張夢麟，佐府尋常，戀籍延緩，素餐之恥罔念，適己之便何安？曠職已及壹期，揆法當加參褫。伏乞敕下吏部再加查議，將張夢麟照例重究，遺下員缺另行銓補，庶玩吏知懲而官守克盡矣。緣係朝覲官員久不還任，乞賜重懲以警曠廢事理，未敢擅便，爲此具本謹題請旨。

邊令地方相宜疏

題：爲邊、令地方相宜，請乞加銜久任以重疆圉事。照得吏部見行事例，凡司、道、郡、縣等官，但有與地方相宜、人心相安者，資淺則加服俸，資深則升職級，等因，在卷。近據四川按察司整飭安綿利保石泉兵備僉事張世則呈稱，本道遵奉明例出巡安縣、石泉、壩底、永平等邊堡，閱視城垣，操演兵馬，撫賞番夷。查驗得石泉縣知縣强勉建議，如添設火草坪堡及展修復土堡城，并議增觀化墩軍勇，皆本官調度有功。又據白草壹拾捌寨番牌頭蠟麻山等同通事劉冬陽等面禀本道，稱説"每年受朝廷賞賜，又許我們通買賣，得鹽吃，得布衣穿，即是朝廷百姓，再不敢作歹了。强知縣好官，留他再做拾年，使我們蠻子好過"等語。據此則本官不准[二]有勞於邊堡，抑且有孚於夷情，此在本道目睹耳聞，非得之撲風捉影者也。顧本官歷俸將及兩考，遷轉應在旦夕，石泉以蕞爾小邑，在山險絶徼，極爲苦寒，往往新選官來者聞風規避，赴任延緩，動至年餘。然此雖係小縣，乃切近白草諸番住牧之所，西鄰松潘，東接龍安，實夷夏之咽喉，各關堡之總會，誠不可壹日缺官也。若將本官議請加銜久任，庶地方得人而邊關有賴，等因。到臣。

看得龍安府所屬石泉縣地居險塞，環以番蠻，外撫内修，全藉令長。據該道條議前因，誠爲有見。該臣會同巡按四川監察御史傅　議照，石泉縣知縣强勉悃愊無華，羌夷且孚於恩信；拊摩不懈，保障益壯乎金湯。且人情非樂居夷，而本官處此遐荒已近陸載，據其勞勩，揆之土情，委應加銜久任，以示激勸，以便責成者也。伏乞敕下吏部，查果臣言不謬，覆議上請，將知縣强勉加升府同知職銜，照舊管事，庶人與地相安而絶徼省更代之擾，番與漢胥悦而邊籬無窺伺之虞矣。緣係邊、令地方相宜，請乞加銜久任以重疆圉事理，未敢擅便，爲此具本謹題請旨。

府佐患病乞休疏

題：爲府佐患病危篤，不能供職，乞賜休致事。據四川布政使司呈，奉臣批，據四川按察司分巡上川東道兼整飭兵備副使朱運昌呈，先奉臣批，據重慶府駐鎮黃平督糧、撫夷通判喬應萃呈稱，本職陝西鞏昌府秦州清水縣人，由舉人歷升前職。萬曆拾柒年叁月初拾日到任，不意伍月內染患風寒腹脹，延至拾月，轉成癱患，半身不遂，醫藥難痊，呈乞休致，等情。奉批，仰兵巡上川東道查報。奉此，行據該府查得，本官癱病是真，調理肆月，愈加沉重，乞休并無別情，緣由呈道。該本道看得，通判喬應萃屢次稱病，情詞懇切，行府查果危篤，似難勉留，合無准從休致，等因。照詳，奉批，仰布政司議報。奉此，該本司看得，黃平係邊夷之地，而駐鎮有彈壓之權，乃通判喬應萃到任雖近壹年，抱疴已逾數月，似此要區，豈能臥治？相應呈乞會題，等因。到臣。

卷查先准都察院咨，准吏部咨，爲參究府佐官員擅自回籍，以警將來，以肅臣節事，內開外官告休，自知縣以上例應題請，等因。備咨前來，通行遵照外。今據前因，該臣會同巡按四川監察御史傅　議照，重慶府駐鎮黃平督糧、撫夷一官遠在邊徼，環以土司，較之腹裏郡佐，責任尤重，況今夷情會勘，防衛正殷，如通判喬應萃者，業成癈疾，曷勝任哉？既經該司道府勘明，相應照例具題。伏乞敕下吏部查議，將本官准令致仕，員缺另行選補，嚴限前來，庶地方不致缺人而邊務亦有攸賴矣。緣係府佐患病危篤，不能供職，乞賜休致事理，未敢擅便，爲此具本謹題請旨。

急缺方面官員疏

題：爲急缺方面官員事。據四川按察司呈，准本司分巡北川道副使徐儒關稱，萬曆拾捌年叁月拾柒日接到家報，父徐汝乾於本年正月拾壹日在家病故，儒係次男，例應回籍守制，等因。關司，轉呈到臣。

卷查先准吏部咨，爲缺官事，内開所屬司府等衙門遇有員缺照例開奏，等因。遵行外。今據前因，該臣會同巡按四川監察御史傅　議照，分巡官員彈壓一方，關係甚重，即在無事，亦難缺人。今川北歲祲之後，雖已普賑，民食猶艱，春夏之交，青黄未接，所藉以督率有司撫綏而消弭者視平時尤爲吃緊。伏乞敕下吏部，選推相應官員速來任事，庶憲紀之分理有資而蜀門之重地攸賴矣。緣係急缺方面官員事理，爲此具本謹具題知。

參論不職將領疏

題：爲論劾不職將領，以重閫寄，以固邊關事。臣竊照巴蜀疆事惟番與蠻，然其部種錯落，巢穴險阻，非有北虜之控弦，百萬難與攖鋒；非如南倭之倏忽，千里不能逆防也。好則人，怒則獸者，固犬夷之常態。惟文武將吏勠力同心，固我藩籬，布我威信，將見雪山三城邛笮之戍烽烟永消矣。若使債帥庸夫分符提旅，其不至於啓戎心、爲禍首者幾希。臣叨爲文武大帥，閫外事臣所司也，故自入疆之初，即將諸邊將領等官嚴行體訪，欲更置其不稱者以重干城。兹閱數月，聞見既真，敢不爲皇上陳之？

訪得參將、管小河漳臘等處游擊將軍事宰調元，本以庸流謬膺閫寄，當進兵建越之會，恣攘臂攫取之圖。設家兵以濫糧，則舍人徐至中、李逢陽等歲冒不下百金；托常例以科米，則百户楊應升、周承芳輩供送寧止百石？軍機可預泄耶，而乃駕保全之説，嚇騙阿五安處銀伍拾兩，公然市恩，過付者心腹黄卷、周世臣也。細作當嚴禁矣，而乃緩進安之罪，挾求徐韶文銀叁拾陸兩，竟行釋放，見證者鄉總王銳、常元兒也。發鹽井鹽斤運之涼山，轉央土婦瞿紹良市易麂皮等貨，令逃軍師進德販省圖利，即佃儈之行不污於此矣。驅敗虜牛羊變價入己，復將夷婦阿妹等窩占柒捌口，差軍牢楊貴春押送私家，雖搶竊者流又何以加焉？宿黎州徐氏家，誑說救夫，先通奸而後詐金拾兩，俱憑小杜兒指引，全無愧念。遣舍人董成入巢探賊，既奏功而顧匿賞銀拾伍兩，又將董成打死，豈有良心？擅給把總冠帶，每名受禮拾兩，出銀者王銳、尹曉、李天德、楊兆是也。指稱獎勵名色，每次索銀拾伍兩，被害者千百戶楊仲相、梅知春、俞希道、盧繼遠非歟？今居小河，雖因老病乞骸骨，未及題請，輒棄職守、臥他方。

壩底、石泉等處守備王鼎，才非脫穎，志在充囊。新班旗軍有點班，每貳錢以爲例，李孫兒等千捌百餘名，即闕壹而不可；牢伴鼓吹有牢帽，每肆錢以爲常，盛康一等壹百餘名，不取足而不休。以巡歷關堡爲名目，則既索旗軍，并及鄉勇，壩底、大印共陸拾餘兩，石泉、永平共捌拾餘兩，皆李狗皮等爲之私收；以考察參謁爲由頭，則既科使費，又派下程，永平、壩底各陸兩，石泉、大印各伍兩，咸景士中等爲之備送。假銀、布以買皮、蠟，而皮、蠟與銀、布并還，楊狗兒其證也，加之廣取山椒，致鄉勇余尚美等不勝其朘削；發回銀以換黃金，而黃金與回銀并入，侯雲五其證也，却又故禁淘金，致金夫梁尚友等復有所行求。獲常例而未厭，於是有黅夜責比衣甲之刑，鄉勇侯國、李恭等赴訴，不願食糧，情豈得已？剝軍士而不足，於是有更班坐留堡官之例，千戶朱家隆、李中孚等各有綾、絲、銀、布，事屬橫行。壩底堡把守以呈換百長而有拾兩之通，白印墩總甲以道路坍塌而有貳罪之贖。乳臭未經世務，徒取怨於三軍；紈袴難與兵機，祇流毒於諸堡。

平番等處守備吳坤，貌狀頗偉，幹局亦優。奈履任未逾貳期，遘罹風疾；致莅官頓灰百念，旁落事權。平番堡屋地本官物也，凡哨總去住皆宜查閱，而昏憒不理，鄧三策、張順等敢行私賣；雪欄溝地方是蠻寨也，凡部兵往來時當約束，而威令不振，王正、富明啓等得肆交通。書手羅友文指官詿騙，有實迹矣。及百總傅朝政革退倒贓，甘陪銀貳拾兩，平日之受制可知；商人陳金玉放債剝軍，已招結矣。縱官舍徐仕華通同起滅，見告提數拾人，懲奸之法體安在？關堡主軍有一隊者，有兩隊者，時當年節，每隊索香猪貳口，共計肆拾餘口，豈曰公需？開墾邊地有軍佃者，有番佃者，歲遇收成，每堡索青稞參石，共計伍拾餘石，悉充私廩。操兵雷洪、李虎等，戍軍周受四、楊勝等，脫逃接踵，優恤部卒者如是乎？堡官栗朝聘、路上進等，戍官田紹武、楊仲魁等，淫酗相仍，嚴明率屬者不然也。松潘邊徼，番情最爲不常；守備要司，臥治曷克有濟？

雅黎等處守備丘奕，貌匪魁梧，才尤茸闒，既疏防禦之策，惟恣囊橐之謀。假更換以勒見面，則該司軍伴壹百名，雅大軍伴壹百名，每名勒銀貳兩，斂送者曹義、王甫才也；指委印以索謝禮，則鹽井百戶張一中，紫石指揮田莅，每人索銀拾伍兩，過度者張應元、景天順也。賣放招討高仲德祖母越渡飛仙關，已受銀盔壹頂，而乃諉罪於把關劉昌國，駕禍信爲巧矣；私縱流徒李伏枝親男頂死軍名籍，已收銀拾兩，而遂嫁軍妻於班頭王甫才，滅迹一何深歟！官軍月糧，數有定額也，乘關領而每名克銀壹錢，計得柒捌拾兩，方行給散，豈惜剝盡肌膚；誤操軍人，律有明條也，已拘提而每名詐銀伍錢，計得貳叄拾金，捏稱逃亡，安知難掩耳目？濫受呈詞，不審輕重，狀輒盈篋，批行皆千戶阮鳴爲之代理；多科罪贖，一切取盈，人至鬻子，上納彼軍妻李氏頓恨無兒。由千夫之長而驟躐守司，叨冒已逾涯分；無一籌之布而更希速化，索行雅善鑽求。且所部土婦、土司最称桀驁難御，似此尸居之輩全無服遠之威。

以上肆臣，或貪婪剝削而部伍咨嗟，或病廢綿庸而職守妨曠，俱當亟行議處以警官邪者也。

再照臣部內裨將，自副總兵以下，坐營守備以上，才貳拾人耳。臣頃者論斥壹告病參將矣，茲壹疏而論肆人，豈故爲是苛刻哉？臣誠見債帥一日不去則軍士一日不安，軍士不安則疆場不靖。古人謂"一家哭何如一路哭"者，臣平居極是之，故不敢博長厚之名，使此五人恣螫部曲也。且此肆人之外，臣豈敢遽信其皆稱哉？果能鑒戒惕厲，威信式弘，臣且多之，豈敢效世俗態遇例過搜？如其不然，臣遂能默默已乎？臣之於文職諸司，大都亦若爾矣。伏乞敕下兵部再加查訪，如果臣言不謬，將宰調元等通行革斥，王鼎仍行提問，遺下各員缺速爲選補，嚴限前來任事，庶戎行鮮匪人之參，而劍外資保障之力矣。緣係論劾不職將領，以重閫寄，以固邊關事理，未敢擅便，爲此具本謹題請旨。

甄別賑災官員疏

題：爲賑事久完，甄別已確，乞賜議處不職官員，以重德意，以勵人心事。據四川布政使司呈，准守巡上川東道咨牒，并據重慶府造繳賑濟饑民文冊，到司。卷查萬曆拾柒年拾貳月內，奉巡撫李都御史紙牌，爲便宜發動倉穀移濟災民，以溥實惠，以宣德意事。照得天災流行，何處無之？設法賑濟，守土顯責。本院欽奉璽書，得以便宜行事，非有司斤斤守尺寸者比。今歲重慶、順慶旱荒，本院一入境內，即行據實馳報，懇請蠲賑。今待命日久，未得綸音，深惟恤灾捍患如拯水火，曠時久遠，勢難復待。且今冬春之交，舊穀既没，新穀未升，餓莩流離，諒所必至。本院深居幕府，無由睹聞，若不親加咨詢，誰肯披誠相告？憂此民瘼，永懷不寐。除順慶府所屬頃即批行，如議動發倉穀亟行賑濟，并重慶被灾各州縣積貯一應銀穀及二府蠲賑事宜，恭候明旨至日另行。查得成都府并所屬州縣積貯穀石頗多，翻患浥爛，此中沃野千里，無虞凶荒，以其有餘補助不足，既爲不費之施，又得周急之實。仰司官吏即行成都府，將本府并所屬沿江州縣可通舟楫處所積有倉穀者酌量動支，共足叁萬石，盤運明白，即便選委能官發舟徑往重慶，一應盤費等項銀兩就於該司支用。一面馬上星夜行文重慶府知府，即查所屬被灾州縣，某處原報幾分，今景象若何，應發穀石若干。太守親民之官，睹聞必確，劑量預定，運穀至彼境上，即便分發被灾州縣。仍行各掌印官，務須查審貧窮，躬親放賑，毋假手於佐貳，毋托權於吏胥，毋破冒於豪猾，毋刁難於里老。其鄉村山谷阻遠不能赴領者，掌印官務須移粟就賑，不得憚煩偷安。至于饑餓不能出門，流徙不在賑數，乞丐號呼可憫，并當隨宜施給，煮粥招食，務令人人霑被，毋使向隅泣悲，斯稱本院奉揚主恩、綏靖西土之意。

賑畢，本院仍密行查訪，料理得法、境内輯寧者，亟加獎慰；其有玩視民艱、拯救無術者，輕則戒飭，重則論斥。成都所屬發穀，務出鮮實可舂，斛斗歸一。該司計議舟次，重慶毋過正月中旬。一應未盡事宜并此外有長便者，該司詳議妥當，作速施行。事完之日，將賑過穀石造冊報院，奏繳注銷。本院此檄一出，事在必行，時不容緩，敢有觀望稽延、阻撓教令者，伍品以上徑自參奏，餘即拿問重處，非以虛言相誑也。該司仍即刊刻大字告示，遍發貳府被灾州縣，通行張挂曉諭，有司官闒茸不才，視公檄爲虛文，百姓失所，無裨荒政者，得以赴訴，院、司、道、府無禁焉。

奉此，本司隨即轉行遵照及刊示曉諭，仍督同成都府分派發運，本府并成都、華陽、温江參縣各叄千石，崇慶、漢州、金堂、新繁、資縣、郫縣[三]柒州縣各貳千石，簡州、新津、雙流、灌縣肆州縣各壹千石，共叄萬石，各動官銀雇船，差官管押運至重慶府，酌量轉發間。

又奉本院紙牌，爲再議速賑以濟貧民事。照得重慶地方災傷重大，頃該本院便宜檄行布政司轉行成都府屬沿江州縣，各將倉穀酌動共足叄萬石，俱限正月中旬運至重慶府交收，及行兵巡上川東道并該府劑量分發，專賑貧民去後。今該本院會同巡按傅御史議照，前項被災貧民當此冬春之交，饑寒迫切，待賑甚殷，誠恐前穀運發一時不能速至，難濟燃眉。查得該府見有按院發穀壹萬石，并分守川東道議准買穀貳萬石陸續當有到者。及查本府并所屬州縣積貯備賑倉穀頗多，擬合會行，從宜急賑。仰司即便轉行該道督行重慶府，將按院前發穀壹萬石并續買穀貳萬石到者，連見貯備賑倉穀，查照本院原行檄文事理，速行各該掌印官查審貧窮，躬親放賑。候成都府屬運穀至日，照數查收，抵還前借之數，以備再發。此叄萬石外，如被災州縣既多，分發無幾，各州縣先將所貯倉穀酌量放賑，以俟旦暮蠲賑旨下，本院會同按院區畫施行，通造賑冊數內。該道、府務須悉心經理，嚴行查核，勿致衙役、市棍及足食人户混冒，窮民反不沾恩。放賑完日，即此一事，定各官賢否揭報，仍將賑過穀數及各花名造冊齎司，類報核奏。奉此，本司亦即轉行遵照。

本月内又奉本院案驗，准户部咨，爲地方重大災傷核勘已實，懇乞聖明特賜蠲賑以安民生事，該四川撫按衙門各題，稱重慶府所屬合、巴等州、縣、衛、所各被災傷重大，乞要照例蠲賑。本部覆議，題奉欽依，移咨備案，仰司官吏即便馬上移文守巡川東道轉行該府所屬被灾州縣，將該年錢糧遵照分數停徵，候來歲秋成照數徵補。衛所屯糧，該司酌量灾傷輕重，照例議詳折徵。其備荒銀兩收買雜糧，并按院原發穀壹萬石及各州縣倉貯稻穀，查將被灾饑民隨宜從優賑恤。委賑官員慎加遴選，務使饑民得沾實惠。其本院原發穀叁萬石，令各掌印官一一查照原行躬親放賑。事完，該司將停徵錢糧、賑過各倉穀并兩院買運、發運各稻穀及饑民數目分別款項，造冊齎院奏繳。奉此，又經備行該道、府、州、縣，遵照將民糧照數停徵，屯糧另議折徵，仍照題准事理并節行文案作速放賑間。

續奉本院紙牌，照得順慶府動穀賑濟已造文冊前來，重慶府賑事亦報將竣，所有貳府用過錢糧俱應查核，而放賑官員亦宜區分以便勸懲。仰司官吏即查成都府屬某處、某處原動倉穀若干，用過兜索、船價若干，運發何處，曾否取獲批收，重慶府屬某處、某處原奉成都府分發與西南貳道買運穀各若干，貳府被灾州縣各在倉稻穀若干，奉某明文動過若干，賑過饑民若干，是否小民親領，均霑實惠，有無奸豪、衙役混冒侵漁，逐查明白，備細造冊呈核，以憑會奏。其貳府放賑官員，該司會同按察司從公查訪，某官料理得法，放賑及時，民霑實惠；某官玩視民艱，拯救無術，物議沸騰。一一評品的確，另具揭報，以憑酌量施行。奉此，又經備行查報去後。

今該道回稱，據重慶府申稱，府屬各州縣萬曆拾柒年內因被灾傷奉本院紙牌，行司於成都府屬發運穀叁萬石，并原蒙巡按傅御史牌行川西、上川南各州縣買運穀壹萬石，又奉兩院批允，動支備荒銀兩解西南州縣買穀壹萬捌千玖百伍拾肆石壹斗柒升叁合，續於敘州府倉那運穀壹千石，共伍萬玖千玖百伍拾肆石壹斗柒升叁合。內除分巡下川南道議呈兩院批允，於前買穀石內撥發壹千玖百陸拾貳石伍斗截留合江縣賑濟，及壞船失穀叁百肆拾玖石，實運到府穀伍萬柒千陸百肆拾貳石陸斗柒升叁合，并川南解還未買穀價銀柒百肆拾兩貳分。該本府知府王軒遵照節行牌案，酌量輕重，將運發、買發稻穀及各州縣見貯倉穀，令掌印官審實貧窮，躬親放賑。經該掌印等官，巴縣已故知縣許安國，長壽縣已故知縣儲登選、署印本縣儒學教諭施所學，合州知州宋希張，涪州署印、本府通判岳一侖，江津縣署印、本府通判皇甫賓并知縣唐選，大足縣署印、合州儒學學正許登瀛，忠州知州錢效節，璧山縣知縣張思明，定遠縣知縣劉養用，綦江縣署印、忠州儒學學正葉繼龍并先署印、本府照磨伍遷，酆都縣署印、主簿楊宗桂，銅梁縣知縣李陶成，黔江縣知縣繆守之，安居縣知縣祝存正，武隆縣知縣羅俊民，彭水縣知縣黃承讚，南川縣知縣徐天佑，榮昌縣知縣初學易，永川縣知縣鍾國芝，墊江縣知縣趙弘訓，計貳拾州縣。前運穀內，除敘州府壹千石存貯重慶府倉外，分發各州縣穀伍萬陸千陸百肆拾貳石陸斗柒升叁合，并各預備倉穀，共支過柒萬伍千肆拾捌石捌斗捌升。內般運人夫工食穀肆百貳拾玖石伍斗伍升，實支穀柒萬肆千陸百壹拾玖石叁斗叁升、銀肆百伍拾肆兩叁錢，賑濟饑民、貧生共叁拾萬玖千貳百陸拾壹名口。

及查分巡下川南道牒稱，該本道議呈，於瀘州預備倉并義倉動穀賑濟該州饑民。由詳，奉撫院批，該州既稱穀價騰貴，民食甚艱，准動支倉穀及時速賑，務使饑民早需實惠，毋容積猾冒關。事完，冊報布政司類報。其富民輸粟一節，如議行，繳。奉此，依行該州動穀貳千陸百玖拾肆石陸斗，賑濟饑民、貧生壹萬叁千柒百貳拾名。又牒稱，該本道議呈，合江縣應賑饑民。由詳，奉撫院批，合江既稱與江津同災，倉貯無幾，饑民可慮，著先儘倉穀即行盡數發賑外，其發運川東穀准留貳千石以濟燃眉；但須遍賑貧窮，毋得徇情繼富。如不遵憲示，輒效他方謬舉，置饑民於溝壑，反議恤足食之家，及論議紛紛，耽延時日，無裨急濟者，該管有司定行拿問重處，決非虛言。事完冊報，繳。奉此，依行該縣將截留買運川東穀壹千玖百陸拾貳石伍斗并本縣預備倉穀，共動貳千肆百叁拾貳石叁斗捌升貳合，賑濟饑民、貧生壹萬柒千捌百零貳名。

又查奉節縣奉兵巡下川東道紙牌，該本縣具申，肆里小民無食，乞賜賑濟。由詳，奉撫院批，據申米穀價增，小民艱食，仰兵巡下川東道即查該縣倉貯，一面酌行賑給，使饑民沾惠，毋容積猾冒侵，一面具由詳報。奉此，又經覆詳批允，依行該縣動穀壹千壹百柒拾肆石叁斗，賑濟饑民、貧生肆千捌百壹拾捌名。各移文申報前來，俱該本司覆查明白。

及照原案內開運穀一應盤費就於本司支用，後恐往返稽遲，因令就動官銀費用，除另自查明於該州縣項下開銷外，相應備造文冊，呈乞核實奏繳，等因。到臣。

又據布政司呈，准守巡川北道咨牒，并據順慶府造繳賑濟饑民文冊到司，查得貳道移文內稱，據該府申稱，本府并所屬各州縣萬曆拾柒年內因被災傷，本府具申請動南充縣倉穀伍百石賑濟極貧災民，并動穀煮粥以給就食貧人，等因。申詳府院，奉批，據呈煮粥飯貧，如議動穀貳千石。若慮就食人衆，只多設粥廠，選委廉幹人役管理，自可周遍。再查議賑南充縣極貧止伍百石，果否已足。及照各被災州縣，除批前申照數賑貸外，尚有剩穀頗多者，儻賑極貧及煮粥不敷，不妨一面酌量再支，一面具數申詳，通候事完冊報。奉此，該知府王九德遵照於本年拾貳月及拾捌年正月內，眼同本府升任通判謝庭菊并推官劉懷民，於府倉稻穀內動支陸千壹百捌拾玖石捌斗，賑濟饑民叁萬伍千貳拾柒名口。隨該本府見得各處流移之民擁聚府城甚衆，具申請於無災蓬州、西充縣各動穀壹千石，岳池、儀隴貳縣各動穀貳千石，雖被灾傷、原積穀多大竹縣動支壹千石，運府分賑。由詳，奉撫院批，據申流民日衆，倉穀無多，委應移粟接濟，如議於西充、蓬州、儀隴、岳池四州縣照酌定石數動支運放。該府悉心料理，務期無擾地方。其運穀人役亦宜計給費資，使樂供事。大竹縣剩穀甚多，堪以那賑；但距府頗遠，陸運或艱。若於饑民內分撥人數，量給食資，付以印票，使就該縣領穀，隨到即放，不必候齊，較於移粟爲便。如此策可行，准動該縣倉穀肆千石。儻阻遠不便，則罷。一應未盡事宜，本院難以遙度者，該府從長計議舉行。此繳。

又蒙巡按傅御史牌，行本府於府屬州縣見貯倉穀內通融動支，其各處流民，便宜給穀多寡，諭令各歸田里，趁時耕種，以冀秋收，毋得久住在此，反至失望。此於賑恤之中即寓解散之意。蒙此，又該知府王九德詣各州縣督同各掌印官西充縣知縣汪淵、岳池縣去任知縣葉中彥、蓬州知州陳其志，各於前議運府穀內動支賑濟本府移去饑民，又撥發廣安、鄰水、營山等州縣饑民，各給印票赴大竹縣支領。計該運府穀壹萬石，各項動支共叁千捌百壹拾肆石叁斗，大竹縣照舊貯倉未動穀壹千玖百壹拾石陸斗，又運夫支過穀叁百柒拾陸石叁斗柒升，實運到府穀叁千捌百玖拾捌石柒斗叁升。除於內呈允借支穀壹千壹百伍拾伍石壹斗給南充縣壹拾壹里中下人户張文朝等壹萬餘家以作穀種，候秋成抵斗還倉外，餘穀貳千柒百肆拾叁石陸斗叁升，見貯府倉。

隨奉兩道案驗，准本府咨照，奉撫院案驗，准戶部咨，爲勘議旱傷，乞賜賑蠲以蘇民困事，該四川巡按衙門題，稱順慶府地方灾傷，乞要給賑。本部覆議，題奉欽依，移咨本院備案，仰司官吏即便馬上移文守巡川北道并順慶府欽遵查照被灾州縣輕重、貧民多寡，選委廉幹官員動支倉穀，從公給賑，務使貧窮得沾實惠。其里胥人等敢有詭名虛冒者，從重究治。事完之日，該司造册齎院奏繳。奉此，轉行到府。

又該知府王九德親詣被灾州縣，督同各掌印等官廣安州知州藺養直、南充縣知縣杜若芝、營山縣知縣張顯然、渠縣署印推官劉懷民、鄰水縣知縣喬允遷、大竹縣知縣馮忠各動倉穀賑濟。通計本府并所屬州縣共支過稻穀叁萬伍百叁拾玖石伍斗肆升叁合陸勺，賑過饑民共壹拾叁萬伍千肆百柒拾壹名口，又運夫工食穀叁百柒拾陸石叁斗柒升，等因。

准此，又查得前奉撫院批，據保寧府申稱，閬中、南部二縣與順慶河道相通，民間米豆被鄰境般運空虛，價值騰貴，乞賑極貧軍民并儒學貧生。由詳，奉批，仰布政司議確詳報。奉此，該本司覆議，呈詳本院。奉批，貳縣米豆既被般運空虛，價值高貴，如議即發倉穀賑濟極貧軍民，使速霑實惠，無容積猾冒領。事完册報，繳。奉此，備行閬中、南部二縣，共支稻穀壹千玖百伍石伍斗，賑濟貧生、軍民叁千捌百壹拾壹名口，俱應備造文册呈乞核實奏繳，等因。并另具揭帖，内稱行准東北各道開報放賑官員，除知府王軒、王九德，通判皇甫賓、岳一侖，推官劉懷民，知州錢效節、宋希張、藺養直，知縣李陶成、趙弘訓、羅俊民、黃承讚、錢國芝、唐選、繆守之、徐天佑、初學易、劉養用、杜若芝、張顯然、喬允遷，教諭施所學，各料理得法，民霑實惠。

及除物故官外，安居縣知縣祝存正，綜理頗周，完報獨蚤，即其文爲之飾，似非闒茸之流。但未奉賑文之前發羅倉穀捌百餘石，每石官價貳錢伍分外多銀貳分，吏王好察、張述祖索銀各壹分，方許收銀。奉文賑穀册報叁貳斗，實止給穀壹斗。通縣民兵、夫馬、門皁等役各給穀石，不知本等工食作何下落。吏書人等各領穀叁伍石，緣賑以爲民，而該縣反腴在官之人，事礙官箴，已經委勘。隨據同知張守訓勘稱，親詣境内拘審饑民，吊查册籍，造給雖多，實支則少，以致事體不一，議論紛紜。計剩存在倉穀止該貳千壹百石有奇，今到廒盤量，除該吏王好察通同書手張奉惟、斗級黃元學等共侵貳拾伍石外，其實在之數積出附餘穀叁捌拾捌石有零。若謂盡屬斛面，則千零所積似不應若是其多也。迹涉曖昧，業屬垂涎之私；穀見貯存，尚非入囊之物。至於平糶稻穀，每石原定價銀貳錢伍分，增添分文已爲溢額，而戶吏乘機却又需索糶戶。據知府王軒揭稱，本官當饑荒之歲，區處亦勤核；注措之詳，踪迹多舛。停糶明文尋至，而倉穀捌百壹拾貳石何糶之急也，則其取贏之心難保必無；鄉民顆粒未霑，而衛役貳百肆拾伍人何憐之深也，雖奉議價之批竟置不省。穀增至叁百捌拾，以爲附餘似矣，乃舊歲查盤報折者又係何穀何倉，豈收則不足而支則有餘耶？册造給貳斗伍升，謂之從厚可矣。顧饑民供報所支者率多壹人壹斗，豈官以恩施而民以怨報耶？事如有待，心迹恐屬難明；穀未離廒，侵漁猶然未竟。

璧山縣知縣張思明，始設粥以待哺，民艱似切；既抱痾而伏枕，弊竇遂叢。即其未病之先，於本身原無濡染；然以弗察之故，致員役得肆奸欺。縱無玷於官箴，亦何裨於賑事？

大竹縣知縣馮忠，量粟不行看驗，各役得以行私；散給不示定期，窮民苦於守候。不親賑事，徒委之典史徐國昌，以致用陸升之斗，而侵欺入己數多；已給散於民，而門皂奪回無忌。蓋知縣馮忠則救荒不勤，而典史徐國昌則因賑射利。

璧山縣主簿、今升邯鄲縣縣丞岑大緯，該知縣張思明發穀舂米捌拾貳石，委大緯於來鳳驛煮粥以哺饑民。本官及戶吏林桂鎬經手支銷，通同乾没，將穀發與米户帥顯俊、周一元等拾陸名，每米壹斗變價壹錢肆分交送本官，却以壹錢貳分買白米於白崖鎮雇船載回。私家書快、門皂、斗級、保户乘機侵盜冒領，各有簿票可查。據同知張守訓揭稱，奉委查勘是的。知府王軒揭稱，主簿岑大緯煮粥侵米，放賑侵穀，設心同壟斷；增價變銀，減價買米，取利盡錙銖。以致斗級、吏識[四]鼠竊不貲，門皂、歇家瓜分無忌，允爲罪魁，應從重治。

酆都縣署印、本縣主簿楊宗桂，議賑數少，核報稍遲，緣以委瑣小官，未諳拯救大體。大足縣署印、合州儒學學正許登瀛，雖效劻勷，尚稽程課，功無足錄，罪或可原。綦江縣署印、忠州儒學學正葉繼龍，始慮伍遷債轅，而委以邑事；顧尋伍遷故轍，而錄其舊文。桑榆似堪補過，苜蓿終屬代庖。各緣由到司。

除二府掌印等官綜理有條、賑放無議者，及主簿楊宗桂，學正許登瀛、葉繼龍，接印未久，推情可原外。該本司左布政使彭富會同按察司按察使陳薦，爲照知縣祝存正惠先各役，曾何加意子民；物未入囊，若嫌垂涎官帑。知縣張思明抱病失察，致佐貳之貪婪；知縣馮忠救荒不勤，滋首領之縱肆。主簿岑大緯、典史徐國昌，分委欺公，因賑射利。設心行事，雖各不同；作奸犯科，其罪則一。俱應議處，等因。并報到臣。

案照重、順二府去歲旱傷，小民饑饉，臣即會同前巡按御史傅　，一面具題，一面行文發運稻穀亟加賑濟。續准本部咨文，兩次覆議，題奉欽依，備咨前來，俱經案行遵照，及令該司將放賑官員分別揭報去後。

今據前因，臣竊惟朝廷能渙發德意，不惜捐帑藏之積加惠窮民，而君門萬里，不能必窮民之實受其惠。臣節制一方，能宣布朝廷德澤，以蘇此子遺，而提封連數千里，不能以一人之耳目手足遍徇閭閻之疾苦。所期同心共濟，體國憂民，恃有監司之分猷、守令之盡職耳，故惠不及民與無惠同，賑無實濟與不賑同。臣始也慮人心之玩易，首懸勸懲之典，以感動而竦惕之，且申令不啻再三，程督極爲嚴切。令[五]既告竣矣，倉廩盡發，補助尚施，臣之心力雖自省竭盡，然吹死灰而肉白骨不知能幾何人耳。

中間餓死者不可復生，流亡者未卜來復，即匹夫匹婦不得其所，皆守臣之責也。臣爲此懼方待罪不遑，何暇復問屬吏？顧臣立法而食言，是臣先自處於僞，而後來者有事亦何以風勵百一乎？既經監司甄別前來，相應具奏。

除賑冊另疏奏繳外，該臣會同巡按四川監察御史李 看得，總賑官重慶府知府王軒，拯救千里，已極拮据之勞；計備三時，尤徵桑土之密。順慶府知府王九德，皇皇行賑，流寓咸被其恩；汲汲濟人，士民舉戴其德。分賑官重慶府通判皇甫賓、岳一侖，順慶府推官劉懷民，忠州知州錢效節，合州知州宋希張，廣安州知州藺養直，銅梁縣知縣李陶成，墊江縣知縣趙弘訓，武隆縣知縣羅俊民，彭水縣知縣黃承讚，永川縣知縣鍾國芝，江津縣知縣唐選，黔江縣知縣繆守之，南川縣知縣徐天佑，榮昌縣知縣初學易，定遠縣知縣劉養用，南充縣知縣杜若芝，營山縣知縣張顯然，鄰水縣知縣喬允遷，長壽縣儒學教諭施所學，恤灾捍患，并劻勤於一時；飯餓周窮，各綏輯乎千室。以上諸臣勤勞俱著，但係本職之當修，尚虞天譴之未答，除臣照憲牌事理行檄勸勞。酆都縣主簿楊宗桂、合州儒學學正許登瀛、忠州儒學學正葉繼龍功過免議，并將不職佐領璧山縣升任主簿岑大緯、大竹縣典史徐國昌已行守巡該道提究追贓外。

再照川東旱灾，惟巴縣、長壽爲甚，且其管轄甚廣，措置甚難，而其時勢又甚急，已故長壽知縣儲登選、巴縣知縣許安國皆盡心竭力，勤瘁以死。許安國歷任尚淺，若儲登選業經臣題考滿，廉明素著，無忝循良。各屬尚未經營，而本官查審貧丁已畢，故其給散獨蚤，升斗獨多，今賑冊固可籍也。臣課二府賑事，登選當爲州縣賢能之最，死後分守道令經紀其家事，尚不足支歸櫬之費，蓋棺而人品定已。此二臣者，臣若以其物故不一爲之闡揚，是使勞於王事而以身徇之者反至泯泯無聞，非所以教人臣忠也。故不避瑣煩，特爲表而出之。二臣初故，臣即行賙助。今賑事報完，應仍動官銀分別優恤其家，除臣徑自施行外。

參照大竹縣知縣馮忠，年幾七旬，政無一善，民瘼全不關意，官守日以隳頹，應照罷軟例革職閑住者也。安居縣知縣祝存正，瘠民肥己，岑[六]念煢獨之當哀？無實有名，抑何粉飾之太甚？此一臣者，論其册報多虛，即擬斥亦不爲過；據其别議未著，故一眚或在堪原；應照不及例重加降調以示懲創者也。璧山縣知縣張思明，值米珠薪桂之時，叢鼠竊狗偷之弊，緣偶病出於意外，且蒞任甫及數旬，應重加罰治以勵將來者也。伏乞敕下該部再加查議，如果臣等所言不謬，將馮忠等分別議處罰治，庶憲條非落空言而荒政不無裨補矣。緣係賑事久完，甄別已確，乞賜議處不職官員以重德意以勵人心事理，未敢擅便，爲此具本謹題請旨。

請換威茂關防疏

題：爲印信事。據四川布政使司整飭威茂兵備、綜理糧儲右參議兼按察司僉事許守恩呈稱，本道關防壹顆，驗係嘉靖元年捌月內禮部題請頒給"嘉"字伍拾柒號，內篆"整飭威茂兵備關防"捌字，至今陸拾玖年，篆文模糊，行用不便，呈乞請換，等因。到臣。

卷查先准禮部咨，爲遵奉明旨厘革宿弊事，內開以後各該巡撫會同巡按官每年通查所屬大小衙門，如有應換印信，明開篆文字數，具奏換給，舊印亦代爲奏繳。又准禮部咨，爲傳奉事，內開各撫按官通查所屬衙門印信，如有模糊未經換給者，作速具奏，以憑覆請鑄換，等因。各移咨前來，通行遵照外。

今據前因，該臣會同巡按四川監察御史李　　議照，印信以防奸偽，篆文貴在顯明，今該道關防既因年久模糊，不便行用，委應鑄換，理合具題。伏乞敕下禮部鑄造"整飭威茂兵備關防"壹顆，前來給該道行使，其舊關防聽臣代爲奏繳。緣係印信事理，未敢擅便，爲此具本謹題請旨。

教職遵例迴避疏

題：爲遵例迴避事。據四川布政使司呈，奉臣批，據保寧府劍州梓潼縣申，准本縣儒學牒呈，准本學教諭任校關稱，卑職見年貳拾玖歲，雲南臨安衛籍，河南衛輝府淇縣人。由舉人萬曆拾柒年伍月內除授今職，本年捌月拾伍日到任。今照卑職親兄任梓原由敘州府推官近升劍州知州，於拾捌年伍月貳拾壹日到任。梓潼縣係劍州所屬，例得從卑迴避。卑職叨任儒學，萬里寒官，合蒙具題，就近改調或仍赴部改選，等因。由詳，奉批，仰布政司查報。奉此，又蒙巡按四川監察李御史批，據該縣申，前事，蒙批布政司查報。蒙此，該本司查得梓潼縣教諭任校係見任劍州知州任梓之弟，例應從卑迴避，呈乞會疏具奏，聽吏部查有相應員缺題改，等因。呈詳到臣。

卷查萬曆伍年玖月內准都察院咨，爲遵例迴避，乞賜題請以便供職事。准吏部咨，該廣西撫按衙門具題，本部查得《大明會典》內一款："凡內外管屬衙門官員，有係父子、兄弟、叔侄者，從卑迴避。"欽此。及議得以後應該迴避官員，具從官職卑者迴避，永爲遵守，等因。題奉欽依，備咨前來，通行遵照。近據梓潼縣申詳，前事，已經批司查報去後。

今據前因，該臣會同巡按四川監察御史李　　議照，劍州梓潼縣儒學教諭任校，其兄任梓新任本州知州，考之令甲，委當迴避。既經該司覆查明白，相應照例具題。伏乞敕下該部，將教諭任校即查蜀省相應員缺，就近改補，令其到任，庶卑寒之官免跋涉之苦，而於典制既不違，於人情亦甚便矣。緣係遵例迴避事理，未敢擅便，爲此具本謹題請旨。

校勘記

〔一〕“因”，據文意疑當作“困”。

〔二〕“准”，據文意疑當作“唯”。

〔三〕據文意，此處疑缺一州縣。

〔四〕“識”，據文意疑當作“職”。

〔五〕“令”，據文意疑當作“今”。

〔六〕“岑”，據文意疑當作“豈”。

督撫奏議卷之二

將官擅離地方疏

題：爲裨將稱病擅離地方，乞賜究處，以振法紀，以飭戎務事。據四川布政使司整飭叙馬瀘兵備道右參政兼按察司僉事李士達呈，奉臣批，據提督四川叙瀘壩底及貴州迤西左參將陳嘉勛呈，奉兵部札付，依限於萬曆拾柒年捌月拾貳日前赴迤西地方到任。尋因年已陸拾，血氣衰憊，宿患濕氣，痰火交侵，形體尫羸，飲食減少，復加怔忡，久臥床榻，難以動履，不能任事，節經具呈川、貴兩院具題，俯容放歸醫治。蒙批，司道行查其符驗、旗牌，另議委官防護外，本職札付呈乞轉繳，等因緣由。奉批，仰叙馬瀘兵備道查報。奉此，案照先蒙巡按四川傅御史批，據該參呈，稱宿疾大發，不能供職，乞題休致，等情。批行本道，備行永寧監稅、東川軍民府通判陳復彝查勘間。又准該參手本，內稱病勢危篤，原領符驗、旗牌於玖月貳拾柒日交送永寧衛收候，拾月初叄日東歸，等因。到道。及催，據通判陳復彝回稱，參將陳嘉勛委於拾月初叄日離任回籍，其該參事務已經議委貴州都司僉書張問達暫署，等因。呈報到臣。簿查先據本官呈繳札付，內稱患病，隨即批行該道查報去後。

今據前因，看得叙瀘參將介在川、貴之間，夷漢雜居，顓資彈壓。近當奢夷內構，會勘未完，地方尤爲吃緊。本官患病即真，亦當勉守信地，聽撫按題請，予告乃得戒行。今敢方投公移，遄歸私里，律以憲紀，顯屬欺違，若不處此玩臣，何以肅諸部曲？該臣會同巡按四川監察御史傅　參照，提督四川叙瀘壩底及貴州迤西左參將署都指揮僉事陳嘉勛，叨膺分閫，罔識守官。
甫任稱病，儼是推奸之態；即嬰篤疾，難言裹革之忠。法所必
懲，罪不容逭。伏乞敕下兵部覆議，將參將陳嘉勛照例重處，以
爲邊將擅離職守之戒，員缺遴擇速補，嚴限前來，庶戎務克修而
西陲攸重矣。緣係裨將稱病擅離地方，乞賜究處以振法紀以飭戎
務事理，未敢擅便，爲此具本謹題請旨。

參罰未完傳銀疏

　　題：爲閱視叙功營差馳驛并屬太濫，乞賜酌議，以重官爵，
以蘇民困事。據四川布政使司呈，奉臣批，據本司呈，合屬府、
州、縣萬曆拾陸年分驛傳銀兩已、未完數目并經管官員職名，及
稱川省傳銀遞年於所屬稅糧內帶徵，分別解貯各該府、州，聽各
驛遞支用。但中間及時追徵者固有，而延緩逋欠者亦多，蓋因事
無勸懲，以致人心玩愒。今奉明文查參，應自拾陸年爲始究治，
等因。由詳，奉批，據呈傳銀徵不及數，各官例當懲警，但其中
署印日淺者應否并入參罰，仰司再會該道議妥通詳，以憑具題。
奉此，該本司左布政使彭富會同按察司驛傳道副使陳文煥覆查
得，各官除全完拾分并未完不及貳分及考察去任者俱造入冊內免
議外，未完伍分以上，鄰水縣掌印知縣、升岷府審理李承慶，署
印見任主簿甘秉智，管糧見任主簿鄭子京；未完貳分以上，建始
縣署印、夔州府見任經歷王之官，掌印知縣郭才華，管糧典史蘇
朝惠，合江縣署印、本縣儒學教諭、升江安縣知縣徐大賢，改名
江大涵，見任掌印知縣張良遇。內甘秉智、王之官、江大涵各署
印日淺，情委可原。其建始等縣續完傳銀俱應入冊并算，呈乞會
題，等因。到臣。

案照先准兵部咨，該刑科左給事中陳燁題，前事。本部覆議，查得原經題准及時追給站銀，責成驛傳道將合屬站銀及協濟銀兩俱要依期徵解。如未完貳分以上，住俸督催；未完肆分以上，降俸貳級，戴罪督催；未完陸分以上，降貳級，起送吏部調用；未完捌分以上，革職爲民。其住俸、降俸等官，通候完至玖分以上方准開復，等因。通行遵照，惟河南節年查參，各省直未有行者。應行各該撫按轉行驛傳司道督率所屬，凡驛遞銀兩逐年俱要通完，每年終查算完欠分數具奏。其未完者照例將各掌印、管站官計其分數，一體查參，載於考成之內，等因。題奉欽依，備咨前來，已經案行該司道轉行各衙門遵照。近據呈詳，又經批行會議去後。

今據前因，查得驛傳之銀需用甚急，完報當時。今該年經管各官拖欠不等，委宜照例參懲。該臣會同巡按四川監察御史傅參照，鄰水縣知縣、升岷府審理李承慶、見任主簿鄭子京、建始縣知縣郭才華、典史蘇朝惠，合江縣知縣張良遇，催徵無法，獨逋負於置郵；督理弗勤，坐稽延乎時日。既違條例，難逭罪愆。甘秉智等參員，署事之日無多，似應原免。伏乞敕下該部再加查議，將李承慶、鄭子京、郭才華、蘇朝惠、張良遇照例分別降住俸級，俟各傳銀完至玖分題請開復。甘秉智等姑免究治。其李承慶係升王官，久已離任，惟復別有定奪，除造冊送兵部外。緣係閱視敘功營差馳驛并屬太濫，乞賜酌議以重官爵以蘇民困事理，未敢擅便，爲此具本謹題請旨。

注銷鹽課文冊疏

奏：爲奉旨看詳章奏并申末議以儆違玩事。據四川布政使司呈，奉臣案驗，前事，仰司官吏即查先今咨案，要見提舉司鹽課注銷册因何向未奏繳。即今鹽課雖不係提舉司督徵，前項文册，布政司應否代造齎奏注銷，或仍送兩院轉奏，應自某年創始，此後挨年造齎，其額課并題准通融抵補之數務須詳明開報。奉此，該本司查得，四川鹽課提舉司原額鹽課，國初止實徵銀二萬七千一百三十三兩肆錢六分。自正提舉而下，有同、副提舉二員，吏目一員，收、支二科司典吏九名。其所轄則有上流、通海、仙泉、羅泉、黃市、永通、富義、華池、福興、廣福、新羅、郁山、濟井、雲安、大寧一十五鹽課司。每司大使壹員、吏壹名，兼同井坐簡州、金堂等六十一州縣掌印官催督辦課，遞年解司上納。

至正德年間，戶部題差主事鍾文杰查議井竈，每年額增至七萬一千四百六十四兩二錢。節因井坍丁逃，辦納不前，於嘉靖三十七年内奉文題準，減去二千二百九十二兩一錢五分肆厘，實徵銀六萬九千一百七十二兩四分六厘，及將華池、福興、廣福三鹽課司官吏并行裁革。至隆慶六年，又奉兩院會題，將同、副提舉二員，收、支二科司典吏六名亦行裁革，止留正提舉一員、吏目一員、收科司典吏二名、支科典吏一名。上流等一十二鹽課司官吏，其鹽課銀兩歸并州縣，就近追繳，於是有司始專督課之任。

萬曆二年内，奉巡撫四川曾都御史并蒙巡按四川孫御史案驗，爲議補鹽引勘合，清鹽法以一政體事，戶部題奉欽依，移咨備札案行本司，内開鹽課，清出小井，加銀一百六十五兩六錢七分一厘一絲二忽二微五塵；除豁老井，減去課銀二萬一千八百一十六兩三錢一分七毫九絲四忽七微七塵，止徵銀四萬七千五百二十一兩四錢六厘二毫一絲七忽四微八塵，減去課銀議於本司每月召商填給引票稅銀内抵補。自本年起，每年路引、鹽票各三千八百四十張，每引一張該稅銀六兩，每票一張該稅銀三錢，計每歲共稅銀二萬四千一百九十二兩抵補額課之數，及將濟井鹽課司裁革訖。

萬曆十一年內，又奉巡撫四川孫都御史并蒙巡按宋御史案驗，爲寵民困苦已極，懇乞聖明議減虛課以裕國計事，會疏題減虛增課銀九千五百六兩七錢二分三厘九絲九忽八微一塵，實徵課銀三萬八千一十四兩六錢八分三厘一毫一絲七忽六微七塵，并引稅銀湊補，年例共五萬二十五兩一錢爲額。

萬曆十三年內，又奉巡撫四川徐都御史案驗，爲清理川省井課以恤貧寵事，該巡按四川赫御史具題，戶部覆奉欽依，備案行司，內開鹽課豁減坍井銀三千六百二兩七錢五分七厘八毫五絲三忽，加徵新井銀二千三百三十三兩八錢三分三厘三毫五絲六忽，實徵課銀三萬六千七百四十五兩七錢五分八厘六毫二絲六微七塵。又蒙巡按赫御史案驗，爲議處鹽法積弊以裕國通商事，議將提舉司改駐遂寧縣，專管秤盤。萬曆十七年二月內，奉兩院案驗，題准將郁山鹽課司裁革，止存上流等十司協同催徵。

爲照四川鹽政原係鑿井煮鹽，計井定課，爲力最苦，獲利甚微，較之兩淮、長蘆等處煮海、煮池佐充軍國者大不相伴。顧本省每年額解年例濟邊課銀雖派五萬二十五兩一錢之數，遞年催納不前，屢經議減，實止徵銀三萬六千七百四十餘兩，復於商人引票稅銀二萬四千一百九十二兩內通融充補。據其派徵之數，若有贏餘；稽其歲入之需，尚多不足。蓋因井寵消乏，商販稀少，不能如數全完。邇來起解陝西，抵補濟邊之外，所剩不多，加以近議潞府贍鹽銀二千二百九十餘兩亦在前項銀內取解，僅足支用。至若提舉司，雖係專設，而課銀歸并有司管理，以故該司止於遂寧盤驗，全不干預督徵，注銷文冊向爲缺典。今奉部文申明奏報，委應造冊繳銷。但若歸之提舉司造報，然該司既無專督之責，又無額徵之數，似難責成。應聽本司類造，庶爲妥便。及照十五鹽司，除裁革五司外，其餘十司官攢應造職名入冊。但各司止是協同催促，其完欠分數俱在有司，故年節參罰不之及也。前項文册當以州縣掌署等官并已、未完課銀列款造報，再照每年參罰文册向該巡按衙門奏繳，其注銷文册應齎本院具奏，等因。册由，到臣。

卷查萬曆十七年九月内，准户部咨，前事，該户科都給事中王繼光等題，内開各處鹽課每年完欠之數莫不奏繳注銷，惟福建、四川向來寢閣。往科臣蕭彦曾題奉明旨立限查催矣，顧福建近日造册注銷，而四川不報如故，則四川鹽課獨非國儲耶？是不可不一再飭也。本部覆議，四川鹽課及每年完欠之數照例奏繳注銷，如有仍前玩愒不報及奏報愆期者，聽該科指名參究，等因。題奉欽依，備咨前來。隨查得前次部咨、户科條議專爲提舉司每年不繳注銷文册，已經備案，行司查明造報去後。

今據前因，該臣看得四川鹽課提舉司并所轄上流等一十五鹽課司，原爲管理鹽政而設。繼因井竈消乏，辦納不前，稅課則屢議題蠲，官司亦漸多裁并，兼以課歸井坐州縣徵納，而提舉官專事秤盤。是鹽運之名雖存，督課之職無預，注銷文册，自難責成，向各相沿，遂成廢缺。顧稽之令甲，限例甚嚴，且各省俱已遵行，川省豈容獨廢？布政司係總賦衙門，即代提舉司造册，送臣核實奏繳，揆之事體，委屬相應。及查部科續題申飭，在於十七年内，其報册就以十六年爲始，詳開鹽課原額及遞年增減、實徵并完欠、起解數目奏報。以後挨年造繳，永爲定規。爲此今將造完萬曆十六年分鹽課銀數册一本具本齎捧進繳，謹具奏聞。

糾劾有司官員疏

題：爲糾劾不職有司，以肅吏治，以安民生事。臣惟巴蜀僻在西南，去輦轂數千里，境域延袤，夷漢綉錯，邇來民生彫敝，閭里蕭條，臣所過城市、村落满目荒凉之象，昔人所稱益州天府者殆不如是矣。兼頻年木役繁興，師旅數起，洊臻饑饉，東北罹災。臣詢之薦紳，訪之耆老，大都蜀所苦者三，曰木，曰師，曰吏，而旱災猶不與焉，謂此天行之數，可假良吏以拯救也。木云辦矣，師云罷矣，而吏之蠶食人者無有已時，由撫按之耳目難遍、僻遠之法綱稀疏故耳。臣謂欲蘇困苦必急拊摩，欲厚民生必澄吏治，蓋療病者重擇醫而濟世者先用人也。臣自去秋至蜀，即連檄司道及府州正官督察所部，列其官評據實報臣，以憑保劾。今閱數月，得於耳目者亦既多矣。所知未真，尚不敢草略率爾以煩天聽；所得已確，亦何敢姑息惠奸以長民蠹？臣謹會同巡按四川監察御史傅　　將不職官數員一一爲皇上陳之。

　　訪得榮經縣知縣儲至中，外若爽健，中鮮操修。治漢夷雜沓之區，日攖情於囊蠹；處商賈往來之藪，恒染指於脂膏。里甲何時忠等貳拾名，每名取銀貳兩，名爲見面；紫眼王狗蠻等伍姓夷，每姓受銀貳拾兩，認爲常規。湖茶貳萬餘引已每包有壹分之紅銀，私茶伍千餘包又百斤取貳錢之私稅，過證者商人車慶三、店户李紳等也；劉文淵以爭財逼死繼母輒以賄免，王寵以商民冒籍入學亦以財容，過送者罷吏何儉、積皂李節等也。銅、板之出也，於額課外銅則每擔貳錢，板則每塊貳分，皆潤私囊。布貨之出也，除正稅訖，本處則有入店稅，別處則有過山稅。任叢怨府，縱家丁儲可旺結交店户李紳，暗引淫婦入衙，大失關防之體；通市户朱朝宣夥買私茶，發曾萬七在市貿易，甘同販夫之爲。私令庫子加等收銀，每兩多銀貳錢，溪壑之欲難填；凡當告期濫准詞狀，人犯概擬有力，貪黷之私特甚。智昏於利，諸係衙門吏書偏意庇護，因而百弊叢生；剛屈於欲，但是左右豪猾公然把持，以致諸務盡廢。

監理建昌成都府通判張橋，年近桑榆，才本樗櫟。由邑令改儒職，久覺隫隓；以府倅監邊陲，益見叢脞。刑名全不諳曉，任書吏播弄詆欺；耳目稍見昏耗，致文案棼亂錯落。自知途窮日暮，遂漸納賄容奸。板商徐勝三通奸羅氏，因謀死親夫俞繼文，告道批問，本官受銀伍拾兩，吏書貳拾兩，招申駁審，久閣不行。陝客張世熙毆死劉氏，并致死伊子劉守祖，買和首證，本官得銀陸拾兩、銀絲髻壹頂，朦朧輕出，任駁不報。委查建昌軍餉，則管庫千户魯繼然送銀拾伍兩，書吏銀捌兩，托送者穩婦韓氏也；委盤建昌倉糧，則署倉百户黎鵬送銀貳拾兩、銀臺盞壹副，過付者書手康仕榮也。軍民詞訟每期，既屬濫准矣，聽斷更不明决；院道行移未完，日見堆積矣，稽查全不關心。監理荒徼，衙署所當致慎也，則縱書吏出入，流連宣淫於店舍，安在防閑？查盤衛所，關防尤宜嚴密也，則任左右索騙，分贓毆哄於公堂，是何政體？

此貳臣者，物議大滋，官箴已壞，所當照不謹例革職閑住者也。

新津縣知縣岳潭，才識庸劣，老病侵尋，志氣日見其隳頹，政事多歸於廢弛。起解民兵銀兩，批限所當稽也，解户吳賢通玩法私散，本府查出拘提，尚冥然而不之覺；委官查理倉庫，原招止三罪也，猾吏江台科派拾贖，鄉民不堪具告，猶懵然而不之知。庫役尹趙祥新舊交代，稽查可不密乎？乃漫不經心，致奸民之乘機侵盜，鋪陳遺失拾副，將誰咎也？訪犯謝時旺家道充實，完贖豈無力乎？乃聽其誆惑，責時旺之通族幫陪，儘用怨恨具告，誰致之也？當核莫如商稅，該縣船隻鱗次而登報不盡，不無染指之嫌；困苦莫若鋪行，該縣貨物雲集而買價多虧，難免攫金之誚。此壹臣者，年力既已衰遲，策勵亦復難望，所當照老疾例勒令致仕者也。

涪州知州羅奎，迂疏之性，綿弱之才。以耳之不聰而借聽於左右，則上下之情難通；緣心之易惑而竊權於吏書，則大小之獄多舛。公堂喧譁如市，即設檻而不能防；卒隸貪縱如狼，每承票而竟不繳。弓兵鋪役，工食有定額也，乃扣減不啻二三，益上未免損下；段絹鋪行，貨物有定值也，而虧損或至大半，肥己不顧剝民。詞訟濫批，或一事而罰米三分，致佐領之挾分不貲；徵收加耗，每一兩而取贏二分，任吏解之秤收過重。新里長置造鋪陳，共計壹拾叁床，而折價至四十兩，以何爲名？王家奴拐帶財物，盤獲百七十兩，一寄庫少六十金，是誰之過？打死人命，李真陽情宜論償，事發反坐原告，難免瓜李之嫌；飛詭稅糧，馮甫世法當引例，查出止罪小民，豈無苞苴之入？此一臣者，守牧殊屬非宜，操持尚未甚壞，所當照不及例重加降調，仍置閑散者也。

又訪得原任瀘州知州、今升南京刑部郎中石元麟，宦途屢躓，壯志頓銷，權每假於爪牙，意惟在於溫飽。該州田糧，從來多弊也，本官雖經奉例丈量，更多淆溷，後煩肆縣尹之調停；田册收銜，見謂知謹也，却縱義男通同吏書改換畝數，致賣千五百之糧石。丈田已不均矣，出給由票，又經義男石三每石索銀壹兩，業主杜謨等戶戶可查；排年命衆保矣，指稱丈費，遂令庫書吳自明每名收銀伍錢，納户劉彥奇等人人可鞫。民兵四百，學役十名，假借短封、餘羨各扣工食不等，乃紅錢、下程之需又遍索於收頭；弓兵隊長五十二名，指稱入計資斧扣除工食甚多，而領票、餘鹽之稅又濫科於鹽役。糧銀私換法馬，每兩加二秤收，若猾胥汪大貴諸人咸用事矣；克落木銀入己，反坐他人侵欺，彼木商童世禄父子抑何辜焉？紛紛行李四十臺，充斥道路，至永寧參戎盤阻，非托故親往營脱，胡以攸行；悠悠入覲六千里，還抵荆襄，聞吏僕、門皂被告，遂心懼遄赴故鄉，自返不縮。此一臣者，廉節全隳，贓私有據，外計已爲漏網，京擢更屬幸遷，所當追論，照貪例革職爲民者也。

伏乞敕下吏部再加查訪，如果臣言不謬，將儲至中等照例黜貶，庶遐方之吏治澄清而久敝之民生攸賴矣。緣係糾劾不職有司，以肅吏治以安民生事理，未敢擅便，爲此具本謹題請旨。

添設附郭縣治疏

題：爲議添附郭縣治，以正體統，以重邊陲事。據四川布政使司呈，奉臣批，據本司分守川西道左參政周思敬呈，奉前巡撫徐都御史批，據龍安府申，准本府知府阮尚賓關稱，龍安介在萬山，爲松州東路咽吭，舊本州治，編戶壹拾壹里，土司領之。嘉靖肆拾伍年，宣撫薛兆乾爲亂伏誅，當事者以土改流，念地方人心未定，且四面環視皆番，必資彈壓，故龍安始議置郡。比一時咨度未盡，又謂地方邊僻，遂比之馬湖附郭，縣治闕焉。不知馬湖附郭已有泥溪土司，即平夷、蠻夷貳長官司去府不遠，錢糧俱各司徵解，謂不必備員可也。乃若龍安土地，東連漢、沔、劍、昭，西抵木瓜番寨，南通安縣，北接階、文，夷漢錯居，延袤實廣。相距江油、石泉程途三日之遙，則地里遼絕，已不同於馬湖，屬務相聞，常往返於旬日，附郭縣治似不可不亟議者。況本府同知專駐江油，職司驗餉，推官又多公委，郡城僅一知府矣。若使優游歲月，無意地方，置民瘼於不聞，守資俸以待轉，則一官已曠，不必更議設縣矣。不知今之龍安，譬則久病之人，四肢癰腫，又若貧窶之家，四壁頹圮，不一調劑整頓之，則小民沉痾未起，紀綱無克振之日。然非得附郭縣官昕夕相與爲理，即有所注措亦壅閼而不達，何者？身可使臂，而臂無所使，亦終自限耳。況錢穀，縣官之事，郡吏豈宜下侵？今舉米鹽瑣屑之煩、催科杖并之務悉委之，是爲郡者將下同於州縣而郡體亦甚失矣。彈壓之謂何？獨惜於一縣之設哉？

夫中人之家有稼穡之務者，必資群力操作，主人惟盈縮出入而坐籌之，以故事集而家給。今一郡猶一家也，指臂之勢又安可廢乎？故以踏田土，委檢驗，勘邊地夷情，查錢穀積欠，俱不可無人。首領官卑難以委用，貳縣隔遠，無濟目前，矧龍安里甲、夫馬積弊與詐僞、嚇騙諸奸視腹裏地方大相迥別，其因事忿爭、因人恐嚇，歐死縊死無日無之。至地畝之隱匿、糧税之影射與昔年宣撫入官未明子粒之田待清理而查處者何限？此一府官能辦之乎？是附郭縣治之設，誠今日所亟講而不容已者。縣治一設，里甲、錢糧盡付縣官管理，則催科有專則，易於完報；人命有專委，易於檢究；田土有專屬，易於查勘。不徒職守已明，指臂稱便，籍令地方有事，則當機應變，不致乏人，而邊疆之民亦永受清寧之福，等因。

由詳，奉批，仰分守川西道會同巡西、安綿貳道酌議詳報。奉此，又准本司咨，蒙巡按四川監察傅御史批，據該府經歷司呈，同前事，蒙批布、按貳司查報。蒙此，移咨到道。該本道行據該府申稱，看得事貴經始，法在變通，未有計不先定而事稱善，亦未有法不變通而民咸宜者。今議本府附郭設縣，其建縣基址與鼎創諸費委應先議。查得府治之左有薛氏没官地壹坪，寬廣而高，嚮明而正。又該本府會同同知周瀾親歷丈量，長闊出拾畝之外，事如有待，亦龍郡第一善地。其應建縣治衙門、房科、倉厫、庫獄等項，共該物料、匠作工食銀肆百陸拾柒兩伍錢陸分伍厘。查得本府庫內貯有萬曆拾肆年因調兵征進，奉布政司發下雇脚、今改軍餉支存銀壹千叁百陸兩柒錢叁分陸厘，於內動支肆百陸拾柒兩伍錢陸分伍厘充作建縣之費。及查應設知縣壹員、典史壹員、司吏叁名，柴薪、俸糧等項合依賦役書册比照石泉縣則例，各官吏柴馬、本折俸銀計每年共該貳百壹拾叁兩玖錢玖分貳厘；力差該編門子、弓兵、皂隸、庫斗、禁子共貳拾捌名，共該工食銀貳百壹兩陸錢，遇閏之年，臨時申請，官吏俸薪於缺官銀內，門皂等役於曠月銀內各支給，計各項每年總共銀肆百壹拾伍兩伍錢玖分貳厘。本府舊有未報没官子粒銀叁百玖兩捌錢叁分，一向相沿聽公費等項支用，今應報正，內將貳百壹拾叁兩玖錢玖分貳厘即抵充前項官吏俸糧、柴馬，而里甲不必加派。至門皂各役工食，本府近議裁革皂隸、鋪兵、看司等役共叁拾柒名，已經申詳批允，今將裁革者即補編門皂、弓兵貳拾叁名。其庫禁、斗級伍名，即以本府額編數內撥出補充前役，亦不必另議編派。

縣治既設，除錢糧歸并縣官，令其專理，而公費不可不議。查得馬湖府與龍安府事體相同，該府公費原編叁百有零，本府止於百兩，似不足用。合將前子粒銀兩除議充俸糧、柴馬外，仍剩銀玖拾伍兩捌錢叁分捌厘，與本府原編壹百兩，共壹百玖拾伍兩捌錢叁分捌厘，充該縣公費，本府僅遇應動，即行該縣支用。此不必絲毫加派，一變通而民自宜；不必另議經費，一酌處而用自足。及查龍民子弟惟知務農，不知向學，即府庠諸生，人未滿百，若再設縣學，亦屬空虛，俱應并入府學，待人才盛日另議。

具由申詳到道，批行該府再議。續據申稱，龍安設在邊陲，羌民雜處，雖崇山叠嶂視沃野異區，陋俗夷風與腹裏殊致，以各府視之若贅疣然，似亦不甚重者。不知地方延袤亦廣，田土實多，告爭、踏勘，月無虛日，兼之人命叠出，雖自縊爲多，而歐死情真，必賴正官檢驗。今江油、石泉貳縣隔遠不便，兩廳公出無時，首領官卑又難委用。此設縣之不容已一也。且先年以州改府，意重彈壓，即設縣之舉當時亦議及之，特一時難以并舉，意將有待。不然，以郡長行縣事，昔人謂之下侵，豈當日慮不出此乎？況南充壹拾壹里，閬中拾里，奉節僅肆里，皆設在附郭，以全上下之體。龍安壹拾壹里，曾不得比而同之，致邊氓無父母之依，府官任兼懾之責，則數百里有人有土之區反以荒徼目之，似非計之得者。此設縣之不容已二也。馬湖舊未設縣，錢糧屬長官司徵解，先未有里甲也。今以龍安視之，則馬湖之錢糧孰與龍安？馬湖之里分孰與龍安？當事者頃因膩乃不遑，亦熟慮之，今且設屏山縣矣。龍安地里闊絕，又處番夷腹心之間，可令指臂之勢獨闕哉？此設縣之不容已三也。況龍民苦薛氏之虐已久，今幸得歸王化，又無一親民之官以休養之，雖統之以府，而上下相懸，民情有難於悉達者，即建縣之舉實出龍民至願，亦地方之盛事也，等因。到道。

又准按察司提學帶管分巡川西道副使方萬山手本回稱，龍安設近邊方，委係重地，舊本州治，嘉靖肆拾伍年始議置郡，以資彈壓，附郭縣治尚未議及。查得該府同知專駐江油，推官又多公委，首領官卑，不足專任。江油、石泉兩縣去府數百里而遙，文移往返動經旬日。郡城一應催徵、踏勘、審斷諸務俱責成於知府一官，不惟體統非宜，抑且勢難遍理，且民間聽候處分，未免稽遲，尤爲不便。據議比馬湖府屏山縣事例，建置附郭一縣，似屬相應。

又准安綿兵備道僉事張世則手本回稱，該府原係邊衛，與番夷接壤，安危叵測。自設有府官彈壓，夷風丕變，版圖日蕃，駸駸乎與腹裏郡縣比肩矣。顧草創之初，未及設縣，且既名爲府，則不可無附郭之縣，無論於政體、民事不便，載考令甲亦非制也。今知府阮尚賓建議添設縣治，據議銳志經營，虔心籌畫，既見情通，更無掣肘。況沒官子粒銀原屬該府公費也，今捐大半以抵充官吏之俸薪，而里甲不擾。又舊裁革各役工食，原係該府額編銀數也，今即以補充門皂、弓兵之工食，而加派不繁。至於雇脚銀兩，雖云改充軍餉，亦不過存留備用之數，非軍需日用所急者。然以建縣大政，動關題請，似與那移借用者不同。該府條議各有歸著，相應准從，添設一縣，亦不必并設儒學，蓋宜民以通變，殆非時詘而舉盈矣。各移覆前來。

該本道看得，該府地方延袤六七百里，其中生靈向爲薛兆乾所虐，不啻草芥。今幸沾王化，又無親民縣官，二十餘年總屬府官兼攝，體統相懸，民情多有難達。所據申請設縣，甚於荒徼有裨，相應呈請會題，或仍批司再議，等因。照詳，奉批，添設縣治，事關題請，仰布政司會同按察司再加詳議報奪。奉此，行准按察司牒稱，府縣相承，有體統，有名實，未有與各縣分土分民而可謂之府者；其建置也，有時勢，有暫常，未有府無附郭之縣而可襲以爲常者。方龍安改土爲流之初，當事者豈不議及於此？而時所重在彈壓，非欲闕而不備。乃今夷人盡爲吾人，户口且日增益，可復使知府同於知縣而不得如馬湖之有屏山也。況官吏俸薪等項於該府額設銀内動支，建縣銀兩於雇脚改充軍餉銀内動支，不繁費，不擾民，時勢之可爲莫如今日。所據建議設縣，委屬得宜，等因。牒司。

該本司左布政使彭富、右布政使曹子朝會同按察使陳薦議照，設官置吏所以爲民，而安内攘外最爲急務。四川龍安府遠在邊疆，夷漢雜處，爲松潘東路之咽喉、生熟西番之門户也。舊爲州治，至宋薛嚴以進士任知州，城守有功，乃得世襲，國朝因之。宣德九年，升爲宣撫。嘉靖末年，宣撫薛兆乾不法伏誅，改土爲流，設知府、同知、推官以資彈壓，改土副使李繻純、僉事王烷爲土通判，降兆乾同父異母之弟兆芝爲知事，分管番夷，割保寧之江油、成都之石泉并青川守禦千户所以爲轄屬，此當時建置之大略也。顧附郭縣分未議同建者，緣草創之始難於并舉。今當民心思治之餘，夷風丕變之候，既有郡守表率在上，而無縣官分理於下，何以肅官常而達民情？且該府同知有專駐江油驗運之役，而推官有查盤署事之委，不但催徵、審斷諸務責之知府一官，而邊城重鎮，勢難專任獨成。所據知府阮尚賓議要比照馬湖設一附郭縣治，不爲無見，況官吏俸薪、新縣公費坐於未報没官之子粒，出辦則賦稅不加；門皂、弓兵工食銀兩取於裁革冗食之力役，抵補則均徭可省。至於修理衙門合用錢糧動支改充軍餉，雖非正項之需，亦非無名之費。參之輿論，酌之時宜，委應添設一縣以資分理。至查該府生員數少，照本省夔州府附郭奉節縣事規，免設儒學，統於府學作養，庶爲省便。呈乞憫念遐荒邊郡，會疏具題添設縣治，選除知縣、典史，及鑄印前來。

其修理衙門，估計該銀四百六十七兩五錢六分五厘，於該府庫貯改充軍餉支存銀一千三百六兩七錢三分六厘內動支。官吏俸糧、柴馬每年共該銀二百一十三兩九錢九分二厘，於没官子粒銀三百九兩八錢三分內動支。門皂、弓兵、庫禁、斗級共二十八名，內除庫禁、斗級共五名依議於該府額編數內撥出充補外，仍有二十三名於裁革皂隸、鋪兵、看司等役三十七名內抵充應役。其遇閏年分，官吏俸糧、柴馬於該府積剩缺官銀兩，門皂等役於各役曠月銀內悉聽酌量裒益支給。自後不得藉口不敷，別行加派，致滋民累。至於該府縣公費，以原編銀一百兩并歲徵子粒支剩銀九十五兩八錢三分八厘，共一百九十五兩八錢三分八厘，一并貯縣聽支。

又查得該府所轄地方不産稻穀，止種蕎麥，每穀一石折蕎一石九斗三合七勺五抄。該府遞年額積穀四百石，該折蕎七百六十一石五斗，此係定規，今既設縣，亦應積穀。但縣治雖增，而詞訟如故，若欲責成另積，誠恐罰贖不前，反爲滋弊。合即以該府原額之數府、縣均分，各積二百石，折蕎三百八十石七斗五分，各自另厫收貯備賑，等因。呈詳，到臣。

簿查先據龍安府申，前事，已該前巡撫徐　批行分守川西道查議前來，臣覆批司會議去後。今據前因，該臣會同巡按四川監察御史傅　議照，龍安一郡當五關六閣之險，阻以崆峒，帶以涪水，内通隴、漢，外限氐、羌，誠夷夏之襟喉、巴蜀之門户也。當時易土爲流，廢司爲府，割二邑以遙屬，闕一縣於郡城，使米、鹽責牧伯之親，太守行令長之事，非昔日之失慮，固草創之適然耳。今知府阮尚賓不言邊地寒苦、傳舍其官，而鋭意於闕政之修，具見任事之勇。且此地既無内祲，又絶外寇，正所謂國家閑暇，及時明政刑、未雨綢繆户之日也。凡事之必不可已者，固不憚一勞永逸，況此建縣之舉經營有緒，財力無傷，丕變荒區，衽席黎庶，誠有其舉之莫可廢者。既經司、道等官重覆勘議相同，委應題請添設。

伏乞敕下吏部覆議，如果臣等所言不謬，准於龍安府附郭添一縣治，設知縣、典史各壹員，仍請欽定縣名，銓官鑄印，前來任事，隸屬布政司及守巡川西、安綿兵備參道，隨府管轄。其衙門修理之費動支見貯官銀，官吏俸薪之需給於没官子粒，力差、門皂等項即以裁編各役抵充，合用公費銀兩照依議定數目，學校不必另設，蕘糧如數積儲，未盡事宜聽臣等督同該司、道、府次第施行，庶縣治鼎新而遐域之拊循攸賴，郡體增重而邊關之扞蔽永資矣。緣係議添設附郭縣治以正體統以重邊陲事理，未敢擅便，爲此具本謹題請旨。

患病懇恩放歸疏

奏：爲患病不能供職，懇乞聖慈亟賜休致，以延殘喘事。臣稟賦孱弱，攝生無術，通籍貳拾餘年，半伏岩壑，半依輦轂下，常有狗馬疾病，勉強支持。曩者陛下不知臣之不肖，委以全蜀封疆。臣感激聖恩，陛辭受制，伍載京邸，便道一省墳墓，即冒暑趨赴蜀程，瀉泄大作，脾胃已虛。維時臣次子病，且死生別，不忍輿疾，隨行至棧道，勢不能進。舊撫臣候代已久，以喪幼子，行且出境。臣祇畏簡書，不遑顧子，留臣長子視守，遂單車兼馳，入疆受代。臣行無幾日，而臣次子不起矣。臣視事後，正值案牘委填，流離載道，臣且行且理，寢食未安，晝劳宵憂，形神交敝，瀉泄不止，加以怔忡，過廣元及施店官舍皆昏暈仆地，移時方蘇，此地方官員及左右將校所共見也。臣駐閬中，力疾辦事，正飛章報地方荒歉狀，忽聞臣次子訃音，哭泣數日。念臣領朝廷節鉞，萬里赴官，而臣男拖病隨父，死於道路，天性所鍾，何能自割？悴敝餘氣，加以痛摧，前疾遂益增劇，蓋已岌岌乎不可支矣。正擬疏乞骸骨間，臣長子偕家醫自棧道馳至，調理旬餘，病勢稍間，始敢勉入鎮城。

臣賦才原自駑鈍，惟求補拙以勤。自去歲至今，無月不病，無日不召醫，無時不親藥物。入春來，數數感寒發汗，體氣益覺虛贏，平時所著冠帶日益緩大。按臣及三司、將領、府縣等官日與臣共事，臣憔悴支離之狀固所望之而驚走者也。五月中風邪襲侵，數日不汗，雖僅不斃，而元氣盡耗，形改骨立，恐無痊復之期矣。臣若不請命于君父之前，以大病都重任，必無生還理，曠官誤事，且貽聖明西顧之憂，如人臣之義何？以是不避斧鉞，冒昧瀆陳。伏乞敕下吏部，察臣病情真切，亟爲題覆休致，速推代者以重西陲。臣不勝伏頓籲號、延頸待命之至。緣係患病不能供職，懇乞聖慈亟賜休致以延殘喘事理，爲此具本奏聞，伏候敕旨。奉聖旨："吏部知道。"欽此，欽遵。

本部覆議，看得巡撫四川等處地方右副都御史李　奏稱患病不能供職，乞要休致一節。爲照本官德器深沉，才猷老練，簡

撫蜀土，依賴方殷。況今西垂告急，在三川方切脣齒之慮，本官
即有微疴，不妨在任調理。合候命下，行令本官照舊供職。但撫
臣進退出自朝廷，臣等未敢定擬，伏乞聖裁，等因。題奉聖旨：
"李尚思著照舊供職。"欽此，欽遵。

改調縣正官員疏

題：爲改調縣正官員，以全體統，以便臨民事。據四川按察
司呈，問得犯人錢世俊，招係敘州府隆昌縣人，由本府儒學生員
中式本省戊子科舉人云云，該本司陳按察使覆審無異。看得錢世
俊血氣爲强，廉恥道喪。處己則卸衣更帽，厚顏於市井之中而不
防自侮；處人則毀冠裂裳，肆毆於公堂之上而若欲甘心。如齊民
有此，即謂之亂民；以少年爲此，即謂之惡少。乃今以舉人躬自
蹈之，宜乎？律之所不載也。所據道府先今之議，無非維持名分
之心，儻於法無所疑，則本犯更何足惜？但比附本管，終有辭於
鄰封；而泛論不應，反得逃於毆律。仍從初問官所引定罪，而以
今例褫革，將錢世俊問擬毆非本管九品以上官，加凡鬥二等笞
罪。錢世及、錢策等各不應杖罪。錢世俊係舉人行止有虧，照例
革退爲民。錢世及黜退。

及照知縣周仲良，筮仕勵精，正獲上治民之有譽；無端受
辱，恐安位行志以終難：并候議處，等因。招詳，到臣。

簿查先據宜賓縣申，爲異常暴惡倚勢糾黨橫毆職官事，已批
分守下川南道究招前來，覆批按察司再勘去後。今據前因，看得
錢世俊狂悖喪心，毆辱官長，行止既礙，褫革允宜。如擬贖完革
退爲民，仍追文引送布政司，轉咨禮部，不許會試。錢世及黜
退，餘犯各照發落，知縣周仲良聽候會題明示外。該臣會同巡按

四川監察御史李□議照，朝廷張官置吏，宰制民庶，恃有此名分相臨，體統相御，而人於衆庶中名爲賢士者，正以讀書明理，範身軌物，有別於齊民耳。奈何邇年以來教化陵夷，士風薄惡，據耳目所睹記，若庠士之辱本管，鄉紳之訐親臨，或把持有司，武斷鄉曲，諸所顛越，率以爲常，殆視法度、紀綱不知爲何物矣。今乃有狂悖喪心，凶毆官長，如擧人錢世俊者：始以走卒呵避，既喧構於通衢；繼以縣官疑爲黜士，輒行拘挫，遂不勝忿恨，擊鼓監司。太守兩爲慰解，宜可已矣。次日仍挾多士傍觀之勢，追逐令長，揮拳府宇。事勢至此，真勇而爲亂，王法之所不容也。據情本應重坐，但檢律難引別條。若科罪褫冠，終身禁錮，似於法體已正，無容別議矣。

宜賓縣知縣周仲良，蒞任未久，譽問已孚，起釁固亦有因，被毆實出不測，於本官似不必問。但縣令者一邑之表率、四民之觀瞻也，矧宜賓又附郭之邑，隆昌乃密邇之區，本官身受憑凌，心懷疑畏，不一更置，非但臨蒞不便，抑恐展布爲難，相應議調，理合具題。伏乞敕下吏部再加查議，如果臣等所言不謬，將知縣周仲良改調本省隔府縣分，免其赴部，庶一轉移間，本官得以安其位而行其志矣。緣係改調縣正官員以全體統以便臨民事理，未敢擅便，爲此具本謹題請旨。

參論匿盜殃民疏

題：爲玩違明例，匿盜殃民，乞賜議處，以彰法紀，以靖地方事。准巡按御史李　會稿云云，等因。到臣。案照先准兵部咨，爲恭陳弭盜安民之要，并擧務實循吏等事，該本部題，內開合行各該撫按，督令司、道、府、縣等官，遵照節奉明旨，有盜必以實報。如踵襲故套，致盜恣橫，撫按官指實參奏重治，等因。題奉聖旨："是。近來盜賊行劫，有司多隱匿避罪，以重爲輕。撫按官類奏查參，往往專事姑息，何能弭盜？今後務遵照屢旨著實舉行。該科如有訪聞，還不時參奏。"欽此。欽遵，備咨前來，通行遵照外。

本年六月二十三日，據合江縣申，爲明火殺人事，報稱強盜黃朝甫等劫財殺人，係重慶衛軍丁，乞賜嚴拿。由詳，該臣批，大盜橫行，如何久不撲滅？仰分巡下川南道速會兵巡上川東道，即按名盡數嚴拿，究實招報，毋致枉縱，去後。

今准前因，看得合江縣強盜黃朝甫等於正、貳月及伍、陸月內劫殺縣民，不啻數次。乃該縣不遵照條例登時從實申報及依限嚴拿，直至陸月終旬，見被害者告發，始漫申乞行緝賊。據造送按臣審册，雖獲一十餘人，未見速爲鞫訊，亦未審是否真賊，寧無枉斃獄中？未獲者尚多，通不設法擒捕。副使劉惠喬雖精明素著，固難以一眚掩其長；然多盜橫行，所部未靖，似亦有難辭其責者。所據各官，如叙馬瀘兵備道設駐馬湖府，距該縣數日程途；分守道設駐叙州府，聲聞亦遠；若分巡則駐札瀘州，該州與合江聯壤，俱臨苙甚近，并應參究，以警將來。

除瀘州知州王吉人，頃該按臣另本論劾外。該臣會同巡按四川監察御史李　參照，四川按察司分巡下川南道副使劉惠喬，職司督察，既不能潛消於未形；寇肆虔劉，又不能速撲於已發。所當量罰，以示薄懲。合江縣知縣張良遇，即里域之多盜，知綏靖之無能，況報捕之遲延，蹈隱匿之明憲，揆情據法，尤宜重懲。但本官見被縣民訐告貪污，該按臣批行按察司提問，所當革任以聽勘究者也。除合江縣主簿蘇允康另行提究外，伏乞敕下兵部再加查議，將副使劉惠喬量加罰治，知縣張良遇先行革任，仍聽按臣將本官被訐事情究明，另奏施行，庶法令不虛而遐方攸賴矣。

緣係玩違明例，匿盜殃民，乞賜議處，以彰法紀，以靖地方事理，未敢擅便，爲此具本謹題請旨。

參罰積穀不及疏

　　題：爲天時亢旱，財匱民窮，謹循職掌、陳末議以裨康阜萬一事。據四川布政使司呈，奉臣并蒙巡按李御史案驗，前事，仰司即將所屬府、州、縣萬曆拾陸、拾柒兩年各積穀官員計算分數明確，造冊通詳，以憑查參會題。奉此，該本司查得，合屬積穀各官先已參至萬曆拾伍年止，今奉文以貳年爲率，應以拾陸、拾柒貳年一并議參。除積貯僅及額數并積至柒分以上俱照例不計外，内少柒分以上，灌縣知縣、今調本省綦江縣知縣蒲林；少伍分以上，江津縣署印、見任本縣主簿安師光；少肆分以上，瀘州知州、今歷升南京刑部郎中、被論回籍石元麟，署印本州同知、今升魯府審理杜其驕，奉節縣署印、夔州府通判、今升廣安州知州藺養直，新寧縣署印、東鄉縣儒學教諭段遂，大竹縣知縣、今升吉府審理馮忠，署印本縣主簿方毓奇，長寧縣去任知縣杜杰；少叁分以上，新津縣被論知縣岳潭，鄰水縣知縣、今升岷府審理李承慶，署印本縣主簿、今升福建龍岩縣縣丞甘秉智，崇寧縣署印、漢州儒學學正、今升貴州安莊衛儒學教授劉宗周，廣安州署印、順慶府通判、今升趙府審理謝庭菊，知州藺養直；又積穀數少，眉州大昌縣署印、夔州府通判、今升馬湖府同知汪京，眉州署印、鹽課提舉司提舉楊應丁，資陽縣署印、什邡縣儒學教諭施溥，榮昌縣署印、合州判官謝明文，俱應參罰。内知州石元麟、知縣岳潭俱已被論；通判謝庭菊，同知杜其驕，知縣馮忠、李承慶，俱已劣轉，馮忠復被參論閑住；知縣杜杰大察去任，主簿方毓奇已經革職，提舉楊應丁署印未久，聞憂回籍，俱應免論。見任知州藺養直、知縣蒲林、主簿安師光、教諭段逵、升任學正劉宗周應照分數參治。同知汪京署眉州大昌縣印共計叁個月拾叁日，共該積穀貳百肆拾叁石貳斗，今止積壹百壹石肆斗；合州判官謝明文署榮昌縣印壹個月拾肆日，該積穀壹百貳拾叁石，除拾陸年多積玖石，仍少壹百壹拾肆石；教諭施溥署資陽縣壹個月拾肆日，該積穀壹百貳拾貳石貳斗，全未積貯；主簿甘秉智署印貳個月拾貳日，該積穀貳百零捌石，今止積壹百零壹石陸斗。以上各官署印未久，難以分數為論，似應量加罰治。及照知州藺養直，先署奉節，少穀捌拾捌石叁斗玖升；後升廣安，以銀買補，多穀壹百貳拾餘石，似應以功過相準。其積貯過額者，例應優異，呈乞裁奪，會題并將各官積過穀數備造册揭，到臣。

卷查先准户部咨，為陳愚見、備賑荒以固邦本事，本部題，通行各撫按將所屬積穀數目以拾分為率，少叁分者罰俸叁個月，少伍分者罰俸半年，少陸分者罰俸捌個月，少捌分以上者罰俸壹年，仍咨吏部停止行取推升。

又准户部咨，為寬議積穀，以廣德意，以便遵守事，該前撫按官雒　等會題，酌量減過穀數。本部覆議，四川各府、州、縣照依今議減定數目，如數積貯，俱自萬曆拾叁年為始，以叁年為期，通融計算，分別所積穀石實在數目，照例查參。

又准户部咨，為遵例議減積穀，以寬灾民事，該山東撫按官會題。本部覆議，將該省所屬州縣被灾玖分者減免陸分，捌分者減免伍分，柒分者減免肆分，陸分者減免叁分，伍分者減免貳分，肆分者減免壹分，仍通行各省直撫按官，以後凡有灾傷，俱一體遵照施行，不必一一具奏。近准户部咨，該户科都給事中王繼光等題"懲違玩"一款，本部覆看得，近來有司玩愒成風，積穀全無實績。及查萬曆貳年題準，有每年查參之例，拾壹年有寬限叁年類參之例。其查參之限，叁年則太闊，壹年則太促，相應以貳年爲率，不得過限。地方果有灾傷，明白申呈，撫按照灾遞減，本部移文各撫按遵照施行，等因。俱題奉欽依，備咨前來，通行遵照查參去後。

今據前因，覆查相同，除江津縣主簿安師光，近該按臣考察守官不檢，已經褫逐，與前革職、劣轉、丁憂等官俱免參究外。該臣會同巡按四川監察御史李　　議照，積穀備荒乃有司首務，若能加意儲蓄，使各倉廩充盈，即歲偶不登，得恃以賑貸，方於牧民之責無負。乃今各屬積貯如數者固多，而虧欠者亦有。雖往歲東北地方亦有罹旱者，然已照例遞減計算，尚亦不敷，俱當按例參懲，以儆怠玩。參照灌縣知縣、調綦江縣知縣蒲林，新寧縣署印、東鄉縣教諭段迻，鄰水縣署印主簿、升龍岩縣縣丞甘秉智，崇寧縣署印、漢州學正、升安莊衛教授劉宗周，眉州大昌縣署印、夔州府通判、升馬湖府同知汪京，資陽縣署印、什邡縣教諭施溥，榮昌縣署印、合州判官謝明文，奉節縣署印、夔州府通判、升廣安州知州藺養直，玩愒存心，曾弗豫乎嗇歲；因循度日，將何辭於曠官？內蒲林少柒分以上，應照陸分例；段迻少肆分以上，應照叁分例；劉宗周少叁分以上，俱當照例罰治者也。汪京、謝明文、施溥、甘秉智俱署事之日無多，原情難以例論，應量議各罰俸壹個月者也。藺養直先署奉節，積穀雖少，後升廣安，買補則多，相應以功準過，免其罰治者也。

及照舊規，積貯如數并多餘者許照例旌獎。今查合屬積穀過額官員，其中數浮不多與掌印未久者俱難一概議獎外，其經管年久及積穀過多，如富順縣知縣張濤，昭化縣知縣楊應兆，建始縣知縣郭才華，彭水縣知縣黃承讚，重慶府知府王軒，隆昌縣知縣劉正，保寧府知府苗煥，洪雅縣知縣黃簡，遂寧縣知縣盧焯，敘州府知府唐守欽，巴州知州顏若愚，射洪縣知縣馬明衡，墊江縣知縣趙弘訓，安岳縣知縣張執中，以上各官，念切民饑，政先廩實，即積儲之溢額，見綜理之惟勤，所當照例議獎以示激勸者也。除造總計查參册另具奏繳，及將青册送部外，伏乞敕下該部再加查議，覆請將蒲林等叁員照例罰治，汪京等肆員量行罰治，藺養直免究，張濤等壹拾肆員容臣等獎勵施行，庶過懲而人心知警，功勸而荒政有裨矣。緣係天時亢旱，財匱民窮，謹循職掌、陳末議以裨康阜萬一事理，未敢擅便，爲此具本謹題請旨。

請給大臣恤典疏

　　題：爲比例懇乞天恩俯賜恤典，以光泉壤事。據四川布政使司呈，奉臣批，據內江縣申，准本縣儒學牒呈，據本縣生員鄧應鸞呈稱，父鄧林喬由嘉靖肆拾肆年進士，肆拾伍年陸月除授浙江紹興府餘姚縣知縣；隆慶肆年肆月選福建道監察御史；伍年柒月差巡按廣西；丁繼母憂，服內升湖廣按察司僉事；萬曆伍年叁月調山西按察司僉事，分巡大同冀北；陸年肆月升該省布政司右參議；捌年肆月升大同兵備副使；拾年拾月升布政司右參政；拾壹年陸月功升該省按察司按察使；本年柒月丁父憂，拾叁年玖月又以功升右布政使；服滿，拾肆年陸月補陝西右布政使；拾伍年叁月升都察院右僉都御史，巡撫大同，贊理軍務；拾陸年柒月復聞繼母憂；拾捌年玖月服滿，陪推甘肅巡撫；拾玖年正月拾捌日在家病故，貳月內接得邸報，內開鄧林喬升都察院左副都御史，總督陝西三邊軍務。及查嘉靖年間致仕巡撫宣府、僉都御史李良病故，蒙恩賜祭葬；近查僉都御史楊信民病故，亦得鉅典如例。應鸞父事體相同，呈乞轉申兩院代爲題請，等情。到縣，理合備申，等因。照詳，奉批，仰布政司查報。奉此，又蒙巡按李御史批布政司查報。蒙此，行准按察司并守巡川西道各咨牒，及據成都府申報本官[一]生前立朝、居鄉事實前來，該本司覆查無異，所據應得恤典相應呈請會題，等因。到臣。

卷查先准禮部咨，爲謚恤钜典請乞成風，懇乞宸斷，杜幸覬以昭䚮勸事，該禮科署科事右給事中陳蕖等題。本部覆議，凡大臣病故應得恤典，係在家致仕、養病給假等項病故者，各地方有司即將本官履歷緣由及病故日期申報撫按衙門核實，季終類奏，中間果有行業超卓、公論共推及罪過昭彰、公論共棄者，不妨據實開列，等因。題奉欽依，備咨前來，通行遵照外。

今據前因，該臣會同巡按四川監察御史李　　看得，已故原任大同巡撫、右僉都御史鄧林喬，揚歷既深，勛勞更茂，壯略曾推九塞，懿稱雅重三川，舍館云捐，簡論猶被，輿情共惜，恤典宜承。既經該司覆查前來，例應會題。伏乞敕下禮部查例議擬，上請定奪。緣係比例懇乞天恩俯賜恤典，以光泉壤事理，未敢擅便，爲此具本謹題請旨。

參究武職官員疏

題：爲貪官害軍事。據四川按察司呈，問得犯人顧成係成都左護衛左所軍，招稱萬曆拾柒年柒月內本衛遵照舊例輪撥旗軍貳百玖拾肆名，分爲陸隊，內僉在官張林、胡忠、趙貞、高貴、黎聞、白汝倫充爲旗甲，選委本所散拘在官千户谷時亨督領掌堡赴松潘新城堡戍守云云。蒙松潘道來副使將成與張林等問招，谷時亨參呈，通詳督撫李都御史。蒙批，據招谷時亨贓逾叁百，貪婪異常，法難輕宥，仰按察司拘究的確，照例參呈，以憑施行，繳。又蒙巡按李御史批，按察司覆勘明確招詳。蒙司牌，行成都府轉行松潘監收廳，將谷時亨、顧成等解府研審，各犯執詞不一。牒行長史司，查勘軍匠王完、楊正等拾伍名果否發戍。隨准回稱，啓奉蜀王令旨："據啓，查這拾伍名軍果係匠役，輪該戍守，爲因儧造進貢留用，著令谷時亨招募頂補，并無隱漏，恁司裏回文去。"敬此，敬遵，等因。牒府，蒙詹知府覆審，前項各起科索贓銀，谷時亨與顧成俱輸服無异，將成等具招解詳，到司。蒙本司陳按察使覆審相同，問擬顧成管軍旗吏，非因公務科斂，減等徒罪；張林等俱不應事重，各減等杖罪。具招，并谷時亨參呈到臣。

　　覆查各犯情罪允協，除批行該司將各犯追完贓贖發落，谷時亨聽參外。該臣會同巡按四川監察御史李　　參照，成都左護衛左所千戶谷時亨貪饕成性，剥削營私，恣科罰已叢怨於諸軍，侵月糧更大干乎明例，所當參提治罪，以儆宦邪者也。緣係護衛軍職，未敢擅便，爲此具本謹題請旨。

校勘記

〔一〕"宦"，據文意疑當作"官"。

督撫奏議卷之三

查解濟邊銀兩疏

題：爲國用匱甚，經費難支，謹遵明詔，謬陳理財肆議，以備采擇事。據四川布政使司呈，節奉兩院案驗，仰司清查積餘各項錢糧，俱作速呈報。奉此，除即行各該道轉行各府、州、縣遵照，將歷年所貯未報紙贖并缺官柴馬等銀及借用、支剩各數目查覆至日另報外。今該本司議照，當今之事在裕國與裕民而已，蓋國用足則邊餉有資，民生阜則正供易辦，茲二者誠今日之急務也。四川地方遠在西陲，額徵租稅專備本省與協濟貴州，其來遠矣。緣內聯番夷，外接達虜，徵調之舉無歲無之，重以采辦之役未已，災傷之祲又至，連年以來，官民并悴，公私告乏，未有甚於此時者也。所望時歲豐登，帑庫充足，一有意外之虞，則取此以助彼，借有以濟無，庶幾緩急爲備而民生、國計均有賴矣。今查閱本司庫貯各項錢糧，雖有肆拾餘項，內除戶、禮、工叁部料銀，安綿、建昌各倉本折糧銀，王府本折祿米，荒絲價銀，腹裏糧銀，協濟驛傳鹽稅，私鹽變價，魚課事例，稅契，兩院贓罰，茶課，茶稅，魚油，水腳，富戶，南京麂皮，王府民校，應朝水手，股實軍需，庫秤，祭葬，舉人表夫，本司柴馬，扣回逃故軍士月糧，罰俸官員俸糧，扣除門皂工食，扣回蠟價，黃冊、紙贖、簟席價銀，糶穀價銀，銅錢價銀，空丁公費，科場支剩截解還官糧銀，土官罪贖、查盤、追陪蠟價等項銀兩，多寡不等，僅足備支，俱無容別議外，松潘、威茂各倉本折糧銀，豐、寧貳倉折色糧銀，布花價銀，甲丁庫銀，屯糧戶口等銀，雖各有積貯，此皆數年以前盈縮之流積，非近來歲入歲出之剩存也。如往歲大征九絲，繼剿松潘，再征建越猓賊、馬湖膩夷，所用軍餉及近年采辦大木所用錢糧，總之百柒拾萬兩，俱於以上各項銀內通融動支，搜括湊解，故得便宜集事，不煩別爲求濟，而此中尚有蠲免、補支等項不暇細計者。

及查松、茂貳邊雖有積貯糧銀，然計叙南往時建設建武戍守官兵，近來添設建越、馬湖防守官兵，歲增糧餉大約用銀伍萬餘兩，松潘新設平番堡主戍官兵，歲增糧餉叁萬餘兩，向來未經增派，止是坐於松、茂貳邊前項銀內權宜接支。兹計兩邊積餘之數，彼此不滿拾年之供，而拾年用盡，寧不加賦乎？況今歲更值虜警，調集官兵合用本、折糧餉亦取給於此，則此後防秋與前所謂拾年之供果有幾乎！此貳邊糧銀難以擅動，昭然著矣。又如豐、寧貳倉糧銀，較入度出，似稍有盈餘。但時歲有豐凶，徵輸有完欠，或遇停蠲，豈能全徵？且會省係藩封重地，根本既不可空虛，而宗支漸衍，禄養尤不容缺乏，前項糧銀，亦難輕動。再查鹽課銀，歲派叁萬陸千柒百肆拾伍兩柒錢肆分有奇，邇年通欠多至貳千陸柒百兩，不足之數向於以前年分流積數內及鹽稅與私鹽變價者通融湊足伍萬貳拾伍兩壹錢，起解陝西濟邊。今在庫雖有銀壹萬壹千柒百柒拾貳兩有零，即備下年湊解，正數并無餘剩。商稅銀坐派所屬州縣徵收，除存留各處支用外，無閏該銀壹千捌百柒拾捌兩肆錢零，有閏該銀壹千玖百玖拾伍兩壹錢零，解司湊解陝西濟邊。近議每年内除叁百伍拾柒兩伍錢解部以充協濟昌平州之數，餘俱湊解陝西。今在庫雖有銀壹千壹百陸拾餘兩，即係下年湊解濟邊正數。又見貯民兵銀陸拾餘兩，係先年流積之數，應照舊存庫備充兵餉。其防夫、弓兵俱照額數編給工食，并無空役。曆日銀先年裁省南京曆日，將紙札銀伍百兩解部，向於殷實銀內動解，至拾肆年内奉文免派訖。吏承納銀，查得川省吏承俱係親自供役，原無納班銀兩。至於采辦大木，本省原無歲派正項大木銀兩，迨至萬曆拾貳年奉文坐采楠、杉、柏木板枋，共三千玖百柒拾柒根塊，議動司、府各項銀共伍拾玖萬陸千陸百捌拾兩，續以木枋價值計算，該銀伍拾萬壹千貳百陸拾玖兩，故扣回玖萬伍千肆百壹拾壹兩。內除支過解木盤纏使費、獎賞及抵補減免銀共壹萬壹千柒百捌拾捌兩捌錢玖分叁厘伍毫，仍剩銀捌萬叁千陸百貳拾貳兩壹錢陸厘伍毫，并江油縣續解支剩俸糧等項抵充大木銀貳千貳百壹拾陸兩捌錢柒分貳厘貳毫柒絲叁忽伍微柒塵貳纖，及銷算追完各州縣解到還官木價銀壹拾萬柒百陸拾兩伍錢捌分貳厘玖毫陸絲叁忽叁微肆塵，共計實在庫銀壹拾捌萬陸千伍百玖拾玖兩伍錢陸分壹厘柒毫叁絲陸忽玖微壹塵貳纖。緣木商應領價值尚未全給，借過邊腹糧銀尚未扣還，今當動壹萬肆千叁百貳拾兩，還松潘壹萬捌千伍百陸拾柒兩柒錢捌分柒厘貳毫玖絲捌微叁纖肆沙捌末，還威茂各補所借之數，而剩存者壹拾伍萬叁千柒百餘兩。近奉撫院批行，令將應追木價再加查議，則其中不無應蠲豁者，而該補木價銀兩又當留備。若以借過京料、稅課諸項價銀節節細分，一一補足，則此壹拾捌萬者猶爲不敷也。今計前剩木價銀，於內可動壹拾叁萬兩，布花銀內可動貳萬叁千玖百伍拾陸兩陸錢陸分肆毫壹絲，甲丁銀內動貳萬兩，屯糧、戶口銀內各動壹萬兩，此外壹項妖賊田產變價銀肆千肆百玖拾肆兩伍錢伍分玖厘伍毫，一項書院地基、學田變價銀肆百柒拾肆兩伍錢壹分捌厘叁毫，一項查盤丹砂追陪銀叁百伍拾捌兩伍錢壹分伍厘，一項清軍察院贓罰銀一百四十六兩八錢八分五厘五毫九絲，一項科院贓罰銀一百五兩九錢五分九厘二毫，一項遺存在庫銀四百六十二兩九錢二厘，以上共湊足二十萬兩，俱堪起解。其餘支剩銀兩，在木價另項收貯，專備補給木價之需；在各項價銀分別存留，以備地方緩急之用。呈乞議請明示，至日將前銀選委的當官員分運解納，等因。呈詳，到臣。

案照先准户部咨，該户科都給事中王繼光等題，本部覆議，通行各撫按、巡鹽、屯田等御史，備查所屬司、府及鹽運司等衙門歷年所貯未報紙贖并借用支剩各數目，盡數開報。內兩淮、兩浙等處各積餘銀兩及四川布政司鹽課，尤當限本年內急查應留應解，以憑本部酌議。

又准户部咨，爲查議錢糧以濟時艱事，本部題，內開咨行各巡撫都御史、巡按御史，各查所屬缺官柴馬等銀，除十四年已徵在官者盡數查解，十五年以後果有災傷蠲免者准其留補外，將無災州縣庫貯缺官柴馬、俸糧、空月齋膳夫銀盡數查明，解部濟邊。其民壯、快手、機兵、弓兵、防夫曆日銀兩，除果已減派小民者准其豁免，如有因額派相沿照舊徵輸者，亦要逐一清查解部，以充濟邊之需。如果地方有事或災傷調募，不妨明白具奏，以憑酌議抵留。

又准户部咨，爲仰承明旨，敬陳理財末議以備采擇事，該陝西道監察御史馮應鳳等題。本部覆議，移文四川撫按衙門，將原報采木餘銀一十三萬四千四百四十餘兩備查實在的數，明白具奏報部，差官就近解赴陝西邊鎮，以抵年例。本部即將抵過銀兩扣數截解載入考成，於本年十二月內具奏。

又准户部咨，爲再乞明命，特敕當事諸臣亟解餘銀接濟邊儲事，本部題，內開移文各巡撫都御史，巡按、巡鹽各御史，即行各司、府及各鹽運提舉司，將節年積餘堪動銀兩盡數查出，勒限起解，仍將鹽課積餘銀兩載入考成。四川限十一月內星馳解部，接濟邊儲。

又准户部咨，爲清查餘課隱漏以少佐邊儲事，本部題，內開通行各省直撫按官轉行所屬司、府、州、縣，如原無稅處，不許妄自起稅，生事擾民。其見徵商稅要見每年所徵銀兩若干，收貯何處，作何支銷，有無隱匿情由，應否定爲則例，將所收稅銀盡數解布政司，類解本部，接濟邊餉。每年終巡撫官將應徵稅銀及司、府見在收貯聽解銀兩造册咨部。如州縣官收多報少，聽撫按官訪實指名參斥。其各司、府吏承合行撫按通查納銀若干，作何支銷，除公費應用外計剩若干，造册報部，以抵軍餉。以上各項於文到之日，限叁月内各造報，各應稅未報者有無、多寡若干，吏承納班者有無、多寡若干，應留公用若干，應解濟邊若干，俱載入考成，依限具奏，等因。俱題奉欽依，備咨前來，節經案行該司、道通行遵照逐一清查去後。

今據前因，覆查各項錢糧數目相同，除各府、州、縣未報紙贖等銀及無灾州縣庫貯缺官柴馬、俸糧、空月齋膳夫等銀候查催至日另行解報外。該臣會同巡按四川監察御史李　議照，臣等竊惟，皇上富有四海，凡内外諸司所積，孰非皇上之財？况值内帑告虚，邊境多事，皇上以財之不足而日憂勞於上，計臣苦措之無術而至議括於外。當是之時，爲人臣者誰不思體國奉公，以仰佐財用之萬一。故臣等奉文以來，節督該司將一應庫貯錢糧逐項清查，據實開報，以憑奏解。而原任本司左布政使彭富，綜核甚當，將各項帑銀逐一分别應留應解，於是得堪動者二十萬兩。臣等覆加查議，此外皆係歲額正項支用，萬萬不可輕動者，即有一二流積之餘，而川省兵戎歷無虚歲，一有征舉，動費不貲。即如近日松邊報警，臣等調兵運餉、犒士鼓番、除器繕隍諸費，一切取給於是，未敢少有塵瀆。且此中百蠻綉錯，叛服不常，狡虜志切窺邊，則此後歲歲防胡，當與諸邊無異，臣懼庫貯流積之金不足支十年之費，而且仰給於内帑也。至於采辦不常之役、豐凶不齊之年，又何可料乎？由此言之，此二十萬金者，自朝廷視之，固不能大佐軍興之費，而自臣等守土者計之，蓋已不勝杞人之憂矣。除將前項銀兩分爲三運，一面選差的當官員作速解赴陝西布政司交納，以便接濟邊餉外，理合具題。伏乞敕下户部查照，將該部額解該鎮銀兩照數抵扣，庶事體俱屬省便而國用不無少資矣。緣係國用匱甚，經費難支，謹遵明詔，謬陳理財四議，以備采擇，及節奉欽依清查錢糧事理，未敢擅便，爲此具本謹題請旨。

奏報撫臣服闋疏

題：爲撫臣服闋事。據四川布政使司呈，奉臣批，據内江縣申稱，本縣鄉宦鄧林喬由嘉靖四十五年進士歷升都察院右僉都御史、巡撫大同，於萬曆十六年七月十四日在任丁憂，具題回籍，扣至十八年十月十三日，二十七個月服滿，例應奏聞，合行申報緣由。奉批，仰布政司查報。奉此，該本司查得本宦[一]丁憂服闋，例應起復，呈乞會題，等因。到臣。簿查，先據該縣申，前事，已經批行該司查報去後。

今據前因，該臣會同巡按四川監察御史李 議照，原任巡撫大同都察院右僉都御史、今服闋鄧林喬，昨建牙於雲塞，鎖鑰功高；頃讀禮於江鄉，甲兵胸富。況封疆告急之會，正萬里揚威之時，既經服闋，理合具題。恭候敕下吏部，遇有邊方巡撫員缺，將鄧林喬會推起用，庶本官之勛樹可竟而地方之安攘攸資矣。緣係撫臣服闋事理，爲此具本謹具題知。

考核將領官員疏

題：爲考核將領官員事。節准兵部咨，爲考選軍政官員事，該本部題，先該巡視京營科道官傅來鵬等條陳一款，本部覆議，如遇伍年應考之期，預行各該撫按官將所屬大小將領從公詢試。如有貪酷庸懦、年老有疾等項，不拘多寡名數，會同具奏議斥。如罪惡未甚，年力堪以策勵者，不得苛求，等因。已經題奉欽依，欽遵在卷。今照考期伊邇，仍應通行各撫按衙門，將所屬大小將領、都司等官查照近題事理用心詢試，如有前項不職者，不拘名數多寡，會同劾奏議斥，等因。又准本部咨，該本部題，內開總兵、副總兵但係都督職銜者許令自陳，副、參、遊、守原係都指揮使以下等官聽撫按衙門從公詢試，一體考核，具奏議斥，等因。俱題奉欽依，備次〔二〕前來，欽遵查照。

今該臣會同巡按四川監察御史李　　查得，四川將領各官，除升遷離任并鎮守總兵史綱係都督職銜，應該自陳，及松潘東路、小河南路、疊茂各遊擊將軍，平番、雅黎各守備雖經推補，俱未到任，龍安參將郭成頃該臣具疏參論外，見任分守四川松潘參將、管副總兵事、署都指揮僉事朱文達，提督敘瀘、壩底及貴州迤西左參將、署都指揮僉事曹希彬，協守松潘南路、威茂右參將、都指揮同知邊之垣，督撫標下遊擊將軍、都指揮僉事萬鰲，四川都司掌印、署都指揮僉事阮維藩，僉書、署都指揮僉事田中科，行都司掌印、署都指揮僉事吳光宇，僉書、署都指揮僉事司懋官、王之翰，守備漳臘以都指揮體統行事、署指揮孔憲卿，守備石泉、壩底以都指揮體統行事、指揮范希正，守備敘瀘以都指揮體統行事、指揮徐兆麒，守備寧越以都指揮體統行事、指揮李宗望，總兵標下坐營以都指揮體統行事、署指揮徐中武，以上各官，雖才具未必盡同，而職司均屬無曠，況今邊烽時警，需才正殷，俱應存留，以期捍禦。

及考得守備會鹽以都指揮體統行事、署指揮張可大，狀貌鹵莽，才識卑污，力既歉於挽強，心尤昏於借箸。本是千夫長而加揮使，蓋以入貲；未聞一日勞而守要邊，正宜策勵。顧終日惟恣沉湎，何以彈壓夷方？一味止計充囊，未免取侮群小。閱城閱操則索常例銀，或貳拾兩，或叁拾兩，過度者指揮俞寵也；巡關巡堡則索拜見錢，或銀貳拾兩，或硝銅值肆拾兩，送入者舍人李池也。前官楊師旦業以貪庸斥去，而仍用其壞法班頭，若郭良位、高崇富及孟彩等不下一二十人，任狐兔之縱橫；柴州夷酋素稱桀驁難制，而復詐其磕頭見面，若糯大、阿勺及自添瑞等約計柒拾餘金，信苞苴之公入。商民黃嘉新被夷賊黑他劫搶，率百户張光祖追捕是矣，而乃不求真賊，故將村夷喇喇、阿查等抄掠牛拾捌頭、羊拾伍隻、馬貳匹，是何其禦暴而為暴也？土夷哈俄被賊酋者過劫殺，差軍人趙懷九撫諭宜矣，而反令者過躲避，更誆伊同夥阿得、阿大等銀陸拾兩、牛羊各拾隻、馬捌匹，不幾於攻夷而類夷乎？往鹽井衛則掌印張垣、管捕鄧文共饋銀伍拾兩，結為腹心；過迷易所則千户賢承爵、百户龔繼恩各送銀貳拾兩，視為奇貨。他若濫受詞，多罰贖，致生員凌辱而不辭；科紙札，取心紅，騰倉攢怨，謗而莫恤。此壹官者，職守全虧，備禦無策，軍士與同猫鼠，地方視若贅疣，所當亟行罷斥者也。

伏乞皇上念疆場有事之時、武流分閫之重，敕下兵部再加查議上請，將朱文達等照舊留用，張可大革職回衛，庶激勸行而士心思奮，予奪當而債帥知懲矣。緣係考核將領官員事理，未敢擅便，為此具本謹題請旨。

報龍安府地震疏

題：為地震事。據四川按察司管理軍驛、屯鹽、茶水帶管威

茂兵備道副使陳文煥呈，據茂州申稱，萬曆拾捌年玖月貳拾捌日
未時地震，自東北而來，西南而去，略震有聲。又據龍安府申
稱，本年玖月貳拾捌日申時地震，自西北震向東南，顫搖一刻即
止。各等因。到臣。該臣會同巡按四川監察御史李　議照，地
道主靜，動則失常，變不虛生，惟其所召。今茂州、龍安在蜀西
北，忽爾震動，是臣等奉職無狀之所致也。況頃者傳報虜警，二
地正屬戒嚴，復值茲異，益切悚惶。除臣等督行所屬司、府、
州、縣、衛、所等衙門，諭令大小官員痛加修省，勤職業以弭昔
災，并申飭各邊兵備、將領等官，萬分隄備，毋致疏虞外。緣係
地震事理，爲此具本謹具題知。

查覆各宗禄糧疏

題：爲遵奉議覆藩政，竭愚衷以裨治安事。據四川布政使司
呈，奉兩院案驗，前事，該本司查得先年刊刻《賦役書册》“事
規”：

一、蜀府并郡王本色禄米：於廣備倉關支，其鎮國、輔國將
軍等位本色禄米坐派各州縣者，俱於豐、寧貳倉上納。每年春、
冬貳季例於貳倉關支實米，其夏、秋貳季於本司庫貯貳倉折色糧
銀內支給。

一、折支禄鈔：郡王、將軍、中尉、儀賓折色禄米每石折鈔
二十貫，每十貫折銀三分，每年分兩次，長史司呈司關支。

一、房屋銀：郡王，鎮、輔、奉國將軍，郡、縣主，郡、縣、
鄉君，例定銀兩數目俱於茶稅銀內動支。

一、蜀府修造墳塋：議定軍民夫匠共四千八百名，軍三民七，
取用軍衛夫匠一千四百四十名，另行都司取用有司夫匠三千三百

六十名。以一年爲率，分別夫匠，徵銀不等，共該銀三萬七千一百五十二兩，解司轉發工所，雇倩夫匠修造。郡王以下造墳、造壙等項，悉照造府第事理減半，價銀送府自造。又册開蜀府墳壙民七夫匠銀，如遇奏准修造之時，於所屬下班歇役民兵工食內支給。其軍三夫匠一千四百四十名議免衛所派徵，止將各衛所旗軍應得折鈔銀兩兑支。其郡王以下，民七軍三銀亦於歇役民兵工食及軍鈔內支兑解給。又開蜀府修墳軍三銀共該一萬八千二百五十三兩有零，本司先已借支發府修理，未經扣還，議行合屬衛所將各旗軍歷過折色鈔銀，俱自嘉靖二十八年爲始，除各照數扣兑王府修墳軍三銀兩外，其餘俱兑作各軍每年應納軍器粗料之數。間有應支鈔銀數少，而修墳軍三并軍器粗料數多者，姑免徵解。抑或軍器粗料并修墳軍三銀少，而鈔銀稍多者，亦不許請領，以爲定規。

又查得先年王府祿米，除蜀王位下歲支本色外，各郡王，鎮、輔、奉國將軍，鎮、輔、奉國中尉，俱本、折中半兼支。郡、縣主，郡、縣、鄉君并儀賓，俱四分本色，陸分折鈔。至四十四年，内奉《宗藩條例》，“一、議處改折。郡王及鎮、輔、奉國將軍俱三分本色，七分折鈔；鎮、輔、奉國中尉俱四分本色，陸分折鈔；郡、縣主，鄉[三]君并儀賓俱二分本色，八分折鈔。其本折輕重之數，各從彼中舊例支給。又停給工價，郡王、將軍、中尉、郡縣主君房屋、冠服、墳價俱一概免給。”隨該蜀王遵例，將位下本色祿米一萬石內奏辭一千石訖。至萬曆十年內，又奉《宗藩要例》，“一、酌議工價。郡王係帝孫者，儀仗、房屋、冠服及身後墳價俱照例全給。其餘郡王，儀仗、房屋、冠服止令自備，不必奏請關給，身後墳價量給一半。世子墳價與郡王同。至於將軍、中尉、郡縣主君等，房屋、冠服、墳價俱一概停免。”萬曆十三年內，本司奉文查得，四川歲用宗祿，以前册封者坐派各有定數，本自足用。嗣因宗室蕃衍，禄養漸增，遂將不足之禄向於成都府廣豐、廣寧二倉收貯本、折民糧内動給，雖係相沿舊規，終非經久正法。計蜀郡王宗儀并新封共二百一十四位，各支禄糧不等，歲支本色米、豆共二萬三百八十八石有零，折色米共一萬七千二百七十二石有零，該折銀一萬二千九十兩六錢有零。又折鈔米折銀三千四百五十六兩二錢有零，内除折鈔於所屬徵解司庫户口鈔銀内關支，其本色少米一千八十八石有零，折色少銀七千一百六十二兩六錢有零，向於豐、寧二倉額坐民糧本、折内通融動給。今應於漢州、新繁等州縣改撥足數，以萬曆十四年爲始，另立王糧名色，照數徵解聽支，呈詳批允。

又查得《折鈔則例》，舊規每石折銀六分，近奉部文，每石折銀二分，各宗苦訴。該本司議將見封者照舊六分，以後新封者方行二分折給，等因。通詳，兩院會題。該户部議得，寶鈔原無二價，改折自宜齊一。今内外文武百官，由一品以至雜職，折鈔皆不過三分，而惟各省宗藩所折之數多寡不等。所以科臣建議，欲照周府事例，俱以二分爲率，已奉明旨允行，且題例未及三載，遽難議更，等因。題奉聖旨：“該府折禄鈔銀，既原與各處不同，准照新例外量加一分支給。欽此。”欽遵，移咨備案，行司轉行各道、府、州、縣遵照去後。

今照四川宗藩自改折以來，在郡王及鎮、輔、奉國將軍，俱三分本色，七分折鈔；在鎮、輔、奉國中尉，俱四分本色，六分折鈔；在郡縣主、鄉[四]君及儀賓，俱二分本色，八分折鈔。其本、折銀米，先年額派與近來改派，計算俱足應用，業經題議已悉，無容復贅。即今雖有新封增添，而中間又有事故扣減，通融支給，并無缺乏，不煩別處。至於房屋、冠服等價，在先年雖定議於茶税銀内動支，自奉《要例》裁革之後，俱係自備，遂將稅銀改充賞番之用，亦無餘積。若墳價先年雖議於軍鈔銀內兌支，其實一時權宜之計，亦自奉例之後，止是郡王量給一半，奏有勘合，至日另行議處，其餘宗室并未議及。以上二項價銀原非正額，亦無儲貯，無憑改補册報，等因。到臣。

案查萬曆十八年八月內，准户部咨，前事，該禮部題，"議餘祿"一款，户部覆議，通行有藩封撫按官，行令布政司，即查嘉靖四十四年起至萬曆十七年止，自議定《條例》之後，其中所列改折宗祿，裁革房屋、墳價等項曾否於正額開除，如未開除，見作何項支用。今宗糧急缺，應否於此項改補，及有未盡事宜，不妨詳議，一并造册報部，仍限本年十二月內具奏，等因。題奉欽依，備咨前來，已經案行該司備查去後。

今據前因，該臣會同巡按四川監察御史李　議照，王府祿糧并房屋、墳價等項，節經部議斟酌改裁。據今四川宗祿自嘉靖四十四年改折以來，府倉尚有不足者，向於成都豐、寧二倉糧米內湊支。至萬曆十四年，始將湊用之數改撥足額，另立王糧名色，徵貯聽支。此原無已減之糧數，則無徵額之猶存，可知已。其房價、冠服等銀，在昔動支茶稅，自裁革之後，銀改賞番，一無餘積。至墳價，向係權宜兌給，亦從奉例後，自郡王外不之議矣。二項俱非正額，并無儲貯堪改祿糧，此外亦無可再議者。既經該司查明，理合會疏題請，伏乞敕下該部查議施行。緣係遵奉議覆藩政，竭愚衷以裨治安，及奉欽依考成事理，未敢擅便，爲此具本謹題請旨。

參罰管屯官員疏

題：爲仰承德意酌定降罰官員事例，以一政體事。據四川按察司管理清軍、驛傳、屯田、茶鹽、水利道副使陳文煥，并據四川布政司右參政兼按察司僉事、管理建昌兵巡糧儲道周先鎬各呈報，所屬衛所萬曆十三年起至十六年止，掌印、管屯官已、未完屯糧分數册由到臣。卷查先准户部咨，內開各衛所屯糧通限當年完足，如未完二分以上，管屯官住俸督催，掌印官姑免；未完四分以上，管屯官降俸二級，掌印官住俸，各戴罪督催；未完六分以上，管屯官降二級革任差操，掌印官降俸二級，戴罪管事。以上住俸、降俸等官俱不許別項差委，致滋規避，通候完至九分以上，住俸者方准開俸，降俸者准復原俸。未完八分以上，管屯官降二級，仍調邊衛，係邊衛者改調極邊衛分，俱帶俸差操；掌印官降二級，革任差操。都司掌印、管屯官總計所屬衛所完欠分數，一體查參。以上各官，如新任并署印、帶管，止以經手年月扣算，不得一概偏累。自後務遵此例，永爲定規。又准户部咨，內開衛所屯牧錢糧，全完者紀錄，未完者照例罰治。又准户部咨，內開通行各撫按官，以後題參衛所掌印、管屯各官，查果屯軍消乏，屯地荒蕪，糧難必完，從實具奏，姑准比照有司凋疲地方事例，遞爲減等降罰，等因。俱題奉欽依，備咨前來，節經通行遵照。

續據屯田道呈報十三、十四兩年徵屯官應參由詳，到臣。該臣查得十五年以後至今者并當參究，又經批行去後。今據前因，覆查未完分數相同，除完至八九分以上及都司、衛所管屯等官升任、物故外，臣會同巡按四川監察御史李　看得，瀘州、灌縣、黔江、廣安、鎮西五衛所印屯、指揮、鎮撫、千百户內，四年全完如劉鎮、高應麟、楊堂、孫繼勛，三年全完如王繼祖、趙維熊、張名譽、吳承蔭，一年全完如袁太和、顏志禮、吉重儒、趙中、馬品良、潘臣忠，各效勤能，俱應紀錄。餘若成都建昌、疊溪等衛所掌印、管屯、指揮、千百户等官陶克孝等，通合參懲，以儆怠玩。參照各官，或職司典篆而督理不勤，或責在專屯而催徵無法，均當照例處治。但據屯田道議，將應住俸千户王爵免參，應調衛指揮、千百户瞿鎮、徐民瞻、王永祚止於降級帶俸，應降級指揮、千百户魯繼周、張懋、傅應爵止於降俸革任，應降俸百户王符止於住俸，其先經住俸、降俸、降級，今復在參罰者，止從重從一科懲。及據建昌道議稱，各衛連歲兵荒，苦甚内地，乞將應參各官照凋疲事例量行遞減，及要將承委采木督兵指揮李紹武、暫署印信指揮李承恩俱免降罰，其原經住俸、降級各官亦從重從一論治。俱已酌議詳明，應從所擬。内王爵、施勛、歐煬、盧啓四員俱應姑免住俸，李紹武、李承恩二員俱應姑免降俸，陶克孝、金應宗、周敦吉、甘禄、張承祖、郭承勛、王宗斌、陳文、蔣添爵、王臣、顧應仁、萬國寧、彭從德、張啓恩、張繼周、張文元、楊宗和、朱啓、孔繼祖、何升階、魏應輝二十一員應住俸，王符、程尚恩、李繼光、周福、冷宗映、吳國忠、周承芳七員姑住俸，劉昌胤、龔成、陶柴三員仍住俸各督催，張元勛、王必勝、周繼承、張承祖、耿烈、于殿、劉平七員應降俸二級戴罪督催，張懋、魯繼周、傅應爵、李用景、王儀五員姑降俸二級仍革任差操，劉應辰、高啓嗣、孫一元、陳銓、曾三省五員仍降俸二級戴罪督催，劉繼文、伊有光二員照今降俸二級戴罪督催，李宗裕、張問仁、竇繒三員應降二級革任差操，王承武、趙國卿、楊偉、張垣、李仁五員仍降二級革任差操，王永祚、瞿鎮二員止降二級，徐民瞻仍降二級，俱免調衛，除造青册送部外，理合具題。伏乞敕下吏部再加查議，將劉鎮等移咨兵部，分別紀録，陶克孝等住俸、降俸、降級，行臣等遵照督催完報，庶功罪昭明而人心知警，屯額可足而邊儲有資矣。緣係仰承德意酌定降罰官員事例，以一政體事理，未敢擅便，爲此具本謹題請旨。

請給大臣恤典疏

題：爲懇乞比例請賜恤典以光泉壤事。據四川布政使司呈，奉臣批，據内江縣申，據本縣人官生何台、恩生何合呈稱，父何起鳴由嘉靖三十八年進士除授陝西西安府盩厔縣知縣，四十三年七月選授禮科給事中，四十四年七月升工科右給事中，四十五年四月升户科左給事中；隆慶元年四月升禮科都給事中，三年八月升順天府府丞，給假回籍；萬曆元年十月補太僕寺少卿，三年五月升大理寺少卿，十月升南京太僕寺卿，四年四月改南京光禄寺卿，五月升都察院右僉都御史、巡撫貴州，七年四月升副都御史、巡撫山東，九年二月升大理寺卿，四月升工部右侍郎，十年八月歷三品俸三年考滿，十三年六月升本部尚書，十五年二月奏准給假省親，十六年十二月接邸報奉旨遇缺推用。又蒙巡撫四川徐都御史疏薦起用，不幸丁父祥憂制，哀慟傷脾，於十八年十一月十八日在家病故。伏睹《大明會典》内一款，凡文官二品見任并致仕病故者，例有祭葬、贈諡、録廕之典。查得嘉靖年間本部尚書林廷㭿在任督建九廟兩宫，工成乞休，回籍病故；又本部尚書張潤在任督修宫殿、壽宫工程，致仕回籍病故：俱蒙恩賜祭葬、贈諡。台父事體似與相同，呈乞轉申兩院会議，應得恤典請賜全給，等情。到縣，理合備申，等因。照詳，奉批，仰布政司查例議報。奉此，又蒙巡按李御史批布政司查報。蒙此，行准按察司并守巡川西道各咨牒，及據成都府申報本宦[五]生前立朝、居鄉事實前來，該本司覆查無異，所據應得恤典相應呈請兩院會題，等因。到臣。

卷查先准禮部咨，爲諡恤鉅典請乞成風，懇乞宸斷杜幸覬以昭卹勸事，該禮科署科事右給事中陳薬等題。本部覆議，凡大臣病故應得卹典，係在家致仕、養病、給假等項病故者，各地方有司即將本官履歷、緣由及病故日期申報撫按衙門核實，季終類奏。中間果有行業超卓、公論共推及罪過昭彰、公論共棄者，不妨據實開列，等因。題奉欽依，備咨前來，通行遵照外。

今據前因，該臣會同巡按四川監察御史李　　看得，已故原任工部尚書何起鳴，兩居撫鎮，并彰保釐之勛；繼晉司空，益著勤勞之勣。生前屢膺眷命，歾後宜被恩私，所有本官卹典，既經該司覆查前來，例應會題。伏乞敕下禮部查例議擬，上請定奪。緣係懇乞比例請賜卹典以光泉壤事理，未敢擅便，爲此具本謹題請旨。

參論不職有司疏[六]

（前缺）體訪，如有貪酷不謹、衰庸無爲者，從公開報。其各該司、道有年力近衰、才猷未稱者，一并參奏議處。本部仍定立限期，載入考成，四川限次年三月具奏回銷，等因。題奉欽依，移咨前來，通行各該司、道遵照，將各府正佐及州縣掌印官從公考核去後。

今據揭報前來，該臣會同巡按四川監察御史李　　，竊惟郡縣正官關係民生最重，稍溺其職，所貽灾禍匪輕。故臣自入蜀以來，首以驅逐貪殘、親附百姓爲務，彈章凡數上，繼之巡按御史近復不時論劾，一歲之内解印綬去者相望於道。惟是監司職任稍崇，見上意綜核甚切，類多勉勵職業，且昨歲已去二人，餘尚無顯過可指，容臣細加體訪，隨後甄別優劣。

又寧越撫夷、成都府通判鄒鳳儀，見經臣等拿送按察司究問明實，至日具奏外。訪得合州知州宋希張，人同飾朽，才類持鉛。憻肝膽於吏胥，擁几案各出攙言，日惟閡然堂上；付耳目於左右，每遺忘令其記稟，致滋影射蚩民。牌票雜沓而新故莫知，惟王天爵、詹祥吉等要行就行，要止就止；詞訟紛紜而曲直罔辨，惟李遠坤、李遠仲等説打便打，説饒便饒。應捕一名耳，而白役承票者以十數，扛幫遍擾於鄉村；初差一人耳，而續呈添差者至六七，絡繹豈寧於鷄犬？陳九繼奸占弟婦，罪至重也，乃賄吏周承諫，稟是此中風俗，向不成招，竟召保而脱逃未結；圓潔私通許氏，罪止杖也，因聽吏龐繼榮，妄稱僧道犯奸，只是打死，果杖禁而頃刻喪生。心只畏李子霄之窩訪，而衙門百事任其把持；人則傳李知州之横行，而刺史兩輔[七]反爲虚設。其他淹禁科罰，雖出群奸，誰其尸之？與夫局騙指誣，已若罔聞，民胥讒矣。此一臣者，骨血糊塗，衣冠土木，僅無自作之孽，緣當筮仕之初，所當姑照不及例降調閑散者也。

重慶府通判岳一侖，氣體尫羸，病形沉痼。刑名不諳，群胥徒倚爲奸；緝捕無方，夥盜縱横罔忌。長壽等邑寇報時聞矣，豈其以歲荒之故可置不問乎？而禁戢勘鞫，曾未展乎一籌；張克仁等獲盜賣放矣，豈其招滿貫之贓情尚可原乎？而入杖出徒，殊藐視乎三尺。似此專職之已曠，矧復視篆之多尤，纔至涪州，遽追罰贖。羅知州之歸囊是助，曰“鄉里之去，吾故念之也”，乃饑民賑貸則付之彭水、武隆，冀得以因人成事，而不恤入城守候之難。薛世魁之通詳招申，曰“驛丞之善，吾與揚之也”，乃廳皂隨行則用之行杖、領牌，一任其假虎作威，而致有冤民擊鼓之訴。李渡去州城一舍耳，鹽徒敵殺官兵，既不能覺，而更聽王州判撥置，强回護以飾其非；正霞告正湖一僧耳，寨登索受杯盤，既不能防，而仍聽張祥等攧掇，斷回俗而逼之死。給各行物價，樛[八]曰時估，實每兩有二錢之虧；索鹽票紙紅，名曰公堂，乃一張有二錢之納。署印已及數月，而前官羅奎名職尚列於文移；受狀不論日期，而吏書陳在勤等恣意於抽壓。此一臣者，賄賂事少，闒茸處多；卧蓐日多，據案時少：所當照有疾例勒令致仕者也。

彰明縣知縣曾一中，程才最劣，視履甚污。日在醉夢之中，而大小事權半皆旁落；人有“風漢”之號，而上下文牘任其陸沉。索京債者如市，則借貸於部民胡元相、龐若納、陳三策等，銀或百兩，或五十兩，輒萌脧削償補之思；責新負者盈門，則屬意於衙門皂隸、門子、鋪兵等，工食或全扣，或半扣，不顧穿窬竊取之恥。追徵大糧三千兩，每兩索三分秤頭，李葵、韓棟等之言盈於道路；更换夫馬六十名，每名索二錢見面，楊斌、陸韶等之口誰可隄防？糴穀以濟川東，非得已也，乃官價二錢五分克去六分，胡以免怨咨於穀户？轉餉以給松茂，至勞力也，乃脚價一兩四錢克去一錢，曾何念苦辛於窮民。跳躁無常，手拔犯人之髮，行罰不可望中矣，而斯民手足之無措何以堪之？淫蕩不檢，戲挑寄獄之娼，威儀已不足觀矣，而一方風俗之無主不可憂乎？此一臣者，蔑視官箴，漸無人理，所當照不謹例革職閑住者也。

伏乞敕下吏部再加查訪，如果臣等所言不謬，將知州宋希張降調閑散，通判岳一侖致仕，知縣曾一中革職閑住，庶劣吏既汰而民生獲蘇矣。緣係遵旨糾劾不職有司以肅吏治事理，未敢擅便，爲此具本謹題請旨。

甄別清屯官員疏

題：爲清查抛荒屯田以裕軍儲，并議久任責成以臻實效事。據四川布政使司呈，奉巡撫李都御史批，據四川按察司管理清軍、驛傳、屯田、鹽茶、水利道副使陳文煥呈稱，萬曆拾捌年捌月內，該本道看得衛所屯田荒蕪，弊端已久，雖屢行申飭，乃荒蕪猶然，勢豪、官舍包占轉佃爲奸，衛所雜差騷擾爲害，以故軍民人等多不樂從領種，即有種者，或畏避差役之苦，隨領隨抛，額餉大虧，屯政隳廢。聽本道親自巡歷地方，督同屯坐州縣正官將荒田盡數查出，招無田軍人或民間有力願領種者給帖執照耕種，候三年起科。衛所衙門再有派擾雜差者，許屯丁赴告，以憑究治。間有近河衝塌，止有一半耕種，即以見在計算招墾，其餘量行豁減，不必拘定原額。務在刻期召完，仍明立文案，取具屯頭、鄰佑甘結，久遠爲業，不得限滿復行抛荒。如有此等，即於屯頭、鄰佑名下追納三年花利。其各州縣正官能極力幹濟、召墾全完者，官以稱職備呈兩院紀錄優獎；如闒茸怠惰，支吾塞責，及衛所管屯官不行盡心清查、延捱觀望者，一體參懲。至於各府掌印官，均有督理之責，即據各州縣召墾之多寡以爲該府殿最，等因。通詳，奉撫院批，屯田、墾荒事宜依行，各該有司、衛所官著實遵行，多方召墾。仍廉其真心任事及怠玩支吾者，分別開報，以憑獎錄、參處。該道亦須巡行躬督，摘弊厘奸，用臻實效。此繳。又蒙巡按李御史批，屯政久敝，非極力振刷，輒難修舉，據議責成各官殊中肯綮。查有闒茸玩惰、延捱觀望、不行實心用事者，即指實參呈，以憑處分。俱依議行，繳。

蒙此，卷查本道於本年三月內閱得邸報內一本，爲屯政久敝，額餉大虧，乞敕當事之臣實心經理以佐邊費事。該戶部覆議，戶科都給事中王繼光題，前事，恭候命下，仍咨各邊巡撫都御史，及咨都察院轉行北直隸屯田御史及各省巡按御史，督同各道分查所屬，某衛原額屯地若干，額糧若干，今失額若干，明白出示。凡有前項侵奪、占種、影射者，許各自首還官，不必追咎其既往。除不堪種者另行議處外，其堪種田畝聽各道隨宜召撫開墾，仍蠲三年之租。三年以外，止征見稅，不許追及舊欠。每年終撫按官將各墾過田畝分別殿最，核實具奏，册報部科查考，等因。題奉欽依，緣本道奉有屯田專責，節經備行各府州轉行屯坐州縣，會同各管屯官將拋荒屯田盡數查出，勒限召人開墾，并巡歷各該地方，督同各州縣官曉諭所在軍民，定以起科年限，及刊刻簡明告示，遍發張挂。據崇慶、新津等州縣册報前來，猶恐虛應，本道仍親歷覆核，其承領者俱已開墾布種，未經承領者驗果坐落山宂，委難開耕。今總計拋荒屯田共一千伍百叁拾餘分，計畝該糧玖千肆百餘石。内除水衝無存并難以開耕捌拾餘分，計畝該糧肆百玖拾餘石外，實墾過荒田壹千肆百伍拾餘分，計畝該糧捌千玖百捌拾餘石。

爲照蜀中屯田俱係沃壤，節年因屯官擾害，以致軍民畏懼，拋棄不種，歲復壹歲，荒蕪日多。今蒙兩院軫念軍儲重計，督行開墾，而又念其敝壞之久，風勵鼓舞。本道得藉奉行，每巡行所至，進官民於庭，示以勸懲，定以期限，諄諄開諭，俾退陬下邑宂，然知其有利而無害，以此次第承領開耕，蓋自肆月間以部議通行，歷夏、秋、冬至今，窮叁時之力始獲就緒。各該有司官員，容本道於賢否册中分別注考具報。

及照本道所屬屯田，自萬曆拾貳年奉例丈攤，原報部額糧共貳拾叁萬玖千柒拾玖石肆斗玖升，今止見徵貳拾貳萬玖千陸百石有奇，較之前數稍有不同。今將召墾田畝、糧數造册，乞批布政司再加酌議覆呈，等因。照詳，奉批，仰布政司覆議詳報。奉此，又蒙按院批布政司酌議確當詳奪。蒙此，隨奉撫院批，據該道呈，爲墾荒事竣，酌議未盡事宜，以圖經久，以飭屯政事，條議徵屯糧、置循環、杜爭端、清包占、禁白役伍款。由詳，奉批，仰布政司會同按、都貳司及在省該道覆議詳報。奉此，又蒙按院批，同前事，蒙批，各款俱於屯政大有裨益，布政司會同按、都貳司及在省各道再加酌議，妥確詳奪。蒙此，又奉兩院牌行本司，將該道督墾屯田務要覆核的實，并召墾勤能、怠玩，應獎、應罰有司、衛所等官，叙議詳報。奉此，俱備行各屯坐州縣開造冊揭，及取具甘結前來，并移行該道將責成墾田各官備開職名，到司。

該本司署印、分守上川南道右參政武尚耕會同按察司按察使陳薦、分巡川西道副使鄭人逵、都司軍政掌印署都指揮僉事阮維藩議照，本省抛荒屯田已成廢墜，頃承兩院督行該道盡數查出，勒限開墾，未及壹年，業已就緒。查得拾貳年奉例丈攤報部，該道分管衛所屯田共叁萬玖千伍百捌拾貳分，花園壹千玖百叁拾捌所，共計畝該糧貳拾叁萬玖千柒拾玖石肆斗玖升伍合捌勺壹撮捌圭壹粒叁粟，止見徵屯田、花園叁萬玖千玖百捌拾分半，計畝該糧貳拾貳萬玖千陸百石叁升柒合貳勺肆抄壹撮貳圭伍粒柒粟。今以原冊開報，及續行各州縣覆核，清出田糧一并計算，抛荒屯田壹千伍百叁拾玖分半，計畝該糧玖千肆百柒拾玖石肆斗伍升捌合伍勺陸抄伍圭伍粒陸粟。內除水衝無存并難以開耕屯田捌拾伍分，計畝該糧肆百玖拾肆石伍斗玖升陸合柒勺伍抄柒撮，實墾過抛荒屯田壹千肆百伍拾肆分半，計畝該糧捌千玖百捌拾肆石捌斗陸升壹合捌勺叁撮伍圭伍粒陸粟。共召過軍民壹千捌百伍拾餘戶，其開墾田糧照例蠲三年之稅，候至貳拾壹年秋成之後限滿，至貳拾貳年方行起科。至於水衝并難以開耕，屯糧暫行停徵，以俟將來漸次開墾復額。所據當事各官，如副使陳文焕，實心任事，銳意除奸，功績最多，所當紀錄。成都府知府詹思謙，義勤率屬，心切裕儲，計所屬州縣開墾數多，應候兩院定注最考。各該有司、衛所等官，除額荒不多，雖墾難以言勞，及接管未久與升遷去任，俱免議獎戒外，查得邛州知州盧宗華、雙流縣知縣王曰然、安縣知縣曹鎧、新都縣知縣邵年齊、什邡縣知縣姚廷臣、新繁縣知縣孫思述、灌縣知縣羅樹聲、德陽縣知縣莊自勉、彭山縣知縣張萬春、高縣知縣楊汝翼、新津縣署印崇慶州判官劉澤演、彭縣署印華陽縣儒學教諭俞咨益，以上各官，多方勸相，極力調停，心計甚周，勤能備至，相應獎勵。新津縣典史吳一誠，承委心力俱竭，督耕幹理有條，并應獎勵。又查得崇慶州知州梁岳，政體雅稱長厚，開荒殊覺逡巡；成都前衛千户彭應年、中衛百户傅應爵，屯事乃其本務，奉文未見經心。以上各官，俱應量行戒治。及將該道條議伍事，逐款登答，造冊呈詳，到臣。

簿查先據該道呈議，開墾荒田，已經批行清理、冊報前來，覆批該司酌議，及牌行將召墾勤惰各官叙議并報去後。今據前因，該臣會同巡按四川監察御史李　議照，益州沃野，類多膏腴，兵食所資，營田爲急。節因豪右侵占，因而影射，加之丁苦雜差，每多逃竄，遂致屯畝抛荒，屯糧失額，政歸廢墜，其來久矣。今該道銳意清查，躬巡郡邑，僅歷叄時，遂告竣事。承墾者壹千捌百伍拾餘家，復額者捌千玖百捌拾餘石，止有水衝無存及難以開耕者肆百玖拾餘石以俟漸墾，計所未復實數僅貳拾分之壹耳。至於該道條議未盡事宜，以圖經久，款款明確，鑿鑿可行，又下司道覆議，惟在著實修舉，無容別議。其成都府知府詹思謙，督屬勤勞，委應準注最考，以俟優異。知州等官盧宗華等壹拾叄員，奉檄心勤，營田績茂，臣等已徑行獎勵。知州等官梁岳等叄員，量行示戒，俱無煩瀆請。仍將召墾過田糧造冊送部科外。看得四川按察司屯田道副使陳文焕，器識明瑩，才猷敏練。清抛荒而躬履遐僻，人絕影射之奸；督召墾而盡闢荒蕪，儲有充盈之漸。足稱績最，理合題旌。

伏乞敕下該部再加查議，如果臣等所言不謬，將副使陳文焕紀錄優擢，以勸勤勞。再照屯政之廢興由人力之勤惰，有司分任其責，該道獨總其成。今田之荒者業墾矣，額之失者業清矣，然必限以叁年而後起科，故起科之日然後田爲熟而墾有效也。顧叁年之内，墾田有司升者、去者不已過半乎？使繼之者非人，前功隳矣。顧獨該道可歲時巡行阡陌，課其成功也。若不久任責成，何以克臻實效？副使陳文煥，向者家食甚久，昨起原官以來復歷俸貳年，計其遷轉之候，當亦非遥。自爲臣屬，朝夕相接，其人之豐采、政事，臣居京久知之，自臣入鎮後，愈益賢之。蓋文煥之品格、才華，將來端可大受，不特今能其官也。臣謂宜加參政兼僉事銜，仍管原道事務，以竟其績爲便。蓋臣於屬官知之頗真，竊謂賢能久任爲吏治最要，若久任而不加銜，恐有賢愚同滯之嘆也。惟陛下裁察焉。緣係清查抛荒屯田以裕軍儲，并議久任責成以臻實效事理，未敢擅便，爲此具本謹題請旨。

參罰徵糧官員疏

題：爲仰承德意，酌定降罰官員事例，以一政體事。據四川布政使司呈報，萬曆拾柒年分合屬府、州、縣夏稅、秋糧額辦、雜派等項并帶徵拾肆年已、未完錢糧，内除蠲免全完并完至捌、玖分以上及停徵者於拾捌年帶徵外，未完柒分以上，長壽縣署印忠州判官陳邦珽、本縣知縣儲登選、管糧縣丞易天文；未完肆分以上，巴縣署印重慶府推官李時華、知縣項應祥、署印本府同知張守訓、知縣許安國、管糧主簿賀蒙，江津縣知縣張宗載、署印主簿安師光、管糧縣丞張邦憲；未完貳分以上，合江縣知縣張良遇。以上各官，催徵怠忽，例應查參。但四川稅糧每年俱於拾月一并徵收，計各經管月日，見任推官李時華、調任知縣項應祥、行取知縣張宗載、丁憂判官陳邦珽各接管之時尚未起徵，見任同知張守訓僅止半月，俱難概累。知縣儲登選、許安國各已物故，縣丞易天文，主簿賀蒙、安師光俱已革職，知縣張良遇被參革任，通應免究。止有見任縣丞張邦憲例該參治，等因。冊由，到臣。

卷查先准户部咨，内開一應起運各項本、折錢糧，每年備造各官職名并到任年月日期與不完分數，應參奏者參奏，具造冊籍貳本，一本送本部，一本送該科。又准户部咨，内開以後州縣見徵起運各項錢糧俱要當年盡數完報，以前年分拖欠帶徵者，每年限完貳分。如掌印、管糧官催徵怠玩，即以帶徵應完貳分并見徵年分全數總計，以拾分爲率，未完貳分以上住俸督催，未完肆分以上降俸貳級戴罪督催。其住俸、降俸等官，雖遇行取升遷俱不准起送，通候完至玖分以上，住俸者方准開俸，降俸者准復原俸。未完陸分以上，各降貳級起送吏部調用。未完捌分以上，俱革職爲民。其司府掌印、管糧官，總計所屬州縣完欠分數，一體查參。以上各官，如新任并署印帶管止以經手年月扣算，不得一概偏累。又准户部咨，爲敬陳末議以備采擇，以裨治安事，該户科都給事中蕭彦題，本部覆議，行各省直撫按官，以後年分查各府、州、縣掌印、管糧官員，見年錢糧依限全完者優獎，至捌分者免參，不及捌分者照舊例參罰。又准户部咨，内開以後年終查參催糧不及分數官員，除致仕、革職、物故外，其升遷、丁憂去任者，果係經管日淺，方准議免，其餘照例追論，不許故縱。又准户部咨，内開各省直撫按官轉行所屬，將拾陸年見徵錢糧務要盡數督催，如期完報，止帶徵拾伍年欠數，其拾肆年拖欠於拾柒年帶徵，不許一并催科，以致小民難於措辦，等因。俱題奉欽依，先後備咨前來，通行遵照在卷。

今據前因，覆查未完分數相同，除完至捌、玖分以上并不如數州縣物故、被論去任等官及署管時原未起徵與經管日少外，該臣會同巡按四川監察御史李　議照，江津縣管糧縣丞張邦憲司督催之責，乏勤勵之衷，成額既虧，明罰奚逭？所當參治，用儆將來。伏乞敕下該部再加查議，將張邦憲照例降俸，戴罪督催。其各縣未完錢糧，聽接管各掌印、管糧官照數帶徵完報，庶職官知勉而歲計有裨矣。除造冊送部科外，緣係仰承德意酌定降罰官員事例，以一政體事理，未敢擅便，爲此具本謹題請旨。

查參失獄官員疏

題：爲强犯越獄，查參失事官員以儆怠玩事。據分守川東、帶管兵巡下川東道四川布政使司左參議丁此昌呈，問得犯人陳應元，年貳拾歲，夔州府新寧縣人，見參本縣刑房典史。招稱萬曆拾柒年貳月内，本縣蕭知縣大察去任，蒙議委東鄉縣儒學段教諭至縣署管印務。本年捌月内，本縣捕獲別卷照拿、今越獄脫逃强犯陳伯璇、陳仲元到縣，監候申報訖。拾捌年貳月内，蒙段教諭將陳伯璇、陳仲元審擬强盜得財各斬罪，肘鎖監候招解間。比在官禁子陳有仕、劉希禹各不合受賄，縱容陳伯璇、陳仲元在監寬鬆肘鎖，以致貳犯與今脫逃拿獲另結强犯王嘉友密約，欲行脫監。王嘉友就將伊妻送入鐵槍頭壹個放在囚床傍邊，以備挖牆。本月貳拾陸日，應元不合不赴提牢，托故告假回家，央在官書手戴果不合代爲點視。本日夜四更時分，陳伯璇、陳仲元、王嘉友各探得獄卒、兵夫俱已睡熟，用前槍頭剟落床板，將牆脚挖開壹孔逃出，越過西門城牆奔走訖。貳拾柒日早，陳有仕等醒覺稟縣，隨差兵快緝拿不獲。本月内段教諭具辭印詳由申道，蒙將本縣印務議呈，兩院批委夔州府蔡推官署管。段教諭將陳伯璇等越獄情由令應元具文申報間，因蔡推官將至交代，應元又不合耽延，不即申報。叁月初叁日，蔡推官至縣接印，出示緝捕，一面於初陸日具由通報。隨蒙分守帶管兵巡道丁參議批行夔州府查究失事員役，勒限捕拿，如過限不獲，徑行參究。又蒙督撫李都御史批，據申該縣獄囚於貳月貳拾陸日脫監，因何日久方報？仰兵巡下川東道嚴行四路緝拿，限半月內盡獲，一面將經該失事印捕各員役據實招參詳奪。又蒙巡按傅御史批兵巡下川東道嚴緝究報，蒙道牌行本府捉究間。有本縣民王辛前往開縣拿獲王嘉友，於叁月初陸日送赴新寧縣，審出前情，將本犯監候，申報本道訖。蒙府署印高通判催行蔡推官提解應元等到府，鞫究前情明的，將陳有仕、劉希禹各問擬受財故縱至死絞罪，陳應元不覺失囚減等徒罪，戴果等各不應杖罪。看得署印教諭段遧、新寧縣捕盜主簿胡廷美俱屬疏虞，合并參究，等因。招詳，帶管本道丁參議查得，禁子陳有仕、劉希禹受賄未有定數，應駁府勘確另招。其教諭段遧、主簿胡廷美俱應住俸緝拿，如過限不獲，另議招奪。陳應元等各照原擬，招詳到臣。

簿查先據新寧縣署印夔州府推官蔡宗憲申報，前事，已經批仰該道查究去後。今據前因，除批行外，臣查得《問刑條例》內開，府、州、縣掌印、巡捕官但有死罪重囚越獄叁名以上，俱住俸戴罪緝拿，限叁個月以裏，有能盡數拿獲者免罪，等因。看得獄禁一事關係匪輕，臣祇奉明例節行申飭，不啻再三，乃新寧縣有此疏虞，且復遲緩申報，法應參治，用儆將來。該臣會同巡按四川監察御史李　　參照，新寧縣署印東鄉縣儒學教諭段遧，權綰邑符，遽出柙虎，典守宜執其咎，稽延是誰之愆？新寧縣捕盜主簿胡廷美，囚逾城而弗覺，安在譏察之嚴？賊有迹而未擒，益徵玩偷之態。於例俱應住俸戴罪緝拿。但段遧已解印務，督捕無權，似當重加罰治。胡廷美照例住俸緝拿，務在得獲。仍行接管掌印官嚴督員役以結前案，惟復別賜定奪。伏乞敕下都察院再加查議，覆請施行。緣係強犯越獄，查參失事官員以儆怠玩事理，未敢擅便，爲此具本謹題請旨。

參究稽遲勘合疏

題：爲查議銷繳魚課勘合事。據四川布政使司呈，問完犯官譚孔仁，原任四川成都府資陽縣知縣，今奉文改教，招稱四川通省額辦并新增魚課云云。蒙本司看得，課銀係濟邊急需，而勘合乃奏繳重務，前此隸之屬下，遵行廢馳。自萬曆捌年户部題奉欽依，改行本司歲終類報，無非歸一事體、慎重封章之意。爲轄屬者自當恪遵成議，砥礪奉行，却乃視爲泛常，玩愒如故。若非往歲照發勘合因而詰查，終爲寢閣，所據節年經承官吏，法當分別究治。除事故、離任官員應照律條“在任犯罪，去任事發，笞杖以上勿論外”，今將故違見任官員及有罪該吏人役一并具招，其知州萬輝等應聽參治，等因。到臣。

卷查先准户部咨，前事，該本部題，内開魚課俱係額辦錢糧，或解太倉銀庫濟邊，或留本處支用，祖宗立法編發勘合，年終進繳比對查考，立法至善，永當遵守。但近來有司官吏遵依繳報者十無一二，未繳者十之八九，原發勘合，本部既無簿可查，其怠玩官員又無憑參究。且州縣各另差人奏繳，計應納正課，鈔不過數錠，銀不過數兩，而往返費用指稱科派，每處不下五六十金，相應酌議。本部移咨各省直巡撫都御史，及咨都察院轉行各該巡按御史，通行所屬司、府、州、縣，自萬曆拾捌年爲始，將發到魚課勘合查其辦過寶鈔數目若干，如已填完勘合，隸布政司者徑申送布政司，隸府州者徑申送本府州，每年終類總具奏，永爲遵守。若有過限不繳及所屬仍舊徑自差人瀆奏、指稱科擾者，即將故違官吏問罪發落，責限完銷，等因。題奉聖旨：“是。欽此。"備咨前來，已行該司通行所屬府、州、縣遵照去後。

　　今據前因，覆查各該官員，除已遇宥及事故離任者委於律得勿論，其改教知縣譚孔仁及見任知縣祿有政等并吏書段朝德等，應照原題欽依問罪發落事理批行納贖還職、還役發落外，及照知州萬輝等係在外伍品文職，土官楊應龍係宣慰，俱擅難徑擬，應合參治。該臣會同巡按四川監察御史傅　參照，綿州知州萬輝、達州知州周仕階、巴州知州顏若愚、蓬州知州陳其志心存怠緩，政弗及於魚鹽；事屬稽遲，法應逮之金矢。播州宣慰司宣慰使楊應龍，扞我疆圉，罔思法網之嚴；私爾澤梁，豈顧公家之利？且詭言以相誣，尤蠢性之可嗤；縱既往之不追，宜將來之時獻。伏乞敕下該部再加查議，覆請將知州萬輝等行巡按御史提問如律，宣慰使楊應龍念係邊籬，姑免窮索，倘後仍前拖欠，定當置之科條，庶額課無虧而邊需攸濟矣。緣係查議銷繳魚課勘合事理，未敢擅便，爲此具本謹題請旨。

校勘記

　　〔一〕"宦"，據文意疑當作"官"。

　　〔二〕"次"，據文意疑當作"咨"。

　　〔三〕"鄉"前，據文意疑脫"郡縣"二字。

　　〔四〕同上。

　　〔五〕"宦"，據文意疑當作"官"。

　　〔六〕此處闕一頁，題目據底本目錄補。

　　〔七〕"轓"，據文意疑當作"藩"。

　　〔八〕"樛"，據文意疑當作"謬"。

虜騎逼臨松境疏

　　題：爲虜騎逼臨松境，恭陳備禦事宜事。萬曆拾捌年捌月貳拾玖日，據四川按察司整飭松潘兵備、綜理糧儲副使來經濟揭稱，據松潘衛操捕指揮龔卿揭稟，本月貳拾叁日酉時，據家丁龔可應報稱，有西番叁人騎馬叁匹在於地名鳳凰嘴喊叫買賣土達回寨，等情。卑職當差舍旗杜世勇前往圓壩等寨探問來歷。隨據本役稟稱，作兒革土官打發牌頭撻荷枝來圓壩、潘哑、商巴、石嘴肆寨叫前來買賣土達肆夥各回本地，口稱有插兒革虜達已將爾阿壩寨打了，又發虜人貳百名在於殺鹿塘趁鹿躐路，其買賣土達當於戌時各回去訖，等情。稟道。看得虜勢已逼松潘，除行將領等官嚴加防禦，合行揭報，等因。到臣。并據分守四川松潘等處地方、管副總兵事參將朱文達稟報相同。據此，案照本年伍月內據該道并朱文達各稟帖，據原任漳臘守備王夢書揭報，作兒革土達口稟，有虜達土官陸柒個過黃河這邊居住，伍月中要來迤西地方看寺等語。及查肆月內，據順義王差部落大成、灣卜、窩至、八什等同土達執番信赴堡投遞，審譯語意，在於求索西番，有順義王篆字圖書，俱隨即遣歸去訖，等因。備報到臣。

　　臣照禦夷之法，不恃不來，恃吾有備。今據虜情微著，所當極爲隄防，即牌行申飭該道會同神將等官，務須殫猷竭力，選將屬兵，遠偵探以察行，謹烽燧以傳警。據險隘，深壕塹，用遏虜衝；精器械，置火具，以嚴戰守。糧芻預爲儲足，俾戎馬飽禦敵之資；番部爲我藩籬，共土虜示信賞之意。虜聲未有，固不可張皇以警邊；虜騎且臨，即亟傳火炮以收保。斷其要路，使之退慮所歸；出我奇兵，使彼進無所利。庶未雨周綢繆之慮，而虜人寢窺伺之謀。若逆其不來，泄然忘備，萬一誤事，咎有所歸，等因去後。

至本年捌月初貳日，據該道呈，准參將朱文達手本，據陝西固原鎮守備丁光宇呈，蒙分守階文西固地方陸參將帖文，准洮岷兵備錢副使手本，奉總督陝西三邊軍務兵部梅侍郎案驗，據臨河、歸德等將官并臨鞏道各塘報虜情，到部。

看得所報順義王帶領精兵叁千於陸月拾捌日過河，隨帶河南各虜頭人馬東搶保定、撒剌、邊多、乞台、河州、馬家灘、臨洮，南搶洮、岷、松、茂，聲勢重大，殊爲可慮。合行申飭大小將領嚴備战守，一面差人傳與松茂該道將領等官一體隄備。蒙此，移文帖備轉呈移會本道。看得虜王既到陝西臨河，距松潘邊堡止有捌日路程，虜勢已逼，除加謹防禦及關威茂兵備道知會，理合呈報，等因。到臣。又經申飭該鎮并威茂、安綿貳邊兵備、將領等官整頓兵馬，嚴加防禦，仍令深入遠探，不時馳報外。

捌月貳拾日，據陝西塘報，該西寧兵備副使李丁報稱，准西寧參將孫朝梁塘報，據原差西海探聽通事魯欽報稱，柒月初柒日，有順義王差達子到三娘子前説稱：“我們頭哨人馬已到有竹子去處。”職復問甘州伴送武天祥等，通官阿麥當、趙敖巴説稱，係松茂地方。有一克黄台吉，過河跟不上順義王，未合營一處，不知搶何處地方，等情。到臣。隨即遍諭各兵備、將領知悉訖。

今據前因，該臣看得，北虜自嘉靖拾壹年入寇松潘後，抵今已陸拾年，中間小有窺竊，未聞大舉，以故數拾年來守土之臣經略番蠻，不防北虜，邊備久馳，甲兵不具，人心玩易非一日矣。臣見虜酋久住河西，套虜鴟張益甚，知其陽順陰逆，東突西奔，必有今日。且漳臘之外即係熟番、土達，自此一望無際，草茂路平，虜騎長驅，直透海套，若不預爲隄備，誠恐倉卒難支。故自夏間一聞番書信息，雖衆未敢遽以爲真，臣心切憂之，既檄該鎮備禦，復檄三司会議，亟行製造鳥銃、火箭等項，陸續解貯松潘，至今發運不絶。又大行打造盔甲、刀槍、弓矢等項，顓備北虜長技，及一應修守盤詰、選將厲兵、犒番積餉等項事務，俱當北虜情形未著、邊探杳茫之時悉次第舉行外。頃者，臣見洮河告急，連檄三路戒嚴，并移文總兵官調度兵馬，以備有警策應，及檄召叙瀘參將曹希彬備臣調遣去後。但以松邊并無虜報，不敢率易具題。

今者突聞警至，食坐不安，臣當即飛檄數拾調度兵食，除一面行總兵官史綱會臣軍門計議，令其將所部兵防護各鎮；一面遣臣標下游擊將軍萬鰲挑選標兵壹千陸餘名，將赴松潘、漳臘等處協同防禦；一面行龍安參將郭成提兵駐松林堡，威茂參將邊之垣提兵駐西寧關，犄角松潘，仍催召曹希彬將原部游兵守叠溪，并檄松潘兵備來經濟、威茂兵備李承志、安綿兵備張世則巡閱關堡，親督戰守，管副總兵事朱文達、漳臘守備孔憲卿堅守城堡，務遏虜衝；一面召天全六番招討司播州宣慰司土兵共陸千名赴臣軍門調遣，以備虜騎衆多或復久牧；一面召叙馬瀘兵備參政李士達將所部兵一千名，并上川南參政武尚耕、川東參議丁此呂俱候至臣軍門，分授監軍、督糧、查閱城堡等項各職事；一面檄布政司及成都府買運糧米，計給行糧、賞賚外。臣尚思親發各邊輪戍軍兵後，即提旅巡邊，居中調度，誓靖疆場[一]，以報陛下。事關緊急，虜情當先馳奏。緣係虜騎逼臨松境，恭陳備禦事宜事理，爲此具本謹具題知。

二次題報虜情疏

　　題：爲申報虜情事。萬曆拾捌年玖月拾叁日，據松潘兵備道副使來經濟揭報，探得扯虜頭哨人馬捌月初捌日打爾阿壩寨，各番子正在地上割青稞，被殺壹百餘人。次日，寨内番子各備器械到狹路等，截殺虜數拾人。各虜於貳拾肆日奔到殺鹿塘打圍，以致作兒革、買賣土達雖經土官差人叫出邊去，因聞前面虜信，遂退轉黃勝草場動蕩壩，依山札住。比路、祈命等寨熟番出邊采大黃者亦各回寨。至叁拾日，哨探人回稱説，毛兒革寨番子降虜，各虜將本寨番子如家中有拾人者抽陸人，家中有伍人者抽叁人，仍要每家有茶的要茶壹塊，無茶的要牛壹隻，殺作路上吃用，復去爾阿壩寨報仇。因此作兒革、買賣達子聞説前虜已離殺鹿塘，故於叁拾日早各馱茶塊回去，等情。到職。

　　看得北虜前到殺鹿塘，止離松潘邊口貳日路，雖稱打圍，實探我處虛實。今報復去爾阿壩番寨復仇，而倏去倏來，出我不意，亦未可知也。已會同副總兵官加謹防禦，相機剿處。威茂參將邊之垣貳拾柒日統領軍兵伍百名到西寧關，各犒賞安插訖。龍安參將郭成於玖月初壹日亦帶領家兵、土兵前到松林堡住札。

　　本月初叁日酉時，又據漳臘守備孔憲卿、絶塞墩防守練兵鎮撫路中逢各揭報，作兒革土達一起貳拾肆人各騎單馬，赶牛陸拾隻、羊叁百隻到絶塞墩河西；一起叁人赶羊陸拾隻、牛柒隻到鎮虜堡外川盼溝，等因。

　　該本職看得，捌月貳拾肆日據作兒革土官差人説稱，大虜頭哨人馬已到殺鹿塘，故叫回買賣土達，今未拾日，豈得做買賣土達便又有一番到松潘也？事誠可疑。隨會副總兵官委操捕指揮龔卿星夜到絶塞墩，將各達拒住邊外，仍諭各達如情願在邊外交易，且借官茶頓易牛羊進口；如各達不肯在邊外交易，任其赶回。或使性作歹，亦便相機處之也。蓋作兒革土達近已投拜大虜，設或放進，萬一虜襲於外，細作潜應於內，即中狡虜計矣，故不得不暫拒之。乃今各達亦順從在邊交易矣。若大虜踪迹，據哨探人回報説，離邊叁兩日路外未見有來者，大都虜態不測。本職會同副總兵官仰體兩院軫念，相機區處，無敢怠忽。

同日又據松潘管副總兵事參將朱文達亦揭報，前事相同，及稱殺鹿塘原到達子報去爾阿壩復仇，今并未見踪迹。本職思得虜情狡猾，又於禦寇流沙鎮、虜虹桥、絶塞、撈撒等營隘添挖品坑、險坎，安置欄馬鹿角柞，虜經道路暗埋釘板、鉄棱角。本職仍不時往來巡警，不敢怠忽，儻有動静，即會松潘道相機區處。

拾肆日，又據龍安參將郭成呈稱，蒙兩院牌催，本職提兵速詣松林堡防禦虜情。本職到彼札營，查得近報羊洞、毛公諸番結連韓盼兒、白利及作兒革，聲言突出東路，爲患蕭牆之內，尤當預防，等因。各揭報到臣。

案查本年捌月貳拾玖日據松潘兵總官報稱，插兒革虜達已將爾阿壩寨打了，又發虜人貳百在於殺鹿塘趁鹿躧路，虜勢已逼松潘，等情。到臣。隨即具疏并調集軍兵、運發糧賞等項事宜，於玖月初壹日馳奏，仍不時申飭各兵備、將領等官加謹隄防去後。

今據前因，該臣看得土達、土番曰作兒革、白利、猫兒革、爾阿壩等枝，於萬曆初年因賓兔過河住牧威挾，各夷業已投順，載在萬曆叁年撫按官曾　　等會奏疏中，章章可考。又檢查捌年內松潘道呈報，據牟兒革報稱，虜夷切當，兒蚌領達子約有壹千，打了生番爾阿壩，頭畜盡數赶去，殺死男婦無數，又打牟兒革肆戶，則達番之被其虔劉，受其驅制，自萬曆初以致於今，非一日矣。兹者醜虜恃其聲勢重大，突戕番種，而次日旋被截殺之禍，雖聲言報復，然久不見迹，即哨探亦無所得，故作兒革猶赶逐牛羊赴松交易，情僞誠未可知。然臣之飛檄該鎮，令其盤詰奸細，慎內外出入之防；撫結達番，得間諜拒守之用，不啻再四矣。兹兵總官拒之於外，使不得窺我險易，交易不絶，使其樂我可依，誠爲得策。至於各部熟番則悉爲我屏障，臣厚發犒賞番漢銀兩，令該道便宜撫結。據兵備來經濟揭稱，北路各番、南路摘林洞寺及上下牟泥溝各番，凡經虜馬可到者，遵奉軍門憲諭從厚犒賞，土官番牌待以卓席，散番犒以牛酒。副總兵及印、操等官與之盟約，曰能用計擒斬虜，照格給賞。番人喜悦，願出力協守矣。東西貳間道，誠如軍門遠鑒，今三舍地方行龍安郭參將札營松林堡、望山關、雪欄關地方，著落把總官于承恩札營撈撒頂、流沙關地方，著落把總官汪度札營本關，加謹防守，可無大慮。禦寇墩在松城、虹橋關之中，虜雖竊入，無能爲也，今亦開壕挖塹，等因。到臣。此熟番處置之已定也。惟是羊洞生番，向因虜酋搶洮，彼處洮岷、松小之間，若虜逼近其地，彼必奔突於內，不無乘機生亂。臣先因龍安知府阮尚賓具報，即嚴行添兵防堵，增設關險。臣遣游擊將軍將標兵赴松鎮，不取道叠茂，而取道龍安，正以大兵經過，彼且寒心。項總兵史綱赴臣軍門會議，臣令其將兵駐小河，一以犄角松潘，一以彈壓生番也。然彼番醜蠢蠢，不過待虜而動耳。夫虜之偵我，猶我之偵虜也。虜已至殺鹿塘而復返，焉知不爲我之有備乎？臣業已調遣土、漢官兵兩路并進，雲屯雪山，以靜待動，運發半年之餉，以飽待饑，官兵人人厚犒，皆有踴躍赴敵之氣。臣策虜之來，野無所掠，必不能久住，且多所喪亡而歸。惟時諸將正嚴兵以待，若生番敢於爲亂，將剪滅此而後朝食矣。除臣與按臣申飭大小將吏朝夕戒嚴，無敢馳備外，事關虜情，理合題報。緣係申報虜情事理，爲此具本謹具題知。

番蠻攻襲堡城疏

題：爲地方節報番情事。萬曆拾捌年拾貳月初拾日，據四川布政司整飭威茂兵備、綜理糧儲右參議兼按察司僉事許守恩呈，據管疊茂游擊事指揮曹守爵禀帖，差旗軍傅谷成赴道報稱，據柒族寨土兵黑卜報稱，本月初柒日寅時，被楊柳、麥兒、白泥等寨約衆千餘侵犯新桥堡，已經督率游兵前去策應，禀乞賜發精兵、鳥銃追捕，等情。隨該本道牌行茂州并茂州衛揀選城操軍兵并調三長官司土兵共玖百名，選差指揮王繼祖、李長庚，千户顧以亮，百户張問仁、馮爵、鄒忠良、江朝宗等督率前去，及差千户竇縉追取撤回天全土兵肆百名，同差來旗牌官張光啓一并俱赴新桥堡策應，緣由。到臣。臣批，據報番情，該道已調兵追捕，仍即移駐適中處所，會同參將邊之垣，一面相機行事，一面不時馳報，以憑施行。儻或番勢果衆，即便移文松潘道酌量發兵應援。此繳。

本月拾壹日，又據該道呈，據松溪堡百户王堯禀稱，據熟番日哲報稱，巴猪、曆日等寨差番貳個，隨帶木刻到黑苦、柒族說稱，上面寨分因軍馬過來，疑是要打他們寨子，如今商[二]量，做事也是死，不做事也是死，殺牛齊心，叫各處蠻子壞地方。黑苦寨蠻子當備茶飯、酒肉，與來的蠻子吃了，柒族只在這一兩日來堡壞事。又據把守指揮杜明陽禀，據實大關百户方興等禀稱，熟番黃毛猪兒子回稱，楊柳、麥兒、牛尾巴等寨蠻子傳稱，各處寨子帶木刻，與巴猪、伍族、大小曆日、黑苦等寨番蠻一齊壞事。又據王堯禀報，黑苦、柒族已經殺牛齊心，各帶器具，准在一兩日來堡，照新桥殺人，大做一場，上要挖擦耳崖，下要挖斷千工嶺。又據長安堡百户阮進稟稱，巴猪、曆日、雙馬、列角、三姐等寨糾[三]聚黑苦番蠻，要來松溪、韓胡、長安、椒園、鎮戎一帶攻打堡城。又據領兵指揮王繼祖等稟稱，星夜至穆肅堡，傳聞新橋堡被番夷燒劫，除兼程前進。俱報到道，及查將領止有邊之垣見在松潘防虜。

看得楊柳、麥兒、白泥等寨番蠻燒劫新橋堡，俱帶木刻，糾集各寨，已調前項官兵分布疊路應援，缺乏火具，乞行解發，仍調取將官前來協理及調兵策應，除襲犯新橋堡查明另報，等因。到臣。臣批，據報各寨番蠻聚眾襲堡，防守官兵所司何事？仰道一面督兵誅捕，一面將起釁緣由及失事員役并查的確速報，以憑具題。仍嚴行申飭其餘關堡加謹隄備，用保無虞。此繳。隨行松潘兵備道，將原調禦虜播州土官楊應龍土兵柒千餘員名令參將邊之垣統領，星夜自北路撲剿前來。又挑選標、操等兵千數百名，令都司僉書田中科等統自省内外馳去策應，并行都司星夜解發鳥銃、火藥、鉛彈、火繩、火箭等項百餘臺聽用。

本月拾貳日，又據該道呈，爲大勢番蠻攻襲堡城事。據指揮曹守爵、游兵操捕千户張啓、差軍葉永壽呈報，本月初柒日寅時，忽據柒族寨躧塘土兵黑卜急報，牛尾、麻答、楊柳、麥兒、白泥、和尚、石嘴、龍池、燒炭、結別、魚兒、索多、勒谷、白蠟等寨糾聚松坪、黑水、王賽等寨惡番約數千餘，於初陸日夜襲新橋堡。時將疊溪所城倉庫、門禁專交掌印千户陶克孝防守，各職督兵策應，相去途遠，卒難救濟。及至到彼，堡已被襲突入，於本堡與番對敵，追退上界，當陣火器打死數番，番眾我寡，不能獲級。回堡驗得殺死主成軍人、男婦數拾名口，被虜并逃竄軍人、婦女一半當已救回，掌貼千百户梁繼武、謝繼祖并家眷人口及主成軍黃辛二等百拾名口半被輕傷，各職督兵護送回疊。方至中途，番眾隨來拆挖漢關、上界、海螺洞險路，復統游兵追敵。

彼番盡札官道，多半又去攻犯普安。各職自辰與番鏖戰天晚，所城孤懸，恐顧彼失此，且有印信、銅牌、倉庫干係，只得撤兵回所城固守。又據土舍郁從禮報稱，河東熟番葫蘆寨被燒，又去攻打石灰溝寨，熟番備牛五條、麥酒五缸饋與番眾，方保身寨。普安路阻，不通消息，內有把守、掌貼主成官兵參百餘名防守。又據熟番報稱，實大新堡河西生番并永太等堡，河西、樹底、雙橋等寨諸番糾集勢大，等情。俱報到道。

看得番蠻燒劫新橋，又犯普安等堡，已該本道點選官兵分撥守把黑苦、巴豬、大小曆日等寨，緊關、松溪、穆蕭、實大等堡，并前去新橋，應援普安。但賊眾軍寡，乞發大兵并糧餉前來協濟，等因。到臣。隨行都司催發造成火器，并行布政司解發糧、銀聽支，及催取原選禦虜天全高仲德、黎州大渡河指揮曹銓等土、漢兵馳赴策應。又移文總兵史綱提兵星夜前來，及行松茂、安綿各兵備道申飭關堡把守等官兵加謹隄備間。

同日，又據該道呈報，番勢緊急，請兵來援，大略相同。又據松潘兵備道呈，據署平番守備事指揮余坤并鎮平把守指揮吳鼎臣等各揭報，靖夷堡差軍飛報，據番牌麻子兒子傳說，疊溪、新橋地方被白泥、楊柳等寨番蠻聚集，松坪、黑水等番將疊溪地名海螺洞挖斷，侵犯新橋、普安貳堡，各番找搭橋道於新橋水口。平定堡掌堡官李東陽稟稱，准普安堡說帖報，初陸日夜楊柳等寨番蠻侵犯普安、新橋，音信難通，速報兵、總貳府發兵來護，等情。到道。

看得疊溪所轄白泥等番突犯普、新貳堡，該道諒有處分。緣係松潘鄰堡，相應發兵救援，即移文管副總兵事參將朱文達調撥標下把總官路中遒部兵伍百名，見札撈撒嶺防虜把總官于承恩部兵伍百名，共壹千名，朱參將統督，先到永鎮堡札住，相機撲剿。仍移文見札漳臘防虜參將邊之垣督楊應龍前來，再探番情緊急，即挑精壯苗兵數千至永鎮與朱參將合兵夾剿。又據朱文達稟報相同。續據威茂兵備道呈，據領兵指揮王繼祖等報稱，初拾日領軍前去普安堡策應，行至白土崖，與番對敵，鳥銃打傷番蠻數拾餘名，搶獲被番捉虜新橋戍軍壹名楊四老。番蠻於普安搭橋叁座，俱拆毀。隨準參將朱文達飛報，初拾日未時，督夜不收壹百名、標兵壹千名分戰衝敵大勢惡番，救護永鎮、太平、普安叁堡，百子鳥銃打死番蠻百餘，被番搶馱回寨，獲功貳顆另解。戰兵輕傷百余名。追趕各番過河去訖。當將本鎮左膊輕傷壹箭。又據管游擊事指揮曹守爵報稱，督同領兵指揮王繼祖等，中軍千户張啓、坐營指揮陳道南、掌印千户陶克孝、儒學李仕道，率兵札住，新橋得通，直抵普安。把守鄖承業素經戰陣，固守嚴密，堡城保全。隨據北路把守杜明陽報，據實大關百户方與等報稱，拾壹日被巴猪等寨番蠻數百來犯，隨用鳥銃、矢石敵退，將本堡上界偏橋、邊墙、道路拆挖，復回搭橋。又報韓胡堡被黑苦等寨番於拾壹日壹更分前來侵犯，戰敵天明，用鳥銃打退。各報到道。

看得叠路永、太等堡見有朱參將并本道行委指揮王繼祖等策應，追退番蠻，此在叠路幸有小勝，若叠路之南及北路各番尚候調發軍馬夾剿，等因。到臣。

又添發指揮吳繼勛領標兵叁百名前去協捕。隨據該道呈，據把守杜明陽報，據穆蕭堡百户李宗裕稟報，番蠻犯堡，即率巡軍趙阿牛等玖拾名并長寧堡軍前去該堡策應，與番對敵，當陣鳥銃打死叁番，打傷貳拾餘番，奔散橋頭坡聚札。番多難以窮追，隨將各軍撤回，驗得軍人常阿通等捌名各帶有箭傷，等情。到道，備呈轉報。

又據該道呈，准參將邊之垣手本，統領土官楊應龍土兵直抵太平、普安等堡，與對河諸番接戰。楊應龍等奮勇向前，將各番追至楊柳溝賊巢，當陣斬獲惡番首級拾顆，奪獲番牛陸隻、羊陸隻，大甲、扇肩、鐵辮、腦包、皮盔、大刀、弓箭、哈呐、皮牌、板牌共貳拾壹件。又准邊參將手本，據新堡子報稱，番蠻犯堡勢急，本參督播兵同楊應龍於拾叁日抵馬路，是夜暗入新堡子，遂解其危，復當陣斬獲首級柒顆，等因。到臣。

臣竊照威茂諸番阻險恃衆，稔惡有歲，自大征之後，益懷報復，屢肆邀劫。而南路各關堡殊小，所容軍人無幾，尚不當一村落。番人男婦時時入城貿易，羈縻不絶，我稍屬兵則善疑。自伍月間傳有虜警以來，臣節牌行松茂各道撫防番蠻，不啻數四。頃玖月間，虜報緊急，各漢、土官兵陸續兩路赴松防禦。臣軍令頗嚴，所過番漢地方秋毫無擾。臣復慮番夷妄疑，先發大牌拾餘面，傳諭各路番寨，告以大兵經過爲防北虜，令勿警疑。故附近松潘諸番業已輸心爲用，附近東路羊峝諸番聞兵過業已震懾，獨南路白泥等寨，原係先次漏網未剿醜類，自疑追誅，雖奉牌諭，執迷不悟，外佯畏威收歛，實欲乘機侵犯。見得新橋堡隘小，内中主戍官軍止壹百伍拾員名，又無一民，遂誑言煽惑，糾合諸寨，擊牛飲血，誓圖狂逞，而地方各官曾預無壹言報臣者。及至本月初柒日丑時，天尚未明，暗用竹索過江，乘新橋堡開門載米而出，突然擁衆入城，肆行焚劫。被殺數拾人，餘衆扶傷逃竄，又遍糾遠近各寨，欲分劫各堡。臣當即徵調諸路官兵星夜馳赴，應援剿捕，一面多牌曉諭解散未動各番。被害軍人家口，臣已牌行優恤。一應失事情由，除查的另報并聽巡按御史核奏外。臣知[四]不能燭於未行，變不能弭於未至，但知厚集兵力以防虜，不虞番懷狡詐而弄兵，誠無所逃罪矣。顧惟南蠻叛服不常，乃其天性，即今不犯，儻異日虜馬南下，必且翼虎之威，内外響應，使我疲於奔命。今見虜無動靜，輒敢自逞猖狂，問罪興師，何逃天討？臣自聞虜警以來，區畫兵食，除三邊年例正支外，臣顒運軍興，見儲肆萬石，行糧折支及犒兵鼓番等費，銀兩俱陸續解發。兵備道動支火器、火藥等項解發各邊，至今未絕。鐵盔、鐵甲，蜀從來所無者，臣久行都司打造。徵調防禦及訓練聽調各漢、土官兵，倉卒有警，可得萬衆，亦欲防患未然。而封疆數千里，中間番蠻綉錯數百部，關堡零星太多，軍兵分布益寡，一處不戒，寇起門庭，是臣力小任重所至也，咎將誰諉？惟此戎心既啓，勢當撲滅，乘我封人懷怒，將士鼓勇先登，一舉而翦除之，剿逆掃穴，撫順攻心，脫逢虜騎入川，我得一意外備，則及今猶可爲也。臣暫戴罪督兵，聽候處分外，伏乞敕下該部將臣即賜罷黜以明不效之罪，仍選壯猷之臣代臣剿賊以成廓清之烈。臣不任悚息俟命之至。緣係地方節報番情事理，未敢擅便，爲此具本謹題請旨。

類報獲功降番疏

　　題：爲類報斬獲番級并投降番寨事。據四川按察司整飭松潘兵備、綜理糧儲副使來經濟呈報，萬曆拾捌年拾貳月拾壹日准管松潘副總兵事參將朱文達手本，內稱本月初玖日本職督夜不收馬錦等并把總路中逵、于承恩部兵，於初拾日直抵太平堡地名畫佛崖與番交戰，本職左膊被箭射傷，帶傷軍兵胡自化等驗實柒拾餘名，各兵奮勇，齊放百子鳥銃，打傷各番數多，夜不收杜世言等當陣斬級貳顆，各番敗退。續又准南路參將邊之垣手本，內稱本職督播州土官楊應龍統兵於拾壹日會同參將朱文達官兵攻打楊柳溝、麥兒等寨，斬獲賊級拾顆，燒毀碉寨壹百餘間，奪獲牛羊、器械。又准參將朱文達手本，內稱督邊之垣、楊應龍等兵直擣楊柳、麥兒等寨，乘勢攻打牛尾。隨據本寨番牌長保兒子、雜毛黑卜投稱："而今到關堡爲害、氣惱上司，都是楊柳溝番牌黑卜、白什兒子、索科兒子一夥作歹，我们都做白人。今見官兵打寨，拾分害怕，情願去拿黑卜等殺了獻功，認守地方，"等情。本職看得長保兒子、雜毛黑卜投説前情，似非虚詐，限貳日内獻功饒死。本月拾肆日，隨據長保兒子殺得楊柳溝番牌黑卜等首級柒顆，活拿幼番貳名。

案查先據署平番守備事指揮余坤并鎮平把守指揮吳鼎臣等各揭報，新橋、普安等堡被番蠻犯急，又報新橋堡已被燒劫，等情。到道。該本道先奉本院憲諭，地方重務許便宜行事。隨督參將朱文達統標兵并松軍壹千壹百名，又督防虜參將邊之垣統楊應龍部兵馳赴永鎮，仍發銀懸示破賊。本道親詣本堡，驗得前項功次楊柳溝斬級拾顆，内削幼番級壹顆，其餘玖顆俱壯大真正。又朱文達部兵先斬番級貳顆，并據牛尾寨番牌長保兒子等斬獻番級柒顆，共玖顆，俱壯大真正。喚通事張巴住譯審幼番壹名驢兒結，指認内壹顆是伊父黑卜首級，壹名著兒結指認内壹顆是伊父白什兒子首級，等因。隨將幼番貳名、賊級壹拾捌顆差官呈解到臣。

又據四川布政司整飭威茂兵備、綜理糧儲右參議兼按察司僉事許守恩呈，准參將邊之垣手本，統楊應龍兵勇於拾貳月拾壹日應援普安、太平之圍。拾叁日，接據馬路堡速報新堡子被巴豬等寨番蠻犯堡勢急。本參督楊應龍前兵於本日直抵馬路，夜入新堡，其圍方解，當陳斬獲首級柒顆。該本道驗得解到止伍顆，其貳顆既斬，被番衆奪回，再三面審各兵是實。又據楊應龍呈報，被黑苦寨番蠻犯松撰堡，督率目把何邦杰等出城對敵，斬獲首級叁顆、甲壹領。本月貳拾肆日，本道親臨新橋堡，督邊之垣統楊應龍兵勇攻打麥兒寨，斬獲首級叁顆，奪獲皮甲貳領，箭筒、弓刀叁件，將寨用火燒毁。貳拾伍日，永鎮堡掌貼千户朱世禄、王宗斌督旗軍馬小三等斬獲楊柳溝寨惡番首級壹顆。共壹拾貳顆，并番物擬合解報。

又據該道呈，據朱世禄等呈稱，白泥等寨番蠻攻犯新橋、普安，朱、邊貳將帶領城操軍兵、播州土兵前來策應。有牛尾巴寨番牌長受保等懼死，情願投降，央請麻答寨、坎上寨、蘿蔔寨各番牌挖殺么曹、亮兒子等同赴朱參將處替告免死，伊番不敢助惡壞事，照夷俗砍狗發誓，鋸立木刻貳扇。遵奉軍門白牌，傳諭各番利害，於拾捌日同三寨衆番照前盟誓背認地方，投降甲貳領，給蘿蔔溝寨熟番執照訖。本月貳拾日，據實大關百户方輿、韋朝舉呈報，奉本道抄謄軍門牌諭，差通把鄧來保、熊天保等調集雙馬、列角貳寨番蠻前來，隔河傳諭朝廷軍威、殺伐利害。諸番譯稱：「只因上面和尚、白泥、燒炭、巴猪、曆日、白卜等寨蠻子鋸散木刻，叫我各寨齊心，説是如今大兵要來打我們寨子，商議一齊出來壞事，我們只得聽從他們，如大兵不殺，我們情願投拜。」等語。

看得各番先聚爲患，今見官兵畏懼。隨據雙馬寨番牌哭列、生兒加、哭列兒子等引領河西大寨番蠻容卜、多惹太等壹拾伍名，獻出甲壹領、黃牛壹隻、羊壹隻、猪膘半張。列角寨牌頭説哲等引領河西大寨番蠻多惹孫、孫么兒子等壹拾貳名，獻出黃牛壹隻、猪膘半張、番甲壹領。本月貳拾肆日，又據管游擊事指揮曹守爵、叠路把守指揮鄧承業、叠溪所掌印千户陶克孝、中軍千户張啓督同土舍郁從禮，令通事窩坡等帶領龍池寨番蠻和讓等、潔白寨番蠻來保兒子等、魚兒寨阿則等、勒骨寨番蠻央保兒等、燒炭溝寨番蠻耳不鼠等、索多寨番蠻銀兒等，投獻皮甲陸領、皮牌陸面、弓箭陸副、羊壹隻效順，永不作歹，赴本道投拜。

卷查本道未奉憲牌之先出示傳諭各番，隨據岳希蓬長官司土舍坤安引番投爲歸順安生事，據粟渴寨番牌海押五、朱太兒、大合押等連名投稱：「我們原係小姓，遵守朝廷法度，不敢壞事。

如今上面蠻子劫堡，我粟渴寨雖與黑苦同溝，大小姓不同，如有機密事情，我們就來報信。今奉傳諭，依俗砍狗誓願，鋸立木刻一樣貳塊投降。」當給花紅、羊酒犒賞訖。永鎮、實大貳關堡并疊溪所番蠻遵奉譯諭，亦動花紅、羊酒犒賞。仍令堡官置立木刻、旗令，給雙馬、列角、龍池、潔白、魚兒、燒炭、勒骨、索多等寨執照。投獻番甲等件發茂州貯庫，等因。到臣。

案查先據該道呈報，楊柳等寨番蠻糾犯新橋堡，巴豬等寨番蠻約集黑苦、柒族要犯松溪、實大、新堡等關堡，及稱新橋堡於初陸日夜被番燒劫。隨該松潘兵備副使來經濟督發參將朱文達、邊之垣統領標兵、土兵馳赴策應，獲有功級，各報到臣。臣隨具疏，并將前項朱文達部兵斬級貳顆及同邊之垣督播州楊應龍士兵斬獲楊柳溝賊級拾顆，奪獲牛羊、器械，又邊之垣督播兵赴新堡子，原報斬級柒顆，於本月拾陸日具題。復累次出給牌示，行該道[五]諭安未動及脅從諸番，若能擒斬獻功、投降效順者免剿，仍照格犒賞。并行三司會同各道集議兵糧，克期大征去後。今據前因，擬合類報。緣係類報斬獲番級并投降番寨事理，爲此具本謹具題知。

續報擒獲功級疏

題：爲續報擒斬惡番事。萬曆拾玖年正月初拾日，據四川按察司整飭松潘兵備、綜理糧儲副使來經濟稟揭，准管松潘副總兵事參將朱文達手本，於拾捌年拾貳月拾捌日據原招撫牛尾寨番牌長保兒子斬獻楊柳溝番牌蒿兒柘首級壹顆到職，轉解紀驗。又准本參手本，據標下留守普安等堡練兵把總官路中逵揭報，拾貳月貳拾肆日有原劫新橋堡麥兒寨惡番聚集於隔河射箭架險。卑職率兵同播州楊應龍等兵過河直抵原寨，各番迎敵，我兵奮勇，斬獲番賊首級叁顆，輕傷標兵向中，功級亦解紀驗。該本道驗得番級共肆顆，俱壯大真正，合先禀報，等因。

正月拾柒日，又據四川布政司整飭威茂兵備、綜理糧儲右參議兼按察司僉事許守恩呈，據叠路把守指揮鄧承業呈解擒獲惡番壹名丢兒結，審係石嘴寨番牌黑卜嫡子。拾貳月初柒日，白泥、楊柳等番犯新橋，“有父黑卜立爲卦師打索卦，引我跟他一路，領蠻搶殺，得些財物回寨。今叫我來探聽官軍”，等情。解道轉解間。隨准協守松潘南路參將邊之垣手本，內稱節奉院、道明文，備行本職統領土官楊應龍兵勇駐札叠路關堡，相機剿捕。隨將官兵分札各堡，安營防禦。於正月初肆日夜，被番搭橋驚擾新橋營壘，當即截戰。我官兵奮不顧身，一半躝水，一半就橋，渡河追至白泥寨，與番交鋒，當陣斬獲首級壹拾捌顆，生擒貳番，奪得鐵盔、哈呐、木弓、大刀、大甲拾件副，軍兵輕傷何敬學、文學，重傷李寵、王卿，陣亡王伸，餘皆全勝，功級、器械俱解到道。本道會同今委監軍叙馬瀘兵備參政李士達驗得首級俱係真正惡番，內貳顆係幼番級。及審生擒丢兒結係石嘴寨首惡，哭折、白地太貳名係麥兒寨首惡，理合呈解，等因。

本日又據該道呈稱，准參將邊之垣手本，准本道移文解到賞銀，隨宜犒給。隨即拘喚牛尾、麻答貳寨降番納麻結、曹亮兒子等到職，傳諭擒斬首惡去後。至正月初玖日，據各番斬獲白泥寨、麥兒寨首惡番級捌顆。本職驗明，於前銀內動支，每顆賞伍兩激勵各番，仍傳諭多方緝捕首惡，至日重加犒賞，安慰各番回寨。將功級解道，亦會同參政李士逵驗得降番納麻結等斬獲白泥、麥兒寨有名惡番首級陸顆，著普係白泥寨，葉革、阿呼侄子、灣科大王、結財主兒子、葉地俱係麥兒寨。又麥兒寨散番首級貳顆，俱係真正番賊，等因。

本月拾捌日，又據該道呈稱，准參將邊之垣手本，於正月拾壹日據石灰溝土兵黑兒結等斬獲楊柳、麥兒首惡番級貳顆到職，解道紀驗間。又準本參手本，內稱初玖日據塘報李芳赴職報稱，地名石洞子有大碉房壹所，藏伏番蠻叁拾有餘，等語。隨發播兵貳百名前去，相機戰守。各兵到彼，圍困甚急。各番惟射矢，不出接戰，自行舉火焚碉，燒死在內。傳令掘挖，止獲燒級伍顆，餘屍盡行燒毀，得滅惡黨叁拾餘番。將功級解道，會同驗得斬級貳顆，內壹顆係楊柳溝卦師牟昔，壹顆係麥兒惡番哭太，燒級伍顆，俱係真正惡番，等因。節次呈解到臣。

案查松、茂貳道前次呈報官兵擒斬惡番叁拾貳名顆，并牛尾、雙馬等拾壹寨投降事理，已經類報去後。今據前因，除將今次貳道續報擒斬惡番共肆拾名顆發按察司覆行審驗，通聽巡按御史核查外，理合具題。緣係續報擒斬惡番事理，為此具本謹具題知。

再報擒斬首惡疏

題：為生擒首惡逆番并續報節斬番級事。據叙馬瀘兵備監軍右參政李士達、威茂兵備協理監軍右參議許守恩會揭，准松潘兵備道關，准管副總兵事參將朱文達手本，內開本年三月二十日，本職前往南路預備進兵事宜。據呷竹寨喇麻灣卜密報，白泥、麥兒、松坪等寨首惡阿呼并伊弟惡卜塔潛往列柯寨後山溝內，大狗兒子、若殺、小黑兒結殺[六]奔西坡下二族寨內，插柘、長耳多投奔思答地并鹿卜寨內，等情。本職即行守備史可觀、把守指揮吳鼎臣、中軍指揮龔卿及平定等掌堡官李東陽、陳萬言、陳忠敏、路上進，旗甲通事張伯、楚子各帶領軍兵接應。仍諭喇麻灣卜帶領散番六七十名前到列柯寨後山溝内拿獲阿呼、惡卜塔二名，又到西坡寨著落番牌川柯等縶縛大狗兒子、若殺、小黑兒結三名，鹿卜寨番牌哭竹等縶縛長耳多一名，又軍兵李文勝等捕獲插柘一名，於二十五六等日送職，審俱活捉首惡，當動官銀并買酒肉量賞獲功番兵訖。

案照萬曆十八年十二月内，據報白泥等寨惡番襲劫新橋堡，連攻普安、太平、永鎮，勢甚危急。本職統兵先到畫佛崖衝鋒解圍，又督參將邊之垣、土官楊應龍直搗楊柳溝、麥兒等寨，并撫牛尾巴番牌長保兒子等，擒斬番人番級，各陸續解驗。今蒙軍門督調大兵，克日進剿，竊料惡番必然東竄西奔，隨將鄰近白泥、麥兒等寨松番呷竹寨喇麻灣卜、西坡等寨番牌川柯等先用銀牌、花紅、牛酒厚加犒賞。隨諭："襲堡惡番有來投躲者，切不可輕動，密密報我，待我布下軍兵，你們方活拿縶解，厚厚領賞。"各番依從。今據活捉劫堡首惡阿呼、長耳多等七名，合行移報，等因。

該本道牌行指揮龔卿前到鎮平堡提吊阿呼等前來，發松潘監收。通判尹希孔會同委官推官張允升譯審，據阿呼供稱，同弟惡卜塔、叔大狗兒子、若殺四名俱係小麥兒寨番蠻，長耳多與侄小黑兒結二名俱係大麥兒寨番蠻，插柘即插柘黑卜，係松坪爾壩寨番蠻，會打索卦。去年十二月初一日，阿呼等請插柘黑卜卦占新橋堡可破，隨傳木刻調松坪、燒炭、龍池、白蠟、白泥、楊柳等寨番蠻，於本月初七日雞叫時候襲入新橋，殺虜人、財回寨，將銀二兩、布襖一件、護膝一雙送謝插柘黑卜接受。今聽得官兵勢大，插柘黑卜從松坪出到思答地打聽大兵消息，阿呼潛往列柯寨山溝，惡卜塔同大狗兒子、小黑兒結、若殺投奔西坡寨，長耳多投鹿卜寨，被呷竹寨喇麻灣卜密報，朱副將帶領散番官兵活拿縶縛，等情是的，具由回報。

本道看得阿呼等七名固皆構番劫堡首惡，而阿呼、長耳多尤二杰也。今朱副將厚撫松潘，密謀定算，故七賊雖黠，一旦生擒，等因。移關到道。

該二道會同總兵官史綱譯審相同，看得小麥兒寨首惡阿呼名爲一寨魁渠，實則九氏元慝，蓋以狡慧而通漢語，且其弟惡卜塔爲之助，住居與新橋僅隔一水，所垂涎於此堡而流毒於大路者非一日矣。大狗兒子即大口兒子，與若殺皆有名次惡，而長耳多窮凶極黠，爲大麥兒寨之謀主，小黑兒結即其侄也。長耳多所藏銀寶十餘錠，番寨中以銀寶爲重，蓄至二三者即可雄視一方，號召諸番，若長耳多者最稱富彊，群醜之所環向而莫與敵也。頃者集猖狂之衆，實出此酋以銀寶作兵符，衆乃爲之嚮應。至於插柘黑卜，松坪爾壩寨一老蠻，素以占卜爲衆蠻宗。蠻欲劫搶哨道，必問插柘而後出，出必勝，蠻益以爲靈，號稱“卦師”，猶華人所謂軍師也。舊年十二月內，阿呼糾猖群番，以襲劫關堡之事問插柘，乃謂新橋可破，普安不可破，是以松坪各寨從之，而襲劫新橋者六百人，則卦兆使之也。彼其卦以索，顧所言無不驗者，其爲術亦頗異，而每卦必以二金爲謝，此番賊所信以決逆謀者也，罪宜不在阿呼下。及查爾壩即兒杌，蓋松坪大寨云。要之七賊皆著名，而阿呼、長耳多、插柘尤稱雄。今松潘副使來經濟經畫預定，管副總兵事參將朱文達恩威素孚，又總兵官史綱周悉萬全，遂生擒七賊，等因。并將阿呼等呈解到臣，審發按察司監候間。

又准總兵官史綱手本，爲擒獲猖亂首惡番蠻事，據統兵參將邊之垣、曹希彬呈稱，白泥等首惡卓兒結、阿賽、阿呼於十八年內首猖爲患，鋸散木刻，糾聚衆番襲劫堡寨，殺虜官軍，罪大惡極。蒙軍門委三司議允，擒獲首惡布有懸賞則例。二職會同副將朱文達等責令土舍郁從禮及土官郁茂賢等爪探首惡向往，又蒙本鎮差中軍官吳文杰帶領中營官兵催同擒拿。十九年三月十三日，二職督率各官兵前至地名兩河口石崖窩，擒獲白泥寨首惡卓兒結。押行間，本番懼罪深重，至地名發願林撞石身死，頭目皆損。即將全尸扛至漢關墩，拘集通事人等對眾識認，委係白泥寨糾番劫堡首惡卓兒結正身，取具鄉導、通事甘結在卷，等因。呈解到鎮，隨喚通事張巴住等驗視是的。爲照卓兒結生前起釁，傳散木刻，挖道燒堡，罪惡滔天，即今擒獲，少釋群忿，除割取首級解紀功道覆驗外，等因。移文到臣，隨據紀功副使陳文煥呈報，辨驗委係白泥寨渠魁卓兒結首級，緣由相同。案照本年二月初一日，據威茂兵備右參議許守恩呈，准參將邊之垣手本，該本鎮喚集降番宣諭懸賞，令各擒斬首惡解獻。據蘿蔔、石灰、牛尾、麻答等寨降番王賽兒子、納麻結、曹亮兒子等斬獲楊柳、白泥、麥兒、松坪、白蠟等寨惡番首級一十四顆。

又准本參手本，於正月十七等日據播州土官楊應龍呈，分兵把截各隘，陸續斬獲和尚、松坪等寨番級六顆、挨牌三面、皮甲一領，移文本道。會同監軍參政李士達查驗，係真正惡番，及稱播兵斬獲內二顆係婦級，等因。

同日，又據該道呈，准參將邊之垣手本，正月二十四日據土舍郁從禮帶領勒谷、結別、索多、魚兒等寨降番恩兒勒、麻結、香兒結、活牙、刻保等斬獲白泥、石嘴、和尚等寨番級一十二顆，到職。移文本道，會同監軍道查驗，內男級九顆、婦級三顆，等因。

續據紀功副使陳文煥呈，准監軍二道關，據叙南衛領兵指揮李懷陽呈報，二月初七日至小和尚寨坡，番蠻乘夜突出，率降夷羅加相等對敵，斬獲首級一顆。又准參將邊之垣手本，據大渡河所領兵都指揮曹銓於本月十七日夜被番偷挖橋道，本官追至白泥寨，斬獲惡番葉地兒子首級一顆，石灰溝降番黑兒結斬獻白泥壯番白普太首級一顆。又指揮李懷陽呈報，同日夜被番挖橋，亦領兵追至白泥，斬獲惡番如科兒子首級一顆。俱移解到道，逐一驗明，等因。各陸續具呈到臣，案候類報間。

今據前因，議照疊路番蠻逞凶作孽，已經題奉綸音相機剿處。該臣已調集漢、土軍兵，先會同總兵及橄行監軍、各道、副、參等官，一面宣諭降番及脅從諸蠻，有能擒斬首惡解官，審實即照格給賞，披離賊勢，以便大征去後。今計各起生擒首惡七名，又生擒首惡取級一名，官兵并降番斬解惡番首級三十六顆，共擒斬四十四名顆。除臣勒兵三萬，分爲奇、正四哨，刻定日期，大建旗鼓，奮勇齊進，深探虎穴，掃蕩妖氛外，先將功次續報。及照生擒首惡阿呼、長耳多、插柘黑卜、惡卜塔、大狗兒子、若殺、小黑兒結七名，該臣親審，皆壯且悍，防範爲難，又先已題報生擒番賊見存哭折、丟兒結二名，俱應速決。除臣會同巡按御史并司道等官節次覆審明白，臣下軍令，押赴旗牌前斬首，傳梟該邊，以威散番，以壯兵氣外，理合具題。緣係生擒首惡逆番并續報節斬番級事理，爲此具本謹具題知。

大破險巢捷音疏

題：爲仰仗天威，官兵奮勇力戰，大破險巢，斬獲柒百餘番，恭報捷音以紓聖明西顧事。萬曆拾玖年肆月初叁等日，節准總兵官史綱手本，并據監軍參政李士達、威茂兵備參議許守恩、松潘兵備副使來經濟、紀功副使陳文煥呈報，叁月貳拾玖日奉軍門令，大舉剿番。肆哨將官分道并進，總統哨參將曹希彬率提調李胤芳、中軍吳文杰并永寧宣撫奢崇周等漢、土官兵攻剿麥兒、楊柳各寨，總成哨參將萬鏊、都司田中科率提調張曉合剿楊柳，大勝哨參將邊之垣率指揮陳道南等合剿麥兒。是日，各哨當陣生擒惡番財主兒子等拾名，斬級壹拾伍顆，俘獲肆名口，燒毀碉房貳拾餘間。參拾日，全勝哨管副總兵事參將朱文達率中軍指揮龔卿、提調苗兵百户周以德等漢、土官兵攻剿松坪阿濟寨，參將萬鰲、都司田中科率提調曹松并石砫宣撫司土婦覃氏、上舍馬千駟等漢、土官兵剿松坪等寨，參將邊之垣兵壹枝攻打楊柳溝。是日，各哨當陣斬級叁拾叁顆，俘番婦壹口，奪器仗拾壹件，燒毀碉房柒拾捌間，重、輕傷兵伍拾叁名。肆月初壹日，參將朱文達率本哨官兵攻剿木蘇、納沙、押爪寨，參將曹希彬率官兵攻剿松坪兒扒溪等寨，參將萬鰲、都司田中科率官兵追戰至課格山。是日，各哨當陣生擒貳名，斬級肆拾壹顆，俘番屬貳拾名口，保全被虜貳名，獲器械、弓箭肆拾柒件枝，燒毀碉房壹百玖拾餘間，陣亡土把貳名，重、輕傷兵叁拾壹名。又叠溪土舍郁從禮率兵搜捕白泥，生擒叁名，俘獲拾名口。初貳日，參將朱文達督漢、土、苗兵攻剿松坪王六寨，參將邊之垣率播州土官楊應龍等漢、土官兵攻剿松坪兒扒溪、麥最、意伍等寨，參將萬鰲、都司田中科督兵追戰至阿烏墨石。是日，各哨生擒貳名，斬級壹百玖拾伍顆，俘獲番屬陸拾叁名口，保全被虜肆名口，奪盔、刀、甲、弓箭肆拾柒件枝，燒毀碉房壹百陸間，陣亡兵壹名，重、輕傷捌名。初叁日，參將曹希彬督兵壹枝攻剿松坪俄多等寨，又督漢、土兵壹枝攻剿松坪兒扒溪、木蘇等寨，參將萬鰲、都司田中科督兵追戰至松坪，參將朱文達計撫牛尾、商巴等寨，熟番解獻。是日，各哨生擒壹拾肆名，斬級叁拾貳顆，俘獲番屬貳拾柒名口，保全被虜貳名，奪獲皮甲、弓箭貳拾貳件枝，燒毀碉房肆拾伍間，陣亡兵壹名，重傷伍名，輕傷壹拾伍名。初肆日，參將萬鰲、都司田正科督漢、土官兵攻賊至黃土坡，當陣生擒壹名，斬級壹拾叁顆，俘獲番屬貳拾貳名口，奪獲盔甲叁件，燒毀碉房貳拾餘間，重傷兵貳名，輕傷貳名。初伍日，本哨兵於阿烏墨石地方生擒壹名，保全被虜壹名。初陸日，參將曹希彬督漢、土官兵攻剿松坪木蘇、兀積、納沙等寨，參將萬鰲、都司田中科督漢、土官兵策應大勝哨，至雪山與番對敵，貳哨生擒陸名，斬級壹拾捌顆，俘獲伍名口，保全被虜壹名，奪獲器械肆拾玖件，燒毀碉房肆拾餘間，陣亡兵壹名。初柒日，參將曹希彬率漢、土官兵攻剿松坪大菁嶺、木蘇等寨，當陣生擒肆名，斬級捌顆，俘獲番屬壹拾貳名口，奪獲弓箭貳副、盔刀貳件，燒毀碉房貳拾餘間，輕傷兵貳名。初捌日，疊溪土舍郁從禮土兵把截，生擒楊柳等寨番賊肆名。初玖日，參將朱文達督守備史可觀於小松坪搜山，參將萬鰲督提調張曉至黃土坪搜山，共生擒貳名，斬級貳顆。初拾日，參將曹希彬督漢、土官兵，一攻剿和尚寨，一攻剿松坪，參將萬鰲、都司田中科督漢、土官兵攻剿小雪山，貳哨當陣生擒壹名，斬級捌顆，俘獲男、婦壹拾貳名口，保全被虜壹名，奪獲器械肆件副，燒毀碉房貳拾餘間，重傷兵壹名，輕傷貳名。拾壹日，參將邊之垣督播州土官楊應龍、土舍楊朝棟兵至黑水界雪山嶺架岡攻剿，參將曹希彬督漢、土兵攻剿雪山嶺、兒扒溪、木蘇、大樹等處，參將朱文達督兵於老虎崖搜山，參將萬鰲督兵搜剿大雪山。是日，各哨生擒貳名，斬級貳拾柒顆，俘獲番屬肆拾柒名口，保全被虜貳名，奪獲器仗貳拾陸件，燒毀碉房肆拾伍間。拾伍日，參將朱文達督守備史可觀兵於麻窩嶺搜山，斬級叁顆，俘獲貳口。拾柒日，朱文達兵又生擒貳名，斬級壹拾玖顆，奪獲器械壹拾件。及稱節起功次俱經移解紀功道審驗，等因。陸續移報到臣。

看得肆哨官兵自閏叁月貳拾玖日起，至肆月拾柒日止，共擒斬番級肆百陸拾捌名顆，俘獲番屬貳百貳拾伍名口，奪回被虜壹拾叁名口，燒毀碉房伍百捌拾餘間，奪獲器仗貳百貳拾餘件。又先自拾捌年拾貳月起，至拾玖年前叁月止，擒斬過惡番共壹百壹拾陸名顆，已經題報。又正月內郁從禮土兵俘獲拾名口，未入疏中。今通計先後擒斬、俘獲、奪回被虜功次，共捌百叁拾貳名顆口。

案查萬曆拾捌年拾貳月內，為地方節報番情事，據威茂兵備道呈報，楊柳、麥兒、白泥等番糾聚松坪等寨焚劫新橋，殺虜軍人，又犯普安、新堡等項惡迹。該臣一面具題，一面調發漢、土官兵隨即衝散，且防且剿。準兵部咨，覆議前事，題奉聖旨："是。這番夷猖獗，著該巡撫、總兵等官整搠兵馬，相機剿處以靖地方。欽此。"臣未奉旨之先，臣已速催總兵史綱面議進剿，令其馳赴該邊整練兵將；又檄叙瀘兵備參政李士達至臣軍門面計方略，令其赴邊協贊；又檄三司會議大征兵糧事宜；而臣調兵集餉，羽檄交馳，誓必滅此而後已。凡調到客兵，一弓一刀，臣每親驗，一官一目，臣必親賫。凡以獎率三軍，鼓其敵愾，詢謀既定，衆議僉同。臣遂檄參政李士達監諸軍，威茂兵備許守恩協之，并管軍前糧餉，松潘兵備來經濟、安綿兵備張世則各填撫本地番蠻，以防交通衝突，而來經濟仍專備北虜，兼協剿南番。以司紀驗則檄副使陳文煥，以督糧儲則檄副使鄭人逵，而委管餉則有同知汪京，委贊畫則有同知錢紹謙，委聽紀則有知縣王曰然。總兵官駐叠溪指揮，而臣臨灌口調度。兵既到齊，勒為四哨，以管副總兵事參將朱文達領全勝哨，將提調苗兵百戶周以德等漢、土官兵由西坡進；以參將曹希彬領總統哨，將永寧宣撫奢崇周等漢、土官兵由牛尾中路進；以參將萬鏊、都司田中科領總成哨，將石砫宣撫司土舍馬千駟等漢、土官兵由牛尾北路進；以參將邊之垣領大勝哨，將播州土官楊應龍等漢、土官兵由水磨溝進。部署已定，臣復三令五申，嚴不用命之誅，屬殺擄殺降之禁，隆主將節制之權，勉文武同心之誼，期於縛執豺虎，掃蕩妖氛。幸而將士用命，奮勇爭先，方屆貳旬，斬獲柒百，巢穴煨燼，一望成空，百里無烟，千群喪魄。諸將乘勝攻圍，欲盡殄滅；臣愚隨機剿撫，俾底平寧。此實仰賴聖武布昭，天威震疊，閫外不從中制，廟謨實出萬全，是以有此克捷。臣愚待罪行間，不勝慶幸。除續攻險寨、續獲功次再行具題，有功文武人員通候事完并叙，斬獲功級聽巡按御史驗核具奏，漢、土官兵當即填票紀賞，陣亡、被傷照格優恤，被虜人口給發寧家，俘獲番屬變價入官外，其生擒惡番見存者俱發按察司監固，乞敕下兵部行巡按御史速爲處決，以正典刑，功次并行查議。萬里蜀天，合先馳報。緣係仰仗天威，官兵奮勇力戰，大破險巢，斬獲柒百餘番，恭報捷音以紓聖明西顧事理，未敢擅便，爲此具本謹題請旨。

攻破雪山捷音疏

　　題：爲仰仗天威，官兵奮勇血戰，攻破雪山險寨，掃蕩劫堡惡番，再報捷音事。據監軍參政李士達、協理監軍參議許守恩呈報，准鎮守總兵官史綱手本，先准督撫軍門移文節次申嚴號令，又監軍道蒙按院備行申明進剿事宜，該本鎮會同監、紀各道督令總統、總成、大勝、全勝肆哨將領等官參將朱文達、曹希彬、邊之垣、萬鳌，都司田中科，土官楊應龍，宣撫奢崇周，土舍馬千駟，標下中軍百户吳文杰等，統率漢、土官兵於閏三月二十九日進剿楊柳、麥兒、松坪等寨，擒斬功級、俘獲人口、奪獲器仗等項俱經移送紀功道紀驗訖。

　　其松坪惡番屯據大雪山頂，壁立萬仞，鳥道一綫，憑險負固，勢爲死寇，聲言糾合大小黑水，要與官兵抗拒。本鎮於四月十一日面會監、紀、督餉各道，密議設謀，會發懸賞，分給土司，督率各部官兵。節准軍門差旗牌官、標兵催督各哨私行。本鎮切責各將務須同心戮力，雪憤除凶。又該監軍道奉軍門紙牌并蒙按院札諭，差指揮申于朝等四員分催四哨，又差旗牌官牟茂總催。隨該本鎮馳至大松坪，遍視營壘，親督諸將，以爲滅此後食之計。苦因天雨數日不休，大霧深雪，對面不能相見，官兵攘臂，難以動手。一面令兵躧探，欲乘雪夜攻取。乃緣萬壑千澗，絕與平地不同，纔一舉足，便墮崖谷。兵士凍僵，甚至不起。猾賊變幻，每於雪霧中突來衝陣，猖狂之聲，四面不絕。我兵氣益憤發，互相告戒，誓不俱生。比準監軍道手本，奉軍門紙牌查恤凍死兵士。又隨奉普加犒賞，并密授石畫，雪山之役務保萬全，等語。又該監軍道傳諭，蒙按院札示，松坪賊勢，防禦當周。軍士披雪衝寒，甚至僵伏不起者，當厚其優恤以固衆志。黑水險遠，難深入，其進止當酌量停妥，毋得輕易，致有他虞。隨該各將領將兩院指授方略、優犒德意宣示，漢、土各兵人人踴躍，忘其寒苦。本月十五日，新任管疊茂游擊事參將劉綎帶領家兵到松坪，即令與曹希彬同哨。十六日，陰雨未晴，兵心共奮，該本鎮催發各哨以永寧爲先鋒，播州、石砫爲正兵接戰。漢、土官兵分翼設奇，全勝哨苗兵亦從間道預奪其險，比遇番蠻，不計其數，一擁迎戰。當有永寧頭目劉國用等挺身直前，攻上雪山，揮斬壯番，追賊過河。播州、石砫漢、土各兵爭先對敵，轉戰數拾里，擒斬功級各哨不等，火器、弓弩打死多番，多被賊長杆鐵鉤拖去，難得盡找首級。賊失雪山之險，奔入碉房，我兵四下攻圍。天晚，在於巢穴屯站，徹夜雨雪，兵心愈加勇猛。次早，十七日，陰霧天開，石砫當先遇賊大戰，播州、永寧橫衝其陣，追至小黑水界上。四山蠻聚數千，矢石如雨，漢、土官兵舍命對戰，斬獲功級亦不等。番蠻敗入碉房，自相焚燒，并火藥攻燃燒毀碉房，番死無數。是夜，官兵仍在彼處露宿。該本鎮督率諸將，鼓舞戰士，祝告神明，此舉奉命討賊，願默佑開霽，助順誅逆。次早，十八日，幸得天色晴明，四面山頭番蠻甚衆，要來挑戰。我兵齊心并力，交戰數合，忽有馬賊千餘出自大雪山溝，描金之甲耀日，我兵前後左右俱皆劲敵。當有楊應龍勇氣奮激，督率頭目程莘等并永寧劉國用等各躍馬叱賊，直衝其陣，石砫及漢、土官兵人人殊死戰，聲震山谷。賊勢披靡，四散奔潰。官兵追至黑水河邊，三處大碉房上有賊三四百，哀乞饒命。我兵因晚暫收，在彼屯札。次日，責要麥兒寨番牌阿賽，各番稱待尋得來獻。又問以抗拒官兵之說，只是羅拜乞降。當該各將領差兵勇、鄉導四名，直入碉房內，諭以朝廷法度、威德。各番再三哀求，差番牌到各將領面前投降，認後尋捉阿賽。自十九日至二十三日，官兵住彼，見得諸番畏服，國威大振。

隨該本鎮傳令將士恪遵兩院萬全之慮、深入之戒，撤回松坪老營，并將當陣擒斬功級、俘獲人口、全活被虜、奪獲器杖等項呈解到鎮。該本鎮拊存各戰士，見其身無寸縷不濕，尚有滴水者，問之則謂自十五日以後晝夜雨雪中，冰結衣甲之上，今因和暖方消。於是逐加慰勞，除將功級等項移送紀功道紀驗，并陣亡、重輕傷兵聽行照例優恤，各兵暫令休息，一面松坪搜山，一面整點另報，等因。到道，備呈到臣。

隨准史綱移文開報，與前相同。又據松潘兵備副使來經濟并全勝哨參將朱文達各揭報官兵在於小黑水地方斬獲功級，及二十五等日搜山并本參計撫商巴、雙橋等寺寨，番牌解獻、擒斬、俘獲功級數目，到臣。隨據紀功道亦將驗過功數呈報。該臣查的前項功次內，四月十六日大勝哨參將邊之垣，總成哨參將萬整、都司田中科，總統哨參將曹希彬、劉綖，督播州土官楊應龍、石砫土舍馬千駟、永寧宣撫奢崇周各土兵同漢官兵共斬級四十七顆，俘番屬九名口，保全被虜六名，奪獲器械一十一件，陣亡兵十名，重傷一十九名，輕傷四十八名。十七日，除全勝哨參將朱文達部兵擒斬者先已附報外，是日大勝、總統二哨楊應龍、奢崇周各土兵及漢官兵共斬級六十五顆，俘番屬一十八名口，奪獲器械二十件，燒毀碉房三十五間，陣亡兵一十七名，跌死一名，凍死九名，重傷三十五名，輕傷四十八名。十九日，全勝哨提調周以德等苗、漢兵斬級十顆，大勝哨保全被虜一名，陣亡目把一名，被傷三名。二十日，全勝哨守備史可觀兵并疊溪土兵生擒一名，斬級二顆，俘番屬三名口。二十一日，全勝、總統二哨周以德等苗、漢兵斬級一十四顆，俘番屬一口，獲器械一件。二十二日，總統、大勝二哨漢、土兵斬級九顆，保全被虜二名，奪獲器械六件，輕傷兵四名。二十三日，全勝、總統、總成三哨史可觀等漢、土官兵斬級六顆，俘番屬一十八名口，奪獲鐵肩甲一領，燒毀碉房一十餘間，陣亡兵一名，重傷四名，輕傷九名。二十四日，參將劉綖下把截官兵斬級一顆，俘番屬七名口。二十五日，全勝、總統、大勝三哨史可觀、奢崇周等漢、土兵搜山，生擒四名，斬級五顆，俘番屬六名口，奪器械六件。二十六日，全勝哨督都指揮徐佳胤兵搜山，斬級四顆，奪器械六件。二十七日，又督史可觀計撫熟番，斬獻惡番首級一顆。二十九日，朱文達親撫商巴寺，番牌解獻、擒斬番賊一十一名顆、賊屬一口，保全被虜一口。五月初一日，又親撫雙橋等寨，熟番解獻擒斬番賊八名顆、賊屬二口。同日，督徐佳胤兵搜山，斬級二顆。以上擒斬惡番一百九十名顆，俘獲番屬六十五名口，奪回被虜十名口，獲器仗五十一件，燒毀碉房四十五間。總計擒斬、俘獲、奪回被虜共二百六十五名顆口，連前題報，通共一千九十七名顆口。

該臣看得前項惡番，昨因我兵誅鋤，巢穴悉蕩，窘迫莫知所適，遂悉衆奔據雪山，拼死拒守，自謂天險可恃，我兵無奈彼何矣。且知仰攻極難，數來挑戰以嘗我兵，而又雪深數尺，霧氣遍迷，咫尺不分，更虞坑墜。乃我兵氣益揚，兵心益奮，晝夜雨雪之内，如即衽席之安。是以躍馬千仞之岡，揮戈一綫之路，攻堅破陣，誅醜焚巢，直樹赤幟於雪山之巔，而奪自昔以來中國未拔之險，不特一方軍民紓其怨憤而已也。今程功雖僅前數，而焚燒枕藉死者則不勝計，蓋我朝二百餘年逋逃天誅、跳梁異域之寇竄除實從此始。此實仰賴皇上威靈遠播，震讋百蠻，是以奇捷立臻，人力不至於此。臣愚秉鉞觀成，何勝慶忭？除有功文武人員并計處餘黨及次第經略善後事宜，聽臣續題。及照獲功者已填票紀賞，陣亡、被傷者已照例優恤，被虜奪回者寧家，番屬俘獲者變置外，其生擒見監惡番連前人數已多，伏乞敕下兵部行巡按御史并行處決梟示，所有功級、功次悉聽驗核具奏。緣係仰仗天威，官兵奮勇血戰，攻破雪山險寨，掃蕩劫堡惡番，再報捷音事理，未敢擅便，爲此具本謹題請旨。

擒斬首惡番蠻疏

題：爲仰仗天威，官兵竭謀，奮勇生擒叛亂首惡，拔除積痼禍根，并節報擒斬番蠻事。據監軍參政李士達、協理監軍參議許守恩呈報，准鎮守總兵官史綱手本，内稱本鎮統兵討叛，自到疊溪，查得鬱即長官司土舍嗷保先年印信追貯在庫，正謂懲其從逆，緣彼能以奸狡鼓動群蠻，却乃印不在手，每每怨望，欲要叛亂，非一朝一夕之故矣。偶乘阿呼之恨，相倚爲名，糾合管下松坪、和尚等寨衆番襲攻堡城，劫虜財物、人口，俱在嗷保碉房下分散。其百户梁繼武親弟梁繼祚係是嗷保之人虜賣小黑水。嗷保仍將馬貳匹、銀寶貳個買大黑水助兵，揚言攻劫疊茂一路。

本年前叁月内，本鎮見得嗷保不軌之謀妄欲狂逞，我兵既集，彼若不得逞，惟有遠遁，將來地方終無寧日。於是授計參將曹希彬，傳諭噉保，見有印信可望。仍令會同邊之垣多方設計，給予招安旗以散其黨。曹希彬不時差人到彼寨中，佯以賞惠，誘噉保出黑水還巢。至閏叁月內，本鎮節差塘報張才等前至松坪喇麻寺，假以取經，偵探彼中虛實。噉保聞風亦到松坪，向各番倡說張才等此來是看進兵道路，以致頃刻之間蠻聚千餘，幸得本寺番僧勸說始散。本月貳拾玖日，官兵發進松坪，議待事完便道和尚寨方剿噉保。復被噉保在於山頭遙望人馬行動，一面報與松坪，及將前給招安旗棄置松坪大路口，示不受降之意，仍於旗下將狗壹隻砍碎況我官兵。糾和尚寨各蠻穿甲立在山上，稱說往黑水借兵，且將叁拾餘蠻助松坪抗敵。至肆月終旬，本鎮密會監軍、紀功、督餉各道計議，行令中軍吳文杰等領帶漢、土官兵直抵黑水界上追取噉保。參將曹希彬等切責土舍郁從禮遵依於伍月初肆日將噉保擒獲，及逆黨茶祈貳名。吳文杰督同本舍熟番搜山，擒獲惡番和尚寨昔折、石嘴寨白地科、白泥寨者兒白叁名。初捌日，本鎮覆會同各道議得，松坪巢穴，官兵駐彼叁旬，儘力掃蕩，業已無敵，撤兵之後，殘蠻必定歸還。當於本日夜選發漢、土精銳數千，出其不意，疾行至彼，大搜一遍。初玖日，總成哨參將萬鰲、都司田中科部兵於和尚寨，吳文杰標兵及全勝哨參將朱文達下苗兵於大松坪，共生擒、斬俘陸拾陸名顆口，奪獲器仗、牛馬。今松坪一帶及雪山四面并無藏有竄蠻，除功級等項俱移解紀功道核驗訖，等因。到道，備呈到臣。隨准史綱移文，開報相同。

又據松潘兵備副使來經濟并參將朱文達將該哨所獲功次徑報到臣。該臣查得，伍月初肆日，總統哨參將曹希彬、劉綖，大勝哨參將邊之垣，督漢、土官兵生擒噉保等肆名，俘幼番壹名，總成哨兵俘番屬壹口。初肆、初陸兩日，全勝哨官兵於小松坪搜山，斬級拾顆，俘番屬伍名口。初柒日，本哨朱文達計撫鹿卜、商巴等寨熟番，并督守備史可觀、都指揮徐佳胤率兵於松坪、紅啞搜山，生擒貳名，斬級柒顆，俘番屬肆名口。初玖日，本哨下提調周以德苗兵於松坪，總統哨下提調夏奇等兵亦於松坪，總成哨下石砫土兵於和尚寨，大勝哨播州土官楊應龍土兵至白臘渣，各搜山，共生擒貳名，斬級玖顆，俘番屬壹拾捌名口，獲馬、牛陸頭匹，器仗柒件，渡河溺死土兵玖名。拾貳日，全勝哨下兵於小松坪搜山，斬級壹顆。拾肆日，本哨下兵於雪泡嶺搜山，斬級肆顆，俘番屬壹名。拾伍日，本哨下兵於阿瓮溝搜山，生擒壹名，斬級壹顆。以上生擒首惡壹名、惡番捌名，斬級叁拾貳顆，俘番屬叁拾名口，計擒斬、俘獲共柒拾壹名顆口，連前題報，總共壹千壹百陸拾捌名顆口。

該臣看得，積惡番賊噉保係是小姓土舍，管束各寨番蠻，却乃鼓衆逞凶，罪大惡極。今該參將曹希彬計謀生擒，翦除禍本。該臣親審，見其梟悍出類，防範實難，除將此項惡番會同巡按御史審明，押赴令旗牌前斬首梟示外，擬合續行馳報。緣係仰仗天威，官兵竭謀奮勇，生擒叛亂首惡，拔除積痼禍根，并節報擒斬番蠻事理，爲此具本謹具題知。

剿平番蠻叙功疏

題：爲仰仗天威，蕩平稔惡番蠻，查叙功次，以昭激勸事。准鎮守四川總兵官左軍都督府都督僉事史綱手本，內開叠茂地方白泥、楊柳等寨惡番襲劫新橋堡，又糾聚松坪等數拾餘寨番蠻據險札營，合謀待戰。本鎮受軍門方略，先將首惡計擒，隨以調到漢、土官兵分爲肆哨進剿，計各哨官兵前後擒斬、俘獲、全活被虜共壹千壹百柒拾柒名顆口，燒毀碉房柒百壹拾捌間，奪獲器仗叁百餘件、番馬拾叁匹、牛羊壹百伍拾餘隻，及石嘴、和尚寨牌頭綁解番牌貳名，埋奴悔罪，乞恩饒死，等因。到臣。

又據四川布、按貳司叙馬瀘兵備監軍右參政李士達、威茂兵備協理監軍右參議許守恩、軍驛屯鹽茶水道紀功副使陳文焕會呈，奉軍門牌，仰道會同將叠茂一帶白泥等寨番蠻各起釁根因、猖獗惡狀、調兵集餉、克寨獲功、蕩平底定等項事由逐一查叙，并將從征將領及與事文武、流土等官俱分別次第，有功者當膺何勸典，有過者當作何懲治，務要開列詳備，作速呈報，等因。

該參道查得，白泥等寨番蠻以拾捌年拾貳月初陸日夜聚衆襲犯新橋堡，事出倉促。據後生擒首惡阿呼等極口於把守指揮鄧承業克索不堪，積懷憤恨，要得大逞報泄，是爲起釁根因。

鋸散木刻，號召諸番，暗通石灰溝熟番如兒結、白地結等陸名，在於新橋堡內裹應外合，既開門放入，殺虜軍人，又攻圍普安三日夜，及將實大關上界偏橋、邊墻、路道拆挖。續糾和尚寨極惡噉保，與牛尾、麻答、石嘴、龍池、燒炭、結別、魚兒、索多、勒骨、白蠟、松坪、黑水、王賽等寨約數千餘，殺牛齊心，聲言大做一場，其爲猖獗惡狀殊難枚舉。

該威茂道當行茂州衞揀選城操軍兵，并調三長官司土兵追捕，隨即飛報軍門。奉批，據報番情，該道已調兵追捕，仍即移駐適中處所，會同參將邊之垣，一面相機行事，一面不時馳報，以憑施行。儻或番勢果衆，即便移文松潘道酌量發兵應援。此繳。又奉軍門行松潘兵備道，將原調禦虜播州土官楊應龍土兵令參將邊之垣統領，星夜自北路撲剿前來。仍挑選標操等兵，令都司僉書田中科等統領，自省馳去策應。并行都司解發鳥銃、火藥、鉛彈、火繩、火箭等項聽用。隨該松潘道移文管副總兵事參將朱文達，調發標下鎮撫等官路中逵等，於本月初拾日督夜不收壹百名、標兵壹千名與大勢惡番分戰衝敵，救護永鎮、太平、普安三堡。本參在畫佛崖被番箭傷左膊，就率令各兵用百子鳥銃打死番蠻百餘，當陣斬級貳顆，搶獲新橋被虜戍軍壹名楊四老，追赶各番過河去訖。拾壹日，邊之垣統領楊應龍等奮勇向前，追至楊柳溝賊巢，當陣斬級玖顆，奪獲牛羊各陸隻，大甲、扇肩、鐵瓣、腦包、皮盔、大刀、木弓、哈吶、皮牌、板牌共貳拾柒件，燒毀碉房壹百餘間。又於拾叁日，因新堡子被圍，馳入該堡，當陣斬獲巴猪寨番級伍顆，方纔解散，奪獲牌壹面、鐵盔壹頂。拾肆日，朱文達督牛尾寨番長保兒子等殺得楊柳溝番牌黑卜等首級柒顆，活拿幼番貳名，獻功投降，依俗砍狗發誓背認地方，仍獻降甲貳領。及雙馬、列角、龍池、潔白、魚兒、勒骨、燒炭、索多等寨各獻出甲牌、弓箭、牛、羊、猪膘不等。又岳希蓬長官司引領粟渴寨番牌鋸立木刻，一樣貳塊，各赴道投拜，俱給花紅、牛酒犒賞訖。拾捌日，邊之垣駐札松溪堡。本日夜被黑苦寨番蠻聚集驚營，本官督率楊應龍領兵追敵，當陣斬級叁顆，奪獲皮甲壹領。同日，朱文達督牛尾寨降番得普兒子等於楊柳溝寨搜山，斬級壹顆。貳拾叁日，指揮鄧承業於新橋堡把截，生擒石嘴寨壯番壹名丟兒結。貳拾肆日，邊之垣督楊應龍兵攻打麥兒寨，當陣斬級叁顆，奪獲皮甲貳領，箭筒、弓刀叁件，將寨燒焚。同日，朱文達督鎮撫路中迻領兵於麥兒寨搜山，斬級叁顆。貳拾伍日，永鎮堡掌貼千戶朱世祿督軍馬小三等當陣斬獲楊柳溝惡番級壹顆。

　　隨奉兩院移行鎮守總兵史綱統兵馳赴疊茂，當該敘州府知府唐守欽給散各兵行糧，兼程前來。并委成都府知府詹思謙詣邊查勘軍情。又奉軍門檄，行敘馬瀘道前到茂州，會同松、茂貳道議處一應機宜。

　　至拾玖年正月初肆日，邊之垣統領楊應龍等與白泥寨搭橋番蠻截戰，當陣斬級壹拾捌顆，生擒壯番哭折、白地太貳名，奪得鐵盔、哈吶、弓刀、大甲拾件副。初玖日，邊之垣統領牛尾、麻答降番斬獲白泥、麥兒寨番級捌顆。拾壹日，邊之垣率石灰溝土兵黑兒結等斬獲楊柳、麥兒寨番級貳顆。同日，播兵圍困石洞子，各番自行焚碉燒死，掘獲燒級伍顆。拾叁日，邊之垣統蘿蔔等溝降番於柏楊壩把截，斬級肆顆。拾陸日，於大石山把截，斬級貳顆。拾柒日，又督楊應龍兵於和尚坪把截，斬級陸顆，奪獲挨牌叁面、皮甲壹領。貳拾叁日，領降番於白蠟寨把截，斬級捌顆。貳拾肆日，督土舍郁從禮帶領勒骨等寨降番斬獲白泥、石嘴、和尚等寨番級壹拾貳顆。貳拾伍日，又帶領土兵於石嘴、和尚寨搜山，俘獲番屬拾名口。

比該川貴參將曹希彬先奉軍門牌調防剿，亦以本月馳至茂州。隨准布政司照會，奉軍門案驗，內開白泥、麥兒等寨番蠻素稱獷悍，恃負虎峒。先年大兵進剿之時，却乃詐獻甲馬，投拜乞降，幸免誅戮。今見生聚日繁，碉居完固，輒肆鴟張，流傳木刻，勾通楊柳等寨番蠻，燒劫新橋，殺虜主成軍兵，拆挖邊牆險隘，志在阻塞松鎮之咽喉，吞噬疊茂之關堡，占據一方，爲謀叵測，合行議兵剿處，等因。移照敘馬瀘、威茂貳道會議。該貳道會同松潘兵備副使來經濟、安綿兵備僉事張世則、參將邊之垣，將撫剿并應用兵糧等項開款呈詳，批行布、按、都三司會議，并議松潘、安綿道及成都府各條陳征番事宜。該布政司署印右參政武尚耕、按察司按察使陳薦會同都司署都指揮僉事阮維藩，先將監軍、督餉、紀功各道會議呈詳。奉軍門批，軍前分理各道既該三司議定，依擬。監軍行參政李士達，協理監軍兼督軍前餉務行參議許守恩，督糧行副使鄭人逵，紀功行副使陳文煥，各遵照職事分管，務共殫力紓猷，收功全勝。副使來經濟、僉事張世則各鎮撫本地番蠻，仍相機督兵策應，共奏凱功。該司作速移行。此繳。又該三司議將進剿事宜條分縷晰呈詳。奉軍門批，據議剿番事宜業經會議僉同，已極詳備，監軍、督餉、紀功道照前批允分管，贊畫用同知錢紹謙，管餉、聽紀用同知汪京、知縣王曰然各分理，餘俱如議。速行各道、將領等官一體遵照，務協力同心，畢志奮勇以建奇功，一應進止機宜不許違誤。官兵進剿之初，正鼓舞激勵之際，舊例下程牛酒未宜議裁，宜如許參議議薑蒜烘炒，已批允監軍道酌議詳中，宜速行備辦。其不敷兵勇與分布各哨及統兵、領兵等官，移監軍道會同總鎮與威茂道計定徑詳。其朱文達、萬鰲見守一路，待將舉事，監軍道別行詳請調取。本院應次第督餉者隨時案行。至於未盡事宜與各屬有當隨事詳行者，不妨陸續議請。此繳。及議調播州、永寧、石砫等土兵，共漢、土官兵三萬有奇，并行小河游擊王之翰催調永寧土兵，馬湖守備徐兆麒管押該營官兵，俱至省城，逐奉軍門點視犒賞。及行成、華、漢、綿、新、彭、灌、崇、嘉、眉、邛、蒲等州縣買運糧餉，隨發旗牌調取嘉、邛團操，大渡、天全漢、土兵勇前來。又蒙兩院移文貴州軍門，行令貴州衛百戶周以德及湖廣鎮遠衛百戶應襲楊宗元招集貫戰苗兵二千名，通赴疊溪候剿。

二月初七日，曹希彬下指揮李懷陽領操兵於小和尚寨把截，斬番級一顆。十七日，朱文達督指揮曹銓等追趕偷挖橋、邊番蠻至白泥寨，斬番級一顆。本日，李懷陽差兵守橋，斬番級一顆。十八日，邊之垣領石灰溝降番於楊柳溝把截，斬番級一顆。二十二日，奉軍門憲牌，為再議開諭番蠻姑與圖新事，仰道即將原報各番蠻，除最惡者罪在不宥、法應剿處外，其餘次惡等番速行見在該邊熟諳番情將領及茂州掌印官、各長官司土官悉心計議，相機撫處，等因。

又於三月十四日，奉軍門案驗，准兵部咨覆四川撫按本，奉欽依，移咨督行鎮、道文武各官，將諸寨番蠻偵其順逆情形，隨宜剿撫，等因。奉此，隨該邊之垣面稱，楊柳、麥兒等寨惡番糾聚松坪等番，聞我兵到叠，構結黑水等番，於大松坪據險札營。當該各道與總鎮密議，大兵未到，且當佯示不戰，少緩番謀，先將首惡擒獲，方可舉事。三月十三日，邊之垣、曹希彬會同朱文達、田中科，同知汪京，責令郁從禮及土官郁孟賢等爪探首惡向往。復該總鎮中軍官百戶吳文杰帶領標下中營官兵提調倪時舉、領兵官宋良棟等催往地名兩河口石崖窩，擒獲白泥寨首惡卓兒結。押行間，本番懼罪深重，撞石身死。將尸扛至漢關墩，拘集通事、鄉老張天保等識認，委係白泥寨糾聚劫堡殺虜軍人首惡卓兒結正身，取首甘結在卷，全尸解送紀功道紀驗呈報訖。

二十九日，准朱文達手本，報稱本月二十五日，據呷竹寨喇麻灣卜密報，白泥、麥兒、松坪等寨首惡阿呼并伊弟惡卜塔潛住列柯寨後山溝内，大狗兒子、若殺、小黑兒結投奔西坡下二族寨内，插柘、長耳多奔思答寨并鹿卜寨内。本職即行守備史可觀、把守指揮吳鼎臣、中軍指揮龔卿及平定、靖夷、鎮番等堡掌貼官李東陽、陳萬言、陳忠敏、路上進，旗甲、通事張伯楚、馬錦、杜世勇、韋柯羊、李芳、黃袍、田歪兒等各帶領軍兵接應，仍諭喇麻灣卜密帶散番六七十名，擒獲阿呼、惡卜塔二名，又到西坡寨綁縛大狗兒子、若殺、小黑兒結三名，鹿卜寨綁縛長耳多一名，又軍兵李文勝等捕獲插柘一名，各到職。審係活捉首惡，當將松潘道懸賞銀内動支量賞。隨將首惡阿呼等七名解赴鎮道驗明，并將前堵截擒斬、俘獲功級、番屬共一百二十六名顆口俱轉解紀功道紀驗呈報訖。

又奉軍門差旗牌官程希閔等及本道差官楊朝憲等，催督漢、上[七]官兵陸續齊集。節奉軍門憲牌申肅號令，嚴不用命之誅，厲殺虜殺降之禁，隆主帥節制之權，勉文武同心之誼，親自臨邊視師。又將川蜀所無大斧、長刀、盔甲、器械式樣發付都司，一一製造完備，解赴軍前。節蒙按院憲行開示進剿機宜，申明功次等第，及布、按二司將議允征剿事理通移在卷。

該各道會同總鎮議將前項漢、土官兵分定四哨，總統哨參將曹希彬統總鎮標下中軍吳文杰，提調官指揮夏奇、張明化、倪時舉、李世爵、劉海等官兵，本參下召募兵指揮吳繼勛，馬湖提調李胤芳、郭添俸，指揮李懷陽，永寧宣撫奢崇周，各漢、土官兵，由普安堡渡河，從牛尾寨中路進攻松坪之左兒扒溪等寨；總成哨參將萬鰲、都司田中科督石砫宣撫司土舍馬千駟，提調張曉、王維鎮等，統本參下標兵、本都司及本參下召募苗兵、石砫司土婦覃氏土兵，由普安、太平等堡渡河，從牛尾寨北路進攻，剿松坪之右俄多、挖圳等寨；全勝哨管松潘副總兵事參將朱文達統守備史可觀，提調苗兵百戶周以德，大渡所都指揮曹銓，天全土舍高繼永、楊俸等各漢、土及本副下標營官兵，由鎮江關渡河，從西坡進攻，剿松坪之後納沙、押爪等寨，以阻松坪後路；大勝哨參將邊之垣統百戶馬策、張一中，提調姚賢，播州土官楊應龍、應襲楊朝棟等各漢、土官兵，并官把王規，百總馮舜、陳柄玉、劉福等兵，由漢關墩渡河，從水磨溝進攻，剿松坪之前黃土等寨。馮舜、陳柄玉等領兵五百名，徑赴白泥攻剿番蠻畢，收兵徑往水磨溝札營，以防東西二溝護送糧道。王規、劉福領兵一千，徑赴石嘴、白蠟渣攻剿番蠻畢，各收兵仍同往王普寨札營，以防各處番蠻出沒。總鎮親統標下官兵從白泥、兩河口等處催督將領軍兵前進，各官於閏三月二十九日照依分定哨道進剿。又該鎮道預頒軍令條款，仍令各哨置豎白旗招集被虜漢人，毋容混殺冒功。其降番碉寨，示諭官兵不許擾害，違者俱照軍法處治去後。

該松潘道副使來經濟前來疊溪面計進剿事宜，即駐鎮平，監軍全勝哨官兵。督餉道副使鄭人逵馳到疊溪，催運各哨糧餉，傳諭軍門指授方略。安綿道僉事張世則親督石泉守備范希正，帶領操練軍兵在於白草、青片一帶要隘堵截策應。是日，總統哨曹希彬督率漢、土官兵李胤芳、吳繼勛、曹應魁、吳文杰、吳成勛等并標營親兵攻剿麥兒、楊柳等寨惡番，當陣擒斬、俘獲番級共二十五名顆口，燒毀碉房二十餘間。同日，總成哨萬鏊、田中科下提調張曉斬級一顆。同日，大勝哨邊之垣下指揮陳道南、千户顧以亮、百户江朝宗等生擒首惡三名。三十日，掌太平堡百户胡愷當陣斬級一顆，百户劉三聘斬級一顆。同日，總成哨萬鏊、田中科督漢、土官兵攻剿松坪等寨，擒斬、俘獲番級十名顆口，重、輕傷兵二名，奪獲番器十件，燒毀碉房二十間。同日，朱文達督中軍龔卿，把總、鎮撫、千百户李世杰、路中逵、于承恩、王承武、周以德、朱文逵、馮一老等各領漢、土官兵攻破阿齊寨，當陣斬級二十二顆，燒毀碉房五十八間，奪獲鐵甲一領，輕、重傷兵五十一名。

四月初一日，曹希彬督漢、土官兵李胤芳、李奇泗等攻剿松坪兒扒溪等寨，當陣擒斬、俘獲一十三名顆口，奪獲器仗一十二件，燒毀碉房十餘間，輕傷漢兵、永寧兵共五名。同日，郁從禮率土兵生擒白泥、麥兒、白蠟渣等寨惡番并俘獲一十三名口。同日，萬鏊、田中科督漢、土官兵追番至課格山，當陣擒斬、俘獲功級共二十六名顆口，全活被虜漢人二名，奪獲器仗共三十一件，燒毀碉房十餘間。同日，朱文達督龔卿、李世杰、周以德、朱文逵、馮一老等各領漢、土官兵連破木蘇、納沙、押爪等寨，當陣斬級一十九顆，俘獲賊屬五名口，燒毀碉房一百七十間，奪獲器仗四件，被傷兵二十七名，陣亡目把二名。初二日，邊之垣督漢、土官兵陳道南、胡愷、孔繼祖、張光啓、支伏友等衝克松坪、兒扒溪、麥聚、意五等寨，當陣斬級、俘獲共五十三名顆口，全活被虜二名口，奪獲器仗一十三件。同日，朱文達督龔卿、周以德、李世杰、路中逵、于承恩、朱文逵、馮一老等漢、土官兵攻破王六寨，當陣斬級一百一十九顆，俘獲賊屬二十六名口，奪獲器仗二十二件，燒毀碉房七十六間，重傷兵三名，輕傷兵六名，陣亡兵一名。同日，萬鰲、田中科督漢、土官兵追至阿烏墨石，當陣擒斬、俘獲共五十五名顆口，全活被虜二名，奪回番器十二件，燒毀碉房三十間，陣亡土兵一名，重、輕傷土兵八名。同日，宜賓縣典史吳漢奉差往松坪傳諭軍情，行至耳壩溪遇番，本官生擒老番一名，俘獲番屬一口。同日，邊之垣下掌貼永鎮、太平二堡千百戶馮爵、王宗斌、劉三聘率主戍軍前去牛尾寨傳諭，經過楊柳溝遇番突出，當陣斬級三顆。同日，朱文達督史可觀領兵於雪泡嶺搜山，斬級二顆。初三日，萬鰲、田中科督官兵追番至松坪，斬級、俘獲共五顆口。同日，朱文達計撫牛尾、商巴等寨，熟番解獻生擒壯番一十一名。同日，曹希彬督李胤芳、吳繼勛、曹應魁、李懷陽、彭學年等漢、土官兵攻剿松坪俄多、兒扒溪、木蘇等寨，當陣擒斬、俘獲功級五十七名顆口，全活被虜二名口，奪獲器仗二十一件，燒毀碉房四十五間，陣亡兵一名，重、輕傷兵共二十名。初四日，萬鰲、田中科督漢、土官兵攻剿番賊至黃土坡，與番對敵，當陣擒斬、俘獲番級三十六名顆口，奪獲器仗三件，燒毀碉房二十餘間，重、輕傷兵四名。初五日，萬鰲、田中科督石砫兵於阿烏墨石生擒一名，又於兩河口把截，全活被虜一名。本日，白草寨熟番卜書同百長傅明星等遵安綿道令堵截，該鷄公等寨綁獻攻劫新橋堡叛番奔太兒等四名口。初六日，曹希彬督彭學年、李奇泗、土官奢崇周等漢、土官兵攻打松坪木蘇、兀積、納沙等寨，當陣擒斬、俘獲番級十六名顆口，奪獲器仗三十件，燒毀碉房二十餘間。同日，萬鰲、田中科督漢、土官兵至黃土坪，并督官兵前去策應大勝哨，至大雪山遇番出敵，當陣擒斬、俘獲十三名顆口，全活被虜一口，奪獲器仗一十九件，陣亡兵一名，燒毀碉番[八]二十間。初七日，曹希彬督吳文杰、劉海、吳成勛、曹應魁、李奇泗等漢、土官兵攻松坪大箐嶺、木蘇等寨，當陣擒斬、俘獲功級二十四名顆口，奪獲器仗四件，燒毀碉房二十餘間，輕傷兵二名。初八日，郁從禮率土兵於楊柳等寨生擒番賊四名。初九日，朱文達督史可觀於小松坪搜山，生擒壯番一名，斬級二顆。同日，萬鏊下提調張曉至黃土坪遇番迎敵，生擒壯番一名。初十日，萬鏊、田中科督漢、土官兵至小雪山，與番對敵，當陣擒斬、俘獲共一十一名顆口，全活被虜漢人一名，燒毀碉房十間。同日，李胤芳率兵追剿至和尚寨後山，遇番突出敵戰，當陣斬級、俘獲四名顆口，重傷兵一名。同日，曹希彬督李懷陽等官兵追繳番蠻至松坪山嶺大石窩，當陣斬級、俘獲六名顆口，輕傷兵二名，奪獲器仗四件，燒毀碉房十餘間。

　　隨准各將報稱，松坪各番遁聚大雪山嶺，必須激鼓士卒，方獲奇捷。隨該鎮、道面議發懸賞銀分給各土司官兵，奮勇攻戰間。

　　十一日，萬鏊、田中科率官兵至松坪大雪山頂，遇番突出，斬級、俘獲三名顆。同日，楊應龍并應襲土舍楊朝棟督兵至黑水界雪山頂架岡，與番對敵，斬級、俘獲三十六名顆口，奪獲番器一十三件，燒毀碉房三十間。同日，曹希彬督吳文杰、夏奇、張明化、李懷陽、彭學年、劉海等標營官兵攻剿惡番，至大雪山嶺兒扒溪、木蘇、大樹等寨，當陣擒斬、俘獲一十四名顆口，全活被虜漢人二名口，燒毀碉房十五間。同日，朱文達親督漢、土官兵於老虎崖搜山，生擒壯番一名，斬級九顆，俘獲賊屬一十三名口，奪獲器仗十一件。十五日，新任疊茂參將劉綖帶領家兵到松坪，即令與曹希彬同哨。是日，朱文達督史可觀官兵於麻窩嶺搜山，斬級三顆，俘獲賊屬二名口，奪獲器仗一件。十六日，曹希彬下李胤芳率兵搜山，至松坪勒虎，大雪山番蠻出敵，斬俘功級三顆口。同日，萬鋆、田中科督漢、土官兵攻剿勒虎等寨，當陣斬級、俘獲十九名顆口，全活被虜漢人二名，奪獲器仗七件，陣亡兵四名，重、輕傷漢、土兵四十三名。同日，邊之垣督楊應龍官目及陳道南、胡愷、孔繼祖、張光啓、支伏友等攻打勒虎等寨，當陣斬級、俘獲二十五名顆口，陣亡兵六名，重、輕傷漢、土兵二十四名。同日，曹希彬、劉綎督夏奇、吳繼勛、曹應魁、奢崇周等漢、土官兵攻剿勒虎等寨，當陣擒斬、俘獲功級九名顆口，全活被虜漢人四名，奪獲器仗四件。

　　自本月十一日起，雪山積陰，晝夜雨雪，烟霧四塞。松坪惡番屯據山頂，聲言糾合大小黑水，要與官兵抗拒。我兵寒凍，不堪其苦。幸奉軍門憲牌，行道查恤凍死兵士，隨奉普加犒賞，并密授石畫，雪山之役務保萬全，等語。又蒙按院憲票，軍士被雪衝寒僵伏不起者，當厚其優恤以固衆志。黑水險遠，難深入，其進止當酌量停妥，毋得輕易，致有他虞，等因。當該各將領將兩院德意宣示，漢、土官兵人人踴躍，忘其寒苦，誓不與賊俱生。該總鎮於十六日親督各哨，以永寧爲先鋒，播州、石砫爲正兵接戰，漢、土各兵分翼設奇，貴州苗兵亦從間道預奪其險。比遇番蠻，一擁迎戰，當有永寧頭目劉國用等挺身直前，攻上雪山，揮斬壯番，追賊過河。播州、石砫各兵爭先對敵，轉戰四十餘里，擒斬功級各不等，火器、弓弩打死數多，仍被番長杆鐵鈎拖去，以致首級未盡找獲。賊失雪山，奔入碉寨。我兵四面攻圍，徹夜大雪，屯站巢穴不亂，氣愈勇猛。次早，十七日，陰霧未開，石砫當先遇賊大戰，播州、永寧橫衝其陣。追至小黑水界，四山蠻聚數千，矢石如雨，官兵舍命衝敵，斬獲功級不等。番蠻敗入碉房，自焚燒死，焚碉三十五間，賊死無數。是夜，官兵仍在彼處露宿。該總鎮令各將領鼓舞戰士，祝告神明，願求開霽，果於十八日天色晴明。我兵見四山番蠻挑戰，齊心并力，合戰再三。忽有馬賊千餘出自大雪山溝，從後包住我兵，前後左右盡是勍敵。當有楊應龍勇氣奮激，督頭目程萃、何邦禎等并劉國用、彭受等向前鏖戰。吳文杰同親兵史天祿等挺身陣前宣布總鎮軍令，今日必死可生，欲生必死，致各漢、土官兵勇氣百倍，聲震山谷。土兵沈丑兒身中七箭不退，程萃、彭受等躍馬叱賊，賊遂橫奔四散。官兵追至黑水河邊，三處碉房上有賊約三四百，哀乞饒命。我兵因晚在彼屯札。次十九日，仍責各番要番牌阿賽，各番稱說前在黑水，如今不知向往。各將當差兵勇、鄉導共四名直入碉房內，諭以朝廷法度、德威。諸番畏服，情願尋獲阿賽解獻，及將甲馬并造飯三角赴各將領投拜。直至二十三日，通只俯首哀求，并無一番逆我顏行者。

　　及計算以前獲功，十七日，邊之垣、楊應龍、陳道南、孔繼祖、張光啓等督漢、土官兵攻剿惡花寨，當陣斬級、俘獲五十六名顆口，奪獲器仗十七件，陣亡兵七名，重傷兵三十三名，凍死兵九名，燒毀碉房三十五間。同日，曹希彬、劉綖督吳成勛、劉海等攻剿勒花寨，當陣斬級、俘獲二十七名顆口，奪獲器仗三件，陣亡標、土兵十名，臨陣跌崖死一名，重、輕傷兵五十名。同日，朱文達督官兵於老虎崖搜山，生擒番賊一名，斬級一十九顆，全活被虜漢人一名。十九日，朱文達督周以德等官兵於小黑水交戰，當陣斬級、俘獲八名顆口，全活被虜漢人一名，陣亡兵九名，被傷兵二十四名。同日，楊應龍部追番至勒花寨，全活被虜漢人一名。二十日，郁從禮等率兵至和尚寨山頂搜，擒白泥寨已獲番蠻卓兒結族番一名蒼兒結。同日，朱文達督史可觀於兩河口搜山，擒斬番級二名顆，俘獲賊屬三名。二十一日，朱文達督楊宗元、于承恩、路中逵等攻剿勒虎寨，當陣擒斬、俘獲一十二名顆口，陣亡標兵一名，被傷兵三名。二十二日，曹希彬、劉綖督漢、土官兵劉海等攻剿窩窩、七卜二寨，當陣斬級七顆，全活被虜漢人二名，奪獲器仗七件，輕傷兵四名。同日，邊之垣督支伏友等漢、土官兵攻剿勒蠟寨，當陣斬級三顆。二十三日，萬鰲、田中科督漢、土官兵攻剿立地寨，當陣斬級、俘獲一十八名顆口，陣亡漢兵一名，輕傷土兵六名，凍死兵一名。同日，曹希彬、劉綖督漢、土官兵攻剿立地寨，當陣斬俘三顆口，奪獲器仗一件，燒毀碉房一十餘間，重、輕傷兵七名。同日，朱文達督史可觀於松坪小紅崖搜山，斬級二顆，俘獲一口。二十四日，劉綖下掌貼永鎮堡、茂前二衛千百户王宗斌、馮爵率兵於漢關墩搭橋把截，斬級一顆，俘獲七名口。二十五日，曹希彬、劉綖督漢、土官兵搜剿番蠻至木蘇、高箐山嶺，擒俘二名口，奪獲器仗一件。同日，邊之垣督兵搜蠻至雪嶺勒窩寨，斬級一顆。同日，朱文達督史可觀於大紅崖搜山，擒斬賊級七名顆，俘獲賊屬五名口，奪獲器仗五件。二十六日，朱文達督徐佳胤等官兵於紅啞嶺搜山，斬級四顆，奪獲器仗六件。二十七日，朱文達督史可觀官兵計撫樹底寨，熟番斬獻首級一顆。二十九日，朱文達親撫商巴寺，番牌解獻生擒番四名，斬級七顆，俘獲一口，全活被虜一口。五月初一日，朱文達計撫雙橋等寨，熟番解獻生擒番二名，斬級六顆，俘獲二口。又督徐佳胤於黑啞嶺搜山，斬級二顆。初四日，萬鰲、田中科督兵於松坪搜獲番婦一口。各報到道。

案查該總鎮於本年二月初到叠溪，查得鬱即長官司土舍唵保先年印信收貯在庫，正謂懲其從逆，却乃印不在手，每每怨望，常以奸狡鼓動群蠻，欲要叛亂，新橋之變實伊主謀，原其禍根蓄非一日。以故計令曹希彬、邊之垣、吳文杰督率官兵同郁從禮等於五月初四日直抵黑水界，將本惡生擒，并擒逆黨茶折，俱經解驗訖。吳文杰又督同郁從禮帶領熟番搜山，擒獲和尚、石嘴、白泥等寨惡番二名、幼番一名。初六日，朱文達督徐佳胤領兵於小松坪搜山，斬級、俘獲共一十五名顆口。初七日，朱文達督史可觀官兵於小松坪搜山，斬級一顆，俘獲賊屬一口。又計撫鹿卜、商巴等寨，熟番戈舍等擒斬賊級六名顆，俘獲賊屬三名。同日，徐佳胤於紅咂嶺搜山，斬級二顆。

又該總鎮看得，松坪巢穴，官兵駐彼三旬，儘力掃蕩，業已無敵。今我兵撤回漢關墩，料彼潛逃殘蠻必復奔回原穴，仍當再進，以彰軍威。隨會同行令各將當選精兵五千餘名，出其不意，至大松坪一帶番寨大搜一遍。初九日，曹希彬、劉綎督漢、土官兵於松坪搜剿，斬俘九顆口。同日，萬鰲、田中科督漢、土官兵至和尚寨搜剿，擒斬、俘獲六名顆口。我兵在於疊溪起身過河，竹筏沉覆，溺死土兵九名。同日，朱文達督周以德官兵於松坪搜剿，斬級五顆，俘屬四口，奪獲馬一匹、牛五隻。同日，楊應龍督目兵至白蠟渣搜剿，生擒、俘獲五名口，奪獲番器七件。十二日，朱文達督官兵於小松坪搜山，斬番級一顆。十四日，朱文達督史可觀於雪泡嶺搜山，斬級四顆，俘獲一口。十五日，朱文達督官兵於阿瓮溝搜山，擒斬二名顆。十六日，劉綎報稱，據郁從禮遵奉鎮、道令，督責魚兒寨降番西結太等於本月十四日前去各路坐草搜捕和尚、白蠟、麥兒等寨，斬級、俘獲共八名顆口。

以上自十八年十二月起至十九年前三月止，又自閏三月二十九日起至五月十六日止，擒斬、俘獲、全活被虜通共一千一百七十七名顆口，內擒斬八百零五名顆口，俘獲賊屬三百四十七名口，全活被虜漢人二十五名口，燒毀碉房七百餘間，奪獲器仗三百餘件、番馬十三匹、牛羊一百五十餘隻，當隨犒賞各哨官兵訖。俱准總鎮移會，陸續呈報按院，行紀功道轉發聽紀知縣王曰然驗明核詳，填給功票，聽其願紀、願贖、願賞。至於俘獲賊屬，婦女、小口變價，奪獲器仗俱入官收貯，全活被虜漢人審發原籍寧家，其陣亡、被傷官兵俱各照例支給銀兩優恤外。

本年五月二十八日，據參將劉綎手本，奉鎮、道會議牌行本職，嚴慎城堡，料理善後，仍諭鄰近熟降番寨，但有漏刃殘番，即行綁獻，不許隱匿，等因。該本職差郁從禮帶勒骨寨降番前去各山曉諭殘番，但早出投降者，姑准原宥。隨據石嘴寨牌頭折挖綁解白泥、石嘴二寨番牌倉兒太，和尚寨牌頭麻抓綁獻番牌庫探兒二名前來投拜，活埋悔罪，乞饒衆番殘命，等因。移解到道。隨會總鎮并諸將在於教場驗審明白，差官押赴疊溪所北門外道傍眼同郁孟賢等活埋呈報訖。

　　前項官兵擬於六月初旬次第班撤，呈請兩院詳允。隨奉軍門差旗牌官袁繼禮、程希閔、王胤、胡世奇、吳遜、郭一元各齎捧令牌至軍前，督押回還。又該布政司議允，行紀功副使陳文煥駐札灌縣，督餉副使鄭人逵移駐新津，分守下川南道參議李國士於本駐敘州府，分巡下川南道副使劉惠喬於本駐瀘州，分守川東道參政薛亨移駐江津、重慶，各照分管地方督發出境。該鄭人逵預至新津料理船隻，將漢、土官兵分派停當，行令魚貫登舟，鱗次解纜，遄發如流，秋毫無犯。又蒙兩院犒賞，并將蜀府義助軍需銀一千兩湊給漢、土官兵，俱凱歌回還訖。

　　看得楊柳、白泥等番蠻盤據疊溪之肘腋，世爲陽順陰逆之賊；松坪、黑水諸部落占竊翼域舊幅隕，久稱衆暴強凌之雄。先年跋扈結連，乃以詐降幸免，却不感恩以悔禍，仍復稔惡以窮凶，狼吞日侵乎邊關，鴟張橫行於道路。倚百丈之高碉爲虎穴，恣意猖狂；恃千里之峻嶺爲蜂巢，合謀大逞：誠神人所共憤而王法之必誅者。幸荷宸念，軫及邊陲。羽書徹九重，特從雲霓之望；綸音下萬里，用興時雨之師。石畫預定於廟謨，方略屢頒於憲檄。文武將吏祇承德意，罔不協力以同心；漢、土官兵肅奉明威，爭先敵愾以報國。以致群凶盡殄，各寨悉平，期未三旬，獲功千計。樹漢旌於雪山，百蠻潛迹；揚國威於黑水，九氏寒心。既泄冤憤於既往，用貽治安於將來。各道遵奉憲牌，逐一查叙明白，及將從征將領并與事各文武、流土等官分別功過、勸懲緣由開報，等因。到臣。

卷查萬曆十八年十二月內，節據威茂兵備參議許守恩等呈報，楊柳、麥兒等寨番蠻糾聚松坪、黑水等寨惡番，於本月初六日夜襲新橋堡，復犯普安、新堡子、實大、松溪等關堡，勢甚猖獗，等因。到臣。臣一面調發官兵應援，及儲糧置器以備剿處，隨經具本題報訖。續據松潘兵備副使來經濟并參議許守恩各呈報，發到官兵陸續斬獲及牛尾等寨番解獻功級并龍池寨投降各事情，臣又二次具本題知。至十九年二月內，准兵部咨，該臣并巡按御史李　各題報前項番情，本部覆議，移咨巡撫衙門督行鎮、道文武各官，將各屬地方諸寨番蠻偵其順逆情形，隨宜剿撫，務令懾服寧戢。其應用錢糧、火器等項速爲接濟，等因。題奉聖旨："是。這番夷猖獗，着該巡撫、總兵等官整搠兵馬，相機剿處以靖地方。欽此。"備咨前來，通行各該鎮、道文武等官遵照。

又據監軍參政李士達等呈報，擒獲首惡阿呼等并卓兒結及續斬惡番功級，等因。到臣，亦即具本題報。本年閏三月內，准兵部咨，爲虜釁方深，番亂繼作，時勢可虞，乞救在事諸臣加意隄防，隨機撫剿以圖萬全事，該兵科都給事中張棟等題。本部覆議，移文四川撫按衙門會同熟爲酌議，督率文武將吏將各番分別順逆，首亂者亟行殄滅，毋令滋蔓；先降者多方撫處，毋令復叛；未動者預爲制馭，不致悉逞；協從者咸與更始，不致濫及。其守堡各官中有激各番致生憤釁者，亟爲究處，等因。題奉欽依，備咨前來，又經通行遵照。

臣看得應用兵、糧俱已齊備，臣隨移駐灌路，就近督催舉事。節據鎮、道報解自閏三月二十九日起至五月中止擒斬功級到臣，先後三次具本題報訖，及將軍前并與事人員効有勞績者檄行監、紀三[九]道備悉查明開報去後。

續據叠茂管游擊事參將劉綎揭報，巴猪五族未剿番蠻執獻埋奴番蠻覔昔根并甲一領、羊一隻，楊柳已剿殘番執獻埋奴惡番白地兒子并皮牌一面、皮盔一頂、羊一隻，白蠟渣、王兒、王賽、水磨溝等寨已剿殘番綁獻埋奴惡番白石兒加并執皮甲二領、小黃牛一頭、羊一隻，麥兒寨已剿殘番綁獻埋奴惡番葉落并執腰刀一把、皮盔一頂、弓箭一副、羊一隻，各前來乞哀埋奴，願立木刻，認守地方，等情。審驗是實，當將各番埋於各該關堡道傍，立碑曉示，等因。陸續揭報在卷。

今據前因，爲照川西叠茂乃全省肩臂、松潘咽喉，其地則古氐羌，而山川幻形，天下未有兩者也。行旅、戍卒往來其中，而羌常爲梗，吮膏脂於裝塘礧石之間而不足塞其烏鳶之啄，塗肝腦於殺人禦貨之下而不足窮其梟獍之凶。其久逸於征討之法者無論矣，如楊柳等寨，則往以食牛構亂，已稍加撻伐之威，而日月幾何，又復違天而作孽；其素越於餉賚之外者無論矣，如麥兒等寨，則歲受糧賞爲常，昨且在降盟之內，而犬羊無定，乃仍稱亂以構兵。阿呼、卓兒結等倡把守一言以鼓煽風聲，更有最桀黠之唊保爲豕封之應；聯數十餘寨以共張牙爪，且倚最險峻之雪山爲虎負之嵎。其毀我新橋，圍我普安，虔劉我軍人，虜掠我財畜，而又掏挖牆道，斷隔聲援，意豈在叠溪而已乎？緣其所恃者懸崖絕壁之險，足資其深溪重壑之貪，故雖有豢養之仁而不顧；所秉者輕生忘死之心，復溺於尋戈弄兵至好，故雖有不殺之恩而罔知。恣其所至，將如火燎於原，滅之未易；如蔓滋於野，圖之爲難矣。臣初欲緩於加兵，而不能遏人心之共憤；雖亦速於追捕，而止欲殲犯順之渠魁。如牛尾、雙馬、列角、龍池、潔白、魚兒、勒骨、索多、燒炭溝及巴猪、黑苦等寨早自畏威投降獻款者，臣因各道之詳揭、總兵之開陳許其并生認守，不忍黷武窮誅，而楊柳、麥兒、白泥、松坪等寨罪在難赦者，是兵之所不可已也。

皇上秉好生之德，猶赫然震怒於臣言；惟臣有疆土之司，其敢不宣威而戮力？爰建旗鼓，有事征誅。板幹繕完，將馳驅以恐後；儲峙委積，士踴躍而爭先。一舉而豕突多殲，蹀血對壘；再舉而鳥巢失險，直搗虜庭。縱焚各寨之碉，廣奪群攻之具，被虜全活者不少，而壯番俘斬者尤多，授首於鋒鏑之下者可稽，而枕籍於煨燼之中者無算，其事雖臣之所不忍譚，而實地方人心之所大快者也。

皇上聖武神威，風行八表，故諸將士得有所憑藉以成功，乃臣則何功矣？而且消弭無術，至使謀動干戈，臣更有咎焉。然安敢以己之無掩人之有，而不爲皇上一陳之乎？所據巡按四川監察御史李　，寓韜鈐於文告，肅風紀於戎行，念共澄清，績收寧謐，然乃憲臣也，例不得叙。乃若鎮守四川總兵官左軍都督府都督僉事史綱，有陳師鞠旅之才，有難窺重閉之識。視點羌如犬豕，而行揣竅決，料無遺情；鼓戎卒若貔貅，而雪立霜行，動皆克敵。調度得丈人之略，謹廉有儒將之風，所當特叙優擢以酬懋勣者也。

其諸文武將吏，除參議許守恩已參論降調，參將邊之垣頃另疏參治外，看得整飭敘馬瀘兵備道監軍參政李士達，謀略富胸中甲冑，機權運爼上折衝。馳張有序，而出師整旅作卜筮於諸營；擒縱知方，而政要兵機挈領袖於庶寀。整飭松潘兵備道副使來經濟，援兵極速，而方張之虐焰遂戢其焚；惡首先擒，而起釁之罪人乃息其喙。運沉機風生筆陣，懷勝甲氣敵干城。管松潘副總兵事參將朱文達，驍勇絕倫，機謀出衆。信乎呷竹，首擒三寨元凶；計撫商巴，累縛諸巢勁寇。善戰真稱奇男子，多算無忝名將軍。川貴參將曹希彬，險夷洞識邊行，虛實能察彼己，臨陣爭先於列哨，獲功最懋於大征，況當始事經營，卒收萬全勝算。東路參將萬鼇，課格威楊，復縱橫於墨石；松坪烈著，更掃蕩於雪山。才鋒足冠三軍，武勇允當一面。都司僉書田中科，志銳繫鵬，功章勒虎，忘閩越之遷於度外，制吐蕃之勝於目中。以上諸臣功當首論，俱應加升職級。

內參將朱文達既不以防虜之故視秦越於鄰羌，又能以同舟之情涉艱難而共濟，破虜稱最，解圍尤奇，仍當即真副總兵以重事權者也。軍驛屯鹽茶水道紀功副使陳文煥，錄擒斬俘全如燭照數計，別壯中老稚必目睹躬親，軍中多借箸之籌，筆底無虛功之冒。分巡川西道督餉副使鄭人逵，計全餉於胸中，而催督殫夙宵之力；指兵籍於掌上，而營中無庚癸之呼。趣哨有勞，撤兵尤善。按察司按察使陳薦，才優八面，更沉幾以定糾紛，而聲色不形；筆掃千軍，本實學以經事務，而謀猷自別。居然廟廊之具，堪備節鉞之需。布政司署印右參政武尚耕，清全省帑庾而冠履之嫌凜若，議大舉兵賦而盤錯之解裕如，節約動合成規，重厚可當大事。安綿道兵備僉事張世則，心惕於鄰之震，謀周未雨之防，功能不後於他人，勞勩勤宣於境上。疊茂參將劉綖，甫臨信地，晚入行間，增一簣於九仞之垂成，慴諸巢於數梟之死誓。都司掌印署都指揮僉事阮維藩，神馳塞外，業助師中，謹軍容之飾而耳目一新，敏戰具之修而精采胥別。成都府知府詹思謙，勞著封疆，力紓籌策。視邊地皆吾郡地，跋履於極寒極暑之時；議戎功無異民功，周全乎成始成終之績。以上諸臣功應優論者也。

平番守備史可觀，勤恪而武，英爽有文，揚威於險隘之斬俘，效力於元梟之珍戮。贊畫成都府同知錢紹謙，軍前畢策，心誠苦於良工；公爾忘私，身不難於興疾。督餉馬湖府同知汪京，夙陳方略，胸有甲兵之蟠；日勤算籌，士無樵蘇之慮。聽紀雙流縣知縣王曰然，區別首功之中壯，明而非苟；丁寧婦幼之生全，慈以行義。此四臣者在文武大吏而下，功當優論者也。

小河游擊王之翰、叙州府知府唐守欽、灌縣驗糧通判劉學軾、松潘監收通判尹希孔、威州知州路車、管保縣事雅州知州麻康、眉州知州易可訓、灌縣知縣羅樹聲、成都縣知縣楊應霈、華陽縣知縣周希聖、郫縣知縣胡化、溫江縣知縣仝方、中軍指揮今升坐營官楊應升、石泉守備范希正，以上諸臣，或譚邊裨主將之謀，或驗餉佐三軍之急，或勩勤於鎮地，或隄備於鄰封，或宣力轅門而承事以有終，或戒舟江上而班師之利涉，或竭力應水陸之衝，或敏捷得緩急之備，功當次論者也。

總鎮標下中軍、浙江三江所百户吳文杰；貴州衛百户周以德；松潘衛指揮龔卿、李世杰，鎮撫路中逵，百户于承恩；寧川衛指揮吳繼勛、陳道南，百户孔繼祖；叙南衛小旗李胤芳、提調李奇泗；寧川衛百户張光啓；叙南衛指揮李懷陽、總旗劉海；成都前衛千户彭學年；成都後衛百户曹應魁、吳成勛；疊溪所百户胡愷；茂州衛總旗支伏友；浙江金華所小旗朱文逵；湖廣鎮遠衛百户應襲楊宗元；小河所正軍馮一老：以上諸臣，或明能料敵，如鷹鸇搏〔一〇〕擊以無虛；或勇足當鋒，若熊虎吞噬之欲盡。已攻擊刺，并協科條，所當查照功級叙升。内吳文杰稱智囊而善鼓舞，周以德負膽略而法縱擒，仍當紀録以備將領之選者也。

瀘州衛指揮夏奇、申于朝，鎮撫李世爵；叙南衛指揮張明化、千户吳世榮、百户張四維、總旗黃選、名色把總倪時舉；成都前衛指揮瞿鎮；後衛指揮陸起鴻，百户李應詔、陳三畏；右衛指揮朱文光、千户宋夢龍、百户牟茂，所鎮撫吳三近，百户楊中魁、王用文、田應冬；寧川衛指揮湯武、提調張曉；松潘衛指揮徐胤佳；大渡河所都指揮曹銓、百户馬策；雅州所百户張一中、提調姚賢；建武所百户張便芳；小河所革任百户王承武：以上諸臣，或橫陣而馳突無前，或探巢而艱危不避，雖未登於升格，已各竪乎戎功，所當重加賞賚者也。

成都右前等衛百户袁繼禮、程希閔、王胤、范宗正、胡世奇、盧詔、郭一元、李天培、吳遜、李繼宗，都司斷事林守芳；松潘衛經歷馮應樞、知事吳仲平；内江縣主簿馮文瀾；江安縣主簿楊朝憲；宜賓縣典史吳漢；安縣典史聶良貴；新繁縣典史徐廷漢；新津縣典史吳一誠；郫縣典史姚承訓；茂州吏目楊太宇；威州吏目段一相：以上諸臣，或徵調如期而所過先嚴乎約束，或幹才素裕而隨事克敏於馳驅，所當并加賞賚者也。

播州土官楊應龍、應襲楊朝棟，永寧宣撫奢崇周，石砫宣撫婦覃氏、土舍馬千駟，攻堅陷陣，率冒險以先登；破竹燎原，尤殊死而敢戰。天全土舍高繼永、高金倖、楊倖，勤王念切，聞檄至以遄趨；敵懍心雄，期滅此而後食。以上諸臣俱當分別叙賚。内楊應龍屢逢勍敵，輒見驍雄，衆咸推其勇敢，而辭賞甚堅，旅久無懈，實乃得之困衡，似當量復本等職衝，俟會勘明確之日議其罪狀，上請定奪。馬千駟隨母遠征，擊番多獲，紀律嚴而秋毫無犯，部伍勇而衝突稱奇。據訴欲辯伊父馬斗斛之贓罪，則事在別卷，當俟勘結裁處；欲釋其伊兄馬千乘於囹圄，則原係代父并贓，當蚤爲釋放者也。

其他一應有事員役，或供捍衛之有藉，或督趨其進攻而無蹈逗留之失，或截遏於要害而竟免奔突之虞，雖於例應獎賞，然皆臣所得行者，不敢因沿往牒，瑣瀆宸聰，臣已酌量施行。至於罪所當問、法不可原者，除把守指揮鄧承業，掌貼官梁繼武、謝繼祖等已該巡按御史參提，候旨處分；土舍郁從禮雖有部下斬獲之功，難贖勾引交通之罪，業已懼罪身死勿論外；其石灰溝熟番白地結等，忘中國之漦恩，作叛夷之嚮導，今已緝拿解省，見批按察司嚴究，俟招問的確，徑行正法者也。

然臣又竊聞道路之言矣，謂雪山千仞，勢難仰攻，況以攀藤捫葛之勞，并於張弓挾矢之手，萬有一得，百倍平原，而今纍纍斬俘，見爲奇絶。又謂興師未及五旬，獲功已逾千百，漢土之來往自由，城邑之安堵如故，皆行師之所難必者，似謂人力不至於此，與臣所歸於聖武神威者適有相同，則今兹叙論似屬貪天矣。然非是無以鼓將卒而重封疆，臣不敢避也。若夫濫舉市恩，狗名淆實，則臣豈敢？伏惟敕下兵部議核施行。緣係仰仗天威，蕩平稔惡番蠻，查殺功次以昭激勸事理，未敢擅便，爲此具本謹題請旨。

校勘記

〔一〕"疆場"，據文意疑當作"疆場"。

〔二〕"商"，原訛作"商"，以下徑改，不再一一出校。

〔三〕"糾"，底本多訛作"科"，以下徑改，不再一一出校。

〔四〕據文意，疑此處缺一"事"字。

〔五〕"逌"，據文意疑當作"道"。

〔六〕"殺"，據文意疑當作"投"。

〔七〕"上"，據文意疑當作"土"。

〔八〕"番"，據文意疑當作"房"。

〔九〕"三"，據文意疑當作"二"。

〔一〇〕"搏"，據文意疑當作"搏"。

督撫奏議卷之五

剿平疊茂善後疏

　　題：爲集議疊茂善後事宜以固邊圉事。據四川布政使司呈，奉督撫李都御史并蒙巡按李御史案驗，爲地方節報番情事，俱備行本司轉行各該司、道及將領等官一體遵照。其一應善後機宜，該司會同各司、道逐一從長酌議妥當，通詳會奏。奉此，隨經通行查議。續奉撫院紙牌，照得征剿叛番已報竣事，仰該司會同各道將該邊善後事宜廣集衆思，博采群策，計處詳妥，開款通詳以憑覆議，毋得疏略。又奉本院准總鎮史綱手本，并據威茂兵備、分巡川西貳道，成都知府、同知等官各條陳善後事宜，批仰布政司會同按、都貳司查議明確通詳。奉此，又蒙按院批布政司會同按、都貳司覆議確當另詳外，有未盡事宜，一并議入詳報。蒙此，行准各該道咨牒前來。該本司署印右參政武尚耕會同按察司按察使陳薦、都司署都指揮僉事阮維藩逐一覆議明白，呈乞會題，等因。通詳到臣。

　　案照先准兵部咨，前事，該臣并按臣各題報疊茂番情，本部覆議，移咨巡撫衙門督行鎮、道文武各官，將各番蠻隨宜剿撫，務令慴服寧戢。至如總兵移鎮松潘及建武補官駐守事理并一應善後機宜，悉聽撫按官會同從長酌議停妥具奏，另行議處，等因。題奉欽依，備咨前來，通行遵照。續於事竣後，仍牌行博議，及將總兵官移送并道、府等官各呈報俱批司會議去後。

　　今據前因，該臣會同巡按四川監察御史李　　議照，松潘爲全蜀門户，而疊茂乃松潘咽喉，四面皆番，路僅一綫，控禦之策誠當萬全。頃諸羌糾衆猖獗，襲堡殺軍，致煩王師幸就掃蕩。顧既往之凶殘雖除，將來之釁孽宜慮，故善後之計亟當熟籌。臣等復將該司款議事理面加商確，除事可隨宜通變，無煩瑣瀆宸聽者，臣等已斟酌區畫，督令司道、將領等官徑行外，其政體所關，應出聖裁者，謹款列上請。伏乞敕下該部再加從長酌議，覆請定奪，行臣等遵照施行。緣係集議疊茂善後事宜以固邊圉事理，未敢擅便，爲此具本謹題請旨。

計開：

一、移總鎮以重彈壓。竊照大將爲三軍司命，全省兵馬舉得聽令焉，其權甚不輕也。駐札之地不酌時勢緩急而移置之，何以便調度、振先聲乎？四川重地在松潘，舊皆以名將鎮之。近因九絲猖亂，特設大將駐於建武，今寧謐有年，勢已在可緩矣。而松潘近來羯虜聲聞，整旅隄備，該邊爲最。又查龍安參將則曰協守松潘東路，威茂參將則曰協守松潘南路，皆聽松潘副總兵節制，而副總兵之於參將，體不甚懸，名爲節制，令難大行。若移總兵官於松城駐札，則門庭有主，防虜勢專，而節制東、南兩路，自成以身使臂之義。且使諸番聞之，咸知大將旗鼓自別，當必愈加讋服。揆之事體，誠不容已。今總兵官史綱潔己馭衆，議論慷慨，邇親督戰松坪，獲此奇捷，誠邊將才也。即將本官移鎮，不獨優爲，固其職分。但管副總兵事參將朱文達歷此年久，虜情番狀，險要利害，諳練已深，因論將權而驟爲更置，又非爲地擇人之意。故松潘道之議曰：若議總兵移鎮，是論官也，論官則總兵官權重而號令行；若謂奔走禦侮，是論人也，論人則朱文達熟諳邊情而注措當。合無目下仍令朱文達照舊松潘管事以備虜警，俟各官升轉之後，將總兵官改敕移鎮松潘，而松潘副總兵改駐建武，斯於移鎮、任人之議兩無相妨。至於兩標下營兵，彼此分布已定，水土風氣各有所宜，聽改鎮之日斟酌裒益，各該鎮、道另行議請。伏乞聖裁。

一、重兵備以專責成。蓋威茂壹道，整飭兵備，綜理糧儲，自灌縣守禦所以抵永、太貳堡皆其轄內。雖係成都地方，而峻嶺崇岡，長江急峽，路通一綫，番漢錯居，地瘠氣寒，民稀軍寡，城堡單薄，兵士脆弱。故以中原視蜀道如青天之難，而以劍南、西川視威茂、松潘不啻倍之矣。夫以地方如此之苦辛，責任如此之重大，而推補兵備官員，自往昔以來率以蜀邊與九邊異，大較與腹裏監司等。今當大征之後，臣業將兵備、參將俱行參論、更置矣。謂宜自今以往，遇有松、茂貳兵備員缺，銓部慎加遴選，務得知勇兼資、才誠兩合者，使之內撫軍民，外鎮羌氏。毋邀功以生事，毋壅蔽以長奸，毋視官如傳舍而因循以釀釁端，毋偏聽如嬰兒而庇護以縱逆黨。務要不時巡歷關堡，督察官軍，刷洗弊源，振揚武備，防患於未然，止惡於未著。將領不職者速行揭報廉處，文職正佐首領及把守、掌貼、指揮、千百户等官不職，應參奏拿問者揭報兩院，應徑處者即行戒諭懲責。不得上下相蒙，和同姑息，以致邊事陵夷，潛滋釁蘖；亦不得沽節省、風力之名，裁損糧餉，不恤饑寒，奴隸下官，恣行嚴酷，以致人起怨嗟，內外交構。其投降番寨及來復殘番，仍須善為駕馭，永消禍萌。大抵能威能惠，能剛能柔，固控制番、漢之善道也。如果邊政克舉，境內晏然，其蚤遷優擢亦當視腹裏稍異。若才猷出眾、邊倚長城者，或遇其升遷，或當其考滿，臣等仍為保留，加銜久任，俟其功績茂著，終如其初，即本省督撫當以及之。若其庸常虛偽，不克擔當，臣等當不時彈論，不得以體面優容。蓋重松茂所以重全蜀，而松茂兵備得其人，即全蜀可安枕矣。伏乞聖裁。

一、擇將領以馭番夷。夫疊茂地方，外接松潘，內聯威灌，誠夷夏之襟喉而全蜀之庭户也。故疊茂一帶盤據之番星羅棋布，與我關堡官軍綉錯而居，烟火相望，聲息相同，稍遇作梗，即如人有腹心之疾未易除去，所以駕馭而壓服之者，全視將至能否耳。參將駐茂州，游擊駐疊溪，分地而鎮，相爲犄角，貳將得人，無虞番矣。乃參將邊之垣舊有勇名，亦著戰績，而特以善於彌縫，久未發露。今當大征之後，種種貪淫穢迹遂盡彰聞，臣與按臣切齒恨之。儻以若人而使之領善後之役，則番、漢且共生心矣，其流禍於疆場，非細故也。臣等業具疏參論，俟得旨提問之日當從重治罪，不少寬假，庶懲一警百，於邊事不無大裨也。

臣疏議調參將萬鼇，以其年少老成，練達邊事，儻果益自樹立，當不負臣所舉。而管游擊事參將劉綎，原係將種，膂力絶人，即其氣略驍雄，直是萬人必往者，益加懼事好謀，當繼箕裘大業。然臣之所望於二臣者，大征之後，氛祲消净固足快也，而潛伏釁孽尤所當防，威武振揚固可尚也。而文德來遠兹又爲貴。剥番之罪人、失守之貳堅已伏其辜，而將來者不可以不預察；引賊之酋奴、開門之逆種已得其人，而同類者不可以不熟籌。固不可操切以肇禍端，亦不可因循以階亂始，一應隄防、操縱與夫整飭武備事宜，務要着實舉行，不得虛應故事。如久之番、漢安堵，勢壯干城，臣等不時薦舉本兵，查議優遷。儻有自蹈不類，復如邊之垣所爲，及玩愒廢弛，或貪功樂禍以壞邊事者，臣等即據實參論，盡法議處。蓋邊關之安危係於將領之賢否，而賞罰嚴明實御將至最要也。伏乞聖裁。

一、責文職以便綜核。竊照威茂道所屬灌縣，驗運則有通判壹員專駐其地。自灌以西有汶川縣，有威州，而保縣隸之；有茂州，而汶川隸之。其犬牙相制，則茂州有衛，灌縣、威州、疊溪有所，州縣有知州、知縣等官，衛所有指揮、千百户等官，北、疊貳路各有把守指揮，貳路關堡各有掌貼千百户。夫以窮邊荒徼、蠻烟瘴雨之鄉而設此多官，地寒不毛，更無厚餼，所恃以激勵官聯、輯安夷夏者，惟有綜核嚴明、賞罰信必耳。夫州縣、衛所雖非同曹，文官、武吏雖非共職，而地方則相聯，休戚則相共，謂宜互相覺察，消弭禍端，乃爲克盡其職也。昨者把守指揮鄧承業剝番致變，曾不以預聞，疊溪土舍郁從禮引賊操戈，熟番白地結等開門延賊，又匿不以聞，而徒多方蒙蔽以誑兵備，此茂州知州白比玗之罪也。臣昨參兵備許守恩時，徒以比玗素稱情操，別無玷議，故姑存之以俟後效耳。若管保縣事雅州知州麻康，處彈丸絕域之邑，當百蠻環繞之區，履任拾年，地方安堵，蓋由本官志意甚寧，恩信素裕。昨番變時，亦曾傳遞木刻糾合保番，而徒以本官在邑，懷其德音，不忍負之。維時人心洶洶，亦幾動搖矣，而本官鎮撫多方，致卒無事，即大兵揚威黑水，保番不驚，可不謂賢哉？若不甄別嘉獎，何以風勸一方？查得本官加升知州後，又履俸逾四載，今應加升龍安府同知職銜管保縣事，仍舊久任以寧諸番。威州知州路車，履任五載，聲實素孚，亦應加升保寧府同知職銜，久任以免別轉。自後各州縣所管地方及附近衛所，如有緊要番情及武弁、土司、軍民挑釁釀禍者，務要據實呈報該道，重者并報兩院，以便區處。亦不得輕聽訛傳，張皇惑衆。查果職業修舉、境內無虞者，撫按多爲薦揚，稍別腹裏；銓部念其寒苦，從優叙遷。不職者即行論黜降調，毋致貽患邊疆。伏乞聖裁。

一、增兵勇以控要害。竊照茂疊一帶，路繞番寨，故一衛二所之外有一十六關堡以聯絡之，其中大者額軍二百名，次者一百五十名不等。初皆簡選精銳，領以掌貼等官，足備捍衛，規制甚悉。乃今十僅存其四五，如長寧堡原額二百，僅存八十；實大關原額一百五十，僅存七十；穆肅堡原額一百六十，僅存五十餘名。三堡如此，餘可類推。即參、游兩部下兵亦僅止數百，此不明示以單弱之狀而啓强番跳梁之心哉？今總兵官所擬，如茂城參將部下，除見在增置兵一千名；疊茂游擊部下，除見在亦增置一千名。各堡在松溪、長寧、穆肅、實大、新堡、新橋、普安、太平、永鎮九處，每處添派軍兵三百名；在韓胡、馬路、鎮戍、椒園、長安五處，每處添派軍兵二百名；在小關子、漢關墩二處，每處添軍兵一百名：共五千九百名。蓋緣大創之餘，恐萬一死灰復燃，斷蛇復螫，不可不過爲之慮，故於額外增留此數，以爲一時防範之計，勢應准從。然兵貴精而不貴多，餉有額而求可繼，久之番情帖服如故，聽該道時加挑選，以次消磨，仍於事故者免補。兩將官部下通舊兵、募兵各定以一千名。其各關堡除主軍務嚴查足額，不許影射、包占，戍軍務點識正身，不許雇覓貧丐，各揀精壯充伍，汰換老弱不堪外，所留苗、募兵勇日後酌量剪裁，務敷戰守。不得以惜餉之説一概撤放，以致倉卒有警，單弱難支。今新添見在兵勇所支糧餉，就於茂邊餉銀內支發，其本、折兼支事例，已經司、道呈允外。伏乞聖裁。

一、建新堡以固保障。竊照松茂一帶，自灌、汶、威、茂、疊溪以達松潘，每五里一墩，十里一堡，又有哨望、腰墩之設，前此經略詳且備矣。議者謂今日當於漢關墩兩河口、長寧堡兩河口、青草坪等隘口添設城堡，此皆畫蛇添足之説，無濟實用，第當於所宜修葺者加意耳。惟改建新橋一堡勢不容已，蓋此堡百餘年來失守者凡四，非盡由人力之疏，抑亦形勢有不利也。緣該堡設在低窪，夾逼兩山，番從下瞰，虛實在目，又無水道可通，所謂受敵之地，兵法忌之。今該鎮、道督同同知汪京踏勘得東南高岡離舊堡半里許上有平原一段，計丈量得周圍共一百二十丈，地脉甚旺，用以禦侮，吉無不利，亟宜創建以圖鞏固。合用木石等項錢糧委官估計，隨宜動支，可以刻期報完。至於舊堡，不必毀動，仍於此中改作空心大墩一座，量撥軍兵瞭守，庶新舊聯絡，聲勢相倚，而永絕黠番窺伺之念矣。伏乞聖裁。

議調兵備官員疏

題：爲邊臣禦寇無能，欺蔽太甚，懇乞聖明亟賜議處，以肅法紀，以重西陲事。臣照得向者威茂所屬新橋堡焚劫之變，其失事情由及啓釁亡備諸人員已經按臣屢勘明確，參具疏中，恭候敕下處分，臣無庸復贅外。謹按威茂兵備參議許守恩，當該堡失事之時，履任雖纔半月，然而番人之糾謀、事機之顯露正在此半月之内。拾貳月初壹日，首惡阿呼等歃血同盟，及合土舍郁從禮部下土兵陸人約爲内應，至初柒日方纔舉事，初肆日鄧承業已報至該道矣。使守恩而果邊才，固宜定變呼吸，奈何泄泄然不以爲意，曾無一騎之遣、一兵之添，而又束手坐待，曾無一籌之施？以致外合裏應，變起倉卒，熟番開門延敵，襲劫只在頃刻。而守恩初報於臣，猶云“圍堡未破”，一二日再報却云“攻燒攻滅”，其具報不實如此。及臣行查變起何由，賊從何入，又云“大兵驚疑”，復云“用梯扒城”。迨按臣牌查，始將開門陸番從實揭報，而於臣處至今沉匿不言。及通詳失事於兩院，又將開門一節削去，仍云“攻城”。其變幻不情如此。

先是失事之後，臣一面具題，一面剿捕，徐而博訪釁由，有云指揮鄧承業剝害番人以致怨極狂逞者，有云土舍郁從禮勾引交通而其部兵開門延賊者。迨至於今，首惡已擒，對衆供吐，多官俱聽，隱情盡露，其與大兵經過全無干涉，而鄧承業業已無詞，郁從禮尚待該邊查其功罪議處，乃守恩恣行欺蔽，不畏王綱，於此貳人者極力庇之，不肯發覺。而於郁從禮爲情叵測之人，猶稱之曰“良幹”，雖按臣屢次行查，竟不回報，方且含憤以强辯也。

及臣議定大征，檄管軍前糧餉，而又恣情違慢。貴州召募苗兵，監軍道已呈允移文，給發行糧矣，彼竟忘之，使非臣查問速發，幾至兵已聚而復散也；永寧土兵伍千到邊，坐糧有定數矣，彼止給貳千伍百人，而又本、折不全支，以致各兵忿忿走回，欲赴訴臣軍門前，使非旗牌官馳馬追之，幾至兵已來而復去也。文武將吏初到該邊協剿，謂宜同心戮力，而彼猜忌諸將，意獨欲邊之垣收功，至所禀揭於臣者，欲總鎮之號令專聽之垣之指揮，其顛倒謬戾若此。且諸路兵尚未集，謂宜以守待戰，而彼不禀臣軍令，輒數自私催諸將進兵，使非臣知而止之，幾敗乃事。

方今惡番蕩平，善後伊始，彼既因人以成事矣。若復獨肩以往，臣知其必不能任重而道遠也。況狁虜久駐西陲，聲言欲犯松茂，當此戎馬倥傯之際，可不慎所付托以貽封疆之累哉？伏乞敕下吏部再加查訪，如果臣言不謬，將參議許守恩亟行降調簡僻以責後效。及照叙瀘兵備參政李士達，才氣過人，見監軍務，擬即調補前缺以明器使。遺下叙瀘兵備員缺，亦係西南要邊。查得原任松潘兵備副使升雲南參政告病致仕謝詔，才猷甚著，緩急可需，相應起補前缺以備本省邊方之用。緣係邊臣禦寇無能，欺蔽太甚，懇乞聖明亟賜議處，以肅法紀，以重西陲事理，未敢擅便，爲此具本謹題請旨。

蜀藩義助請褒疏

題：爲蜀藩義助軍需，請乞賜敕褒獎以表忠賢事。臣頃者調兵集餉，征討逆番，臣及按臣動犒官兵牛酒、銀兩以鼓三軍敵愾。隨據蜀府長史司呈，奉蜀王令諭，動發紋銀壹千兩助充軍需，呈送臣等。臣票發成都府收貯，候賞有功官兵。兹幸將士用命，掃蕩番巢，臣等即牌行布政司將前銀解發湊賞，完日開銷外。臣會同巡按四川監察御史李　議照，西疆弗靖，天討用張，師行糧從，頗稱繁浩。惟兹蜀藩之王夙擅令譽，雅敦質素，絶迹華糜，及值國之大事，却慨然捐其禄資，用佐軍興之急。不特臣愚出師振旅，以壶漿遣勞於郊而已，此其心存皇室，義重藩屏。臣等待罪地方，敢不奉揚其美，相應題請。伏乞敕下禮部覆議，特賜敕諭褒嘉，仍容臣等備辦花幣、羊酒恭送王門，以彰盪寇盛典。統候聖明裁定，臣等遵奉施行。緣係蜀藩義助軍需，請乞賜敕褒奖以表忠賢事理，未敢擅便，爲此具本謹題請旨。

徵調播州土兵疏

題：爲播酋聞調即至，難以叛名，黔省急欲加兵，人心洶懼，懇乞聖明速賜乾斷以安遐方事。臣昨以松邊告警，聞報次日即遣旗牌官齎令旗、令牌分投各處調集土司官兵協同漢兵防禦。其播州宣慰楊應龍，令其挑選精兵伍千，刻期領赴轅門，聽候分布去後。不數日，貴州撫臣葉　　移書并揭帖至臣，參劾應龍逆狀，并論上川東兵巡副使朱運昌疏縱，等因。臣不勝駭異。維時洮河正急，松茂戒嚴，虜馬已至殺鹿塘趁鹿躧路，事勢孔棘矣。臣晝夜調度，寢食俱廢，豈暇爲此瑣瑣争辯，致傷比肩事主之體？知朝廷之上自有主持耳。然臣反覆惟之，事在萬里之外，訛傳易興；臣正總旅西征，軍令宜信。而臣方圖虜，不虞鄰國之先内圖；臣方徵兵，不虞鄰國之掣其肘；臣志在北靖邊塵，而南徼無端擾攘。此皆臣德薄望輕之所致也，何敢尤人？第事關地方安危，臣失今不言，異日醖釀禍端，誰執其咎？請陳播事始末。

十七年，臣莅任時，楊應龍與張時照互奏事情止行四川撫按勘報耳，尚未及貴州也。巡按御史傅　慮此勘合久稽，殊非事體，乃除別起奏訐事情應兩省會勘，急難報完外，摘此張時照訐奏人命一起，行委官嚴勘完結，以便奏報注銷。又臣批司、府詳，峻責應龍速出，并嚴督指揮李光祚催提赴勘間，應龍於十八年五月自播州赴重慶，聽勘官同知張守訓、推官王謨鞫問已畢，罪案已定。副使朱運昌將各犯覆鞫招解按察司覆審，仍押解應龍至播，集齊一干人犯，俱往婺川聽候兩省委官勘問各項奏情。是副使朱運昌之拘勘應龍奉本省兩院牌批也，貴州原未有行，何謂提人不報？及貴州撫臣督責運昌，運昌具文以復，奉批，云是本院誤信揭報之過也，餘照行川省按察司歸結，繳。夫既命之行按司歸結矣，又何謂審完不報？手墨未乾而疏中自背，其言恐亦無以服該道之心也。獨楊應龍回播之日，聞知坐鎮官任選將已事情五日一捏報貴州撫院，深恨之矣，又見其妄援馬鞍山守備事例竪立旗杆，輒行砍倒，并拘拿伊哨軍白役人等，此則應龍之罪也。

今據重慶府知府王軒稟稱，府差自黃平回，職備細問楊應龍動靜。本差稱楊應龍與任選構爭一節，未曾毆及本官及凌辱其妻，原止砍倒旗竿，拿去手下人，查係冊內有名軍伴，隨即放了，止將無名附差白役拘禁，等因。前項事情，臣與按臣李已嚴行勘究，尚未回報處分，而貴州撫臣遽疏其叛逆，且大張告示，明言誅剿矣。夫應龍而果叛也，則必桀驁自恣，不就官法，而其赴勘川東也，囚首對簿，伏地稽顙，殊無難色，果叛者耶？伊與任選構釁後，猶稱往婺川，而重慶知府王軒以八月初一日至婺川，乃同勘官思南府知府聞王知府且至，遂於前一日帶領勘犯何恩等先去以滅其迹矣。此其上下合謀，意不在勘而在剿，可知也。不然婺川思南屬邑也，分為地主，誼屬共事，何不能待王知府一宿，而且長往不返耶？貴州雖稱應龍當剿，亦無擅剿之理，何乃不候明旨，輒調水西宣慰安國亨多兵，戈戟紛紛，絡繹道路，遠邇之人皆爲震動，曰貴州剿播也。而應龍皇懼之甚，且遍申川省上司各衙門，訴己非敢抗拒，但畏貴州不測，願入重慶以聽命矣。

及應龍於九月十五日奉臣軍令調取兵馬，即於十七日申報貴州，十八日起程。乃貴州撫臣意在必剿，不欲臣調取防虜，飛騎移書於臣，且抄白應龍申文，四川播州宣慰使司爲緊急軍務事，"本年九月十五日，奉巡撫四川李都御史憲牌，節據松潘兵備道并管副總兵事參將朱文達呈稟，并據陝西塘報，北虜猖獗，洮河告警，及要南搶松茂地方，已行加謹隄備。今突報虜騎逼近松邊，聲勢緊急，誠恐久住彼地，該鎮兵力不支。查得播州宣慰楊應龍累經戰陣，剿寇可資，合行調取。爲此除調天全并馬湖土兵已次第雲集，仍差旗牌官袁繼禮齎捧令旗、令牌前去外。牌仰本官即挑選精勇土兵五千名，各備鋒利器械，親領速赴轅門聽候分布。毋得時刻遲延，務要紀律嚴明，秋毫無犯，敢有擅取民間一芻一粟及所過强宿奸淫者，立斬以殉。其行糧另行該道於重慶府解給二個月，先將起程日期飛報，等因。奉此，隨該本司宣慰使楊應龍看係緊急，遵即點選精勇土兵五千名。又自願報效家丁六百名，又卑司應襲土舍楊朝棟亦願報效家丁一千名，以上二項共一千六百名，不支行糧外，各備鋒利器械，親自督領，於本月十八日起程，前赴轅門聽候分布。所有起程日期擬合申報，爲此今具前由，理合申乞照驗施行"，謂此申文未辯真偽，且力阻臣。夫將帥非遇軍機緊急不發旗牌，今云未真，則自令旗、令牌之外，何者爲真也？

又移書按臣李　　，謂其巡歷川東時，若應龍赴訴，即便執之。夫應龍若叛，豈肯依人就執？今云赴訴，則亦逆料其非叛也。非叛而欲假手於人以執之，脫有倉卒之變，誰其當之耶？且巡撫調之將兵，而欲巡按襲之行戮，不知天下有是理否，其自爲計而巧矣，所以忠於爲國忠，於爲人謀者恐不如是也。

又檄重慶知府，欲俟應龍過府執之。夫封疆告急，羽檄交馳，事關軍機，誰敢違誤？而欲從朝廷旗牌之下，執軍門調遣之官，不知知府敢專擅若是耶？一咨一札，惓惓諷臣，大都謂不當調而當剿耳。常語臣以應龍廣布賄賂，又謂千金之子不死不知，意何所指？

頃檄上川東道，謂其書吏胡佳可等及重慶府知府、同知書吏黎井野、張心泉等共受應龍貳千金，及道、府查各書吏中悉無其人，豈受賄者化爲烏有耶？又坐鎮官任選見與應龍聽勘，不便行事，該道、府選委指揮張光潤署管，呈詳參院，臣與按臣皆批允，而貴州撫臣獨不允，謂光潤曾以其子結應龍爲乾兒。今按臣巡歷重慶，細加查訪，光潤昔年鎮播時尚無子，後柒年而方得子，豈其子尚未生而預拜義父耶？即此貳節，餘可類推，明係何恩等裝誣鼓簧，搖動煽惑，自以背逆本管，且利其膏腴田土，欲事遂而瓜分之，乃千百成群，環庭夾道，日以撻伐事業聳動貴州，若謂千里之疆可談笑而襲，封侯之勳可唾手而成，諆以浸潤，訴以膚受，無怪乎貴州當事之臣信之深而發之暴也。嗟乎！此等事可妄道哉？夫背君叛國，王法之所必誅也。人臣而有背叛之名，天下之大惡也。若雖積有罪惡，原非背君叛國，而疾之已甚，加以背叛，使之惴惴自恐不免焉。斯則崖朝廷西顧之憂，貽百萬生靈之禍，亦豈人臣之義所敢出哉？

今應龍領兵前來，咫尺到松邊矣。聞其紀律頗嚴，所過無擾，貴州所謂欲乘此殺虜伍司、假虞伐虢者未之見也。臣一念朴忠，惟知爲國，毀譽利害，遑恤其他？向以固爭事體，無所顧惜，取忤於同列也，亦既多矣。今若此，又將忤比鄰之同列矣。然使臣言而有濟於事，固所以爲國，亦所以爲同列矣，即人之罪我奚辭哉？

伏乞敕下部院虛心會議，如果臣言不謬，念係防禦北虜，姑待撤兵回日，將楊應龍罪犯仍聽兩省撫按委官會勘，務要持正秉公，一一審斷明確議定，請自上裁，不得偏執成心，擅作威福，庶紛難可解而遐域就寧矣。緣係播酋聞調即至，難以叛名，黔省急欲加兵，人心洶懼，懇乞聖明速賜乾斷以安遐方事理，未敢擅便，爲此具本謹題請旨。

薦舉將材備用疏

題：爲遵奉明旨會薦將材事。萬曆拾捌年拾壹月初伍日准兵部咨，爲恭奉明旨，體仰宸衷，敬陳邊事要領，以保疆禦虜事，該兵科都給事中張希皋等題“廣薦舉”一款，本部覆議，看得虜酋犯順，邊事告急，欲振無敵之兵，必賴有能之將，時已欽奉聖諭，通行廷臣會同推舉。今科臣復議，蓋謂諭旨止行之兩京各衙門，而在外督撫、按臣得之見聞之真者皆當博采。故欲於年終特薦之外更有會薦一疏，不拘見任、廢閑，但得智勇兼資，曉暢軍務，上可以爲大帥，下可以任偏裨者，多則肆伍人，少則壹貳人，刻期奏報。應行在外督撫、按臣查照科臣所議，從公會薦，以曾經戰陣、立有戰功者爲重，以遵照聖諭、堪任邊方將帥者爲主。地方近者限文到一月内，遠者限文到貳月内具奏，等因。題奉欽依，備咨前來，已經通行都、布、按三司，守巡、兵備各道，悉心博訪，開報到臣。

臣會同巡按四川監察御史李　議照，求將材於無事之時，則主於精神折衝以消未行之敵；求將材於有事之日，則驗之曾經戰陣庶有可必之功。然論將之品，智勇兼資者尚矣。而必謂孰可以爲大將，孰可以爲裨將，則宋臣亦已言之，其大將重智謀，裨將先勇力乎？臣不敢以一人聞見徑舉所知，而廣博咨詢，務期於僉同無異。隨據司、道諸臣各另開報前來，則於廢棄之中有極稱陳璘者，建牙狼山雖未逾時，而舊在粵東功名茂著，首征南韶翁源山寇，又剿殺電白諸處海倭，平定羅旁，開疆拓土，即該省拾餘年兵戈之務無不與力焉。亦有亟稱李應祥者，先有事於松鎮諸番，指顧風生，凱旋甚速，繼平建越，繼又犁庭臕，乃與往者粵西捌寨之功先後相映；今雖以一眚蒙議，而概其平生，則可録之績爲多。於見任之中，則有以朱文達爲首稱者，弱冠隨征海上，已而捍禦漁陽，近守蒲江、剿桐巢、搗赤口，所在身先士卒。其於降夷伍百，從臾殺戮之言日聞於耳，而指天誓日，斷不依從，可谓難矣。有以劉綎爲首稱者，當乃父劉顯鎮蜀之日，掃蕩九絲，多其贊畫，及金騰計擒岳鳳，不難於刺股漬血爲書以遺，而仍待之不死，竟致猛密蠻莫聞風降附，有父之風。有以萬鏊爲首稱者，初戰滇南，躬冒矢石，俘獲渠魁者繼榮，而從征臕夷，直抵賊巢，如大小木瓜等寨，更多手刃。至其練兵紀律真如虜在目中，直以軍法從事，毫不寬假。有謂邊之垣，政濟恩威，勇倡士卒，突騎以當勍敵，所向無前，馬湖之役，由建昌徑抵梅古河，所過虎穴兔窟，目不一瞬，而凉山立幟，番夷驚愕，望之如從天而下者。有謂王之翰，平建南叛酋，搗哈番巢穴，攻破石關參重，斬馘百計，而計追邛部拾年竊據之印，不以兵甲，尤足稱奇者。有謂周于德，贊建武都蠻之捷，及國師灣仲之誅，指踪殲擒，具有成算，即乞降殘寇，視即吾人，而迄今談者莫不稱其信者。以上捌人，官職不同，各有戰功可紀，用之邊徼咸宜，與臣所耳聞目見而心存之者適有符合，相應并舉。

該臣看得原任狼山副總兵陳璘，識足倉卒應變，才真樽俎折衝，有長驅之志而未竟其施，有褁革之思而正強於力；原任四川總兵官李應祥，特稟英邁之氣，夙雄統馭之才，整暇而剩有奇謀，發揚而足膺大任。此貳臣者，所當即用以充大將之任者也。管松潘副總兵事參將朱文達，勇敢獨抱赤衷，真純毫無粉飾，喜任事而行所無事，不邀功而隨在有功；先任雲南副總兵、今任叠茂游擊將軍劉綎，力票果而技冠三軍，智圓通而鋒當八面，真良弓善箕之子，允長槍大劍之才。此二臣者，堪與大將之選者也。標下團練游擊將軍、今任龍安參將萬鏊，鵠立高標，鷹揚壯志，拾圍伍攻之法試而有徵，千兵萬馬之胸叩之不竭；威茂參將邊之垣，臥薪報先世之仇，橫戈竪當年之績，帳下貔貅服習，番中草木知名；小河游擊將軍王之翰，梟俊禽敵之手，伐謀制勝之猷，親經百戰艱危，獨任一方勞怨；原任小河游擊、今任寧紹參將周于德，萬夫不奪之勇，千里可聘之才，敵懍雅抱忠忱，媲隊大彰風采。此四臣者，堪任副將，仍儲大將之選者也。

臣又惟西蜀地方節年多故，臣方休養民力，慎固封疆，謂可無勤將帥，而西虜垂涎松茂輙有聲言，番蠻竊犯新橋敢肆荼毒，臣不得已而興問罪之師。今亦需才簡將之日，所有前項官員，非見在地方者，臣不必議其見在宣力；如臣前疏內所遣布者，容臣督其成功，稍舒華夏之氣，然後核其名實，仰擢用之恩。若本省鎮臣史綱熟諳邊情，見爲主帥，則例之所不得舉也。伏乞敕下兵部再加查訪，如果臣等所言不謬，將陳璘等酌量推擢，庶將帥得人而邊圍攸重矣。緣係遵奉明旨會薦將材事理，未敢擅便，爲此具本謹題請旨。

就近推調將領疏

題：爲疆事正殷，用人爲急，請乞就近升調將領，以裨防禦，以重地方事。臣惟龍安設在邊方，漢夷雜處，乃生熟西番之門户、松潘東路之咽喉也。以故稱爲要地，參將守之，又有小河游擊將軍以協贊之。今龍安參將郭成，該臣另疏糾論矣，小河游擊向補貴州銅仁守備王一麟，雖經行催速任，迄今未報起程。茲當防虜之際，一路二將，勢難久虛。看得標下練兵游擊將軍萬鰲，年甫當乎壯立，藝曾冠於武闈，桓桓熊虎之姿，赳赳干城之將。頃臣遣提標兵赴防松鎮，慨然有繫頸單于之志。今布壘漳臘、虹橋之間，一應策虜機宜、地利險易，據所揭稟於臣者，如運諸掌矣。異日應登將壇，宜先洊歷神帥，堪代郭成爲龍安參將者也。行都司僉書司戀官，昨守漢中，稱文事武備之皆裕；頃謁帳下，見英姿偉識之不群：堪代萬鰲爲練兵游擊者也。原任四川漳臘守備、今升陝西都司僉書王夢書，韜略捷鷹揚之選，甲兵徵虎竹之分，修浚多而在在金湯，險易熟而處處保障。頃以升任辭臣軍門，適值虜警初至，臣面詢松州事，見其指點山川如在目中，且彼蜀人，習彼邊事，堪就近改小河游擊者也。

伏乞敕下兵部再加查議，如果臣言不謬，將郭成議斥後，其龍安參將缺即以萬鰲代之，萬鰲缺以司戀官代之，小河游擊將軍以王夢書改之，遺下二都司僉書員缺另行選補，王一麟遇缺改推，庶乘塞得人而龍沙絕烽烟之警，樹牙有托而虎帳悉節制之兵矣。緣係疆事正殷，用人爲急，請乞就近升調將領，以裨防禦，以重地方事理，未敢擅便，爲此具本謹題請旨。

參究武職交夷疏

題：爲參究武職官員事。據四川布政使司右參政兼按察司僉事、管理建昌兵巡糧儲道周光鎬呈，問得犯人程應舉係四川行都司鹽井衛打冲河中左所軍餘，招稱云云。蒙本道審，將程應舉問擬受財枉法滿貫雜犯絞罪，准徒五年。車甫求索財物，吳誥、馬文、陳守義俱不應事重，各杖罪。具招，將盧啓聽參，張垣議罰雜糧，等因。招詳，到臣。

覆查程應舉等，情罪各已允當。至弊册勾軍一節，實啓自張垣，豈宜輕縱？亦應并參。除批行將程應舉等追完贓贖，發哨發落，張垣、盧啓聽參外。該臣會同巡按四川監察御史李　　參照，四川行都司鹽井衛指揮使張垣叨掌衛符，罔知法體，擅委勾致滋橫索，輒補伍益見冥行。鹽井衛前千户所千户盧啓鹵莽武夫，奸貪惡子。結夷納僕，豈畏法紀之嚴？擅詞營差，惟恣溪壑之欲。俱應提問以警官邪者也。緣係在外軍職，未敢擅便，爲此具本謹題請旨。

參劾貪縱將領疏

題；爲參劾貪縱將領以重邊圉事。臣謹按，協守松潘南路威茂參將邊之垣貪婪邪淫，恣睢暴戾。先任建昌，僞注家兵三百而糧充私橐，致伊弟有四千兩之投詞；繼升威茂，遂取軍銀一錢而名曰常規，惟把守知五百兩之成數。收指揮胡維禎饋謝多儀，以委印爲餌矣，又平索領兵千户張一中等銀共九十兩，而復有一騎之悖入；受土婦瞿紹良遠送名馬，爲情欲而牽矣，更計掠防虜土官董士臣等銀各四十兩，而遂冒半月之行糧。唊四百游兵以肥己，則各剋糧銀三錢六分，忍使啼饑於道路，在賈續陽等茹苦能言；朘捌關堡長以饜心，則各折馬價七兩不等，致令剜肉於荒營，在張計良等明納有據。道查麥蕎之糧，遂開騙局，卒誆各寨銀四十兩，豈嘗慮釁蘖之萌？官發衝鋒之賞，視若可居，竟匿數內三百金，曾何體激勸之意？畫劉鳳兒之眉，雖穢聞猶娼婦也，乃鄧承業武弁同流，誘之罹法，而淫蒸其妻妾，視凡奸爲尤異；牽楚三妻之臂，即不允己犯科矣，乃潘氏良人何罪，嗔其拂情，而杖斃其性命，與故殺以何殊？其最可恨者，鄧承業剝削番人，罪狀昭著，乃受其金銀器皿、名畫、古琴，爲之請托，而該道樂其足以共諉失事之罪，亦遂附和其説，至甘心欺蔽而不可解。昔所許爲戰將而堪備緩急之使者，豈意其敗裂乃至此極也？臣正甄叙功次，將分别上請升賞，若彼雖部下有功，然所將者播兵萬人，實土官楊應龍之效力。而之垣罪惡已著，物議滋騰，若姑息苟留，則叠茂甫靖，善後伊始，而彼縱恣貪淫，虐害番漢，釁又從此開矣。邊事豈堪再動乎？此一將者所當提問盡法以正其辜者也。

查得協守松潘東路龍安參將萬鰲，虎視雄姿，鷹揚偉略，即頃者推服於夷漢，知異日足膺乎鉞旄，相應就近調補威茂，俾之料理善後以盡其長者也。都司掌印署都指揮僉事阮維藩，機略深沉，軍情諳練，西征大舉，式闡謀猷，相應就近升補龍安參將以展其才者也。

伏乞敕下兵部再加查議，如果臣言不謬，速爲議覆上請，將參將邊之垣亟行革任提問治罪，遺下員缺即以參將萬鰲調補，萬鰲員缺即以都司阮維藩升補，庶極邊武弁咸惕法紀之嚴，而初定番夷可熄烽烟之警矣。緣係參劾貪縱將領以重邊圉事理，未敢擅便，爲此具本謹題請旨。

參究武職盜銀疏

題：爲參究武職侵盜糧銀事。據四川布政使司呈，問得犯人葛之茂係成都前衛舍餘，招稱後衛散拘在官百户黄繼武與今懼罪縊死千戶彭麟，俱因家道貧寒，於萬曆十八年月日不等，黃繼武借之茂銀四兩五錢，又借前衛散拘在官百戶張應元銀十兩，彭麟借在官軍餘何暹銀三兩，各使用無還，云云。蒙司將之茂等問罪，黃繼武等或如今議照條例罰糧贖罪，或行令聽候參題，等因。到臣。

覆查情罪允協，除批將葛之茂等依擬贖決發落，陳夢柱姑量罰雜糧以助軍餉，黃繼武等行令聽參，以後凡解一應錢糧，須慎選廉能文職領解，毋容武弁仍肆侵欺，并行有司、衛所一體遵照外。該臣會同巡按四川監察御史李　參照，四川都司成都後衛實授百戶黃繼武，身叨介冑之列，輒作穿窬之爲，對簿既已無辭，按法自難逭罪。成都前衛實授百戶張應元，不念軍興之急需，敢剝子錢之微利，侵分已著，法紀何逃？俱應提問。緣係在外軍職，未敢擅便，爲此具本謹題請旨。

雕勦建夷叙功疏

題：爲雕勦建夷，甄別功次，乞賜叙録以昭激勸事。據四川按察司呈，奉督撫李都御史批，據建昌兵糧道參政周光鎬呈，據行都司屯局帶管操捕都司司戀官呈報督發官兵雕勦會川叛夷阿法等各起擒斬功級緣由。該本道覆議，應獎賞有功員役，并稱司戀官已升游擊，應令暫駐本地彈壓，俟新官交代，等因。由詳，奉批，仰按察司即行委官將前項所報功級逐一查驗明實，并有功人員分別議叙。游擊司戀官，移文該道行令暫駐地方以資彈壓，俟新官至日交代。此繳。奉此，又蒙巡按李御史批，同前事，蒙批，按察司查確報。蒙此，該本司備關該道轉行司戀官遵照，仍案行建昌監理通判張材就近勘議明白，據實詳報去後。

　　隨准該道移關并據本官呈稱，會同行都司掌印都司吳光宇查得，先該操捕都司王之翰，據會川衛呈報隆州三里里長阿查告，被姜州普雄土酋阿法統賊阿刻等燒劫村民、殺虜人畜情由，具呈。本道隨批，土酋阿法爲害多年，法當剿處。但所劫阿查有無平素私仇，阿查果否向順、納糧，兵端因何而起，該司速行查明，先自詣該衛地方追勘。如果不服追處，作速另議詳奪。當該本職親詣該衛追處間，行據守備張可大并該衛印、巡等官各回稱，查得隆州里長必你穴頭阿查原係認納秋糧、站馬向順夷民，其普雄酋長阿法恃以巢穴險峻，借稱土官，將次男小㮦夷與葛普寨酋婦普色爲夫，將女嫁與姜州惡夷阿丕爲妻，阿丕亦係通安州酋長阿得之弟，又與麻龍那大結爲婚姻，強要武安、隆州、黎溪、永昌四州里長、百姓認伊爲主，遞年納伊年例牛馬、金銀、布疋，稍有不從，就行抄掠。比阿丕、阿得、那大俱各附助爲惡。萬曆十八年正月內，阿法縱男小㮦夷統賊數百，抄搶粥米溝土民阿別等人畜。告經司、衛轉報本道，行令差官拘追，止還一半給主。又結連阿丕、阿得、那大、阿義等，於地名周官嘴縶去土民阿作等三名。六月內，復搶必你一村財畜，殺死以則等。又糾阿得并武安州上夷阿都、者過等謀殺里長哈俄，并殺虜男婦、財畜不計。七月內，又糾阿丕等二百餘賊，將阿查一村抄劫，殺傷毋把、阿痴等，虜縶男婦，燒毀寨房。告道，行司、備衛門差官進寨追獻人畜，乃各酋倚山爲勢，抗拒不發人贓。切查阿法結連阿得、那大，常年上道劫搶經行劉尚仁、沈幺兒、沈保、吳買住、王養弟等財畜，放火燒劫麻龍、左吉、張官、趙家四屯，殺死趙三、劉氏等，縶去張道兒等，累年告詞有卷。一應糧差自嘉靖年來至今抗違不納，乞行議處。又據寒坡等堡居民告稱，阿法糾黨阿丕、阿得等劫害地方，民不安業，等情。本職因查點各堡軍兵，目擊阿法等夷搶奪商貨，劫掠居民，恐將來漸不可制，一面行令會理州土里長戈備自帶部夷四面把截，并密諭就中計擒具由。於十八年八月內呈詳本道，乞兵挾剿間，本官奉委署永寧參將事，離任訖。

守備張可大，會川衛印、巡官指揮王言吉等，亦將阿法等恃險負固，世結鄰夷，吞并隆州、武安、黎溪等州，縱黨劫殺人財事情呈詳。本道批行行都司速會操捕司監、撫二廳議報間。隨該本司掌印都司吳光宇、署操捕都司司懋官、監理通判張材、撫夷通判鄒鳳儀會同查議剿撫應用兵糧呈道，通詳。撫院批，事關兵食，仰布政司會同按、都二司慎加計議詳報。奉此，又蒙按院批，阿法等恃衆叛劫，漸不可長，該道相機剿撫，務期地方安貼。各該員役行糧准支給，繳。蒙此，又該布政司會同按、都二司覆議，通詳撫院。奉批，土夷阿法等爲害有年，漸不可長，既經各官議請加創，依行該道相機從事，以靖地方。合用兵糧照該道近日詳允行，繳。又蒙按院批，行糧准照數支給，繳。

蒙此，備照到道，隨經轉行司、府、守備等官遵照，并調取迷易所土千户賢承爵土兵壹千名分札衛境，建昌衛指揮鄭朝冠督土舍安世隆夷兵伍百名駐札魚水，安界地方指揮王言吉督土舍白馬夷兵貳百名，又會理州土里長戈備自帶部夷壹千名，并密諭設計誘擒阿法。又選調土著兵壹百名爲鄉導，指揮李世武、千户袁建爵各督軍兵壹百名把截寒坡堡與分水嶺，千户張承爵、蘇應武各督屯軍把截普隆後山與鑼鍋菁，以防逃遁。都司司懋官率團操等兵叁百名并寧越標兵叁百名親詣會川，督同守備張可大及衛所印、巡指揮王言吉、張輔周、俞寵，百户龔繼恩等相機剿撫。本都司經歷徐元臣管理糧餉，行會川衛動支屯糧碾米，差指揮撒拱極、鎮撫索體仁、千户張承爵押運，指揮王啓催趲運至軍前，吏目張仲榮隨營收放。本道仍懸賞格，并差通等[一]入寨撫諭降服者免誅間。蒙按院牌行本道傳諭阿法、阿丕，若能悔過自新，退還搶劫戈備人畜，照舊管束地方，永不侵害，准免其罪。如或仍前桀驁不聽處分，即嚴督各該官兵速行剿捕，務在計擒元惡以安地方，毋得因循日久，以致蔓延貽禍。仍具遵行過緣由報查。

　　蒙此，備行司懋官復差通事入寨開誠曉諭。續據本官呈，據指揮張輔周呈報，阿法不聽撫處，同男臘姑、白衣等約有夷賊千餘，於本年拾壹月內糾同阿丕、阿得、那大至會理謀殺戈備。比戈備先已伏兵於葛普寨，於阿法等夷對陣交鋒，戈備斬獲阿法首級壹顆，部夷斬獲白衣并次惡阿過兒首級各壹顆，奪獲戰馬叁匹，袈裟伍件，盔甲、弓箭、大小刀叁拾捌件。臘姑被槍傷敗走，仍糾同阿丕等夷數千札寨對敵。夷賊阿勇設計詐稱投降，帶領首惡阿刻等過河誘兵，各賊札於參岔河，我兵先行分布，掩繫截殺。拾陸日，百戶龔繼恩斬獲首惡阿期首級壹顆，部兵斬獲壯夷阿勇、阿白、那須并不識名首級壹顆。張可大家丁亦斬壯夷首級壹顆，官兵生擒阿勺并監故取級阿刻、阿路、阿步、白勺，共伍名，奪獲金護項壹個。土千戶賢承爵同舍丁生擒監故取級者磨壹名，奪獲馬叁匹，槍、刀、弓箭叁拾陸件。各夷退據林箐，仍復抗敵。拾柒日，守備張可大於鐵廠山生擒壯夷已比，把截指揮李世武生擒監故取級阿務，又官兵斬獲首級貳顆。指揮張輔周、千戶郭師文當日督軍與阿法夷賊對敵，斬獲首惡阿猓并壯夷首級共柒顆，俘獲夷婦貳口，小水牛壹拾伍隻，長槍、弓箭貳拾陸件，舊袈裟貳拾伍件。拾捌日，千百戶龔繼恩、賢承爵於鐵廠村搜山，斬獲壯夷首級壹顆，俘夷婦肆口，獲槍貳根、水牛貳隻、羊捌拾隻。貳拾日，賢承爵把截生擒壯夷者把、母把，奪獲袈裟貳件、槍伍根。指揮王言吉領兵於門坎山遇臘姑賊出，對敵斬壯夷首級叁顆，獲銀護項壹個。千戶袁建爵把截，率鄉兵斬獲首級壹顆，生擒壯夷一名阿得，俘獲夷婦、幼男肆名口。貳拾貳、叁等日，指揮張輔周、王言吉，千戶郭師文、張承爵，百戶龔繼恩，各領兵於普得、科普、雄山等處搜攻把截，共斬獲壯夷首級柒顆，生擒夷賊阿趣、阿側并監故取級者約、者厄、者枯，共伍名，俘夷婦陸口，奪獲馬肆匹，大小水、黄牛壹拾捌隻，弓刀盔甲壹拾壹件。貳拾柒、貳拾玖等日，指揮等官李世武、王言吉、鄭朝冠、龔繼恩，守備張可大各部兵并賢承爵、安世隆各士兵，於普雄各寨對敵，斬獲首級壹拾伍顆，生擒壯夷者詩，俘男、婦叁拾陸口，奪獲馬、牛、羊壹百貳拾頭匹隻，盔甲、槍刀、弓箭叁拾陸件。

又據司懋官呈報，督兵進入姜州普雄相機剿處惡黨，比酋長那大、阿丕俱乞投降。那大願納原額會川驛站馬壹匹并獻贖罪牛羊價白銀叁拾兩，阿丕願納大龍驛站馬壹匹并獻贖罪牛羊價回銀伍拾兩，各再三懇乞免死，已行准撫安插。阿得亦見在乞降，惟臘姑札住山菁，抗拒不服，乞再調撥標兵協同防守，等因。到道。隨牌行本官譯審，各夷果出真心，准與安插。所報願出贖罪牛羊銀兩有類買和，不許輸納，并差團練許立斌領營兵鳥銃手壹百肆拾名赴司懋官處，聽撥緊要隘口屯札設伏，擒捕逃孽。

拾貳月初壹、初肆等日，指揮王言吉、鄭朝冠，百户龔繼恩，千户賢承爵，土舍安世隆等，領兵於普雄各寨攻打叛賊，生擒伍法、啞巴貳名，斬獲首級陸顆，俘幼男叁口，奪獲馬、牛貳拾肆頭匹，弓、槍陸件。初柒、捌等日，指揮張輔周、鄭朝冠，千户袁建爵、郭師文、張承爵，各領本部兵於普雄搜攻叛夷及把截，共斬獲首級柒顆，生擒者莫壹名，俘夷婦男、女陸口，奪獲馬、牛、羊貳拾柒頭匹隻，弓貳張。貳拾壹日，指揮撒拱極解報，土里長自添瑞夷兵搜山，斬級貳顆，俘夷婦陸口。貳拾貳日，團練許立斌、百總陳雲龍領戈備夷兵攻普雄寨，斬壯夷首級叁顆，奪獲馬貳匹，輕傷士兵叁名。貳拾叁日，陳雲龍[二]戈備兵搜斬臘姑從惡首級壹顆，奪獲黄牛柒隻，刀、弓箭壹拾陸件。

貳拾肆、貳拾伍等日，張輔周、龔繼恩、賢承爵、許立斌、陳雲龍領夷兵於普雄搜臘姑等叛夷，斬獲首級壹拾陸顆，生擒監故取級烏詩，俘夷婦伍口，奪獲馬、牛伍頭匹，盔甲、刀伍件。

拾玖年正月初叁、初捌等日，王言吉、賢承爵、龔繼恩、許立斌領鄉勇等兵搜剿叛夷，斬獲首級壹拾柒顆，生擒阿糯、哈泥、者趣、奄弟、阿備、五弟、刻奴柒名，俘夷婦男、女陸拾捌名口，奪回被虜阿堅、糯五、者鐵、沙托、阿查、阿勺、梭白柒名，審係差民、站軍、土軍，俱認領釋放，奪獲馬、牛壹百叁拾陸頭匹隻，鍋、刀、弓箭貳拾伍件，毡帳壹副，諸葛鼎鼓壹扇。移報本司，類報到道。本道隨牌行司懲官將俘獲賊屬逐名清審，如係已降夷屬及附近良夷偶被概拿者，即照原發禁示喚令認實領回，不許溷行拘繫，行令分別審放、羈存間。又據報稱，拾捌、拾玖等日，指揮王言吉，千户郭師文、賢承爵，團練許立斌，各領兵把截、追捕夷賊，斬獲首級貳拾伍顆，生擒陸名，又擒者泥、者烏、阿咀、者利肆名，俘夷男、婦陸拾肆名口，奪回被虜貳名，奪獲袈裟拾件，馬、牛貳拾柒匹頭，槍、刀、弓壹拾柒件。

以上共斬獲首級壹百貳拾貳顆，生擒叁拾捌名，俘獲夷屬二百零四名口，奪回被虜九名，奪獲馬、牛、羊四百七十三頭匹隻，盔甲、槍、刀、弓箭等項共二百二十五件，金銀護項二個，袈裟四十二件，毡帳一副，諸葛鼎鼓一扇，俱已陸續呈報訖。

比有守備張可大聽差軍人李小保、王五斤素與降夷阿丕等熟識，圖哄財物，説稱汝等蠻子投降，官兵復來攻剿等語。適張可大聞被軍政革任，忌于成功，虛張恐嚇，以致降酋驚疑復逃。隨該本道行委通判張材親詣會川衞查勘得，阿丕、那大并阿得、臘姑等夷已願投降，因見官兵未退，尚持二心，一面合謀集兵姜州寨中，意在觀望。該卑職選差百户龔繼恩、把事張啓朝、鄉導歐廷楷往諭臘姑、那大，千戶郭師文、百總陳雲龍往諭阿得、阿丕。至三月十八日，龔繼恩帶領臘姑家人阿罵先將願輸站馬、錢糧、木刻回話，并獻出所虜阿查男婦十口、差馬一匹。二十一日，又引領那大與臘姑祖母、火頭、阿屈等赴廳，臘姑復輸馬一匹及認納鋪陳各項、修理鋪舍馬匹，共回銀一百三十兩。那大解獻越獄夷酋者詩。當令那大、臘姑、火頭立剪認納鋪陳、站馬及保守地界，并盡數獻出搶虜人口、越獄賊囚、木刻四面在官。續據千戶郭師文解到阿丕獻納站馬四匹，及承認各項木刻。又鄉導毛守政等解到臘姑上納大小馬四匹，水、黃牛三隻，作鋪陳回銀四十兩，當即發衛變價。人〔三〕陳雲龍帶戈備部夷者啞及阿丕、老人、糯列俱赴投見。卑職以閏三月初一日率同衛所各官親詣操場，是日，阿丕、阿得、那大、臘姑及諸夷酋俱面縛投見，臘姑又獻出賊首者落。次早，卑職起程回建，諸酋各於十里之外伏送道左，隨諭令保守地界，各去訖。

今參酌往年征夷賞格，議將擒斬首惡阿法上功一顆，賞銀五十兩；次惡白衣、阿過兒，每顆賞銀五兩；當陣擒斬從惡，每名顆賞銀二兩；搜截功，每名顆賞銀一兩；俘獲賊屬并全活被虜，每名口賞銀五錢。至於有功指揮、千百戶、百總除照功正賞外，仍應分別差等，各量賞銀牌、花紅。其斬獲首級徑解轉驗。生擒及獻出各夷，除陸續監故、越獄追捕、跌死未獲外，見監阿勺等一十三名，審取爲惡來歷招詳。俘獲夷屬、牲畜變價貯庫。奪獲器械，除軍前犒賞，見在者收貯備用。

該道又稱，地方各官原係責任，既不能銷患未萌，又不免加兵動餉，況首斬阿法父子乃戈備應敵之兵，繼搜普雄各寨皆夷賊竄逃之後，多係以夷攻夷，安敢貪功爲力，等因。關呈到司。該本司按察使陳薦查看得，建昌在滇蜀之交，會川尤僻遠之極。普雄村叛酋阿法父子負險恃強，糾黨猖亂，糧、馬年多逋負，蓋自昔而已然；居民日被凶殘，至於今而日甚。神人共憤，士庶何辜？儻惜兵力以無施，更伏隱憂於叵測。茲者既殄元凶，復擒黨惡，致那大縛逃酋以投見，臘姑獻劫寇以乞降，認輸積逋之糧，願供應遞之馬，彼酋既已傾心而怗服，邊氓自茲安枕以無虞。所據道、司、衛、所等官應合分別敘論，獲功人員請照今議格例給賞。及稱原任守備張可大驚遁降酋，指揮鄭朝冠縱寇逃脫，土舍安世隆統兵無紀，侵匿頗聞，俱應重究。但地方撫處已寧，張可大又經論革，安世隆新出管事，未諳戰鬥，且各有擒斬之功，合姑免究治。惟鄭朝冠仍當議罰，以儆將來。查得萬曆元年九絲蕩平之時，亦有建昌之捷，擒斬止百五十名，已嘗題奉欽依從事。今擒斬既逾前數，且有生擒夷惡見監未決，合仍照例俱題，將各官旗分別賞罰，及將各夷惡明正典刑，等因。呈詳到臣。

簿查先據該道呈議，會川叛夷事情已批布政司覆議呈允，移行查照。續據該道呈報節起功次，又經批行按察司查勘去後。今據前因，該臣覆加查核，除生擒賊犯聽其審問招詳，驗過首級於該邊爲害地方梟示，與事效勞指揮李世武等照道議格例動支官銀、花紅徑行獎賞，守備張可大、土舍安世隆姑免議參外，其道、司等官委應分別甄敘，以勵有功。

看得四川布政司右參政兼按察司僉事、管理建昌兵巡糧儲道周光鎬，智略運而聲色不形，發指神而將卒用命。議餉止持兩月，如霆震而風馳；集兵不逾二千，真事半而功倍。勞謙愈至，德美并彰，功應首論。行都司僉書、今升練兵游擊司懋官，進取甚銳，而擒縱破敵，殫力於其中；僉書、今升小河游擊王之翰，料敵有奇，而曲突徙薪，輸謀於其始。以上二員，功當優論。本司掌印署都指揮僉事吳光宇，圖謀決策有制勝之先籌；建昌監理通判張材，鎮定撫綏得收功之後著。以上二員，功當并論。會川衛掌印、建昌衛指揮同知王言吉，會川衛操捕指揮使張輔周，首陳雕剿之策，繼收蕩撫之功；迷易千户所掌印、本衛後所百户龔繼恩，迷易千户所土千户賢承爵，一則冒險以摧堅，一則奮勇以擒敵；充團練官新安衛旗役許立斌，抱忠勇而素諳紀律；行都司經歷徐元臣，多參決而更效劻勤。以上官旗，功當次論者也。建昌衛指揮僉事鄭朝冠，承委督押土兵，間多不遵進止，雖效擒斬之積，難逭縱脱之愆，仍當罰治以儆將來者也。

伏乞敕下該部再加查議，將參政周光鎬等分別叙録賞賚，鄭朝冠罰治，阿勺等行巡按御史覆審明正典刑。但恩威出自朝廷，未敢擅便，緣係雕剿建夷，甄别功次，乞賜叙録以昭激勸事理，爲此具本謹題請旨。

論劾不職將官疏

題：爲時值防虜，糾劾不職將領以重邊圉事。頃者松邊傳警，臣已兩疏具題，一應防禦事宜臣已措置頗定，惟是龍安參將協守松潘東路，且所轄青川所逼近階文，爲蜀間道，必須將得其人，始可恃以無恐。如郭成者，老耄無爲，貪酷有迹，臣向微有所聞，即欲論之，而衆或以宿將堪備緩急爲辭。今臣當防虜之際，細廉其實，則一籌莫展，三窟是營，吞噬已失軍心，作威輒殞人命，提旅松林，有如兒戲，殆不可不亟爲更置矣。除請就近升補，臣另具疏外，謹按參將郭成，年幾七旬，已瘞壯志。先以勘事受賂，久淹獄中；後因征松微功，叨復今職。正宜洗心圖報，滌其舊污；顧以囹圄殘魂，猶縱新惡。家丁盡皆亡命，烏合成群；掾房俱是棍徒，狼吞無厭。街頭置立長牌，題云“官員至此下馬”；各處安排訪事，自云“二司相托常多”。僭妄已非一端，剥削遍於四把，今不暇藻組其辭，請質數之。

馬湖修城甫竣，催要龍安常例，把總劉惟麒因識字龔元守索，隨派利保、青成各旗總姚二等每隊拾兩，共銀玖拾兩，送至叙州矣。永、壩、大、睢肆把，非其提調也，乃發牌欲往巡歷，意在需索，各把指揮田有功等派斂軍勇肆百餘兩，各假參謁親送，始免巡邊矣。土、漢軍兵謂宜操練以養其銳氣，乃占充軍牢王伯良等貳百名、土軍壹百餘名，每名牢帽銀伍錢，共計壹百伍拾餘兩，俱班頭劉恩爲之收送，各免差操焉。而復扣鄉勇周相、王世達等貳拾肆人工食，僅存空名已耳。又索把總指揮劉澤遠，百户李中孚、萬人杰常例，已凑銀壹百兩矣，偶因公費用銀叁拾兩，本官嗔之，澤遠大懼，遂將已刻絲罩甲潞紬并圓領等項典補前數，豈復知挾纊之意耶？土知事薛兆芝因修伊衙舍不齊，乃面叱之，仍箭穿其土軍史新陽之耳，抑何暴也？兆芝畏其威，以白金貳拾兩、鍾盤貳副賄之，又色喜矣，豈復知率屬之體耶？御下無紀，則妻弟逯崘占街民李大奎之妻，班頭劉恩占鄉勇丁貞元之妻，而又怒貞元之訴，反綑打肆拾矣。縱役强買，則米麪、貨物止給半價，布商張立仲價虧赴稟，反怒拔其鬚髮，痛責貳拾，以致其人幾死，卧病兩月矣。若其瑣瑣諸事，罄竹難窮，其最可恨者，更有兩端焉。本官議添勇兵叁百，意在剋冒糧餉。因該道阻之，輒復行文各把，令汰鄉勇，即以其糧給伊家丁。指揮王繼武以未奉道文堅執不從，未爲不是也。本官大怒，遂守提本把識字晏大、劉端谷狠責肆拾，當即死矣。此其擅斃無辜，殆罪不容於誅也。頃因防虜，本官奉臣軍令提兵守松林，乃僅携老弱無衣甲者百餘人以往，意若謂該道未發兵，假公事以泄其私忿耳。不知防虜何事而可若此，其平日部署土、漢諸軍果安在也？及該道委府點發，乃止漢軍貳百伍拾餘名、土軍貳百柒拾名，雖土軍固亦有守隘者，而漢軍未發者不審竟置何處乎。萬一虜至，以斯人禦之，其債事疆場[四]不淺也。臣固願亟爲易置也。

伏乞敕下兵部再加查議，如果臣言不謬，將參將郭成速行革任提問，遺下員缺即爲推補，庶將領得人而邊圉攸賴矣。緣係時值防虜，糾劾不職將領以重邊圉事理，未敢擅便，爲此具本謹題請旨。

急缺守備官員疏

題：爲急缺守備官員事。據四川都指揮使司呈，據重慶衛呈稱，本衛加級指揮僉事蹇遜家丁蹇華稟稱，蹇遜先於萬曆拾捌年柒月內聞報推升平番守備，偶於本年捌月初捌日發背在家身故，等情。呈司轉報到臣。

案查先准兵部咨，爲缺官事，內開四川平番堡缺守備，推舉得重慶衛指揮僉事蹇遜堪任，等因。題奉欽依，備咨前來，已經案行該司行推，依限到任去後。今據前因，該臣會同巡按四川監察御史李　議照，平番守備設在蜀西極塞，當諸番喉襟之區，關係最要，難久缺人。伏乞敕下該部速爲遴選堪用武職一員，嚴限到任管事，庶防禦有資而邊陲攸賴矣。緣係急缺守備官員事理，爲此具本謹具題知。

校勘記

〔一〕“等”，據文意疑當作“事”。

〔二〕據文意此處疑當缺“領”字。

〔三〕“人”，據文意疑衍。

〔四〕“疆場”，據文意疑當作“疆場”。

督撫考滿給由疏

奏：爲給由事。臣見年五十四歲，山西平陽府曲沃縣人。中隆慶二年進士，五年二月除刑部陝西司主事。萬曆二年四月調吏部稽勳司主事，本年五月調本部驗封司主事，十一月調考功司主事。三年四月給假，送父還鄉。四年九月起送到部，本年十月除補本部考功司主事。五年三月調文選司主事，本年四月升本部稽勳司署員外郎事主事。六年三月實授，本年四月調驗封司員外郎，十二月具奏回籍調理。九年十二月起送到部。十年正月除補本部文選司員外郎，本年三月升驗封司署郎中事員外郎，九月實授，本月回籍守制。十三年四月起送到部，本月復除本部文選司郎中。十四年二月升太常寺少卿。十五年三月升大理寺右少卿，本年十二月升本寺左少卿。十六年六月十三日升太常寺卿，本月十九日到任，至十七年二月二十五日，連閏實歷俸九個月零七日。該吏部等衙門會推，題奉聖旨：“李　　升都察院右副都御史，巡撫四川等處地方，提督軍務，寫敕與他。欽此。”臣當赴鴻臚寺報名詣闕謝恩，都察院到任，隨領敕書一道，於本年八月二十二日前到督撫地方接管行事。扣至十九年十月十四日，又連閏實歷俸二十六個月零二十三日，通前實歷正三品俸三十六個月。三年任滿，先於本年閏三月内准都察院咨，爲稽查章奏，隨事考成以修實政事，該科臣類參各省撫按官未完事件，題奉欽依，内開四川巡撫李　罰俸二個月。備咨前來，臣已遵照案行四川布政司扣俸二個月不支外。伏睹《大明會典》内一款：“凡在京給由官員，不拘升俸、住俸、罰俸，俱以見任職事所歷月日准作實歷。欽此。"所有臣任內實歷過年月日期應合報滿，伏乞敕下吏部查例施行。臣無任悚慄待罪之至。緣係給由事理，爲此具本謹具奏聞，伏候敕旨。

參究府佐官員疏

題：爲府佐貪縱不法，遵例勘究已明，幷參行賄軍官，乞賜罷斥提問以肅法紀事。據四川按察司呈，問得犯人鄒鳳儀，年四十一歲，江西九江府德化縣人，由選貢見任四川成都府寧越撫夷通判，招稱云云。蒙司將鄒鳳儀等具招呈詳到臣。

案照先該臣訪得通判鄒鳳儀居官不檢，貪縱著聞，已經開單牌行按察司提問，招解前來。查得各項贓迹似未盡究，又經駁行再勘去後。今據前因，覆查情罪相協，除將陳添祿等批行該司追贓、發配、發落行結外，該臣會同巡按四川監察李御史參看得，成都府寧越撫夷通判鄒鳳儀，器比斗筲，欲同溪壑。宰邑已多穢迹，巧事彌縫；倅郡恃駐邊方，益恣貪肆。任群小以張騙，則苞苴時通；悉槖賄而兼收，故囊橐日溢。官箴既壞，徒斥何辭？

及照四川行都司建昌衛指揮使革以仁、施勳、徐韶文，指揮同知王言吉、李紹武，指揮僉事王巽、張維藩，會川衛指揮使俞寵、張輔周，指揮僉事王啓，建昌衛左所鎮撫冷宗映，會川衛左所副千戶郭師文，建昌衛左所副千戶周承芳，鹽井衛左所正千戶陶棻，建昌打沖河中所副千戶李堯臣，會川衛後所實授百戶龔繼恩，建昌衛右所試百戶李朝武，本衛鎮撫歐應時，鎮西千戶所副千戶吳嘉謨，越嶲衛河南站試百戶陳宗武，鎮西驛試百戶魏國忠，猥以武流，叨承軍政，不思奉公持己，敢於玩法行私。朋從饋納，事實類於請求；箕斂逢迎，意惟圖爲容悦。俱當提問正罪，以爲邊方武弁投賄者戒也。

伏乞敕下都察院將鄒鳳儀情罪再加查議，如果允當，覆請行臣等將本官追完贓贖發回原籍爲民，革以仁等行巡按御史提問施行。緣係府佐貪縱不法，遵例勘究已明，并參行賄軍官，乞賜罷斥提問以肅法紀事理，未敢擅便，爲此具本謹題請旨。

縣令患病乞休疏

題：爲縣令病勢危篤，乞放生歸以全軀命事。據四川布政使司呈，奉臣批，據四川按察司分巡上川南帶管分守道副使陳明經呈，先據嘉定州申，據犍爲縣申，本縣知縣周仲良偶於本年七月内得患痰血病症，勢甚危急，命在須臾，乞官交代，俯容休致，等情。到州，備申本道，隨批該州行令本官謝事調養間。又據該州申稱，本官腹心之疾錮於膏肓，痰血之病轉以沉劇，殊可憐憫，等因。到道。該本道看得，知縣周仲良到任以來，圖治甚勤，不意染疾頓深，乞休甚切，據其資材，似爲可惜，而查情詞實非得已。況該縣繁劇，難於久虛，若復遷延則病體、縣事必致兩誤。相應准令本官致仕回籍調理，員缺類報銓補，其該縣印務另詳委官署管，等因。照詳，奉批，仰布政司查確詳報。奉此，行准該道咨稱，覆行署本州印烏撒軍民府同知胡考崇查得，本官委果病勢危急，已不能支，别無托故詐病情由，備咨到司。該本司看得，知縣周仲良居官頗著賢聲，告休不無可惜；但病篤一節既經該道重覆查實，并無托避之情。合無暫令在任調理，本司一面另呈委官前去接署縣務，仍乞速與題請，准令致仕回籍，等因。到臣。

卷查先准都察院咨，准吏部咨，爲參究府佐官員擅自回籍，以警將來，以肅臣節事，內開外官告休，自知縣以上例應題請，等因。備咨前來，通行遵照外。今據前因，時值按臣交代境上，該臣看得犍爲縣知縣周仲良官守無忝，吏才亦稱，顧乃抱病沉痼，勢已就危，且該邑劇繁，不宜久曠，既經司、道重覆查的，并無托避之情，相應題請。伏乞敕下該部將知縣周仲良議令致仕，員缺另爲銓補施行。緣係縣令病勢危篤，乞放生歸以全軀命事理，未敢擅便，爲此具本謹題請旨。

《撫蜀奏議》後序

凡進言之難，非空譚之難也。當局易眩，則謀始之難；衆咻易撓，則持議之難；以事機燃眉之急而敷陳待報於君門萬里之遠，則蚤見而當於事情之爲難。然則進言誠不易哉！余橫襟而窺古今上封事多矣，它無具論，即經略西事如古兩李公，至今譚者壯之。唐衛公靖以十策上孝恭，悉召巴蜀酋長子弟，量才部署，卒取蕭銑，定荆爕，樹節，特進左僕射；文饒公節度西鎮，建樓籌邊，因降吐蕃，悉怛謀，上狀，揚歷至平章事加太尉：皆有大造於蜀，蜀之人歌思之不衰。以今曲沃李公所經略西事者，比勛紀猷，殆若合符節也與哉！公之功業不在甲冑而在尊俎，公之神情不在彪炳而在鎮定。公之規爲、措注不恣睢以才智自用，而務開誠布公，集思廣益，斷斷有古大臣風，故其人品足以楷世而劈畫足以貞度，非深於道者能乎？

初下車，下令詢民間疾苦，罷一切苛政，而力圖所以休養生全之，尤以知人爲安民第一義。吏有不飾籩豆、觟法侵牟其民者，時檄所司廉狀以聞，不旋踵且疏斥之矣。將校自偏裨而上，有庸懦債帥無裨邊計者，立請汰黜之恐後。而又度地與人，隨宜疏請更置，無一不當上意，惟公之言之是聽。值歲大祲，航粟蔽江以賑川東南，所存活以億萬計，皆其計安元元之大者。迨歲庚寅冬，羌夷跳梁，屠我關堡，公扼腕嘆曰："何物小醜，曾不足當我一騎，而敢蜮含蠆螫，犯我牧圉乎！此之不撲，將燎原矣。"乃上疏請討，調將募兵，鍛甲砥劍，飛芻輓粟，四方之英毅雲屯霆震於松、叠間，而屬不佞以橐鞬從事論列功次，因睹公所石畫最熟。公建牙灌口，距營壘肆百里而遙，將吏某勇某懦、某諳某疏，若燭照而耳目之。軍士股慄，莫敢惰窳，矢石不爲凶，深入不爲險，雪嶺不爲高，瘴雨蠻烟不爲苦，奮戟控弦，搴旗執馘，凡叄閱月而叄犁羌庭，羌人避地，千里賴以戡定，上酬當宁拊髀之思，下貽蜀人安堵之福矣。凱奏，上大嘉悦，膺上賞蔭子太學。嗟嗟！上所以懋績而懋賞者，果直以文墨、議論也乎哉？

公撫蜀叄年，以蜀事上者累數拾萬言，而大致在敷宣主威，蘇恤民困，以忠誠稱意旨，所陳説與措之施行不爽毛髮。茲晉少司寇且行，檢笥付梓，不佞不能從臾，祇以昔日二李公嘗徼福於蜀者，摭其梗概以方公，所謂後先輝映非耶？若乃勛庸究竟，將德與夔龍爭高，名與天壤共敝，則恐二李公不足倫矣。

萬曆壬辰孟春，四川等處提刑按察司副使臨汝陳文焕頓首書

校勘記

〔一〕"督撫奏議卷之六"，據底本中縫文字補。